우남 이승만 전집 2

독립정신

영인본

연세대학교 대학출판문화원

『우남 이승만 전집』 발간에 즈음하여

성경은 모세가 이스라엘 건국의 기초가 되었다고 말해 줍니다. 모세를 통해 주어진 율법은 이스라엘의 정신이 되었고 서구 국가 기초의 한 자락이 되었습니다. 모세는 비록 한 때 젊은 혈기로 애굽인을 죽인 적도 있었고, 하나님의 뜻에 따라 가나안 땅으로 들어가지도 못했습니다. 그럼에도 이스라엘 국민은 모세의 위대한 행위와 업적을 일방적으로 외면하지 않았습니다. 오히려 민족사랑의 진실됨을 기술하며 그 위대함을 자랑하고 있습니다. 기독교는 인간의 공과(功過)를 물을 때, 과오를 먼저 내세우지 않기 때문입니다. 그런데 우리 대한민국은 이승만 대통령에 대해 너무나 인색합니다. 정확한 지식과 이해가 없이, 우리 사회 일각에서는 삼가야 할 모욕도 서슴지 않습니다.

기독교 복음을 받아드린 후, 한성감옥에서 이승만은 이렇게 간구했습니다. "오 하나님 저를 구원해주시고 우리나라도 구원해 주옵소서." 이후 개인구원뿐만 아니라 한국을 구원해야 한다는 사명감은 그의 인생의 주제가 되었습니다. 그의 신앙고백과 사상은 대한민국 수립으로 이어졌고, 그래서 하나님 앞에 기도드림으로 제헌국회를 시작했습니다. 하나님이 이 땅을 주관하시도록 간구했고, 그 결과 오늘날 대한민국은 그

정신과 수준을 세계적 차원으로 올려놓을 수 있었습니다.

이승만은 대한민국의 체제를 구축했고 국가 존립에 필수적인 요건들을 확보했습니다. 그는 청년 개혁운동가, 한국의 초기 언론인, 대한민국 임시정부의 대통령, 외교독립운동의 주창자, 한국기독교의 지도자, 대한민국의 기초를 놓은 대통령, 공산 책동의 위험을 이겨내고 창의적 정책으로 대한민국의 미래를 준비한 대통령으로 유명합니다. 그럼에도 대한민국 첫 대통령은 말년의 실정으로 인한 오명과 좁은 정치의 틀 속에 갇혀 정당한 평가를 받지 못하고 있습니다. 그는 죽어서 하와이에서 돌아올 수 있었습니다. 그렇지만 수많은 국민들의 애도 속에 동작동 국립묘지에 안장되었습니다.

첫 단추를 잘못 끼운 것처럼, 대한민국의 모든 대통령들의 마지막이 불행했습니다. 역사는 우리에게 이것을 일러줍니다. 우리가 이승만 대통령을 제대로 밝힐 때, 앞으로 대한민국 미래의 대통령들도 행복한 정치를 할 수 있으리라 믿습니다.

현금의 대한민국에서 북한의 김일성과 박헌영의 전집도 읽혀지고 있습니다. 그러나 이승만의 저술들은 몇 권의 발간에 그치고 있습니다. 한국교회와 한국 역사 앞에 이를 부끄러워하며 우리는 가장 선행적이며 기초적인 작업으로 『우남 이승만 전집』 발간을 시작했습니다. 우리 '우남이승만전집발간위원회'는 그의 저작들을 성공적으로 발간해 그의 전체 삶이 얼마나 열정적이었고 그가 대한민국과 대한의 백성들을 얼마나 사랑했는지 밝히고자 합니다. 또한 그의 과오가 무엇인지도 정확히 드러내고자 합니다. 그래서 그에게 덧씌워 있던 오해들이 있다면 이를 풀고자 합니다. 또한 그 과오가 드러나면 대한민국이 타산지석으로 삼을 수 있도록 하려 합니다. 이승만 대통령에 대한 올바른 역사해석이 이루어지면 대한민국이 올바른 진로를 찾을 수 있을 것이며, 대한민국 국민이 행복해 할 것이고, 하늘나라에 계신 그 분도 감사할 것입니다.

기독교인의 한 사람으로 나는 좁은 틀이나 법의 한 구절로 이승만을 볼 것이 아니라, 역사의 주관자이시고 결정자이신, 우리 기독교 언어로 표현한다면 하늘의 눈으로 이승만을 해석해야 한다고 생각합니다. 하나님은 어떤 이의 부정적 단편으로 인해 그 인생 전체를 부정하지 않으시기 때문입니다. 긍정과 부정을 공평하게 평가하되 선하신 목적으로 이끌어 가시는 분이기 때문입니다. 그렇지만 이승만에 대한 평가는 전집을 대하는 독자들의 손에 달렸습니다.

『우남 이승만 전집』은 약 35권으로 발간될 예정입니다. 한국교회가 나섰지만 각계의 관심과 격려, 그리고 지원이 절실합니다. 대한민국과 우리 사회의 정체성을 확인하기 위한 작업이고 함께 해야 하는 사업이기 때문입니다. 우리는 이 사업이 대한민국의 정통성을 확립하고 한국역사를 올바로 이해하는데 초석의 역할을 다할 것으로 믿어 의심치 않습니다.

『우남 이승만 전집』 발간사업의 절실함에 적극 동의하시는 이건수 회장님께서 마중물을 마련해 주셨습니다. 이승만건국대통령기념사업회를 이끌고 계신 신철식 회장님, 현경사회복지회 김현태 회장님, 우남소사이어티 김영수 회장님, 미국에서 대한민국을 위해 활동 중이신 양동자 전 총장님과 크리스챤포럼 회원들께도 감사드립니다. 그리고 본인이 속해 있는 인천제일교회의 교인 여러분들과 여러 기관에서 재정 지원과 기도로 성원해 주셨습니다. 선한 뜻이 하늘에 닿을 것입니다.

이제 『우남 이승만 전집』 발간의 첫 열매로 세 권의 책, 곧 『독립정신 역주본』, 『독립정신 영인본』, 『한국교회핍박 외』가 나왔습니다. 이를 위해 수고하신 모든 분들에게 감사드립니다. 전집 발간을 처음 제안하시고 학문적 작업을 주관하고 계신 연세대학교 이승만연구원 김명섭 원장님에게 하나님은 큰 축복의 문을 열어 주실 것입니다. 또한 전집발간위원회와 이승만연구원을 오가며 협력을 이끌어내신 하관철 목사님, 『독립정신』의 번역뿐만 아니라 전집 사업의 총무 역할로 애쓰시는 오영섭 연구교수님, 기독교 통사를 쓰시면서 『한국교회핍박』 번역 및 해제 작업에 참여해 주신 김명구 연구교수님, 그리고 옆에서 이 사업을 도운 이승만연구원의 연구팀에게도 감사를 드립니다. 학문적 조언을 아끼지 않으신 유영익 교수님을 비롯한 여러 학자들께도 경의를 표합니다. 특히 발간 위원을 자청하시고 허락하신 모든 분들께도 큰 감사를 드립니다. 하나님의 역사책에 그 지혜와 헌신이 기록될 것입니다.

2019년 3월

우남이승만전집발간위원회를 대표해서

이 규 학 감독(Bishop)

『우남 이승만 전집』 발간을 시작하며

역사적으로 큰 영향을 남긴 인물의 유작들을 모은 전집(全集, Collected Works, Werke, Oeuvres complètes) 출간은 인류문명사의 소중한 전통입니다. 몽골제국의 침략을 받는 와중에 만들어진 『팔만대장경』이나 『조선왕조실록』 같은 기록문화유산을 가진 대한민국에서도 여러 근현대사 인물들의 전집들이 도서관에 비치되어 있습니다. 도산 안창호, 백범 김구, 몽양 여운형, 죽산 조봉암, 그리고 이정 박헌영의 전집들이 출간되었고, 김일성전집도 비치되어 열람되고 있습니다.

대한민국 임시정부와 대한민국 대통령을 지낸 우남 이승만(雩南 李承晩, 1875-1965)의 유작들을 모아 출판하는 일은 정파적 이익을 초월한 문화사업으로 추진되었어야 했습니다. 그럼에도 불구하고 이제까지 『우남 이승만 전집』이 출간되지 못한 것은 한문, 한글, 국한문혼용, 영문, 프랑스어 등으로 되어 있는 그의 저작들이 워낙 방대하기 때문이기도 하지만 그에 대한 정치적 평가가 분분하기 때문이기도 합니다.

미처 공공의 문화사업으로 추진되지 못했던 이 일을 기독교계와 연세대학교를 주축으로 민간에서 추진하게 된 것은 뜻깊은 일입니다. "우상을 섬기지 말라"는 기독교정신은 늘 어떤 정치적 인물을 미화하는 것을 경계하고 냉철하고 객관적인 학문적 입장을 견지하도록 권면하고 있습니다. 1996년 이후 연세대학교는 다른 학교나 기관이 이런 저런 이유로 수증을 기피하기도 했던 우남 이승만 문서를 여러분들의 후원을 받아 보존, 분류, 공개하는 사업을 계속해오고 있습니다.

3.1독립운동과 대한민국 임시정부 수립 100주년이 되는 2019년에 『독립정신』과 『한국교회핍박』을 필두로 『우남 이승만 전집』 발간의 첫 발을 내딛게 된 것은 2016년 11월 18일 연세대학교(총장 김용학)와 우남 이승만전집발간위원회(위원장 이규학)가 체결한 협약서에 기초한 것입니다. 2016년 7월 18일 기독교대한감리회 이규학 감독이 이끄는 〈크리스챤 포럼〉은 연세대학교 이승만연구원의 이승만 전집 간행 취지에 가장 적극적으로 호응했고, 하관철 목사가 담임하고 있는 강화문산교회의 교인들은 '작지만 큰' 헌금을 최초로 모아주셨습니다.

연세대학교와 발간위원회 간 협약서가 체결된 다음해인 2017년 9월 26일 연세대학교 알렌관에서 이승만전집발간위원회 창립모임이 이규학 발간위원장의 주재로 개최되었습니다. 멀리 미국에서 참석한 양동자 하워드대학교 명예교수의 기도로 시작된 이 자리에서 교계와 학계 명사들의 격려사가 이어졌습니다. 1960년 4월 신흥대학(현 경희대) 시위대를 이끌기도 했던 이건수 현 한미동맹재단 명예이사장이 이승만 전 대통령과의 개인적 악연과 한국현대사의 이면을 증언하며 지원을 약속했습니다. 2017년 11월 13일 연세대학교 김용학 총장실에서 이건수 이사장의 기금이 전달되어 전집 발간사업이 본격적인 궤도에 오르게 되었습니다. 2018년 3월 26일에는 연세대학교 알렌관에서 〈이승만대통령 전집 발간을 위한 기독인 대표 모임〉이 이규학 발간위원장의 주재로 발족되었고, 우남이 장로로 장립된 바 있었던 정동제일교회 송기성 목사의 설교말씀

이 있었습니다.

이승만건국대통령기념사업회(회장 신철식)와 우남소사이어티(대표 김영수)에서도 『우남 이승만 전집』 발간의 필요성에 공감하여 전집 발간이 완료될 때까지의 후원을 약속했습니다. 이승만 대통령이 활동했던 하와이 독립운동기지와 인연이 깊은 인하대학교 동문회의 큰 어른이신 김현태 회장, 남종우 인하대 명예교수께서도 소중한 후원을 해주셨습니다. 그 밖에 발간위원으로 참여해주신 많은 분들의 정신적, 물질적 지원이 큰 도움이 되었습니다. 이승만의 정치적 과오에 대해 비판적 입장을 견지하는 분들 중에서도 그의 저작이 지닌 문화재적 가치를 인정하여 참여해주신 분들도 계십니다.

이러한 후원 속에 2018년 1월 5일 이화장에서 이인수, 이병구 두 유족 대표들과 연세대학교 이승만연구원 사이에 이승만 저작에 대한 재산권 양도계약이 이루어졌습니다. 우남의 유족 이인수, 조혜자 부부께서 1997년 연세대학교에 기증한 방대한 양의 문화재급 문서들은 『우남 이승만 전집』 발간의 기초가 되었습니다. 1996년 최송옥 여사와 최병설 대표께서 이승만연구를 위해 기증한 우남관은 전집 편찬이 이루어진 산실이 되었습니다.

이승만문서와 우남관은 송자, 김병수, 김우식, 정창영, 김한중, 정갑영 등 역대 총장들과 김용학 현 총장의 각별한 관심 속에 기증자들의 뜻을 존중하여 보존되어 왔습니다. 연세대학교 이승만연구원의 전신인 현대한국학연구소의 유영익 초대 소장을 비롯하여 문정인, 이영선, 한성신, 김혁래, 이정민 전임 소장들, 현대한국학연구소가 연세대학교 교책연구원인 이승만연구원으로 승격된 후 초대 원장을 맡은 류석춘 전임 원장, 그리고 진영재, 김성호, 여인석, 함재학 운영위원들과 최강식 감사, 신현한 감사 등의 노고는 연세대학교 이승만연구원의 역사에 길이 기록될 것입니다.

연세대학교 총무처, 시설처, 조병욱 연세대학교 총동문회 부회장, 그리고 경비관리실 여러분들은 연세대학교 우남관에서 이루어지는 작업뿐만 아니라 우남관 자체가 지닌 문화재적 가치를 소중하게 생각하고, 세세하게 배려해주었습니다. 소중한 문화재를 보존하고, 전승하는 마음으로 전집 출판에 최선을 다해 준 연세대학교 대학출판문화원 관계자들의 노고 또한 이 전집과 함께 길이 기억될 것입니다.

『우남 이승만 전집』 발간을 위해 2017년 11월 4일 개최된 제1차 편집자문회의 이후 편찬체계, 표지 디자인, 번역 방식 등과 관련하여 저명학자들(김성호, 김명구, 신복룡, 오영섭, 유영익, 이주영, 최연식, 허동현, 홍선표 등)께서 귀중한 고견들을 주셨습니다. 비록 모든 고견들을 취합하여 반영할 수는 없었지만, 많은 시행착오를 줄이고 전집 발간에 박차를 가할 수 있었습니다.

『독립정신』 역주 작업에 매진하는 한편 발간 취지에 공감하여 계획안을 만들고, 편집 및 출판과정에서 수고한 연세대학교 이승만연구원 연구교수 오영섭 박사, 『한국교회핍박』 및 기타 기독교 관련 이승만 저작의 역주 및 해제를 담당하는 한편 기독교계와 연세대 이승만연구원을 연결하는 교량 역할을 담당한 교회사학자 김명구 목사(신학박사)의 노고는 이 전집과 함께 길이 기억될 것입니다. 연세대학교 국문학과 허경진 교수는 『한국교회핍박』 및 기타 기독교 관련 이승만 저작의 교열을 맡아 수고해주었습니다. 대한민국의 역사를 연구하는 한편 이승만연구원의 여러 업무들을 맡아 처리해주고, 전집 발간과 관련한 참신한 의견들을 개진해 준 유지윤, 김주희, 김정민, 한서영, 박현우, 박재원, 홍준석

등 젊은 연구자들이 전집발간과 함께 더욱 성장하기를 기원합니다.

불멸과 무오를 추구하는 기독교정신에 따라 세워진 연세대학교를 통해 다시 햇빛을 보게 된 우남 이승만의 저작들이 가능한 무오하게 출판되어 불멸의 문화재로 남을 수 있기를 기원하며, 여러분의 지속적인 관심과 격려를 부탁드립니다.

2019년 3월

연세대학교 이승만연구원 원장

정치외교학과 교수

김 명 섭

축사

『우남 이승만 전집』이 마침내 발간된 것을 부끄럽고 안타깝지만 뜨거운 가슴으로 축하합니다.

이승만건국대통령기념사업회 회장으로서 또 대한민국 국민의 한 사람으로서 진작에 했어야 할 사업의 첫발을 이제서야 내딛게 되었다는 사실에 가슴 뿌듯한 안도감을 느낍니다.

우리나라 건국대통령의 전집이 없다는 것이 얼마나 창피한 일인지 우리 국민들은 제대로 인식하지 못해 왔습니다. 세계 최빈국이라거나 최약소국이라 해도 자국의 건국대통령과 건국의 역사를 자랑스럽게 여기는 것은 당연하다 하겠습니다. 하물며 대한민국 건국의 역사는 하나님의 기적이라고 할 정도로 대단한 대서사드라마였고 그 주인공은 이승만이었다고 할 것입니다.

이것은 대한민국이 건국 70년만에 세계 최빈국에서 세계 10대 무역대국으로 성장한 역사 그 자체가 입증하고 있는 사실입니다. 박헌영전집이나 김일성전집까지 열람할 수 있는 나라에서 이승만 대통령의 전집만이 없는 채로 지금까지 발전해왔다는 것은 놀라운 일입니다.

이제 총 35여권으로 계획된 『우남 이승만 전집』 발간사업의 첫발을 내딛게 되었습니다. 이승만 대통령은 대한민국 역사상 어떠한 지도자, 어떠한 전직 대통령들보다 많은 저술 활동을 했습니다. 그는 90 평생 시인, 언론인, 계몽운동가, 독립운동가, 정치사상가, 건국운동가, 통치자로서 많은 저작물을 남겼습니다. 이러한 저작물을 모아 발간하는 『우남 이승만 전집』은 19세기말부터 20세기 후반에 이르는 한국 근현대사를 올바로 규명하는데 크나큰 역할을 하게 될 것입니다.

2019년은 3 · 1독립운동 100주년이자 이승만이 대한민국임시정부 대통령이 된 해입니다. 이 뜻깊은 해에 『우남 이승만 전집』 제1차분을 헌정하게 된 것을 기념사업회 회장으로서 무한한 영광으로 생각합니다.

이승만전집발간위원회 위원장이신 이규학 기독교대한감리회 전(前) 감독님, 연세대학교 이승만연구원 김명섭 원장님, 그리고 발간사업에 참여하여 노고를 아끼지 않으신 여러분들께 진심으로 감사와 축하를 드립니다.

아무쪼록 『우남 이승만 전집』 발간을 계기로 대한민국 건국역사와 이념이 바로 서게 되기를 두 손 모아 기도드립니다.

2019. 3. 26.

이승만건국대통령기념사업회

제11대 회장 신 철 식

독립졍신

만 승 리 가 슐 져

大韓帝國萬萬世獨立
門

f 1

독립요지 셔

옥중에 지리ᄒᆞᆫ셰월이 거연히 칠년이된지라 쳔금광음을 허숑ᄒᆞ기ᄋᆡ셕ᄒᆞ야 ᄂᆡ외국친구들의 ᄯᅦ로빌녀쥬ᄂᆞᆫ 각식서칙을 잠심ᄒᆞ야 고초와 근심을 적이 닛고져ᄒᆞ나 잇다금 셰상형편을ᄯᅡ라 어리셕은창ᄌᆞ에 울분ᄒᆞᆫ피가 북밧침을 억제ᄒᆞᆯ수업셔 여간ᄒᆞᆫ 칙권을 번역ᄒᆞ여 노은것이 몃가지잇스나 ᄒᆞᆫ나도 발간치못ᄒᆞ미 마ᄋᆞᆷ에 더욱 울젹ᄒᆞᆷ을 익의지못ᄒᆞ다가 슈년동안을 신문론설짓키로 적이 회포를말ᄒᆞ더니 즁간에 무ᄉᆞᆷᄉᆞ단이잇셔 그것도 ᄯᅩᄒᆞᆫ 폐지ᄒᆞ고 잇슬ᄎᆞ에 일아전쟁이 버려지ᄂᆞᆫ지라 비록 셰상에나서셔ᄒᆞᆫ가지 유조ᄒᆞᆫ일을 일울만ᄒᆞᆫ 경륜이업스나 이엇지 남ᄋᆞ의 무심히 들어안졋슬 ᄯᅦ리요 강ᄀᆡ격분ᄒᆞᆫ눈물을 금치못ᄒᆞ야 그동안에 만들던 한영ᄌᆞ뎐을 뎡지ᄒᆞ고 양력이월십구일에 이글만들기를시쟉ᄒᆞ니 당초에ᄂᆞᆫ ᄒᆞᆫ장조희에 쟝셔를긔록ᄒᆞ야 몃만장을 발간ᄒᆞ려ᄒᆞ엿더니 급기 시쟉ᄒᆞ고본즉 ᄉᆞᆫ을수업ᄂᆞᆫ말이 련속ᄒᆞᄂᆞᆫ지라 마지못ᄒᆞ야 관계잇ᄂᆞᆫᄉᆞ건을 대강대강긔록ᄒᆞᆯ시 기간에 ᄉᆞ형에쳐ᄒᆞᆫ죄슈들을 집힝ᄒᆞᆫ일도 슈ᄎᆞ잇셧스며 들고나ᄂᆞᆫ죄슈도 여러히미 ᄌᆞ연히소요ᄒᆞ고 송구ᄒᆞ야 얼마뎡지ᄒᆞ기도ᄒᆞ고 혹 비밀히ᄊᆞ노라고 몃번ᄊᆞᆺ셔 감초기도ᄒᆞ엿스미 셔역이 ᄌᆞ연 련속치도못ᄒᆞ고 ᄯᅳᆺ시 ᄯᅩᄒᆞᆫ 여일치못ᄒᆞ나 그 강령을상고ᄒᆞ면 ᄆᆡᆨ락이 서로련락ᄒᆞ야 다 독립두글ᄌᆞ의 쥬의ᄒᆞᆫ것이라 디명과인명을 만히 쓰지안코 ᄒᆞᆼ용쓰ᄂᆞᆫ 쉬운말로 길게늘여 셜명ᄒᆞᆷ은 고담소셜ᄀᆞᆺ치 보기됴케만듬이오 젼혀 국문으로 긔록ᄒᆞᆷ은 젼국에 슈효만은인민이 보기쉽게만듬이오

f 2

독립요지 셔문 이

특별히 빅셩변을향ᄒᆞ야 만히의론ᄒᆞᆷ은 대한의쟝ᄅᆡ가 젼혀 아ᄅᆡ인민들의게 달님이라 대뎌 우리나라에 소위 즁등이샹ᄉᆞ람이나 여간 한문ᄌᆞ나 안다ᄂᆞᆫᄉᆞ람은 거의다 써ᄀᆞ고 물이들어 다시 바랄것이업ᄉᆞ며 또ᄒᆞᆫ 이ᄉᆞ람들이 ᄌᆞ긔몸만 그럴ᄲᅮᆫ안이라 이ᄉᆞ람들 사ᄂᆞᆫ근쳐도 다 그긔운을밧아 엇지ᄒᆞᆯ수업시 되엿ᄂᆞ니 이말이듯기에 너무 심ᄒᆞᆫ듯ᄒᆞ나 력력히 증험ᄒᆞ야보면 허언이안인줄을 가히밋을지라 오직 나의깁히바ᄅᆞᄂᆞᆫ바ᄂᆞᆫ 국즁에 더욱 무식ᄒᆞ고 쳔ᄒᆞ며 어리고 약ᄒᆞᆫ형뎨ᄌᆞᄆᆡ들이 가쟝 만히쥬의ᄒᆞ야 스ᄉᆞ로 흥긔ᄒᆞᆫ마음이ᄉᆡᆼ겨 ᄎᆞᄎᆞ힝ᄒᆞ기를 시험ᄒᆞ며 남을또ᄒᆞᆫ 인도ᄒᆞ야 날로 인심이변ᄒᆞ며풍속이 곳쳐져셔 아ᄅᆡ셔븟허 화ᄒᆞ야 써ᄀᆞ은ᄃᆡ셔 싹이나며 죽은ᄃᆡ셔 살아나기를 원ᄒᆞ고 원ᄒᆞ노라

건국ᄉᆞ쳔이빅숨십칠년륙월이십구일

한셩감옥셔죄슈 리 승 만 긔록

후셔

사ᄅᆞᆷ이말ᄒᆞ되 범의게물녀가도 졍신만일치안으면 산다ᄒᆞ니 만일 이말이 거즛것이안이면 비록 나라는 망ᄒᆞ엿셔도 그나라ᄇᆡᆨ셩의 독립졍신만 완젼ᄒᆞ면 결코 아조망ᄒᆞ지안을지라

대뎌 희랍의독립을 보앗ᄂᆞᆫ가 그 영광스러운결과가 엇지 ᄒᆞ로아참에 된일이며 ᄯᅩᄒᆞᆫ 이탈리의독립을 보앗ᄂᆞᆫ가 그 굉장ᄒᆞᆫᄉᆞ업이 엇지 ᄒᆞᆫᄉᆞ람의힘이리요 이ᄂᆞᆫ 반다시 여러히를 요구ᄒᆞ고 여러ᄉᆞ람을 요구ᄒᆞ야 붓과혀를 쉬지안코 휘둘으며 ᄯᅡᆷ과피를 흠ᄲᅵ흘니어 대동ᄒᆞᆫ 인심이 독립ᄒᆞ고십흔ᄉᆡᆼ각에 아조 갓가온 연후의일이라 그런고로 녜로브터 어진ᄉᆞ람은 ᄌᆞ긔ᄒᆞᆫ나만 영웅되기를원치안코 반다시 다른ᄉᆞ람으로ᄒᆞ여곰 ᄌᆞ긔와ᄀᆞᆺ흔 영웅되기를원ᄒᆞ야 귀를볼어주고 마음을열어주어 젼국ᄇᆡᆨ셩이 ᄒᆞᆫ 방향으로 나가기를 원ᄒᆞᄂᆞᆫ바ㅣ라

슯흐다 오ᄂᆞᆯ날 죠션국의 셩명이변ᄒᆞ고 죠션ᄇᆡᆨ셩의일홈이 죵문셔에 잇ᄂᆞᆫᄯᅦ를당ᄒᆞ야 소위 죠션국의혼이나 죠션ᄇᆡᆨ셩의졍신은 어ᄃᆡ잇ᄂᆞ뇨 그나라ᄂᆞᆫ 비록 ᄂᆞᆷ의입에물렷스되 그졍신은 불가불보젼ᄒᆞᆯ시 이에 리학ᄉᆞ 승만씨의쓴바 독립졍신이 셰상에 나오니 이ᄂᆞᆫ 우리 죠션 ᄉᆞ쳔년력ᄉᆞ에 처음으로불으ᄂᆞᆫ소ᄅᆡ요 ᄯᅩᄒᆞᆫ처음으로 듯ᄂᆞᆫ소식인뎌 그러ᄒᆞ나 독립졍신은 원ᄅᆡ 우리나라를 일은후 창졸간에 쓴것이아니오 곳 일아젼징이 시쟉되기젼 거의 인쳔항구에 대포소ᄅᆡ가 터질ᄯᅥᆨ에 쓴것이니 당시에 리승만씨는

무슐년졍변으로 옥즁에잇슨지가 여섯힛지요 이ᄉᆞ람용만은 감금을면ᄒᆞᆫ지 겨우슈삭이라 ᄒᆞ로아침에 이글을써 몬져 옥즁에ᄒᆞᆷ끠 잇ᄂᆞᆫ동지쟈들 졍슌만 신흥우 리동녕 졔군의게뵈히고 다시 용만의게붓쳐 비평ᄒᆞ기를청ᄒᆞᄆᆡ 용만은 감히그일을감당치못ᄒᆞ고 오직 로셩ᄒᆞᆫ션ᄇᆡ 리상진씨의게 부탁ᄒᆞ야 ᄒᆞᆫ번 비평을듯고 다시교졍ᄒᆞᆷ이라

오호ㅣ라 죠션ᄇᆡᆨ셩이 복이업슴인지 용만이 힘을쓰지안음인지 감히 스ᄉᆞ로 판단치못ᄒᆞ나 그러ᄒᆞ나 그동안 이것을 츌판코져ᄒᆞᆫ지가 다만 ᄒᆞ로나 일년ᄲᅮᆫ안이나 그러ᄒᆞ나 동으로쥬션ᄒᆞ고 셔으로힘써도 맛참ᄂᆡ 상당ᄒᆞᆫ부비를 엇지못ᄒᆞ고 또ᄒᆞᆫ이것을실고 미국ᄭᆞ지와셔 ᄒᆞ로밧비 츌판코져ᄒᆞ여도 ᄆᆡ양 ᄯᅳᆺ이ᄀᆞᆺ지못ᄒᆞᆫ 방히를닙어 오날여긔셔쥬션ᄒᆞᆫ일이 ᄅᆡ일 뎌긔가면 틀니ᄂᆞᆫ고로 필경에ᄂᆞᆫ ᄯᅳᆺ을ᄯᅥ럿드리고 다시 이글을 본쥬인의게 돌녓스니 이ᄂᆞᆫ 용만이 다만 이글을쓴쟈의게 한만ᄒᆞ다ᄂᆞᆫ 칙망을밧을ᄲᅮᆫ아니라또ᄒᆞᆫ 우리동포의 공번된리익을 방히ᄒᆞᆫ쟈ㅣ라ᄒᆞ여도 다시 발명ᄒᆞᆯ곳이업노라

아모커나 보ᄇᆡ론빗은 갈이우기어렵고 샤향의냄ᄉᆡᄂᆞᆫ 스ᄉᆞ로 감초지못ᄒᆞ야 이글의아름다온소ᄅᆡ가 ᄉᆞ방에들니ᄆᆡ 맛참ᄂᆡ 이글ᄀᆞᆺᄒᆞᆫ ᄉᆞ람들이잇셔 동지ᄒᆞᆫ친구들이 마ᄋᆞᆷ을합ᄒᆞ고 힘을합ᄒᆞ야 일년을경영ᄒᆞᆫ후 비로소 이글을츌판ᄒᆞ니 그동안 그이들의얼마나 ᄋᆡ쓰고 얼마나힘들인것은 용만이 능히 ᄌᆞ긔의지닌일을 증거ᄒᆞ야아노라

그러ᄒᆞ나 이글을 쓴ᄉᆞ람이나 이글을츌판ᄒᆞᄂᆞᆫ ᄉᆞ람이나 또ᄒᆞᆫ 용만이나 모든ᄉᆞ람들이 일뎨로 가셕히 녁이ᄂᆞᆫ것은 이것이 너무늣게 츌판되여 그동안 시셰에달음과 형편의

변홈으로 혹 닑는ᄉᆞ람들이 ᄌᆞ미를일흘ᄭᅥ 두려ᄒᆞ는바ㅣ라 그러ᄒᆞ나 이글은 원릐 졍치상요령을 만히들어말ᄒᆞ야 본국과외국의 고금흥망을 비교ᄒᆞ야 쓴것인고로 어나ᄉᆞ름이던지 므릇 이글을닑는쟈는 위션 이글쓴쟈의 몬져 새달은것도 짐쟉ᄒᆞ려니와 또ᄒᆞᆫ 응당 독립의졍신이들고 독립ᄒᆞ는ᄉᆞ람이되여 쟝ᄎᆞ 죠션에유조ᄒᆞᆫ인ᄌᆡ가 될줄로밋노라

건국ᄉᆞ쳔이빅ᄉᆞ십숨년일월 일 박 용 만

후셔

독립졍신은 우리대한국권을 안젼키위ᄒᆞ야 지은글이라 이칙을 져술ᄒᆞᆫ이의 익국ᄒᆞ는 혈셩이 얼마나 지극ᄒᆞᆫ것은 이글을보는이가 가히알터인즉 족히 셜명ᄒᆞᆯ것이업거니와 이칙을 보는이들이 응당 이글의소죵리를 알고져ᄒᆞᆯ지니 대강 간략히 긔록ᄒᆞᆷ이 필요ᄒᆞᆯ듯ᄒᆞ도다

이글져술가 리션싱승만 **李先生承晩**씨가 셔울 만민공동회 파산ᄒᆞᆫ후로 옥즁에갓쳐 무수ᄒᆞᆫ뇌형을격고 셔소문안 구감옥셔에셔 칼쓰고착고ᄎᆞ고 수갑질으고 쥬야닐곱돌을 지닐ᄯᅢ에 시시로 쳐형당ᄒᆞ기를 고ᄃᆡᄒᆞ엿스며 동지ᄒᆞᆫ츙의렬ᄉᆞ의 쳐교쳐참당ᄒᆞ는것을 여러번목견ᄒᆞ고 놈보다 몬져쳐형당ᄒᆞ기를 원ᄒᆞᆫ젹이 ᄒᆞᆫ두번이아니며 ᄒᆞᆷᄭᅴ갓친 죄슈들이 신문을비밀히구ᄒᆞ여보고 리승만이간밤에 쳐형당ᄒᆞ엿다는 귀졀을 닐거들닌젹이 일이ᄎᆞ에 지닉엿스며 그 부친ᄭᅴ 유언ᄒᆞ는글을 보닉인것이 세번이오 그부친은 옥문밧게셔 그 죽은시톄를 가져가려 경야ᄒᆞᆷ이두번이라 져간 다소ᄒᆞᆫ졍형은 다닐으지말고 대강 이걸로만보아도 오ᄂᆞᆯ날 션싱의싱활ᄒᆞᆷ은 과연 련명이라ᄒᆞ리로다 무슈ᄒᆞᆫ고초와 단련을격고 모년모월에 종신징역에 션고ᄒᆞ야 옥즁에셔 거의칠년동안을지닉고 일쳔구빅ᄉᆞ년팔월구일에 비로소 방송을엇어 옥을면ᄒᆞᆫ후에 즉시 미국에리도ᄒᆞ야 지금 문학ᄉᆞ가되엿는지라

뎌 옥즁에잇셔 쳔신만고를지닉가면셔도 츙의의피는 복즁에셔 잠시도 식지안이ᄒᆞ여

우 흥 신

만 용 박

f 7

지필을 일뎨로 엄금ᄒᆞᄂᆞᆫ즁에셔 수년동안을 뎨국신문론셜을 여일히지어 긔숑ᄒᆞ엿스며 쥬야 학업을잠심ᄒᆞᄂᆞᆫ여가에 갑오일쳥젼징긔와 몃가지 긴요ᄒᆞᆫ글을 번역ᄒᆞ엿스나 국ᄉᆞᄂᆞᆫ 날로글너가며 완고협잡비들은 졈졈 득셰ᄒᆞᄂᆞᆫ즁에셔 신학문셔칙을 뉘가보고져ᄒᆞ며 셰계상 대운동에관계ᄒᆞᆫ글을 뉘가감히 발힝ᄒᆞ리요 헛되히 지필과ᄉᆞ고만허비ᄒᆞᆯ뿐인고로 번역과 글짓ᄂᆞᆫ것은 폐지ᄒᆞ고 한영ᄌᆞ뎐을 만들기시쟉ᄒᆞ야 쥬야잠심ᄒᆞᆯ시 맛츰ᄂᆡ 일아젼징이 날로 급박ᄒᆞ여 오ᄂᆞᆫ지라 젼국ᄇᆡᆨ셩은 금음밤즁에잇셔 무엇이 밧게셔 박두ᄒᆞ여오ᄂᆞᆫ지 모르고지ᄂᆡ며 황실은 아라ᄉᆞ보호안에들어 조곰도 념려업시 여일ᄒᆞᆫ 태평건곤이라 엇지 쟝ᄅᆡ를보고 안즌쟈의 방셩대곡ᄒᆞᆯᄇᆡ 아니리요 인ᄒᆞ야 ᄌᆞ뎐역ᄉᆞ를폐ᄒᆞ고 이글을시쟉ᄒᆞ니 이글의 일편쥬의인즉 셰계의 대강형편을 국문으로 긔록ᄒᆞ야 젼국에 상하귀쳔이 일톄로보고 ᄭᆡ닷게ᄒᆞ고져홈이라 션싱의 쳔만고초즁셜어밋쳔 의담츙혈을 이글ᄒᆞᆫ권에 토ᄒᆞ여ᄂᆡ엿도다

글을 필역ᄒᆞ기젼에 젼징이 버러지고 글을 맛츠ᄆᆡ 형편이 아조 변ᄒᆞᆫ지라 나라의 독립이 쟝ᄎᆞ 뉘손에달닌지 몰으게되엿거늘 독립을의론ᄒᆞᆫ글이 엇지용랍을엇으리요 이글이 젹몰을당ᄒᆞᆯᄭᆞ 두려ᄒᆞ야 옥즁에셔도 틈틈이 감초고 급기 션싱이 옥에셔나오ᄂᆞᆫ날에 놈이 이글잇ᄂᆞᆫ줄을알고 젼파ᄒᆞ면 발간ᄒᆞ기젼 압수를당ᄒᆞᆯᄭᆞ 념려ᄒᆞ야 깁히 간수ᄒᆞ다가 다힝히 활판ᄌᆞ유ᄒᆞᄂᆞᆫ 미국텬디에 니르럿스니 우리 한국의 복조이로다 동지우 박용만 신흥우 량씨가 이글을 발힝ᄒᆞ려고 ᄎᆞ뎨로경영ᄒᆞ야 지어활판과 쥬ᄌᆞ

ᄭᆞ지 쥰비ᄒᆞ엿ᄉᆞᄂᆞ 미흡ᄒᆞᆫ관계가잇셔 맛참ᄂᆡ시작지 못ᄒᆞ얏다가 다ᄒᆡᆼ히 동지우모모 졔군이 동심합력ᄒᆞ야 이글이 비로소 발ᄒᆡᆼ되니 비록 형편이변ᄒᆞ고 ᄯᆡ가 늣즌듯ᄒᆞᄂᆞ 우리나라ᄉᆞ람의 쳐디로 오날이라도 알어야ᄒᆞᆯ것은 이거시오 ᄅᆡ일이라도 알어야ᄒᆞᆯ것은 이거시라 션ᄉᆡᆼ은 이글을 다시교졍ᄒᆞᆯ 여가이업셔 모모동지에게맛겨 임의로 ᄒᆞ기를 허락ᄒᆞ엿ᄉᆞᄂᆞ 모모동지ᄂᆞᆫ ᄯᅩᄒᆞᆫ 본문ᄃᆡ로 셰상에 젼파코져ᄒᆞ여 쵸본을 변치안코 발ᄒᆡᆼᄒᆞ노니 츙의동포들은 깁히상고ᄒᆞ며 션ᄉᆡᆼ이 이글로써 ᄇᆡ양ᄒᆞᆫ졍신을 예비ᄒᆞᆯ줄밋노이다

건국ᄉᆞ쳔이ᄇᆡᆨᄉᆞ십ᄉᆞᆷ년일월이십구일 문양목 근셔

f9

독립요지 목록

f 10

f 12

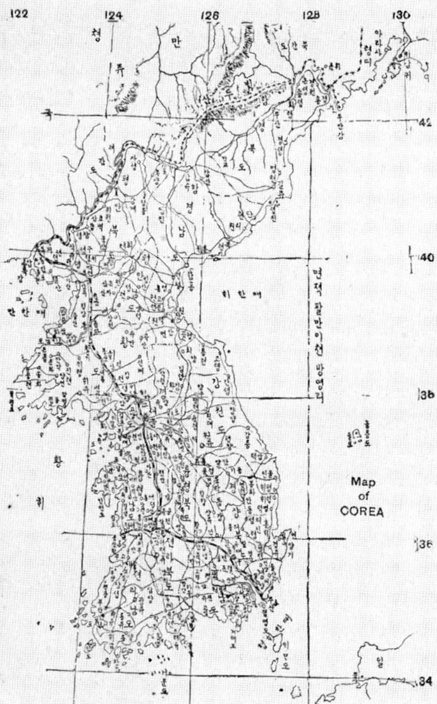

도 디 션 죠

太祖高皇帝陛下

태조고황뎨

하 폐 뎨 황 태

대황뎨폐하

1

독립요지 단

총론

슯흐다 나라이 업스면 집이 어듸잇스며 집이 업스면 나의일신과 부모쳐ᄌᆞ와형
뎨자ᄆᆡ며 일후ᄌᆞ손이 다 어듸셔살며 어듸로 가리요 그럼으로 나라에 신민된쟈
는 샹ᄒᆡ귀쳔을 물론ᄒᆞ고 화복안위가 다 일톄로 그 나라에 달녓ᄂᆞ니 비컨ᄃᆡ 만
경창파에 ᄇᆡ탄것갓ᄒᆞ여 바람이슌ᄒᆞ고 물결이고요ᄒᆞᆯᄯᆡ는 돗달고 노질ᄒᆞ기를 젼
혀 사공들의게맛겨두고 모든션ᄀᆡᆨ들은 각각제ᄯᅳᆺ듸로물너가 잠도쟈며 한가히 구
경도ᄒᆞ야 직분외에 일을간셥ᄒᆞᆯ바ㅣ 업스되 만일 풍랑이도도ᄒᆞ며 풍우가대쟉ᄒᆞ
야 돗ᄃᆡ가 부러지며 닷줄이 ᄭᅳᆫ허져셔 허다ᄒᆞᆫᄉᆡᆼ명의 사ᄉᆡᆼ존망이 시각에 달닐진
ᄃᆡ 그안에 안즌쟈ㅣ 뉘안이 졍신ᄎᆞ려 일심으로 일허ᄂᆞ셔돕기를 힘쓰리요 셜령
젼일에 원혐이잇던쟈ㅣ라도 다 이져바리고 일시에 합력ᄒᆞ야 무사히건너가기만
위쥬ᄒᆞᆯ지니 이는 그ᄇᆡ가 ᄭᆡ여지면 나의원수ᄂᆞ 나의몸이ᄂᆞ 다 화를면ᄒᆞᆯ수 업슴
이요 혹 허다ᄒᆞᆫ 보ᄑᆡ와 ᄌᆡ산을 가진쟈ㅣ라도 다 네것 ᄂᆡ것슬 물론ᄒᆞ고 분분히
물에더져 ᄇᆡ를 가바야히 만들어 가라안지안키만 도모ᄒᆞᆯ지니 이는 그ᄇᆡ가 잠기
면 나의목숨이 홀노살수업고 목숨이 살지못ᄒᆞ면 보ᄑᆡ와 ᄌᆡ산이 ᄯᅩᄒᆞᆫ 귀ᄒᆞᆯ것업
슴이라 그럼으로 합심ᄒᆞ야 조곰도 ᄉᆞᄉᆞᄉᆡᆼ각이업시 사공들의 힘을도와 다 갓치
살려고만ᄒᆞᆯ지니 이는 사공을 위ᄒᆞᆷ이안이요 곳 자긔몸을 위ᄒᆞᄂᆞᆫ도라 셜령 사공

된이들 이각각 졔직칙을다ᄒᆞ야 갈지라도 션ᄀᆡᆨ들은 각기졔몸을 위ᄒᆞᄂᆞᆫ도리에참아 그져잇지 못ᄒᆞ게거놀 ᄒᆞᆷ을며 션인들이 혹 술도취ᄒᆞ며 혹 잠도못새며 혹 눈도멀고 팔도부러져셔 동셔를 분변치못ᄒᆞ며 위ᄐᆡᄒᆞᆷ을 새닷지못ᄒᆞ야 졈졈움쟉일ᄉᆞ록 더욱위ᄐᆡᄒᆞ게만들어 널판이 쪽쪽ᄶᅥ러지고 긔계가 낫낫치상ᄒᆞ야 물이사면으로 들어오며 인명이 차례로섀져들ᄆᆡ 리웃ᄇᆡ에셔 급히와셔 ᄃᆡ신건져쥬려ᄒᆞ면이ᄇᆡ에 션ᄀᆡᆨ들은 종시남의게 밀어두고 무심이안져 죽기만고ᄃᆡᄒᆞᆷ이 도리라ᄒᆞ게ᄂᆞᆫ가 지혜라ᄒᆞ게ᄂᆞᆫ가 맛당이 남이건져쥬기도 바라지말며 션인들의게 바려두지도말고 다 각기졔일로알아 졔힘을다ᄒᆞᆯ지어다 그러ᄂᆞ 사공들이 션ᄀᆡᆨ과합력ᄒᆞ야일심으로 일ᄒᆞᆯ진ᄃᆡ 공효가속ᄒᆞᆯ지니 피ᄎᆞ에 다ᄒᆡᆼ이되려니와 그러치안이ᄒᆞ야 편벽되이 혜아리되 ᄇᆡᄂᆞᆫ 다 우리의물건이라 남이 엇지간예ᄒᆞ리오 다ᄒᆡᆼ이 건너가면 션가를후이밧아 랑탁을ᄎᆡ우것고 불ᄒᆡᆼ이 파션을당ᄒᆞ여도 우리ᄂᆞᆫ 혜염도칠줄알며 다른ᄇᆡ로 건너가기도 어렵지안이ᄒᆞ니 여러션ᄀᆡᆨ의 죽고살기를 우리알바ㅣ안이라ᄒᆞ야 상관ᄒᆞ기를 허락지안을진ᄃᆡ 여러션ᄀᆡᆨ들은 ᄒᆞᆯ수업다고 물너가 안졋게ᄂᆞᆫ가 ᄇᆡ질에련숙ᄒᆞ며 물길에도 익은쟈ㅣ잇셔 ᄒᆞᆫ두번착수ᄒᆞ면 무양이 도강ᄒᆞᆯ터이로되 져 몃몃사공들의 ᄉᆞᄉᆞ리해를위ᄒᆞ야 허다ᄒᆞᆫ싱명을 구ᄒᆞ지안이ᄒᆞ며 거창ᄒᆞᆫᄇᆡᄒᆞᆫ쳑을 건지지안이리오 우리 대한삼쳔리강산이 곳 이쳔만싱령을싯고 풍파대해에 외로히가ᄂᆞᆫᄇᆡ라 싱사존망의 급급업업ᄒᆞᆷ이 죠셕에달녓ᄂᆞ니 이ᄂᆞᆫ 삼쳑

동ᄌᆞ라도 다 짐쟈ᄒᆞ는바ㅣ라 엇더케 위ᄐᆡᄒᆞᆷ과 엇지ᄒᆞ여 이러ᄒᆞᆷ은 아ᄅᆡ다시 말
ᄒᆞ려니와 우리가 지금당쟝에 ᄲᅡ져가는즁에 안졋스니 졍신ᄎᆞ려 볼지어다

▲각각제칙망을ᄭᆡ달음

쳥컨ᄃᆡ 우리 대한동포들아 샹하귀쳔 대쇼관민 빈부존비 남녀로소를 다물론ᄒᆞ고 삼
쳔리강토에 속ᄒᆞ야 이쳔만인구에 참예ᄒᆞᆫ쟈는 다 나라를 이러케 만든거시 얼마큼식
자긔의 칙망이잇는쥴을 ᄭᆡ달아야ᄒᆞᆯ지라 그즁에 권리를잡고 졍부에안져 국권을졔손
으로 팔아먹은죄악이 세샹에 들어난쟈도 잇스며 혹은 그런ᄉᆞᄅᆞᆷ들의 일군이되여 나
라집을 헐어바리는일에 조역ᄒᆞᆫ쟈도 만ᄒᆞ며 혹은 소위 점잔은 완고대관이라고 톄통
과 도리만 차리다ᄀᆞ 나라집이 쓰러지기에 이르되 말ᄒᆞᆫ마ᄃᆡ 못ᄒᆞᆫ쟈도 만ᄒᆞ며 혹은 ᄌᆡ
명샹에 명예잇는 ᄃᆡ관이라고 형편ᄯᆞ라번복ᄒᆞ야 ᄌᆞ긔들의비긔지욕만 ᄎᆡ운쟈도 무슈
ᄒᆞ며 혹은 미관말직이라도 엇어다니는것만 영광으로녁여 권리가적으니 칙망이업다
ᄒᆞ고 젼후에 궁흉극악ᄒᆞᆫ일을 무슈히찬죠ᄒᆞᆫ쟈도 만ᄒᆞ며 기타모든 불법불의ᄒᆞᆫ류들은
다 물론ᄒᆞ고 지어 아ᄅᆡ빅셩으로 말ᄒᆞ여도 다 이와갓치 큰죄악은 범치안엇다ᄒᆞᄂᆞ 경
향원근을 물론ᄒᆞ고 나라집의 쓰러짐을 밧치지 못ᄒᆞᆫ죄는 져마다 갓치가진지라 이말을
쳐음듯는이들은 응당 그러치안케녁여 즁심에 헤아리되 쟌약ᄒᆞᆫ빅셩들이 나라 잘되고
못되기에 무숨관계ᄀᆞ 잇다ᄒᆞ며 겸ᄒᆞ야 나라를 근심ᄒᆞ며 빅셩을 념려ᄒᆞ야 쥬야의쓰
고 평싱을힘쓰던이도 ᄯᅩᄒᆞᆫ 각쳐에 적지안커늘 엇지 다갓치 죄칙이잇다ᄒᆞ리요 결단

코 공평ᄒᆞᆫ 의논이안이라 ᄒᆞᆯ터이ᄂᆞ 실샹 톄밧게안즌쟈로ᄒᆞ여금 볼진ᄃᆡᆫ 이런ᄉᆞ롬들도
또ᄒᆞᆫ 직칙을 다ᄒᆞ엿다 일을수업ᄂᆞᆫ지라 나라의독립긔초를 확실이세우거나 그러치못
ᄒᆞ면 독립을위ᄒᆞ야 목숨을바리ᄂᆞᆫ것시 비로소 그직칙을다ᄒᆞᆷ이요 그러치못ᄒᆞᆫ쟈ᄂᆞᆫ 아
모리 셩력을허비ᄒᆞ엿스나 국셰를회복ᄒᆞ기젼에ᄂᆞᆫ 그담칙을 벗지못ᄒᆞᆷ이라 그러나 죽
ᄂᆞᆫ것도 또ᄒᆞᆫ등분이잇ᄂᆞ니 혹 나라를 그릇드리고 ᄇᆡᆨ셩의게 젹원ᄒᆞ다가 죄악이 관영ᄒᆞ
야 련별이나 국법에 죽ᄂᆞᆫ쟈도잇스며 혹 극ᄒᆞᆫ죄악을 가득이지어 용랍ᄒᆞᆯ곳시 업게되
고도 능히 와셕종신ᄒᆞᄂᆞᆫ쟈도 잇스니 이러케라도 죽으면 곳죄악을면ᄒᆞᆫ다ᄒᆞᆯ가 결단코
그러치안은지라 응당 디옥에영구ᄒᆞᆫ벌도 면치못ᄒᆞ려니와 쳔츄만셰에 그일홈이 밧ᄂᆞᆫ
벌을 엇지 죽음으로써 벗스며 누ㅣ가그죽움을 인연ᄒᆞ야 무죄ᄒᆞ다ᄒᆞ며 불상타 ᄒᆞ리
오 이러케 죽어셔 도망ᄒᆞᆫ다ᄒᆞᆯ수업스며 혹 극ᄒᆞᆫ죄ᄂᆞᆫ 범치안엇스ᄂᆞ 졔몸을앗겨 셰샹
시비곡직에 관계ᄒᆞ지안타ᄀᆞ 편안이여년을 맛츠거나 질병과 ᄌᆡ앙을당ᄒᆞ야 죽ᄂᆞᆫ쟈도
잇스며 혹은 무셩무취ᄒᆞ게 엇어먹기와 엇어입기에 골몰히 평ᄉᆡᆼ을 보ᄂᆡ다ᄀᆞ 초목과
갓치셕ᄂᆞᆫ쟈도잇스니 이러케죽ᄂᆞᆫ것도 능히 직칙을 면ᄒᆞᆫ다ᄒᆞᆯ가 이도또ᄒᆞᆫ 그러치안은
지라 인ᄉᆡᆼ의 슈요장단은 혹 구별이잇스나 급기 ᄭᅮᆷ갓흔ᄇᆡᆨ년을 살다죽ᄂᆞᆫ날은 져마다
다일반이니 잠시되ᄂᆞᆫ셰상을 하로라도 더살욕심에 ᄭᅬ을녀 구구히욕을견ᄃᆡ며 원굴ᄒᆞᆷ
을참고 의쟈리를당ᄒᆞ야 영광시러히 죽을긔회를 일허버려 집과나라이 다그릇되게만
들고 능히쳔만년을 살지못ᄒᆞ미 필경 죽어 업셔지ᄂᆞᆫ날은 그 더럽고 비루ᄒᆞᆫᄉᆡᆼ명을 셰

상에뉘안이 통즁히녁이게스며 그후싱들은 쟝ᄎᆞ무어시라ᄒᆞ게ᄂᆞ뇨 응당 원망ᄒᆞ며 한탄ᄒᆞᄂᆞᆫ말이 우리조상들이 그됴흔긔회를 당ᄒᆞ엿슬ᄯᅢ에 다 ᄌᆞ긔들의 일싱들만싱각ᄒᆞ고 우리를 도라보지 아니ᄒᆞ야 오ᄂᆞᆯ날 우리가 셰상에 인류노릇슬못ᄒᆞ며 지원극통ᄒᆞᆫ쳐디를당ᄒᆞ고도 호소ᄒᆞᆯ곳시 업게되엿스니 다 우리조상들의 칙망이라ᄒᆞᆯ지니 엇지이러케죽어셔 용셔를엇고져ᄒᆞ리오 이러케 죽ᄂᆞᆫ것도 죄를면치못ᄒᆞᆯ것시요 혹은 긔한곤궁을 견ᄃᆡᆯ수업스ᄃᆡ 춤아 불의불신ᄒᆞᆫ일에 참예ᄒᆞᆯ수업다ᄒᆞ야 그지조를직히다가 긔한에죽이ᄂᆞᆫ바ㅣ 되ᄂᆞᆫ쟈도잇스며 혹은 괴로운셰상과 욕시러운 목숨을살기 귀치안타고도ᄒᆞ며 혹은 나라일이 날로급ᄒᆞ야 여망이 업스니 셰상에살아 소용업ᄃᆞ고도ᄒᆞ야 통분ᄒᆞᆫ마음을 익의지못ᄒᆞ야 자결ᄒᆞᄂᆞᆫ쟈도잇스니 이러케 죽ᄂᆞᆫ것시 가쟝공졍ᄒᆞ고 충분ᄒᆞᆫ죽움이라 능히 죄칙을면ᄒᆞᆯ듯ᄒᆞ나 이도ᄯᅩᄒᆞᆫ 나라ᄂᆞ 셰상을위ᄒᆞ야 죽엇다ᄒᆞᆯ수업고 용렬히 죽잇ᄃᆞᄒᆞᆯ뿐이라 만일시국을 통분히녁여 욕된셰상을 괴로히녁일진ᄃᆡ 쳔금일신을 엇지헛도히 스ᄉᆞ로바리리요 ᄒᆞᆷ을며 나의몸이 ᄯᅩᄒᆞᆫ ᄂᆡ것시아니라 텬디에 쥬지되신이가 ᄂᆡ게맛기샤 이것스로 셰상을위ᄒᆞ야 쓰게ᄒᆞ엿스니 ᄂᆡ가셰상에 살아잇슬동안 잠시맛허 힝ᄒᆞᆯ직분이 잇거ᄂᆞᆯ ᄂᆡ가임의로 바리ᄂᆞᆫ것슨 조물쥬의게 크게 득죄ᄒᆞᆷ이요 ᄯᅩᄒᆞᆫ 국민된도리로 말ᄒᆞᆯ지라도 나의일신이 그나라에 ᄃᆡᄒᆞ야 맛당히 힝ᄒᆞᆯ의무가잇스니 대소관민간에 다 일톄로 나라에쇽ᄒᆞ엿거ᄂᆞᆯ 엇지 그 즁대ᄒᆞᆫ줄을 모르고ᄉᆞᄉᆞ로 업시ᄒᆞ기를 경ᄒᆞᆯ히ᄒᆞ리오 이ᄂᆞᆫ 나라에득죄ᄒᆞᆷ이라 일신을바려셔 하ᄂᆞᆯ과 ᄉᆞ름의게 일톄로득죄ᄒᆞᆷ이 엇지경계ᄒᆞᆯ바ㅣ 안이리오 맛당히 공분ᄒᆞᆫ혈심과 츙의ᄒᆞᄂᆞᆫ본의로 의를잡고 셰상에나서셔 간셰ᄒᆞᆫ무리와 패악ᄒᆞᆫ 류들을쳐셔 공담ᄒᆞᆫ마ᄃᆡ라도 놈의이목에 들어ᄂᆡ고 쟌약ᄒᆞᆫ동포를 ᄃᆡ신ᄒᆞ야 강포ᄒᆞᆫ원수를 물니치다가 셰력에섯겨 죽ᄂᆞᆫ바ㅣ될진ᄃᆡ 이것시 참 영광시러은 죽움이요 나라를위ᄒᆞᄂᆞᆫ 죽움이라 하ᄂᆞᆯ의맛기신 본의를 져바리지 안음이오 나라에 신민된직분을 다ᄒᆞᆷ이니 이러케 몸을바린자야 비로소 직칙을 다ᄒᆞ엿다ᄒᆞᆯ지니 그죽은것시 참 죽움이아니요 영원이 살아잇슴이라 쳔츄에 빗ᄂᆞᆫ일홈이 긋치지안을지니 실로귀ᄒᆞ고 영화로은죽움이라 뉘아니 부러워ᄒᆞ며 뉘아니 츄앙ᄒᆞ리요 그러ᄂᆞ ᄉᆞ롬이 흔히말ᄒᆞ기를 비록의자리를 엇어죽고져ᄒᆞ나 셰상에 알ᄉᆞ람이업스니 어리셕게 죽을뿐이라 무슴일홈이 들어ᄂᆞ리요ᄒᆞ며 혹은일으ᄃᆡ ᄂᆡ가의에들어가 죽어도 뒤를ᄯᆞ를쟈ㅣ 업스니 나만실업시 죽을뿐이라 무슴효험이 잇스리요ᄒᆞ며 혹은 ᄂᆡ몸이죽어 일만될것갓흐면 열번이라도 죽기가 어렵지 안으렷만은 나만죽고 일도되지못ᄒᆞᆯ터이니 쟝부가 엇지헛도히 목숨을 발이리오 ᄒᆞᄂᆞᆫ지라 이 셰가지난호어 말ᄒᆞᆯ진ᄃᆡ 죽어도알쟈ㅣ 업다ᄒᆞᆷ을 몬져셜명ᄒᆞᆯ지라

대개 츙역과 시비라ᄒᆞᄂᆞᆫ것슨 인졍과형편을ᄯᆞ라 변ᄒᆞᄂᆞᆫ구별이잇ᄂᆞ니 혹 오날츙신으로 녁이던쟈이 ᄅᆡ일역젹으로 녁이게 되기도ᄒᆞ며 혹 이곳에셔 올타ᄂᆞᆫᄉᆞ람을 져곳에셔 그르다고 ᄒᆞᄂᆞᆫ쟈도잇ᄂᆞ니 지식이밝지 못ᄒᆞᆫᄉᆞ람은 멀니보지못ᄒᆞ야 그ᄯᆡᄉᆞ람들의 영웅호걸이라는것슬 즁히녁여 쳔ᄇᆡᆨᄃᆡ에 란신젹ᄌᆞ의 일홈을 들을쥴은 ᄭᆡ닷지못ᄒᆞ며

혹 한디방에셔 츙신렬사라 일커름을 장히녀여 셰계각국이 간신 소인이라 ᄒᆞᄂᆞᆫ것슨 알지못ᄒᆞ미 다만 당쟝에 보고듯ᄂᆞᆫ거스로만 위쥬ᄒᆞ야 능히 참공변되히 의로음을 힝치못ᄒᆞ되 오직지혜가밝고 싱각이 먼쟈라야 능히 일시인심을 불계ᄒᆞ며 한 디방공론을 향거ᄒᆞ고 굿세히 의를직혀 놈은 다 어리셕다고도ᄒᆞ며 혹 역이라 젹이라ᄒᆞ되 홀로 영광으로알아 굴치안코 죽기를즐겨ᄒᆞ야 몃십년 몃빅년후에 가셔야 비로쇼 그일ᄒᆞᆷ과 영광이 셰상에 들어나ᄂᆞ니 이젼ᄉᆞ긔에 빗ᄂᆞᆫ일ᄒᆞᆷ들을보면 그ᄯᆡ에ᄂᆞᆫ 다 아모도 몰을듯ᄒᆞ엿스되 ᄌᆞ연히 이셰상에 드러나 숨길수업시됨이라 지금이라도 우리이목의 관렴으로ᄂᆞᆫ 놈이아모리 알쟈ㅣ업슬듯ᄒᆞ나 실상으로 공변된 의를직히기 어려온것시 한탄이지 공변된의를들어 죽기만ᄒᆞᆯ진ᄃᆡ 엇지셰상에셔 알지못ᄒᆞᆯ 리치가잇스리요 우리나라에도 경쟝이후로 나라를위ᄒᆞ야 죽은ᄉᆞ람이 몃몃되ᄂᆞᆫ지라 혹 발셔들어나기도ᄒᆞ고 혹 아직들어나지안키도ᄒᆞ엿스되 다 셰상의 이목이ᄌᆞ직ᄒᆞ니 ᄉᆞᄉᆞ로 숨길슈업슬지라 아직시ᄃᆡ가 오ᄅᆡ지못ᄒᆞᆷ을 인연ᄒᆞ야 뭇친일ᄒᆞᆷ이 여러시나 ᄎᆞᄎᆞᄯᆡ를ᄯᅡ라 ᄉᆞ긔에도 올을것시오 칙을지어 발포ᄒᆞᆯ자도 잇슬지니 엇지 영히업셔진다ᄒᆞ리요 이ᄂᆞᆫ 죽은후에 알자ㅣ 업슬것은념려치 안을것시 분명ᄒᆞᆷ이오 둘지 나 한나 죽은후에 뒤를ᄯᅡ라 죽을ᄉᆞ람이 업다말ᄒᆞᆯ진ᄃᆡ 의 자리에 들어가죽은후에 놈이 내뒤를 ᄯᅡ르고 안이ᄯᅡ를것시 나의교계ᄒᆞᆯ바ㅣ 안이라 그자리를당ᄒᆞ야 뒤를 도라보ᄂᆞᆫ거슨 발셔 나의 죽을마옴이 굿건치못ᄒᆞᆷ이니 진실로 이러케죽ᄂᆞᆫ것이 영광으로만 알진ᄃᆡ 놈모르ᄂᆞᆫ즁에 나 혼

져알고 취ᄒᆞᄂᆞᆫ거시 더욱이 영광이라 나의게 방ᄒᆡ될것이 무엇시며 셜령 놈이 나와갓
치 죽을자ㅣ 업셔셔 일이되지못ᄒᆞᆷ을 념려ᄒᆞᆯ진ᄃᆡ 맛당히 내가 놈의죽ᄂᆞᆫᄃᆡ 갓치죽지못
ᄒᆞᆷ을 념려ᄒᆞᆯ지라 져마다 놈의 의리를갓치ᄒᆞ고져ᄒᆞᆯ진ᄃᆡ 놈이ᄯᅩᄒᆞᆫ 내 의리를 갓치ᄒᆞᆯ
지라 내가 만일놈의의리를갓치ᄒᆞ야 슌젼ᄒᆞᆫ공심으로 놈의뒤를ᄯᅡ를진ᄃᆡ 놈이반ᄃᆞ시
나의 의리를갓치ᄒᆞ야 내뒤를 ᄯᅡ를지니 이ᄂᆞᆫ 텬뎡ᄒᆞᆫ리치라 혹 당장에 ᄯᅡ르기도ᄒᆞ며
혹얼마후에 ᄯᅡ르기도ᄒᆞᄂᆞ 대의졍도를셰우ᄂᆞᆫ자리에 영히뒤가ᄭᅳᆫ치ᄂᆞᆫ법은 업ᄂᆞ니 이
ᄂᆞᆫ 뒤ᄯᅡ르ᄂᆞᆫ자ㅣ 업슴을 념려ᄒᆞᆯ것이 안이오 세ᄉᆞ지목숨이죽고도 일이 일우지 못ᄒᆞᆷ
을말ᄒᆞᆯ진ᄃᆡ ᄯᅩᄒᆞᆫ 결단코그럿치안은지라 ᄉᆞ람이 셰상을위ᄒᆞ야 큰리익을 도모ᄒᆞᆯ진ᄃᆡ
맛당히 그일이 텬리에 공번된의인가 안익가 근본만 물을것이오 일의되고 안이될것은
교계ᄒᆞᆯ바ㅣ 안이라 텬하에 공번된 의을잡고 죽기ᄭᆞ지 셩력을 다ᄒᆞ야 씨를 ᄲᅮ려둘진
ᄃᆡ 그 조만지속은 잇스나 필경은 들어나셔 됴흔ᄉᆞ업이 결실되리니 이ᄂᆞᆫ동셔양 각국
의 ᄉᆞ긔를볼진ᄃᆡ 증거가 한둘이안이라 대쟝부ㅣ맛당히 넓고쟝원ᄒᆞᆫ 텬리를밝히삷혀
굿게 나갈ᄲᅮᆫ이라 엇지 내가 그효험보기를 바라리요 우리나라에 큰리익되ᄂᆞᆫ ᄉᆞ업과
의리상일이 한나도 되지못ᄒᆞᄂᆞᆫ것은 ᄉᆞ람마다 다 그일의 되기만 바라ᄂᆞᆫ연고라 져마
ᄃᆞ 되기만바라고 이리져리 교계ᄒᆞᆫ즉 ᄌᆞ연히 죽을념려도나며 졔반리히의 관계가들
어와셔 의리상혈긔와 용밍스러온 담략을 다약ᄒᆞ게 만들미 다시 부픽ᄒᆞᆫᄉᆡᆼ각이 나셔
부득이ᄒᆞ야 놈이긔회를 만들어노흔후 내가 힘안들이고도 일이 슌편ᄒᆞ게 되기를 기

忠孝大節圃隱鄭夢周 의 像

죠션에 유도를 계통ᄒᆞ고 군국을 위ᄒᆞ여 의리를 잡고 슌졀ᄒᆞᆫ

포은션싱 졍몽쥬

다릴뿐이니 셔로 기ᄃᆡ리ᄂᆞᆫ즁에셔 무슴일이 되여볼수 잇스리요 만일 ᄉᆞ람마다 의리만ᄉᆡᆼ각ᄒᆞ고 목숨을 가바야히녁여 일심으로 나갈진ᄃᆡ 또ᄒᆞᆫ 놈이흥긔ᄒᆞ야 능히 억졔치못ᄒᆞ고 응ᄒᆞ여 나올지니 일이 엇지못되게스며 셜령 당쟝에는 응죵ᄒᆞᄂᆞᆫ ᄉᆞ람이업슬지라도 엇지 영히업슬리가 잇스리요 이는 죽어도 일이일우지못ᄒᆞᆯᄀᆞ 념려ᄒᆞᆷ이 맛당치못ᄒᆞᆷ이라 그런즉 이세가지 연고로 인연ᄒᆞ야 올흔자리에 죽지못ᄒᆞᆫ다ᄒᆞᄂᆞᆫ것시실로 의리를위ᄒᆞ야 죽기ᄭᆞ지 나가고져 ᄒᆞᄂᆞᆫᄆᆞ음이업ᄂᆞᆫ것시요 혹 이것슬ᄭᆡ닷지못ᄒᆞ야 능히 올케죽지못ᄒᆞᄂᆞᆫ쟈는 죽어도 그죄칙은 도망치못ᄒᆞᆯ지라 그런즉 이시ᄃᆡ에나셔이텬디에 살아안즌자ㅣ 한나도 죄칙이업다ᄒᆞᆯ수업ᄂᆞ니 각각ᄉᆡᆼ각ᄒᆞ여보면 ᄉᆞᄉᆞ로알녀니와 이칙을쓰는쟈도 또ᄒᆞᆫ 이쳔만구의 한나이라 이말을ᄒᆞᄂᆞᆫ거시 엇지 놈의게만 허물을돌녀보니고 져 혼자 무죄ᄒᆞ다ᄒᆞᆷ이리요 져도 ᄌᆞ긔의죄칙이 어ᄃᆡ 참예ᄒᆞᆯᄂᆞᆫ지 짐쟉이 업지안은지라 ᄉᆞᄉᆞ로 붓그럽고 두렵거니와 이상에긔록ᄒᆞᆫ 말인즉 ᄉᆞ람마다 ᄌᆞ긔의 죄칙을ᄭᆡ달아 놈의ᄒᆞ고 아니ᄒᆞᄂᆞᆫ것슬 뭇지말고 각기ᄌᆞ긔의 직칙과 도리만 힝ᄒᆞ야 죄칙을면ᄒᆞ도록 힘쓰기를 간졀히 바라ᄂᆞᆫ바ㅣ로라

▲직칙을힝치못ᄒᆞᆫ변화를당ᄒᆞᆷ

그러ᄂᆞ ᄉᆞ람이 다만 나라에 ᄃᆡᄒᆞᆫ직칙을 힝치못ᄒᆞ야 죄칙은될지라도 ᄌᆞ긔의 몸과집이ᄂᆞ 부지ᄒᆞᆯ진ᄃᆡ 당쟝졔게는 리로은즉 오히려 ᄌᆞ긔의계칙에는 지혜롭다고도 ᄒᆞ게고 혹 영웅호걸이라고도 ᄒᆞ련만은 필경 져의몸과 집안도 부지ᄒᆞ지못ᄒᆞᄂᆞ니 져 권리잇

뎐쟈들을보라 당시에 위엄과영광이 곳 텬디를진동ᄒᆞ며 쳔만년을 ᄊᆡ지지안을듯ᄒᆞ야 어리셕은 셰상이 모도그광치에 취ᄒᆞ야 부러워도ᄒᆞ며 츄앙도ᄒᆞ더니 일죠에 그 셰력이 다 어ᄃᆡ갓스며 그영광이 다 어ᄃᆡ잇ᄂᆞ뇨 아라샤 공ᄉᆞ관을 태산갓치 의지ᄒᆞ고 셰상을반ᄃᆡᄒᆞ야 텬하에 두려온거시 업는쥴로알고 못된돈을 한업시지어 ᄇᆡᆨ셩이살수업고 각국상업이 손해되게ᄒᆞᄆᆡ 누누히경고ᄒᆞ되 나의권리라ᄒᆞ야 듯지아니ᄒᆞ며 묵쥬를 뒤로터셔 안팟흐로 취리ᄒᆞ며 발가리로 ᄇᆡᆨ셩을해ᄒᆞ기와 참형을ᄂᆡ여 혹독ᄒᆞᆫ야만의일을힝ᄒᆞ며 연좌법을 회복ᄒᆞ고져ᄒᆞ야 무슈히 ᄋᆡ를쓰며유무죄간에 미결슈로 사오년식 ᄌᆡ판업시 가도어두며 포락으로 살을ᄯᅴ우기와 제반형구로 늑초를밧다가 ᄋᆡᄆᆡ히죽이기와 증역에션고ᄒᆞᆫ지 달포만에 다시 션고도업시 죽이기와 충직ᄒᆞᆫ ᄉᆞ람을얼거 도록을ᄉᆞᆱ여 고발을 식히거나 억지로구초에ᄂᆡ여 몰아넛커나ᄒᆞ며 외양으로ᄒᆞᄂᆞᆫ일은 톄통과 례절직히기며 등록찻기와 샤직상소ᄒᆞ기며 모든문구 치례ᄒᆞ기에 아모일도못ᄒᆞ며 ᄇᆡᆨ셩은 울고부루지지ᄂᆞᆫ즁에 노리와잔치는 날로심ᄒᆞ며 위망이시각에 잇스되 죵로슴거리로 풍류치며 돌아단일제 좌우에 벽제쇼리는 젼보다더ᄒᆞ며 관찰군슈로간쟈들은 민요만 ᄂᆡ지안코 먹으면 가쟝 지혜로온 영광이라ᄒᆞ며 고혈을 ᄲᅢ어 여디가업시ᄒᆞ야 심지어 ᄯᅡ를ᄯᅥ간다ᄂᆞᆫ 말ᄉᆞ지잇스며 기싱과풍류로 질탕히놀기와 도임힝ᄎᆞ에 호강을 다ᄒᆞ고 기타 모든폐단이 한량이업스되 가쟝 탐학ᄒᆞᄂᆞᆫ 관원은 포폄에우등을엇고 혹 만인샨과 비셕이 원근에즐비ᄒᆞ며 좀 어질다ᄂᆞᆫ관원은 용랍ᄒᆞᆯ 곳이업셔 심지어 ᄇᆡᆨ셩

을 너무ᄉᆞ랑ᄒᆞᆫ다ᄒᆞ고 파면을 당ᄒᆞᄂᆞᆫ쟈ㅣ잇스ᄆᆡ 민심이 ᄌᆞ연히돌아셔 원굴홈을당ᄒᆞ
고 호소ᄒᆞ기를 ᄉᆡᆼ각지안으며 혹 ᄌᆡ산과 뎐장을ᄲᆡ앗기고 살수업셔 악에밧쳐 졍부에
호쇼ᄒᆞᆯ진ᄃᆡ 셜원ᄒᆞ기ᄂᆞᆫ 고ᄉᆞᄒᆞ고 도로혀 풍화소관이라ᄒᆞ야 즁률로다사리며 홀로죽
고 상ᄒᆞᄂᆞᆫ쟈ᄂᆞᆫ 여간무셰ᄒᆞ고 볼ᄯᅴ업ᄂᆞᆫ 하등 잔민들ᄲᅮᆫ이오 도젹도 ᄌᆡ물잇ᄂᆞᆫ 유명대
젹은 죽이지안코 기타 ᄇᆡᆨ반폐막을 다 져의세리ᄂᆡ여 져의세리힝ᄒᆞ며 서로 호위ᄒᆞ여
가ᄆᆡ 곳 셰상이 다 ᄌᆞ긔들의거시오 ᄇᆡᆨ셩이 다 ᄌᆞ긔들을위ᄒᆞ야 난거시라 뉘 감히막
으며 뉘 능히항거ᄒᆞ리오 고루거각을 ᄉᆞ면에버려짓고 토디뎐답을 원근에장만ᄒᆞ야곳
만년무궁ᄒᆞᆫ 긔틀을 잡은듯ᄒᆞ더니 졸디에 셰상형편이 변ᄒᆞᄆᆡ 져의가 몬져 화를당ᄒᆞ
야 모진광풍에 락화갓치 흣허지ᄆᆡ 혹 외국으로 잡혀가기도ᄒᆞ며 혹 셩명을곳치고 모
야도쥬도ᄒᆞ며 혹 도망ᄒᆞᆯ곳도업셔 ᄉᆞ방에 ᄌᆡ물로 다리노아 외국인 거류디에 보호를
쳥구ᄒᆞ나 하ᄂᆞᆯ이 미워ᄒᆞ시거던 뉘능히용납ᄒᆞ리오 호호탕탕ᄒᆞᆫ텬디에 도라갈곳시 업
스며 뎐장과 ᄌᆡ산을 능히 보젼치못ᄒᆞᄆᆡ 당쟝에 텬벌을밧으며 기타 탐쟝포학ᄒᆞ던류
들은 아직 벌이 몸에밋지아니ᄒᆞᄆᆡ 능히 용납을엇을듯ᄒᆞ나 ᄎᆞᄎᆞ법률이 밝어가며 인
민이열니고보면 엇지 그ᄌᆡ물을 편안히누리며 엇지 그죄를 무ᄉᆞ히 면ᄒᆞ리요 텬리가
소소ᄒᆞ야 도망치못ᄒᆞ리니 그런즉 ᄌᆞ긔들이 ᄂᆞᆷ의목숨을ᄭᅳᆫ허 져의 목숨을이으려ᄒᆞᆫ거
시 불과 ᄌᆞ긔들의 목숨을 ᄌᆞ긔손으로 ᄭᅳᆫ흔거시오 나라를 헐어다가 집을밧치려ᄒᆞᆫ거
시 불과 져의집을 헐ᄯᅳᄅᆞᆷ이라 엇지 다만 죄칙만잇고 ᄌᆞ긔들씌 ᄒᆡ는 업다ᄒᆞ리오 남

ᄌᆞ의일신이 국가경쟝ᄒᆞᄂᆞᆫ긔회를당ᄒᆞ야 다ᄒᆡᆼ히 벼ᄉᆞᆯ디위에잇스니 맛당히학슐을포부ᄒᆞ고 나라를밧들어 셰계에 상등국이 되게ᄒᆞᆯ진ᄃᆡ 즁흥ᄒᆞᄂᆞᆫ공신이되여 일홈이고금에 빗날지니 지금셰상에 아모아모유명ᄒᆞᆫ 졍치대가들과 갓치됨이 어렵지안을지라 져런공법을 셰우ᄂᆞᆫᄉᆞ람이 실로 별인물이아니로되 다만 긔회를당ᄒᆞ야 형편을 밝히보고 쥭기로써 힘을다ᄒᆞ야 홀로일ᄒᆞ기에 잇ᄂᆞᆫ지라 급기 열심으로 일을ᄒᆞ야 ᄌᆞ긔손으로 부국강병을 만들어 노흔후에ᄂᆞᆫ 그일홈과위엄이 각국의 츄앙ᄒᆞᄂᆞᆫ바ㅣ 되여 한두마듸 말이 족히 셰계공론을 번복ᄒᆞᄂᆞᆫ지라 멀니보지말고 다만일본에 모모대신만 보아도 족히 나라에 신하된쟈로ᄒᆞ여곰 부러온ᄉᆡᆼ각이 ᄉᆡᆼ길것시어ᄂᆞᆯ 이런욕심이 나지못ᄒᆞ고도로혀 살지우기과 ᄇᆡ불니기에 평ᄉᆡᆼ을 골몰히 역ᄉᆞᄒᆞ야 유신의 죵질만ᄒᆞ다가 오히려 목숨도일허바리며 쳔츄에 누명도엇으며 저의집안이 거졉ᄒᆞᆯ곳시 업시되ᄂᆞ니 엇지두렵지안으며 엇지 비루ᄒᆞ지아니ᄒᆞ리오 이는 디위를엇어 우혜안즌자의 증계ᄒᆞᆯ것시어니와 아ᄅᆡ ᄇᆡᆨ셩된이로 말ᄒᆞᆯ진ᄃᆡ 당당ᄒᆞᆫ ᄂᆡ나라를 놈의거스로 밀우어두어 도라보지아니ᄒᆞ고 보호ᄒᆞ지아니ᄒᆞ야 이디경ᄭᆞ지 이르럿스ᄆᆡ 악ᄒᆞᆫ졍ᄉᆞ와 부ᄑᆡᄒᆞᆫ풍속이 날로 심ᄒᆞ야 음란ᄉᆞ특ᄒᆞᆫ ᄒᆡᆼ실은 점점늘며 방탕ᄉᆞ치ᄒᆞᆫ길이 날로열녀 경향대도회쳐를볼진ᄃᆡ 곳 음탕ᄒᆞ고 ᄑᆡ악ᄒᆞᆫ굴혈이라 의복범절과 일용긔명등물이 본국에셔 짓ᄂᆞᆫ것슨 점점업셔지고 외국것시 날로셩ᄒᆞᄆᆡ ᄌᆡ물은ᄲᆡ지고 물건은느ᄂᆞᆫ지라 인ᄒᆞ야 ᄉᆞ람의ᄉᆡᆼ계가 줄어들ᄆᆡ 인심이 점점강악ᄒᆞ야 심지어 텬륜이 셕긔여지며 골육이셔로 다토ᄂᆞᆫ지

라 각각 이심이되야 이쳔만명이 이쳔만 ᄆᆞ음을가젓ᄂᆞ니 모도공심은 업셔지고 ᄉᆞ심이가득ᄒᆞ야 여간돈푼이나 잇ᄂᆞᆫ집ᄌᆞ식들은 쥬ᄉᆡᆨ잡기와 허랑방탕ᄒᆞᆫᄃᆡ싸져 인간에 극락으로녁이며 빈곤ᄒᆞᆫᄌᆞ식들은 놈을속이고 쎄아셔셔라도 당장 빗불니ᄂᆞᆫ것만 다횡으로알아 거짓말과 ᄉᆞ특ᄒᆞᆫ거시 국즁에가득ᄒᆞ며 ᄉᆞ지를편히ᄒᆞ야 게을니 셰월을보ᄂᆡ며 무어슬빈호던지 무어슬ᄒᆞ여보라ᄒᆞ면 ᄒᆞᆯ수도업거니와 ᄒᆞ여셔는 무엇슬ᄒᆞᄂᆞ냐ᄒᆞ야아모것도 아니ᄒᆞ고 먹고입으려ᄒᆞᄆᆡ ᄌᆞ연히 먹고입을수가업슨즉 부득이ᄒᆞ야 못된일로 싱각이들어가며 ᄒᆞᄂᆞᆫ말이 궁ᄒᆞ면 못ᄒᆞᆯ일이업다ᄒᆞ야 각각 져만살녀ᄒᆞᄂᆞᆫ듕에셔 놈을 죽이미 놈을죽이ᄂᆞᆫ즁에셔 ᄂᆡ가죽움을밧ᄂᆞᆫ지라 셔로잔힉ᄒᆞᄂᆞᆫ듕에셔 인구가히마다쥴어들되 알지도못ᄒᆞ며 알어도 걱졍도아니ᄒᆞ며 하로잇ᄒᆞᆯ 살기만 경영이라 부쟈는 간난ᄒᆞ여지고 간난ᄒᆞᆫ쟈는 죽게되며 죽게된쟈는 업셔질ᄲᅮᆫ이니 젼국에 누가 이화를 당치 아니ᄒᆞ리요

슯흐다 ᄉᆞ람이 다갓치 이 ᄀᆡ명ᄒᆞᆫ 셰상에나셔 놈은 날마다 부강문명에 나아가셔 태평안락ᄒᆞᆫ복을 일뎨로누리거ᄂᆞᆯ 우리ᄂᆞᆫ 어이ᄒᆞ야 한낫목숨이 타ᄂᆞᆫ불과 ᄲᆞᆯᄂᆞᆫ물속에셔 셔로살수업기에 이르ᄂᆞ뇨 놈의 나라ᄉᆞ람들의 사ᄂᆞᆫ거슬볼진ᄃᆡ 그나라에ᄃᆡᄒᆞ야 엇ᄂᆞᆫ 영광과 복락은 다 고ᄉᆞᄒᆞ고 다만 빅셩의 ᄉᆞᄉᆞ로이 살어가ᄂᆞᆫ 쳐디로만 보와도 각각 제직업을 편히ᄒᆞ야 일푼쳑리를 달ᄂᆞᄒᆞᆯ쟈ㅣ 업스며 ᄌᆞ유권리를 보호ᄒᆞ야 일호반졈이라도 쎄아슬쟈ㅣ 업스며 셔로 ᄉᆞ랑ᄒᆞ고 위로ᄒᆞᄂᆞᆫ듕에 즐거운락이 싱기며 셔로구원ᄒᆞ

고 불상히 녁이ᄂᆞᆫ듕에셔 인졍과 은의가 ᄉᆡᆼ기며 상업으로 흥왕식혀 각국의ᄌᆡ물을 벌어들이며 공법과 농업을 부즈런히ᄒᆞ야 ᄌᆡ물이부요ᄒᆞᄆᆡ ᄉᆞ람이 ᄯᅡ라 귀중ᄒᆞ여지며 긔계가 편쳡ᄒᆞᄆᆡ 슈족에 괴로움이 덜니며 교화가 륭셩ᄒᆞ야 덕힝과 신의를 중히녁이ᄆᆡ 졍대ᄒᆞᆫ군ᄌᆞᄂᆞᆫ ᄌᆞ연히들어ᄂᆞ며 경위가셔고 법률이 밝으ᄆᆡ 강포ᄒᆞᆫ쟈가 머리를들지못ᄒᆞ고 쟌약ᄒᆞᆫ쟈ᄂᆞᆫ 두려을것시 업ᄂᆞᆫ지라 나라이태평ᄒᆞᄆᆡ ᄇᆡᆨ셩이즐거우며 ᄇᆡᆨ셩이즐거우ᄆᆡ ᄂᆡ몸이 그복을누리ᄂᆞ니 부모쳐ᄌᆞ 형뎨ᄌᆞᄆᆡ와 친쳑고구 리웃간에 ᄯᅳᆺᄃᆡ로 힝락홈이 곳 인간에 극락셰계라홀지라 나라를 이러틋 즐거히 만들어노코 일톄로복밧으며 타국에나아가면 다만 한둘만잇ᄂᆞᆫ곳도 그졍부에셔 령ᄉᆞ를보ᄂᆡ며 군함을 파송ᄒᆞ야 ᄉᆡᆼ명과ᄌᆡ산을 완젼ᄒᆞ게 보호ᄒᆞᄂᆞ니 이럼으로 이ᄇᆡᆨ셩은 가ᄂᆞᆫ곳마다 상등의ᄃᆡ졉과극ᄒᆞᆫ리익을 엇ᄂᆞ니 이 엇지ᄉᆞ람된쟈의 부러울바ㅣ안이며 욕심날바ㅣ안이리요 져ᄉᆞ람들의 져러ᄒᆞᆫ 복을밧ᄂᆞᆫ것슨 하ᄂᆞᆯ이 특별히쥬시거ᄂᆞ 편벽되히 품부ᄒᆞᆫ 거시안이요 혹 이슴십년 ᄉᆞ오십년 ᄇᆡᆨ여년젼에ᄂᆞᆫ 다 우리보다 더욱심ᄒᆞ고 어려운 쳐디에잇던 나라들이라 교화가열니며 문명이 발달되ᄂᆞᆫᄃᆡ로 각기 녜젹 어두운 거슬바리고 밝은ᄉᆡ법을ᄯᅡ라 인민의풍긔가 밧괴며 사상이변ᄒᆞ야 져마다 다 ᄂᆞᆷ을위ᄒᆞ야나셔 ᄂᆞᆷ을 위ᄒᆞ여 살다가 ᄂᆞᆷ을위ᄒᆞ야 죽ᄂᆞᆫ거시 ᄉᆞ람의도리요 직분으로알고 힝ᄒᆞᄂᆞᆫ듕에셔 된거시라일로만보아도 ᄉᆞ람의화복이 다 ᄌᆞ긔의 ᄌᆞ취ᄒᆞᄂᆞᆫ바ㅣ라 엇지 ᄂᆞᆷ을한ᄒᆞ리요 우리가 우리의직칙을 못ᄒᆞᆫ것이 다만 우리ᄇᆡᆨ셩들의 칙망만될ᄲᅮᆫ아니라 그ᄒᆡ가 우리의게 다갓

치 밋치ᄂᆞᆫ거슬 가히 알니로다

▲빅셩이힘쓰면될일

이글을 보시ᄂᆞᆫ이들이 응당 말ᄒᆞ기를 빅셩이 아모리 직칙을힝ᄒᆞ고도 십흐며 ᄯᅩᄒᆞᆫ직
칙을 힝치못ᄒᆞᄂᆞᆫ거시 우리의게 ᄒᆡ되ᄂᆞᆫ쥴도 모르믄안이로되 우혜잇ᄂᆞᆫ이들이 ᄌᆞ긔들
도 아니힝ᄒᆞ며 빅셩들도 힝치못ᄒᆞ게ᄒᆞᆫ즉 빅셩이 무슴힘으로 능히 ᄒᆞᆯ수잇ᄂᆞ냐 ᄒᆞᆯ지
라 이ᄯᅳᆺ을 파혹ᄒᆞ고져ᄒᆞᆯ진ᄃᆡ 몬져 나라이 엇더ᄒᆞᆫ것신지를 알어야 ᄒᆞ게도다
대ᄀᆡ 나라이라 ᄒᆞᄂᆞᆫ것은 여러ᄉᆞ람이 모혀 한 무리가되야 사ᄂᆞᆫ거슬 이름이니 비컨ᄃᆡ
여러ᄉᆞ람이 ᄒᆞᆷᄭᅴ 모혀 일을 의론ᄒᆞᄂᆞᆫ회와 갓ᄒᆞᆫ지라 큰집에 모혀안져셔 둘식 셰식ᄑᆡ
를지어 제ᄯᅳᆺᄃᆡ로 말도ᄒᆞ며 웃고 짓거리기도ᄒᆞᆯ진ᄃᆡ 다만 일만의론치 못ᄒᆞᆯᄲᅮᆫ 아니라
도로혀 큰 란쟝판이되여 서로 싸호기도ᄒᆞ게고 치고 살ᄒᆡ도ᄒᆞᆯ터이니 엇지 위험ᄒᆞ지
안으리오 맛당히 일졍ᄒᆞᆫ 법과규모가잇셔 죵용ᄒᆞ고화평ᄒᆞ게 진압도ᄒᆞ며 공평ᄒᆞ고바
르게 조쳐도ᄒᆞ여야ᄒᆞᆯ지니 이러케ᄒᆞ쟈ᄒᆞᆫ즉 불가불 가합ᄒᆞᆫᄉᆞ람을 ᄐᆡᆨᄒᆞ야 ᄉᆞ무를맛겨
힝ᄒᆞ게 ᄒᆞ여야 규모와 ᄎᆞ셔가 잇슬것이오 이일이 되게ᄒᆞ잔즉 쓰ᄂᆞᆫ경비도 잇셔야ᄒᆞ
게고 일ᄒᆞᄂᆞᆫᄉᆞ름들의 의식도 ᄃᆡ여쥬어야 젼혀 그일에만 ᄆᆡ일터인즉 불가불 그모힌
ᄉᆞ름들이 돈을 얼마식 슈렴ᄒᆞ야 일군들의게 맛기ᄂᆞ니 그런즉 그일군들은 그회에ᄃᆡ
ᄒᆞ야 일톄로 관계되ᄂᆞᆫ 직칙외에 여러ᄉᆞ람의게 공번되히 속ᄒᆞᆫ죵이라 몸을젼혀 그회
에밧쳐셔 여러ᄉᆞ람이 다 편리ᄒᆞ도록밧ᄃᆞᆯ지니 직칙은 일군의게달녓거니와 이일을맛

기고 안이맛기기는 여러ᄉᆞ람들의게 달닌지라 셜령 그일군들이 직칙을 극진히 다ᄒᆞᆯ진ᄃᆡ 여러히 일심으로 밧치고 도아셔 아모됴록 힘잇게 ᄒᆞ려니와 만일 그일군이 직분을바리고 제몸을 리롭게ᄒᆞ고져ᄒᆞᆯ진ᄃᆡ 여러ᄉᆞ람이 일시에 일허나 그폐단도막으며 일도맛기지안어야 올을지라 만일 그러치못ᄒᆞ야 한번맛긴후에는 ᄌᆞ긔들이 어련히알아ᄒᆡᆼᄒᆞ리요ᄒᆞ고 도라보지안을진ᄃᆡ 어질고 진실ᄒᆞᆫ 일군이잇셔 직칙을 다ᄒᆞ려ᄒᆞ여도 ᄒᆞᆯ로 힘이쟈라지못ᄒᆞ야 엇지ᄒᆞᆯ수도 업스련이와 아모리 현인군ᄌᆞ라도 구익ᄒᆞᆯ곳이업스면 ᄎᆞᄎᆞ ᄉᆞᄉᆞ욕심에 끌녀 필경 안이날ᄉᆡᆼ각이업스려던 ᄒᆞᆷ을며 현인군ᄌᆞ가 본ᄅᆡ씨가업스니 불ᄒᆡᆼ히 현인군ᄌᆞ들의집안에 부랑ᄑᆡ류들이ᄉᆡᆼ겨 그일을 난호어 ᄎᆞ지ᄒᆞ고안져여러ᄉᆞ람의ᄆᆞᄋᆞᆷ을 이리져리흔들어보ᄆᆡ 감히막을쟈ㅣ업는지라 ᄉᆞᄉᆞ욕심이 불닐듯ᄉᆡᆼ겨 필경은 그ᄉᆞ람들을 다몰아ᄂᆡ고 그집을팔아셔라도 쥬식잡기에 바리고져ᄒᆞᆯ지라 이는 인졍의ᄌᆞ연ᄒᆞᆷ이니 엇지 져 일군들의 잘못ᄒᆞᆷ이리요 일식ᄒᆞᆫ쟈들이 당초에 근원을바로세워 폐단을막지못ᄒᆞᆫ연고라 나라의 관원들은 다 회에 ᄉᆞ무원이요 ᄇᆡᆨ셩은 다 회원이니 ᄇᆡᆨ셩이 밧치지아니ᄒᆞ면 관원의힘이 어ᄃᆡ셔나며 ᄇᆡᆨ셩이막으면 관원의폐단이 엇지ᄉᆡᆼ기리오 다 ᄇᆡᆨ셩이 ᄌᆞ긔들의 일을ᄒᆡᆼ치아니ᄒᆞᆫ데셔 ᄉᆡᆼ김이라 그러나 ᄇᆡᆨ셩이 ᄌᆞ긔들의 일을 ᄒᆞ지안이ᄒᆞᆷ은 무ᄉᆞᆷ연고ㅣ뇨 다 그나라이 뉘것인지 모르는 연고ㅣ라 나라를 위ᄒᆞ라ᄒᆞ면 곳ᄂᆞᆷ을 위ᄒᆞ는줄로알며 ᄂᆞᆷ을위ᄒᆞ는거시 ᄎᆞᆷ져를 위ᄒᆞ는것신쥴은모르는고로 셔로밀고 안이ᄒᆞ는중에셔 ᄒᆞᆯ슈업는형편이 ᄉᆡᆼ기는지라 나라이 진실로ᄌᆞ긔

집에 불붓ᄂᆞᆫ거슬 엇지 ᄂᆞᆷ이 ᄭᅳ지안ᄂᆞᆫ다고 ᄌᆞ긔도 ᄭᅳ지안으리오 ᄂᆞᆷ은 나서던지 아니
나서던지 나혼져 헛치고들어가 다만 기동ᄲᅮ리ᄒᆞ나이라도 건져ᄂᆡ려ᄒᆞᆯ거시어ᄂᆞᆯ 죵시
도 나라이 ᄂᆡ몸의 관계가 긴졀치안은줄로 아ᄂᆞᆫ고로 ᄉᆞ랑ᄒᆞᄂᆞᆫᄆᆞ음이 적어셔 셔로밀
고 건지지안음이라 그런즉 이나라 ᄒᆡᄒᆞᄂᆞᆫ쟈만 나의원슈가 아니라 건질수 업다ᄂᆞᆫ쟈
이 ᄯᅩᄒᆞᆫ 나의원슈니 만일 ᄂᆡᄆᆞ음속에 이ᄉᆡᆼ각이 잇스면 ᄂᆡᄆᆞ음이 곳 나의원슈라 이
ᄆᆞ음으로 인연ᄒᆞ야 나라에 ᄒᆡ되ᄂᆞᆫ것을 막지못ᄒᆞ야 나라이 이디경에이르고 ᄒᆡ가 ᄂᆡ
게밋쳣ᄂᆞ니 나를ᄒᆡ롭게 ᄒᆞᄂᆞᆫᄆᆞ음이 엇지 나의원슈가 아니리오 ᄉᆞ람마다 제 ᄆᆞ음의
잇ᄂᆞᆫ원슈를 바리고 다토아나아가 ᄒᆞᆯ로 일ᄒᆞ고져ᄒᆞᆯ진ᄃᆡ ᄇᆡᆨ셩이 엇지 쟌약ᄒᆞ며 힘이
업다ᄒᆞ리오 청컨ᄃᆡ 헤아려보라 젼국에ᄇᆡᆨ셩은 얼마며 관원은얼마뇨 슈효의다소를비
교ᄒᆞᆯ진ᄃᆡ 뉘가힘이만으며 뉘가 권셰가만키에 ᄇᆡᆨ셩이약ᄒᆞ다ᄒᆞᄂᆞ뇨 졍부에 몃ᄇᆡᆨ명관
원들은 ᄇᆡᆨ셩이 밧쳐쥬지아니ᄒᆞ면 ᄌᆡ졍이 어ᄃᆡ셔ᄉᆡᆼ기게ᄂᆞ뇨 이쳔만ᄉᆡᆼ령이 합ᄒᆞ야몃
ᄇᆡᆨ명의 힘이되여 져의슈족을 결박ᄒᆞ고 살진ᄃᆡ도 버혀가되 감히 버셔날줄을 ᄉᆡᆼ각지
못ᄒᆞ고 도로혀 ᄒᆞᆯ수업슴을 한탄ᄒᆞ니 엇지 어리셕지 안이ᄒᆞ며 ᄋᆡ돏지안으리오 지금
이라도 각각ᄆᆞ음을 ᄉᆞᆲ혀보아 조곰이라도 ᄒᆞᆯ수업다ᄂᆞᆫ ᄉᆡᆼ각이잇거던 곳 바리고 ᄂᆞᆷ은
ᄒᆞ던지 아니ᄒᆞ던지 나 혼ᄌᆞ라도ᄒᆞ면 될것이오 나도아니ᄒᆞ면 영이되지못ᄒᆞ리라ᄒᆞ야
힘을다ᄒᆞ여 일ᄒᆞᆯ진ᄃᆡ 우리도 져 부강문명ᄒᆞᆫ 나라들과 갓치되기를 가히바랄지라 지
금우리의 맛당히ᄒᆞᆯ일은 쟝ᄎᆞ 이아ᄅᆡ 다시말ᄒᆞ련이와 가쟝 급ᄒᆞᆫ거신즉 ᄉᆞ람마다 ᄒᆞᆯ

수업다ᄂᆞᆫ ᄆᆞᄋᆞᆷ을바리고 일심으로 일ᄒᆞᄂᆞᆫ일군이되도록 만들ᄲᅮᆫ이라 ᄇᆡᆨ셩의ᄉᆡᆼ각이 이에밋치기젼에ᄂᆞᆫ 아모일도 다 헛거시라ᄒᆞ노니 이거시 곳 나라를보젼ᄒᆞᄂᆞᆫ 씨 ᄲᅮ림이라 씨만 잘ᄲᅮ려노으면 츄슈가 ᄌᆞ연히 풍비ᄒᆞ리로다

▲ᄎᆞᆷ으로츙셩ᄒᆞᄂᆞᆫ근본

우혜말ᄒᆞᆫ바ᄂᆞᆫ 다 신민된쟈가 그도리ᄂᆞᆫ ᄉᆡᆼ각지못ᄒᆞ고 다만ᄉᆞᄉᆞ리ᄒᆡ만 교계ᄒᆞᄂᆞᆫ쟈의게 증계ᄒᆞᆯ바ㅣ어니와 적이 공심이잇셔 나라를위ᄒᆞ야 츙셩을 본밧고져ᄒᆞᄂᆞᆫ쟈들을볼진ᄃᆡ 실상으로 나라를위ᄒᆞ야 죽고져ᄒᆞᄂᆞᆫᄆᆞᄋᆞᆷ이 ᄂᆞᆷ의 나라ᄉᆞ람만못ᄒᆞ다 ᄒᆞᆯ수업스ᄂᆞ다 엇더케ᄒᆞᄂᆞᆫ거시 ᄎᆞᆷ 츙셩인지 알지못ᄒᆞᄂᆞᆫ연고로 다 ᄀᆞᆺ흔ᄆᆞᄋᆞᆷ을 가지고 ᄀᆞᆺ흔셩력을 허비ᄒᆞ며 도로혀 ᄎᆞᆷ 츙셩의본의를 방ᄒᆡᄒᆞᄂᆞᆫ지라 맛당히 츙역의분간을 몬져알아 실상으로 츙셩을힝ᄒᆞ여야 그공효가 영원히 밋칠이로다 근ᄅᆡ 우리나라 ᄉᆞ람들의 츙셩이라ᄒᆞᄂᆞᆫ것은 다만 인군의 명령만승슌ᄒᆞ며 인군의ᄯᅳᆺ만 ᄯᆞ르ᄂᆞᆫ거시 츙셩으로녁여셔 당쟝 죵샤가위ᄐᆡᄒᆞ고 국가가 어지럴일이라도 감히 거ᄉᆞ려 간ᄒᆞ지못ᄒᆞ며 텬안의긔ᄉᆡᆨ만삷혀 슌죵ᄒᆞᆯᄯᆞ름이요 물너나와셔는 도로혀 평론ᄒᆞ며 셔로말ᄒᆞ기를 일은될수업스ᄂᆞ 칙령지하에 엇지 거역ᄒᆞᆯ수잇ᄉᆞ올이요ᄒᆞ며 아모일이라도 ᄒᆞ여가다가 필경잘못되거ᄂᆞ 리굴ᄒᆞᆫ쟈리에 가셔ᄂᆞᆫ 허물을 칙령으로돌녀보ᄂᆡ고 져의ᄂᆞᆫ 아모죄도업노라ᄒᆞ며 혹 츙직ᄒᆞᆫ쟈잇셔 죽기로써간ᄒᆞ야 막을진ᄃᆡ 곳 역적으로 지목ᄒᆞ야 ᄇᆡᆨ반으로모ᄒᆡᄒᆞ고 벼살을팔며 ᄇᆡᆨ셩을글거다가 제것쳐럼밧치고 요공ᄒᆞ야 영귀를도모ᄒᆞ며 불신

불의를힝ᄒᆞ야 셰상에 우숨을세치고 문득칭탁ᄒᆞᄂᆞᆫ말은 칙령이라ᄒᆞᄂᆞ니 인ᄒᆞ야 민심이ᄇᆡ반ᄒᆞ며 텬하에실신ᄒᆞ야 나라이위ᄐᆡᄒᆞ며 인군이 ᄯᅡ라위ᄐᆡᄒᆞ시ᄂᆞ니 이거슬 오히려 츙신이라 칭ᄒᆞᄂᆞᆫ지라 이엇지 부모의 살을버혀다가 봉양ᄒᆞ며 효ᄌᆞ라ᄒᆞᄂᆞᆫ쟈와 ᄃᆞᆲ으리오 ○밍ᄌᆞ○ᄭᅴ셔 ᄀᆞᆯᄋᆞᄉᆞᄃᆡ ᄇᆡᆨ셩이즁ᄒᆞ고 종샤가둘지요 그다음이 인군이라ᄒᆞ셧ᄂᆞ니 이는 인군이즁ᄒᆞ지 안타ᄒᆞ심이아니요 인군을 참으로 즁히녀이려면 ᄇᆡᆨ셩과 종샤를 몬져 즁히녁이야 ᄒᆞᆫ다ᄒᆞ심이라 이 대의를 아ᄂᆞᆫᄉᆞ람은 인군을 낫흐로셤기지아니ᄒᆞ고 ᄯᅳᆺ으로셤겨셔 군명을 거역ᄒᆞ고라도 ᄇᆡᆨ셩을리롭게ᄒᆞ며 종샤를편안케ᄒᆞ야 국가가 태평안락ᄒᆞ게ᄒᆞ미 인군의 옥톄가 ᄉᆞᄉᆞ로 태산반셕의 편안ᄒᆞᆷ을 누리실지니 이거시 곳 나라에 신하된본의라 이 본의를알진ᄃᆡ 비록 군명을 항거ᄒᆞ고 역명을실어 텬참만륙ᄒᆞᄂᆞᆫ화를 당ᄒᆞᆯ지라도 달게녁이고 ᄇᆡᆨ셩에게 ᄒᆡ될일은 일호도힝치안어야 올흘거시어늘 잠시 이목의즐거움을위ᄒᆞ여 영원히 종샤에위ᄐᆡᄒᆞᆷ을 도라보지 아니ᄒᆞᆷ이엇지 참 츙셩의 반ᄃᆡ됨이아니리요 셩군이 우혜게시미 어진신하가 아ᄅᆡ셔 밧드ᄂᆞ니이ᄂᆞᆫ셩군의총명을도아 밋지못ᄒᆞ심을 기워셔 ᄇᆡᆨ셩이안락ᄒᆞ고 나라이 태평코져ᄒᆞᆷ이라아모리 셩인이라도 신하가 안이면 쳔만가지일을 홀로 다ᄉᆞ리실수 업슴이니 신하의직칙이 엇지 즁대치안이ᄒᆞ리요 이러듯 즁대ᄒᆞᆫ직칙을 모르고 다만 우혜ᄯᅳᆺ만 아당ᄒᆞ야 노예와 우마갓치 부리ᄂᆞᆫ바ㅣ 되고져ᄒᆞᆯ진ᄃᆡ 텬하에 이갓치 위험ᄒᆞᆫ일이 업ᄂᆞᆫ지라 맛당히 올흔도리로 셤기며 바른말솜으로 간ᄒᆞ여 셩인의덕화가 셰상에 들어나며 만민의게덥혀셔 민심이감복ᄒᆞ며 각국이존슝ᄒᆞ야 간담으로 만셰를불으며 덕화를 감동ᄒᆞ여 눈물로칭숑ᄒᆞ며 태평가를불너 셩덕를자랑ᄒᆞ여 민간에모든복이 다 셩군의쥬신거스로알어 한 빅셩이라도 화를거ᄉᆞ리고 법을범ᄒᆞᆯ진ᄃᆡ 만민이 다 일톄로 공분을니여 필부필부라도 은덕을 모르ᄂᆞᆫ자 업고져ᄒᆞ며 나라를위ᄒᆞ여 목숨바리기를 영광으로녁여 닉란이싱기지 안이ᄒᆞ며 외환이 침범치못ᄒᆞ여 황실이 영구히 태평안락ᄒᆞᆫ복을 누리며 빅셩이 ᄯᅩᄒᆞᆫ 가급인족ᄒᆞᆫ락을 엇게ᄒᆞᆯ진ᄃᆡ 이 엇지 여민동락ᄒᆞ시ᄂᆞᆫ 셩군의뜻시 안이리오 이럼으로 문명ᄒᆞᆫ 나라에셔들은 신하들이 각기 맛흔직칙의 방한이잇셔 그 방한안에 잇ᄂᆞᆫ일은 의례히 ᄌᆞ긔가힝ᄒᆞᄂᆞᆫ고로 인군이 ᄒᆞᆼ상 졍ᄉᆞ에괴로으신 폐단이 업고 한가ᄒᆞᆫ겨를이 만ᄒᆞ실ᄲᅮᆫ안이라 빅셩이 모도 감복ᄒᆞ야 한나도 원굴ᄒᆞ다 불평ᄒᆞ다ᄒᆞᄂᆞᆫ쟈ㅣ 업고 셜령 불쾌ᄒᆞᆫ 무리가잇셔도 법을두려워ᄒᆞᆷ이 아니라 곳 그빅셩들을 두려ᄒᆞ야 감히 반심을 쎄ᄒᆞ지못ᄒᆞᄂᆞ니 이럼으로 데왕의 존엄ᄒᆞ신 위의로도 시위와 츄종업시 민간에 거동ᄒᆞ시기와 타국에 류람ᄒᆞ시기 죵죵되ᄂᆞᆫ 풍속이라 도쳐에 남녀로소가 만셰를불너 덕화를 칭숑ᄒᆞ미 스ᄉᆞ로 호위가되여 조곰도 불법ᄒᆞᆫ일이 싱기지 안ᄂᆞ니 이엇지 인군ᄭᅴ 춤 락이안이시며 춤 복이 아니시리오 이런 춤 복과 춤 락을 누리시ᄂᆞᆫ것은 그인군되신이가 다 요슌갓흔셩덕을 겸ᄒᆞ심이아니라 그 신민들이 인군ᄭᅴ 춤충셩ᄒᆞᄂᆞᆫ 근본을알아 졍치졔도를 일뎡ᄒᆞ게 만든연고ㅣ라 만일 일호라도 나라를위ᄐᆡ케만들고 상의를아쳠ᄒᆞ야 충신이 되고져ᄒᆞ엿슬진ᄃᆡ 엇지 그덕화가펴져셔 민심이 이러틋 감복ᄒᆞ리오 일로써볼진ᄃᆡ 젼국을 리롭게ᄒᆞᄂᆞᆫ것이 참 충신이오 젼국을 히롭게ᄒᆞᄂᆞᆫ거시 참 역적이라 우리나라에도 몃십년젼 ᄉᆞ긔만보면 이ᄯᅳᆺ슬 다 ᄭᆡ달을 거시어ᄂᆞᆯ ᄉᆞ람의학식이 어두어지며 충역의근본을 일허바려 오ᄂᆞᆯ날 신민의ᄉᆞ상이이에ᄡᅡ지밋쳐스니 그관계가 엇지져ᄃᆞᄒᆞ리요 ᄉᆞ람마다 맛당히 충과역의 참 ᄯᅳᆺ을 몬져 ᄇᆡ화야 ᄒᆞ게도다

▲ᄆᆞ음속에독립을굿게홈

이칙을 긔록ᄒᆞᄂᆞᆫᄯᅳᆺ은 쳔언만셜로 소ᄅᆡ를놉히질너 젼국동포들의게 일심으로 합력ᄒᆞ야 대한뎨국의 독립권리를 보젼ᄒᆞ야 거의다 ᄭᅳᆫ허진 싱믹을이어 영원무궁케 만들기를 원홈이라 몬져 말ᄒᆞᆫ바와갓치 이나라에ᄉᆞᄂᆞᆫ거시 대ᄒᆡ풍파에 비타고 안즘이라 엇지 웃ᄉᆞ람들의게만 위ᄐᆡᄒᆞ고 아ᄅᆡ빅셩의게ᄂᆞᆫ 상관이업ᄃᆞᄒᆞ야 무심히안져 돕지안이ᄒᆞ고 편안히 건너가기를 바라리오 놈녀로소가 일졔히 일허나셔 각기 ᄌᆞ긔의직물과 보픽라도 물에더져셔 ᄇᆡ를 가바얍게만들어 무ᄉᆞ히 건너가기를 도모홀지라 만일 ᄌᆞ긔한몸들만 건지고져ᄒᆞ거나 함쟝과ᄉᆞ공만 구ᄒᆞ고져홀진ᄃᆡ 필경 파션ᄒᆞ기를 면치못홀지니 ᄉᆞ람마다 대한뎨국의 ᄌᆞ유독립을위ᄒᆞ야 직물과목숨을 앗기지안ᄂᆞᆫ거시 ᄉᆞᆷ쳔리강산을 파션되지안케ᄒᆞ며 이쳔만싱명을 침몰ᄒᆞ지안케ᄒᆞᄂᆞᆫ 즁대ᄒᆞᆫ 직칙이라 이직칙을 ᄉᆞ룸마다 ᄌᆞ긔억기에 메이고잇ᄂᆞ니 ᄭᆞᆷ새고 졍신ᄎᆞ려 어셔밧비 합심ᄒᆞ야 나셔셔 일들ᄒᆞ셰 동포들아 동포들아 우리대한동포들아 이ᄯᅢ가어늬ᄯᅢ며 우리ᄉᆞ졍엇더ᄒᆞ

ᄆᆞ암쇽에독립을굿게홈 이십이

뇨 이됴흔금슈강산 엇지아니 ᄉᆞ랑ᄒᆞ며 보ᄇᆡ로은 독립국권 어이아니 보호홀가 아셰아쥬 동편끗헤 아름다히 반도되여 오쳔년ᄅᆡ ᄌᆞ쥬국이 례의지방 ᄌᆞ랑ᄒᆞ며 셩계신승국태민안 놈부럽지 안엇도다 남대양 북대륙에 온ᄃᆡ디방거러안져 긔후ᄂᆞᆫ온화ᄒᆞ며토디ᄂᆞᆫ기름져셔 물산이풍부ᄒᆞ며 오곡이풍양ᄒᆞ고 ᄇᆡᆨ과가구비ᄒᆞ며 어염이 풍족ᄒᆞ고 금은동철이 ᄉᆞ방에 싸혓스ᄆᆡ 각국인이 흠션히녁여 침흘닌지 오릿ᄂᆞ니 운리가 ᄉᆡ법을 ᄇᆡ호며 긔계를써셔 합당히 킈여ᄂᆡ면 ᄉᆞᄉᆞ로 부국을 일울것이오 명산대쳔이 도쳐에 경긔절승ᄒᆞ야 유람ᄒᆞᄂᆞᆫ외국인이 ᄂᆡ디에구경ᄒᆞ고 풍경을 ᄌᆞ랑ᄒᆞ되 동양의(셔ᄉᆞ)영어로슈잇슬러ㄴ드국이라ᄒᆞ며 인물은 미묘ᄒᆞ고 풍속은 슌후ᄒᆞᆫᄃᆡ 례의염치 슝샹ᄒᆞ며 효뎨츙신 즁히녁여 ᄉᆞ롱공상 네가지에 각기직업 편히ᄒᆞᄆᆡ 젼징이듬을어 편안ᄒᆞᆫᄃᆡ 즐겨ᄒᆞᄆᆡ 위틔홈을 모로도다 셩질을 의론컨ᄃᆡ 청인의풍후홈과 일인의 강악홈을 고로게겸비ᄒᆞ야 완고질박ᄒᆞᆫ 셩품도잇스며 영리민첩ᄒᆞᆫ 지조도가졋ᄂᆞ니 교육만 잘식히며인도만바로ᄒᆞ면 족히 동양에부강을일우기 어렵지안을지라 엇지인구가 젹다ᄒᆞ며 토디가 젹다ᄒᆞ리오 '구라파쥬' 유로ㅂ에' 하란국'(홀러ㄴ드)과 '셔ᄉᆞ국'(슈잇슬러ㄴ드)갓흔 나라ᄂᆞᆫ 계우 대한의 솜분지일밧게 안이되되 강국ᄉᆞ이에셔 ᄌᆞ쥬독립을 유지ᄒᆞ며 문명을 다토ᄂᆞᆫ지라 우리ᄂᆞᆫ 이 력력ᄒᆞᆫ인구와 이됴흔 강토를가지고 엇지 놈만못ᄒᆞ기를 ᄌᆞ쳐ᄒᆞ리오 악ᄒᆞᆫ압졔와 완고ᄒᆞᆫ구습이 셩품에물들어 ᄉᆞ름의ᄉᆡᆼ각이 ᄎᆞᄎᆞ낫여지ᄆᆡ 놈과비등ᄒᆞ여볼ᄯᅳᆺ시 감히 ᄉᆡᆼ기지못ᄒᆞ야 ᄂᆡ거슬밀우어 놈의게ᄉᆞ양ᄒᆞ고 물너가피ᄒᆞ야 편홈

을 취ᄒᆞ고져ᄒᆞᄂᆞᆫ고로 필경 ᄂᆡ나라를 다 놈의손에 넘기에이른지라 엇지 지원극통치
아니ᄒᆞ며 익셕ᄒᆞ고 악갑지안이ᄒᆞ리요 만일우리가 이거슬 영히보젼치못ᄒᆞ기에 일을
진ᄃᆡ 우리의도리와 관계는 다 고ᄉᆞᄒᆞ고라도 쟝ᄎᆞ 무슴면목으로 셰상에서셔 무슴말
로 후셰에 ᄃᆡ답ᄒᆞ리오

슯흐다 동포들아 ᄉᆡᆼ각들ᄒᆞ여보라 ᄉᆞᄅᆞᆷ의일신이 셰상에쳐ᄒᆞᆯᄯᆡ에 먹고입ᄂᆞᆫ것도 즁ᄒᆞ
ᄃᆞᄒᆞ려니와 이것만 즁히녁이고ᄂᆞᆫ 즘ᄉᆡᆼ과 달을거시업ᄂᆞ니 ᄉᆞᄅᆞᆷ의ᄃᆡ졉을 밧을수업ᄂᆞᆫ
지라 우리 대한동포들도 놈과갓치 타고나셔 ᄉᆞ지ᄇᆡᆨ톄와 이목구비며 지혜총명이 놈
만못ᄒᆞᆯ거시 업거ᄂᆞᆯ 엇지ᄒᆞ야 만국이교통ᄒᆞ며 지혜와ᄌᆡ조를 셔로다토ᄂᆞᆫ 셰샹에나셔
놈과갓치 상등ᄃᆡ졉밧기를 원ᄒᆞ지안으리오 속담에 졔집ᄀᆡ도 놈의ᄀᆡ의게 물니ᄂᆞᆫ거슬
보면 분ᄒᆞ다ᄒᆞ거ᄂᆞᆯ ᄒᆞᆷ을며 ᄉᆞᄅᆞᆷ이ᄉᆞ람의게 하등ᄃᆡ졉을 밧을거슬 엇지ᄉᆡᆼ각지안으며
원통이 아니녁이리오 비록 오날이라도 이글을보고 깁히 새닷ᄂᆞᆫ뜻시 ᄉᆡᆼ길진ᄃᆡ ᄉᆞ람
마다 ᄆᆞᄋᆞᆷ속에 ᄂᆡ나라 독립권을 보존ᄒᆞᄂᆞᆫ것이 나의목숨보다 더 즁ᄒᆞ게녁여 아모ᄯᆡ
나 아모일에ᄂᆞ 독립을 위ᄒᆞᄂᆞᆫ 자리에는 죽기ᄭᅡ지 나아가ᄂᆞᆫ거시 영광으로녁이며 일
변으로 놈의게 이ᄉᆡᆼ각을젼ᄒᆞ야 하로 잇ᄒᆞᆯ 일년 이년에 젼국ᄉᆞ람이 다 나와 갓ᄒᆞᆫᄉᆡᆼ
각을 가지도록ᄒᆞ야 쥬ᄂᆞᆫ거시 뎨일긴급ᄒᆞ며 뎨일 즁대ᄒᆞᆫ일이라 지금 우리나라에 독
립이 잇다업다ᄒᆞᆷ은 외국이침범ᄒᆞᆷ을 두려ᄒᆞᆷ도안이요 졍부에셔 보호ᄒᆞ지못ᄒᆞᆷ을 념려
ᄒᆞᆷ도ᄋᆞ니오 다만인민의 ᄆᆞᄋᆞᆷ속에 독립두글쟈가 잇지안이ᄒᆞᆷ이 참 걱졍이라 만일어리

셕은 지어미와 어린ᄋᆞᄒᆡ들이라도 그 ᄆᆞ음속에 이ᄉᆡᆼ각만 깁히박여 져마다 헤아리되 이천만인구가 다 죽어업셔 지기젼에는 다만 한나이라도 살아잇스면 대한독립을 직히이라ᄒᆞᄂᆞᆫᄆᆞ음이 굿을진ᄃᆡ 오ᄂᆞᆯ날 독립일홈이 업슨들 무어시걱졍이며 셰계만국이 능멸ᄒᆞ기로 무어시두려우리오 이럼으로 인민의속에 독립ᄆᆞ음을너어 쥬ᄂᆞᆫ것이 지금 뎨일 일이라 나의급급히 이칙을 긔록ᄒᆞᄂᆞᆫ뜻시 다만 이것 한가지에잇ᄂᆞ니 쳔언만셜이 다 이두글쟈에 졍신을둔거시라 지극히 원ᄒᆞᄂᆞᆫ바는 젼국인민이 다 이뜻슬알고일심으로 힘쓰기를바람이니 나의목숨을 바려셔라도 이뜻슬 일울수만잇스면 진실로앗기지 안케노니 독립ᄆᆞ음을 젼파ᄒᆞ기에 관계ᄒᆞᆫ 몃가지됴목은 아릐 긔록ᄒᆞ려니와 위션 우리나라ᄉᆞ람들이 독립을무어신지 아직도 모르ᄂᆞᆫ쟈ㅣ 업지안을지라 그뜻슬 대강 말ᄒᆞ노라

▲각국과샹통ᄒᆞᄂᆞᆫ관계

ᄉᆞᄇᆡᆨ여년젼에는 디구샹각국이 다 각각졔나라디방만 직히고 셔로통ᄒᆞ지 아니ᄒᆞ야멀니 단이지못ᄒᆞ미 디구가 둥근줄을모르고 다미기를 ᄯᅡ흔모지고 하ᄂᆞᆯ은 둥글어셔 ᄯᅡᄭᅳᆺ흔바다이요 바다ᄭᅳᆺ흔하ᄂᆞᆯ이라 ᄒᆞᆯᄲᅮᆫ이러니 일쳔ᄉᆞᄇᆡᆨ구십이년에 、의대리、(이탈리)국ᄉᆞ람 ◦골럼버쓰◦ 라ᄒᆞᄂᆞᆫ이가 나셔 대셔양을 쳐음으로건너 남북、아메리가、쥬를 ᄎᆞ져ᄂᆡ니 그후로 ᄇᆡᆨ인들이 、아메리가쥬、로 건너가살아 、미국、이되엿ᄂᆞ니 지금 우리나라에 가쟝만히오ᄂᆞᆫ 、미국、ᄉᆞ람이 곳 이나라 ᄉᆞ람들이라 이ᄯᅢ붓혀 디구가 둥근줄을 알

아메리카쥬를처음으로ᄎᆞ즌

의틔리국사ᄅᆞᆷ 코럼버쓰

고 각국이 셔로문을통ᄒᆞ고 왕ᄅᆡ교셥ᄒᆞ야 교를젼ᄒᆞ며 물화를상통ᄒᆞ야 나의예ᄉᆞ것과 ᄂᆞᆷ의ᄉᆡ것슬 비교ᄒᆞ야쓰며 나의흔ᄒᆞᆫ것과 ᄂᆞᆷ의귀ᄒᆞᆫ것슬 밧고어쓰ᄆᆡ 교화와 풍긔가날로열니며 학문과 ᄌᆡ조가 한업시 진보되여 오ᄂᆞᆯ날 셰계에 뎨일부강ᄒᆞ고 문명ᄒᆞᄃᆞᄂᆞᆫ 나라들이 다 통상교졔ᄒᆞᄂᆞᆫ 리익을엇어 져럿듯됨이라 리익을 ᄯᆞ라 셰력이 졈졈확쟝되ᄆᆡ ᄎᆞᄎᆞ동으로벗어 오륙십년ᄅᆡ로 쳥국 일본 대한에 ᄎᆞ례로 일으럿스ᄆᆡ 셰계의동힝ᄒᆞᄂᆞᆫ리익이 이럿듯쟝ᄒᆞᆫ지라 우리나라도 잘만ᄒᆞᆯ진ᄃᆡ 이런ᄀᆡ명시ᄃᆡ를 당ᄒᆞᆫ것이 한량업ᄂᆞᆫ 힝복이될지라 우리가 각국과 뎨일 ᄂᆡ죵동ᄒᆞᆫ고로 셰상에셔 우리를 산즁쳐ᄉᆞ국이라ᄒᆞᄂᆞ니 우리가잘만ᄒᆞ엿던들 속담에 ᄂᆡ죵ᄂᆞᆫᄲᆞᆯ이 웃둑ᄒᆞᄃᆞᄂᆞᆫ말이 우리의게 합당ᄒᆞ엿슬것이어ᄂᆞᆯ 아직도 이거슬 ᄭᆡ닷지못ᄒᆞ야 젼후 이십여년에 조곰도 진보된 효험은업고 도로혀 국권을 보젼키 어렵게되엿스니 이엇지 우리의 ᄭᆡ닷지못ᄒᆞᆫ 허물이 아니리요 그러ᄒᆞᆫ즉 통상교졔가 각국에 다 리익되ᄂᆞᆫ거시오 어ᄂᆡ나라에ᄂᆞᆫ 리롭고 어ᄂᆡ나라에ᄂᆞᆫ ᄒᆡ될거시 아니라 만국이 리웃되며 ᄉᆞᄒᆡ가 형뎨되여 태평안락을 일뎨로 누릴지니 엇지질겁지 안이ᄒᆞ리오만은

가셕ᄒᆞ도다 각국의교화가 한결갓지못ᄒᆞ야 강포ᄒᆞᆫ나라이 힘을밋고 욕심을부려 ᄂᆞᆷ의토디를졈령ᄒᆞ며 국권을 침탈ᄒᆞᄂᆞᆫ폐단이 죵죵ᄉᆡᆼ기ᄂᆞᆫ지라 이에 만국공법을 마련ᄒᆞ야 권리의 방한을뎡ᄒᆞᄆᆡ 독립국과 련방과 속국과 속디의 구별이 잇ᄂᆞᆫ지라 독립국이라ᄒᆞᄂᆞᆫ것은 ᄂᆡ치와 외교를 ᄂᆡ가ᄌᆞ쥬ᄒᆞ야 ᄂᆞᆷ이 간예ᄒᆞ지못ᄒᆞᄂᆞ니 아모리 적은 나라이

라도 능히 졔일만 잘ᄒᆞ여갈진ᄃᆡ 강포ᄒᆞᆫ나라이 감히 넘겨다보지못ᄒᆞ야 피ᄎᆞ에 평등으로 ᄃᆡ졉ᄒᆞᄂᆞ니 이는 다 일톄로상등되는 나라이오 련방이라ᄒᆞᄂᆞᆫ것은 혹 두나라이ᄂᆞ 여러나라이 련합ᄒᆞ야 ᄂᆡ치는 각각ᄯᅩ로ᄒᆞ되 국권은 혹 한ㅡ황뎨나 군쥬의게속ᄒᆞ야 타국과 젼징ᄒᆞ거나 교셥ᄒᆞᄂᆞᆫ일을 ᄃᆡ신쥬관ᄒᆞᄂᆞ니 이는 그실상을 말ᄒᆞᆯ진ᄃᆡ 독립국이나 다름이업스며 기타 속국이라 속디라ᄒᆞᄂᆞᆫ거슨 혹 나라명식이 잇기도ᄒᆞ고 아조일홈도업시 한ㅡ고을처럼되여 영히 ᄂᆞᆷ의나라에 속ᄒᆞ야 관찰 총독을 보ᄂᆡ여 다ᄉᆞ리기도ᄒᆞᄂᆞ니 통히 말ᄒᆞᆯ진ᄃᆡ 일홈은 잇스ᄂᆞ 업스나 불과상젼나라에 속ᄒᆞ야 외교ᄂᆡ치를 졔가쥬쟝ᄒᆞ지못ᄒᆞ고 상국이 ᄃᆡ신힝ᄒᆞ미 벼ᄉᆞᆯᄭᆞ지도 혹 이ᄉᆞᆷ등 혹 륙칠등관이상은 다 그나라 ᄉᆞ람을 쥬지안이ᄒᆞ고 상국에셔 보ᄂᆡ여식히며 학문교육에도 방한을 마련ᄒᆞ야 졍치학 법률학은 ᄇᆡ호지 못ᄒᆞ게ᄒᆞ며 혹은 본국방언도 쓰지못ᄒᆞ게ᄒᆞ고 군젹에너셔 군ᄉᆞ노릇ᄒᆞᄂᆞᆫ 힛슈와 셰밧치고 부역ᄒᆞᄂᆞᆫ 모든일에 편벽되히 압졔ᄒᆞ며 혹 연셜이나 신문잡지등 론셜이라도 고국을싱각ᄒᆞ거나 국권회복ᄒᆞᆯᄯᅳᆺ슨 엄금ᄒᆞ야 못ᄒᆞ게ᄒᆞ며 혹 츙의잇ᄂᆞᆫ 형젹이잇스면 황무ᄒᆞᆫ ᄯᅡ흐로 귀향을보ᄂᆡ거나 셤즁에 안치ᄒᆞ야 부ᄌᆞ형뎨가 맛나지못ᄒᆞ야 평싱을맛치게ᄒᆞ미 아모됴록 그ᄇᆡᆨ셩의속에 예ᄉᆞ인군을 싱각ᄒᆞ거나 국권을 회복ᄒᆞ여볼 ᄆᆞ암이 업셔지도록ᄒᆞ미 존귀ᄒᆞ던 공ᄌᆞ왕손이 다 ᄂᆞᆷ의종이되야 ᄉᆞ람된 ᄃᆡ졉을 밧지못ᄒᆞᄂᆞ니 실로 ᄉᆞ람심쟝을 가진쟈ᄂᆞᆫ 촉쳐에셜어셔 살수업ᄂᆞᆫ지라 년젼에 인도국 즁 한나히 우리나라ᄉᆞ람을 맛나 울며ᄒᆞᄂᆞᆫ말이 우리부여

조의 잘못ᄒᆞᆫ죄로 나라를업시ᄒᆞ여 영히 、영국의 종이되엿ᄂᆞ니 그ᄃᆡ들은 아모됴록잘
들ᄒᆞ야 ᄌᆞ손을 ᄂᆡ모양 만들지말나 ᄒᆞ엿ᄂᆞ니 지금셰상에 나라를 한번 그릇드린것이
후ᄉᆡᆼ의게 엇더케 젹원ᄒᆞᆷ인지 가히알지라 、파란、(폴ᄅᆞᆫ드)국은 거의 ᄉᆞᆷᄇᆡᆨ년젼에 부
강ᄒᆞ던 큰 나라흐로 어두운 인군과 간악ᄒᆞᆫ신하들이 권셰를의지ᄒᆞ고 ᄇᆡᆨ셩을 잔ᄒᆡᄒᆞ
야 형셰가외로으ᄆᆡ 토디를버혀쥬며、아라ᄉᆞ、에 청구ᄒᆞ야 보호병을 들여다가 신민을
잔ᄒᆡᄒᆞ고 필경 ᄌᆞ긔들의몸ᄭᆞ지 팔아먹어 나라와ᄒᆞᆫᄭᅴ 업셔지ᄆᆡ 츙분ᄒᆞᆫ ᄇᆡᆨ셩들이 군
ᄉᆞ를 일희혀、아라ᄉᆞ、(러솨)를항거ᄒᆞ다가 강포ᄒᆞᆫ군ᄉᆞ의게 젼국이어육되ᄆᆡ 그참혹측
은ᄒᆞᆫ 정상은 참아 말ᄒᆞᆯ수업ᄂᆞᆫ지라 지금ᄭᆞ지 、아、(러솨)、법、(프ᄅᆞᆫ스)、오、(오스트리아) ᄉᆞᆷ
국의 령토가되엿ᄂᆞ니 이ᄂᆞᆫ、파란、말년젼ᄉᆞ를보면 ᄌᆞ셰히 알녀니와 보ᄂᆞᆫ쟈로ᄒᆞ여곰
ᄉᆞᆲ흔눈물을 금ᄒᆞ지못ᄒᆞᆯ지라 ᄆᆡ양 、파란、을 유람ᄒᆞᄂᆞᆫ 여러과ᄀᆡᆨ이 예ᄉᆞ젹에 번화ᄒᆞ든
궁실루ᄃᆡ의 뷔인터를 지나ᄃᆞ가 당시에 풍류인물을 ᄉᆡᆼ각ᄒᆞ고 ᄒᆞᆼ상 비감ᄒᆞᆫ회포를 금
치못ᄒᆞ야 그 젹막쳐량ᄒᆞᆫ 경상이며、아라ᄉᆞ、의 참독무리ᄒᆞᆷ을일카러 글을지어 셰상에
젼파ᄒᆞᄆᆡ 각국의 뎨왕과 신민된쟈들로ᄒᆞ여곰 죡히 증계가 되게ᄒᆞᄂᆞ니 뉘안이、파란、
ᄇᆡᆨ셩을위ᄒᆞ야 ᄉᆞᆲ히감동ᄒᆞ리오 다ᄒᆡᆼ이 그즁에셔 버셔나셔 타국으로 흣허져잇ᄂᆞᆫ동포
가만흔ᄃᆡ 가쟝、미、국에 만이잇서셔 죵죵고국을 잇지안이ᄒᆞ고 서로감졍을표ᄒᆞ며 ᄒᆞᆼ
상 긔회를기다리ᄃᆞ가 이번에 일아젼징됨을보고 유지ᄒᆞᆫ쟈가 글을지어돌니고 동포를
합ᄒᆞ야 고국을 회복ᄒᆞ려ᄒᆞᄆᆡ 각국에잇ᄂᆞᆫ ᄉᆞ람들이 져마다 응죵ᄒᆞ고져 ᄒᆞᄂᆞᆫ지라 이

라도 능히 졔일만 잘ᄒᆞ여갈진ᄃᆡ 강포ᄒᆞᆫ나라이 감히 넘겨다보지못ᄒᆞ야 피ᄎᆞ에 평등으로 ᄃᆡ졉ᄒᆞᄂᆞ니 이는 다 일테로상등되는 나라이오 련방이라ᄒᆞ는것은 혹 두나라이ᄂᆞ 여러나라이 련합ᄒᆞ야 ᄂᆡ치는 각각ᄯᅡ로ᄒᆞ되 국권은 혹 한ㅡ황뎨나 군쥬의게속ᄒᆞ야 타국과 젼징ᄒᆞ거나 교셥ᄒᆞ는일을 ᄃᆡ신쥬관ᄒᆞᄂᆞ니 이는 그실샹을 말ᄒᆞᆯ진ᄃᆡ 독립국이나 다름이업스며 기타 속국이라 속디라ᄒᆞ는거슨 혹 나라명식이 잇기도ᄒᆞ고 아조일홈도업시 한ㅡ고을처럼되여 영히 남의나라에 속ᄒᆞ야 관찰 총독을 보ᄂᆡ여 다ᄉᆞ리기도ᄒᆞᄂᆞ니 통히 말ᄒᆞᆯ진ᄃᆡ 일홈은 잇스ᄂᆞ 업스나 불과상젼나라에 속ᄒᆞ야 외교ᄂᆡ치를 졔가쥬쟝ᄒᆞ지못ᄒᆞ고 상국이 ᄃᆡ신힝ᄒᆞ미 벼ᄉᆞᆯᄭᆞ지도 혹 이ᄉᆞᆷ등 혹 륙칠등관이상은 다 그나라 ᄉᆞ람을 쥬지안이ᄒᆞ고 상국에셔 보ᄂᆡ여식히며 학문교육에도 방한을 마련ᄒᆞ야 졍치학 법률학은 ᄇᆡ호지 못ᄒᆞ게ᄒᆞ며 혹은 본국방언도 쓰지못ᄒᆞ게ᄒᆞ고 군젹에너셔 군ᄉᆞ노릇ᄒᆞ는 힛슈와 셰밧치고 부역ᄒᆞ는 모든일에 편벽되히 압졔ᄒᆞ며 혹 연셜이나 신문잡지등 론셜이라도 고국을싱각ᄒᆞ거나 국권회복ᄒᆞᆯᄯᅳᆺ슨 엄금ᄒᆞ야 못ᄒᆞ게ᄒᆞ며 혹 츙의잇는 형젹이잇스면 황무ᄒᆞᆫ ᄯᅡ흐로 귀향을보ᄂᆡ거나 셤즁에 안치ᄒᆞ야 부ᄌᆞ형뎨가 맛나지못ᄒᆞ야 평싱을맛치게ᄒᆞ미 아모됴록 그ᄇᆡᆨ셩의속에 예ᄉᆞ인군을 싱각ᄒᆞ거나 국권을 회복ᄒᆞ여볼 ᄆᆞ암이 업셔지도록ᄒᆞ미 존귀ᄒᆞ던 공ᄌᆞ왕손이 다 남의 죵이되야 ᄉᆞ람된 ᄃᆡ졉을 밧지못ᄒᆞᄂᆞ니 실로 ᄉᆞ람심쟝을 가진쟈는 축쳐에셜어셔 살수업는지라 년젼에,인도,국 즁 한나히 우리나라ᄉᆞ람을 맛나 울며ᄒᆞ는말이 우리부여

조의 잘못ᄒᆞᆫ죄로 나라를업시ᄒᆞ여 영히 、영、국의 죵이되엿ᄂᆞ니 그ᄃᆡ들은 아모됴록잘들ᄒᆞ야 ᄌᆞ손을 ᄂᆡ모양 만들지말나 ᄒᆞ엿ᄂᆞ니 지금세상에 나라를 한번 그릇드린것이 후싱의게 엇더케 젹원ᄒᆞᆷ인지 가히알지라 、파란、(포르린ㄴ드)국은 거의 슴빅년젼에 부강ᄒᆞ던 큰 나라흐로 어두운 인군과 간악ᄒᆞᆫ신하들이 권세를의지ᄒᆞ고 빅셩을 잔히ᄒᆞ야 형세가외로으미 토디를버혀쥬며、아라ᄉᆞ、에 청구ᄒᆞ야 보호병을 들여다가 신민을 잔히ᄒᆞ고 필경 ᄌᆞ긔들의몸ᄭᆞ지 팔아먹어 나라와ᄒᆞᆫᄭᅴ 업서지미 츙분ᄒᆞᆫ 빅셩들이 군ᄉᆞ를 일희혀、아라ᄉᆞ、(러쇄)를항거ᄒᆞᄃᆞ가 강포ᄒᆞᆫ군ᄉᆞ의게 젼국이어육되미 그참혹측은ᄒᆞᆫ 졍상은 참아 말ᄒᆞᆯ수업ᄂᆞᆫ지라 지금ᄭᆞ지 、아、(러쇄)、법、(프릐ㄴ스)、오、(오스트리아) 슴국의 령토가되엿ᄂᆞ니 이ᄂᆞᆫ、파란、말년젼ᄉᆞ를보면 ᄌᆞ셰히 알녀니와 보ᄂᆞᆫ쟈로ᄒᆞ여곰 슯흔눈물을 금ᄒᆞ지못ᄒᆞᆯ지라 미양 、파란、을 유람ᄒᆞᄂᆞᆫ 여러과긱이 예ㅅ젹에 번화ᄒᆞ든 궁실루ᄃᆡ의 뷔인터를 지ᄂᆡᄃᆞ가 당시에 풍류인물을 싱각ᄒᆞ고 ᄒᆞᆼ상 비감ᄒᆞᆫ회포를 금치못ᄒᆞ야 그 젹막쳐량ᄒᆞᆫ 경상이며、아라ᄉᆞ、의 참독무리ᄒᆞᆷ을일카러 글을지어 셰상에 젼파ᄒᆞ미 각국의 뎨왕과 신민된쟈들로ᄒᆞ여곰 족히 증계가 되게ᄒᆞᄂᆞ니 뉘안이、파란、빅셩을위ᄒᆞ야 슯히감동ᄒᆞ리오 다힝이 그즁에셔 버셔나셔 타국으로 흣허져잇ᄂᆞᆫ동포가만흔ᄃᆡ 가쟝、미、국에 만이잇서셔 죵죵고국을 잇지안이ᄒᆞ고 셔로감졍을표ᄒᆞ며 ᄒᆞᆼ상 긔회를기다리ᄃᆞ가 이번에 일아젼징됨을보고 유지ᄒᆞᆫ쟈가 글을지어돌니고 동포를 합ᄒᆞ야 고국을 회복ᄒᆞ려ᄒᆞ미 각국에잇ᄂᆞᆫ ᄉᆞ람들이 져마다 응죵ᄒᆞ고져 ᄒᆞᄂᆞᆫ지라 이

렁듯 즁대ᄒᆞᆫ일이 일죠일셕에 되기는 바라기어려우나 그 ᄉᆞ람들의 ᄆᆞᄋᆞᆷ속에 고국이 죵시업셔지지 안이ᄒᆞ야 긔어히 회복ᄒᆞ려ᄒᆞᆯ진ᄃᆡ 、파란、은아직ᄭᆞ지도 업ᄂᆞᆫ나라으로볼수업ᄂᆞ니 필경 다시일허나 의구ᄒᆞᆫ독립국이 되기를 가히 긔필ᄒᆞᆯ지라 이럼으로 다만 ᄇᆡᆨ셩의 이ᄆᆞᄋᆞᆷ이업ᄂᆞᆫ것만 념려ᄒᆞᆯ바로라 그런즉 지금셰상에 속국이라ᄒᆞᄂᆞᆫ것은 예ᄉᆞ날에 우리알던바와는 대상부동이라 다 년호와 졍삭이나 밧들면 미년에 소위죠공이라고 여간물품이나 좀 보닐ᄯᆞ름이요 기외에는 조곰도 간셥이업서셔 실상은 ᄌᆞ유독립국과 다름이업던바와 갓지안이ᄒᆞᆫ지라 그갓지 아니ᄒᆞᆫ줄을 어셔밧비ᄭᆡ달아 ᄉᆞ람마다 놀나셔 두려운싱각을 잠시라도 잇지말고 셔로경셩ᄒᆞ며 ᄭᆡ우쳐셔 젼국이 다 알도록 일ᄒᆞ기를 직칙으로숨어야 ᄒᆞᆯ지라 엇지 일승일픽를 병가의상ᄉᆞ라ᄒᆞ며 흥망셩쇠를슌환ᄒᆞᄂᆞᆫ 리치라ᄒᆞ야 심상히 녁일바ㅣ리오 예ᄉᆞ젹에는 우리 나라이 타국과 샹통ᄒᆞᄂᆞᆫ것이 다만 즁원과일본뿐이라 인종과 교화와 글이다갓고 토디가 련졉ᄒᆞ야 믹락이상통ᄒᆞ미 비컨ᄃᆡ 한집안형뎨들이 리웃에셔 갓치살어 혹 다토기도ᄒᆞ며 혹 다시화목도ᄒᆞ나 그 승픽득실을 볼진ᄃᆡ 불과 그형과아오식에 셔로셰력을 다툼이라 그ᄯᆡ셰월에 흥망셩쇠는 、아셰아、(에쇠)동방숨국의 집안셰리 하ᄂᆞᆫ일이라 리해득실이 다 그속에잇다ᄒᆞ려니와 지금이셰ᄃᆡᄂᆞᆫ 동셔양이 상통ᄒᆞ며 륙대부쥬가 련락ᄒᆞ야 오식인종이셕겨살며 만국이 경징ᄒᆞ여 셰력을 확쟝ᄒᆞ며 문명을다토미 、구 라파(유로브)의 인물 교화 졍치 학문이 륙대쥬에 뎨일이라 셰상이 이렁듯흥셩ᄒᆞ야 동으로 날마ᄃᆞ벗어오미 형

셰가 곳 죠슈밀녀들어오듯 ᄒᆞᄂᆞ니 여간 졍신ᄎᆞ리고는 부지ᄒᆞᆯ수업스며 한번 부지ᄒᆞ
지못ᄒᆞᆫ후에는 다시 회복키 어려오니 비컨ᄃᆡ 심산궁곡에셔 한두집만 격장ᄒᆞ여 허물
업시지ᄂᆡᆯᄯᆡ에 셔로힘도입고 의지도ᄒᆞ야 일업ᄂᆞᆫ셰월을 편안이보ᄂᆡᄃᆞ가 급기 인간에
루셜되야 져쟈길이열니ᄆᆡ 부상대고와 란류무뢰ᄇᆡ가 ᄉᆞ방에셔몰녀들어 압뒤에 집을
짓고 좌우에셧겨살어 권력을비교ᄒᆞ며 리익을닷톨진ᄃᆡ 엇지 이젼살던ᄯᆡ만 ᄉᆡᆼ각ᄒᆞ고
일업시 ᄇᆡ부르기를 발알수잇스리오 급급히 쟝ᄉᆞ판경위도 ᄇᆡ화야ᄒᆞ게고 셰상의물졍
도알어야 능히 집과터도 보젼ᄒᆞ며 ᄂᆞᆷ과갓치 ᄌᆡ물도모아 부요히 지ᄂᆡ여보지라 지금
우리대한ᄉᆞ람들 ᄉᆞᄂᆞᆫ듕에 곳곳이 ᄉᆡᆼ소ᄒᆞᆫ면목도 만히셧겨살며 이상ᄒᆞᆫ집들과 긔이ᄒᆞᆫ
물건이 도쳐에편만ᄒᆞ니 결단코 이져에 일업시나셔 일업시살ᄃᆞ가 일업시죽던ᄯᆡ와는
비교ᄒᆞᆯ수 업ᄂᆞᆫ지라 져 외국ᄉᆞ람들이 우리디방에 들어올ᄯᆡ에 조곰도 누구를 히롭게
ᄒᆞ던지 ᄂᆞᆷ의것슬 ᄲᅢ앗고져ᄒᆞᆷ이안이라 디구상 모든나라와 통상교셥ᄒᆞ야 피ᄎᆞ리롭고
져오는바ㅣ니 이는 결단코 막을수도업고 막을리유도 업슨즉 이나라 ᄉᆞ람들이 맛당
이 그리유를 ᄭᆡ닷고 젼보다 ᄇᆡᄇᆡ나 졍신ᄎᆞ려 일ᄒᆞ야 져ᄉᆞ람들의 하ᄂᆞᆫ것을ᄇᆡ호고본
ᄯᅥ셔 그ᄃᆡ로 ᄒᆞ려ᄒᆞ면 나도 그리익을엇어 그와갓치 되엿슬거시어늘 이거슨 ᄒᆞ지안
코 내것슬 ᄂᆡ여쥬어 져의세리 ᄒᆞ여가도록 맛겨두고안져 ᄂᆞᆷ의 경위는 ᄇᆡ호지아니ᄒᆞ
며 ᄂᆞᆷ의셰력만 두려워ᄒᆞ야 ᄉᆞᄉᆞ로 머리를숙이고 압졔를 ᄌᆞ쳥ᄒᆞ며 도로혀 ᄂᆞᆷ이업셧
스면 나혼져 잘살줄로만 ᄉᆡᆼ각ᄒᆞ야 ᄂᆞᆷ을 다 모라ᄂᆡ고 문을닷치고져ᄒᆞ야 ᄇᆡ가지로시

험ᄒᆞᄆᆡ ᄂᆞᆷ의게도 방ᄒᆡ되고 내게도 위ᄐᆡᄒᆞ니 엇지 한ㅣ나라의 편벽된 고집을위ᄒᆞ여 만국의공번된 리익을폐ᄒᆞ고 다 각기 물너가리오 필경 됴흔말로 권면ᄒᆞ다못ᄒᆞ면 위협으로라도 눌너셔 권셰를 임의ᄃᆡ로 쓰지못ᄒᆞ기에 일을지니 이거시 곳 독립권리에 손ᄒᆡ밧는 근본이라 이손ᄒᆡ를 밧으면셔도 죵시ᄭᆡ닷지못ᄒᆞ야 일향 ᄂᆞᆷ만ᄒᆡ롭게ᄒᆞ고져 ᄒᆞᆯ진ᄃᆡ 맛춤ᄂᆡ 이셰상 이형편에 국권을 한번이러바리고 엇지 졸연히 회복ᄒᆞ기를바라리요 이는 ᄂᆞᆷ의속국되는 위ᄐᆡᄒᆞᆫ관계라 급히ᄭᆡ달아 두려워ᄒᆞᆯ바ㅣ로다

▲독립과중립의분간

이상 네가지외에 혹 영셰중립국이라ᄒᆞ는것도잇고 혹 영셰독립국이라ᄒᆞ는것도 잇ᄂᆞ니 영셰중립국이라 ᄒᆞ는것은 각대국의 인허를엇어 중간에 서셔 한편으로 치우치지 안이ᄒᆞᆫ다ᄒᆞᆷ이니 여러강국들에잇셔 ᄌᆞ쥬독립권을 일치안이ᄒᆞ되 다만 어느나라와 련합ᄒᆞ여 도아쥬거ᄂᆞ 어느나라와 싸화셔 실화ᄒᆞ지못ᄒᆞ고 ᄒᆞᆼ상 졔 토디와 국권만직혀 ᄂᆞᆷ의시비에 들지안이ᄒᆞ며 ᄒᆞᆼ상각국과 평균히교졔ᄒᆞ여 ᄂᆞᆷ의침노를 밧지안코 영구히 ᄐᆡ평ᄒᆞᆷ을 보젼ᄒᆞ되 만일 리웃나라들이 셔로싸화 군ᄉᆞ가 내디방에침노ᄒᆞ게될ᄯᅢ에는 내가능히 내힘으로막어 그침범ᄒᆞᆷ을 밧지안이ᄒᆞ여야 중립국의 권리를 일치아니ᄒᆞᄂᆞ니 이거시 영셰중립국이라 속국이나 보호국 보다는 대단히나아셔 ᄒᆞᆼ상ᄐᆡ평히 부지ᄒᆞᆷ은엇으나 ᄌᆞ유활동ᄒᆞ는힘은업셔셔 ᄂᆞᆷ과다토어 부강을 겯우워보지는 못ᄒᆞᄂᆞ니 엇지당당ᄒᆞᆫ 내나라를 가지고 ᄂᆞᆷ의방한을밧으리요 오륙년젼에 우리나라에셔는 엇던대

신이 일본에가셔 대한을 중립국만들기로 비밀히쥬션ᄒᆞ다가 되지못ᄒᆞᆯ쥴을알고 도라왓다ᄒᆞ니 그쥬의는 무엇에잇셧던지 모르거니와 그런류도 형편이위ᄐᆡᄒᆞᆷ을 짐쟉ᄒᆞᆫ모양이라 진실로 위ᄐᆡᄒᆞᆷ을 념려ᄒᆞᆯ진ᄃᆡ 맛당히 직분을다ᄒᆞ여 쥭기로써 독립의 긔쵸를 공고케ᄒᆞ기를 힘쓰는거시 올흘지니 이는 독립의일홈ᄭᅡ지 업셔진후에라도 영히셋기지안이ᄒᆞᆯ 중심이어늘 ᄒᆞᆷ을며 우리나라는 셰계에 반포ᄒᆞᆫ ᄌᆞ유독립국이라 각국과 우등공ᄉᆞ를 밧구어 교제ᄒᆞ며 ᄂᆡ졍에ᄃᆡᄒᆞ여 무리히 간예치못ᄒᆞᄂᆞ니 비록쥬권ᄒᆞ는이들이 ᄉᆞᄉᆞ관계를 위ᄒᆞ여 속으로 외국인을 의지ᄒᆞ고 보호를엇는고로 외국의 능멸ᄒᆞᆷ을 죵죵밧으ᄂᆞ 실상들어나게는 못ᄒᆞ는거시오 올흔ᄉᆞ람들만 나서셔 국권을 바로잡을진ᄃᆡ 뉘가감히업슈이녁이지못ᄒᆞᆯ지니 독립의온젼ᄒᆞᆷ이 이러ᄒᆞᆫ지라 ᄇᆡᆨ셩을 붓들어 원긔를비양ᄒᆞ야 확실ᄒᆞᆫ긔쵸를 셰우기는 ᄉᆡᆼ각ᄒᆞ지못ᄒᆞ고 도로혀독립권리를 업시ᄒᆞ고 중립명목을셰워셔 져의손으로 상등ᄃᆡ우를 얏게만들고 ᄌᆞ긔들의몸이나 하로라도 더부지ᄒᆞ고져ᄒᆞ니 더욱통분가증ᄒᆞ도다 이거시 다 ᄇᆡᆨ셩이 어두어셔 알지못ᄒᆞ는연고ㅣ라 한두ᄉᆞ람이 엇지속으로혼져 국권을 번복ᄒᆞ기를 ᄉᆡᆼ심ᄒᆞ리요 어셔어셔ᄭᆡ여야 일후에 ᄯᅩ이런폐단이 업슬지니 이는영세중립되는관계라 갓흔중립명목에도 여러가지구별과 등분이 잇다ᄒᆞ나 결단코 이런ᄉᆡᆼ각은 두지말고 당당ᄒᆞᆫ 독립권리를 영영히 셰울마암을 굿게심밍ᄒᆞᆯ거시오 보호국이라ᄒᆞᄂᆞᆫ것은 ᄂᆡ치와외교를 졔힘으로 ᄌᆞ쥬ᄒᆞ지 못ᄒᆞ야 필경위ᄐᆡᄒᆞ게될진ᄃᆡ 그ᄒᆡ가 리웃나라에ᄭᅡ지 밋칠터인고로 한나라이ᄂᆞ 혹 몃나라이

합ᄒᆞ여 그나라의 ᄂᆡ치외교를 ᄃᆡ신ᄒᆞ여 위ᄐᆡ치안케ᄒᆞ며 국권을보호ᄒᆞ야 강ᄒᆞᆫ나라이 침범치못ᄒᆞ게ᄒᆞᄂᆞ니 일홈은 나라이라ᄒᆞ나 실상은 속국속디에 지나지못ᄒᆞ야 졔것을 가지고 놈의종노릇ᄒᆞᆯ뿐이라 놈에게 의뢰ᄒᆞ기를 됴와ᄒᆞ여 눈에셔피가나도록 엇어맛져가며 우마갓치 부리ᄂᆞᆫ바ㅣ되고셔라도 더러온목숨한나 사ᄂᆞᆫ것만 만ᄒᆡᆼ으로 녁이ᄂᆞᆫ쟈에게ᄂᆞᆫ 이만치 됴흔것이업슬지라 소위 본국관원이라ᄒᆞᄂᆞᆫ쟈들이 나라ᄂᆞᆫ 엇지되엿던지 져의욕심ᄎᆡ우기만 경영ᄒᆞ야 대포알이 왓다갓다ᄒᆞᄂᆞᆫ중에셔도 혐잡과 탐학ᄒᆞ기에만 눈이불거 ᄇᆡᆨ셩만 업셔지도록 ᄒᆞᆨᄒᆞᄂᆞᆫ나라도 디구상에 업지안이ᄒᆞ니 만일 이런 관리들이 영구히 권셰를잡고 안즐진ᄃᆡ 허다ᄒᆞᆫ ᄉᆡᆼ령이 홀노무숨죄라ᄒᆞ리요 리웃나라ᄀᆡ명ᄒᆞᆫᄉᆞ람들이 그런관원을 몰아ᄂᆡ고 졍ᄉᆞ를ᄃᆡ신ᄒᆞ여 무고쟌민의 ᄉᆡᆼ명ᄌᆡ산을 보호ᄒᆞᄂᆞᆫ것시 엇지 다ᄒᆡᆼ이안이라ᄒᆞ리요 그러ᄂᆞ 이것슬 다ᄒᆡᆼ으로아는쟈는 지금셰상에나셔 실로ᄉᆞ람이라일을슈 업도다 비컨ᄃᆡᆫ 조상ᄯᅥᆨ붓허 유젼ᄒᆞ여나리ᄂᆞᆫ 고루거각이며만가ᄒᆞᆫ셰간을 졔손으로보젼ᄒᆞ야 놈과갓치 대가를일우지못ᄒᆞ고 도로혀 안방대쳥 건넌방사랑이며 가산긔명과 뎐답노복ᄭᆞ지 낫낫치 ᄂᆡ여쥬어 놈의산림을만들고 한두간ᄒᆡᆼ랑을빌어들어 구구히붓쳐살며 종의종질올 달게녁여 심ᄒᆞᆫ박ᄃᆡᄂᆞ 면ᄒᆞ면 곳은혜로녁일진ᄃᆡ 이 엇지창ᄌᆞ잇는인ᄉᆡᆼ이라ᄒᆞ며 우마돈견보다 낫다ᄒᆞ리요 진실로 인형을쓰고 인셩을타셔 낫슬진ᄃᆡ 시시로 슯고분ᄒᆞ야 엇지춤아보고살며 원통ᄒᆞ고눈물나셔 엇지 능히견ᄃᆡ리요 챨ᄒᆞ리 류리ᄀᆡ걸ᄒᆞ여 멀니가셔 도라단이다가 죽는거시 나흘지라 그런

셔울동대문

셔울㊂슈구문

서울남대문

동관대궐늬공원

동관대궐늬뎐각

즉 나라의 신민된쟈ㅣ 맛당히 졔나라를 졔손으로 흥왕식혀 어진쥬인들이 되여가지
고 됴흔손님들을 청ᄒᆞ야 ᄒᆞᆷᄭᅴ즐기며 동등ᄃᆡ졉을 밧도록힘쓰야 ᄒᆞ리로다

▲빅셩이열니지못ᄒᆞ면나라를보젼치못ᄒᆞᆷ

우혜몃가지ᄂᆞᆫ 셰계각국을 공법으로 구별ᄒᆞ야 각각ᄎᆞ지ᄒᆞᄂᆞᆫ 권리와리익의 분간을말
ᄒᆞᆷ이니 이공법을 어늬나라이 ᄒᆞᆯ노셰우거ᄂᆞ 만국이합ᄒᆞ여 법관을ᄂᆡ이고 뎡ᄒᆞᆫ것은안
이로되 교화놉흔 큰나라들이 힘을굽혀 쥰힝ᄒᆞᄆᆡ 한두강포ᄒᆞᆫ 나라이잇셔 쟌약ᄒᆞᆫ나라
를 법외로 ᄃᆡ졉ᄒᆞ고 욕심을 부리고져 ᄒᆞᆯ지라도 적은나라이 능히거졀ᄒᆞ야 밧지안이
ᄒᆞᄂᆞᆫ권리가잇ᄂᆞ니 이것시 공법의힘이오 셜령적은나라ᄂᆞᆫ 무리ᄒᆞᆷ을 당ᄒᆞ고도 거졀치
못ᄒᆞᆯ경우이면 각국이 시비ᄒᆞ야 강ᄒᆞᆫ쟈로ᄒᆞ여곰 무리ᄒᆞᆷ을 힝치못ᄒᆞ게ᄒᆞᄂᆞᆫ것도 ᄯᅩᄒᆞᆫ
공법의힘이니 공법의힘이 이러틋 장ᄒᆞᆫ지라 엇지아름답지안으리요만은 다만 셰계의
교화와 문명이 아직도 한결갓지못ᄒᆞ야 혹 강대ᄒᆞᆫ 셰력을밋고 어두은나라들을 ᄃᆡᄒᆞ
야 공법을바리고 불의를힝ᄒᆞᄂᆞᆫ쟈도 죵죵업지안이ᄒᆞᄆᆡ 어두은나라들은 져의가 공법
을 알지못ᄒᆞᄂᆞᆫ고로 ᄂᆞᆷ이 업슈히녁여 이러케 ᄒᆞᄂᆞᆫ쥴은 ᄭᆡ닷지못ᄒᆞ고 도로혀 ᄒᆞᄂᆞᆫ말
이 만국공법이 대포한자루만 갓지못ᄒᆞ다ᄒᆞ야 위력을써 셰상을ᄃᆡᄒᆞ려ᄒᆞᄆᆡ 인ᄒᆞ여 나
도. ᄯᅩᄒᆞᆫ공법을 바리고 셰력을 밋으려ᄒᆞᄂᆞᆫ날에ᄂᆞᆫ ᄂᆞᆷ에게도 대단위ᄐᆡᄒᆞ려니와 ᄌᆞ긔
게도 극히념려될바ㅣ라 이런나라에게 ᄌᆞ쥬권리를 허락ᄒᆞᄂᆞᆫ것시 철몰으ᄂᆞᆫ 아희에게
잘드ᄂᆞᆫ 보검을 맛김과갓흐여 그것으로 졔몸을상ᄒᆞᄂᆞᆫ지라 맛당히ᄲᅢ앗셔 임의ᄃᆡ로못

ᄒᆞ게ᄒᆞᆯ지니 이럼으로 나라가 어두은즉 대소강약을 물론ᄒᆞ고 능히 공법의보호를 밧지못ᄒᆞ야 독립권리를 보젼치못ᄒᆞᄂᆞᆫ바ㅣ라 이엇지 공법의 편벽됨이리요

대개공법의 본의인즉 텬리와 인졍을ᄯᆞ라 셰계만국과 만국만민이 일톄로 평균ᄒᆞᆫ 리익과 권리를 보젼케ᄒᆞ고져ᄒᆞᆷ이니 각국의교화가 펴져셔 문명이한결갓치될진ᄃᆡ 응당 이공법이 안이ᄒᆡᆼᄒᆞᄂᆞᆫᄃᆡ 업시되려니와 만일 한두나라이라도 개명치못ᄒᆞᆫ구셕이 잇슬진ᄃᆡ 불가불 공법권한이 구별이잇슬지라 가령 개명ᄒᆞᆫ 나라들은 다 만국이통ᄒᆡᆼᄒᆞ야 한ᄃᆡ방이라도 열니지 안은곳이업스며 한ᄉᆞ람도 열니지안은쟈ㅣ 업게ᄒᆞᄂᆞᆫ것이 공번된 리익이라ᄒᆞᄂᆞ니 이거시 참 나의됴흔거슬 셰상과 ᄒᆞᆷᄭᅴᄒᆞ쟈ᄂᆞᆫ 공번된ᄯᅳᆺ시어ᄂᆞᆯ 어두은 나라에셔ᄂᆞᆫ 이ᄯᅳᆺ슬모르고 말ᄒᆞ기를 나ᄂᆞᆫ ᄂᆞᆷ의ᄉᆡ것도 원치안이ᄒᆞ며 나의 예ᄉᆞ것도 바리지안을터이니 나혼져 문닷치고 이젼갓치 ᄯᆞ로 살게노라ᄒᆞᆯ진ᄃᆡ 이거시 엇지 ᄌᆞ쥬독립권리라고 졔마음ᄃᆡ로 ᄒᆞ라ᄒᆞ리요 부득이압제ᄒᆞ여 공번된ᄯᅳᆺ슬ᄯᆞ르고 편벽된ᄉᆡᆼ각을 바리게ᄒᆞᆯ지니 이거시 곳 ᄌᆞ쥬독립권리에 손ᄒᆡ되ᄂᆞᆫ 큰 근본이라 만일한두번에 곳 ᄭᆡ닷고 마음을도리혀 날로개명에 나아가 공법의ᄯᅳᆺᄃᆡ로ᄒᆡᆼᄒᆞ여 피ᄎᆞ에 리익을 엇고져ᄒᆞᆯ진ᄃᆡ 타국이 무단히 간예ᄒᆞᆯ계졔도 업게고 ᄂᆞᆷ의법외에 ᄒᆡᆼ위를 모르고 밧을리치도 업스려니와 죵시 ᄭᆡ닷지못ᄒᆞ야 일향으로 개명을 반ᄃᆡᄒᆞᆯ진ᄃᆡ 맛ᄎᆞᆷ니 슴분오렬ᄒᆞ거나 속국과 보호국되ᄂᆞᆫ 화를면치못ᄒᆞᆯ지라 하ᄂᆞ님의 텬디만물을 챵조ᄒᆞ신 ᄯᅳᆺ을 삷힐진ᄃᆡ 하나도바릴거시업셔 모든ᄉᆞ람의게 쓰임이되게ᄒᆞ심이라 다만 ᄉᆞ람이

다 알지못ᄒᆞ야 ᄒᆞᆼ상 지식의 졍도를ᄯᅡ라 ᄀᆡ명되ᄂᆞ니 이ᄂᆞᆫ 여러말로 셜명ᄒᆞᆯ것이업ᄂᆞᆫ지라 가령 밧헤곡식을 ᄲᅳ리며 물에고기를 낙그며 산에산양ᄒᆞᄂᆞᆫ것이 셰상ᄉᆞ람이 다 알바ㅣ어니와 금은동철이며 셕탄셕유와 기타모든 텬조물로되여 무궁히감초여 우리 인류의 쓰게만드신것은 혹 아ᄂᆞᆫ쟈도잇스며 혹 모르ᄂᆞᆫ쟈도잇고 여간 안다ᄂᆞᆫ쟈도 ᄯᅩᄒᆞᆫ 등분이만ᄒᆞ셔 혹은 대강만 ᄏᆡ여ᄂᆡ며 혹은 긔계와 ᄌᆡ조가늘어 그 졍긴ᄒᆞᆷ을 다ᄒᆞ기에이르고 엇던나라에셔들은 더욱학문과 지혜가발달되야 심지어 형질업ᄂᆞᆫ 물건ᄭᆞ지 쓰ᄂᆞᆫ거슬만드ᄂᆞ니 오ᄂᆞᆯ날 셰상에한량업시 리익되ᄂᆞᆫ 뎐보와 공긔션갓흔거슬볼진ᄃᆡ 다ᄉᆞ람의 의ᄉᆞ밧게 나ᄂᆞᆫ것이니 쳐음듯ᄂᆞᆫ쟈의 밋지안을일이라 무식ᄒᆞᆫᄉᆞ람들은죠화라고도ᄒᆞ며 도술이라고도 ᄒᆞ려니와 그실상인즉 다 지식으로 리치를 궁구ᄒᆞ야 번ᄀᆡ와 공긔의힘을잡아 긔계에붓쳐 쓰ᄂᆞᆫ거슬 만들ᄲᅮᆫ이니 ᄋᆡ희라도비호면 알거시오법ᄃᆡ로 만들면 될것이어ᄂᆞᆯ 무ᄉᆞᆷ신긔ᄒᆞ고 이상히 녁일바ㅣ리오 다만 지혜만 발달ᄒᆞ기에잇ᄂᆞᆫ지라 지금 져 셔양ᄉᆞ람들은 지식을늘여 ᄂᆞᆷ의모르ᄂᆞᆫ거슬 몬져알어ᄂᆡ엿스ᄆᆡ가쟝 쟝ᄒᆞᆫ듯ᄒᆞ나 실상은 하ᄂᆞ님이 ᄉᆞᄅᆞᆷ의쓰기를 위ᄒᆞ야 만드신물건의 만분지일도 아직ᄭᆞ지 다 알아쓰지 못ᄒᆞᆫ지라 우리도 지혜만열닐진ᄃᆡ 다만 ᄂᆞᆷ의알어ᄂᆡᆫ 뎐긔공긔등물만 잡아쓸ᄲᅮᆫ안이라 쳔종만물의 형형식식이 ᄉᆡᆼ긴것이 다 공긔와 뎐긔갓치 긴히 쓰ᄂᆞᆫ바ㅣ될것시오 지금셰상에 보고듯지못ᄒᆞᆫ물건을 다 들어ᄂᆡ여 쓰게ᄒᆞᆷ이 진실로어렵지안을지니 텬디조물쥬의 만가지물건을 만드심이 젼혀 ᄉᆞᄅᆞᆷ의 슈용ᄒᆞ기를위ᄒᆞ야

하나도 바리지안케ᄒᆞ심을 가히짐쟉ᄒᆞᆯ지라 엇지범연히바려둘바ㅣ리오 오ᄂᆞᆯ날셰계에
문명부강ᄒᆞ다ᄂᆞᆫ 져 영、미、등국 ᄉᆞ름들이 일이ᄇᆡᆨ년 슴ᄉᆞᄇᆡᆨ년젼에ᄂᆞᆫ 우리와갓지못
ᄒᆞ야 심히어둡고 어리셕던 ᄉᆞ람들이라 졸디에셰계가 열니ᄂᆞᆫᄯᅢ를당ᄒᆞ야 지식학문이
한업시 발달되ᄆᆡ 지금은 우리보다 몃ᄇᆡᆨ비나 지나가져 우리의ᄉᆡᆼ각도 못ᄒᆞᆯ일을 셩취
ᄒᆞᆫ지라 져 련디에 ᄉᆡᆼ긴ᄉᆞ람은 하나도 흥왕발달ᄒᆞᄂᆞᆫ 효력을 엇지못ᄒᆞᆫ쟈ㅣ업스며 심
지어 물건ᄭᅡ지라도 그 공교긴졀ᄒᆞᆷ을 극진히 안이ᄒᆞᆫ바ㅣ업셔셔 인구ᄂᆞᆫ 번셩ᄒᆞ며 물
건의근원은 마르ᄂᆞᆫ념려가 업ᄂᆞᆫ지라 ᄉᆞ람은만코 ᄡᅡ흔좁으ᄆᆡ 각쳐로흣허져셔 뷔인ᄯᅡ
를ᄎᆞ져살ᄆᆡ 긔후도합당ᄒᆞ고 토디도기름지며 각ᄉᆡᆨ물산이 풍부ᄒᆞ야 살기됴흔곳이 각
쳐에만으되 그곳ᄇᆡᆨ셩들은 혹 반쯤열녀 여간ᄀᆡ화된 나라도잇고 아조 미ᄀᆡᄒᆞ야 야만
인종되ᄂᆞᆫ 나라도잇셔 다 각기 예ᄉᆞ젹에 지ᄂᆡ던ᄃᆡ로 게울니살려ᄒᆞᆯᄲᅮᆫ이오 더 낫게되
여 ᄂᆞᆷ과 갓허지기ᄂᆞᆫ 원치안이ᄒᆞ며 그됴흔 련조물을 다 바려ᄡᅥᄀᆡ혀두어 폐ᄒᆞᆫ물건을
만드ᄂᆞ니 우리나라로만 보아도 ᄀᆡ국ᄒᆞᆫ지 ᄉᆞ오쳔년ᄅᆡ에 금광 은광 셕탄광을 합당히
킈여 쓸줄몰ᄂᆞ셔 각국이와셔 ᄎᆞ례로ᄎᆞ지ᄒᆞ며 토디를 다 바려두어 젼국에 슴분지
일을 계오ᄀᆡ쳑ᄒᆞ엿ᄂᆞ니 이거슬 다시법과 ᄉᆡ긔계로 합당히ᄀᆡ간ᄒᆞ면 그리익이 한량업
슬거시어ᄂᆞᆯ 다열지못ᄒᆞ고 도로혀 ᄉᆞ람이만ᄒᆞ셔 무슈히죽어야 살곳도잇고 빈곤키도
면ᄒᆞ게ᄃᆞᄒᆞ며 기타 쳔만가지 ᄌᆡ물과 보ᄇᆡ근원을 다 헛되히 ᄡᅥᄀᆡ혀두어 ᄂᆡ여쓸줄
모르며 도로혀 ᄂᆞᆷ의 나라만 못ᄒᆞ다고도ᄒᆞ며 ᄌᆡ물이 귀ᄒᆞᄃᆞ기도ᄒᆞ고 급기 타국과상

통ᄒᆞ야 ᄉᆡ법을 ᄇᆡ호자ᄒᆞ면 다 즐기지아니ᄒᆞ야 여젼히 문닷치고 어둡게살녀ᄒᆞ니 이ᄯᅳᆺ슬 공평ᄒᆞᄃᆞᆺᄒᆞ야 ᄯᆞ로써ᄀᆡ히기를 허락ᄒᆞᆷ이 올타ᄒᆞᆯ가 이ᄂᆞᆫ결단코 그러치안은지라 그연고ᄂᆞᆫ 셰가지잇ᄉᆞ니

조물쥬가 ᄉᆞ람의 쓰이ᄂᆞᆫ바ㅣ 되기를 위ᄒᆞ야 한업시 싸어두신거슬 써ᄀᆡ혀바려져의도 쓰지안이ᄒᆞ며 놈도 쓰지못ᄒᆞ게ᄒᆞ니 이ᄂᆞᆫ 포진텬물이라 불가ᄒᆞᆷ이한가지요

또ᄒᆞᆫ 다른곳ᄉᆞ람들은 토디와물품이 부족ᄒᆞ야 인ᄉᆡᆼ의일용ᄉᆞ물을 공궤ᄒᆞᆯ거시 업ᄉᆞᆫ즉 이따헤ᄉᆞ람업셔 바려둔물건들과 져따헤 물건업셔 쥭게된인민들을 셕거두어 통용ᄒᆞ야 셔로힘잇게ᄒᆞᆯ진ᄃᆡ 피ᄎᆞ에 리로음이 공번된 ᄯᅳᆺ시어ᄂᆞᆯ 엇지 놈의곤궁ᄒᆞᆷ을 불계ᄒᆞ고 나의욕심만 ᄎᆡ우고져ᄒᆞ야 셰샹과통ᄒᆞ기를 실타ᄒᆞ리요 그불가ᄒᆞᆷ이 두가지요

또ᄒᆞᆫ 나라를 닷쳐두고 놈과갓치 밝은셰상을 만들지아니ᄒᆞ며 물건을 바려두어 놈과갓치 보ᄇᆡ롭고 편리ᄒᆞᆫ그릇슬 만들지못ᄒᆞ게ᄒᆞ미 다만 앗갑고 ᄋᆡ셕ᄒᆞᆯ뿐안이라 그 나라ᄉᆞ람들이 밝은셰상에 락을보지못ᄒᆞ며 션미ᄒᆞᆫ긔계의 편리ᄒᆞᆷ을 엇지못ᄒᆞ고 ᄇᆡᆨ년쳔년이 지나도록 영히 디옥갓흔 셰상에셔 도탄슈화를 면치못ᄒᆞ며 바다만건너가면 요지일월 슌지건곤에 극락셰계갓흔 문명셰ᄃᆡ가 ᄉᆞᄂᆞᆫ줄은 젹연히 모르고 도로혀 ᄂᆡ풍속과 ᄂᆡ쳐디가 텬하에 뎨일이라ᄒᆞᆯ지니 이엇지 그ᄉᆞ람들의 참 복이라ᄒᆞ리오 출ᄒᆞ리압졔를 부려셔라도 셰상형편을보고 스ᄉᆞ로 ᄭᆡ닷게ᄒᆞ여야될지니 나라를 닷치고져ᄒᆞᄂᆞᆫᄯᅳᆺ세 불가ᄒᆞᆷ이 셰가지라

이 셰가지관계를볼진ᄃᆡ ᄀᆡ화의 리익이 엇더ᄒᆞᆷ을 가히 짐쟉ᄒᆞᆯ바라 그럼으로 공법에 어늬나라이던지 쥬인업ᄂᆞᆫ 뷔인ᄯᅡᄒᆞᆯ ᄎᆞ져닐진ᄃᆡ 그ᄯᅡ히의례히 그나라에 속ᄒᆞᆫᄃᆞᄒᆞ려니와 만일 그나라이 ᄯᅡᄒᆞᆯ엇어 졔것만 만들고 실상으로 ᄀᆡ쳑ᄒᆞᄂᆞᆫ효험이업스면 그나라ᄯᅡᄒᆞ로 보지못ᄒᆞ야 누구던지 몬져들어가 ᄀᆡ쳑ᄒᆞ야 쓰게만드ᄂᆞᆫ쟈가 ᄎᆞᆷ 쥬인이 되ᄂᆞᆫ법이니 이ᄂᆞᆫ 아모됴록 텬디만물을 다 ᄉᆞᄅᆞᆷ의쓰ᄂᆞᆫ바ㅣ 되고져ᄒᆞᆷ이니 헛 일홈을즁히ᄒᆞ지안코 실상 효력을 인연ᄒᆞ여 권리가 ᄉᆡᆼ기ᄂᆞᆫ본의라 일로볼진ᄃᆡ 당당ᄒᆞᆫ 나의토디라도 ᄂᆡ가 능히ᄀᆡ쳑ᄒᆞ야 쓰게만들지못ᄒᆞ면 나하ᄂᆞ를인연ᄒᆞ여 영히 바려둘수ᄂᆞᆫ업슨즉 필경 ᄂᆞᆷ이만들어 ᄂᆞᆷ의쓰ᄂᆞᆫ거시될지라 엇지 ᄀᆡ화를실혀ᄒᆞ고야 나라를보젼ᄒᆞᆯ수잇스리요 ᄒᆞᆷ을며 이ᄀᆡ화ᄒᆞᆫ 셰상은 젼과갓지안이ᄒᆞ야 ᄇᆡᆨ셩의ᄌᆞ유권리를 즁히녁여균평ᄒᆞᆫ리익을 보호ᄒᆞ여쥬ᄂᆞᆫ고로 셰상이 그즐거움을 한량업시 누리ᄂᆞᆫ바ㅣ라 이럼으로 ᄀᆡ화의셰력이 조희에 물젓듯ᄒᆞ미 ᄉᆞᄉᆞ로 퍼지ᄂᆞᆫ힘을 능히막을수업ᄂᆞᆫ지라 이듕에셔 홀로 ᄇᆡᆨ셩을눌너 머리를 들지못ᄒᆞ게ᄒᆞ고 예ㅅ법만 힝코져ᄒᆞᆯ진ᄃᆡ 부지즁에 졋여 들어오ᄂᆞᆫ셰력이 졈졈ᄇᆡᆨ셩의일허나ᄂᆞᆫ 긔운을밧쳐셔 능히 더 눌을수업시 될거슬모르고 억지로 눌으고져만 힘쓸 진ᄃᆡ. 그듕에셔 ᄌᆞ연히 츙돌이ᄉᆡᆼ겨 ᄂᆡ란이 ᄌᆞ죠나셔 외환이침노ᄒᆞ미 ᄉᆡᆼ령이쟌멸ᄒᆞ며 셰상이소요ᄒᆞ야 화근이 필경 리웃나라에ᄭᆞ지 밋치ᄂᆞ니 이러ᄒᆞᆫ 경우에ᄂᆞᆫ 그 리웃된나라이 ᄌᆞ긔의 화를면코져ᄒᆞ여 불가불 간예ᄒᆞᄂᆞ니 이ᄂᆞᆫ 공법에 허락ᄒᆞᄂᆞᆫ바ㅣ라, 이셰상에잇서셔 엇지 예ㅅ법을직혀가지고 독립권리를 보젼코져ᄒᆞ리요 이것은 다 ᄌᆞ쥬독립권리를 보젼치못ᄒᆞᄂᆞᆫ 연고의대ᄀᆡ라 나라를위ᄒᆞ여근심ᄒᆞᄂᆞᆫ쟈ㅣ 맛당이 삶혀 볼일이로다

▲ᄌᆞ쥬권리의긴즁ᄒᆞᆷ

ᄌᆞ쥬독립이 이러틋 즁ᄒᆞᆯ진ᄃᆡ 그리익의관계가 응당적지안을지라 맛당히 상고ᄒᆞᆯ바ㅣ로다 대ᄀᆡ 한ᄉᆞ람이나 한나라이나 제가 제일을ᄒᆞᄂᆞᆫ거슬 ᄌᆞ쥬라닐으며 ᄯᅡ로서셔 남에게 의지ᄒᆞ지안ᄂᆞᆫ거슬 독립이라닐으ᄂᆞ니 이ᄂᆞᆫ 인류로 ᄉᆡᆼ긴쟈의 텬품으로 다 갓치타고 난것이라 셰상에셔 닐으ᄂᆞᆫ바 놉다 얏다 귀ᄒᆞ다 쳔ᄒᆞ다 ᄒᆞᄂᆞᆫ거슨 인심으로 질뎡ᄒᆞᆫ형편을 구별ᄒᆞᆷ이어니와 실로텬리를볼진ᄃᆡ 그소위 귀ᄒᆞ고 놉다ᄂᆞᆫ쟈이나 약ᄒᆞ고 쳔ᄒᆞ다ᄂᆞᆫ쟈이나 이목구비와 ᄉᆞ지ᄇᆡᆨ톄ᄂᆞᆫ 일반으로 타고나셔 더ᄒᆞ고 덜ᄒᆞᆫ것이업ᄂᆞ니 이ᄂᆞᆫ 하ᄂᆞᆯ이 다 각기 제가 제일을ᄒᆞ며 제가 제몸을 보호ᄒᆞᆯ것을 일톄로 품부ᄒᆞ심이라 ᄇᆡ곱흘ᄯᅢ에 쥐여먹고 살치울ᄯᅢ에 엇어입고 몸에 ᄒᆡ롭게ᄒᆞᆷ을 막아님은 손이잇셔 ᄒᆞᆯ거시오 험ᄒᆞᆫᄃᆡ를멀니ᄒᆞ고 편ᄒᆞᆫᄃᆡ를향ᄒᆞᆷ은 발이잇셔 ᄒᆞᆯ거시오 엇지ᄒᆞ면됴ᄒᆞᆯ것과 엇지ᄒᆞ면 ᄒᆡ될거슨 지혜가잇셔 ᄉᆡᆼ각ᄒᆞ리니 범ᄇᆡᆨ육신의 ᄯᅳᆯ녀 긔긔묘묘ᄒᆞᆫ것이 다 제일ᄉᆡᆼ 쓰기에 넉넉ᄒᆞᆫ 연장이라 이연쟝이 다 우리일신에 이러틋 긴졀ᄒᆞ되 무심히 보ᄂᆞᆫ쟈ᄂᆞᆫ 그긴졀ᄒᆞᆫ쥴을 알지못ᄒᆞᄂᆞ니 이ᄂᆞᆫ 비컨ᄃᆡ 우리몸에 시계가잇셔 시시로 볼ᄯᅢ에ᄂᆞᆫ 요긴ᄒᆞᆫ쥴 몰으다가 급기업셔진후에야 곳 견ᄃᆡᆯ슈 업ᄂᆞᆫ쥴로아ᄂᆞ니 우리의 ᄉᆞ지ᄇᆡᆨ톄도 업셔노코보면 엇더케 긴즁ᄒᆞᆫ지 비로쇼 짐쟉ᄒᆞᆯ지라 가령 손과팔이업셔 엽헤됴

ᄒᆞᆫ음식을 두고 집어먹지못ᄒᆞ며 눈이업셔 됴ᄒᆞᆫ단쳥오ᄉᆡᆨ과 일월의밝은빗을 보지못ᄒᆞ야범ᄀᆞᆺᄒᆞᆫ원슈ᄀᆞ 눈압헤다다르며 ᄐᆡ산ᄀᆞᆺᄒᆞᆫᄌᆡ앙이 니마우에 ᄯᅥ러지되 컴컴이 몰으며 귀가업셔 오음륙률의 즐거온 음셩과 뢰졍벽력의 놀나온 쇼ᄅᆡ를 듯지못ᄒᆞ며 발과다리가업셔 물결ᄀᆞᆺ치 밋쳐와셔 일신이 위ᄐᆡᄒᆞᆷ이 시각에잇스되 피ᄒᆞᆯ슈 업슬진ᄃᆡ 그목숨의 살어잇는거시 무엇시 귀ᄒᆞ다ᄒᆞ리요 필경 ᄂᆞᆷ의게 의지ᄒᆞ여 먹여쥬고 입혀쥬며 듯고 보고 ᄃᆡᆼ기고 ᄉᆡᆼ각ᄒᆞᄂᆞᆫ거슬 다 ᄂᆞᆷ이ᄃᆡ신ᄒᆞ여 쥬어야 하로라도 살지니 그 ᄃᆡ신ᄒᆞ야쥬는ᄉᆞ람이 도라보지안이ᄒᆞ면 곳 안져쥭을ᄯᆞ름이라 무슴도리가 잇스리요 이런ᄉᆞ람이 잇슬진ᄃᆡ 이ᄂᆞᆫ 곳 인간샤회에 사막위와 혹과 ᄀᆞᆺ희여 셰상에 살어잇는것시 졔게도쥭ᄂᆞᆫ이만 못ᄒᆞ거니와 ᄂᆞᆷ의게도 공연히 이아칠ᄲᅮᆫ이니 찰ᄒᆞ리 업ᄂᆞᆫ것시 도로여편ᄒᆞ리로다 일로볼진ᄃᆡ ᄉᆞ지ᄇᆡᆨ톄가 일신에엇더케 긴졀ᄒᆞᆫ거슬 가히 알게스나 다만 그 긴요ᄒᆞᆫ줄만알고 바로쓰ᄅᆞᆯ 줄을몰으면 ᄯᅩᄒᆞᆫ 업ᄂᆞᆫ것과갓ᄒᆞ니 바로쓰ᄂᆞᆫ 법을알어야 ᄎᆞᆷ됴ᄒᆞᆫ 연장가진효험이 잇슬지라 그 바로쓰ᄂᆞᆫ법인즉 졔권리를 보호ᄒᆞᄂᆞᆫᄃᆡ 잇스며 졔권리를 보호ᄒᆞ쟈면 몸의당ᄒᆞᆫ일을 졔 ᄉᆞ지ᄇᆡᆨ톄로힝ᄒᆞ야 ᄂᆞᆷ의게 의지ᄒᆞ지안어야될지니 이럼으로 졔권리를 보젼치못ᄒᆞ면 ᄉᆞ지ᄇᆡᆨ톄가 업ᄂᆞᆫᄉᆞ람이오 ᄉᆞ지ᄇᆡᆨ톄가업스면졔목숨을 부지ᄒᆞ지못ᄒᆞᆯ지니 지금 셰계ᄉᆞ람들이 졔 ᄌᆞ쥬권리 보호ᄒᆞ기를 목숨보ᄃᆞ 더즁히녁임이 이러ᄒᆞᆫ연고ㅣ라 지식이발달된 나라에셔들은 ᄉᆞ람마다 졔 ᄌᆞ쥬권리를위ᄒᆞ야 목숨을결우며 지어 어린ᄋᆞᄒᆡᄭᆞ지라도 다 졔몸ᄃᆞᄉᆞ리기를 몬져 힘쓰게ᄒᆞ야 ᄂᆞᆷ

의게 의뢰ᄒᆞ기를 대단이 붓그럽게아ᄂᆞᆫ고로 심지어 졔부모의게ᄭᆞ지도 의지ᄒᆞ지안ᄂᆞᆫ것슬 올케녁여 ᄂᆞᆷ의압졔와위협을 결단코 밧지안으려ᄒᆞ며 ᄂᆞᆷ이붓들어쥬고 안쥬ᄂᆞᆫ거슬 대단이 붓그럽게녁여셔 어려셔붓허 먹고입ᄂᆞᆫ것ᄭᆞ지라도 졔손으로 벌어ᄒᆞ기를힘쓰ᄂᆞᆫ고로 혹 부모의ᄌᆡ산이 만ᄒᆞ셔 ᄌᆞ식의게 세쳐쥬면 ᄌᆞ식이 밧지아니ᄒᆞ고 그ᄌᆡ산으로 병원이나 확교지어 빈한궁곤ᄒᆞᆫ ᄉᆞ람들이 병도치료ᄒᆞ며 학문도공부ᄒᆞ게ᄒᆞ고말ᄒᆞ기를 나도공부ᄒᆞ고 일ᄒᆞ면 부형의학문도잇고 ᄌᆡ물도잇슬지라 ᄂᆡ손으로 셩가ᄒᆞ지못ᄒᆞ고 엇지부형의유업을밧아 편히놀고먹으며 ᄂᆡ몸에됴흔연장을 쓰지안으리요ᄒᆞ야무슴일이던지 슈고로히 직업ᄒᆞᄂᆞᆫ거슬 대단히 즁ᄒᆞ게녁여 일업시 편이지ᄂᆡᄂᆞᆫ쟈를곳샤회에 버셔ᄂᆞᆫ쟈라고도ᄒᆞ며 셰상에 버린물건이라고도ᄒᆞ야 아모리 귀ᄒᆞ고 놉흘지라도 놀고먹ᄂᆞᆫ쟈ㅣ업ᄂᆞ니 이러틋 ᄉᆞ람을비양ᄒᆞ미 져마다 공부를힘써ᄒᆞ며 버리를부지런히ᄒᆞ야 일평ᄉᆡᆼ잘살고 못살기가 다 졔게달녓ᄃᆞᄒᆞᄂᆞ니 이런나라에ᄂᆞᆫ 벼슬이ᄯᅥ러지면 굴머죽게ᄃᆞ고 걱졍ᄒᆞᆯ 관원도업슬거시요 허다식솔이 살수업셔 벼살한쟈리엇어달나고 ᄋᆡ걸ᄒᆞᄂᆞᆫᄇᆡᆨ셩도 업슬거시오 ᄂᆞᆷ의ᄉᆞ랑구셕에 일업시 들어누어먹고 셰월보ᄂᆡᆯ문ᄀᆡᆨ도업게고 간난ᄒᆞᆫ 친쳑붕우와 사돈의팔쵼ᄭᆞ지 줄멍줄멍ᄯᅦ를지어 아쳠ᄒᆞ며 험담ᄒᆞ며 ᄂᆞᆷ의게붓쳐살아 구박밧고 욕되ᄂᆞᆫ줄 모르기도ᄒᆞ거니와 알고도모르ᄂᆞᆫ쳬 구구히지ᄂᆡ려ᄂᆞᆫ 모든폐단이 하나도업스리니 져마ᄃᆞ 져된노릇슬다ᄒᆞ야 텬부ᄒᆞ신 육신긔계를하ᄂᆞ도 바림이업스며 더욱이 교화로써 인심을협흡ᄒᆞ며 졔육신을 다ᄂᆞᆷ을위ᄒᆞ야 쓰ᄅᆞ

거슬만들어 가령 쳔만명이ᄉᆞᄂᆞᆫ 나라이면 쳔만명이 다 졔졍신과 졔몸으로 셰상을위ᄒᆞ야일ᄒᆞᄂᆞ니 이거시 ᄎᆞᆷ ᄉᆞ람ᄉᆞᄂᆞᆫ텬디라 가위조물쥬의 ᄉᆡᆼ셩ᄒᆞ신본의를 져바리지안엇다ᄒᆞᆫ리로다 그런즉 오ᄂᆞᆯ날 ᄂᆞᆷ의 져러틋 잘ᄉᆞᄂᆞᆫ거슬볼진ᄃᆡ 다 ᄌᆞ쥬권리를 즁히녀이ᄂᆞᆫᄃᆡ셔 된거시니 ᄌᆞ유권리의 리익이 이러틋 큰지라 나라를세우고 졍부를두어 졍치를마련ᄒᆞ며 법률을뎡ᄒᆞᄂᆞᆫ것이 다 ᄉᆞ람의일신상 ᄌᆞ쥬권리를 보호코져ᄒᆞᆷ이니 만일 그러치아니ᄒᆞ면 약ᄒᆞᆫ쟈의목숨은 강ᄒᆞᆫ쟈의 고기가될거시요 어린ᄋᆞᄒᆡ 가진ᄯᅥᆨ은 어룬의 음식이될지니 졔몸의ᄯᆞᆯ닌권리를 엇지 지ᄐᆡᆼᄒᆞ리오 불가불 평균ᄒᆞ게법을세워대소강약 물론ᄒᆞ고 졔분수안에 속ᄒᆞᆫ권리는 져마다잇셔셔 능히 ᄲᆡ아슬쟈ㅣ 업ᄂᆞ니 이거시 곳 나라를셜립ᄒᆞᆫ 본의라 엇지 귀ᄒᆞ고 놉흔ᄉᆞ람만 권리가잇고 쳔ᄒᆞ고약ᄒᆞᆫ쟈는 권리가 업ᄃᆞᄒᆞ리오 이ᄂᆞᆫ 만고에 ᄯᅧᆺᄯᅧᆺᄒᆞᆫ리치오 텬하에 공공ᄒᆞᆫ경위라 ᄉᆞ람이 ᄉᆞ람의게ᄃᆡᄒᆞᆫ 권리가이러ᄒᆞ미 나라이 셰상에ᄃᆡᄒᆞᆫ권리가 ᄯᅩᄒᆞᆫ이러ᄒᆞ야 ᄌᆞ쥬독립을 귀ᄒᆞᆫ줄모르고 타국의게 보호를쳥ᄒᆞ거나 도아줌을 의뢰ᄒᆞᆯ진ᄃᆡ ᄉᆞ지ᄇᆡᆨ톄가 업ᄂᆞᆫᄉᆞ람과 갓ᄒᆞᆫ지라 엇지능히 ᄯᆞ로서셔 엇지ᄒᆞᆯ노 보호ᄒᆞᆯ가 ᄂᆞᆷ이 잡아쥬면 일허나ᄃᆞ가 노으면 도로쓰러지며 ᄂᆞᆷ이먹여쥬면슬ᄃᆞ가 아니먹이면 죽을지라 비록 독립의 일홈은잇스나 독립의 실상힘이 업ᄂᆞ니 비컨ᄃᆡ ᄲᅧᆨ두탈 놀니ᄂᆞᆫ것갓ᄒᆞ여 밋헤셔 식히ᄂᆞᆫᄃᆡ로 ᄯᆞ라활동ᄒᆞᆯᄲᅮᆫ이니 그 활동ᄒᆞᄂᆞᆫ것이 엇지 졔힘이라ᄒᆞ리요 불과 ᄂᆞᆷ의손바닥에셔놀ᄲᅮᆫ이라필경은 그 놀녀쥬ᄂᆞᆫᄉᆞ람이 괴로우면 졉어셔 쥬먼이에 넛ᄂᆞᆫᄯᅢ가잇슬지니 밧게셔도 졔힘으로 놀지못ᄒᆞ엿거던 엇지 쥬먼니속에셔 졔힘으로 나오기를 바라며 졔가 나오려 ᄒᆞ기로 엇지 나오게 그져두리요

슯흐다 이나라권리 보호ᄒᆞᆯ직칙을 갓치메힌 형톄들아 졍신ᄎᆞ려 들어보라 외국에 졍치를 의론ᄒᆞᄂᆞᆫ쟈들이 대한ᄉᆞ람들의 셩질을상고ᄒᆞ여보고 ᄒᆞᄂᆞᆫ말이 이나라에는 당초에 독립공ᄌᆞ가 업다ᄒᆞᄂᆞ니 아조 ᄈᆡ가업슬진ᄃᆡ 혈ᄆᆡᆨ이 어ᄃᆡ셔싱기리오 우리가 이말을 적당ᄒᆞᆫ 의론이라ᄒᆞ야 ᄉᆞᄉᆞ로 업ᄂᆞᆫ쳬ᄒᆞᄂᆞᆫ것이 올흘가 결단코 그러치안이ᄒᆞ며 쳔만번 그러치아니ᄒᆞᆫ지라 우리나라ᄉᆞ람이 오리압졔에 눌녀셔 아조힘숨이되여 ᄉᆞᄉᆞ로 들어볼싱각을 못ᄒᆞᄂᆞᆫ연고ㅣ라 합당ᄒᆞ게 가라쳐셔 그뜻만ᄭᆡ달으면 엇지힘이 업스리오 ᄉᆞ쳔여년 례의동방 ᄌᆞ유독립 ᄇᆡᆨ셩으로 츙군이국 즁히녁여 빗ᄂᆞᆫᄉᆞ긔 상고ᄒᆞ면츙신렬ᄉᆞ 무궁ᄒᆞ니 우리인민의 됴흔셩질 무어시 부족ᄒᆞᆯ가 다만 교육을 숭상치못ᄒᆞ야 어두은듕에셔 의심이 싱겨 엇지ᄒᆞᆯ지 모르ᄂᆞᆫ바ㅣ라 뭇노니 동포들아 잠도ᄭᆡ고 숨도ᄭᆡ여 밝은셰상 빗츨엇어 어셔ᄭᆡᆯ니 우리권리 회복ᄒᆞ며 놈의슈모 막어보셰 보셰보셰 하여보셰 일들ᄒᆞᆷ셰 하여보셰

▲텬디리치의대개

이우헤 모든말을 볼진ᄃᆡ ᄉᆞ람마다 영원ᄒᆞᆫ 화복안위ᄀᆞ 다그나라에 달닌쥴을 알것시오 나라의 화복안위ᄂᆞᆫ 또ᄒᆞᆫ셰상형편의 달닌쥴을알지라 인류가 되여 이셰상의 나셔 이셰상형편을 몰을슈업스며 셰상형편을알랴면 몬져 일월셩신의 모든리치ᄀᆞ 엇더ᄒᆞᆫ

것을 알어야ᄒᆞᆯ지라 우리도 ᄌᆞ고로텬문디리의 모든학문도 업지안이ᄒᆞ며 셩경현젼의 의론ᄒᆞᆫ바도 적지안이ᄒᆞ되 다 그근본을 확실이 알지못ᄒᆞ여 다만 그ᄯᆡᄉᆞ람들의 지식 밋치는 곳ᄭᆞ지문 말ᄒᆞᆫ고로 ᄉᆞ시와쥬야의 셔로밧괴는법은 다 맛여 그러ᄒᆞ되 형톄가 엇더ᄒᆞᆫ것과 엇더케 도러단여 ᄉᆞ시와 쥬야가 되는지는 알지못ᄒᆞᆫ고로 하ᄂᆞᆯ은 둥굴고 ᄯᅡ은 모지다는말과 음은 졍ᄒᆞ고 양은 동ᄒᆞᆫ다는말이 다 맛지안는말이니 이는다만우리나라만 어리셕어 그런거시안이오 셰계각국이 젼에는 다각기 이러케도 말ᄒᆞ며 져러케도 밋어셔 바로알지못ᄒᆞ엿다가 급기 셰계ᄀᆞ 열녀 셔로통힝ᄒᆞ미 발로 친히단이며 눈으로 친히보아 낫낫치 샤실ᄒᆞ야본즉 기젼의 말ᄒᆞ고밋던바가 다 올치안이ᄒᆞᆫ지라 셰계에 의견을모아 날마다 연구ᄒᆞ야 지식이발달되미 긔계는 졍긴ᄒᆞ야 텬문ᄃᆡ와 망원경으로 안력의 밋지못ᄒᆞ는곳을 지척ᄀᆞ치ᄯᅮᆯ어보며 경긔구와 공긔션으로 공듕에 올나가셔 풍운ᄉᆞ셜의 변ᄒᆞᆷ을 ᄐᆞ리ᄒᆞ며 산쳔셩시의 형디를 굽어보고 화륜션으로 대양에 횡힝ᄒᆞ여 디구를 돌어단이며 히져션으로 바다속에 들어가며 뎐긔션과 무션뎐으로 몃만리밧긔 안져 시각으로담화ᄒᆞ며 기타 신츌귀몰ᄒᆞᆫ 긔계로 ᄉᆞ람의 지식과힘을도아 황연이 ᄐᆞ리ᄒᆞ야 발명ᄒᆞᆫ것시 우리도 지금그법과 그긔계로 써보면 력력히알바ㅣ라 의심ᄒᆞᆯ거시 업ᄂᆞ니 긔왕에 우리알던것시 올치안은쥴을 ᄭᆡ달어야ᄒᆞᆯ지라 그런즉 우리션각들이 ᄂᆞᆷ의션각들만 못ᄒᆞ여 그러ᄒᆞᆷ이안이오 다만우리가 우리션각들의 말ᄉᆞᆷᄒᆞ신거슬가지고 더욱발명ᄒᆞ야 션각의 밋쳐ᄉᆡᆼ각지 못ᄒᆞᆫ거슬 넓히지못ᄒᆞᆫ 연고ㅣ

라 지금븟혀는 맛당히 우리션현들만 올다ᄒᆞ던고집을 바리고 남의 밝혀노흔 리치를 ᄉᆞᆼ고ᄒᆞ야보아야 하ᄂᆞᆯ과 ᄯᅡ이 ᄎᆞᆷ엇더ᄒᆞᆫ것인지 알지라 하ᄂᆞᆯ과 ᄯᅡ이 엇던것인지 몰으고야 엇지 셰상에난거슬 장히녁이리요 먹고 입기도 급ᄒᆞ다ᄒᆞ려니와 눈과귀를 몬져 열어노코야 볼일이니 어셔밧비 ᄉᆡ로 만든ᄎᆡᆨ들도 구ᄒᆞ야보며 남도 권ᄒᆞ여 알도록ᄒᆞᆯ지라 그러ᄂᆞ 이ᄎᆡᆨ에 ᄌᆞ셰히 말ᄒᆞᆯ슈업스니 대강 두어마ᄃᆡ로 말ᄒᆞ노라

ᄃᆡ개 하ᄂᆞᆯ이라ᄒᆞᄂᆞᆫ것슨 무ᄉᆞᆷ형톄로 된것이안이오 다만 뷔인허공에 ᄑᆞᆯ은긔운이 ᄊᆞ혀 구름업슬ᄯᅢ에 보면 맛치 ᄶᅩᆨ물들인것 ᄀᆞᆺᄒᆞ되 만일 구름이 즁간에셰워 긔운ᄊᆞ힌것을 멀니본즉 업슬ᄯᅢ에는 약간 ᄑᆞᆯ은듯ᄒᆞᆯ뿐이니 긔운에 ᄑᆞᆯ은빗시잇셔 그러ᄒᆞᆷ을 가히 알지라 그러ᄂᆞ 이빗치 심히엷어셔 갓가이셔는 보이지안ᄂᆞ니 물속을 엿보는것 ᄀᆞᆺᄒᆞ여 바닥이 얏흐면 빗치아죠업는것 갓고 좀 깁흐면 완연히ᄑᆞᆯ으고 대단히깁흐면 아죠ᄑᆞᆯ은빗만 보이ᄂᆞ니 공긔의 빗도이러ᄒᆞ여 산을 갓가히셔볼ᄯᅢ에는 아모빗도 업스되 멀니에셔 볼ᄉᆞ록ᄑᆞᆯ은긔운이 졈졈깁허지ᄂᆞ니 일로보면 족히 하ᄂᆞᆯ이 형톄업는ᄑᆞᆯ은긔운이 ᄊᆞ혀 그러케보히는쥴을 증거ᄒᆞᆯ지라

ᄯᅡ이 그가온ᄃᆡ잇셔 형톄ㄱ 둥글어 귤ᄀᆞᆺ치되엿스ᄆᆡ 동셔는 ᄭᅳᆺ이업고 남북은 ᄭᅳᆺ이잇셔 남극이라 북극이라 ᄒᆞᄂᆞ니 극히치워 빙양이잇스며 남북의 길이는 이만칠쳔륙ᄇᆡᆨ구십이리 가량이라이럼으로 디구라닐으ᄂᆞ니 ᄯᅡ이 구실갓다는ᄯᅳᆺ이라 형톄ㄱ 원ᄅᆡ거셔 우리 보기에는 평탄ᄒᆞᆫ듯ᄒᆞ되 널은 들—에셔 산을멀니보면 산밋ᄎᆞᆫ 보이지안으며

무변대ᄒᆡ에셔 멀니오는 ᄇᆡ를보면 돗ᄃᆡᄭᅳᆺ만 몬져보이다가 ᄎᆞᄎᆞ 갓가히 올ᄉᆞ록 아ᄅᆡ
가보히ᄂᆞ니 일로볼지라도 ᄯᅡ이둥근쥴을알지라 지금 우리나라에 와잇ᄂᆞᆫ 외국인들은
디구를몃박휘식 돌아단인쟈ㅣ 만흔지라 우리도 곳 단여보면 다 알것이니 더욱이 의
심이 업스며 디구우헤ᄂᆞᆫ ᄉᆞ방으로 공긔라ᄒᆞᄂᆞᆫ 긔운이 ᄊᆞ고잇셔 계란에 흰ᄌᆞ위ᄀᆞ
노른ᄌᆞ위를ᄊᆞ고 잇ᄂᆞᆫ것 ᄀᆞᆺᄒᆞᄆᆡ ᄯᅡ에셔 우흐로 일빅오십리 가량은 그공긔가 ᄉᆞ면으
로 둘너잇셔 ᄉᆞ람과 만물이 다 이긔운으로 인연ᄒᆞ여사ᄂᆞ니 맛치 고기ᄀᆞ 물로 인연
ᄒᆞ야사ᄂᆞᆫ것ᄀᆞᆺ흔지라 이긔운의 잇고업ᄂᆞᆫ것을 알고져ᄒᆞᆯ진ᄃᆡ 무엇시던지 공즁에 둘너
보라 걸녀셔 잘 돌아가지안타가 힘써 ᄲᅢᆯ니 저으면 무슴쇼ᄅᆡ가나니 맛치물속에 흔
드ᄂᆞᆫ것 ᄀᆞᆺᄒᆞ여 이긔운이 ᄉᆞ방으로 류통ᄒᆞ여 단이ᄂᆞᆫ중에셔 바람이 ᄉᆡᆼ기ᄂᆞᆫ바ㅣ라 ᄯᅡ
속에 불이잇셔 왕왕터져올나 연긔와 불이 나오ᄂᆞ니 이것슬화산이라ᄒᆞ며 불이 요동
ᄒᆞᆯᄯᅢ마다 ᄯᅡ이 흔들니ᄂᆞ니 이것시 디진이라 디면에 ᄒᆡᆺ빗쏘여 더우면 습긔가몰녀
공듕에올나가ᄂᆞᆫ거시 안ᄀᆡ와구룸이오 찬긔운과 부드쳐셔 한ᄅᆡᆼ이상박ᄒᆞ면 쇼쥬 고ᄂᆞᆫ
것갓치 물이되여 나리ᄂᆞ니 이거시 비가되며 혹 듕간에셔 찬긔운을맛나 다시얼면눈
도되고 우박도되ᄂᆞ니 이ᄂᆞᆫ 다 긔운으로되ᄂᆞᆫ거시라 이디구가 태양을ᄊᆞ고 ᄒᆞᆼ상 도라
다니기를 쉬지안이ᄒᆞ야 한 박휘를돌아 그쟈리에 도로오면 일년이요 제몸이굴너 한
번돌치면 하로가되ᄂᆞ니 ᄒᆡ를에워 한박휘돌아 올동안에 제몸이 셔의셔 동으로 숨빅
륙십륙ᄎᆞ를 뒤집혀셔 ᄒᆡᆺ빗 보히ᄂᆞᆫ쪽은 낫 이오 ᄒᆡᆺ빗 아니보히ᄂᆞᆫ쪽은 밤이라가

령 굴한ᄀᆡ를 등압헤 돌닐진ᄃᆡ 압흔빗치고 뒤는 아니빗쳐셔 돌니ᄂᆞᆫᄃᆡ로 밧괴일지라 쥬야에 변ᄒᆞᆷ이 이와갓ᄒᆞ며 디구가 ᄒᆡ를싸고 한박휘 돌 동안에 달은디구를싸고 열두번을돌ᄆᆡ 한달에 달이한번식보혀셔 일년에 열두달이되ᄂᆞ니 이는 곳 일월의분간이라 디구가 ᄒᆡ를세고 돌아갈ᄯᆡ에 기리로 쏫쏫시서셔 돌아가ᄂᆞᆫ것이아니오 한편으로 비스름이가ᄂᆞᆫ고로 ᄒᆡ발이남으로 만이빗칠ᄯᆡ도잇고 북으로 만이빗칠ᄯᆡ도잇셔 남에 만이빗칠ᄯᆡᄂᆞᆫ 남이여름이요 북이 겨울이며 북에 만이빗칠ᄯᆡᄂᆞᆫ 북이여름이요 남이겨을이라 이ᄂᆞᆫ ᄉᆞ시의 변ᄒᆞᄂᆞᆫ 대략이라 이 리치가 가장졍미ᄒᆞ야 그림을그리고 쟝황히 말ᄒᆞ여도 쳐음듯ᄂᆞᆫ쟈는 입으로말ᄒᆞ며 손으로 형용ᄒᆞᄂᆞᆫ이만치 ᄌᆞ셰치못ᄒᆞ려던 엇지 이ᄎᆡᆨ으로 밝히알게ᄒᆞ리오 다만 대지만ᄯᅳ셔 알고져ᄒᆞᄂᆞᆫᄆᆞ음이 ᄉᆡᆼ길가ᄒᆞᆷ이니 다른ᄎᆡᆨ을 만히만들어야 ᄒᆞ려니와 혹 한문아ᄂᆞᆫ이들은 ᄉᆡ로 청국셔만든 한문ᄎᆡᆨ도 엇어보면 만히알지라 ᄉᆞ시의변ᄒᆞᆷ은 이러ᄒᆞ거니와 다 태양의 빗흘인연ᄒᆞ야됨이라 달과모든별이 다 디구모양으로ᄉᆡᆼ겨아모빗도업고 다만 ᄒᆡ빗을밧아야 빗치ᄉᆡᆼ기며 각기 다니ᄂᆞᆫ길이잇셔 여일히돌아단이되 혹은 태양도세고돌며 혹은 다른별도 세고도나 일뎡ᄒᆞᆫ길이 잇ᄂᆞᆫ고로 억의여지ᄂᆞᆫ 폐가업스며 그대소ᄂᆞᆫ 다 등분이잇셔 태양이 디구보다 일ᄇᆡᆨ숨십만 갑절이크고 달은륙쳔만 갑절을합ᄒᆞ여 한덩이를만들어야 ᄒᆡ 하나만 ᄒᆞ게스며 디구가 슈셩보ᄃᆞᄂᆞᆫ 십ᄉᆞ갑절이크며 목셩은디구보다 일쳔ᄉᆞᄇᆡᆨ갑절이큰지라 이ᄂᆞᆫ 텬문학ᄉᆞ들이 다 텬문츄측

ᄒᆞᄂᆞᆫ법으로 산노아보고 질뎡ᄒᆞ여 노흔거시라 그 대소의등분이 이러틋갓지안으미우리보기에 일월은 거의갓고 모든별들은 거의상반ᄒᆞᆫ듯ᄒᆞᆷ이 다 무ᄉᆞᆷ연고ㅣ뇨 이ᄂᆞᆫ 다름안이라 혹 디구와 갓갑기도ᄒᆞ고 멀기도ᄒᆞ야 샹거가 갓지안이ᄒᆞᆫ연고라 달은 디구의 갓가온고로 히보ᄃᆞ젹으되 히와갓치보이며 히ᄂᆞᆫ 디구에셔 먼고로 달보다 크되달과 갓치보히ᄂᆞ니 모든별의대소도 ᄯᅩᄒᆞᆫ 이와갓ᄒᆞᆫ지라 디구가 히와 달 듕간에들어히빗슬가리면 달 한편에 빗치업셔지ᄂᆞᆫ고로 월식이되며 디구가 달과 히 듕간에들어히한편을가리면 디구에셔 보히지안ᄂᆞᆫ고로 일식이라ᄒᆞᄂᆞ니 일식ᄒᆞᆯᄯᅥᆨ에 그먹ᄂᆞᆫ곳시 ᄒᆞᆼ상둥근지라 일로보와도 디구가둥근거슬 더욱 분명히알지라 그러나 이 모든 형톄들이 공듕에셔 ᄯᅥ러지지안코 달녀 도라ᄃᆞ니ᄂᆞᆫ거슨 무ᄉᆞᆷ힘이뇨 다름안이라 다 졔몸에 각각 잡아다리ᄂᆞᆫ 힘이잇셔 셔로잇글어 들이ᄂᆞᆫ고로 피ᄎᆞ ᄭᅳᆯ녀셔 물너가지 못ᄒᆞᄂᆞᆫ거시요 큰거시 젹은거슬 잇그ᄂᆞᆫ힘이 큰고로 태양의 잡아다리ᄂᆞᆫ힘이 가쟝만흔지라 모든별과 디구가 다 이힘을인연ᄒᆞ야 공듕에 힝동ᄒᆞᆷ이오 ᄉᆞ람과 셰상만물이 디구상에 붓허셔 쥬야돌아가되 ᄯᅩ로 ᄯᅥ러지지 안ᄂᆞᆫ거슨 디구의 잡아다리ᄂᆞᆫ힘이라 비컨ᄃᆡ 귤에 물방울을발나 것구로들면 ᄯᅥ러지지 안이ᄒᆞᄂᆞ니 무어시던지 큰 물건에 젹은것이 붓흠은 다 그큰것의 잡아다리ᄂᆞᆫ 힘이 큰연고ㅣ라 가령 돌ᄀᆡ을 공중에 더질진ᄃᆡ 더지ᄂᆞᆫ힘이 다ᄒᆞ기ᄭᆞ지 올나가셔 그힘만 업셔지면 잠시도 머무르지못ᄒᆞ고 곳 나려오ᄂᆞ니 이것도 ᄯᅩᄒᆞᆫ 디구의 다리ᄂᆞᆫ힘에 ᄭᅳᆯ녀 돌아옴이라 이상 몃가지ᄂᆞᆫ 다 텬디에

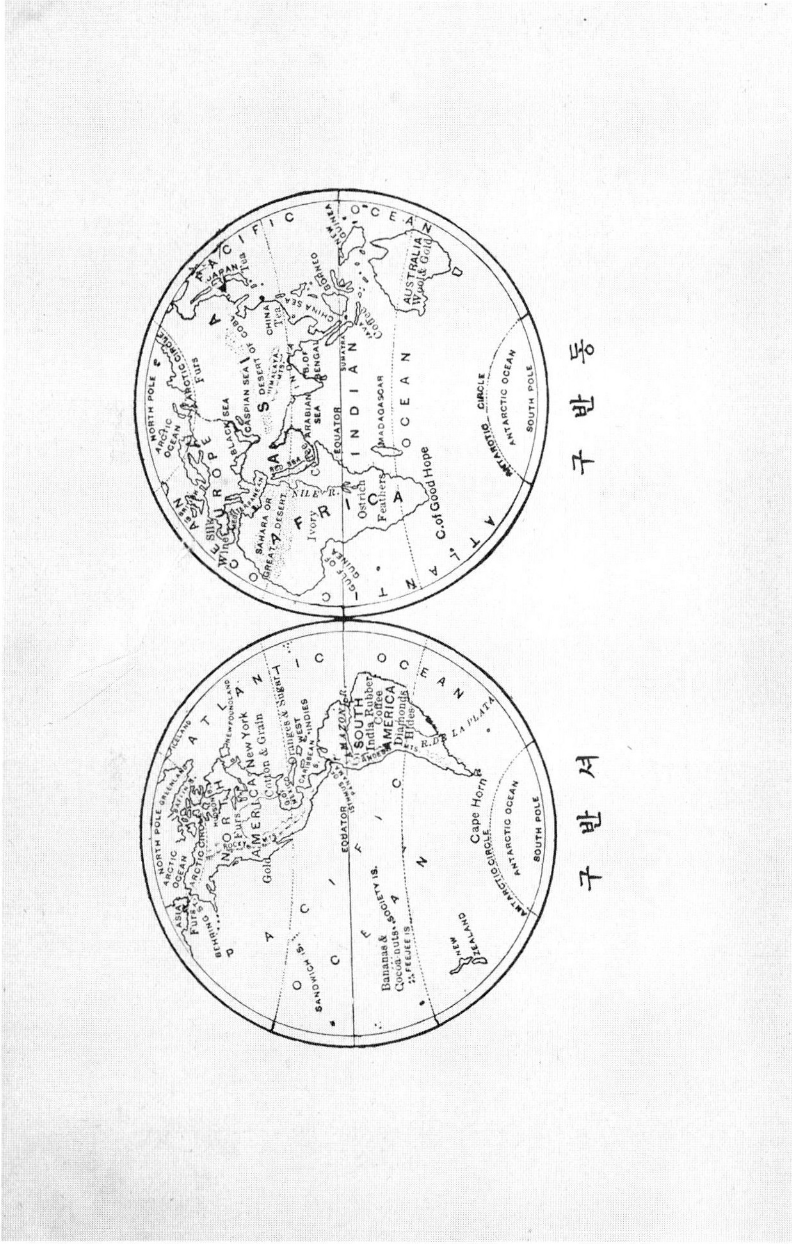
NORTH POLE
ARCTIC OCEAN
ARCTIC CIRCLE
EUROPE
ASIA
AFRICA
PACIFIC OCEAN
INDIAN OCEAN
ATLANTIC OCEAN
EQUATOR
AUSTRALIA
Wool & Gold
JAPAN
Tea
CHINA
BORNEO
MADAGASCAR
C. of Good Hope
SAHARA OR GREAT DESERT
Ivory
Ostrich Feathers
NILE R.
BLACK SEA
CASPIAN SEA
ARABIAN SEA
ANTARCTIC CIRCLE
ANTARCTIC OCEAN
SOUTH POLE
NORTH AMERICA
SOUTH AMERICA
New York
Cotton & Grain
Oranges & Sugar
WEST INDIES
Furs
Gold
India Rubber
Coffee
Diamonds
Hides
Cape Horn
NEW ZEALAND
SANDWICH IS.
SOCIETY IS.
FEEJEE IS.
Bananas & Cocoa-nuts
LA PLATA

동반구

서반구

ARCTIC OCEAN
ICELAND
BRITISH ISLES
NORTH SEA
FRANCE
GERMAN EMPIRE
RUSSIA
BLACK SEA
ASIA MINOR
AFRICA

쥬 파 라 구

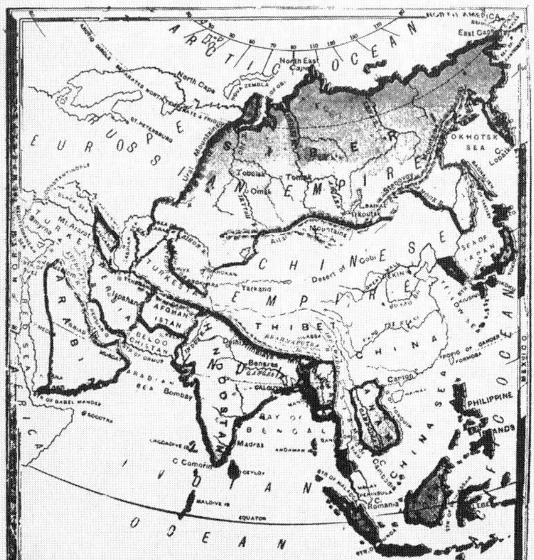
ARCTIC OCEAN
NORTH AMERICA
OKHOTSK SEA
SIBERIAN EMPIRE
CHINESE EMPIRE
TURKESTAN
THIBET
CHINA
HINDOOSTAN
BAY OF BENGAL
PHILIPPINE
INDIAN OCEAN

쥬 아 셰 아

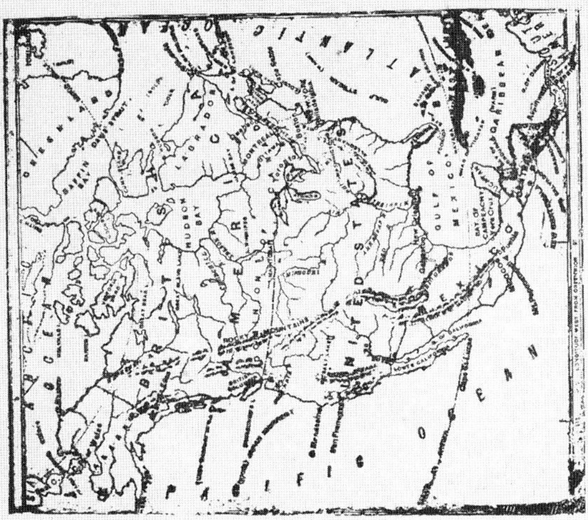

북 아 메 리 카

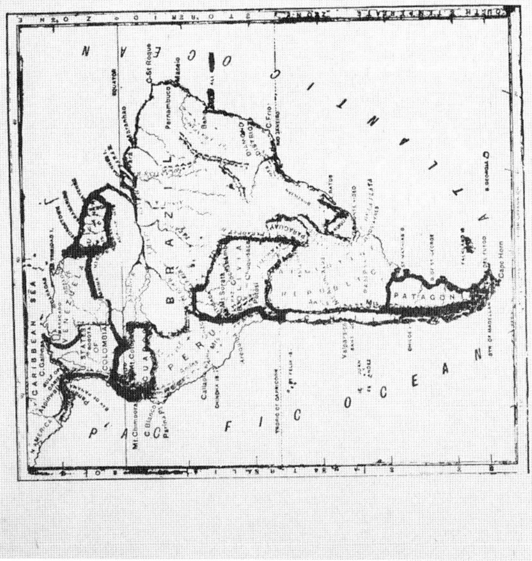

남 아 메 리 카

의프리카

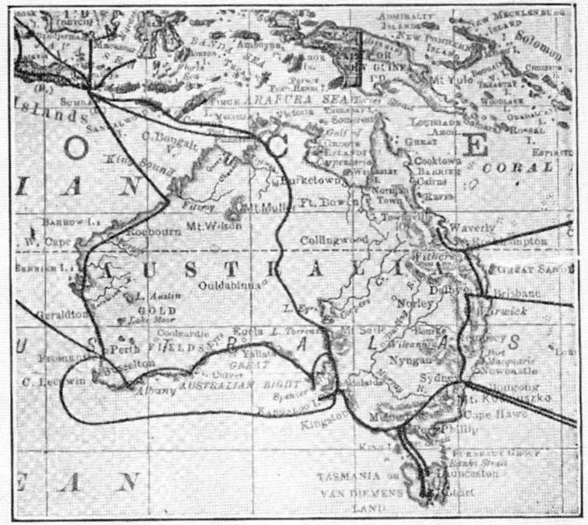

오스튜레일리아

관계된것슬 긴급히알거시라 ᄌᆞ셰ᄒᆞᆫ 리치ᄂᆞᆫ 이칙에 다 만흘슈업스나 지금셰상에 통힝ᄒᆞ여 말만대강ᄒᆞᄂᆞᆫ ᄋᆞᄒᆡ라도 다 아ᄂᆞᆫ바ㅣ어ᄂᆞᆯ 우리가 홀로 어둡게안져 어리셕게 밋기를 부상에 ᄒᆡ가올나 함지에 ᄯᅥ러진다 룡이 물을쥬어 비가나린다 일식 월식 미셩혜셩 뢰셩벽력 뎐동디진의 ᄯᅥᆺᄯᅥᆺ시 뎡ᄒᆞᆫ리치를 다 직앙이라 변괴라ᄒᆞ야 혹긔긔묘묘ᄒᆞ게 졔도지내며 화를면ᄒᆞ고 복을구ᄒᆞᆫ다ᄒᆞ야 셰상의어리셕고 요ᄉᆞᄒᆞᆫ일을 못ᄒᆞᆯ거시업시ᄒᆞ야 각국ᄉᆞ람이 흉보고 비웃ᄂᆞᆫ줄 젼혀 알지못ᄒᆞ고 도로혀 나의 아ᄂᆞᆫ것과 힝ᄒᆞᄂᆞᆫ것만 셰상에뎨일이라ᄒᆞ니 우물에안져 하ᄂᆞᆯ을보며 하ᄂᆞᆯ이 젹다ᄒᆞᄂᆞᆫ것이엇지 우물밧게 잇ᄂᆞᆫ쟈의 우슬바ㅣ안이리오 뎐디를 모르거던 인ᄉᆞ를 엇지알며 인ᄉᆞ를 모르거던 나라를 엇지알니요 어셔어셔 알아보아 셰상형편 밝히보고 나라일을 힘써ᄒᆞ야 남과갓치 살아보셰

▲륙대쥬의구별

디구외면에 ᄉᆞ분지일은 륙디오 ᄉᆞᆷ은물이라 큰물은 바다이라ᄒᆞ며 더 큰물은 대양이라ᄒᆞᄂᆞᆫ딕 대양을 다섯세 난호어 일홈ᄒᆞᄂᆞ니 태평양은 우리ᄉᆞᄂᆞᆫ 륙디를 둘너잇ᄂᆞᆫ물이라 뎨일큰거시요 대셔양은 둘ᄌᆡ니 、미국과 、영국ᄉᆞ이에 막힌것이요 인도양은 、인도국 압헤잇ᄂᆞᆫ물이라 우리나라에셔 셔으로향ᄒᆞ야 셔양을가쟈면 즁간에지내ᄂᆞᆫ물이오 남북빙양은 디구량편ᄭᅳᆺ헤잇셔 극히치우며 ᄉᆞ시에 어름이 풀니지 안ᄂᆞᆫ지라 이ᄭᅳᆺ헤ᄂᆞᆫ 일년에 셕달동안은 ᄒᆡ를보고 여셧달동안은 ᄒᆡ를보지못ᄒᆞ야 ᄎᆞᄎᆞ 가온디로 향

훌ᄉᆞ록 졈졈 더 더워셔 디구 허리즁간에 이르러셔ᄂᆞᆫ 가쟝 ᄯᅳ거운고로 ᄉᆞ시에 ᄒᆞᆼ상 치위를 모르ᄂᆞᆫ지라 디구즁간을 젹도라ᄒᆞ야 젹도량편으로나가며 ᄯᅳ거운곳슨 열ᄃᆡ디방이라ᄒᆞ며 더 량편으로 나가면 좀 더은곳은 온ᄃᆡ디방이라ᄒᆞ며 량편ᄭᅳᆺᄒᆞᆫ 한ᄃᆡ라ᄒᆞᄂᆞ니 한ᄃᆡ와 열ᄃᆡ에ᄂᆞᆫ 긔후가 ᄉᆞ람의게 심히 합당치못ᄒᆞᆫ지라 우리대한은 젹도북편으로 온ᄃᆡ디방에잇셔 긔후가 가쟝온화ᄒᆞ니 우리의 텬연ᄒᆞᆫ힝복이라 더욱ᄉᆞ랑시러온 나라이로다 이 다섯대양에 간간히 륙디가싱겻ᄂᆞ니 이륙디를 혹 여셧쪽에도ᄂᆡ고 다셧쪽에도ᄂᆡ여 구별ᄒᆞ엿ᄂᆞᆫᄃᆡ 한쪽식난ᄒᆞᆫ거슬 쥬라ᄒᆞᄂᆞ니 이는 물가이라 하ᄂᆞᆫᄯᅳᆺ시라 대ᄀᆡ 여셧쪽으로 칠진ᄃᆡ 、아셰아、ᄂᆞᆫ 뎨일 큰쪽이라 우리나라이 이 대륙동편ᄭᅳᆺ헤 잇ᄂᆞ니 우리가 다 、아셰아、쥬 ᄉᆞ람이라 ᄂᆡ쥬를 더욱 크게ᄉᆞ랑ᄒᆞ여야 ᄂᆡ나라를 ᄉᆞ랑ᄒᆞᄂᆞᆫ 본의가될지라 흠을며 이 대륙이 셰계에 뎨일 죠종이니 이는 만국만민의 시조되ᄂᆞᆫ ○아담○이 이ᄯᅡ헤셔 낫스며 셰계에 나라이라고 셜립ᄒᆞ기를 이ᄯᅡ헤셔 몬져ᄒᆞ엿스며 졍치교화와 텬문디리등 모든학문이며 각식문명의 근본이 다 여긔셔 몬져 싱겨낫스며 가쟝 특별ᄒᆞᆫ거슨 셰계의셔 밧드ᄂᆞᆫ 여러가지죵교가 다 여긔셔싱겨 유교의 ○공부ᄌᆞ○ 와 불교의 ○셕가여ᄅᆡ○와 회회교의 ○마호메드○와 긔독교의 ○예수○가 다 여긔셔 나심이니 온셰상에셔 각각밋고 밧들어 힘입으며 쟈랑ᄒᆞᄂᆞᆫ 모든교화의 본고향은 다 우리 、아셰아、쥬요 ᄯᅩᄒᆞᆫ 디구상에 유명ᄒᆞᆫ 고대국이 여러히며 텬하에 뎨일놉ᄒᆞᆫ산이 여긔잇스며 긔후가 이디방이 뎨일균평ᄒᆞ며 인구가 륙대쥬등에 뎨일만ᄒᆞ며 폭원이뎨일크며 각ᄉᆡᆨ 보ᄇᆡ롭고 긔묘ᄒᆞᆫ물산이 가쟝 부요ᄒᆞᆫ지라 우리나라이 이대쥬에 잇는거시 또ᄒᆞᆫ 텬연ᄒᆞᆫ힝복이라 엇지 더욱 ᄉᆞ랑치안으리오 다만 가셕ᄒᆞᆫ바는 듕간에나려오며 문명이 점점ᄯᅥ러져셔 이런 됴ᄒᆞᆫ대쥬를 거위 바릴디경에이르러 지금은 도로혀 ᄂᆞᆷ의게 ᄇᆡ호게되며 ᄂᆞᆷ이와셔 ᄃᆡ신 간예ᄒᆞ기에 이르럿스니 이는 다 우리가 헛도히 예ᄉᆞ것만 슝상ᄒᆞ고 더 낫게ᄒᆞ기는 힘쓰지 안이ᄒᆞᆫ연고ㅣ라 오날붓허라도 급급히 진보ᄒᆞ기를 도모ᄒᆞᆯ거시며 、구라파、쥬는 、아셰아、 셔편에잇셔 륙디로 서로련졉ᄒᆞ엿스나 다만 、유렬산、이 듕간에막혀 동셔를 구별ᄒᆞ엿는ᄃᆡ 폭원은 、아셰아、쥬보ᄃᆞ 가쟝적으나 인구는 심히번셩ᄒᆞ며 ᄀᆡ화ᄒᆞ기에 뎨일부ᄌᆞ런ᄒᆞ야 ᄌᆞ고로 、아셰아、쥬에셔 싱기는문명을 넘겨다가 날로 더욱 졍긴히만들어 지금셰계에 뎨일문명부강ᄒᆞᆫ 대쥬라 만고ᄉᆞ긔에 큰젼쟁이며 굉장ᄒᆞᆫᄉᆞ업이며 빗는ᄉᆞ젹이 만히 여긔셔되엿스며 、영、(잉글텬ㄴ드)국과 、덕、(쎠민)국과 、법、(프릭ㄴ스)국과 、오지리、(오스츄리아)국과 、의ᄃᆡ리、(이탈리)국등 뎨일부강ᄒᆞᆫ 렬국들이 다 여긔잇ᄂᆞ니 가쟝 들어는곳시오 、북아미리가、쥬는 대셔양 셔편과 태평양 동편에잇셔 폭원이 、아셰아、보다는 미우적으나 、구라파、쥬보ᄃᆞ는 갑졀이나되는ᄃᆡ 젼에는 셰상에셔 이ᄯᅡ히잇는줄을 알지못ᄒᆞ엿ᄃᆞ가 ᄉᆞᄇᆡᆨ여년젼에 ○콜럼버쓰○가 ᄎᆞ져ᄂᆡ인후로 、구라파、쥬ᄉᆞ람들이 ᄎᆞᄎᆞ건너가셔 토디를ᄀᆡ쳑ᄒᆞ며 나라를세우믹 근본잇던 야만인죵들은 점점 ᄉᆞᄉᆞ로 업셔지고 지금북편은 、영、국속디된、킈나다、라ᄒᆞ는 큰ᄯᅡ히잇스며 남편에는 、아미리가、(합즁국)이 잇ᄂᆞ니 우리나라에 만히와

잇ᄂᆞᆫ、미국ᄉᆞ람들의 본국이라 셜립된지 오ᄅᆡ지안은 ᄉᆡ나라으로 교화와문명이 날마
다 진보되여 불구에 쟝ᄎᆞ비교ᄒᆞᆯ 나라이업게스며、남아미리가、쥬는、북아미리가、남편
에잇셔 륙디로련락ᄒᆞ며 젹도를 걸쳐노엿스ᄆᆡ 남북、아미리가、를 ᄒᆞᆫᄭᅴ합ᄒᆞ여 치기도
ᄒᆞᄂᆞᆫ지라 폭원은、북아미리가、와 비등ᄒᆞ며 대소합ᄒᆞ여 십여국이잇스나 인민이 별로
열니지못ᄒᆞ며 들어닐만ᄒᆞᆫ ᄉᆞ젹도업스며、아프리가、쥬는 대셔양동편과 인도양셔편에
잇셔 우리나라에셔 가려면 셔으로 향ᄒᆞ야 인도양을 건너ᄂᆞ니 폭원은 거의、아셰아、
쥬만ᄒᆞ나 듕간에 큰 ᄉᆞ막이잇셔 평ᄒᆞᆫ모ᄅᆡ밧치며 인민은 북편ᄒᆡ변외에ᄂᆞᆫ 모도 살빗
치검은 야만이니 혹노라ᄒᆞᄂᆞᆫ것이며 북방ᄭᅳᆺ흐로、이급、(이집드)라 ᄒᆞᄂᆞᆫ나라이 거의ᄉᆞ
쳔년젼에 부강ᄒᆞ던 나라이라 셰계에 뎨일몬져열닌 큰 나라흐로 ᄇᆡᆨ셩이 ᄎᆞᄎᆞ게을너
구습을편안히 녁임으로 점점쇠잔ᄒᆞ야 아직ᄭᆞ지 명식은잇스나、영국의 쟝악에 들어
버셔날수 업시되엿스며 이대쥬 ᄉᆞ방ᄒᆡ변으로 도라가며 각국이 들어가 ᄎᆞ지ᄒᆞ야 쪽
쪽이 난호엿스ᄆᆡ 족히 상고ᄒᆞᆯ ᄉᆞ젹이업스며、오대리아、쥬는 인도양동북과 태평양셔
남에잇ᄂᆞ니 곳、아셰아、남편이라 우리나라에셔 남으로향ᄒᆞ야 수로로 젹도를 건너가
면 여러셤이잇고 남편압헤 뎨일큰 셤이잇ᄂᆞ니 이거시 곳、오스츄리아、라 폭원이 가
쟝적으며 인민은 다 살빗히 검은인죵이라、아셰아、쥬에셔 건너가 셕거셔 된 인죵이
ᄯᅩᄒᆞᆫ 적지안이ᄒᆞᆫᄃᆡ 젼에ᄂᆞᆫ 셰상에셔 이디방이 잇ᄂᆞᆫ줄을 모르ᄃᆞ가、아미리가、쥬를ᄎᆞ
진후로 비로소 알어ᄂᆡ여 ᄇᆡᆨ여년젼 붓혀、구라파、쥬 ᄉᆞ람들이 건너가 혹 쟝ᄉᆞ도ᄒᆞ며

혹 구양가ᄂᆞᆫ쟈도잇셔 ᄎᆞᄎᆞ 셕겨살ᄃᆞ가 인ᄒᆞ야 、영、국의 속디가 되엿ᄂᆞ니 ᄯᅩᄒᆞᆫ 특별ᄒᆞᆫ ᄉᆞ긔가업ᄂᆞᆫ지라 이우헤여셧가지 구별ᄒᆞᆫ것이 륙대쥬라 이륙대쥬듕에 상고ᄒᆞᆯ만ᄒᆞᆫ ᄉᆞ젹과 셰상에 관계되ᄂᆞᆫ일은 다 남북、아메리가、와 、구라파、 、아셰아、 대쥬에 잇ᄂᆞᆫ지라 이아ᄅᆡ 대강 다시 셜명ᄒᆞ려니와 예ᄉᆞ젹에 우리동방에셔 소위 텬하라 ᄉᆞ히라 ᄒᆞ던거슨 불과 、즁원、구쥬뿐이라 그 가으로도라가며 잇ᄂᆞᆫ나라들도 다 무어신지모르고 남만북적의 모든 오랑ᄏᆡ로 지목ᄒᆞ야 동치안이ᄒᆞ며 온셰상이 다 여긔잇ᄃᆞᆺᄒᆞ야 이밧게 몃십갑졀되ᄂᆞᆫ ᄯᅡ히잇셔 ᄉᆞ람의ᄯᅳᆺ스로 측량치못ᄒᆞᆯ일이 무궁무진이 된줄은도모지 모르고 방속에셔 기른ᄋᆞ히쳐럼 ᄉᆞ오쳔년을 지ᄂᆡᄃᆞ가 ᄂᆞᆷ의게 이아쳐셔 부득이 눈을 들어 ᄉᆞ방을 둘너보니

굉장ᄒᆞ고 광활ᄒᆞ야 조물능력 측량업네 물도만코 ᄯᅡ도만ᄒᆞ 호호탕탕 무변대히 모를것도 하도만ᄒᆞ 형형식식 긔이ᄒᆞ며 나라만코 ᄉᆞ람만ᄒᆞ 모를일도 한이업네 인물언어 이상ᄒᆞ며 복식제도 경편ᄒᆞ다 만국이리웃되여 문호를상통ᄒᆞ며 만리를지쳑ᄉᆞᆷ아 왕ᄅᆡ슈쟉극히쉽다 ᄉᆞᆷ쳔리멀고멀던 약수ᄂᆞᆫ어ᄃᆡ가고 셔역국격쟝ᄒᆞ여 죠셕상종 ᄒᆞ단말가 여보시오 벗님네야 금음밤즁 버셔나셔 밝은텬디 구경ᄒᆞ세 ᄉᆡ로워라 지금셰상 이젼셰월 안이로세 됴흔ᄯᆡ에 ᄐᆡ여나셔 됴흔시ᄃᆡ 당ᄒᆞ엿네 텬하각국 쥬류ᄒᆞ고 고금ᄉᆞ젹 통달ᄒᆞ여 학문지식 넓힌후에 나라도아 ᄉᆞ업ᄒᆞ야 만년무궁 터를닥가 영원토록 세워노코 빗ᄂᆞᆫ공업 빗ᄂᆞᆫ일

홈 디구상에 들어ᄂᆡ셰 츙신렬ᄉᆞ 몃몃치며 영웅쥰걸 그뉘런고 텬지일시 됴흔긔회 시호시호 부ᄌᆡᄅᆡ라

▲오ᄉᆡᆨ인죵의구별

디구상 륙대쥬에 난호여 사ᄂᆞᆫ인구의 도합슈효가 십오억여만명 이라 다셧가지죵류의 구별ᄒᆞ엿ᄂᆞ니 ◦몽고리안◦과 ◦코ᄏᆡ시안◦과 ◦이듸피안◦과 ◦아메리킨◦과 ◦멜례안◦이라 이 다셧가지 인죵이 혹형용도다르고 살빗도갓지안이ᄒᆞ니 ◦멜례안◦이라ᄒᆞᄂᆞᆫ인죵은 살빗치검으니 、오스튜리아、쥬에 사ᄂᆞᆫ바ㅣ오 ◦아메리칸◦이라 ᄒᆞᄂᆞᆫ인죵은 살빗치검붉은ᄃᆡ 남북、아메리가、쥬의 사ᄂᆞᆫ모든토죵이요 ◦이듸오피안◦이라 ᄒᆞᄂᆞᆫ인죵은 검양빗갓ᄒᆞ니、아프리가、쥬의 토죵이라 이ᄂᆞᆫ 다 야만인죵이오 ◦코ᄏᆡ시안◦은 살빗치 극히 희니、구라파、쥬에사ᄂᆞᆫ、영、、법、등 모든인죵이라 지금셰계에 뎨일긔명ᄒᆞ기로 상등 디위에 이른ᄉᆞ람들이오 ◦몽고리안◦은 누른빗치니 곳 우리가 이인죵이라、아셰아、쥬에 살아 슈효가 가쟝만ᄒᆞ니、대한、、쳥국、、일본、이 다 이죵류라 갓흔대륙에살며 살빗치 갓ᄒᆞ며 글이 또흔 갓흔고로 특별히친근ᄒᆞ며 토디가련접ᄒᆞ야 ᄌᆞ고로 타국과ᄂᆞᆫ 상죵이업셔스되 이 셰나라ᄂᆞᆫ 교섭이 자즌고로 교린ᄒᆞᄂᆞᆫ의도 ᄌᆞ별ᄒᆞ거니와 니와입살갓치 셔로관계되ᄂᆞᆫ 형셰도 또흔 즁대흔지라 맛당히 원혐과ᄉᆞᄉᆞ를 피ᄎᆞ간에 ᄉᆡᆼ각지말고 셔로권면ᄒᆞ며 도아셔 ᄉᆞᆺ발갓치 밧치ᄂᆞᆫ힘이 잇ᄂᆞᆫ연후에야 능히 일톄로 부지ᄒᆞ기를 도모ᄒᆞ리로다 이상에 말흔바ᄂᆞᆫ 다셧가지 인죵의 구별이라 모양이 이러틋 갓지안이ᄒᆞ

며 거쳐가 ᄯᅩᄒᆞᆫ 이럿ᄐᆞᆺ 멀니난호여 가히 저의만잇고 놈은업ᄂᆞᆫ줄로알아 오륙쳔년동안을 지ᄂᆡ엿스ᄆᆡ ᄌᆞ연히 언어문쟈와 인졍풍속이날마다 ᄃᆞᆲ어져셔 각각졔것만됴코졔법만올타ᄒᆞ야 오ᄂᆞᆯ날에일으러 아조비교ᄒᆞᆯ수 업ᄂᆞᆫ등분이 잇게되엿스니그 근본은다한 하ᄂᆞ님의 ᄌᆞ손이라 뉘안이 동포리오 비컨ᄃᆡ 한조상의ᄌᆞ손이 멀니ᄆᆡᆨ혀살어 여러ᄃᆡ를지ᄂᆡᄆᆡ 풍속과 의복음식이 다각기디방을 ᄯᆞ라변ᄒᆞ야 셔로맛나ᄂᆞᆫ날에 그ᄅᆡ력은이져바리고 곳타국ᄉᆞ람갓치 녁임갓흔지라 우리、대한、으로만 볼지라도 다한근본의혈족이오 다 한나라신민이로되 동셔남북이 골골이ᄃᆞᆲ어셔 셔로 흉보ᄂᆞᆫ 풍속도만코 피ᄎᆞ모르ᄂᆞᆫ일도 만흔즁에 심지여 알어듯지 못ᄒᆞᄂᆞᆫ말ᄶᆞ지잇스니 이ᄂᆞᆫ 다 셰상이 열니지못ᄒᆞ야 셔로왕ᄅᆡ교셥을 통치안은연ㅣ라 온 셰상ᄉᆞ람의 난호여 사ᄂᆞᆫ것이 ᄯᅩᄒᆞᆫ 이와갓ᄒᆞ셔 피ᄎᆞ뎐양의 등분이잇스나 그 근본이야 엇지 다르ᄃᆞᄒᆞ리요 다만 ᄉᆞ람의지혜가 보고듯ᄂᆞᆫ외에 멀니밋치지못ᄒᆞ야 태산을넘을수업고 대ᄒᆡ를건널수 업ᄃᆞᄒᆞ며 그넘어와 그건너는 하ᄂᆞᆯ과 ᄯᅡᆼ의졉ᄒᆞᆫᄃᆡ라ᄒᆞ고 언어와왕ᄅᆡ를 교통치안이ᄒᆞ며 풍속과졔도를 셔로 밧고지안이ᄒᆞ야 져러ᄐᆞᆺ 등분이잇기에 이른지라 진실로 만국이 상통ᄒᆞ야한집갓치 셕겨살며 형뎨갓치ᄉᆞ랑ᄒᆞ야 졍의가친밀ᄒᆞᆯ진ᄃᆡ 풍속이 스ᄉᆞ로갓ᄒᆞ지며 인물과 언어문쟈ᄶᆞ지라도 다 한결갓치될지라 이거시 곳 ᄀᆡ화의쥬의니 지ᄂᆡ간 ᄇᆡᆨ년동안에 셰상이변ᄒᆞᆫ거슬 볼진ᄃᆡ 오ᄂᆞᆫᄇᆡᆨ년동안에 ᄯᅩ 엇더케 변ᄒᆞᆯ것슬 가히 짐쟉ᄒᆞᆯ지라우리나라안으로만 보아도 우리ᄂᆞᆫ 아모리ᄀᆡ화를막고 반ᄃᆡᄒᆞ엿스나 부지즁에 ᄌᆞ연히

변ᄒᆞ야 날마다 ᄒᆡ마다 ᄃᆞᆲ어진거시 한두가지안이오 오날형편을 십년젼에 비ᄒᆞ면 가ᄒᆡ알지라 이 열녀가ᄂᆞᆫ셰상에 홀로 어둡고져ᄒᆞ나 동려 오ᄂᆞᆫ ᄒᆡ빗치 빗최지 안을곳시 업슬지라 죵시 이형편은모르고 돗ᄂᆞᆫᄒᆡ를 갈히려ᄒᆞᄂᆞᆫ것이 엇지 어리셕지 안으리요

▲ᄉᆡ것과예ᄉᆞ것의구별

디구상에 십오억만명되ᄂᆞᆫ 오ᄉᆡᆨ인죵을 통합ᄒᆞ야 세가지등분에 구별ᄒᆞᄂᆞ니 문명ᄀᆡ화ᄒᆞᆫᄉᆞ람과 반ᄶᅳᆷᄀᆡ화ᄒᆞᆫᄉᆞ람과 야만되ᄂᆞᆫ 죵류라 이 세가지에 등분으로 난호어 구별ᄒᆞᄆᆡ 야만이라 ᄒᆞᄂᆞᆫ거ᄉᆞᆫ 오랑ᄏᆡ라 ᄒᆞᄂᆞᆫ뜻시라 야만인죵에도 ᄯᅩᄒᆞᆫ 두가지 구별이잇셔 더욱 심ᄒᆞᆫ쟈ᄂᆞᆫ 즘ᄉᆡᆼ보다 좀 ᄃᆞᆲ을ᄲᅮᆫ이라 글도업고 교화도업셔 인륜과 례절을알지못ᄒᆞ고 나라명ᄉᆡᆨ이업시 다만 츄쟝이잇셔 몰녀단이며 셔로 노략질ᄒᆞ고 살히ᄒᆞ기로 위쥬ᄒᆞ며 즘ᄉᆡᆼ과 고기나 잡아먹으며 과실과 곡식열ᄆᆡ를 ᄯᅡ먹고 토굴갓ᄒᆞᆫᄃᆡ셔 몸을의지ᄒᆞ야 살ᄲᅮᆫ이요 좀 나흔것은 집모양도잇고 나라명ᄉᆡᆨ도 혹 잇ᄃᆞᄒᆞ나 ᄯᅩᄒᆞᆫ 얼마 나흘것업셔 혹 다른 인죵이 보히면 텬신갓치 리상히녁여 흣허져 다라나거ᄂᆞ 혹 잡어 먹으려고 ᄯᅦ를지어 덤뷔ᄃᆞ가 춍소ᄅᆡ를듯거나 혹 다른긔계 쓰ᄂᆞᆫ거슬보면 곳 몰녀ᄃᆞ라나며 타국인죵이 밀녀들어와 사ᄂᆞᆫᄃᆡ로 졈졈피ᄒᆞ야 산곡이나 슈목ᄉᆡ이로 몰녀 들어가 필경 져희본토를 다일코 인죵이 ᄎᆞᄎᆞ쇼쟌ᄒᆞ야 업셔지ᄂᆞ니 곳 지금 、아프리가와 、오스튜리아、와 、아메리가、토죵이 다 이거시라 우리나라에도 외국 군함을ᄯᅡ라 이런인죵이 죵죵왕ᄅᆡᄒᆞᄂᆞ니 얼골이 먹빗갓ᄒᆞᆫ지라 그듕에 밝ᄃᆞᄂᆞᆫ쟈들이 ᄇᆡᆨ인과상죵ᄒᆞ

인 흑 종 토 카 리 프 의

종 인 식 종 는 잇 에 즁 셤 각 양 평 태

현금미국에유명ᄒᆞᆫ
정치가 학문가 연셜가
민쥬당령수 쁘라연

뎐긔확쟝ᄒᆞᆫ 미국인 에듸신

야 학문도공부ᄒᆞ고 긔계도ᄇᆡ호ᄂᆞ니 져련야만들도 ᄎᆞᄎᆞᄀᆡ화의 힘을밧어 ᄀᆡ명에나가
거던 ᄒᆞᆷ을며 반ᄀᆡ화라ᄒᆞ는거슨 ᄉᆞ람의지혜가 반쯤열녀셔 례의렴치도알며 슴강오륜
도 즁히녁이며 나라를세워 인군신하ᄇᆡᆨ셩이 졍ᄉᆞ와 직업을 구별ᄒᆞ며 도셩을싸코 궁
궐을지으며 보습과 ᄯᅡ뷔를만들어 밧출일우며 소뇌와 활을ᄂᆡ여 젼징을 예비ᄒᆞ며 ᄇᆡ
와 슈레를지어 막힌ᄃᆡ를 통ᄒᆞ며 각식연장을써서 ᄉᆞ람의 슈고를 ᄃᆡ신ᄒᆞ며 교화가잇
셔 어리셕은쟈를 가라치며 법률이잇셔 약ᄒᆞᆫ쟈를 보호ᄒᆞᄂᆞ니 이는、아셰아、모든나라
에 우리와갓치 사는인죵들이라 져야만의게 비교ᄒᆞ면 극히 ᄀᆡ명ᄒᆞᆫ인죵이라ᄒᆞ게스나
더욱 진보ᄒᆞ기를 힘쓰지못ᄒᆞ야 만물의 리치를 알지못ᄒᆞ야 헛된거슬 슝상ᄒᆞ며 요ᄉᆞ
ᄒᆞᆫ거슬 밋기에일으러 일월셩신과 산쳔쵸목이며 모든즘ᄉᆡᆼ과 버레를셤겨 복을빌고화
를면ᄒᆞᆫ다ᄒᆞ야 심ᄒᆞᆫ쟈는 ᄉᆞᄅᆞᆷ을잡아 졔도지ᄂᆡ며 ᄌᆞ녀를쥭여 희ᄉᆡᆼ을만들ᄆᆡ 모든악ᄒᆞᆫ
풍쇽과 요ᄉᆞᄒᆞᆫ밋음이ᄉᆡᆼ겨 아못것도 ᄒᆞ지안이ᄒᆞ고 ᄉᆞᄉᆞ로되기를 기ᄃᆡ리ᄆᆡ 몃쳔년젼
ᄭᆡᄂᆡ인거슬 조곰도 낫게ᄒᆞ지 못ᄒᆞ엿ᄂᆞ니 우리가 이충슈에드는 ᄉᆞᄅᆞᆷ들이요 문명ᄀᆡ
화라ᄒᆞᆷ은 ᄉᆞᄅᆞᆷ의지혜를늘여 업던거슬 잇게ᄒᆞ며 잇는것을 됴케ᄒᆞ며 됴ᄒᆞᆫ것을 더 낫
게ᄒᆞ야 만가지물건을 한나도 바리는거시 업도록만들며 화륜션을만들어 젼에ᄇᆡ가못
단이던곳슬 평디갓치 횡ᄒᆡᆼᄒᆞ며 텰로를지어 슈레가 통치못ᄒᆞ는곳슬 슌식간에왕ᄅᆡᄒᆞ
며 셕유를 어더ᄂᆡ여 기름불을 ᄃᆡ신ᄒᆞᄃᆞ가 뎐긔등과 ᄆᆡ긔등을 ᄎᆞ례로 발명ᄒᆞ여쓰기
에 편리ᄒᆞ고 부비가 적게ᄒᆞ며 뎐긔션을 마련ᄒᆞ야 몃만리밧게안져 글쟈를 시각으로

화답ᄒᆞ며 뎐화통을 만들어 언어로화답ᄒᆞ며 오히려 미편ᄒᆞ야 무션뎐을 만들어 줄업시 소식을통ᄒᆞ미 오리지 안이ᄒᆞ여 뎐긔션이 ᄯᅩᄒᆞᆫ 폐ᄒᆞᆯ디경에 이를것이오 농ᄉᆞ긔계와 길삼졔구를 ᄇᆡᆨ가지로 지어ᄂᆡ여 열ᄉᆞ름 ᄇᆡᆨᄉᆞ람의 ᄒᆞᆯ니고 ᄒᆞ던일을 한두ᄉᆞ람의 슈족으로 한가로히 ᄃᆡ신ᄒᆞ며 이외에도 쳔쳔만만가지의 신긔미묘ᄒᆞᆫ거슬 날마다ᄉᆡ로ᄂᆡ여 이 오ᄂᆞᆫᄇᆡᆨ년동안에 장ᄎᆞ 무ᄉᆞᆷ측량업ᄂᆞᆫ일이 ᄉᆡᆼ길넌지 알수업ᄃᆞ ᄒᆞᄂᆞᆫ지라 이러틋만들어 셰계에 ᄐᆞᆼ치못ᄒᆞᆫ 나라이업스며 들어나지 안은곳이업ᄂᆞᆫ지라 이ᄂᆞᆫ 다만 형식으로 들어ᄂᆞᆫ바ㅣ라 ᄉᆞ람마다 보고 알기쉬운고로 장ᄒᆞ다 칭찬ᄒᆞᄂᆞᆫ바ㅣ 어니와 그 교화와 학문의근원을 상고ᄒᆞᆯ진ᄃᆡ 져 긔계와 졔조ᄒᆞᆫ물건은 불과 죠고마ᄒᆞᆫ 지죠ᄲᅮᆫ이라ᄒᆞᆯ지라 졍치법률의 졍미ᄒᆞᆫ졔도와 인의ᄌᆞ비의 지극ᄒᆞᆫ도덕이 셰계에극진ᄒᆞᆫ 졍도에 이른지라 그 구별은 아ᄅᆡ 대강다시 셜명ᄒᆞ려니와 그 부강문명ᄒᆞᆷ이 다 교화에셔 말ᄆᆡ암아됨이라 엇지 상고ᄒᆞᆯ바ㅣ 안이리오

대ᄀᆡ 이세가지 등분으로 셰계에 모든ᄉᆞ람을 구별ᄒᆞ미 쟝단우렬이 실로 판이ᄒᆞᆫ지라 져 ᄀᆡ명ᄒᆞᆫᄉᆞ람들은 텬하에편안ᄒᆞ야 ᄂᆞᆷ들과 다 ᄐᆞᆼᄒᆞ기를 위쥬ᄒᆞᄂᆞ니 그 ᄐᆞᆼᄒᆞ려ᄂᆞᆫ본의인즉 실로 ᄂᆞᆷ을히ᄒᆞ고 ᄌᆞ긔들의 리익만 엇고져ᄒᆞᆷ이 젼혀안이요 다만 어두운ᄉᆞ람들도 다 ᄌᆞ긔네갓치 ᄀᆡ명ᄒᆞ야 상등디위에 올으고 공번된리익을 ᄒᆞᆷᄭᅴ누리고져 ᄒᆞᆷ이니 그ᄯᅳᆺ시 됴키도ᄒᆞ거니와 텬리에당연ᄒᆞᆷ인즉 인력으로 막을수업ᄂᆞᆫ바ㅣ어ᄂᆞᆯ 미ᄀᆡᄒᆞᆫ ᄉᆞ람들은 ᄭᆡ닭도모르고 당쵸에 ᄂᆞᆷ의거슨 보기도실코 듯기도실타ᄒᆞ며 편리ᄒᆞᆫ긔계와

션 륜 화

거 륜 화

경긔구

뎐화ᄒᆞ는것

션 긔 공

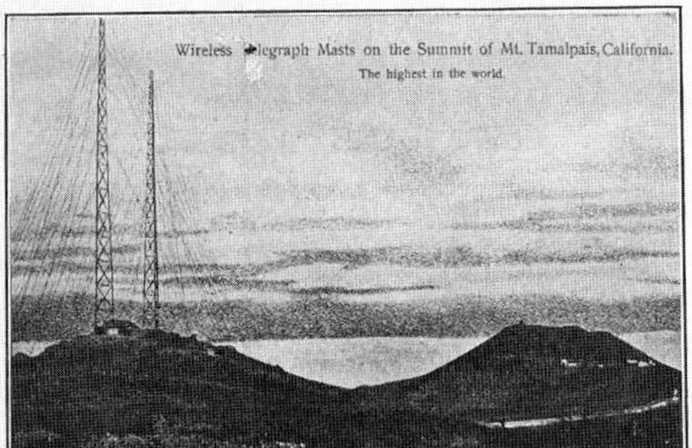
Wireless Telegraph Masts on the Summit of Mt. Tamalpais, California.
The highest in the world.

션 뎐 무

공교ᄒᆞᆫ 물건을보면 ᄉᆞ 쓰기는 몬져ᄒᆞ며 놈의지죠는 ᄇᆡ호지안코 써ᄀᆞ은물건만 실어들여 귀ᄒᆞᆫ돈을 밧고어보ᄂᆡ며 어두운 구셕에셔 어둡게살기를 편히 녁일ᄲᅮᆫ인즉 맛ᄎᆞᆷᄂᆡ 멸망을ᄌᆞ취ᄒᆞ야 업셔지기에 이르ᄂᆞᆫ바ㅣ라 ᄇᆡᆨ인죵은 졈졈 번셩ᄒᆞ며 황인죵과 흑인죵은 ᄒᆡ마다 줄어드ᄂᆞ니 우리나라와 쳥국에 인구가 졈졈 줄어들어 쟉년에 인구죠ᄉᆞᄒᆞᆫ것을 샹고ᄒᆞᆫ건ᄃᆡ 경셩 오부안에 합 십구만ᄉᆞ쳔일ᄇᆡᆨ명이니 지쟉년에 십구만륙쳔륙ᄇᆡᆨᄉᆞ십륙명과 비교ᄒᆞ면 이쳔오ᄇᆡᆨᄉᆞ십륙명이 줄어든지라 젼국을밀우어보면ᄒᆡ마다 쥬ᄂᆞᆫ거슬 족히증거ᄒᆞ게고 일본은 홀로 졈졈늘어셔 본국에셔 다살수업스믹졈졈외국으로 옴겨사ᄂᆞ니 이ᄂᆞᆫ 셔거슬밧아 ᄀᆡ명을졉ᄒᆞ야 놈과셕겨 부강을다토ᄂᆞᆫ고로ᄉᆞ람과 물건이ᄒᆞᆷᄭᅴ 흥왕ᄒᆞᆷ이라 비컨ᄃᆡ 밧헤 됴ᄒᆞᆫ씨를 ᄲᅮ릴진ᄃᆡ 처음은 잘되ᄃᆞ가ᄒᆡ마다 그씨를밧어 ᄯᅡᆼ에다시심으면 졈졈줄어지고 줄어들어 필경은 잡풀과갓치되고셔씨가 번셩ᄒᆞ야 온밧츨 다 ᄎᆞ지ᄒᆞ기에 이르ᄂᆞ니 인죵의셕겨ᄉᆞᄂᆞᆫ것이 ᄯᅩᄒᆞᆫ 이와갓ᄒᆞᆫ지라 하로밧비 셔긔운을 밧지안이ᄒᆞ면 졈졈들어오ᄂᆞᆫ 셔 ᄉᆞ람의셰력이 온 국듕에편만ᄒᆞ리니 본토인죵은 쟝ᄎᆞ 몃셰ᄃᆡ를 지ᄂᆡ지안이ᄒᆞ야 죵ᄌᆞ도 구ᄒᆞ기 어렵게 되리로다

▲세가지셩치구별

이여러가지 인죵과 광ᄃᆡᄒᆞᆫ 륙디를 ᄯᅡ로 난호어 나라이되엿스믹 나라이 ᄯᅩᄒᆞᆫ한둘이안인줄을 가히 알니로다

대기 사람이라ᄒᆞ는것은 여러히모혀 살게마련이오 여러히모힌즉 다톰이싱김은 텬연흔셩품이라 만일 져 넓은륙디를 져 만흔사람의게 규률업시 닉여맛겨 들ㅣ즘싱의무리갓치 제풀디로뛰여단이며 제힘디로엇어먹게 만들어슬진디 큰고기는 죵고기를숨키고 죵고기는 젹은고기를 숨키여 셔로 잡혀 먹히기에 하로도 편히살사람이 업슬지라 그럼으로 각기 방편을 ᄯᅡ러 한무리식 ᄯᅡ로모혀 디경을 구획ᄒᆞ고 나라를 셜립ᄒᆞ여 졍치와 법률을 마련ᄒᆞ고 다ᄉᆞ릴쟈를 뎡ᄒᆞ여 인민의 싱명과지산을 보호ᄒᆞ게ᄒᆞ얏ᄉᆞ니 이것시 나라의 셩립흔본의라 그러나 엇던나라는 이본의를 더욱밝혀 한빅셩도 제권리를 일흔쟈ㅣ 업도록ᄒᆞ며 엇던나라는 이본의를 다 이져바리고 맛츰닉 쇼와말과 ᄀᆞᆺ치되여 코를뚤코 굴네를씨여 ᄉᆞ으는디로 ᄯᅡ러단이며 ᄯᅡ리는디로 맛고 잡어먹는디로 쥭으면셔 도로혀 츙셩이라고도ᄒᆞ며 도리라고도ᄒᆞ야 곳 억만챵싱이 다 우헤몃사람을 위ᄒᆞ야 싱긴쥴로 녁이ᄂᆞ니 이것시 곳나라의 등불싱긴 구별이라 이구별의 세가지명목이 잇ᄉᆞ니 젼졔와 헌법과 민쥬라 이세가지를 분셕ᄒᆞ야말ᄒᆞᆯ진디 젼졔라ᄒᆞ는거슨 인군이 홀로 ᄆᆞᄋᆞᆷ디로 ᄒᆞ신다는뜻이라 ○대한○과○청국○과○아라샤○가 다이 졍치를 쓰는나라들이라 이는또흔 ᄌᆞ고로 나라싱길ᄯᅥᆨ 몬져 열닌졔도ㅣ니 티고시졀에 인심이 량슌ᄒᆞ고 풍속이 슌후ᄒᆞᆯᄯᅥᆨ에 무위이치ᄒᆞ던법도라 、요、슌、우、탕、갓흔신셩군이 우헤 게시고 、쥬공、소공、이윤、부열、갓흔 어진지상이 ᄋᆞ릭셔 밧들미 ᄉᆞᄉᆞ로덕화ᄀᆞ 사히에 덥히여 ᄒᆞ는일업시 텬하가티평ᄒᆞ야 강구연월에 격양가를 부르며 각각 그업을 즐거히힝ᄒᆞ야 뉘험인지 알지못ᄒᆞ엿ᄂᆞ니 이거시 곳 치국평텬하ᄒᆞ는 아름다온 졍치어니와 급기 인심이 날로 거악ᄒᆞ야지며 풍속이 졈졈 괴퓌ᄒᆞ야 악ᄒᆞᆫ 지죠가 쳔만가지로 늘어 ᄉᆞ람의 덕화로 엇지ᄒᆞᆯ슈업슬 디경에 이른 셰상에는 대단히부족ᄒᆞ다ᄒᆞᆯ지라 셰상은 날마다 변ᄒᆞ되 법은 죠금도 곳치지 안을진ᄃᆡ 어려셔 닙던 옷슬 장셩ᄒᆞᆫ후에 닙으려ᄒᆞ면셔 젼과갓치 맛지안는것과 빗나지못ᄒᆞᆫ것슬 걱졍ᄒᆞ는거시 엇지이와달으리요 ᄒᆞ믈며 셩뎨명왕과 츙신의ᄉᆞ가 ᄃᆡᄃᆡ로 싱기라는 법이 업ᄂᆞ니 불힝히어두운 인군과 간악ᄒᆞᆫ 신하가 권셰를잡고 임의로 둘울진ᄃᆡ 젼국싱령이 모도어육이되며 종묘샤직이 곳 죠셕에 위급ᄒᆞᆯ지니 텬하만고의 이갓치 험ᄒᆞ고위ᄐᆡᄒᆞᆫ일이 어ᄃᆡ 다시잇스리요 이는 곳 텬하에 대불힝이오 ᄯᅩᄒᆞᆫ 그인군ᄭᅴ도 힝복이 안이라 이런나라힐ᄉᆞ록 ᄂᆡ란이 쟈죠나며 국권이 ᄒᆞᆼ상위ᄐᆡᄒᆞᄂᆞ니 、아라샤、의 강ᄒᆞᆷ으로도 ᄇᆡᆨ셩이 ᄉᆞ방에셔 왕왕이 일허나 국권을 바로 잡으려ᄒᆞᄂᆞᆫ 란리가 싱기ᄂᆞᆫ지라 이럼으로 지금 、아라샤、에셔도 년리로 졍치를변ᄒᆞ려ᄒᆞᄂᆞᆫ바ㅣ니 이는 젼졔졍치를 ᄒᆞ는나라의 위ᄐᆡᄒᆞᆫ 졍상이오 헌법졍치라 ᄒᆞᄂᆞᆫ것은 인군이 우혜계셔 만ᄉᆞ를통활ᄒᆞ시며 신하가 밧들어 셤기기는 별로 젼졔졍치와 다름이 업스되 다만 권리의 방한이 잇셔 상하의회원을 셜시ᄒᆞ고 ᄇᆡᆨ셩이 투표ᄒᆞ여 명망잇는ᄉᆞ람을 쳔거ᄒᆞ야 의회원이되여 ᄇᆡᆨ셩의 권리를 ᄃᆡ표ᄒᆞ야 크게관계되는일을 의론ᄒᆞ여 결처ᄒᆞ게ᄒᆞᄂᆞ니 가령 지졍으로의론ᄒᆞᆯ진ᄃᆡ 일국의탁지는 그나라 인군이나 대신의 ᄉᆞᄉᆞ지물이 안이오 젼국ᄇᆡᆨ셩이 거두어모아 ᄌᆞ긔들솝기에 위ᄒᆞ여 일ᄒᆞᄂᆞᆫᄃᆡ 쓰라홈인즉 국듕에 학교를셜립ᄒᆞ야 인민을 교육ᄒᆞ며 도로를 슈리ᄒᆞ고 등을달아 빅셩의리왕을 편케ᄒᆞ며 슌검을두어 평시에는 도젹과 범법ᄒᆞᄂᆞᆫ쟈를금ᄒᆞ며 병뎡을두어 란시에 빅셩의싱명지산과 일국을대표ᄒᆞᆫ 국긔를 보호ᄒᆞ며 듕앙과디방졍부에 ᄉᆞ법ᄒᆡᆼ졍ᄒᆞᄂᆞᆫ 관원의월급과경비를위ᄒᆞ여 쓰라ᄂᆞᆫ거시라 만일 빅셩이 돈만모아ᄂᆡ고 그쓰ᄂᆞᆫ것은 모른체ᄒᆞᆯ진ᄃᆡ 그돈으로 한두ᄉᆞ롬의몸을위ᄒᆞ야 산천긔도를ᄒᆞ던지 ᄂᆡ인과기싱의 노리ᄯᅱ나 치르던지 혹한두셰력쟈의 쟝듕에너어 쟝ᄉᆞ도ᄒᆞ며 ᄉᆞᄉᆞ싱식도ᄂᆡ며 쳐쳡의호강도 식히다가 급ᄒᆞ면 외국공ᄉᆞ관에 들여밀고 졔목숨이나 살녀ᄒᆞᆯ지니 우연히 이런폐단이 혹싱기면 젼국에불힝홈을 쟝ᄎᆞ엇지ᄒᆞ리요 그럼으로 국가에듕대ᄒᆞᆫ일에는 의회원에셔 빅셩을ᄃᆡ신ᄒᆞ야 일푼일리라도 나라를 위ᄒᆞ야 쓰도록의론ᄒᆞ여 가ᄒᆞᆫ줄로 쟉뎡된후에 샹의원으로 올녀 샹의원에셔 또 가ᄒᆞᆫ줄로 결뎡ᄒᆞ면 비로소 우혜올녀 지가를물어ᄂᆡ여야 비로소 국듕에 반포ᄒᆞ야 빅셩이 쇼상히알게ᄒᆞ고 실시ᄒᆞ여 힝ᄒᆞᄂᆞ니 국민의일톄로 관계ᄒᆞᆫ일은 다 이러틋 신즁히 힝ᄒᆞᄂᆞᆫ바ㅣ라 이는、영국、덕국、과、 기타 황뎨국이나 군쥬국이며 동양에、일본、이 다 이 졍치로 다ᄉᆞ려 종샤와 황실이 태산반셕갓치 편안ᄒᆞᆫ복을 누리며 일국신민이 무궁ᄒᆞᆫ 덕화를 입ᄂᆞᆫ바ㅣ라 이런 나라일ᄉᆞ록 ᄂᆡ란이업ᄉᆞ미 인군이편안ᄒᆞ샤 민간에유람ᄒᆞ기를 거리씨지안ᄂᆞ니 지금셰ᄃᆡ에 가쟝 합당히 녁이ᄂᆞᆫ법이라 인군의 권리를 감ᄒᆞᆫ다던지 빅셩의긔습을 기른다ᄂᆞᆫ 편벽된말로써 고집ᄒᆞᆯ수 업ᄂᆞᆫ바ㅣ로다

우리나라도 ᄇᆡᆨ년젼후 ᄉᆞ긔만 볼지라도 민간에 ᄉᆞ론이잇스며 죠졍에 대간이잇셔 의
론ᄒᆞ고 간ᄒᆞᄂᆞᆫ 규모가 졍졔ᄒᆞᄆᆡ 심지어 호죠집리 고직등ᄭᆞ지라도 우헤셔 ᄉᆞᄉᆞ로이
쓰시랴ᄂᆞᆫ돈은 결단코 밧치지안이ᄒᆞ야 군명을 항거ᄒᆞᆫ일이 한두가지 안이니 이ᄂᆞᆫ 다
지금ᄭᆞ지 민간에셔 니아기도ᄒᆞᄂᆞᆫ바ㅣ라 우리나라도 ᄀᆞ명셩ᄃᆡ에ᄂᆞᆫ 이러케 다ᄉᆞ렷ᄂᆞ
니 이거시 곳 헌법졍치의 본의오 민쥬졍치라ᄒᆞᄂᆞᆫ거ᄉᆞᆫ ᄇᆡᆨ셩이 쥬쟝ᄒᆞᆫ다ᄂᆞᆫ뜻이라 인
군을 인군이라칭호ᄒᆞ지안코 대통령이라ᄒᆞ며 젼국ᄇᆡᆨ셩이 밧들어쳔거ᄒᆞ야 다 즐거히
츄승ᄒᆞᆫ후에야 비로쇼 그위에 나가며 그리ᄒᆞ고도 오히려 념려가잇셔 혹 ᄉᆞ오년이나
팔구년식 년한을 뎡ᄒᆞ여 한이 찬후에ᄂᆞᆫ 한긔한을 다시인임도ᄒᆞ고 혹 다른이로션거
ᄒᆞ기도ᄒᆞ야 일국을 다ᄉᆞ리게ᄒᆞ며 모든관원의 권한을구별ᄒᆞ여 한두ᄉᆞ람이 임의로못
ᄒᆞ게ᄒᆞᄂᆞ니 이런졍부의 쥬의가 세가지니 일은ᄇᆡᆨ셩이 ᄒᆞᄂᆞᆫ것시오 이ᄂᆞᆫᄇᆡᆨ셩으
로 된것시오 숨은ᄇᆡᆨ셩을 위ᄒᆞ야셰운것시라 이세가지 쥬의로 졍부를셰우ᄆᆡ ᄇᆡᆨ셩
은 그졍부를 ᄌᆞ긔네집으로알며 관원은 ᄇᆡᆨ셩을 ᄌᆞ긔상젼으로 알어 셔로보호ᄒᆞ고 밧
치기를 일신의ᄉᆞ지ᄇᆡᆨ톄가 머리밧치ᄂᆞᆫ것갓치ᄒᆞᄂᆞᆫ지라 지금、미국、과、법국、과、구라파、쥬
에 몃몃부강ᄒᆞᆫ 나라들의 힝ᄒᆞᄂᆞᆫ졍치니 이ᄂᆞᆫ 곳 상고 ◦요◦ ◦슌◦젹에 부ᄌᆞ상젼 ᄒᆞ지
안이ᄒᆞ고 어진이를ᄐᆡᆨᄒᆞ야 밧들며 온 나라ᄉᆞ름이 다 ᄀᆞᄅᆞᄃᆡ 어질다ᄒᆞᆫ후에 인지를쓰
며 다ᄀᆞᄅᆞᄃᆡ 쥭일만ᄒᆞ다 ᄒᆞᆫ후에야 죄인을쥭이던 예ᄉᆞ법이니 지극히 공번되고 바른
졔도라 ◦요◦ ◦슌◦셰상을 고셔에 말만들엇더니 지금시ᄃᆡ에 곳 힝ᄒᆞᆷ을볼쥴 뉘가짐쟉

ᄒᆞ엿스리오 셰상에셔들은 세가지 졍치등에 이거시 뎨일션미ᄒᆞᆫ 졔도라ᄒᆞᄂᆞᆫ바ㅣ라그러나 동양텬디에셔는 결단코 합지도못ᄒᆞ련이와 도로혀 극히 위험ᄒᆞᆫᄉᆡᆼ각이라 그 위험ᄒᆞᆷ은 아ᄅᆡ다시 셜명ᄒᆞ련이와 무ᄉᆞᆷ졍치를 힝ᄒᆞ던지 졍부세우ᄂᆞᆫ본의는 일치말어야 졍부나 ᄇᆡᆨ셩이나 능히 부지ᄒᆞᆯ도리가 잇슬지라 급급히 알어볼지어다

▲미국ᄇᆡᆨ셩의권리구별

미국의졍치졔도를 대략의론ᄒᆞᆫ건ᄃᆡ 상하의회원이잇셔 젼국을 ᄃᆡ표ᄒᆞᄂᆞ니 관졔를 립법 힝졍 ᄉᆞ법 세가지에 구별ᄒᆞ야 권리를난호어 맛게ᄒᆞ되 립법관은 법률뎡ᄒᆞᄂᆞᆫ권리에만 쥬관ᄒᆞ고 다른권리에는 간예치못ᄒᆞ며 힝졍관은 법을힝ᄒᆞ기만ᄒᆞ고 ᄉᆞ법관은법을맛기만ᄒᆞ야 피ᄎᆞ에 두가지권리를 ᄎᆞ지ᄒᆞ지 못ᄒᆞ게ᄒᆞᄂᆞ니 이는 평균히분비ᄒᆞ야셔로엇걸녀 폐단히 ᄉᆡᆼ기지안토록ᄒᆞᆷ이라 모든권리의 근본을 다 ᄇᆡᆨ셩의게 쥬장ᄒᆞ야 듕앙졍부의 관원을 션뎡ᄒᆞ거나 큰ᄉᆞ건을 질뎡ᄒᆞᆯᄯᅢ에는 젼국ᄇᆡᆨ셩이 일뎨로투표ᄒᆞ야ᄉᆞ람슈효의 다소를ᄯᆞ라 결뎡ᄒᆞ며 한 고을일은 다각기 그곳ᄉᆞ람들이 일졔히모혀 한법으로맛ᄒᆞ 힝ᄒᆞ미 일뎡ᄒᆞᆫ 법률밋혜는 상하귀쳔 빈부로소 남녀관동의 등분이 조곰도업고 다만 나이 호젹ᄒᆞᆯ년한에 ᄎᆞ셔 능히 졔몸을 다사릴만ᄒᆞᆫ쟈는 다 일뎨평등ᄒᆞᆫᄇᆡᆨ셩의권리를 엇ᄂᆞ니 이는 한두관원이나 웃ᄉᆞ람이 어진ᄆᆞᄋᆞᆷ이나면 이러케 ᄃᆡ졉ᄒᆞ고 그러치안으면 변ᄀᆡᄒᆞᄂᆞᆫ것이안이라 아죠 일뎡ᄒᆞᆫ쟝졍을 만들어 젼국에반포ᄒᆞ미 ᄇᆡᆨ셩이한나도 이거슬 모르ᄂᆞᆫ쟈ㅣ업서셔 져져히직혀가며 한두가지라도 그법에 버셔나ᄂᆞᆫ거

집회의 국미

시잇스면 엇던ᄉᆞ람이 법외에 일을당ᄒᆞ엿던지 젼국ᄇᆡᆨ셩이 다 ᄌᆞ긔의 목숨을 ᄉᆞᆫᄂᆞᆫ거스로ᄉᆡᆼ각ᄒᆞᄆᆡ 그나라에셔 벼슬ᄒᆞᄂᆞᆫ쟈는 의례히 공평졍직ᄒᆞ야 벼락감투를 씨우거나 불효부뎨ᄒᆞᆫ다고 ᄌᆡ물을 ᄲᆡ앗거나 기타 모든학졍도 힝코져 안이ᄒᆞ려니와 셜령 그런ᄯᅳᆺ시 잇더ᄅᆡ도 ᄇᆡᆨ셩이 밧지안이ᄒᆞᄂᆞ니 이거시 관민의일톄로 영구히 평강ᄒᆞᆫ 복락을 일치안ᄂᆞᆫ 근본이라 이런나라에ᄂᆞᆫ ᄇᆡᆨ셩이 비컨ᄃᆡ 집에 쥬치돌갓ᄒᆞ여 하ᄂᆞ히라도 ᄒᆞᆫ들니면 온집이 다 기우러질지니 이럼으로 졍부에셔도 ᄇᆡᆨ셩의 학문지식을 널니며법률쟝졍을 ᄒᆞ나히라도 모르ᄂᆞᆫ쟈ㅣ업도록 힘쓰ᄂᆞᆫ바ㅣ어니와 ᄇᆡᆨ셩도 각기학문과 ᄌᆡ죠를늘여셔 ᄂᆞᆷ의게 지지안으려ᄒᆞ며 법률쟝졍을알아 졔권리를 일치안이ᄒᆞ며 ᄂᆞᆷ의압졔를밧지 안이ᄒᆞ고 겸ᄒᆞ여 약ᄒᆞᆫ쟈의 권리ᄭᆞ지 보호ᄒᆞ여쥬기로 졔직칙을 ᄉᆞᆷᄂᆞᆫ지라 그

ᄇᆡᆨ셩의권리를 구별ᄒᆞ야 말ᄒᆞᆯ진ᄃᆡ

뎨일관은 나라를 보호ᄒᆞᄂᆞᆫ 본의를위ᄒᆞ야 권리의 구별ᄒᆞᆫ됴목이 아ᄅᆡ 긔록ᄒᆞᆫ바와 갓ᄒᆞ니

일됴ᄂᆞᆫ 나라의권리가 다 ᄇᆡᆨ셩의게셔 ᄉᆡᆼ김이요

이됴ᄂᆞᆫ 졍부는 젼혀 ᄇᆡᆨ셩을위ᄒᆞ야 세운것이니 ᄇᆡᆨ셩의 공번된 권리에셔 ᄉᆡᆼ긴것이오

ᄉᆞᆷ됴ᄂᆞᆫ 졔몸을 졔가다ᄉᆞ려 ᄂᆞᆷ의게 의뢰ᄒᆞ지 안이ᄒᆞ며 ᄯᅩᄒᆞᆫ ᄂᆞᆷ의압졔를 밧지안이ᄒᆞ고 능히 졔몸을 ᄌᆞ유ᄒᆞᆯ줄아ᄂᆞᆫ쟈는 다 일톄로 평등ᄒᆞᆫ권리를 엇으며

ᄉᆞ됴ᄂᆞᆫ 벼ᄉᆞᆯ직품을 마련ᄒᆞ거나 등분을구별ᄒᆞ야 상하반상의 명목을 갈히ᄂᆞᆫ악습을 일졀 엄금ᄒᆞ며

오됴ᄂᆞᆫ 셰상에ᄃᆡᄒᆞ야 여러ᄉᆞ람의게 공번되히 리로를 공업이잇서셔 특별히국법으로 허락ᄒᆞ기 외에ᄂᆞᆫ 공번되히 속ᄒᆞᆫ리익을 한두ᄉᆞ람이 ᄉᆞᄉᆞ로이 ᄎᆞ지ᄒᆞᄂᆞᆫ 폐단을 금ᄒᆞ며

륙됴ᄂᆞᆫ 관원을 션뎡ᄒᆞ거나 일을의론ᄒᆞᄂᆞᆫ 공번된쳐소ᄂᆞᆫ 한두ᄉᆞ람이 억지로막거나 위력으로 졈령ᄒᆞ지못ᄒᆞ고 ᄇᆡᆨ셩들의게 일톄로 공평히 쥬쟝케 ᄒᆞᆯ것시며

뎨이관은 ᄉᆞ람의셩명을 보호ᄒᆞᆷ이라 그 권리구별의 됴목이 아리와 갓ᄒᆞ니

일됴ᄂᆞᆫ 모든ᄇᆡᆨ셩이 각각 졔몸과집을 보호ᄒᆞ며 각식 지산에 속ᄒᆞᆫ문권을 간슈ᄒᆞᄂᆞᆫ 권리가잇ᄂᆞ니 혹 ᄉᆞ람을 법외에 무단히 잡어 가두지못ᄒᆞ며 ᄇᆡᆨ셩의 집과 셰간을 무단이 뒤져보지 못ᄒᆞ며

이됴ᄂᆞᆫ ᄉᆞ람을잡거나 지산을 슈험ᄒᆞᆯᄯᅢ에 반다시 문젹이잇서 그 ᄉᆞ람의 셩명과 직업과 무슨일에 관계ᄒᆞᆷ을 낫낫치젹어 혹 오착되거나 무죄히 걸니ᄂᆞᆫ폐단이 업게ᄒᆞ며 겸ᄒᆞ여 ᄉᆞ람을 잡거나 집을뒤지ᄂᆞᆫ 증거가 확실ᄒᆞᆷ을 밍셰ᄒᆞ야 실슈가업기를 담보ᄒᆞᆫ후에야 비로소 ᄒᆡᆼᄒᆞᆯ것이오

ᄉᆞᆷ됴ᄂᆞᆫ 치숑에 빗진쟈가 ᄂᆞᆷ의지물을 속여먹으려ᄒᆞᄂᆞᆫ 졍젹이잇기외에ᄂᆞᆫ 빗진것을 인연ᄒᆞ야 옥에가두지 못ᄒᆞᆯ것시오

뎨ᄉᆞᆷ관은 ᄇᆡᆨ셩의ᄌᆡ산을 보호ᄒᆞᆷ이라 그권리구별의 됴목이 아ᄅᆡ와 갓흐니
일됴ᄂᆞᆫ ᄇᆡᆨ셩의ᄌᆡ산을 시가ᄃᆡ로 갑기외에ᄂᆞᆫ 나라일에ᄂᆞ 혹 다른ᄃᆡ 쓰ᄂᆞᆫ거슬 빙쟈ᄒᆞ고 쳔단이 취ᄒᆞ지못ᄒᆞ며
이됴ᄂᆞᆫ 농ᄉᆞ짓ᄂᆞᆫ 쟝졍이니 나라ᄯᅡ에 ᄇᆡᆨ셩이 맛ᄒᆞ 쟉농ᄒᆞᄂᆞᆫ것이 일뎡ᄒᆞᆫ 년한이 잇셔 영히 ᄎᆞ지ᄒᆞ지 못ᄒᆞ게ᄒᆞ며
뎨ᄉᆞ관은 ᄇᆡᆨ셩의ᄆᆞ음을 졔ᄉᆡᆼ각ᄃᆡ로 ᄒᆞ게ᄒᆞᆷ이라 그권리구별은 아ᄅᆡ와 갓흐니
일됴ᄂᆞᆫ ᄇᆡᆨ셩이 교 밋기를 각기졔ᄯᅳᆺᄃᆡ로 ᄯᆞ르게ᄒᆞ야 혹 이단ᄉᆞ셜이라던지 사문란젹이라 ᄒᆞᄂᆞᆫ폐단이업시 졔 의견ᄃᆡ로 론난ᄒᆞ게ᄒᆞ며 다만 죵을 ᄆᆡᄆᆡᄒᆞ거나 한ᄉᆞ람이 두쳐나 혹 쳐쳡을두ᄂᆞᆫ거슨 엄금ᄒᆞ며
이됴ᄂᆞᆫ 여러가지교를 법률에 다 한가지로 ᄃᆡ졉ᄒᆞ야 엇던거슬 국교로 뎡ᄒᆞ지안코 각기 ᄆᆞ음ᄃᆡ로밋어 밧들게ᄒᆞ며
ᄉᆞᆷ됴ᄂᆞᆫ 나라에 공ᄉᆞ가 잇슬ᄯᆡ에ᄂᆞᆫ 모든교회가 다 일톄로 상관ᄒᆞ되 속ᄒᆞᆫ교회로 인연ᄒᆞ야 구별을 갈히지안이ᄒᆞ며
ᄉᆞ됴ᄂᆞᆫ 무ᄉᆞᆷ교를 밧들던지 ᄌᆞ유로 ᄒᆞᄂᆞᆫ권리는 관원이나 웃ᄉᆞ람이나 혹 놈이간예치못ᄒᆞ고 졔ᄯᅳᆺᄃᆡ로 ᄒᆞ게ᄒᆞ며
뎨오관은 ᄇᆡᆨ셩이 츙역시비를 분변ᄒᆞ거나 졍ᄉᆞ의폐막과 모든관계에 ᄃᆡᄒᆞ야 혹 말로 의론ᄒᆞ거나 글을지어 젼파ᄒᆞ기에 각각 졔ᄯᅳᆺᄃᆡ로ᄒᆞ야 막지못ᄒᆞᆷ이라 그권리구별의됴

목이 아릭와 갓흐니

일됴는 칙을지어 젼파ᄒᆞ는일에 ᄉᆞ람마다 ᄌᆞ유로ᄒᆞ는 권리가잇스며

이됴는 누구던지 ᄌᆞ유언론과 져술ᄒᆞ는 권리는 잇스되 다만 방한이잇셔 허무ᄒᆞᆫ 말을ᄒᆞ거나 ᄭᆞ닭업시 놈의게 손히를 세치게되는일에는 그칙임을 담당ᄒᆞ게ᄒᆞ며

뎨륙관은 빅셩이 회를모흐고 일을 의론ᄒᆞ는것을 닷당히 보호ᄒᆞᆷ이라 그 권리구별의 됴목은 아릭와갓흐니

일됴는 무ᄉᆞᆷ일이던지 여러ᄉᆞ람의게 공번되히 리로을거슨 아모던지 회를셜시ᄒᆞ고 모혀 의론ᄒᆞ는 권리가잇스며

이됴는 빅셩이 원굴ᄒᆞᆫ일이 잇거나 놈의게 무리ᄒᆞᆷ을당ᄒᆞ고 모혀 등소ᄒᆞ거나 셜원ᄒᆞ려는거슨 다 허락ᄒᆞ여 금ᄒᆞ지못ᄒᆞ며

뎨칠관은 빅셩으로 ᄒᆞ여곰 군ᄉᆞ의 힝악ᄒᆞᆷ을 밧지안케ᄒᆞᆷ이라 그 권리구별의 됴목이 아릭와 갓흐니

일됴는 무변의권리를 문관아릭 잇게ᄒᆞ며

이됴는 태평ᄒᆞᆯᄯᅢ에는 쥬인의허락업시 빅셩의집에 군ᄉᆞ를 두지못ᄒᆞ며

삼됴는 ᄉᆞ룸마다 칼과춍을 예비ᄒᆞ야 졔몸을 보호ᄒᆞ게ᄒᆞ되 다만 군긔를 감초어 감안히 흉ᄒᆞᆫ계교에만 쓰지못ᄒᆞ게ᄒᆞ며

뎨팔관은 법률을 ᄇᆞᆰ히들어니여 빅셩으로ᄒᆞ여곰 법률의괴로움을 밧지안케ᄒᆞᆷ이라 그

권리구별의 됴목이 아ᄅᆡ와갓ᄒᆞ니

일됴는 일지ᄂᆞᆫ후에 마련ᄒᆞᆫ법률로 젼의지은죄를 다ᄉᆞ리지못ᄒᆞ며

이됴는 법률마련ᄒᆞ기젼에 뎡ᄒᆞᆫ약죠를 후에마련ᄒᆞᆫ법률로 인ᄒᆞ야 폐ᄒᆞ지못ᄒᆞ며

삼됴는 긔왕실시ᄒᆞ야 ᄒᆡᆼᄒᆞᄂᆞᆫ법률은 잠시도 폐ᄒᆞ지못ᄒᆞᄂᆞ니 의회원에셔 결뎡ᄒᆞ고 졍지ᄒᆞ기외에는 아모던지 법률을 임의로 졍지ᄒᆞᄂᆞᆫ권리를 가지지못ᄒᆞ며

뎨구관은 숑민의 권리를 보호ᄒᆞᄂᆞᆫ법이니 ᄌᆞ고로 젼제졍치ᄒᆞᄂᆞᆫ 나라에셔 권리를 한두ᄉᆞ람의게 맛기ᄂᆞᆫ고로 법졍에셔 저판ᄒᆞᆯᄯᅢ에 ᄒᆞᆼ상 공평ᄒᆞᆫ본의는 바리고 ᄉᆞ졍을 ᄯᆞ르ᄂᆞᆫ 폐단을 미리막기위ᄒᆞ야 권리를구별ᄒᆞ여 뎡ᄒᆞᆫ됴목이 아ᄅᆡ와갓ᄒᆞ니

일됴는 죄인을 심판업시 오ᄅᆡ가두지 못ᄒᆞ며

이됴는 살인죄인외에는 무삼ᄉᆞ건이던지 심판ᄒᆞᆫ후에 속을밧치고 죄를 면ᄒᆞ려면 막지못ᄒᆞᆯ거시오

삼됴는 속밧치ᄂᆞᆫ 벌젼을 과히 만케뎡ᄒᆞ지 못ᄒᆞ며

ᄉᆞ됴는 저판마당에셔 언제던지 ᄇᆡᆨ셩이 숑ᄉᆞᄒᆞᄂᆞᆫ거슬 들으려ᄒᆞ면 방쳥을막지못ᄒᆞ며

오됴는 숑ᄉᆞ밧ᄂᆞᆫ ᄇᆡᆨ셩을 그 본디방에셔 결쳐ᄒᆞᆯ것이오 멀니 이숑식혀 숑민의게 폐단되지 안케ᄒᆞ며

륙됴는 법관이 저판ᄒᆞᆯᄯᅢ에 ᄇᆡᆨ셩즁으로 지ᄉᆞᄒᆞᆫᄉᆞ람을 법에뎡ᄒᆞᆫᄃᆡ로 몃식ᄐᆡᆨᄒᆞ여

ᄒᆞᆷᄭᅴ숑ᄉᆞ를 듯게ᄒᆞᄂᆞ니 (◦ᄇᆡ심관◦이라ᄒᆞᄂᆞᆫ것이라) 아모일이던지 다◦ᄇᆡ심관◦이
잇셔 법관과ᄒᆞᆷᄭᅴ 숑ᄉᆞ듯ᄂᆞᆫ거슬 막지못ᄒᆞ되 만일 ᄉᆞ쇼ᄒᆞᆫ 숑ᄉᆞ에 원고와 피고가
다 허락ᄒᆞᆯᄯᅢ에ᄂᆞᆫ ◦ᄇᆡ심관◦이 업셔도 관계치 안이ᄒᆞ며
칠됴ᄂᆞᆫ 뎐답과 ᄌᆡ산과 명예에 손ᄒᆡᄒᆞᆯ일에ᄂᆞᆫ 누구던지 디위와 등분을 물론ᄒᆞ고
아모나걸어셔 법졍에 졍쇼ᄒᆞ기를 구ᄋᆡᄒᆞ지 말거시오
팔됴ᄂᆞᆫ 숑민을 불너올ᄯᅢ에 무ᄉᆞᆷ관계와 무ᄉᆞᆷᄉᆞ건에 불너가ᄂᆞᆫ거슬 숨기지말고몬
져 알녀줄것시오
구됴ᄂᆞᆫ ᄌᆡ판ᄒᆞᆯᄯᅢ에 원고가 반다시 증거를 분명히세워 ᄃᆡ면ᄒᆞ야 들어ᄂᆡ여셔 허
무ᄒᆞᆫ일에 얼거 졍ᄒᆞᄂᆞᆫ폐단이 업게ᄒᆞᆯ것이오
십됴ᄂᆞᆫ 피고가ᄌᆞ유로 변명ᄒᆞ기를 허락ᄒᆞ야 호령ᄒᆞ거나 위협ᄒᆞᄂᆞᆫ폐가 업게ᄒᆞ며
법률아ᄂᆞᆫ자를 변호ᄉᆞ로뎡ᄒᆞ야 ᄃᆡ신 변명ᄒᆞ고져 ᄒᆞᆯᄯᅢ에ᄂᆞᆫ 아모나 다 허락을 엇
을것시오
십일됴ᄂᆞᆫ 억지로 공쵸를밧아 죄안을 만들지못ᄒᆞ며
십이됴ᄂᆞᆫ 법률에 뎡ᄒᆞ여노흔ᄃᆡ로 다ᄉᆞ리ᄂᆞᆫ외에ᄂᆞᆫ ᄉᆞ람의ᄌᆞ유권리와 ᄉᆡᆼ명과 ᄌᆡ
산에 손ᄒᆡ가 되게ᄒᆞ지 못ᄒᆞᆯ것이오
십삼됴ᄂᆞᆫ 법률ᄃᆡ로 ᄒᆞᆫ번결쳐ᄒᆞᆫ후에ᄂᆞᆫ 다시 번복ᄒᆞ야 두번감죄ᄒᆞ지 못ᄒᆞᆷ이라
이샹 아홉가지 됴건은 ᄇᆡᆨ셩이의례히 져마다 엇ᄂᆞᆫ권리를 구별ᄒᆞ야 낫낫치 쟝졍을만

들어 젼국에 반포ᄒᆞ야 ᄉᆞ람마다 알고직혀 힝ᄒᆞ게ᄒᆞᆷ이나 뉘감히 분슈외에 일을힝ᄒᆞ거나 쟌약ᄒᆞᆫ빅셩이 신원ᄒᆞᆯ곳시 업스리오 이런나라는 참 즐겁고편안ᄒᆞ야 곳 인간에 극락국이라 ᄒᆞᆯ지라 졔집과토디ᄌᆡ산이 다 졔거신줄을 밋을수업스며 졔 쳐ᄌᆞ 가속이 다 졔거신지 안인지 알수업스며 졔목숨이 살엇는지 죽엇는지 밋을것이업시 ᄂᆞᆷ의희싱이되여 지ᄂᆡ는 나라에ᄉᆞ는 ᄉᆞ람들로ᄒᆞ여곰 져 ᄉᆞ람의무궁히 누리는 복락을 듯고 보게ᄒᆞᆯ진ᄃᆡ 엇지 부럽지아니ᄒᆞ며 원ᄒᆞ지 아니ᄒᆞ리오 관원된쟈ㅣ 엇지 그더러온 ᄌᆡ물이나 벼슬을 즁ᄒᆞ게녁이며 빅셩된쟈ㅣ 엇지 뎐장과 ᄌᆡ산을 귀히녁이여 이러틋무궁ᄒᆞᆫ복락을 구ᄒᆞ지안으리오 피ᄎᆞ 다 무식ᄒᆞ고 어두운듕에셔 몰나 이러ᄒᆞᆷ이니 실로 무식ᄒᆞᆫ앙화가 이러틋 혹독ᄒᆞ도다 그러나 ᄂᆞᆷ의 져러ᄒᆞᆫ복락을 누리는것이 엇지 태고젹붓허 이러ᄒᆞ거나 우연ᄒᆞᆫ듕에셔 ᄉᆞᄉᆞ로 되엿ᄃᆞᄒᆞ리오 다 그 조상된이들이 무궁ᄒᆞᆫ 고쵸를 견ᄃᆡ지못ᄒᆞ야 ᄌᆞ긔세리 닐어나셔 빅셩의ᄯᅳ거운피를 한업시ᄒᆞᆯ니고 ᄌᆞ긔네ᄌᆡ물을 슈업시허비ᄒᆞ여 이러ᄒᆞᆫ 큰복의 무궁ᄒᆞᆫ 긔쵸를세워 그 ᄌᆞ손들의게 세쳐쥰거슬 그 ᄌᆞ손들이 능히 잘직혀 보젼ᄒᆞ여온고로 오ᄂᆞᆯ날 져ᄉᆞ람들의 대강아는것만 말ᄒᆞ여도 질칙이될지라 다 의론ᄒᆞᆯ수업슨즉 다만 이복을엇는 근원만 대강 의론ᄒᆞ게노라

▲미국의독립ᄒᆞᆫᄉᆞ젹

셔양각국도 젼에는 혹 의회원 규칙이 잇셧스나 헌법이 셔지못ᄒᆞ며 거의 다 젼졔졍치로 나라를 다ᄉᆞ렷스미 처음에는 셰상이 다 리익을 만히엇어스나 인심이변ᄒᆞ는ᄃᆡ

로 법의흔단이 ᄎᆞᄎᆞ싱겨 일이빅년동안에 이르러는 쳔빅가지 흔단이 층층이나셔 빅셩을 도탄에 들게ᄒᆞᄆᆡ 혹은 한둘쥬권쟈의 권리다톰을인ᄒᆞ여 젼징이 닐허나 셩령을 초개ᄀᆞ치 잔히ᄒᆞ며 혹은 텬쥬교황의 셰력을 쟈시ᄒᆞ고 혹은 뎨왕과권귀와쟝슈와 법관의 모든권셰와 위력을 빙쟈ᄒᆞ고 셰상을 흔들어 모든챵싱이 다 물쓸코불타는즁에셔 능히 살슈업는디경에 이른지라。

대뎌 고로옴을 면ᄒᆞ고 편ᄒᆞᆷ을 츄ᄒᆞ며 죽기를 면ᄒᆞ고 살기를 도모ᄒᆞᆷ은 모든 싱명가진 죵류의 텬연ᄒᆞᆫ셩졍이라 포학ᄒᆞᆫ졍ᄉᆞ의 학디를버셔 ᄯᅡ로 살기를구ᄒᆞᆷ이 비컨ᄃᆡ 물마르는 웅덩이에 목마른고기ᄯᅦ가 ᄉᆡ물줄기를 찻는것과 갓흔지라、아메리가쥬、를 셔로차ᄌᆞ노흔ᄯᅢ를 당ᄒᆞ야 ᄉᆞ람마다 헤아리되 대셔양바다만 건너가면 한업시널은ᄯᅡ이 모도 야만토인들의 간간히 모혀ᄉᆞ는 ᄯᅡ히되여 다 바려썩혀 두엇스ᄆᆡ 무슈ᄒᆞᆫ금은동텰을 키여쓰지안이ᄒᆞ며 기름진농토가 사나온 들—즘싱의 슈풀이될ᄲᅮᆫ이니 이는곳 하ᄂᆞ님이 우리불상ᄒᆞᆫ 싱명을 위ᄒᆞ야 특별히 감초어두심이라 우리가 건너가셔 힘들여개간ᄒᆞ면 밍호보다 사나온압졔를 버셔나셔 편안ᄒᆞᆫ 셰월을보고 살다가 ᄌᆞ손의 긔업을 세치리라ᄒᆞ야 조국과 고향을바리고 분분히 뒤를니어 대히를 건너가셔 슈목을 쟉벌ᄒᆞ며 뎐토를개간ᄒᆞ야 즘싱을몰니치고 야만들과 싸와셔 무슈히죽어가며 간신이 거졉ᄒᆞ야 날마다 모혀들ᄆᆡ 몃히가못되여 호구가 번셩ᄒᆞᆫ지라 적이 태평ᄒᆞᆫ 락토를엇어 별유텬디를 일우게되엿스니 고진감릐를 실로다힝타고도 ᄒᆞ려니와 그졍형을싱각

징 젼 립 독 국 미

를슈장국영 고ᄒᆞ승득 을징젼립독
밧톤승와 눈복항

미국독립을챵조ᄒᆞᆫ 쬬지 와슁톤

ᄒᆞ면 ᄯᅩᄒᆞᆫ 가긍ᄒᆞᆫ셰월이라 아모리 포학ᄒᆞᆫ 인심이라도 져 권셰잡은쟈들이여 도로혀 담학을 더ᄒᆞ고져 ᄒᆞ엿도다

이져에 、영국에셔 、아메리가、쥬를 ᄎᆞ지ᄒᆞ고 그인민을 다 、영국ᄇᆡᆨ셩으로민들미 ᄇᆡᆨ셩들은 、영국이 좀 잘ᄃᆡ졉ᄒᆞ여쥬기를 기ᄃᆡ릴ᄲᅮᆫ이러니 급기 관원을보ᄂᆡ여 다ᄉᆞ리ᄂᆞᆫ날에 포학무리ᄒᆞᆷ이 젼보ᄃᆞ심ᄒᆞ야 、영국ᄇᆡᆨ셩의 노례로 ᄃᆡ졉ᄒᆞᆯ식 모든물건에 셰를편벽되히물니며 숑ᄉᆞ에 ᄒᆞᆼ상치우쳐 학ᄃᆡᄒᆞ야 모든심ᄒᆞᆫ폐단을 이로 다말ᄒᆞᆯ수업ᄂᆞᆫ지라원ᄅᆡ 이ᄇᆡᆨ셩들은 각국에학문지식이 유여ᄒᆞᆫ등에셔 남의노례ᄃᆡ졉밧기를 실혀ᄒᆞ야 바다를건너 이ᄃᆡ방에 모혀슨즉 목숨ᄉᆞᆯ기만 즁히녁여 압졔를달게밧ᄂᆞᆫ 써ᄀ은ᄇᆡᆨ셩과ᄂᆞᆫ결단코 갓지안은지라 의긔로은션ᄇᆡ가 쳐쳐에셔 닐허나셔 、영국의 셰력을 두려ᄒᆞ지안이ᄒᆞ고 쥭기로써 반ᄃᆡᄒᆞ야 젼징이싱겨나미 그ᄯᅢ형편인즉 대소관원이하로 지어병뎡슌포와 여항평민등에라도 모도 、영국의츙신이라 다 말ᄒᆞ기를 상국을비반ᄒᆞ고 왕명을거역ᄒᆞᆷ이 도리가안이오 역젹의 당류ㅣ라ᄒᆞ야 닐허나ᄂᆞᆫᄃᆡ로 뭇지르기를 위쥬ᄒᆞᄂᆞᆫ터인즉 모든셰력이 다 、영국의장악에잇스며 다만 그러치안타ᄒᆞᄂᆞᆫ ᄇᆡᆨ셩인즉 여간장ᄉᆞ와 농ᄉᆞᄒᆞ야 져의슈족으로 벌어먹ᄂᆞᆫ 무고잔민ᄲᅮᆫ이라 여간잔민의 령셩ᄒᆞᆫ힘으로엇지 강대ᄒᆞᆫ 、영국을 결우기를 바라리오만은 그 ᄉᆞ람들의 ᄒᆞᄂᆞᆫ말이 셰상에ᄉᆞ람은 다한가지라 남의노례ᄃᆡ졉을 달게밧ᄂᆞᆫ쟈ᄂᆞᆫ 곳 ᄉᆞ람의권리를 일허바린쟈ㅣ니 ᄉᆞ람의권리를 찻지못ᄒᆞᄂᆞᆫ쟈ᄂᆞᆫ 찰ᄒᆞ리 쥭어 목숨을바리고 피를흘녀 보비로은 긔쵸를세워 우

리ᄌᆞ손의영원ᄒᆞᆫ복이 되게ᄒᆞᄂᆞᆫ것이올흘지라 우리부형된이들은 벼ᄉᆞᆯ에ᄭᅳ을니거나 월급에팔녀셔 남의종노릇슬 츙셩으로알고 우리ᄇᆡᆨ셩을 뭇지르려고 총올노으며 챵으로 지르ᄂᆞᆫ지라 우리가 맛당히 우리 부형의손에 죽어가며 독립을위ᄒᆞ야 ᄊᆞ와셔 간담이 흣허지며 ᄇᆡᆨ골이 부셔진후에야 말니라ᄒᆞ야 츙분에 ᄭᅳᆯᄂᆞᆫ피로 죽으려 나아가며 혹형편을ᄉᆞᆲ히거나 힘을비교ᄒᆞ지안코 일편단심으로 죽고져ᄒᆞᄂᆞᆫ ᄆᆞ음ᄲᅮᆫ이라 농부들은 허믜와 낫슬들고 나셔며 부인과ᄋᆞᄒᆡ들은 부지셍이라도 가지고나와셔 압헤셔죽으며뒤에셔 ᄃᆡ여서미 각기 제양식을 ᄊᆞ가지고 한편으로 농ᄉᆞ와싱ᄋᆡᆨᄒᆞ며 거의 팔년동안을 련속ᄒᆞ야 전징ᄒᆞ미 젼후로죽은싱명은 얼마이며 업셔진지물은 얼마나되게ᄂᆞ뇨 당쵸에 몃ᄉᆞ람이 닐허날ᄯᆡ에ᄂᆞᆫ 이ᄭᅥ지되ᇙ줄을 ᄯᅳᆺᄒᆞ지못ᄒᆞ고 다만ᄌᆞ긔한나 죽어몰으고져ᄒᆞᆯᄲᅮᆫ이러니 불의에 이러케 죽으려ᄂᆞᆫᄉᆞ람이 련속ᄒᆞ야 뒤를ᄯᅡ라 졈졈 만ᄒᆞ지미 각국에셔 다 밋친ᄇᆡᆨ셩이라고 쳑망ᄒᆞ던인심이 이에이르러 변ᄒᆞ야 ᄎᆞᄎᆞ 감동ᄒᆞᄂᆞᆫ 졍의를 표ᄒᆞᄂᆞᆫ쟈ㅡ만으미 법국이 부득이ᄒᆞ야 군ᄉᆞ를니여 미국ᄇᆡᆨ셩을 도아쥬기를 ᄌᆞ원ᄒᆞᄂᆞᆫ지라 필경 영국이물너나고 미국이독립ᄒᆞ야 영원무궁ᄒᆞᆫ ᄌᆞ유긔쵸를세워 오ᄂᆞᆯ날 셰계에 상등문명국이 되얏ᄂᆞ니 이동간에 허다ᄒᆞᆫ 영광스럽고 츙의로운 ᄉᆞ젹은 이로 다 말ᄒᆞᆯ수업ᄂᆞᆫ지라 미국독립ᄉᆞ긔를보면 대강알녀니와 여긔 긔록ᄒᆞᆫ것만 보고도 츙ᄋᆡ에간졀ᄒᆞᆫ동포ᄂᆞᆫ 깁히ᄇᆡᆨ와 ᄭᆡ달을것이 무궁ᄒᆞᆯ지라 슌젼ᄒᆞᆫ공심으로 목숨을바려 남의노례를 면ᄒᆞ려ᄒᆞ면 ᄯᅳᆺ밧게힘이싱겨 당초에 바라지도못ᄒᆞᆫ 공업을 일우ᄂᆞᆫ리치를확실히 밋은후에야 능히 ᄉᆞ업의 긔초쟈가 될것시오 뎌、미국、ᄇᆡᆨ셩의 뎌러틋 보ᄇᆡ로은 권리를 엇는것이 일호도 놈이도아쥬어 되엿거나 힘들이지안코 엇은것시 안이라 다 ᄌᆞ긔들이 무한ᄒᆞᆫ피와 무슈ᄒᆞᆫ지졍을 허비ᄒᆞ고 힘들여작만ᄒᆞᆫ후에 엇은거시니 이는곳 힘들여 엇은직물이 능히 오ᄅᆡ부지ᄒᆞ는 리치라

슯ᄒᆞ다 우리、대한、형뎨들은 이거슬보고 응당감동ᄒᆞᆷ이잇슬지라 우리는 이긔초를긔왕에세워 이권리를 누린ᄃᆞᄒᆞ게는가 혹 쟝ᄅᆡ에 이긔초를세어 이권리를 ᄎᆞᄌᆞ려 ᄒᆞ는가 혹 이권리는 물론ᄒᆞ고 살기만중히녁여 놈의종노릇ᄒᆞ기라도 풍족히녁이게는가 맛당히 질뎡ᄒᆞᆫ쥬의가잇셔 한가지쥬의를 가지고 목뎍을숨아 일변으로 일ᄒᆞ여나가야될지라 부ᄃᆡ부ᄃᆡ 심상히 녁이지말지어다

▲미국독립션고문

대뎌 디러틋 지리ᄒᆞᆫ젼졍이 닐허나 허다ᄒᆞᆫᄉᆡᆼ령의 샹ᄒᆞᆫ거시 다 포학ᄒᆞᆫ젼졔졍치의 압졔ᄒᆞ는폐단을 인연ᄒᆞ야 만고ᄉᆞ긔에 처음으로 ᄉᆡᆼ긴일이라 ᄌᆞ고로 각국에이런폐단을 인연ᄒᆞ야 민요나 군요의 큰란리가 ᄉᆡᆼ긴것이 거의업는ᄯᆡ 업셧스되 다 일시격분ᄒᆞᆫ긔운을부려 한번보복ᄒᆞ거나 셜치ᄒᆞ기를 시험ᄒᆞ야 잠시 셰상을소동ᄒᆞᆯᄲᅮᆫ이오 한둘공평ᄒᆞᆫ ᄉᆞ람들이 우헤셔 잘 무마ᄒᆞ거나 잘 진압ᄒᆞ면 인ᄒᆞ야 평졍ᄒᆞ고 말ᄲᅮᆫ이니 그폐단의근원은 일호도 막힌거시 못되는지라 이、미、국젼징은 젼혀 이압졔를 밧지안으려는 쥬의로 인연ᄒᆞ야 목숨들을 바리고 필경 놈의포학을면ᄒᆞ야 ᄯᆞ로나미 일후에 영원히

이폐단이 싱기지못ᄒᆞ게ᄒᆞᆯ 쥬의가싱겨 졍치폐 단의 근본을 바로잡으려ᄒᆞ미 국권을도
로 한두ᄉᆞ람의 쟝악에맛기ᄂᆞᆫ것이 다시 위험ᄒᆞ게될 념려를 새달은지라 이럼으로 졍
치제도를 우혜 긔록ᄒᆞᆫ바와갓치 마련ᄒᆞ야 만민의게 일뎨로맛겨 쥬쟝ᄒᆞ게 ᄒᆞᄂᆞ니 이
ᄂᆞᆫ ᄉᆞ람의 화복안위를위ᄒᆞ야 각기 졔손으로맛ᄒᆞ ᄂᆞᆷ을발을것도업고 ᄂᆞᆷ을원망ᄒᆞᆯ것도
업게ᄒᆞᄂᆞᆫ본의라 그럼으로 ᄉᆞᄅᆞᆷ마다 그나라의 흥망셩쇠가 다 졔한몸에 달닌줄로 알
며 나라를 잘 다ᄉᆞ리려ᄒᆞ면 몬져 졔몸한나흘 잘 다ᄉᆞ려 ᄂᆞᆷ의다ᄉᆞ림을 밧지안케 되
ᄂᆞᆫᄃᆡ 잇ᄂᆞᆫ줄로녁여 각기 ᄌᆞ유ᄒᆞᄂᆞᆫ권리를 졔목숨보ᄃᆞ 즁히녁이며 이 즁ᄒᆞᆫ권리를 즁
히녁이ᄂᆞᆫ ᄆᆞᄋᆞᆷ을 속에깁히빅이게ᄒᆞ며 ᄃᆡᄃᆡ로 조상이 유젼ᄒᆞᄂᆞᆫ 쟝가귀ᄒᆞᆫ 유업으로알
미 이긔초를 세운지가 지금겨우 일빅ᄉᆞᆷ십년동안에 그ᄌᆞ손들이 이권리를 다만 직혀
일치만 안을ᄲᅮᆫ안이라 날마다 ᄒᆡ마다 이권리의본의를 확쟝ᄒᆞ야 졈졈 졍미ᄒᆞᆫ 졍도에
이르ᄂᆞᆫ지라 ᄌᆞ긔조상들의 독립ᄒᆞ던ᄉᆞ젹을 긔념ᄒᆞ야 셔울일홈을 ○와슁톤○이라 ᄒᆞ
ᄂᆞ니 이ᄂᆞᆫ 독립긔초에 쳣ᄌᆡ유공ᄒᆞᆫ 처음 대통령 ○와슁톤○의 빗ᄂᆞᆫ일홈이니 셰계졍
치 ᄀᆡ혁ᄒᆞᄂᆞᆫ근본의 긔초쟈가되여 만국의츄앙ᄒᆞᄂᆞᆫ바ㅣ라 양력칠월초ᄉᆞ일이 、미、국독
립의 반포ᄒᆞᆫ날이니 이날을 、미、국의 뎨일큰 명일로녁여 ᄒᆡ마다 이날이면 젼국 상하
관민이 공ᄉᆞ간에 모든ᄉᆞ무를 젼폐ᄒᆞ고 집집이 국긔를ᄭᅩᆺ즈며 등을달아 온 나라이다
경츅ᄒᆞᄂᆞᆫ빗치오 당시에 젼망ᄒᆞᆫ쟝슈와 군ᄉᆞ의무덤에가셔 글을지어 찬숑ᄒᆞ며 ᄭᅩᆺ슬덥
허 영광ᄂᆡ며 만셰를불너 한업시 즐기며 감동ᄒᆞᄂᆞᆫ 눈물을나려 ᄂᆞᆺ기기를 마지안이ᄒᆞ

고 심지어 외국에가셔잇는 한두빅셩이라도 경츅ᄒᆞᄂᆞᆫ 례식을힝ᄒᆞ야 독립명일을긔념ᄒᆞᄂᆞ니 이는우리나라에셔도 、미국인 ᄉᆞ는 근쳐에셔는 다이날에 구경도 ᄒᆞ엿슬거시오 알기도ᄒᆞᆯ지라 나라에 적이 츙의지심이 잇는ᄉᆞ름은 놈의 이러틋 즐기는거슬보면 응당 감동ᄒᆞᆫ눈물이 흘음을 금치못ᄒᆞ리로다 、미국의 독립션고ᄒᆞᆫ 글을 아릭긔록ᄒᆞ노니 이는일쳔칠빅칠십륙년칠월ᄉᆞ일에 、아메리가、합중국안에잇는 여러나라들을 딕표ᄒᆞᆫ쟈들이모혀 、영국을거절ᄒᆞ고 독립ᄒᆞ는보의를 셰샹에 반포ᄒᆞᆫ글이라 오늘날셰상ᄉᆞ람들의 간담에석이며 입셜에 빅여잇는바ㅣ니 이는 ᄉᆞ람마다 、미국에독립ᄒᆞᆫ 츙의를 밀우어 각각 ᄌᆞ긔나라의 독립ᄒᆞᆯ츙의를 비양ᄒᆞ는본의라 우리 、대한동포들의 가쟝깁히 쥬의ᄒᆞᆯ바ㅣ로다 그 글에ᄒᆞ엿ᄉᆞ되

셰계에 엇던인민이던지 타국의압졔를 버셔나셔 하ᄂᆞ님의 픔부ᄒᆞ신 평등딕위를 ᄎᆞ져 디구상 렬강국과갓치 ᄯᅩ로서고져 ᄒᆞᆯ떡에는 마지못ᄒᆞ여 난호게되는연고를 텬하에 반포ᄒᆞ는거시 인졍의 맛당히 녁이는바ㅣ라

대뎌 온 셰계ᄉᆞ람이 다동등으로 싱겻ᄂᆞ니 이는 고금에밧고지못ᄒᆞᆯ 춤리치라 조물쥬씌셔 일톄로 권리를 픔부ᄒᆞ엿스믜 싱명과ᄌᆞ유와 안락ᄒᆞᆫ복을 구ᄒᆞ는거시다 놈이 쎄앗지못ᄒᆞᆯ권리라 이권리를 안젼케ᄒᆞ기위ᄒᆞ야 나라를셜치ᄒᆞ고 졍부를 세워슨즉 졍부는 곳 빅셩의공번된 권셰를합ᄒᆞ여 된거시니 언졔던지 졍부의 졔도가 민인의권리를 보호ᄒᆞ는본의를 손히ᄒᆞᆯ진딕 빅셩이 맛당히 그졔도를변ᄒᆞ던지

업시ᄒᆞ던지ᄒᆞ고 ᄉᆡ로히 졍부를세워 긔초를 무슴쥬의로잡던지 권셰를 무슴졔도로조직ᄒᆞ던지 그ᄇᆡᆨ셩의ᄉᆡᆼ각에 가장합당ᄒᆞ야 져희들의 태평ᄒᆞ고 안락ᄒᆞᆫ복을 유지ᄒᆞ도록 만드는것이 곳 그ᄇᆡᆨ셩의 합당ᄒᆞᆫ권리라 그러나 ᄉᆞ람이 맛당히 경계ᄒᆞᆯ바는 오ᄅᆡ된졍부를 여간 ᄉᆞ소ᄒᆞᆫ곡졀로 경솔히 변ᄀᆡ치 못ᄒᆞᆯ거시라 이럼으로 각국의지ᄂᆡᆫ경력을 인연ᄒᆞ야 ᄇᆡᆨ셩의셩질을 궁구ᄒᆞ여볼진ᄃᆡ 졍부의포학이 과히 심ᄒᆞᆫ데이르지안이ᄒᆞ야 능히견ᄃᆡᆯ수만잇스면 찰ᄒᆞ리 져의권리를졍지ᄒᆞ고 참아지닐지언졍 오ᄅᆡ습관된 졍부졔도를 폐ᄒᆞ기 즐겨안이ᄒᆞ는지라 그러나 포학과침탈이 ᄒᆞᆫ결갓치 심ᄒᆞ야 ᄇᆡᆨ셩의권리를 다 업시ᄒᆞ고 압졔를 위쥬코져ᄒᆞ는 경우에는 곳 졍부를 번복ᄒᆞ고 져의쟝ᄅᆡ에 영구히 안젼ᄒᆞᆷ을 보호ᄒᆞ도록 쥰비ᄒᆞ는거시 곳 ᄇᆡᆨ셩의권리오 또ᄒᆞᆫ ᄇᆡᆨ셩의직칙이라 우리거류디사ᄅᆞᆷ들의 무수히 참어오며 당ᄒᆞ는 곤난이 곳 이디경에 이르러 필경 더참을슈 업스ᄆᆡ 부득이ᄒᆞ야 이젼졍부졔도를 변ᄒᆞ려ᄒᆞᆷ이라 지금 、영국、왕의 ᄉᆞ긔를볼진ᄃᆡ 여일히 ᄇᆡᆨ셩을 살ᄒᆡᄒᆞ며 침탈ᄒᆞ는 ᄉᆞ젹뿐이나 젼혀쥬의가 우리 모든 거류디를 슌젼ᄒᆞᆫ 포학과 압졔밋헤 넛코져ᄒᆞᆷ이라 이뜻을증거ᄒᆞ기 위ᄒᆞ여 실상ᄒᆡᆼ젹을 공평ᄒᆞᆫ셰상에 들어ᄂᆡ고져ᄒᆞ노니 그ᄉᆞ젹말을ᄒᆞᆯ진ᄃᆡ

모든 ᄇᆡᆨ셩들의게 유조ᄒᆞᆯ법령은 ᄒᆡᆼᄒᆞ기를 허락지 안이ᄒᆞ며

관원들의게 명령ᄒᆞ여 ᄇᆡᆨ셩의게 시각이긴급ᄒᆞᆫ 모든일을 다 ᄌᆞ긔의 ᄌᆡ가를 엇기

젼에는 힝ᄒᆞ지못ᄒᆞ게ᄒᆞ라ᄒᆞ며 ᄌᆞ긔의게 ᄌᆡ가를청ᄒᆞᆯᄯᅢ에는 ᄯᅩᄒᆞᆫ허락지안이ᄒᆞ며
ᄇᆡᆨ셩을ᄃᆡ표ᄒᆞ야 법률을뎡ᄒᆞ는 립법관들의 권리는 다만 포학ᄒᆞ는 인군에게만상
극이될ᄲᅮᆫ이요 기외 모든ᄉᆞ람의게 업슬수업는바ㅣ어ᄂᆞᆯ 이권리를 허락지 안이ᄒᆞ
야 온 ᄇᆡᆨ셩의 일톄로 리로을일을 힝치못ᄒᆞ게ᄒᆞ며 법률뎡ᄒᆞ는회를 뎡쳐가 업시
ᄌᆞ긔의뜻ᄃᆡ로 이리더리 옴기게ᄒᆞ야 멀고불편ᄒᆞᆷ으로 인연ᄒᆞ야 스ᄉᆞ로 긔진ᄒᆞ도
록 만들며
ᄇᆡᆨ셩의권리를 침탈ᄒᆞ다가 ᄇᆡᆨ셩의ᄃᆡ표쟈들이 용밍스러히 닐허나 그불가ᄒᆞᆷ을 반
ᄃᆡᄒᆞᆯ진ᄃᆡ 곳 회를헤쳐 회를모히지 못ᄒᆞᆫ젹이 한두번이안이오
회를 ᄒᆡ산식힌젹마다 다른사름을 ᄲᅢᆸ아 다시셜시ᄒᆞ기를 오ᄅᆡ금지ᄒᆞ야 업시ᄒᆞᆯ슈
업는권리를 영히 업시ᄒᆞ고져ᄒᆞᄆᆡ 인ᄒᆞ야 밧게셔침로ᄒᆞ며 안에셔닐허나는 모든
위ᄐᆡᄒᆞᆷ이 ᄉᆡᆼ기게ᄒᆞ며
각국에셔 ᄇᆡᆨ셩이들어와 호구가느는거슬 열심으로 막으려ᄒᆞ야 외국인 입젹ᄒᆞ는
법을 업시ᄒᆞ고 옴겨사는ᄇᆡᆨ셩의 넘어들어오는거슬 ᄇᆡᆨ가지로 금ᄒᆞ며
공평ᄒᆞᆫ 법률이 서는거슬 실혀ᄒᆞ여 ᄌᆡ판권을 세우지 못ᄒᆞ게ᄒᆞ며
법관들을 월급과벼슬로써ᄉᆞ셔 ᄌᆞ긔의뜻ᄃᆡ로 부리는바ㅣ되게ᄒᆞ며
쓸ᄃᆡ업는관원을 각ᄉᆡᆨ명목으로 파송ᄒᆞ여 ᄯᅦ를지어 우리 디방에와셔 ᄇᆡᆨ셩의고
혈을ᄲᆡᆯ고 ᄉᆡᆼ명을방ᄒᆡᄒᆞ며

태평무ᄉᆞᄒᆞᆯᄯᆡ에 샹비병을 우리민간에 ᄒᆞᆼ상두어 ᄇᆡᆨ셩ᄃᆡ표쟈의 허락업시 지물을 허비ᄒᆞ며

위력을힝코져ᄒᆞ야 무관의권리를 도로혀 문관우헤 쳐ᄒᆞ게ᄒᆞ며

지판쟝졍이 본ᄃᆡ방법률과 합지안이ᄒᆞ며 ᄇᆡᆨ셩의ᄯᅳᆺ에 거ᄉᆞ리ᄂᆞᆫ거ᄉᆞᆯ 늬여 ᄃᆡ방법률이라 명석ᄒᆞ야 우리로ᄒᆞ여곰 복죵ᄒᆞ게ᄒᆞ며

만흔군ᄉᆞ를길너 픽류의셰력을 도으며 무단히 인민살히ᄒᆞᄂᆞᆫ 학셩을인연ᄒᆞ야 ᄇᆡᆨ셩이닐허나 져의셰리 증벌ᄒᆞ랴ᄒᆞ면 란민이라고 탄압ᄒᆞ며

각국과 통상ᄒᆞ야 장ᄉᆞᄒᆞᄂᆞᆫ권리를 막으며

ᄇᆡᆨ셩의 ᄃᆡ표쟈들이 법ᄃᆡ로 의론ᄒᆞ여 허락ᄒᆞᄂᆞᆫ거시 업스되 임의로 법외에 셰를 물니며

지판ᄒᆞᆯᄯᆡ에 ᄇᆡ심관 세우ᄂᆞᆫ권리를 임의로ᄲᆡ앗스며 놈의 무소를인ᄒᆞ야 이믜ᄒᆞᆫᄇᆡᆨ셩을 지판ᄒᆞᆫ다 칭ᄒᆞ고 바다를 건네여가며

영국의 보통법률이 ᄃᆡ방에통힝치안이ᄒᆞ고 독립졍부를설시ᄒᆞ야 편벽되히 ᄯᅩ로 다ᄉᆞ리게ᄒᆞ믜 이ᄂᆞᆫ 더욱심ᄒᆞᆫ포학을 우리의게 ᄯᅩ로 더ᄒᆞ고져ᄒᆞᆷ이요 우리의뎨일리로은 법률은 낫낫치업시ᄒᆞ고 ᄃᆡ방졍부의 의례히힝ᄒᆞᆯ권리ᄂᆞᆫ 한나도업시ᄒᆞ며

우리를 ᄌᆞ긔의보호안에 들지안ᄂᆞᆫ다ᄒᆞ야 우리의세우ᄂᆞᆫ 졍부를 업시ᄒᆞ고 우리의게 젼징을 닐희키며

미국독립을션고ᄒᆞ던집

미국 독립젼정을 고동ᄒᆞ던
연셜가 헤ᄂᆞ으리

미국대통령잇는빅궁

바다와ᄒᆡ변에 도적을노아 무단히로략ᄒᆞ게ᄒᆞ며 고을을불술으고 ᄇᆡᆨ셩을살히ᄒᆞ며
지금방장 외국고용병을 만히 실허다가 싱령을잔히ᄒᆞ며 ᄌᆡ산을소멸ᄒᆞᄂᆞᆫ 모든포
학을 힝ᄒᆞ려ᄒᆞ야 발셔ᄒᆞᆫ편으로 시쟉ᄒᆞ엿스ᄆᆡ 그잔혹무리홈이 가쟝 야만시ᄃᆡ에
힝ᄒᆞ던바ㅣ오 ᄀᆡ명ᄒᆞᆫ나라인군의 힝위가안이며
우리동포를 위협ᄒᆞ야 억지로 군긔를들고 져의나라를 침로ᄒᆞ거나 져의형뎨와친
구를 도륙ᄒᆞ게ᄒᆞ거나 혹 져의ᄌᆞ손으로 ᄌᆞ결ᄒᆞ게ᄒᆞ며
민심을션동ᄒᆞ여 서로싸와 잔히ᄒᆞ게ᄒᆞ고 ᄯᅩᄒᆞᆫ 무지ᄒᆞᆫ야만인죵을 ᄒᆞᆼ상닐희혀 우
리ᄂᆡ디를 침로ᄒᆞ게ᄒᆞ야 남녀ᄂᆞ로소를 구별업시 살륙ᄒᆞ게 식히ᄂᆞᆫ지라
우리가 이모든 참혹ᄒᆞᆫ압제를밧으며 가쟝ᄋᆡ긍ᄒᆞᆫ 졍상으로 신원ᄒᆞ기를 ᄋᆡ걸ᄒᆞ되
신원은고샤ᄒᆞ고 도로혀 포학을 더욱 심히ᄒᆞᄂᆞ니 뎌러틋포학ᄒᆞᆫ인군은 ᄌᆞ유ᄒᆞᄂᆞᆫ
ᄇᆡᆨ셩우에 결단코 합당치안이ᄒᆞᆫ지라 그러나 우리ᄂᆞᆫ 오히려참고 뎌 영국동포들
이 우리에게 무리히 ᄃᆡ졉홈을 ᄌᆞ죠셜명ᄒᆞ야 그치기를 청구ᄒᆞ기도 ᄒᆞ엿스며 우
리거류디의 어려은ᄉᆞ졍을 ᄭᆡ달아 긍측히녁이게도ᄒᆞ야 보앗스며 져의들의 공평
ᄒᆞ고 관후ᄒᆞᆫ션심을 ᄋᆡ걸도ᄒᆞ여보앗스며 이런침탈을 결단코 밧지안을뜻슬 밍셰
도 들어ᄂᆡ여보앗스되 져의가 ᄯᅩᄒᆞᆫ 귀를막고 듯지안이 ᄒᆞᄂᆞᆫ지라 이럼으로 우리
가마지못ᄒᆞ야 각립ᄒᆞᄂᆞᆫ쥬의를 반포ᄒᆞ고 뎌 ᄇᆡᆨ셩들을 모든타국ᄉᆞ람들과 갓치녁
여 태평홀ᄯᅢ에ᄂᆞᆫ 친구로되 젼징에서ᄂᆞᆫ 원슈로 ᄃᆡ졉홀지라

그럼으로 우리가 아메리가 합즁국에 모든나라 ᄃᆡ표쟈들이 국회에셔 대의를들어 만국대쥬지의 공평히 판결ᄒᆞ심을 바라고 이 거류디에 모든 올흔ᄇᆡᆨ셩들의합심ᄒᆞᆫ권셰를 의지ᄒᆞ야 우리거류디가 완젼ᄒᆞᆫ ᄌᆞ쥬독립국이됨을 셰계에 반포ᄒᆞ노니 지금븟허는 우리가 영국왕실에ᄃᆡᄒᆞ야 신민된분의가 다 물시되며 두나라ᄉᆞ이에 모든졍치상 관계가 다 업셔지고 확실ᄒᆞᆫ ᄌᆞ쥬독립국이되야 젼쟁을 닐희키거ᄂᆞ 평화를일우거ᄂᆞ 련합동ᄆᆡᆼ을ᄆᆡᆺ거ᄂᆞ 통상됴약을뎡ᄒᆞ거ᄂᆞ 기타 모든 ᄂᆡ치외교에ᄃᆡᄒᆞ야 ᄌᆞ쥬국들의 ᄌᆞ직ᄒᆞᆫ 권리는 우리도 다 평등히가져 ᄌᆞ쥬ᄒᆞᆯ지라 이션고문의 들어ᄂᆡ인 쥬의를 영원히 유지ᄒᆞ기위ᄒᆞ야 젼혀 하ᄂᆞ님의 도으심을 의지ᄒᆞ고 우리의목숨과 영광을 다 앗기지안이ᄒᆞ기로 서로 담보ᄒᆞ노라

이글한쟝이 곳 젼국ᄇᆡᆨ셩의 공분ᄒᆞᆫ의긔를 닐희키여 한업는피를쏫고 독립긔초를세운거시니 이글 반포ᄒᆞᆫ날로써 미국의 독립명일을 삼는바ㅣ라 구구절절이 동분격졀ᄒᆞ야 쟝부의혈긔를 ᄉᆞᄉᆞ로 격동식히는즁 가쟝 쥬쟝되는뜻신즉 모든ᄉᆞ람이 다 동등으로낫다ᄒᆞᆷ이라 이한구절로 말ᄆᆡ암아 모든됴목의 근본이ᄉᆡᆼ김이니 이럼으로 ᄉᆞ람마다 나도남과갓흔 권리가잇슴을ᄭᆡ닷고 그 권리를 목숨보다 즁히녁여 이러틋 보비로은 긔쵸를세움이라 그럼으로 졍치졔도를 슌젼히 이뜻으로 마련ᄒᆞ야 우헤긔록ᄒᆞᆫ ᄇᆡᆨ셩의권리구별이 다 이에셔ᄉᆡᆼ겻ᄂᆞ니 이글이 지금 셰계각국ᄉᆞ람들의 ᄉᆞ랑ᄒᆞ야닑는바ㅣ라 실로 심상히 보아넘기지못ᄒᆞ리로다 그러나 만일그ᄯᅢ에 ᄇᆡᆨ셩이 다 어리셕어셔

져마다밋기를 아ᄅᆡ ᄉᆞ람은 의례히 웃ᄉᆞ람의 양식이되고 소국은 맛당히 대국의 노례가 되여 쥭어가면셔도 셤기ᄂᆞᆫ것이 츙심이오 도리오 텬디의 상경이며 고금의통의라ᄒᆞ야 이런말 ᄂᆡᄂᆞᆫ쟈를 도로혀 역젹이라 란신이라 쥭일놈이라 업시ᄒᆞᆯ놈이라 ᄒᆞᆯ진ᄃᆡ 그ᄇᆡᆨ셩을ᄃᆡᄒᆞ야 이런격문을 억만쟝을발간ᄒᆞ야 이런말을 억만마ᄃᆡᄒᆞ기로 무ᄉᆞᆷ효험이 잇섯ᄉᆞ리요 그런즉 이글의 본의도장ᄒᆞ거니와 그ᄇᆡᆨ셩의긔명ᄒᆞᆷ도 ᄯᅩᄒᆞᆫ 어ᄃᆡᄭᆞ지이른거슬 가히 짐쟉ᄒᆞᆯ지라

대뎌 어ᄂᆡ나라이던지 ᄇᆡᆨ셩이 다 써ᄀᆡ어셔 원긔가업시된후ᄂᆞᆫ 여러히 젹공을들여 긔명ᄒᆞᆫ학문으로써 ᄉᆡ긔운을밧아 ᄉᆡᆼᄆᆡᆨ이 ᄉᆡᆼ기게ᄒᆞᆫ후에야 ᄉᆞᄉᆞ로 ᄲᅮ리가졔힘으로 닐혀날지라 그러키젼에ᄂᆞᆫ 아모런쥬의던지 서볼수도 업스려니와 우연히 선다ᄒᆞᆯ지라도불구에 다시 써러질지니 완젼히선거시라 닐을수 업스리로다

▲미국남북방젼졍ᄉᆞ젹

이러틋 힘들이고 벌어엇은 독립권리를 ᄃᆡᄃᆡ로유젼ᄒᆞ며 직혀 ᄉᆞ람마다 졔권리를 일호도 일치안이ᄒᆞ며 ᄂᆞᆷ의권리를 조곰도ᄲᅢ앗지못ᄒᆞ고 인ᄒᆞ야 ᄂᆞᆷ의권리를 보호ᄒᆞᄂᆞᆫ거시 ᄯᅩᄒᆞᆫ 졔도리로아ᄂᆞᆫ고로 타국ᄇᆡᆨ셩이나 타국졍부의 ᄌᆞ쥬권리를위ᄒᆞ야 힝ᄒᆞᆫ일이ᄉᆞ긔에 만히들어ᄂᆞᆫ지라 그듕에 가쟝 빗ᄂᆞᆫᄉᆞ젹을들어 대강말ᄒᆞ게노라

ᄌᆞ초로 미국에물건이 부요ᄒᆞ고 ᄉᆞ람이귀ᄒᆞᆫ즁 더욱이 ᄌᆞ쥬권리를 더러틋 즁히녁이ᄂᆞᆫ 텬디에셔 아모리 못ᄉᆡᆼ긴ᄉᆞ람인들 엇지ᄂᆞᆷ에게 머리를슉이고 노례노릇ᄒᆞ기를즐겨

ᄒᆞ리요 져마다 ᄌᆡ조를닥그며 지혜를늘여 졔손으로버러먹고 졔손으로 놈을모아쥬기
를 ᄉᆞ람의 맛당ᄒᆞᆫ 직분으로아ᄂᆞᆫ고로 부쟈가 ᄌᆡ물은 아모리만ᄒᆞ되 부릴ᄉᆞ람이 만만
치안은지라 이ᄯᅥᆨ에 대셔양을건너 장ᄉᆞ단이ᄂᆞᆫ ᄉᆞᄅᆞᆷ들이 、아프리가、쥬 ᄒᆡ변에가셔 ᄇᆡ
를ᄃᆡ이고 살빗검은인죵을 혹 유인ᄒᆞ야 갑을쥬고 사기도ᄒᆞ며 혹 군긔를가지고 겁박
ᄒᆞ야 사로잡기도ᄒᆞ야다가 그즁에 나히뎍당ᄒᆞ고 부리기됴흔 ᄋᆞᄒᆡ와계집을동여 ᄇᆡ에
몃ᄇᆡᆨ명식싯고 바다를건너가셔 북、아메리가、쥬 동남ᄒᆡ변에하륙ᄒᆞ여 즁가를밧고 난호
어팔아 큰 리익을도모ᄒᆞ미 사셔부리ᄂᆞᆫ쟈 — 한량업ᄂᆞᆫ지라 비록 말은통치못ᄒᆞ고 모양
은흉ᄒᆞ나 ᄉᆞ지가든든ᄒᆞ야 힘셴일을잘ᄒᆞ며 먹고닙ᄂᆞᆫ거슨 심히 ᄊᆞ고쳔ᄒᆞ니 갑ᄊᆞ고편
ᄒᆞᆫ거슬 뉘가 사고져 아니ᄒᆞ리요 인ᄒᆞ야 장ᄉᆞᄒᆞᄂᆞᆫ쟈 — ᄒᆡ마다늘어셔 ᄉᆞ십숨년젼(즉
일쳔팔ᄇᆡᆨ륙십일년)에 、미국、 남방에잇ᄂᆞᆫ 흑노슈효가 ᄉᆞᄇᆡᆨ만명에 이른지라 부모쳐ᄌᆞ
와 고국산쳔을일코 싱소ᄒᆞᆫ ᄉᆞ람에게 ᄑᆞᆯ녀 대ᄒᆡ를건너오미 여러ᄃᆞᆯ동안에 ᄇᆡ에셔죽
ᄂᆞᆫ쟈도 무슈ᄒᆞ며 불합ᄒᆞᆫ긔후와슈토에 병도자즌즁 져의 쥬인되ᄂᆞᆫ쟈들은 돈을쥬고우
마갓치부리려고 산거신즉 곳 인류와갓지안케 ᄃᆡ졉ᄒᆞᄂᆞᆫ폐단이 싱긴지라 그인죵들의
정경을싱각ᄒᆞ면 실로 가련긍측ᄒᆞ도다 이에 、미국북방ᄉᆞ람들이 그 불가ᄒᆞᆷ을 의론ᄒᆞ
여왈 셰상에 ᄉᆞ람은 다ᄒᆞᆫ가지니 더 흑인들도 다 우리의동포라 그 형용이다르고 지
혜는부족ᄒᆞ나 하ᄂᆞ님이 품부ᄒᆞ신권리ᄂᆞᆫ 다 ᄀᆞᆺᄒᆞᆫ즉 우리가우리권리를 즁히녁이며 놈
의권리를 멸시ᄒᆞᄂᆞᆫ것이 도리가안이라 ᄒᆞᆷ을며 ᄉᆞ람이 ᄉᆞ람을사고파ᄂᆞᆫ거슨 형이나아

징 전 북 남 국 미

미국남북방젼ᄌᆡᆼ시 대통령
아부라함 링큰

오를 물건이나 즘싱으로ᄃᆡ졉ᄒᆞᆷ이니 엇지 교화밧은ᄉᆞ람의 ᄎᆞᆷ아ᄒᆞᆯ바ㅣ리요 맛당히흑노들을 속량ᄒᆞ고 죵을부리거나 ᄆᆡ매ᄒᆞᄂᆞᆫ풍속을금ᄒᆞ야 평등으로 ᄌᆞ유ᄒᆞ쟈ᄒᆞ고 글을지어젼파ᄒᆞᄆᆡ 감동ᄒᆞ야 좃ᄂᆞᆫ쟈ㅣ 날마다셩ᄒᆞᄂᆞᆫ지라 이에 남방ᄉᆞ람다려 죵을 다 ᄂᆡ여노흐라ᄒᆞᆫ즉 남방ᄉᆞ람들은 돈쥬고사셔 부리ᄂᆞᆫ거시 ᄯᅩᄒᆞᆫ ᄌᆞ긔들의 권리의잇ᄂᆞᆫ일이니 ᄂᆞᆷ이간예ᄒᆞᆯ수업ᄃᆞᄒᆞ야 피ᄎᆞ샹지ᄒᆞ다가 필경 젼징이싱겨 수년동안을 크게싸와맛ᄎᆞᆷᄂᆡ 남방이지고 북방이이긔여 일쳔팔ᄇᆡᆨ륙십삼년에 노례속량ᄒᆞᄂᆞᆫ 령을반포ᄒᆞ니 젼국에 그 가긍ᄒᆞᆫ흑인들이 일시에 굴네를벗셔 ᄌᆞ유로도라가니 그목숨들의 즐겨ᄒᆞᆷ도 측량ᄒᆞᆯ수업거니와 그 호대ᄒᆞᆫ은ᄐᆡᆨ이 어ᄃᆡᄭᆞ지밋치리오 이후로 영영히 노례부리ᄂᆞᆫ풍속을 금ᄒᆞ기로 법률을뎡ᄒᆞ야 지금、미국셔ᄂᆞᆫ 죵이라ᄂᆞᆫ 일홈도업스며 ᄎᆞᄎᆞ 그쥬의가번셩ᄒᆞ야 디구샹각국이 이법을모본ᄒᆞᄆᆡ 지금셰상에ᄂᆞᆫ 、대한、과 、청국、외에 죵부리ᄂᆞᆫ풍속을 폐ᄒᆞ지안은 나라이업ᄂᆞᆫ지라 나라마다 모든ᄇᆡᆨ셩이 다 평등으로 권리를가져 ᄂᆞᆷ에게 의뢰ᄒᆞ거나 ᄂᆞᆷ을위ᄒᆞ야 살지안이ᄒᆞ고 각각 졔몸을의뢰ᄒᆞ며 졔나라를위ᄒᆞ야일ᄒᆞ기에 등분이업ᄂᆞᆫ고로 ᄉᆞ람을고용ᄒᆞᆯ일이 잇슬ᄯᅢ에ᄂᆞᆫ 몃시나 몃날이나 몃ᄃᆞᆯ몃ᄒᆡ를약됴ᄒᆞ고 무슴일에 얼마고젼을작뎡ᄒᆞᄆᆡ 그시간과 그일에ᄂᆞᆫ 약됴를ᄯᅡ라셔 고용ᄒᆞᄂᆞᆫ거시오 그 언약외에ᄂᆞᆫ 조곰도 상관이업ᄂᆞ니 이ᄂᆞᆫ ᄂᆞᆷ의집에 심부름군이나 회샤에ᄉᆞ무원이나 나라에 벼슬ᄒᆞᄂᆞᆫ이나 다 ᄀᆞᆺᄒᆞᆫ규모라 이럼으로 ᄉᆞ람마다 졔나라법률에 ᄆᆡ엿ᄃᆞᄒᆞᆯ지언졍 한나도 엇던ᄉᆞ름에게 ᄆᆡ인쟈ᄂᆞᆫ업ᄂᆞ니 이런나라에셔ᄂᆞᆫ 젼국ᄇᆡᆨ셩이 가령 만명이될것ᄀᆞᆺᄒᆞ면 만명이 다 살아활동ᄒᆞᄂᆞᆫ긔계가되야 나라를밧들고 보호ᄒᆞᄂᆞ니 그힘이 엇지 강대치안으며 ᄂᆞᆷ이엇지 무인디경으로 보리요만은 그러치못ᄒᆞᆫ나라ᄂᆞᆫ층층이 등급을분별ᄒᆞ야 ᄎᆞ례로 ᄂᆞᆷ에게믹이다가 필경은 우헤 한두ᄉᆞ람의게믹여 그 웃ᄉᆞ람의 손과발이될ᄲᅮᆫ이니 그나라안에 ᄇᆡᆨ만명이 잇슬지라도 실상은 한ᄉᆞ람ᄲᅮᆫ이라ᄇᆡᆨ만명을결박지어 한두ᄉᆞ람이 눌으고안즌나라에 ᄌᆞ유활동ᄒᆞᄂᆞᆫ 일이만명ᄇᆡᆨ셩이합ᄒᆞ야 침로ᄒᆞ면 엇지 무인디경 ᄀᆞᆺ지안이ᄒᆞ리오 노례를업시ᄒᆞ고 권리를 평균ᄒᆞᄂᆞᆫᄉᆞ름들의 날마다 부강문명ᄒᆞᆷ이 젼혀 이연고 한가지ᄲᅮᆫ이니 인심을 ᄌᆞ유로노아 평등으로 ᄃᆡ졉ᄒᆞᄂᆞᆫ효험이 실로 엇더타ᄒᆞ게ᄂᆞᆫ뇨 이러틋 광장ᄒᆞᆫ리익의 효력을볼진ᄃᆡ 그근본인즉다 셰상ᄉᆞ람이 동등으로낫ᄃᆞᄂᆞᆫ뜻을 깁히궁구ᄒᆞ야 확실히직힌힘에셔 ᄉᆡᆼ긴거시라、미국ᄇᆡᆨ셩들이 ᄌᆞ긔네 권리를 보호ᄒᆞᆫ힘으로 ᄂᆞᆷ의권리를 ᄯᅩᄒᆞᆫ 회복ᄒᆞ야 이러틋 빗ᄂᆞᆫᄉᆞ젹을 일운거시 엇더케 힘드리고된거신가 깁히ᄉᆡᆼ각ᄒᆞ여보라 ᄉᆞ람ᄀᆞᆺ지안케ᄉᆡᆼ긴 야만흑인들의 권리를위ᄒᆞ야 져의나라에 갓흔동포셰리 젼징을닐희케셔 이싸홈에 상ᄒᆞᆫ인명이 거의ᄇᆡᆨ만명에 지ᄂᆡ며 ᄌᆡ물허비ᄒᆞᆫ것이 ᄉᆞᆷ십억만원가량에 이르럿ᄂᆞᆫ지라 ᄌᆞ유권리가 무엇인지 모르ᄂᆞᆫ나라에셔들은 곳 이런ᄉᆞ젹을보면 도리여 밋친ᄉᆞ름이라일을지라 엇지인ᄋᆡ와의리가 지극ᄒᆞ야 ᄉᆞ람의ᄉᆡᆼ각밧게 ᄯᅱ여나ᄂᆞᆫ일이 안이리오

슯흐다 우리、대한、형뎨들아 각기 예ᄉ법의습관된 소견을ᄭᆡ치고 셰상에공번된ᄉᆞ상으로 밧고어 ᄉᆡᆼ각ᄒᆞ야보시오 뎌ᄉᆞ람은 어이ᄒᆞ야 ᄂᆞᆷ의권리보호ᄒᆞ기를 이러틋힘쓰거늘

우리ᄂᆞᆫ 어이ᄒᆞ야 우리국민의 당당ᄒᆞᆫ권리를 찻고져아니ᄒᆞ며 ᄂᆡ나라동포들을 압졔ᄒᆞ고 학ᄃᆡᄒᆞ여 우마ᄀᆞᆺ치ᄃᆡ졉ᄒᆞ며 노례ᄀᆞᆺ치부리기를 당연ᄒᆞ게 녁이ᄂᆞᆫ가 우리나라에셔도 갑오경쟝초에 노례법을혁파ᄒᆞ야 률문을뎡ᄒᆞ엿스나 상하가 다 그본의를ᄭᆡ닷지못ᄒᆞ여 그법을바리면 곳 텬디에ᄯᅥᆺᄯᅥᆺᄒᆞᆫ 리치를억의ᄂᆞᆫ줄로 녁이ᄂᆞᆫ고로 지금ᄭᆞᆺ그법이 실시되지못ᄒᆞᆷ이라 이문뎨 한가지에관계가 심히크니 셜명코져 ᄒᆞᄂᆞᆫ말이 ᄯᅩᄒᆞᆫ 한이업스나 이쳑에 다 말ᄒᆞᆯ수업ᄂᆞᆫ즉 다만 우혜말ᄒᆞᆫ것만보아도 족히 그관계를 짐쟉ᄒᆞᆯ지라 어셔밧비ᄭᆡ달아셔 ᄂᆞᆷ에게 노례ᄃᆡ졉도 밧지말고 ᄂᆞᆷ을 노례ᄃᆡ졉도 ᄒᆞ지말며 졔몸을 ᄂᆞᆷ과ᄀᆞᆺ치녁여 한나도 평등권리를 찻지못ᄒᆞᆫ ᄉᆞ람이업도록 ᄒᆞᆯ지어다 나도 ᄯᅩᄒᆞᆫ 대한、신민이라 내나라녜젼풍속을 엇지무단히 바리고져ᄒᆞᆷ이리오만은 지금셰상이 과연 젼과ᄃᆞᆲ어 만국이상통ᄒᆞ미 ᄌᆞ쥬ᄌᆞ유ᄒᆞᄂᆞᆫ 나라에ᄂᆞᆫ 각국ᄇᆡᆨ셩들이 날마다모혀들어 분분히입젹ᄒᆞᄂᆞ니 이ᄂᆞᆫ 물이아ᄅᆡ로흐름과ᄀᆞᆺ치 ᄌᆞ연ᄒᆞᆫ 인졍이라 이거슬 알지못ᄒᆞ고 다만 내ᄇᆡᆨ셩만압졔ᄒᆞ야 나가지못ᄒᆞ게ᄒᆞᆯ진ᄃᆡ 이ᄂᆞᆫ 바다와통ᄒᆞ여노코 고기를 병속에 잇게ᄒᆞ고져ᄒᆞᆷ이라 엇지부지ᄒᆞ기를 바라리오

▲법국변혁ᄒᆞᆫᄉᆞ젹

이젹에 、구라파、쥬 각국에ᄂᆞᆫ 모든압졔정치로 쥬쟝을삼아 ᄇᆡᆨ셩이 도탄슈화의 극도에 이른지라 ᄇᆡᆨ셩이 쥬권쟈들을 호랑ᄀᆞᆺ치 두려ᄒᆞ며 원슈ᄀᆞᆺ치 뮈워ᄒᆞ야 ᄉᆞ면에 원셩이 챵텬ᄒᆞ되 우혜안즌쟈들은 권셰만밋고 일향압졔ᄒᆞ야 머리를 들지못ᄒᆞ도록 누르ᄂᆞᆫ지

라 당시형편으로볼진ᄃᆡ 빅셩의긔운이 아조써ㄱ어 실낫만치라도 싱믹이 업슬듯ᄒᆞ엿스나 그 빅셩들의셩질이 근본나약ᄒᆞ지 아니ᄒᆞ고 교화와 학문의힘이 또ᄒᆞᆫ 그ᄆᆞᄋᆞᆷ을얼마즘 발달식힌고로 그 권리셰력밋헤셔도 죵시불평ᄒᆞᆫᄆᆞᄋᆞᆷ이 굴ᄒᆞ지안은지라 다른나라ᄉᆞ긔는 이로다 말ᄒᆞᆯ수업고 다만 、법국、ᄉᆞ긔만 대강말ᄒᆞ야 밀우워 보게ᄒᆞᆯ지로다더、법국、이 그ᄯᅢ에 젼졔졍치로 폐단이 가쟝심ᄒᆞ야 우혜황뎨가 젼국빅셩의 쥭고사는거시 ᄌᆞ긔의한ᄯᅳᆺ에 달닌줄로알아 말ᄒᆞᆫ마ᄃᆡ나 글한쟝이면 곳 일국에 법이되여 감히억의는쟈는 곳 대역부도로 다ᄉᆞ리ᄂᆞ니 이럼으로 ᄉᆞ람마다 아당ᄒᆞ고 슌죵ᄒᆞ야 국법을멸시ᄒᆞ고 은춍을도모ᄒᆞ미 졍부대신은 우마의ᄃᆡ졉을 달게녁이며 궁즁간셰비는 국권을 죠롱ᄒᆞ야 상방참마검이나 마픽통부ᄀᆞᆺᄒᆞᆫ 가즌명식을만들어 이르는곳마다 ᄉᆞ람을쥭이고 ᄌᆡ물을로략ᄒᆞᆷ을 젼례로녁여 감히 막기를 싱각ᄒᆞᄂᆞᆫ쟈ㅣ업ᄂᆞ니 대강형편이이러ᄒᆞᆫ후에야 법률이어ᄃᆡ잇스리오 송ᄉᆞ를 젼혀 쳥쵹과뇌물로 결쳐ᄒᆞᄂᆞᆫ고로 옥즁에ᄉᆞ십년을 죄명도모르고 갓친ᄉᆞ람이 잇ᄂᆞᆫ지라 빅셩들이일으기를 이런텬디에셔 송ᄉᆞᄒᆞ려ᄂᆞᆫ빅셩이 틀닌인ᄉᆞ라 ᄌᆞ금으로ᄂᆞᆫ 무슴시비가잇거던 법관의게 호소ᄒᆞ지말고 량쳑이마죠서셔 연쟝으로ᄊᆞ와 승부를비교ᄒᆞ야 시비를 결단ᄒᆞᆷ이 오히려 공번되다ᄒᆞ여이법이 대단히셩힝ᄒᆞᄂᆞ니 이일로보면 그ᄯᅢᄉᆞ졍을 가히짐쟉ᄒᆞᆯ지라 국즁에 십오만명되ᄂᆞᆫ 량반들이 모도권셰를잡고 셰상을흔들ᄆᆡ 그밋헤 빅셩된쟈ㅣ 엇지권리를의론ᄒᆞ리요 다만 하ᄂᆞᆯ을 부르지즐ᄲᅮᆫ이러니 이ᄯᅢ、미국、에셔 빅셩들이닐허나 독립권리를세워 졍치폐박을졔ᄒᆞ고 어진졍ᄉᆞ를 닐희키믈듯고 ᄉᆞᄉᆞ로감동ᄒᆞ야 그 졔도의아름다옴과 ᄯᅳᆺ에공평ᄒᆞᆷ을 져마다흠탄ᄒᆞ야 민심이 ᄉᆞᄉᆞ로 동ᄒᆞ고져ᄒᆞᄂᆞᆫ지라 우혜잇ᄂᆞᆫ쟈들이 이형편을삷히고 더욱 엄히 단속ᄒᆞ야 법률졍치등ᄉᆞ에 죠곰이라도 곡직시비를 의론ᄒᆞ지못ᄒᆞ게ᄒᆞ며 ᄒᆞᄂᆞᆫ말이 더 、미국、인민은 다 란민적당의죵류라 텬하만고에 업ᄂᆞᆫ의론을 지어ᄂᆡ여 신민의 분의를어의니 맛당히뭇질너 업시ᄒᆞᄂᆞᆫ화단을 면치못ᄒᆞᆯ지라 ᄇᆡᆨ셩이 엇지 나라일에 샹관ᄒᆞᄂᆞᆫ권리가 잇ᄉᆞ리요ᄒᆞ야 、미국、과 당초에 통셥도 못ᄒᆞ게ᄒᆞ려ᄒᆞᄂᆞᆫ지라 그러나 민간에셔법을 의론ᄒᆞᄂᆞᆫ션비들이 위티ᄒᆞᆷ을 무릅쓰고 글을지어 젼파ᄒᆞ며 신문에게지ᄒᆞ야 ᄇᆡᆨ셩의지혜를 날마다열어쥬어 집집이 졍치상 의론이분운ᄒᆞ미 의긔에 격분ᄒᆞᆫ남ᄌᆞ들이 우혜셔 금ᄒᆞᄂᆞᆫ것을 불계ᄒᆞ고 ᄉᆞᄉᆞ로 ᄌᆞ원병이되여 、미국、에 건너가셔 그 ᄉᆞ람들을도와 싸호ᄂᆞᆫ자—무슈ᄒᆞ며 、법국、졍부에셔 마지못ᄒᆞ여 민심을진졍ᄒᆞ기위ᄒᆞ야 군ᄉᆞ를파송ᄒᆞ여 、미국、독립젼징을도아 싸홈ᄒᆞ엿ᄂᆞ니 우혜긔록ᄒᆞᆫ바 、미국、독립이 、법국、의 죠역을입엇다ᄒᆞᆷ이 곳 이거시라 이러틋ᄒᆞ여 、미국、의시로열닌풍긔가 날마다 넘어들어와 막을수업시 젼파되며 유명ᄒᆞᆫ션비들이 무슈히나셔졍ᄉᆞ의 모든폐 단을들어 민심을고동ᄒᆞ여 위력으로 억졔ᄒᆞ기 어렵게된지라 우혜셔부득이 ᄇᆡᆨ셩을허락ᄒᆞ야 졍부관원들과 ᄒᆞᆷᄭᅴ모혀 국ᄉᆞ에 긴급히 곳칠것과 맛당히 시ᄒᆡᆼᄒᆞᆯ거슬 결뎡ᄒᆞ여올니면 실시ᄒᆞ여쥬마ᄒᆞ며 이에 날을뎡ᄒᆞ고 관민이ᄒᆞᆷᄭᅴ모혀 의론ᄒᆞᆯ시 ᄇᆡᆨ셩의 슈효가만아셔 관인들의 의론이 설수업ᄂᆞᆫ고로 ᄒᆞᆷᄭᅴ모히기를실혀ᄒᆞ야 오리결

명이못되미 빅셩들이모혀셔 져의세리 됴목을뎡ᄒᆞ고 이뒤로 집힝ᄒᆞᄂᆞᆫ거시 올흔지라
합의치안이ᄒᆞᄂᆞᆫ 관원들을 기ᄃᆞ릴것업다ᄒᆞ야 형셰가쟝 위름ᄒᆞ미 비로소 우혜셔그뜻
슬 허락ᄒᆞ야 다시힝ᄒᆞ여쥬마ᄒᆞ니 민심이 크게깃버 대훈에 비맛ᄂᆞᆫ것 ᄀᆞᆺ흔지라 진실
로 당시 우혜잇던이들이 이허락홈을 실상으로힝ᄒᆞ여 민심을슌죵ᄒᆞ엿던들 피ᄎᆞ에영
구히 평강안락홈을 일톄로 엇어슬거시어ᄂᆞᆯ 죵시도 포학흔싱각이 업셔지지안이ᄒᆞ야
외면으로 이 허락을반포ᄒᆞ고 민심의 ᄒᆞᆺ허짐을 인연ᄒᆞ야 도륙을 힝코져ᄒᆞᄂᆞᆫ지라 밤
으로 군ᄉᆞ숨만명을잇글어 「픠리스」(법국경셩)셩 닉외에 편만ᄒᆞ야 대포와 군긔를버려
노코 각쳐에 방을붓쳐 감히모히ᄂᆞᆫ빅셩이잇스면 곳 도륙을더ᄒᆞ리라ᄒᆞ미 그엄위흔형
셰가 곳 빅셩으로ᄒᆞ여곰 숨을쉬지 못ᄒᆞ게ᄒᆞᄂᆞᆫ지라 이ᄯᅢ에 빅셩들은 리허를 알지못
ᄒᆞ고 나라일이 슌편히바로잡히엿다고 다힝히녁이며 신문을 기ᄃᆞ리되 그날아춤은신
문이 오지안이ᄒᆞ미 괴이히녁여 나셔본즉 밤시에 형편이 홀연변ᄒᆞ야 신문샤와 빅셩
모히ᄂᆞᆫ쳐소에 검극이삼렬ᄒᆞ야 엄위가진동ᄒᆞᄂᆞᆫ지라 빅셩들이크게격노ᄒᆞ야 ᄉᆞ방에셔
물쓿듯 닐허나며 긔왕죽을바에ᄂᆞᆫ 쾌ᄒᆞ게죽ᄂᆞᆫ것시 낫다ᄒᆞ야 남녀로소업시 집집이나
서셔 ᄯᅦ를지어 모혀들미 무식흔군ᄉᆞ들이 총으로노코 창으로질너 인명을상ᄒᆞᄂᆞᆫ지라
민심이 더욱격분ᄒᆞ야 물밀듯 밀어들며 쳐쳐에 풀무노코 군긔를만들어 시셕이 분분
흔즁에 다토어들어가 목숨을결우미 소위군ᄉᆞ들은 다 놈에게팔녀 못흘바이업스나공
심은업고 겁심만 만흔지라 급기 져의부모쳐ᄌᆞ형뎨ᄌᆞ미가 져의총쯧헤 분분히쓰러지

며 다토아 나오ᄂᆞᆫ것을보ᄆᆡ 져것들도 목셕간쟝이안인즉 ᄉᆞᄉᆞ로감동ᄒᆞᆷ이 ᄉᆡᆼ기ᄂᆞᆫ지라 ᄒᆞ믈며 져희ᄉᆞ람들의 실덕실신ᄒᆞᆷ이 젼국ᄉᆞ람으로ᄒᆞ여곰 젹국이 되게ᄒᆞᆫ줄을 져의도 아ᄂᆞᆫ바ㅣ라 혹 군복을벗고 다라도나며 혹 창을거구로 잡기도ᄒᆞ야 맛ᄎᆞᆷᄂᆡ 젼국이다 ᄇᆡᆨ셩의편이 되기에이른지라 ᄌᆞ초로 쎄스틔ᄅᆞ 이라 ᄒᆞᄂᆞᆫ옥을 물가온ᄃᆡ지어 한편에다 리ᄅᆞᆯ노아 통케ᄒᆞ고 대포와 군ᄉᆞᄅᆞᆯ두어 츌입을 파수ᄒᆞᄆᆡ 진실로 나ᄂᆞᆫ시라도 통치못ᄒᆞᆯ지라 이속에 가진형구ᄅᆞᆯ 마련ᄒᆞ야 수ᄉᆞᆷᄇᆡᆨ가지 모든악형으로 ᄉᆞ람을ᄇᆡᆨ뎡질ᄒᆞᄆᆡ우리나라 경위원 경무쳥에셔 죄슈ᄅᆞᆯ신문ᄒᆞ랴면 칠십여 가지 뇌형을쟈랑ᄉᆞᆷ아 ᄂᆡ세ᄂᆞᆫ것이 여게비ᄒᆞ면 오히려 문명ᄒᆞᆫ나라이라 ᄒᆞᆯ지라 이러틋 텰옹셩ᄀᆞᆺ치 굿게지어 그속에 한번들어가ᄂᆞᆫ쟈ᄂᆞᆫ 하ᄂᆞᆯ도 못보고 일월도 못보고 엇더케 업셔지ᄂᆞᆫ지 그문밧게 나와본쟈ㅣ 듬은지라 력ᄃᆡ로 유젼ᄒᆞ며 황실과셰가에셔 이옥으로 ᄇᆡᆨ셩을 로략ᄒᆞᄂᆞᆫ 함졍을만들어 그 엽흐로 지ᄂᆡᄂᆞᆫ쟈ㅣ ᄒᆞᆼ상 ᄂᆡ가갈니고 머리ᄭᅳᆺ치 올나가던바ㅣ라 이ᄯᅢ에 이르러 ᄇᆡᆨ셩들이 몬져말ᄒᆞ기ᄅᆞᆯ 우리조상들이 ᄃᆡᄃᆡ로 이속에셔 원통ᄒᆞᆫ목숨을ᄉᆞᆫ코ᄇᆡᆨ골을 츌여ᄂᆡ인곳이라 이것을 몬져 ᄭᆡ쳐업시ᄒᆞ쟈ᄒᆞ야 일시에달녀들어 평디ᄅᆞᆯ만들고 피가ᄭᅳᆯ어 억졔치못ᄒᆞ야 물밀듯치미니 황뎨와 대신들이 엇지ᄒᆞᆯ수업셔 챵황망조ᄒᆞ야 쳔만가지로 민심을 효유코져ᄒᆞ나

슯흐다 ᄯᅢ가임의늣진지라 터져나오ᄂᆞᆫ강물을 뉘 능히막으리요 ᄇᆡᆨ셩의ᄒᆞᄂᆞᆫ말이 만민을다죽이고 ᄌᆞ긔혼져 살려ᄒᆞ던 포학ᄒᆞᆫ 인군은 곳 하ᄂᆞ님ᄭᅴ 죄인이요 챵ᄉᆡᆼ의원슈라

지금 셰궁력진ᄒᆞ야 민심을 슌죵ᄒᆞᆫ다ᄒᆞ나 그ᄆᆞ음은 젼혀 한ᄇᆡᆨ셩도 남기지 안코져ᄒᆞ리니 결단코 그권셰를 회복ᄒᆞᆯ수업스며 더 황족귀쳑셰가들은 다 저의몸 잇ᄂᆞᆫ줄만알고 ᄇᆡᆨ셩잇ᄂᆞᆫ줄은 알지못ᄒᆞ며 인군잇ᄂᆞᆫ줄만알고 나라잇ᄂᆞᆫ줄은몰나셔 ○결뉴○를 권ᄒᆞ야 포학을힝ᄒᆞ게 ᄒᆞ던류들이라 텬디간에 가득히ᄊᆞ힌 만민의공분을 이런ᄯᅢ를타셔한번 셜치ᄒᆞ리라ᄒᆞ야 젼일에 모든왕권당이라 셰도변이라ᄒᆞ던 각ᄉᆡᆨ당류를 대소유무죄를물론ᄒᆞ고 낫낫치 살히ᄒᆞᆯᄉᆡ 심지어 ᄉᆞ부가 무죄ᄒᆞᆫ 부녀들과 어린ᄋᆞᄒᆡᄭᆞ지 남기지안이ᄒᆞ려ᄒᆞ야 젼일에 유덕군ᄌᆞ라던쟈도 무슈히 히를 당ᄒᆞ엿슨즉 기외에 져경은 다가히 짐쟉ᄒᆞᆯ지라 만고에 이러틋 참혹ᄒᆞᆫᄉᆞ젹이업셧ᄂᆞ니 ᄎᆞ아 더 말ᄒᆞᆯ수업도다 이ᄂᆞᆫ다 거의 일ᄇᆡᆨ십여년젼에 된ᄉᆞ젹이라 지금셰 '법국 혁명ᄉᆞ긔를보ᄂᆞᆫ쟈ㅣ 다 '법국ᄇᆡᆨ셩의 잔포ᄒᆞᆷ을 칙망ᄒᆞ며 일변으로 당시 집졍ᄒᆞ던이를 더욱이 경계ᄒᆞ야 나라를다ᄉᆞ리ᄂᆞᆫ쟈들로ᄒᆞ여곰 거울을 삼게ᄒᆞᄂᆞᆫ지라 이후로 국중이 오리요란ᄒᆞ야 졍치를여러번번복ᄒᆞ다가 인민의지식이 ᄎᆞᄎᆞ늘어 맛ᄎᆞᆷᄂᆡ '미국'졔도를 모본ᄒᆞ야 민쥬국이되여 지금셰계에 강대ᄒᆞᆫ 나라이되엿스니 그 참담ᄒᆞᆫ화를지ᄂᆡ고 비로소 이러케된것신즉다웃ᄉᆞ람들이 밧게시셰를 알지못ᄒᆞ고 ᄇᆡᆨ셩을압제ᄒᆞ면 되ᄂᆞᆫ줄로만알아 밧게셔 들어오ᄂᆞᆫ시긔운을 억졔ᄒᆞ지 못ᄒᆞᄂᆞᆫ중에셔 필경 츙돌이 ᄉᆡᆼ김이라 지금셰상에 나라를 다ᄉᆞ리ᄂᆞᆫ쟈의 깁히 경계ᄒᆞᆯ바ㅣ로다

▲헌법졍치의효험

정치샹 변혁ᄒᆞᄂᆞᆫ싱각이 이ᄯᅢ붓허 더욱셩힝ᄒᆞ야 구라파쥬에 여러나라이 변ᄒᆞ야 공화국이 되엿스며 기외에 여러나라들은 우혜잇ᄂᆞᆫ이들이 ᄎᆞᄎᆞ 풍긔의 변홈을보고 그 졍치졔도의 공평치못ᄒᆞᆫ줄도ᄭᆡ달으며 ᄇᆡᆨ셩을압졔ᄒᆞ야 못닐허나게ᄒᆞᄂᆞᆫ거슨 옷ᄉᆞ람들의 크게두려운 화단이싱길줄도알아 ᄌᆞ긔네셰리 졍치졔도를변ᄒᆞ야 ᄇᆡᆨ셩의권리를 얼마즘허락ᄒᆞ여 피ᄎᆞ 츙돌이 나지안케ᄒᆞ미 인ᄒᆞ야 상하가 다 평안무ᄉᆞᄒᆞ고 나라이날로흥왕ᄒᆞᄂᆞᆫ지라 이거시 곳 헌법이니 구라파쥬에 각국이 거의 다 이법으로 다ᄉᆞ리ᄂᆞᆫ바ㅣ라 다 긔록ᄒᆞᆯ수업고 다만 영국으로볼지라도 겨우 ᄇᆡᆨ년이젼 졍형을말ᄒᆞᆯ진ᄃᆡ 불과 바다가에 조고만ᄒᆞᆫ 셤세뎡이로되여 별로 부강타 일을거시 업던나라이라 ᄌᆞ리로 왕족과세가들이 국권을죠롱ᄒᆞ여 졍ᄉᆞ의모든폐단이 법국에비ᄒᆞ면 오히려심ᄒᆞ다 일을지라 다시 말ᄒᆞᆯ것업거니와 민심이 본ᄅᆡ영악ᄒᆞ여 남의게지기를 됴ᄒᆞ안이ᄒᆞᄂᆞᆫ즁에 더욱이 유명ᄒᆞᆫ 대신들이 만히싱겨 셰상형편을 밝히삷히고 몬져폐 단을졔ᄒᆞ며 서법을참용ᄒᆞ야 상하의회원의 규모를 다시뎡ᄒᆞ야 ᄇᆡᆨ셩의권리를 얼마쯤허락ᄒᆞ고 이젼셰가들의 홀로차지ᄒᆞ던리익을 다 거두어 공평히누리게ᄒᆞ며 ᄇᆡᆨ셩으로ᄒᆞ여곰 국ᄉᆞ를 일톄로찬죠ᄒᆞ게ᄒᆞ며 법률과지졍과 기타 일국에 크게관계되ᄂᆞᆫ일은 맛당히 ᄇᆡᆨ셩의ᄃᆡ표ᄒᆞᆫ 상하의회원에셔 몬져결뎡ᄒᆞ야 우혜지가를 물은후에 시힝ᄒᆞ게ᄒᆞ미 우혜셔나관원이나 ᄇᆡᆨ셩이나 이법ᄃᆡ로 힝ᄒᆞ기젼에ᄂᆞᆫ 아모라도 혼져힘으로ᄒᆞᆯ수업ᄂᆞ니 이럼으로 ᄉᆞ름마다 ᄌᆞ긔의게 속ᄒᆞᆫ직칙과 권리가 얼마식다잇서 그 권리와 직칙외에 나가ᄂᆞᆫ일

을 일호라도범ᄒᆞ면 대신이라도 구익ᄒᆞ지안이ᄒᆞ고 그 시비득실을 ᄇᆡᆨ셩이탄핵도ᄒᆞ고
론난도ᄒᆞᄂᆞᆫ바ㅣ라 다만 황실을 존중히밧드러 특별히놉힐ᄲᅮᆫ이오 기외에는 상하반상
의 등분이업시 법률밋헤 일톄ᄇᆡᆨ셩으로 ᄃᆡ졉ᄒᆞᄂᆞ니 이는 상하가 온젼ᄒᆞᆫ방법이라 셜
령 우헤셔포학을 힝코져ᄒᆞᆯ지라도 법외에일은 ᄒᆞᆯ수가업슨즉 ᄇᆡᆨ셩의게 ᄒᆡ가밋칠것업
고 ᄇᆡᆨ셩의게 ᄒᆡ가밋지안이ᄒᆞᆫ즉 ᄉᆞᄉᆞ로 츙의ᄒᆞᄂᆞᆫ ᄆᆞ음이싱겨 인군을 곳 져의ᄉᆞ랑ᄒᆞ
ᄂᆞᆫ 부모ᄀᆞᆺ치밧들고 보호ᄒᆞᄂᆞ니 셜령 불궤무도ᄒᆞᆫ무리가잇기로 엇지감히 거ᄉᆞ리ᄂᆞᆫᄆᆞ
ᄋᆞᆷ을두리요 ᄒᆞᆷ을며 강포ᄒᆞᆫ나라이 국권을 침탈코져ᄒᆞᆯ지라도 ᄯᅩᄒᆞᆫ ᄇᆡᆨ셩을두려ᄒᆞ야웃
ᄉᆞᄅᆞᆷ을 핍박ᄒᆞ거나 ᄡᅦ이기를 도모치못ᄒᆞᆯ지니 이거시 참 황실과 나라와 ᄇᆡᆨ셩의게두
로 영구히평강ᄒᆞᆫ복이라 이엇지 졍치의 가쟝아름다은 졔도가안이리오 、영국、이 이졔
도로 인연ᄒᆞ야 ᄉᆞ오십년동안에 뎌러틋 부강ᄒᆞᆫ나라이되여 온 셰계에 、영국、속디업ᄂᆞᆫ
곳이 업ᄂᆞᆫ고로 、영국、국긔우헤는 ᄒᆡ질ᄯᅢ가 업다ᄒᆞᄂᆞ니 이와갓흔 부강에이른지라 몃
십년이 안이된일이니 엇지 힘이나위력으로 ᄡᅡ아셔됨이리오 、미국、이 닐허나 ᄯᅥ로난
후로 포학ᄒᆞᆫ졍ᄉᆞ의 위틔ᄒᆞᆷ을ᄭᆡ닷고 어진졍ᄉᆞ를힝ᄒᆞ야 인민을 ᄌᆞ유ᄒᆞ게ᄒᆞ매 인민이
다 그 덕화에화ᄒᆞ야 한ᄇᆡᆨ셩도 나라의영광을위ᄒᆞ야 죽고져안이ᄒᆞᄂᆞᆫ쟈ㅣ업ᄂᆞᆫ고로 국
권이 ᄉᆞᄉᆞ로강ᄒᆞ여 점점복죵ᄒᆞ야 들어오ᄂᆞᆫ토디가 온 디구상에 편만히된지라 그 속
디ᄇᆡᆨ셩을 ᄯᅩᄒᆞᆫ 젼보다 후히ᄃᆡ졉ᄒᆞ여 지금 、영국、황뎨의모친 ○ᄇᆡᆨ도리아○ 녀황폐하가
붕셔ᄒᆞ시기젼에 환갑경ᄉᆞ를 잔치ᄒᆞᆯ시 본국신민의질겨 경츅ᄒᆞᆷ은 이르지도말고 각속

뎨 황 국 영

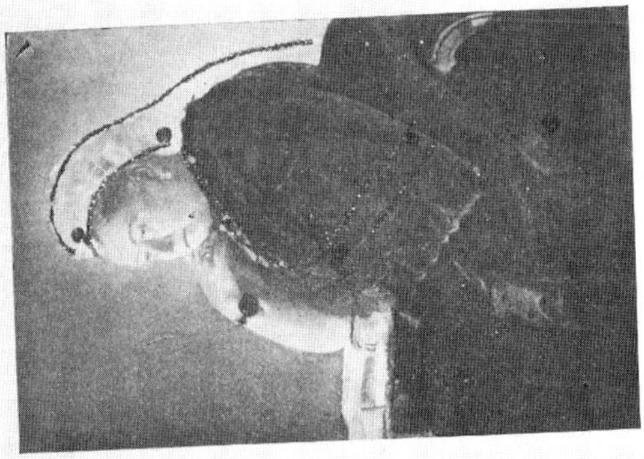

아리도빅황녀국영

국속디에 모든빅셩이 심지어 야만토종ᄉ지라도 다 일톄로 경츅ᄒ며 돈을모화 병원
과학교를 크게셜시ᄒ여。빅토리아。녀왕의 셩덕을긔념ᄒ엿ᄂ니 당시지닌거슬 긔록ᄒ
여볼진ᄃ 희호셰계에 강구연월이 엇지이에 지ᄂ리오 슈화도탄중에들어 군민동락ᄒ
ᄂ 참 질거운것이 무어신지 모르ᄂ 쟈들로ᄒ여곰 보고듣을진ᄃ 스ᄉ로 눈물을금치
못ᄒ지라 그러나 그ᄉ젹을더말ᄒ 결을이업ᄂ니 대강 우혜말ᄒ것만보아도 족히ᄉ람
의 감심을동ᄒ지라 ᄂ의질겁고 편ᄒ거시 엇지 부럽지안이ᄒ리오 당초에 뎌 빅셩들
도 졍치의졔도를 곳치지안엇더면 그 질겁고편ᄒ것이 다만 잠시ᄲ이라 엇지 영구ᄒ
기를 담보ᄒ리요만은 몬져 그 졔도의근본을 안젼케ᄒ야 온빅셩이 다잘못ᄒ거나 온
빅셩이 모도무식ᄒ게되기젼에ᄂ 그 복락을 영원히보젼ᄒ야 츙돌ᄒ쟈ㅡ업슬지니 엇
지 더욱질겁지안으리오、구라파、안에도 여러나라이 이법으로쥰힝ᄒ야 아모리ᄶ은좁
고 빅셩은젹을지라도 능히권리를 ᄂ의게 조곰도일치안코 문명을다토ᄂ거시 다이법
의효험을엇어 된거시오 동양에、일본、도 거의ᄉ십년젼에ᄂ 셰상에셔 일홈도 별로알
지못ᄒ던 조고마ᄒ 셤중나라으로 졍치를변ᄒ야 셔양규모를쥰힝ᄒ면셔 곳 날마다흥
왕ᄒ야 오ᄂ날 렬강국과 권셰를다토기에 이르럿스니 이것도 ᄯᄒ 다른연고업고 다
헌법졍치를 모본ᄒ야 관민이 ᄒᆞᆷᄭᅴ졍ᄉ를 의론ᄒᄂ연고ㅡ라 이셰상에쳐ᄒ야 죵샤와
국가를보젼ᄒ고 빅셩이 안락코져ᄒ진ᄃ 맛당히 졍치졔도를곳쳐 상하가 ᄒᆞᆷᄭᅴ안젼ᄒ
법을 힝ᄒ후에 가히 유지ᄒ기를 바랄지라 셰상에 어진쟈ᄂ 뒤젹이업ᄂ니 모든빅셩

과 리익을 평균히ᄒᆞ쟈는뜻시 엇지어진졍ᄉᆞ가 안이리요 어진졍치의 한업는셰력이날마다 쟈라셔 동으로퍼져옴이 죠슈밀듯 넘쳐셔 막을수업시 들어오는중에 나홀로 반ᄃᆡᄒᆞ야막으려홀진ᄃᆡ 뉘가 익의며뉘가지게ᄂᆞ뇨 이는 ᄉᆞ람마다 ᄉᆡᆼ각ᄒᆞ여 볼일이어니와 졍치를 죵시변치안이ᄒᆞ다가 멸망에 이른나라들을 대강 의론ᄒᆞ리로다

▲졍치를변치안이ᄒᆞ는손히

륙대쥬의 디방을 비교ᄒᆞ건ᄃᆡ 、구라파、쥬가 가쟝적어 그러ᄒᆞ되 문명부강은 지금셰계에 뎨일웃듬이니 이는 、구라파、쥬에잇는 모든나라들이 다 졍치를 변혁ᄒᆞ야 혹 공화를모본ᄒᆞ며 혹 헌법을쥬쟝ᄒᆞ야 그 민심을 발달ᄒᆞᆫ연고ㅡ오 ᄎᆞᄎᆞ 동편으로 벗어오면셔는 예ᄉᆞ젹붓허 몃쳔년동안을 부강ᄒᆞ든 큰나라들은 다 전졔ᄒᆞ는 예ᄉᆞ법을 고치지못ᄒᆞ다가 인ᄒᆞ야 ᄉᆞᄉᆞ로업셔짐을 면치못ᄒᆞᄂᆞ니 、구라파、쥬 동편쯧헤 、토이기국、은대단이 강셩ᄒᆞ던 나라으로 지금은 간신히부지ᄒᆞ여 날로업셔가며 、아프리가、쥬 북편에 、익급국、은 셰계에 뎨일오리고 뎨일크던 나라으로 지금 다 업셔지고 간신히 일홈만남엇스나 영히 、영국、의 쟝악을버셔날수 업시되엿스며 、아셰아、쥬 동편쯧헤 、파샤국、(페시아)은 ᄯᅩᄒᆞᆫ 상고젹붓허 유명ᄒᆞ던대국으로 약간남은강토를 부지치못ᄒᆞ게 되엿스며 、청국、 셔편에잇는 、인도국、(인듸아)은 상고젹붓허 강대ᄒᆞ야 근ᄃᆡᄭᆞ지 토디가넓고 ᄇᆡᆨ셩이 만흔 나라으로 겨우 ᄉᆞ오십년전에 통히 、영국、의 차지ᄒᆞᆫ바ㅣ 되엿스며 、청국、남편히변으로 、셤나、 、면젼、 、안남국、등 여러나라이 다 ᄎᆞ례로업셔졋는ᄃᆡ 、셤나국、(사

이압)은 명식이 겨우 부지ᄒᆞ엿다가 지금 그인군이 셔로히깨닷고 죽기로써 변혁ᄒᆞ기를힘써 그 왕ᄌᆞ를 각국에유람식히고 영국에보ᄂᆡ여 공부를 졸업ᄒᆞ엿스며 국즁총명ᄌᆞ뎨들을 날로교육식혀 예ᄉ법곳치기를 젼력ᄒᆞ미 지금각국이 다신긔히녁여 칭찬ᄒᆞ며공담으로 찬조ᄒᆞ기를 앗기지안이ᄒᆞ나 젼혀빅셩이어두어 우헤셔홀로ᄒᆞ기어려움을 한탄ᄒᆞᆫ다ᄒᆞ며 아셰아동편에잇는 청국인즉 셰계ᄉᆞ긔에 가쟝 오린나라이라 땅이가쟝크고 부요ᄒᆞ며 빅셩이 뎨일만ᄒᆞ여 가령 온 셰상ᄉᆞ람들을 다 셕겨셔 한줄로 늘어세우면 매 네명식이에 청인ᄒᆞᆫ나식 세우ᄂᆞᆫ니 그나라의 강대ᄒᆞᆷ은 가히알게스며 지금 국권을보젼ᄒᆞ지못ᄒᆞ여 이리져리 ᄶᅵᄉ겨가며 빅천가지로 남의위협과 토식을당ᄒᆞ며 갑오년에 적은 일본에게 일픽도디ᄒᆞ얏스며 당당ᄒᆞᆫ대국에 ᄌᆞ고로속ᄒᆞ여 인군이 그곳에셔 닐허나신 만쥬의너른땅을 졔힘으로 보젼치못ᄒᆞ야 지금 일본이딕신ᄊᆞ와 회복ᄒᆞ려ᄒᆞ기에 이르럿스니 그나라의 지금셰부지ᄒᆞᆷ이 다 각국의 견아상졔ᄒᆞᆫ형편에 인연ᄒᆞᆷ이라 쟝ᄎᆞ 이모양으로 몃히만 더지ᄂᆡ려ᄒᆞ다가는 필경 명호도업셔지게될지니 이럼으로 고명ᄒᆞᆫᄉᆞ람들이 헌법을모본ᄒᆞ쟈는 의론을 발긔ᄒᆞᄂᆞᆫ바ㅣ라 기외에 무슈ᄒᆞᆫ 여러나라의망ᄒᆞᆷ을 다 물론ᄒᆞ고 다만 우헤몃나라으로만보아도 지금텬디에 나라를부지ᄒᆞ고 못ᄒᆞ기가 젼혀 졍치제도를 곳치고 안이곳치기에 달닌줄을 의심업시 세달을지라

대기 젼졔졍치밋헤는 나라이 점점쇠픽ᄒᆞ고 다른졍치밋헤는 점점흥왕ᄒᆞ여가는 연고

를 우혜도 슈ᄎᆞ 말ᄒᆞᆫ바ㅣ어니와 젼졔졍치ᄂᆞᆫ 쳣지 ᄇᆡᆨ셩의ᄆᆞᄋᆞᆷ을 압졔로결박ᄒᆞ야 시비곡직을 들어ᄂᆡ여 말ᄒᆞ지못ᄒᆞ게ᄒᆞᄆᆡ 불평ᄒᆞᆷ이ᄆᆡ쳐 서로 ᄉᆞ랑ᄒᆞᄂᆞᆫᄆᆞᄋᆞᆷ이 업셔지며 원혐이자라셔 피ᄎᆞ잔히ᄒᆞᄂᆞᆫ즁에셔 ᄉᆞᄉᆞ로 업셔지며 둘지ᄂᆞᆫ ᄉᆡᆼ각을발달치못ᄒᆞ야 ᄉᆞ람마다 남과ᄀᆞᆺ치 흥왕ᄒᆞ기를 도모ᄒᆞ지안코 각각웃ᄉᆞ람의 결박ᄒᆞᄂᆞᆫ거슬 안져밧으려ᄒᆞᄆᆡ 타국ᄉᆞ람이 들어와셔 나의리익을 임의로취ᄒᆞᆫ즉 ᄌᆞ연히 진익이말나 부지치 못ᄒᆞ며 셰ᄉᆞ지ᄂᆞᆫ ᄇᆡᆨ셩은나라일이 상관이업다ᄒᆞᄆᆡ ᄇᆡᆨ셩이나라를 남의것스로알아 보호코져안이ᄒᆞᄆᆡ 남이와셔 그 우혜잇ᄂᆞᆫ 몃몃집권ᄒᆞᆫ이를 혹 뇌물로 ᄡᆡ이거나 위력으로 핍박ᄒᆞ여 ᄃᆡ신쟝악에잡으면 모든ᄇᆡᆨ셩은 총ᄒᆞᆫ방을안이노아도 ᄉᆞᄉᆞ로 ᄯᆞᆯ녀 들어올지니 젼졔국의 가쟝 위티ᄒᆞᆫ근본이라 더 다른졍치ᄒᆞᄂᆞᆫ 나라들은 ᄇᆡᆨ셩의ᄆᆞᄋᆞᆷ에 결박을 풀어노아 다만 법률과쟝졍으로 일뎡ᄒᆞ게 방한ᄒᆞ여 노흔안에셔ᄂᆞᆫ 셰상에무셔울것도 업고 두려울것도업ᄉᆞᄆᆡ 긔운이활발ᄒᆞ야 남의뒤에 ᄯᅥ러지기를 쥭기보다 실혀ᄒᆞᄂᆞ니 ᄇᆡᆨ셩이남보다 나흔후에야 나라이 엇지 남만못ᄒᆞ리요 서로다토아 압셔려ᄒᆞᄂᆞᆫ즁에셔 필경 한업시나아가 상등국이됨이오 ᄯᅩᄒᆞᆫ ᄇᆡᆨ셩으로ᄒᆞ여곰 일톄로나라를돕고 보호ᄒᆞ게ᄒᆞᄂᆞᆫ고로 져마다 졔것스로알고 ᄉᆞ랑ᄒᆞ여 국권을확쟝ᄒᆞ며 영광을들어ᄂᆡ여 토디를 넓히기로 공업을숨ᄂᆞ니 남이엇지 넘겨다보며 침범ᄒᆞ기를 경영ᄒᆞ리오 이러ᄒᆞᆷ으로날마다 흥왕발달에나아가 뎨일 부강ᄒᆞᆫ졍도에ᄭᆞ지 이르ᄂᆞᆫ바ㅣ라 그 쟝단우렬의구별이 엇지 판이치안으리오 지금 우리나라이 이디경에 이른거시 근본은 다 졍치를변혁치

대황뎨의어극ᄉᆞ십년긔념각

경셩남대문밧

셔울에즁앙공원

못ᄒᆞᆫ연고ㅣ라 、청국ᄀᆞᆺ치 강대ᄒᆞ던나라으로도 오ᄂᆞᆯ날강토와 국권을보젼키 어려올디경에 이르럿거던 ᄒᆞᆷ을며 우리ᄂᆞᆫ 십여갑졀이 적은즁에 ᄂᆞᆷ의힘을 밧고잇스ᄆᆡ ᄯᅡ로서볼날이 잇슬ᄀᆞ 말ᄀᆞ 질뎡키어려온지라 이ᄯᅡᆼ에안져서 엇지 죵시 변혁ᄒᆞ기ᄅᆞᆯ 급급히경영치안이ᄒᆞ리오 이ᄂᆞᆫ 유지ᄒᆞᆫ쟈의 깁히깁히 연구ᄒᆞᆯ바ㅣ라 그즁에 합당ᄒᆞᆫ졍치ᄅᆞᆯᄐᆡᆨᄒᆞᆯ지니 대강 다시설명ᄒᆞ기를 마지못ᄒᆞ리로다

▲졍치제도가ᄇᆡᆨ셩졍도에달님

이상에 말ᄒᆞᆫ바는 각국의흥망셩쇠가 다 그졍치제도를ᄯᅡ라서 되ᄂᆞᆫ연고ᄅᆞᆯ 셜명ᄒᆞᆷ이라이거슬보면 졍치를불가불 변혁ᄒᆞ여야 될줄은 ᄉᆞ름마다 짐쟉ᄒᆞ려니와 모든졍치의졔도가 ᄆᆡ양 그나라 ᄇᆡᆨ셩의졍도에 달닌줄은 몬져알어야ᄒᆞᆯ지라 만일 ᄇᆡᆨ셩졍도ᄂᆞᆫ 보지안코 다만 ᄂᆞᆷ의졍치 구별만보아 망령되히 헤아리되 지금 ᄉᆡ세상에ᄂᆞᆫ 아모거슬ᄒᆞ여도 관계치안타ᄒᆞᆯ진ᄃᆡ 이는다만 국법에만 득죄ᄒᆞᆯ뿐안이라 동양텬디에 용랍치못ᄒᆞᆯ죄인이라

대뎌 굽어자란가지ᄂᆞᆫ 졸디에 펴지못ᄒᆞ고 안져쟈란 ᄋᆞᄒᆡᄂᆞᆫ 당일에 멀니못가ᄂᆞ니 ᄇᆡᆨ셩의졍도가 이와ᄀᆞᆺᄒᆞ셔 몃천년 몃ᄇᆡᆨ년을 젼졔와 압졔아ᄅᆡ셔굿어셔 의례히밧을거스로녁여 ᄉᆞ람을 만일 평등으로 ᄃᆡ졉ᄒᆞ라ᄒᆞᆯ진ᄃᆡ 웃ᄉᆞ람도 변괴로 알거니와 아ᄅᆡᄉᆞ람이 도로혀 더욱 큰변으로알아 혹 존귀ᄒᆞᆫ디위에잇셔 하쳔ᄒᆞᆫᄉᆞ람을 경ᄃᆡᄒᆞ거나 슈령이되여 평복으로 민간에 슌힝ᄒᆞᄂᆞᆫ거슬보면 그 아ᄅᆡᄇᆡᆨ셩이 크게놀나 톄통을일코 풍

속을흐린다ᄒᆞ며 혹 반상을혁파ᄒᆞ고 노복을업시ᄒᆞ자ᄒᆞ면 더욱이반ᄃᆡᄒᆞ야 명분을 어지리고 텬디를밧고려ᄒᆞᆫ다ᄒᆞ며 혹 불법ᄒᆞᄂᆞᆫ관쟝을걸어 숑ᄉᆞᄒᆞ라ᄒᆞ면 곳 풍화를손상ᄒᆞᆫ다ᄒᆞ야 모든 이런폐단이 이로다 말ᄒᆞᆯ수업ᄂᆞᆫ지라 혹 우혜고명ᄒᆞᆫ 관원이잇셔 실로 ᄇᆡᆨ셩의게 공번되히 리로을 근원을보고 긔어히 실시코져 ᄒᆞ다가ᄂᆞᆫ 맛참ᄂᆡ 대역부도의일홈을쓰고 ᄇᆡᆨ셩의손에 도로혀 대화를당ᄒᆞᆯ지니 이럼으로 ᄇᆡᆨ셩의졍도가 이에이른나라ᄂᆞᆫ 압졔가 두가지가 잇ᄂᆞᆫ지라 첫ᄌᆡ 웃ᄉᆞ람의압졔ᄂᆞᆫ 의례히 졍치상권리로 ᄉᆡᆼ김이어니와 아ᄅᆡᄇᆡᆨ셩의압졔ᄂᆞᆫ ᄯᅩᄒᆞᆫ 풍속에ᄯᆞᆯ녀 이풍속을거ᄉᆞ리고ᄂᆞᆫ 웃ᄉᆞ람이 아모리 잘ᄒᆞ려ᄒᆞ여도 맛참ᄂᆡ ᄒᆡᆼᄒᆞᆯ수업ᄂᆞ니 이럼으로 웃ᄉᆞ람의셰력으로 압졔ᄒᆞᄂᆞᆫ거시 아모리크다ᄒᆞ나 실상은 아ᄅᆡ악ᄒᆞᆫ풍속의 압졔ᄒᆞᆷ이 더욱히큰지라 ᄉᆞ람마다 이풍속의결박을밧아 능히 그ᄉᆡᆼ각을 ᄌᆞ유로못ᄒᆞᄂᆞᆫ고로 웃ᄉᆞ람이 권리를가지고 그 괴악ᄒᆞᆫ 풍속을 인연ᄒᆞ야 압졔ᄒᆞᄂᆞᆫ거시니 만일 ᄇᆡᆨ셩이 그 풍속의결박을면ᄒᆞ야 각기 놈의압졔를 안이밧ᄂᆞᆫ거 ᄉᆞ로 당연ᄒᆞᆫ줄을알진ᄃᆡ 그 만흔아ᄅᆡᄉᆞ람을 누힘으로눌너 압졔ᄒᆞ리오 몃쳔년을두고 나려오며 졈졈변ᄒᆞ야갈ᄉᆞ록 심ᄒᆞ게된 모든악습속에셔 ᄉᆞ지ᄇᆡᆨ톄가 낫낫치병이들어 손ᄭᅳᆺ발ᄭᅳᆺ을 ᄊᆞᆺ딕ᄒᆞᆯ수업ᄂᆞᆫ 젼신불슈가된지라 졸디에 놈의ᄇᆡᆨ여년ᄅᆡ 연구ᄒᆞ여진보ᄒᆞᆫ ᄉᆡ법을 억지로ᄒᆡᆼ코져ᄒᆞᆯ진ᄃᆡ 엇지 츙돌이안이나며 큰변이업다ᄒᆞ리오 그럼으로 、영국、과 、덕국、ᄀᆞᆺ흔 강국들도 교화와 학문의 무궁ᄒᆞᆫ힘을엇어 ᄉᆞ람마다 ᄆᆞ음을 얼마ᄶᅳᆷ발달ᄒᆞ여 고금에젹즁ᄒᆞ고 인졍에합당ᄒᆞᆫ제도를 간신히 참쟉ᄒᆞ야 그 즁간법률을힝ᄒᆞ믜 비로소 상하가 다 편안ᄒᆞ고 변혁이 얼마슌편히된지라 그럼으로 맛당히헌법졔도를 연구ᄒᆞ야 시급히시쟉ᄒᆞ여 조곰식킈여쓸진ᄃᆡ 과히 충돌도업슬것이오 황실과빅셩이 일톄로 영원무궁히 태산반셕의편안홈을 엇을지라 이글을지어 헌법을쓰고져ᄒᆞᆫ다고 즁벌을더ᄒᆞᆯ진ᄃᆡ 이는 나의일신이 가루가될지라도 두렵지안이ᄒᆞ며 ᄉᆞ양치안을바ㅣ로되 다만 바ᄅᆞ고원ᄒᆞ는바는 이글보시는이들이 우리,대한,의 급급업업ᄒᆞᆫᄉᆞ졍을깨달아 슘막히고 긔운삭쳐셔 거의 쥭어가는나라에 이 한가지 단방약을 급히시험치안이ᄒᆞ면 ◦화타◦ ◦편쟉◦이가 ᄃᆡ들어도 회츈ᄒᆞᆯ길 망연ᄒᆞ리

▲빅셩의ᄆᆞᄋᆞᆷ이몬져ᄌᆞ유ᄒᆞᆯ일

그러ᄒᆞᆫ즉 헌법을쓰는거시 그리어렵지도 아니ᄒᆞ고 또ᄒᆞᆫ 그 긴급홈이 이러틋 졀박ᄒᆞ나 이것도 우리,대한,인민들의 지금졍도를 가지고는 결단코 급히 ᄒᆞ지못ᄒᆞᆯ지라 대뎌 셔양 여러나라들은 셜립된지가 다 동양깃치 오리지안은고로 ᄉᆞ람의ᄆᆞᄋᆞᆷ이 악ᄒᆞᆫ풍속의 물든거시 과히 깁지안엇스되 동양 ᄉᆞ름은 여러쳔년을 젼ᄒᆞ여나려오며 병들고썩은거시 속속들이 빅여들어 여간학문이나 교육의힘으로 졸연히 근인을졔ᄒᆞ기 어려운지라 맛당히 셔교화의 ᄌᆞ유ᄒᆞ는도로써 오린풍속의 결박밧은 민심을 풀어쥬어야 비로소 고질된구습을 벽파ᄒᆞ고 ᄎᆞᄎᆞ졔싱각으로 됴코언잔은거슬 턱ᄒᆞᆯ줄아는방향이싱길지라 만일 그ᄆᆞᄋᆞᆷ의 결박밧은거슬 풀지못ᄒᆞ야 예ᄉᆞ풍속의 압졔속에셔ᄌᆞ유ᄒᆞ지못ᄒᆞ며 몸만 ᄌᆞ유를엇으려ᄒᆞᆯ진ᄃᆡ 이는 결단코 되지못ᄒᆞᆯ일이라

빅셩의ᄆᆞ암이몬져ᄌᆞ유ᄒᆞᆯ일　일빅이

대뎌 셰상에 쳔빅가지일이 다 ᄉᆞ람의 ᄆᆞᄋᆞᆷᄒᆞᆫ가지에셔 ᄉᆡᆼ겨되ᄂᆞᆫ바ㅣ니 ᄉᆞ람이 ᄆᆞᄋᆞᆷ으로 ᄒᆞ려고만ᄒᆞ면 못될일이업다ᄒᆞᆷ이 엇지 리치에억의ᄂᆞᆫ말이리오 몃만리밧게 안져 슌식간에 언어를상통ᄒᆞᆷ과 공즁에올나가셔 ᄉᆞ방으로 횡힝ᄒᆞ야 셰계를유람ᄒᆞ며 임의로왕릭ᄒᆞᆷ과 기외에 모든 쳔쳔만만가지의 신긔미묘ᄒᆞᆫ거시 다 ᄉᆞ람의 ᄆᆞᄋᆞᆷ으로 ᄒᆞ고져ᄒᆞᄂᆞᆫ즁에셔ᄉᆡᆼ겨 리치를궁구ᄒᆞ고 법을두득ᄒᆞ야 졈졈 졍긴ᄒᆞ기에 이른것이오 금은동렬싸어두고 킈여ᄡᅳ지못ᄒᆞᆫ것과 지혜춍명바려두고 놈쳐럼 ᄡᅳ지못ᄒᆞᆫ것이 다 ᄆᆞᄋᆞᆷ에 업ᄂᆞᆫ연고ㅣ라 이ᄆᆞᄋᆞᆷ이 업ᄂᆞᆫ자는 ᄌᆞ연히 헤아리되 ᄉᆞ람이 엇지 공즁에올으리오 이젼 셩현의 못ᄒᆞ신것을 우리가ᄒᆞᆯ수업스리니 ᄉᆡᆼ각도마ᄂᆞᆫ거시 올타ᄒᆞ며 산쳔의ᄆᆡᆨ을ᄭᅳᆫ코 텰로를놋ᄂᆞᆫ것이 청룡빅호를 히롭게ᄒᆞᆷ이니 혹 비도안이오며 다른ᄌᆡ앙도잇게다ᄒᆞ며 하ᄂᆞᆯ은동ᄒᆞ고 ᄯᅡᆼ은고요ᄒᆞ며 일월이 서로돌아간다 ᄒᆞᄂᆞᆫ말은 셩현의 의론이니 아모리 나흔말이 잇다ᄒᆞ여도 밋지안을바ㅣ라ᄒᆞ며 기외에 모든 이러ᄒᆞᆫ악습이 다 놈의뜻에 압졔을밧아 ᄌᆞ긔ᄆᆞᄋᆞᆷ에 결박을벗지못ᄒᆞᆷ이라 속담에일으기를 상에노은 소금도 집어너흐야 짜다ᄒᆞᄂᆞ니 아모리 쉬은것도 ᄒᆞ려고안이ᄒᆞ면 졀로될수업ᄂᆞᆫ지라 지금우리나라ᄉᆞ람들이 다 ᄆᆞᄋᆞᆷ의결박을 풀지못ᄒᆞ야 아모것도 ᄒᆞ려ᄂᆞᆫᄉᆡᆼ각이 나지안이ᄒᆞᆷ인즉 아모것도 ᄒᆞ지안코 엇지ᄉᆞᄉᆞ로 무어시되기를바라리오 지금ᄉᆞ람들의 ᄆᆞᄋᆞᆷ졍도를 대강구별ᄒᆞ야 ᄉᆡᆼ각의 결박밧은거시 엇더ᄒᆞᆫ거슬 알니고져ᄒᆞ노니

일은 반상의등분을 벽파치못ᄒᆞᆷ이라 당초에 ᄉᆞ람으로 ᄐᆡ여나기ᄂᆞᆫ 상즁하의등분

이업셔 상놈의몸도 ᄯᅡ리면 압흐고 글그면 시원ᄒᆞ며 놈듯는거슨 들니며 놈보는 것은 보히며 졔게 리로은거슨 보호ᄒᆞ고 졔게 헤로은거슨 막으며 싱명지산을보젼ᄒᆞ야 놈과ᄀᆞᆺ치 살쟈는거슨 조곰도 놈보다 다르지안은즉 셰상에ᄀᆞᆺ흔ᄉᆞ람이오 나라에ᄀᆞᆺ흔빅셩이라 도덕상 ᄉᆞ업ᄒᆞ야 ᄉᆞ람을만히 구졔ᄒᆞ면 상놈의일이라고 못쓴ᄃᆞᄒᆞ게는가 츙신절ᄀᆡ굿게세워 인군ᄃᆡ신죽을진ᄃᆡ 량반ᄌᆞ손안이라고 소용업ᄃᆞᄒᆞ게는가 오늘날량반들의 원시조 되는이는 엇더흔량반이며 엇더케싱겻는고 ᄌᆞ고로 나려오며 죽빅의유젼ᄒᆞ는 츙신렬ᄉᆞ와 현인군ᄌᆞ며 문쟝명필과 영웅쥰걸들이다 량반의혈속이며 디벌ᄯᅡ라되엿는가 ○요○하인이며 ○슌○하인고 피쟝부아쟝부라 ᄯᅩᆨ 갓흔 텬품으로 도덕품힝 잘닥가셔 공업은턱 들어나면 ○송우암○ ○허미수○가 아모라도될것이오 젼징에공을 세워 보국안민 잘만ᄒᆞ면 ○남이장군 ○리슌신○을 져마다압두ᄒᆞ야 ᄃᆡᄃᆡ로 다토어나아가며 나의부형과 조상만 못ᄒᆞᆫ거슬 븟그러ᄒᆞᆯ진ᄃᆡ 곳 ᄉᆞ람마다 셩현처럼되기를 념려ᄒᆞᆯ거시 업슬지니 이거시 곳 ᄉᆞ룸ᄂᆡ신 조물쥬의본의요 ᄯᅩᄒᆞᆫ 지금각국이 문명디위에일으는 근본이어놀 엇지ᄒᆞ야 혹 명조상이 한나만싱기면 그이를 곳 텬신갓치놉혀 다른이는 그와갓치 될수업는줄로 알게ᄒᆞ고 그일홈을 빙쟈ᄒᆞ야 놉흔ᄉᆞ람이되려ᄒᆞ니 첫지 조상의일홈을의뢰ᄒᆞ야 잘되기를경영ᄒᆞᆷ이 국민의원긔를줄게ᄒᆞᆷ이오 둘지는 ᄉᆞ람의ᄉᆞ상이ᄃᆡᄃᆡ로 얏허져셔 진보ᄒᆞᆯ긔상이 업게ᄒᆞ며 세ᄉᆞ지는 인지가날수업셔 졈졈잔약ᄒᆞ게 만드

ᄂᆞᆫ것이라 아비ᄂᆞᆫ 조부만못ᄒᆞ고 져ᄂᆞᆫ 아비만못ᄒᆞ야 ᄃᆡᄃᆡ로 나려지면 필경은 온나라이 셰상에 뎨일잔약ᄒᆞ고 얏흔샤회가될지라 텬하에 공번된벼ᄉᆞᆯ자리를 젼국ᄉᆞ람다려 한나도상관말나ᄒᆞ고 리졍승 김판셔의 셰젼지물을 만들어셔 숨막을불변ᄒᆞ고 기역ᄌᆞ를 몰나도 아모의아ᄃᆞᆯ이오 아모의손ᄌᆞ라면 부귀영화가 졔것이오 젼국ᄇᆡᆨ셩이 졔종이라 ᄌᆡ조닥가 어ᄃᆡ쓰며 ᄉᆞ업ᄒᆞ여무엇ᄒᆞᆯ가 이럼으로 ᄇᆡᆨ호지도 안이ᄒᆞ고 문견도좁아져셔 졈졈 더욱 못되여가ᄆᆡ 맛참ᄂᆡ 직칙이 무엇시며 도리가 엇던거신지 젼혀 알지못ᄒᆞ고 다만 어려셔브터 ᄇᆡᆨ호ᄂᆞᆫ것은 놈을압졔ᄒᆞ며 호령ᄒᆞ야 져의포학만기르고 놈의공심을셋그며 져혼져 ᄉᆞ롬이오 놈은모다 ᄉᆞ람갓지안이ᄒᆞᆫ 물건으로알어 상놈의ᄌᆡ물은 내임의에달녓스며 쳔ᄒᆞᆫᄉᆞ롬의 계집은 쌕아셔도 관계치안이ᄒᆞ야 져의들의 화복길흉이 젼혀 량반의손에달녓ᄂᆞ니 져의들은 다만 량반을밧들어 영화롭고호강ᄒᆞ게 도아만줄ᄲᅮᆫ이니 비록 인품이특츌ᄒᆞ나 불과 ᄀᆡ쳔에셔 난 룡이라 무엇에쓴다ᄒᆞ며 아모리 학식이츌즁ᄒᆞ여 경텬위디 ᄒᆞᆯ지라도 엇지감히 벼ᄉᆞᆯ자리를 우럴러보리오ᄒᆞ야 이거시 곳규모가되ᄆᆡ 상놈의ᄌᆞ질들은 아모리 총명영특ᄒᆞ나 셰상에바랄것이 바이업셔 경륜이 커질수업스ᄆᆡ ᄯᅩᄒᆞᆫ 공부를 힘쓰지안이ᄒᆞ야 한업ᄂᆞᆫ인ᄌᆡ를 원통히바리ᄂᆞ니 젼국인민을 통히비교ᄒᆞ면 량반이 쳔분의일이 다 못되ᄂᆞᆫ지라 뎌 쳔분의일은 되나못되나 나라를위ᄒᆞ야 일ᄒᆞᆫ다ᄒᆞᆯ지라도 기타 구ᄇᆡᆨ구십구분은 다 그량반들을위ᄒᆞ야 사ᄂᆞᆫᄉᆞ람이니실

로 나라에셔는 텬분의 구빅구십구분은 다 일허바리고 안즌지라 이됴흔 빅셩들을어림업시 일코안져 날마다쇠픽ᄒᆞ여 이디경에 이른고도 빅셩은오히려 깨닷지못ᄒᆞ야 지금셋 벽파ᄒᆞ지 안을뿐안이라 혹 뉘ᄌᆞ손 뉘아ᄃᆞᆯ이 놉흔벼슬을 ᄒᆞ엿ᄃᆞᄒᆞ면 그 위인도뭇지안코 당연히 ᄒᆞᆯ것으로도알며 일도잘ᄒᆞᆯ줄로 밋으되 급기 편식도업고 디별도부족ᄒᆞᆫ이가 아모벼슬을 ᄒᆞ엿다ᄒᆞ면 학문지조가 아모리 유명타ᄒᆞ여도 존즁히 녁이지안코 도로혀 속히 물너나기를 바ᄅᆞᄂᆞ니 져의몸이나 져의ᄌᆞ질이 또ᄒᆞᆫ 학문과지조를닥가 그 디위에올나 그 ᄉᆞ업ᄒᆞ기를 엇지감히 ᄯᅳᆺᄒᆞ리오 도로혀 져 지조업셔 ᄶᅩᆨ겨난 량반들을도아셔 그밋헤 머리를숙이고 죵질ᄒᆞ기를 ᄌᆞ원ᄒᆞ리니 이거시 곳 마음이 놈의굴네를 벗지못ᄒᆞᆷ이오

이는 ᄉᆡᆼ각을 제ᄯᅳᆺᄃᆡ로못ᄒᆞ는것이라 무ᄉᆞᆷ일을ᄒᆞ던지 무ᄉᆞᆷ말을 들을ᄯᅢ에 엇던거시 춤 리로은가 히로은가 졔쥬견ᄃᆡ로 ᄯᅩ로ᄉᆡᆼ각ᄒᆞ지못ᄒᆞ고 미양 그ᄉᆞ람의 디위와 당ᄒᆞᆫ일의 쳐디를ᄯᅡ라 바람압헤 풀굿치쓰러져셔 쳔만인의 의ᄉᆞ와츄츄가 ᄒᆞᆫ나도소용업고 다만 그즁에셔 내로라ᄒᆞ는 한두ᄉᆞ람의 눈치만보아 ᄯᅡᆯ녀갈ᄲᅮᆫ이니 엇지경위가 서볼수잇스리오 셰상에 ᄉᆞ람이잇고는 시비가업슬수업ᄂᆞ니 시비라ᄒᆞ는것은 너는글으고나는올타ᄒᆞ는즁에셔 ᄉᆡᆼ기는거시라 진실로 뉘가올코뉘가글은거슬 공졍히분별ᄒᆞ야 바로 갈희여닐진ᄃᆡ 무ᄉᆞᆷ시비가잇스리요 ᄉᆞ람마다 시비를 분간ᄒᆞ는지혜는 다 갓치잇스되 잘닥지못ᄒᆞ면 거울에 ᄯᅥᆨ세인것 굿ᄒᆞ셔 바

로비최지 못ᄒᆞᄂᆞ니 시비를 ᄒᆞᆼ상 바르지못ᄒᆞ게 질뎡ᄒᆞ야 혹은 이러케알고 혹은 져러케 아ᄂᆞᆫ즁에셔 리치가 흔히 뒤집히기쉬우니 만일 글은것이 득승ᄒᆞ야 올흔 거시 서지못ᄒᆞ게될진ᄃᆡ 관계의대소를ᄯᆞ라 필경 텬디가뒤집히고 일월이 밧괴ᄂᆞᆫ 디경에ᄭᆞ지 화단이미칠지니 엇지 셰상이위ᄐᆡᄒᆞ지아니ᄒᆞ며 ᄉᆞ람의념려ᄒᆞᆯ바ㅣ안 이리요 이럼으로 ᄉᆞ름의학문을 ᄇᆡ양ᄒᆞᄂᆞᆫ본의가 첫ᄌᆡ 지혜의본셩을 거울ᄀᆞᆺ치맑 게닥가 인간쳔만ᄉᆞ에 본식ᄃᆡ로비쵸여 시비션악과 쟝단우렬을 차챡업시 판결코 져ᄒᆞᆷ이니 ᄀᆡ명ᄒᆞᆫ나라의셔 학문으로위쥬ᄒᆞᆷ이 첫ᄌᆡ 이쥬의로 인연ᄒᆞᆷ이라 그러나 ᄉᆞ름의지혜가 아모리밝다ᄒᆞ여도 한두ᄉᆞ람의 일시ᄉᆡᆼ각으로 경ᄒᆞᆯ히 질뎡ᄒᆞᆷ이 오 히려 부족ᄒᆞᆫ념려가 업지못ᄒᆞᆫ고로 아름다운 규모를마련ᄒᆞ야 무슴일이던지 여러 ᄉᆞ람이모혀 의론ᄒᆞ야 각기ᄌᆞ긔에 ᄉᆡᆼ각ᄃᆡ로 무슈히셜명ᄒᆞᆫ후 졔ᄯᆞᆺ슬ᄯᆞ라 가부를 질뎡ᄒᆞ미 가령 그모힌즁에 열ᄉᆞ람이잇슬진ᄃᆡ 여셧ᄉᆞ람은 올타ᄒᆞ고 네ᄉᆞ람은글 타ᄒᆞ면 여셧ᄉᆞ람의 말ᄃᆡ로시ᄒᆡᆼᄒᆞᄂᆞ니 다만 이슴인이상으로 몃쳔만명의 일이라 도 다 이규모를쥰ᄒᆡᆼᄒᆞᆫ즉 여러밝은지혜를모아 ᄒᆞᆯ일을결뎡ᄒᆞᆷ이 무슴실수가 잇스 리오 이거시 곳 ᄀᆡ명ᄒᆞᆫ나라들의 인지를ᄐᆡᆨ용ᄒᆞ며 국ᄉᆞ를다ᄉᆞ리ᄂᆞᆫ 공평ᄒᆞᆫ법이라 조곰도 편벽된폐단이 업ᄂᆞᆫ바ㅣ로다 그러ᄒᆞ나 그 가부를 질뎡ᄒᆞᄂᆞᆫ ᄉᆞ람들이 각 각졔쥬견이잇셔 쳔만인의 의론을 구익ᄒᆞ지말고 졔쥬견ᄃᆡ로 말ᄒᆞᆯ줄알어야 비로 소 그법이 공평히ᄒᆡᆼᄒᆞᆯ지라 만일 식견이업셔 엇던거시 올ᄒᆞᆯ넌지 판단치 못ᄒᆞ고 이리져리 둘너보다가 한두권셰잇ᄂᆞᆫ자의 의견만ᄯᅡ라갈진ᄃᆡ 그 공평ᄒᆞᆫ법이 도로혀 셰력잇ᄂᆞᆫ쟈들의 기양을도을지라 가령 열한명이 ᄒᆞᆫ가지일을의론ᄒᆞᆯ시 다섯은 올타ᄒᆞ고 다섯은 부타ᄒᆞᆯ진ᄃᆡ 그 큰일이 젼혀 한ᄉᆞ름의게ᄯᅡᆯ녓스니 그 ᄉᆞ름의말이엇더케즁대ᄒᆞ뇨 이런ᄯᅢ를당ᄒᆞ야 한ᄉᆞ름의올흔말이 이러틋긴즁ᄒᆞ며 한ᄉᆞ름의올치못ᄒᆞᆫ의견이 이러틋 위ᄐᆡᄒᆞᆫ지라 지금 우리나라ᄉᆞ름들의ᄉᆡᆼ각은 모도 양의무리ᄀᆞᆺᄒᆞ여 그 먹이ᄂᆞᆫᄉᆞ름의 눈치만보고 ᄇᆡᆨ뎡의집에라도 무리로몰녀가며 져의들의위ᄐᆡᄒᆞᆷ을 알지못ᄒᆞᄂᆞᆫ지라 아모 량반의말이라ᄒᆞ면 ᄉᆡᆼ각도안이ᄒᆞ고 의례히 올타ᄒᆞ며 엇던샹놈의 의견이면 아모리 됴와도 되지못ᄒᆞ리라ᄒᆞ야 듯기도실혀ᄒᆞ거던엇지 ᄉᆡᆼ각을ᄒᆞ려ᄒᆞ리요 급기 가부를물을진ᄃᆡ 쳣지 ᄃᆡ답ᄒᆞᄂᆞᆫ말이 나ᄂᆞᆫ 놈 ᄒᆞᄂᆞᆫᄃᆡ로ᄒᆞᆯ거시니 놈의게 몬져 물어보라ᄒᆞ거나 혹이것도됴코 져것도 됴타ᄒᆞ거나 혹내의견은져러ᄒᆞ나 아모씨의말이 이러ᄒᆞ니 그말ᄃᆡ로 ᄯᅡ로게다ᄒᆞ거나 혹 놈도다이러ᄒᆞ니 나도 그리ᄒᆞᆯ수밧게업다ᄒᆞ거나 혹 량편안면에 구ᄋᆡᄒᆞ면 가부를말ᄒᆞᆯ수업다ᄒᆞ거나ᄒᆞ며 혹 부득이ᄒᆞ여 가부쟉뎡ᄒᆞᆫ다ᄂᆞᆫ것이 놈의 얼골을 구ᄋᆡᄒᆞ거나 놈의ᄉᆞ졍에 팔닌바ㅣ되거나ᄒᆞ야 당초에 시비션악을 밝히알지도 못ᄒᆞ거니와 여간아ᄂᆞᆫ것도 졔ᄆᆞ음ᄃᆡ로 셜명치못ᄒᆞᄂᆞ니 다만 한두ᄉᆞ름만 이러ᄒᆞᆯ뿐안이라 젼국인민이 모다 이러ᄒᆞ미 여간 한두푼 관계되ᄂᆞᆫ일도 당초에 의론ᄒᆞᆯ수업거던 ᄒᆞᆷ을며 일국대ᄉᆞ를 이ᄉᆞ름들과 의론ᄒᆞᆯ진ᄃᆡ 무ᄉᆞᆷ일이 공평히되게스며 무ᄉᆞᆷ폐단이ᄉᆡᆼ

기지안으리오 싱각을 ᄌᆞ유로못ᄒᆞᆷ이 ᄯᅩᄒᆞᆫ 이것이오

숨은 ᄉᆞᄅᆞᆷ이 벼ᄉᆞᆯ에복죵ᄒᆞᄂᆞᆫ 노례의ᄉᆞ샹을 면치못ᄒᆞᆷ이라 당초에 ᄉᆞᄅᆞᆷ 이싱길ᄯᅢ에 놉고낫은 등분이업스나 급기 쟝셩ᄒᆞᆫ후에 그 인품을ᄯᅡ라 지혜로은쟈ᄂᆞᆫ 놈의웃ᄉᆞᄅᆞᆷ 이되여 권리가 ᄌᆞ연만어지ᄂᆞ니 그 놉흔디위와 권리를 ᄌᆞ긔가억지로 ᄲᅢ앗거나 놈이 ᄌᆞ긔를위ᄒᆞ여 쥬ᄂᆞᆫ것이안이라 그ᄉᆞᄅᆞᆷ 이 ᄌᆞ긔의 지혜를잘써셔 모든인민의 두루 리로을 은덕을베푸ᄂᆞᆫ고로 여러빅셩의ᄆᆞ암이 ᄉᆞᄉᆞ로도라가 그 ᄉᆞᄅᆞᆷ 이 우리를위ᄒᆞ야 일을만히ᄒᆞ도록 바르ᄂᆞᆫ ᄆᆞ암이싱긴즉 그ᄉᆞᄅᆞᆷ을 여러히 밧들어 좀 놉흔디위를허락ᄒᆞ며 놈보다 만흔권리를맛겨 그디위와 그권리를가지고 여러ᄉᆞ람들의 공번된리익을널니기위ᄒᆞ야 일을 더 만히ᄒᆞ라ᄒᆞᆷ인즉 실상이그 놉흔ᄉᆞᄅᆞᆷ을 위ᄒᆞᆷ이안이오 여러낫은ᄉᆞᄅᆞᆷ을 위ᄒᆞᆷ이라 그럼으로 벼ᄉᆞᆯ디위는 텬하의공번된 그릇시라ᄒᆞᄂᆞ니 누구던지 셰샹을위ᄒᆞ야 ᄉᆞ업만 만히ᄒᆞᄂᆞᆫ쟈는 ᄉᆞᄉᆞ로 민심이도라가 놉히 츄앙ᄒᆞᄂᆞᆫ바ㅣ될지니 여러인민이 츄앙ᄒᆞ야 그ᄉᆞᄅᆞᆷ의말을 즁히녁이며 그ᄉᆞ람의몸을 귀히밧들진ᄃᆡ 명식은 무어시던지 쳐디ᄂᆞᆫ엇더ᄒᆞ던지 실상권리가 다 그ᄉᆞᄅᆞᆷ의게잇슨즉 셰력이 엇지디위에ᄯᅥᆯ녓다ᄒᆞ리요 다 ᄉᆞᄅᆞᆷ의게달녀 뉘가 억지로막을수업고 억지로식힐수도 업ᄂᆞᆫ바ㅣ어ᄂᆞᆯ ᄉᆞ람마다 이거슬새닷지못ᄒᆞ고 헛디위와 명목을인연ᄒᆞ야 놉다귀ᄒᆞ다ᄒᆞ여 그디위를 엇은후에야 말이 서고 ᄯᅳᆺ시힝ᄒᆞᆫ다ᄒᆞ미 무숨일을 ᄒᆞ고져ᄒᆞᆫ다ᄂᆞᆫ쟈 셰샹을위ᄒᆞ야 조곰식 힘쟈라ᄂᆞᆫ

뒤로 일을ᄒᆞ야 일을ᄯᅡ라 힘이더늘게ᄒᆞᆯ줄은 ᄯᅳᆺᄒᆞ지못ᄒᆞ고 곳 불의불신ᄒᆞᆫ일이라 도힝ᄒᆞ여 지럼길로 그 쟈리를엇으려ᄒᆞᄆᆡ 그 쟈리가 졈졈 더러워져셔 정직ᄒᆞᆫ쟈는 ᄎᆞᄎᆞ물너가고 간악ᄒᆞᆫ류들이 다토어 ᄎᆞ지ᄒᆞ는고로 그 놉흔디위가 인ᄒᆞ야 쳔히되여 젼일에 여간명망이잇던쟈도 그디위에 안는날은 민심이 곳 도라안져 두렷ᄒᆞᆫ일도 의심을두며 진실ᄒᆞᆫ말도 밋지안이ᄒᆞ여 무ᄉᆞᆷ령을 나리던지 무ᄉᆞᆷ일을ᄒᆞ던지 낫ᄒᆞ로는 슌죵ᄒᆞ나 실상은 관쟝의명령을 리웃늙은이의말만치 즁히녁이지 안는지라 지금 우리나라에 벼슬디위가 이러틋 하쳔ᄒᆞ게되얏스ᄆᆡ 그권리를인연ᄒᆞ야 ᄉᆞ업ᄒᆞᆯ 실상힘은 아조업다고ᄒᆞ여도 가ᄒᆞ다ᄒᆞ게거늘 이 무식ᄒᆞᆫ빅셩들은그속을싱각지못ᄒᆞ고 죵시도 ᄒᆞ는말이 빅셩은 아모리지덕이겸비ᄒᆞ나 어리셕고 무식ᄒᆞᆫ관원이 ᄒᆞᆫ기젼에는 우리가 무어시던지 ᄒᆞᆯ수도업거니와 ᄒᆞ여도 되지안으리라ᄒᆞ야 관인은 나라를팔아도 막지못ᄒᆞᆯ줄로알며 평민은 나라를 당셕에 、영、미、국ᄀᆞᆺ치 만들도리가 잇슬지라도 도아쥬지 못ᄒᆞᆯ거스로아ᄂᆞ니 불과 관인들의노례되는싱각뿐이라 엇지 국민된즁임을 감당ᄒᆞ리요

대뎌 죵이라ᄒᆞ는것은 졔몸갑슬 만히밧던지 젹게밧던지 인심이관후ᄒᆞ고 의식이 넉넉ᄒᆞᆫ뒤로 보니여쥬던지 ᄉᆞᆷ슌구식을못ᄒᆞ여 ᄆᆡ나엇어마즐집으로 즁가밧고팔던지 다 상젼의ᄯᅳᆺ만 슌죵ᄒᆞᆯ뿐이오 제가감히 알은체못ᄒᆞ며 졔몸을 팔아먹는 악ᄒᆞᆫ상젼을 ᄯᅥ나기슯혀ᄒᆞ야 도로혀 눈물을 흘니ᄂᆞ니 이거시 곳 노례의셩질이라 만

일 살님을빗치ᄒᆞ고 ᄯᅩ로나가 살나ᄒᆞ면 도로긔여들어오며 의지가업셔 ᄯᅩ로살기 실타ᄒᆞᄂᆞ니 이런셩질을 벽파ᄒᆞ기젼에는 결단코 ᄌᆞ쥬ᄒᆞᄂᆞᆫ ᄇᆡᆨ셩이 되지못ᄒᆞᆯ지라 이거시 ᄯᅩᄒᆞᆫ 마암의결박밧은 한가지례습이오

ᄉᆞ는 ᄉᆞ람의ᄆᆞ음이 셰력을 의뢰ᄒᆞ기됴하ᄒᆞᆷ이라 대장부ㅣ셰상에 나셔 맛당히나의긔운을 굿세게ᄒᆞ야 놈이 와셔 나를의뢰ᄒᆞ게ᄒᆞᆯ것이어늘 이것을 ᄉᆡᆼ각지못ᄒᆞ고 도로혀 놈을의뢰ᄒᆞ려 단니노라고 긔회와형편을 ᄉᆞᆲ히기에 겨를치못ᄒᆞ니 텬하에 더럽고 비루ᄒᆞᆷ이 실로비ᄒᆞᆯᄃᆡ업도다 ᄌᆞ고로 유지ᄒᆞᆫ 남ᄌᆞᄂᆞᆫ 셰력을 두려ᄒᆞ야 긔ᄀᆡ를 굴ᄒᆞ지안이ᄒᆞ며 형편을 인연ᄒᆞ여 쥬의를변치안이ᄒᆞ며 쳔병만마가 물밀듯 들어오되 ᄌᆞ긔의 일신을ᄐᆡ산ᄀᆞᆺ치 즁히녁여 ᄒᆞᆫ발거름도 퇴츅ᄒᆞ지안이ᄒᆞ며 뢰졍 벽력이 지쳑에 달녀들되 안식이 불변ᄒᆞ고 졀ᄀᆡ를 굿세게워 쳔만셰에 들어나셔 영원토록 빗나ᄂᆞ니 '은나라◦ᄇᆡᆨ이◦◦슉졔◦는 말을치며 간ᄒᆞ엿고 '려죠(숑도) 뎡◦졍포은◦은 대진을 홀로막어 빗난피를세쳣스며 "아죠"의◦박뎨보◦는 단근을 밧으면셔 의를굴치안엇스며 근리ᄉᆞ젹으로 말ᄒᆞ여도 쟝신이 동병ᄒᆞ여 범궐ᄒᆞᄂᆞᆫ그 동으로 도셩을 침범ᄒᆞᆯ시 ◦◦담비쟝샤◦◦ᄒᆞᆫ나이 담비쓰을던칼을들고 ᄂᆡ다러 홀로 막어되젹ᄒᆞ얏스믜 지금ᄭᆞᆺ 말ᄒᆞᄂᆞᆫ쟈 칭찬ᄒᆞᆷ을 말지안는바ㅣ라 우리나라에 이런ᄉᆞ젹을 긔록ᄒᆞ랴면 지필을 져당치못ᄒᆞᆯ지로다

슯흐다 뎌ᄉᆞ긔에 빗ᄂᆞᆫ 현쳘과 영걸들은 목숨ᄒᆞᆫ나 사는것만 다힝으로 알지안코

목숨외에 특별히즁ᄒᆞᆫ 의가잇셔 그의를몰으는쟈는 살어도 쥭은쥴로알고 목숨을 바려 의를세워스ᄆᆡ 몃ᄇᆡᆨ년 몃쳔년이 지나도록 써ᄀᆞ지안ᄂᆞ니 이것이 실로 인류에ᄃᆡ여 난 본의라ᄒᆞᆫ게거늘 지금사ᄅᆞᆷ들은 ᄉᆡᆼ각이 졈졈비루ᄒᆞ여가셔 오ᄂᆞᆯ날에이르러 맛참ᄂᆡ ᄀᆡ아미 무리와ᄀᆞᆺ치되여 참 영광이 엇더ᄒᆞᆫ것인지 의리가 무엇인지 몰으고 다만 인간의 지극ᄒᆞᆫ락은 식ᄉᆡᆨ이 뎨일이라ᄒᆞ야 놀기와 살기만 즁히녁이ᄆᆡ 무엇이던지 넘ᄉᆡᆨ만 맛흐면 ᄉᆞ방에셔 모혀들고 빗만보면 각쳐으로 ᄯᆞ러가ᄆᆡ 그비루ᄒᆞᆫᄃᆡ도와 부패ᄒᆞᆫ힝동은 닐으지도말고 다만 그졍상을말ᄒᆞᆯ진ᄃᆡ 실로 엇지ᄒᆞᆯ수업는인민이되여 이것을 힝셰라고도ᄒᆞ며 지혜라고도녁여 욕과 망신은 엇더ᄒᆞ던지 놈에게붓혀 리만싱기면 영웅이라ᄒᆞᄂᆞ니 ᄐᆡ산ᄀᆞᆺᄒᆞᆫ셰력을 져ᄒᆞᆫ져 반ᄃᆡᄒᆞ야 악ᄒᆞᆫ셰상을익의고 의를들어ᄂᆡ고져 ᄒᆞᄂᆞᆫ마암이업슨즉 엇지 의가 ᄉᆞᄉᆞ로힝ᄒᆞ며 셰상이 ᄉᆞᄉᆞ로잡히리요

대뎌 셰상은 의와 악이 쥬야로싸호는 큰 젼징 ᄒᆞᆫ판이라 ᄀᆡ명ᄒᆞᆫ 나라에셔는 의편을도아 싸호는쟈ㅣ 만흔고로 올흔쟈ㅣ편ᄒᆞᆷ을엇고 그러치못ᄒᆞᆫ 나라에셔는 악편을도와 싸호는쟈ㅣ 만흔고로 올흔쟈ㅣ용랍을 엇을수업는바ㅣ라 그러ᄒᆞᆫ즉 악이강ᄒᆞ고 의가약ᄒᆞ야 당초에 비교도ᄒᆞᆯ수업슬듯ᄒᆞ나 누구던지 진실로 밝히알어 실낫ᄀᆞᆺ치 약ᄒᆞᆫ거슬 굿세게 붓들고 쥭기ᄭᆞ지 나아가기를 의심업시ᄒᆞᆯ진ᄃᆡ 그 의가 필경 온 셰상이라도 익의는법이어늘 이거슬 몰으고 강ᄒᆞᆫ편만찻즈니 ᄎᆞ소위

박쥐의구실이라 날즘싱과 길즘싱이 편을갈나싸홀ᄯᅢ에 량편의강약만삷히다가긔
는즘싱이 강ᄒᆞᆫᄯᅢ는 날ᄀᆡ를감초고 그편에싸히고 날즘싱이익이면 날ᄀᆡ를펴고 식
편을도으ᄆᆡ 그후에는 량편에셔 다알고 붓치지안이ᄒᆞᄂᆞ니 이러ᄒᆞᆫ무리들은 맛당
히 셰상밧게몰아ᄂᆡ쳐 션악의젼정이 결말된후에 풀어노아 셕겨살게ᄒᆞ면 비록큰
히는 업슬지라도 엇지 국민된직칙을맛겨 권리를허락ᄒᆞ리오 이는 셰력이범위를
벗셔나지못ᄒᆞ는 ᄉᆡᆼ각의폐단이며
오는 ᄉᆞᄅᆞᆷ이 ᄉᆞᄉᆞᄉᆡᆼ각을 버셔나지못ᄒᆞᆷ이라 ᄉᆞᄉᆞᄉᆡᆼ각이라 ᄒᆞ는것은 졔몸을위ᄒᆞ
는ᄃᆡ셔 ᄉᆡᆼ김이니 셰상에 활동물로 되여나셔 지앙을피ᄒᆞ고 복을구ᄒᆞᆷ은 다 ᄀᆞᆺᄒᆞᆫ
셩질이라 이거슬 몰을수잇스며 몰으고야 ᄯᅩᄒᆞᆫ 엇지ᄒᆞ리오 그런즉 이거슬 ᄉᆞᄉᆞ
ᄉᆡᆼ각이라 ᄒᆞᆯ수는업스나 그 구ᄒᆞ는것이 ᄯᅩᄒᆞᆫ 구별이잇셔 놈을히롭게ᄒᆞ고라도져
를리롭고져 ᄒᆞ는것은 놈만히로을ᄲᅮᆫ안이라 졔게도 히가크게 되는거시니 이거시
닐은바 ᄉᆞᄉᆞ로온ᄉᆡᆼ각이오 놈을리롭게ᄒᆞ야 졔게 스ᄉᆞ로 리가도라오게 ᄒᆞ는것이
공번된리익이라ᄒᆞᄂᆞ니 이리익을 참리로음으로아는쟈는 인간샤회를 유지ᄒᆞ는쥬
의로 졔직칙을숨ᄂᆞ니 이는 ᄉᆞᄅᆞᆷ의화복안위가 젼혀 샤회에속ᄒᆞᆫ연고ㅣ라
대뎌 샤회라ᄒᆞ는것은 인류가 모혀 ᄒᆞᆫ뭉치가 된것이니 이삼인만모혀도 곳 ᄒᆞᆫ샤
회오 밀우어 도셩이나 나라이나 온 셰상이나 인류가모혀사는무리는 다 ᄒᆞᆫ샤회
라 본ᄅᆡ인류가 즘싱과ᄃᆞᆲ어셔 ᄯᅡ로살지못ᄒᆞ고 여러이모혀 규모와질셔를 뎡ᄒᆞ고

경운궁

황상거동ᄒᆞ시는위의

샤회를만ᄃᆞᆯ어 서로의탁ᄒᆞᄂᆞᆫ힘이 되여야 사ᄂᆞᆫ법이니 가령 몃집이모혀사ᄂᆞᆫ 적은
샤회로말ᄒᆞᆯ지라도 그샤회가 죵용치못ᄒᆞ면 그안에 사ᄂᆞᆫ인족이 엇지편ᄒᆞ기를 바
ᄅᆞ며 그 샤회에지물이 넉넉ᄒᆞᆯ진ᄃᆡ 그안에사ᄂᆞᆫ자ㅣ 엇지의식이업스리요 이로밀
우어 나라의 큰샤회를볼진ᄃᆡ ᄯᅩᄒᆞᆫ 이와ᄀᆞᆺᄒᆞᆫ지라 우혜도 여러번셜명ᄒᆞᆫ바ㅣ니다
시 말ᄒᆞᆯ거시업거니와 이거슬 아ᄂᆞᆫ민족들은 나라를 부요ᄒᆞ게 ᄒᆞᄂᆞᆫ것이 곳 졔집
을 넉넉히ᄒᆞᄂᆞᆫ거스로알며 나라를 태평케ᄒᆞᄂᆞᆫ거시 곳 졔집을 편안켸ᄒᆞᄂᆞᆫ법인줄
알아 온 샤회를유지ᄒᆞᄂᆞᆫ 공번된리익으로숨ᄂᆞᆫ것이 국민된직칙이어ᄂᆞᆯ 이거슬 몰
으ᄂᆞᆫ 국민들은 곳 졔몸ᄒᆞᆫ나만 보젼ᄒᆞ면 그샤회ᄂᆞᆫ업셔도 살줄로알며 졔몸만 리
로으면 온 샤회가위ᄐᆡᄒᆞ여도 ᄒᆞᆯ로 편안ᄒᆞᆯ줄로녁이ᄂᆞ니 가령 텬하에아모도업고
나ᄒᆞᆫ져살면 락이잇다ᄒᆞ게ᄂᆞᆫ가 이ᄂᆞᆫ 곳 야만시ᄃᆡ에 하등샤회의 쥬의라 각기 졔
입과 졔몸과 졔계집ᄭᆞ지ᄂᆞᆫ 겨오ᄉᆡᆼ각ᄒᆞ나 기외에ᄂᆞᆫ 도라보ᄂᆞᆫ것이업서셔 혀뎨붓
허 곳 서로 ᄉᆡᆼ명을결우ᄂᆞ니 ᄇᆡᆨ셩의ᄉᆡᆼ각이 이러틋 얏게되ᄆᆡ ᄉᆞᄉᆞ은혜와 ᄉᆞᄉᆞ원
슈만 즁히녁이고 공번된은혜와 공번된원슈ᄂᆞᆫ 즁히녁일줄 몰나셔 쳔만가지일에
리ᄒᆡ시비를 밧고어ᄉᆡᆼ각ᄒᆞᄂᆞ니 이ᄂᆞᆫ 마암이 ᄉᆞᄉᆞ뜻에 버서나지못ᄒᆞᆫ연고ㅣ라 이
ᄉᆡᆼ각을가지고 나라일을 의론ᄒᆞᆯ진ᄃᆡ 뉘가 춤 샤회일에 리로을 ᄉᆞ람인지 엇던일
이 춤 샤회에유조ᄒᆞᆯᄉᆞ건인지 비교ᄒᆞ지안이ᄒᆞ고 다만 졔게친소원근을ᄯᅡ라 ᄉᆞᄉᆞ
만 위ᄒᆞᄂᆞᆫ즁에셔 큰샤회가 ᄉᆞᄉᆞ로 결단날지니 엇지 위ᄐᆡ치안으리요 이ᄂᆞᆫ 샤회

를유지ᄒᆞᆯ줄 몰으는폐단의 근본이오

륙은 ᄉᆞ람의ᄉᆡᆼ각이 구습을바리지못ᄒᆞᆷ이라 대뎌 일을의론ᄒᆞ는쟈는 ᄒᆞᆼ상 여러가지를 비교ᄒᆞ야 그즁에셔 나흔거슬ᄐᆡᆨᄒᆞ여 ᄒᆡᆼᄒᆞᆯ줄알어야 일이완젼ᄒᆞ여 놈만못ᄒᆞ게되는 흠졀이업슬것이니 놈의것과 제것슬 비교ᄒᆞ는ᄉᆡᆼ각이 몬져잇셔야 ᄒᆞ려니와 셜령 비교ᄒᆞᆯᄉᆡᆼ각은 ᄉᆡᆼ기고도 제가몬져알던거슬 나흔줄로녁이는 편벽된ᄉᆡᆼ각을 ᄭᆡ치지못ᄒᆞ면 아모리비교ᄒᆞ여도 놈의됴흔것이 참 됴케보이지 안이ᄒᆞ는셩질이 져마다잇ᄂᆞ니 이럼으로 누구던지 구습에 됴케녁이던거슬 됴치안은줄을더욱몬져 ᄭᆡ달은후에야 비로소 리ᄒᆡ션악을 바로아는길이열닐지라 ᄒᆞᆷ을며 지금셰상은 텬하만국이 지혜를모아 뎨일편리ᄒᆞ고 뎨일정미ᄒᆞᆫ법을ᄐᆡᆨᄒᆞ야 통ᄒᆡᆼᄒᆞ며 날마다진보ᄒᆞ야 젼에됴턴것을 ᄅᆡ일 더 긔이ᄒᆞ게ᄒᆞ야 졈졈ᄉᆡᆼ길ᄉᆞ록 더욱진보ᄒᆞᄆᆡ나 의업던거슬 놈에게ᄇᆡ와셔 그 ᄇᆡ흔거스로 더 ᄀᆡ량ᄒᆞ야 서로 지혜와 ᄌᆡ조를가지고 다토아나아가ᄆᆡ 어제됴흔것을 알던쟈ㅣ 오날 더 나흔거슬 알지못ᄒᆞ면 어제는 놈에게 웃듬이되엿스나 오날은 발셔 놈에게 ᄯᅥ러진지라 이럼으로 졈졈ᄉᆡ것으로나아가셔 문명이한업는 졍도에이르ᄆᆡ ᄉᆡ거슬모본ᄒᆞ는쟈는 놈과ᄀᆞᆺ치흥왕ᄒᆞ며 녜젼것만 고집ᄒᆞ는쟈는 날로쇠ᄒᆞᆷ을 면치못ᄒᆞ는바ㅣ라 우리가 지금이셰상에쳐ᄒᆞ엿슨즉 어셔밧비 ᄉᆡ거슬구ᄒᆞ여 곳 목마른ᄃᆡ 물ᄎᆞᆺ듯ᄒᆞ여야쓰게는ᄃᆡ 이것을ᄭᆡ닷지못ᄒᆞ고 도로혀 녜젼것만직히기를 곳 목숨ᄀᆞᆺ치앗겨 션왕의구례라ᄒᆞ면 참

구례인지 안인지도몰으며 츰 됴흔지언짠은지도 싱각지안이ᄒᆞ고 의례히 텬하에
뎨일이라ᄒᆞ야 다시 업ᄂᆞᆫ것으로알며 조상의 유젼ᄒᆞ던거시라ᄒᆞ면 어느ᄯᅢ붓허 어
느ᄯᅢᄭᆞ지 써왓ᄂᆞᆫ지 지금셰상에 합당ᄒᆞᆫ지 안은지 놈도이만ᄒᆞᆫ거시잇ᄂᆞᆫ지 업ᄂᆞᆫ지
ᄂᆞᆫ뭇지안코 의례히 이거슨 곳치지못ᄒᆞᆯ것이라ᄒᆞᄂᆞ니 의관졔도로만 볼지라도 갑
오이젼시ᄃᆡ에 갓망건과 즁츄막 소창옷슬 조상의 녜ᄉ법이라ᄒᆞ나 우리의즁간조
상들이 녜젹션조상의 졔도를변ᄒᆞ야 서로만든 법인줄을몰나셔 셜령 져의시조들
의 녜젹ᄒᆞ던법을 다시힝ᄒᆞ라ᄒᆞᆯ지라도 이거슨 션왕의법이 안이라ᄒᆞᄂᆞ니 일로써
다시밀우어볼진ᄃᆡ 지금ᄉᆞ람들의 단두루미기와 적은갓슬 이아리ᄉᆞ람들이 ᄯᅩ 져
의조상의 녜ᄉ법이라ᄒᆞ야 만일 큰갓에 널은ᄉᆞᆫ을달아쓰고 힝의나 즁츄막을입으
라ᄒᆞ면 도로혀 조상의녜ᄉ법이안이라ᄒᆞ야 죽기로써 반ᄃᆡᄒᆞᆯ지니 과연 이만치우
슈은 일이업ᄂᆞᆫ지라 이외에 모든쳔빅가지일이 이와갓ᄒᆞ셔 그ᄯᅢ를ᄯᅡ라 변ᄒᆞᆷ이업
슬수업고 변치안으려ᄒᆞ여도 부지즁에 변치안을수가업ᄂᆞ니 이ᄂᆞᆫ 오ᄂᆞᆯ날 우리의
일용ᄉᆞ물을 십여년젼에만 비교ᄒᆞ여도 가히 파혹ᄒᆞ게거ᄂᆞᆯ 종시 우물안고 기를변
치못ᄒᆞ야 돈쭉만ᄒᆞᆫ 하ᄂᆞᆯ을보고 뎨일넓다ᄒᆞ미 태산에올나 ᄉᆞ방을 둘너본쟈의말
을 엇지밋고 고지들으리요 인ᄒᆞ야 시거슬실혀ᄒᆞ며 반ᄃᆡᄒᆞ야 빅반으로져희코져
ᄒᆞᄂᆞ니 이싱각으로써 나라일을 의론ᄒᆞ랴ᄒᆞᆯ진ᄃᆡ 다만 시법만 쥰힝치못ᄒᆞᆯ뿐아니
라 도로혀 크게위ᄐᆡᄒᆞᆫ화단을 닐희킬지니 이거시 구습에셔 싱각을ᄌᆞ유로못ᄒᆞᄂᆞᆫ

폐단이며
칠은 ᄉᆞ람의ᄆᆞᄋᆞᆷ이 거짓ᄒᆞᄂᆞᆫ악습에 물들미라 대뎌 진실이라ᄒᆞᄂᆞᆫ것은 만ᄉᆞ의근
원이오 빅ᄒᆡᆼ의웃듬이니 진실이안이면 ○소진○의구변도 놈이밋지안이ᄒᆞ며 ○졔갈
량○의 의ᄉᆞ라도 놈이좃지아니ᄒᆞᄂᆞᆫ리치라 비록 일시에속인바ㅣ되여 밋고좃ᄂᆞᆫ다
ᄒᆞ나 얼마못되여 맛참ᄂᆡ 들어나ᄂᆞᆫ법이니 ᄒᆞᆫ번들어나ᄂᆞᆫ날은 뉘가 다시밋으리요
ᄉᆞ람이밋지안이ᄒᆞᆫ즉 합심이되지못ᄒᆞ며 합심이되지못ᄒᆞᆫ즉 져ᄒᆞᆫ져ᄒᆞᆯ일외에 다만
일이인이상이 ᄒᆡᆼᄒᆞᆯ일이라도 당초에ᄉᆡᆼ의도못ᄒᆞᆯ지니 그런ᄃᆡ에셔 무슴큰ᄉᆞ업이되
여볼수잇스리요 그러ᄒᆞᆫ즉 우리나라에셔ᄂᆞᆫ 아모것도 ᄒᆞᆯ수업셔 ᄉᆞᄉᆞ로 쇠잔ᄒᆞᄂᆞᆫ
것과 타국들의 날마다 큰 ᄉᆞ업이ᄉᆡᆼ겨 져러틋 부강에나아감이 실상근본인즉 다
ᄎᆞᆷ것슬ᄒᆡᆼᄒᆞ고 아니ᄒᆡᆼᄒᆞᄂᆞᆫ구별에셔 분간됨이라 지금 、대한、과 、쳥국、은 무어시뎨
일만히 결단ᄂᆡ엿ᄂᆞ냐ᄒᆞᆯ진ᄃᆡ 거짓ᄒᆞᆫ거시 첫ᄌᆡ라ᄒᆞᆯ지니 그 거짓악습을 말ᄒᆞ쟈면
실로 한량이업ᄂᆞᆫ지라 우혜셔ᄂᆞᆫ 아ᄅᆡ를속이며 ᄌᆞ식은 아비를속여셔 놈을잘속이
ᄂᆞᆫ쟈는 춍명지혜롭다ᄒᆞ며 잘속이지 못ᄒᆞᄂᆞᆫ쟈는 곳 반편이라 텬진이라 ᄒᆞ야 부
모가 ᄌᆞ녀를가라칠ᄯᆡ에 놈에게 속쥬지말나ᄒᆞ며 션ᄉᆡᆼ이 뎨ᄌᆞ를교훈ᄒᆞᆯᄯᆡ에 거짓
말로칭찬ᄒᆞ야 인간쳔만ᄉᆞ에 여간 관계잇ᄂᆞᆫ일이나 혹 상관업ᄂᆞᆫ일에나 거짓말과
거짓쇠가 들지안ᄂᆞᆫ 곳시업셔 이거슬 례절이라고도일으며 이거슬 ᄒᆡᆼ셰라고도ᄒᆞ
며 이거슬 권모술슈라고도ᄒᆞ며 이거슨 업슬수도업고 업스면 ᄯᅩᄒᆞᆫ 일군의 슈단

이안이라ᄒᆞ야 이거스로 집안을어거ᄒᆞ며 이거스로 친구를접제ᄒᆞ며 이거스로 나라를다ᄉᆞ리며 이거스로 셰계를교셥ᄒᆞᄆᆡ 내 말을ᄒᆞᆯᄯᅢ에 속을두고말ᄒᆞ며 남의말을들을ᄯᅢ에 속을두고들은즉 남의정대ᄒᆞᆫ말을 속이ᄂᆞᆫ거스로들으며 나의진실ᄒᆞᆫ말을 남이 ᄯᅩᄒᆞᆫ 고지듯지안이ᄒᆞ야 단 두ᄉᆞ름이 ᄉᆞᄉᆞ일을 의론ᄒᆞᆯ수업거던 엇지나라의 큰관계를말ᄒᆞ야 질뎡ᄒᆞ리요 이럼으로 셰계에셔 、대한、과 、청국、을 곳 거짓말텬디라ᄒᆞ야 공ᄉᆞ나 령ᄉᆞ로 ᄐᆡᆨᄒᆞ여보ᄂᆡ면 참 졍직ᄒᆞᆫᄉᆞ람은 이마를찡기리고 머리를흔들며 오기를즐겨안이ᄒᆞᄂᆞ니 이ᄂᆞᆫ진실ᄒᆞᆷ을 엇을수업ᄉᆞᆫ즉 일을결뎡ᄒᆞᆯ수업슴이라 실로 붓그럽고 분ᄒᆞᆫ일이로다 이러틋 힝셰ᄒᆞ야 일을조쳐ᄒᆞᆯ수업스ᄆᆡ남이 필경 위협으로니려눌너 압제로핍박ᄒᆞᄆᆡ 속으로 뇌물을밧쳐 무ᄉᆞᄒᆞᆷ을도모ᄒᆞ니 이거시 도로혀 후환을기르ᄂᆞᆫ줄 ᄭᆡ닷지못ᄒᆞᄂᆞᆫ도다 이럼으로 셰상에공도가업셔지며 인ᄒᆞ야 원긔가줄어들고 거짓거시득셰ᄒᆞ야 곳 거짓거스로 사ᄂᆞᆫ셰상이되니 인민의권리가 어ᄃᆡ잇스리요 협잡이층층히늘며 폐단이 첩첩히싱겨 엇지ᄒᆞᆯ수업ᄂᆞᆫ경우에 이르럿스니 이 악습에물든거슬 바리지못ᄒᆞ고 국ᄉᆞ를 의론ᄒᆞᄂᆞᆫ권리를엇을진ᄃᆡ 협잡과 뇌물이며 아첨ᄒᆞ고 청촉ᄒᆞᄂᆞᆫ모든폐단이 층층히싱길지니 비록법을엄히세워 폐단을막ᄂᆞᆫ다ᄒᆞ나 법힝ᄒᆞᄂᆞᆫᄉᆞ람이 엇지 ᄯᅩ 그 ᄉᆞ람이안이리요 이ᄂᆞᆫ 진실ᄒᆞᆷ을 중히녁이지안이ᄒᆞᄂᆞᆫ 폐단이오

팔은 ᄉᆞ람이 만물을다ᄉᆞ리ᄂᆞᆫ권리가 잇슴을알지못ᄒᆞᄂᆞᆫ 폐단이라 텬디만물이 다

조쥴쥬의 창조ᄒᆞ심을밧아 형형식식이 긔묘졍긴ᄒᆞ게 되엿스나 다 ᄉᆞ람의쓰는바ㅣ되지못ᄒᆞ면 맛참ᄂᆡ 혼돈셰샹에 바린물건이될ᄲᅮᆫ이라 이럼으로 그즁에 ᄉᆞ람을ᄂᆡ여 가쟝 신령ᄒᆞᆫ령혼을붓쳐 지혜와능력이잇셔 능히 만물을 쥬쟝ᄒᆞ게ᄒᆞ셧ᄂᆞ니 이럼으로 ᄉᆞ람은 지혜가 졈졈늘어셔 오리될ᄉᆞ록 물건이 더욱 긴졀히 씨우는바 되거니와 즘싱은 능히 진보ᄒᆞ지못ᄒᆞ야 몃쳔년을 지나되 ᄒᆞᆼ상 ᄒᆞᆫ모양이니 새의 깃듸림과 즘싱의굴이며 검의의 줄치는것과 벌의ᄭᅮᆯ두는것이며 기외 각식죵류들의 모든 지조를볼진ᄃᆡ 텬셩으로 품부ᄒᆞᆫ지각은 다 얼마ᄶᅳᆷ잇셔 그러ᄒᆞ되 그거시 다 태고ᄶᅥᆨ에ᄒᆞ던것과 조곰도 나흘거시업ᄂᆞᆫ지라 이는 다만즘싱만 이러ᄒᆞᆯᄲᅮᆫ안이라 ᄉᆞ람도 ᄯᅩᄒᆞᆫ 이와ᄀᆞᆺᄒᆞ셔 아프리가쥬에 검은인죵이나 태평양모든셤에 죵녀닙ᄀᆞᆺ흔살빗인죵과 남북 아메리가쥬에 검붉은인죵들의 사는거슬보면 모도태고ᄶᅥᆨ에지ᄂᆡ던것과 ᄒᆞᆫ모양이오 조곰도 진보된거시업스며 아셰아쥬에 여러나라들은 이보다 좀 낫다ᄒᆞ나 근년에 일본이 셔로 셔양의문명교화를엇어 다시 변혁ᄒᆞ야 노흔외에는 모도다 녜ᄉᆞ것만 직혀셔 다만 진보ᄒᆞ지 못ᄒᆞᆯᄲᅮᆫ안이라 도로혀 녜ᄉᆞ거슬 다 이져바리고 젼만못ᄒᆞ게 된거시만흐니 가령 고려ᄯᅢ에 굽던ᄉᆞ긔가 유명ᄒᆞᆫ 고물이라 우리나라 ᄉᆞ람들은 다 그법을이져버려 굽지못ᄒᆞ며 근쟈에 일본인 들이 연구ᄒᆞ야 그와흡ᄉᆞ히 만드는바ㅣ오 기외에 쳔ᄇᆡᆨ가지를보면 다 이와ᄀᆞᆺᄒᆞ셔 젼에 우리나라이 몬져힝ᄒᆞ여 일본이 ᄇᆡ와ᄒᆞ던거슬 지금은 우리가도로혀 일본에게 ᄇᆡ호며 교화와졍치의근본이 다 동양에셔 ᄉᆡᆼ긴것을 셔양에셔갓다가 들어ᄂᆡ여노엇스ᄆᆡ 우리가 지금ᄇᆡ호며 도로혀 셔양것시라고닐으ᄂᆞ니 다만격물학과 화학으로 말ᄒᆞᆯ지라도 지금 셔양ᄉᆞ람들이 지졍지미ᄒᆞ게 발달식혀노흔것을보고 ᄉᆞ람마다 그 신긔미묘ᄒᆞᆷ을 탄복ᄒᆞ고칭찬ᄒᆞ나 그 근본인즉 다 동양에셔 격물치지ᄒᆞᄂᆞᆫ법을 몬져 말ᄒᆞ여노흔것이라 우리가 이말ᄒᆞᆯᄯᅢ에 뎌 ᄉᆞ람들은ᄉᆡᆼ각도못ᄒᆞ던바ㅣ니 만일 우리가 그후로 날마다진보ᄒᆞ엿더면 오늘날 어ᄃᆡᄭᅡ지이르럿슬지 몰나슬터이니 셔양ᄉᆞ람들이 보고ᄯᅡ라오려고 ᄋᆡ를쓸 거시어늘 다만 션각의말만 즁히녁일줄알고 션각의말을 더욱연구ᄒᆞ야 더 낫게ᄒᆞ기를 경영치못ᄒᆞᄆᆡ 오늘날 우리의션각이 남의션각만 못ᄒᆞ게되엿스니 이는 션각을놉히는것이도로혀 얏게ᄒᆞᆷ이되엿고 교화로 말ᄒᆞᆯ지라도 ○예수○가 동양에셔나샤 교를젼ᄒᆞ셧거늘 동양에셔 밧지안이ᄒᆞ야 셔양에셔밧어다가 져러ᄒᆞᆫ 문명졍도에 이르럿거늘지금 우리는 그 근본을모르고 셔학이라고도ᄒᆞ며 혹 셔양 교화라고도ᄒᆞ야 남의것이니 알기실타ᄒᆞᄂᆞᆫ지라 ᄉᆞ람의 어리셕음이 엇지 이다지심ᄒᆞ리요 물을마시면근원을알고져ᄒᆞ며 실과를먹으면 나무를뭇ᄂᆞᆫ것이 텬연ᄒᆞᆫ 셩품이어늘 엇지ᄒᆞ야 이셩품을 젼혀바리고 리치와 근본을 알고져안이ᄒᆞ야 하ᄂᆞ님이 ᄉᆞ람의쓰기를위ᄒᆞ여 만드신 텬디만물을 다 바려두어 지금ᄭᅡ지 ᄡᅥ볼ᄉᆡᆼ각을 두지 안이ᄒᆞᄂᆞᆫ고로 필경 남이 ᄃᆡ신다ᄉᆞ려 쓰는것을 만들려ᄒᆞᆷ이라 진실로앗갑고 원통ᄒᆞ도다 대뎌 그 연고를 궁구ᄒᆞᆯ진ᄃᆡ 당초에 ᄉᆞ람과물건이 엇더케 싱긴근본을 알지못ᄒᆞᄂᆞᆫᄃᆡ셔 어리셕은싱각이싱겨 다만 만물을 바려둘뿐안이라 도로혀 만물을ᄉᆞ람보다 신령ᄒᆞ게녁여 일월셩신과 산쳔초목이며 날즘싱길버러지를 ᄒᆞᆫ나도 안이셤기ᄂᆞᆫ것이업셔 돌쪼각과 흙덩이로만든 부쳐 미력과 우상등상을 곳 신명으로 위ᄒᆞ며 심지어 구렁ᄇᆡ암과 가진쳔루ᄒᆞᆫ미물을 안이위ᄒᆞᄂᆞᆫ것이업셔 텬디간에 가쟝귀ᄒᆞ고 신령ᄒᆞᆫᄉᆞ름의 디위로 더 무심ᄒᆞᆫ미물에게 절ᄒᆞ기를 붓그러 안이ᄒᆞ며 도로혀 더 미물을위ᄒᆞ야 ᄉᆞ람의맛당ᄒᆞᆫ일을 폐ᄒᆞᄂᆞᆫ것이 무수ᄒᆞᆫ지라 네쪽에 、익급국、이 망ᄒᆞᆯ씩에 소와 기와 돗과 괴양이를 다 위ᄒᆞᄂᆞᆫ고로 、파사국、이 각식즘싱을몰아 군ᄉᆞ압헤세우고 밀어들어가ᄆᆡ 、익급、군ᄉᆞ들이 져의위ᄒᆞᄂᆞᆫ즘싱이 마즐가두려ᄒᆞ야 활ᄒᆞᆫ번을 쏘지못ᄒᆞ고 종용히 항복ᄒᆞ얏ᄂᆞ니 지금 우리나라 ᄉᆞ람들이 이디경ᄭᅡ지ᄂᆞᆫ 이르지안엇스나 헛것 숭상ᄒᆞᄂᆞᆫ풍속을 궁구ᄒᆞ여볼진ᄃᆡ 이보다 별로멀지안은지라 국가에 만분시급ᄒᆞᆫ일이 잇셔도 들가시기젼에ᄂᆞᆫ 궐문에갓가히못ᄒᆞ며 화식이 목젼에박도ᄒᆞ되 졈밋고 신밋어셔 예비ᄒᆞ지안이ᄒᆞ며 이인이며 명인이며 관샹쟝이 ᄉᆞ쥬쟝이등 모든 혹셰무민ᄒᆞᄂᆞᆫ류들을 밋고안져 졔셰안민ᄒᆞᆯ 방칙이잇셔도 들어쓰지안이ᄒᆞ며 뭇구리ᄒᆞᆫ후에야 집고치며 칙력보고야 츌입ᄒᆞᄂᆞᆫ 무궁무진ᄒᆞᆫ 악풍픽속이 모도 ᄉᆞ람의ᄆᆞ음을 결박지어 능히 벗셔나지못ᄒᆞ니 더 미물에속ᄒᆞ고 헛싱각에미혀 능히 졔몸을ᄌᆞ유ᄒᆞ지못ᄒᆞᄂᆞᆫ 빅셩의게 만일 나라일을의론

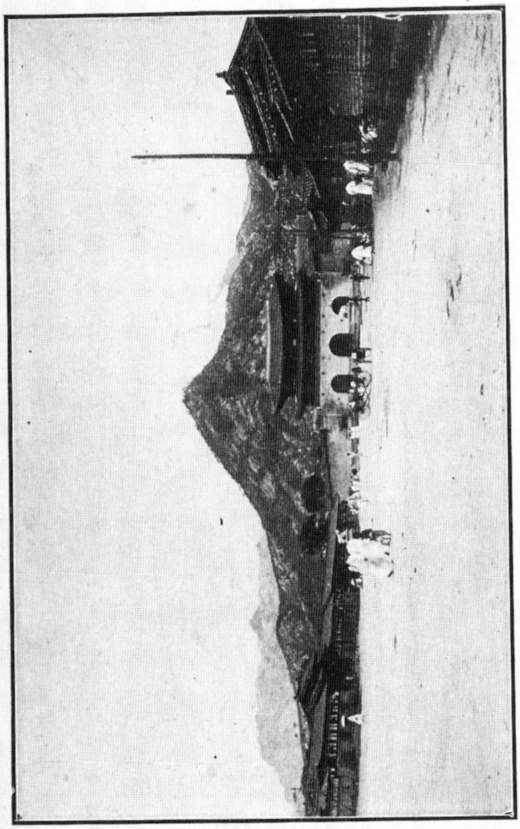

광화문

ᄒᆞᄂᆞᆫ 권리를허락ᄒᆞᆯ진ᄃᆡ 발달흥왕ᄒᆞᄂᆞᆫ 모든 긴급ᄒᆞᆫᄉᆞ업을 엇지용밍잇게 힝ᄒᆞ여 보리요 이ᄂᆞᆫ 인류가 만물을다ᄉᆞ리는 권리가잇슴을 알지못ᄒᆞᄂᆞᆫ 폐단이라

이상 여닯가지ᄂᆞᆫ 다 ᄉᆞ람의ᄆᆞ음을 결박ᄒᆞ야 본연ᄒᆞᆫ ᄌᆞ쥬권리를 즁히녁일줄 몰으ᄂᆞᆫ 폐단의 가장 들어ᄂᆞᆫ것이라 이것을 벽파ᄒᆞ지못ᄒᆞ고ᄂᆞᆫ 능히 ᄇᆡᆨ셩된 권리를엇어 발달 진보ᄒᆞᄂᆞᆫᄃᆡ 나아갈수업ᄂᆞ니 ᄉᆞ람마다 나몬져 이런습관을ᄭᆡ치고 어셔 ᄂᆞᆷ을ᄭᆡ우쳐쥬기로 직칙을숨어야 되게도다 그러나 이것을알고져ᄒᆞᆯ진ᄃᆡ 셔학문이안이면 될수업ᄂᆞᆫ 바ㅣ라

대뎌 셔학문이라ᄒᆞᄂᆞᆫ것은 몃천년젼에 어리셕게 밋던거슬 다 ᄭᆡ쳐바리고 셔로히 분명ᄒᆞᆫ증거와 확실ᄒᆞᆫ 본톄를들어ᄂᆡ여 아모라도 눈으로보며 손으로만지며 ᄆᆞ음으로ᄉᆡᆼ각ᄒᆞ야 ᄭᆡ닷고 밋음이니 셔양ᄉᆞ람들도 젼에ᄂᆞᆫ 말ᄒᆞ기를 큰 코세리가잇셔 ᄒᆡ를싯고 다라난다ᄒᆞ며 혹은 무숨귀신이 손으로들고 가ᄂᆞᆫ것이라ᄒᆞ야 맛치 우리나라에셔말ᄒᆞᄂᆞᆫ바 ᄒᆡ를먹어 일식이되며 옥토세가 ᄃᆞᆯ속에잇셔 약을ᄶᆞᆺᄂᆞᆫ다는말과 갓흔의견이라 범ᄇᆡᆨᄉᆞ물에 모든 이런ᄉᆡᆼ각을 다 바리고 그 실상을ᄎᆞ져ᄂᆡ여 지혜가밝히ᄯᅮᆯ니ᄆᆡ ᄉᆡᆼ각이 더욱늘며 리치가 더욱 소상ᄒᆞ야 긔운을잡어 번ᄀᆡ를만들며 벽력을피ᄒᆞ고 비를물니치며 물과불을 손으로만들어 당셕에셔 셔로 변ᄒᆞ게ᄒᆞᄂᆞᆫ 모든 긔이ᄒᆞᆫ일을 져마다 ᄇᆡ와셔 곳 제눈으론보고 제손으로만들면 되ᄂᆞᆫ것이니 텬문 디지 화학등 쳔죵만물의 지졍지미ᄒᆞᆫ학문이 다 날마다진보ᄒᆞ야 셔로 ᄯᅮᆯ어ᄂᆡᆫ거시라 이 학문을 알지못ᄒᆞ면 리

치를 ᄒᆡ셕ᄒᆞᆯ수업ᄂᆞ니 리치를 ᄒᆡ셕지못ᄒᆞ면 어리셕은ᄉᆡᆼ각을 벽파ᄒᆞᆯ수업ᄂᆞᆫ지라 엇지 인류의 령혜ᄒᆞ고 존귀ᄒᆞᆫ디위를알며 텬품으로타고난 권리를 즁히녁일줄알니요 그런즉 우리나라동포들의 뎨일 시급ᄒᆞᆫ것이 ᄉᆡ학문이라 급급히 공부를힘쓰야 되려니와 만일 ᄉᆡ학문의 힘을엇어 ᄌᆞ유ᄒᆞᆯ줄만알고 ᄌᆞ유의 방한이잇ᄂᆞᆫ줄을 알지못ᄒᆞ면 ᄯᅩᄒᆞᆫ 그 권리를 엇지못ᄒᆞᆯ지라 권리의 한졍잇ᄂᆞᆫ거슬 불가불 셜명ᄒᆞ리로다

▲ᄌᆞ유권리의방한

대뎌 조물쥬의 텬디만물을 챵조ᄒᆞ신본의를볼진ᄃᆡ 과연 지극히 공번되여 조곰도 편벽됨이업도다 가쟝 적은물건붓허 한업시 큰것ᄭᆞ지라도 서로졔어ᄒᆞ야 평균히보젼ᄒᆞ게ᄒᆞ셧ᄂᆞ니 쥐ᄀᆞᆺ흔즘ᄉᆡᆼ은 지극히적은고로 별로도라보ᄂᆞᆫ쟈ㅣ업슨즉 그 ᄌᆞ유ᄒᆞᆷ이 한뎡이업슬듯ᄒᆞ나 고양이가잇셔 얼마ᄶᅳᆷ 못ᄒᆞ게ᄒᆞ며 고양이의게ᄂᆞᆫ ᄀᆡ가잇고 ᄀᆡ의게ᄂᆞᆫ 호랑이가잇고 호랑이의게ᄂᆞᆫ ᄉᆞᄌᆞ가잇스며 ᄉᆞᄌᆞ의게ᄂᆞᆫ ᄉᆞ람이잇셔 서로 졔어가되며 고ᄅᆡᄀᆞᆺ흔고기ᄂᆞᆫ 지극히뎨대ᄒᆞ야 바다에셔 졔어ᄒᆞᆯ것이 업슬듯ᄒᆞ나 조고마ᄒᆞᆫ 상어의 무리를만나면 그 거대ᄒᆞᆫ몸에 용ᄆᆡᆼ이소용업고 마춤ᄂᆡ ᄂᆞᆷ에고기가될ᄲᅮᆫ이니 셰상만물이 다 이러ᄒᆞ야 서로 졔어ᄒᆞᄂᆞᆫ중에셔 ᄉᆞ름의 다ᄉᆞ림을밧ᄂᆞᆫ바ㅣ니 이ᄂᆞᆫ ᄉᆞ람이가쟝 령혜ᄒᆞᆫ연고ㅣ라 그런즉 ᄉᆞ람의권리ᄂᆞᆫ 방한이업셔 졔ᄆᆞᄋᆞᆷ과힘ᄃᆡ로 극ᄒᆞᆫᄌᆞ유를 ᄒᆡᆼᄒᆞᆷ이 맛당ᄒᆞᆯᄀᆞ 이ᄂᆞᆫ 결단코 그러치안은지라 뎌 무지ᄒᆞᆫ즘ᄉᆡᆼ들도 지혜를ᄯᅡ라 권리의크고 적은 한졍이잇거ᄂᆞᆯ 엇지 ᄉᆞ람이 홀로권리의방한이업스리요 ᄉᆞ람은 만물즁에 뎨

일 지혜로은고로 직칙이 ᄯᅩᄒᆞᆫ 만물즁에 뎨일즁ᄒᆞᆫ지라 가령 놈의부모된쟈ㅣ ᄋᆞ히를 먹이고 입히며 기르며 교육ᄒᆞᆷ은 그 부모된직칙이나 이직칙이잇다고 무단히 포학ᄒᆞ거나 구박ᄒᆞᆷ은 합당ᄒᆞᆫ권리가안이며 어린ᄋᆞ히ᄂᆞᆫ 부모의게 의뢰ᄒᆞ야 기르며 인도ᄒᆞᆷ을 밧은즉 맛당히 그 ᄯᅳᆺ슬슌죵ᄒᆞ여 바로밧어야ᄒᆞᆯ지라 만일 졔ᄯᅳᆺ에 됴흔것이라고 부모의가라침을 밧지안을진ᄃᆡ 이ᄂᆞᆫ ᄌᆞ유ᄒᆞᄂᆞᆫ 권리가안이라 그럼으로 ᄉᆞ람의대소를물론ᄒᆞ고 각각 그직칙을ᄯᅡ라 권리가ᄌᆞ지ᄒᆞ고 권리를직히면 직칙이ᄌᆞ지ᄒᆞ니 녜ᄶᅧᆨ야만시ᄃᆡ에ᄂᆞᆫ 각각 힘이강ᄒᆞ여 놈을익이ᄂᆞᆫ것으로 권리라ᄒᆞ엿스ᄆᆡ 한뎡이업셔것니와 시ᄃᆡ가 ᄎᆞᄎᆞ개명ᄒᆞ여오며 교화가 더욱밝아져셔 셰력으로닷토던 권리를감ᄒᆞ고 법률을만들어 한뎡ᄒᆞ미 가령 ᄇᆡᆨ셩이모혀 ᄒᆞᆫ ᄯᅡᆼ을쟈만ᄒᆞ고 평균히난호어 집을지을시 각각졔목에오ᄂᆞᆫᄯᅡᆼ을 ᄒᆞᆫ조각도 ᄂᆡ노치안으려ᄒᆞᆯ진ᄃᆡ 가온ᄃᆡ셔 ᄉᆞᄂᆞᆫ ᄉᆞ람들은 길이업셔 밧그로 통치못ᄒᆞᆯ지니 맛당히 ᄇᆡᆨ집이 각각 조곰식ᄂᆡ여노아 길도ᄂᆡ고 공원디도 만들어셔 일톄로 편리ᄒᆞ게ᄒᆞ여야 능히 그샤회를 유지ᄒᆞᆯ지라 만일 내지산을 보호ᄒᆞᆯ권리가 내게잇스니 ᄂᆡ여노치 안으리라ᄒᆞᆯ진ᄃᆡ ᄉᆞ셰가 그져ᄂᆞᆫ 지닐수업슨즉 필경 강포ᄒᆞᆫ 쟈가 나서셔 치고ᄲᅢ앗ᄂᆞᆫ 폐단이ᄯᅩᆯ닐지라 나라를세운것이 ᄯᅩᄒᆞᆫ 이와ᄀᆞᆺᄒᆞ셔 그나라안에사ᄂᆞᆫᄇᆡᆨ셩들이 각기 졔권리를 ᄎᆞᆺᄂᆞᆫ다고 공회를 싱각지안이ᄒᆞ면 방한이업서셔 그 권리를 보호ᄒᆞᆫ다ᄂᆞᆫ것이 도로혀 그 권리를손히ᄒᆞᆯᄲᅮᆫ이니 이럼으로 법률을뎡ᄒᆞ고 그 법률안에 방한을뎡ᄒᆞ야 서로편리케ᄒᆞᆷ이라 만일완악ᄒᆞᆫ쟈ㅣ 졔권리만보호ᄒᆞ기 위ᄒᆞ야 그

법률에 벗셔날진ᄃᆡ 졔권리를인연ᄒᆞ여 여러ᄉᆞ람이 엇지그ᄉᆞᄅᆞᆷ의권리만 즁히녁여 ᄌᆞ긔들의 권리를일코져ᄒᆞ리요 응당 절제ᄒᆞ야 그ᄉᆞᄅᆞᆷ의권리를 졍지ᄒᆞ게ᄒᆞᆯ지니 이럼으로 권리를 즁히녁이ᄂᆞᆫ ᄇᆡᆨ셩은 법률을 몬져 공부ᄒᆞ야 그 법률만 억의지안이ᄒᆞ면 그안에셔ᄂᆞᆫ 조곰도 ᄂᆞᆷ이금지ᄒᆞᆯ쟈ㅣ 업ᄂᆞᆫ줄로녁여셔 각각 졔몸을 다ᄉᆞ릴줄아ᄂᆞᆫ고로ᄂᆞᆷ이다ᄉᆞ림을 밧지안ᄂᆞ니 다만 국법만 이러ᄒᆞᆯᄲᅮᆫ안이라 여간 일이십명이 모히ᄂᆞᆫ 적은샤회에도 ᄯᅩᄒᆞᆫ 규측쟝졍이잇셔 아모리 귀즁ᄒᆞ고 존엄ᄒᆞᆫ이라도 그 좌셕에 ᄎᆞᆷ예ᄒᆞ면곳 그규측을쥰ᄒᆡᆼᄒᆞ며 밀우어 온 셰상으로말ᄒᆞ여도 ᄯᅩᄒᆞᆫ 공법이잇셔 이 경위ᄃᆡ로쥰ᄒᆡᆼᄒᆞᄂᆞ니 그 대 소의구별은비록닯으나 공번된본의ᄂᆞᆫ ᄒᆞᆫ가지라 ᄉᆞᄅᆞᆷ이 졔권리를보호ᄒᆞ야 ᄂᆞᆷ의게일치안이ᄒᆞ며 졔몸을다ᄉᆞ려 ᄂᆞᆷ이다ᄉᆞ림을 밧지안이ᄒᆞᆯ진ᄃᆡ 그나라이 ᄯᅩᄒᆞᆫ 나라권리를 일치안이ᄒᆞ며 타국의다ᄉᆞ림을 밧지안이ᄒᆞᆯ지라 이것은 다 ᄉᆞ람의 몸에 ᄯᆞᆯ닌권리를 즁히녁여 나라의권리를 보호 ᄒᆞᄂᆞᆫ근본의 대강을말ᄒᆞᆷ이어니와 지금우리나라의 독립권리가 엇더ᄒᆞᆫ형편에잇ᄂᆞᆫ것을 알어야 비로소 무ᄉᆞᆷᄉᆡᆼ각이 날것이오지금형편을알랴면 맛당히 지ᄂᆞᆫᄅᆡ력ᄉᆞ를 몬져상고ᄒᆞ여보아야 비로소 ᄅᆡ력을알니로다

▲대한의독립ᄅᆡ력

대한이 단군이후로 거의오쳔년ᄅᆡ에 당당ᄒᆞᆫ 독립강국이라、고구려、ᄯᆡ에、슈。양뎨。가일ᄇᆡᆨ십ᄉᆞᆷ만병을 거나리고、죠션、을 침로ᄒᆞᆯ시 ᄉᆞᆷ십여만명이、요동、을 지ᄂᆡ여、압록강、을 건너 평양ᄭᆞ지 이르럿다가 。을지문덕。에게 ᄑᆡᄒᆞ야 겨우 이쳔륙ᄇᆡᆨ여명이 살어건

동국명장양만츈의화살에당태종리셰민의눈이샹ᄒᆞᆫ것

安市城李世民中矢傷目圖

東國을創立ᄒᆞ신檀君의像

단군

教化를倡興ᄒᆞ신箕子의像

긔ᄌᆞ

평양에잇는긔ᄌᆞ능

乙支文德清川江大破隋軍圖

乙支文德遺像

동국명장 을지문덕

너갓ᄂᆞ니 우리 동국ᄉᆞ긔를 공부ᄒᆞᆯ진ᄃᆡ 이러틋 빗난ᄉᆞ젹을 ᄉᆞ람마다 알것이오 그ᄯᅢ에 부강ᄒᆞᆫ것을 져마다 알것이어ᄂᆞᆯ ᄒᆞᆫ갓、청국、ᄉᆞ긔만 슝상ᄒᆞᄂᆞᆫ즁에셔 내나라의영광스러온일을 초한젹 팔년풍진이나 ᄉᆞᆷ국젹 젹벽대젼만치 즁히녁이지못ᄒᆞ야 이것을ᄌᆞ셰히 아ᄂᆞᆫ이가 만치못ᄒᆞ도다 그후、당、○ᄐᆡ종○이 십만ᄉᆞᆷ쳔병을 거나리고 죠션을 침로ᄒᆞᆯ시 이ᄯᅢᄂᆞᆫ、요동、젼폭을 우리동국에셔 ᄎᆞ지ᄒᆞ엿슬ᄯᅢ라 、당、○ᄐᆡ종○이 그장수다려닐너왈 、요동、은 본ᄅᆡ、즁원、에 쇽ᄒᆞ얏던바ㅣ 어ᄂᆞᆯ 죠션이 ᄎᆞ지ᄒᆞ고 돌녀보내지안이ᄒᆞ니 맛당히 젼징ᄒᆞ야 ᄲᅢ앗슬지라ᄒᆞ고 대병을 휘동ᄒᆞ여 ○셜인귀○로 션봉을ᄉᆞᆷ으니 ○셜인귀○ᄂᆞᆫ 본ᄅᆡ죠션ᄉᆞ롬이라 죠션에셔 인지를 쓰지안ᄂᆞᆫ고로 、즁원、에들어가 이러케됨이니 만일거두어써ᄯᅥᆫ들 즁원이 크게위ᄐᆡᄒᆞ엿슬지라 、고구려、ᄉᆞ장수○합소문○에게 크게 픽ᄒᆞ여 당ᄐᆡ종이 쪽겨갓스며 그후에 다시이십만병을 거나리고 、ᄇᆡᆨ졔、를 침범ᄒᆞ다가 ᄯᅩᄒᆞᆫ○쇼뎡방○에게 픽ᄒᆞ야갓스며 、당、○헌종○시졀에 졀도ᄉᆞ○리ᄉᆞ도○가 반ᄒᆞ야 란리를 짓거ᄂᆞᆯ、당나라、이 ᄉᆞ신을 、신라、에 보내여 구원을 쳥ᄒᆞᄂᆞᆫ지라 、신라、○흥덕왕○이 ○김응원○을 명ᄒᆞ야 ᄉᆞᆷ만병을발ᄒᆞ여 가셔 돕게ᄒᆞ엿스며 、송나라、○영종○시졀에 ᄉᆞ신을보내여 의복졔구와 금은보픽며 풍류그릇을드리고 교졔를친밀히 ᄒᆞ고져ᄒᆞ야 ᄉᆞ신이ᄌᆞ죠왕ᄅᆡᄒᆞ여 ᄃᆡ졉이륭슝ᄒᆞ며 、동국、의 문학을흠션ᄒᆞ야 당시에 유명ᄒᆞᆫ문쟝을ᄐᆡᆨᄒᆞ야 ᄉᆞ신을 보내여 특별ᄒᆞᆫ례졀이 극히 공손ᄒᆞ엿스며 、고려、ᄯᅢ에 、몽고、가 ᄒᆞᆼ상와셔 침로ᄒᆞᄂᆞᆫ지라 그 ᄉᆞ신두명을 죽인고로 여러ᄒᆡ를두고 군ᄉᆞ를닐희여 보복ᄒᆞ기를도모ᄒᆞ되ᄒᆞᆼ

상ᄑᆡᄒᆞ야 물너갓스며 、원나라、ᄯᅢ에ᄂᆞᆫ 、원나라、이 、일본、을치고져ᄒᆞ야 ᄉᆞ신을보ᄂᆡ여항복ᄒᆞ라ᄒᆞᄆᆡ 、일본、이듯지안커ᄂᆞᆯ 、원나라、이 대로ᄒᆞ야 、고려、와 련합ᄒᆞ여 、일본、을칠ᄉᆡ일병이 、고려、에게 대ᄑᆡᄒᆞᆫ바ㅣ된지라 이에 、고려、군ᄉᆞ를 크게 칭찬ᄒᆞ여왈 、몽고、군ᄉᆞ가 아모리강ᄒᆞ고 싸홈을잘ᄒᆞ나 、동국、군ᄉᆞ를 ᄯᆞ를수업다 ᄒᆞ엿ᄂᆞᆫ지라 기외에 빗ᄂᆞᆫ ᄉᆞ젹을 다 말ᄒᆞ쟈ᄒᆞ면 ᄒᆞᆫ두가지가안이라 일일히 들어긔록ᄒᆞ기 어렵도다 혹 병력을들어 위엄도보엿스며 혹 교제로상ᄃᆞᆼᄒᆞ야 평화전징의 ᄌᆞ쥬ᄒᆞᄂᆞᆫ권리를 일치안이ᄒᆞ야동방에 강ᄒᆞᆫ셰력을 다토엇ᄂᆞ니 지금 、구라파、쥬중에잇셔 강국들과 권리를ᄃᆡ등ᄒᆞᄂᆞᆫ 적은나라들의게 비ᄒᆞᆯ바ㅣ안이라 지금 태셔의 멋몃ᄉᆞ독립국들은 다 여러강국ᄉᆡ이에세워여러나라의 상제ᄒᆞᄂᆞᆫ 셰력중에셔 능히부지ᄒᆞᆷ이니 만일 이셰력이업시 다만 ᄒᆞᆫ 강국과 싸호라ᄒᆞᆯ진ᄃᆡ 능히부지ᄒᆞᆯ나라이 멋치못될지라 우리나라는 ᄌᆞ고로 련졉ᄒᆞᆫ나라이 、즁원、、일본、두나라ᄲᅮᆫ인ᄃᆡ 、일본、은 바다를막혀잇셔 피ᄎᆞ상ᄃᆞᆼ이 ᄌᆞ연히멀엇스나、즁국、은 토ᄃᆡ가상졉ᄒᆞ야 호흡을상ᄃᆞᆼᄒᆞᄂᆞᆫ즁 ᄌᆞ고로 、즁국、의 강대ᄒᆞᆷ은 동양의 ᄃᆡ젹이업ᄂᆞᆫ바ㅣ라 일죠에군ᄉᆞ를닐희혀 물밀듯들어오면 압뒤에도아줄쟈ㅣ업셧거ᄂᆞᆯ ᄒᆞᆯ로ᄃᆡ젹ᄒᆞ야 번번이 승젼ᄒᆞᆫᄉᆞ젹을 우혜긔록ᄒᆞᆫ것만보아도 우리나라 산천이 웅쟝치못ᄒᆞ거나인민이 강한ᄒᆞ지못ᄒᆞ다 닐을수업ᄂᆞᆫ지라 점점인지를발달ᄒᆞ야 부강에 나아가기를 힘써ᄉᆞ던들 오ᄂᆞᆯ날 、영국、이 조고마ᄒᆞᆫ 셤세덩이속에셔 닐허나 텬하의강국이됨을 부러워ᄒᆞ지 안엇슬지니 、쥬、○문왕○이 ᄇᆡᆨ리로 왕텬하ᄒᆞᆷ이 족히 자랑ᄒᆞᆯ거시 업셧슬것이어

創造龜船ᄒᆞᆫ李舜臣의像

거북션을챵조ᄒᆞᆫ 리슌신

圖賊逐騎單龍起鄭

젹왜로긔단에리란진임
룡긔졍쳔니몰을

像의齡德金士勇古千

고만요ᄉ용고쳔
령덕김 신츙

동국명ᄉᆞ왕인이일본왕ᄌᆞ의게
한문을교슈ᄒᆞᄂᆞᆫ것

놀 ᄉᆡᆼ각이 먼ᄃᆡ밋치지못ᄒᆞ야 ᄒᆞᆫ갓 이속에셔만 서로 권셰를다토어 ᄉᆡ긔로 서로잔ᄒᆡ
ᄒᆞ며 영웅을바려 쓰지안엇스며 ᄒᆞᆷ을며부ᄑᆡᄒᆞᆫ선비들이 소위도학을 힘쓴다고 인심을
결박ᄒᆞ야 활발ᄒᆞᆫ긔운이 ᄉᆡᆼ기지못ᄒᆞᄆᆡ 날로잔약ᄒᆞᆫᄃᆡ 이르러 ᄉᆞᄉᆞ로 설수업시된지라
아죠 임진년에이르러 왜쟝○평슈길○이 이졍형을삷히고 군ᄉᆞ를닐흐혀 침로ᄒᆞᄆᆡ 각쳐
에셔 명쟝과츙신이 닐허나 젹군을ᄃᆡ젹ᄒᆞ다가 젼망ᄒᆞᆫ쟈도만흐며 승젼ᄒᆞᆫ쟈도 무수ᄒᆞ
엿스ᄆᆡ ○리슌신○ ○류셩룡○ ○김덕령○ ○김응서○ ○강홍립○등 모든유명ᄒᆞᆫ이가 쳐쳐에셔 나
왓스되 다 ᄉᆡ긔와 참쇼ᄒᆞᄂᆞᆫ즁에셔 셩공ᄒᆞᆯ 쟈리를엇지못ᄒᆞ엿스며 혹 쟈리를 엇고라
도 ᄯᅩᄒᆞᆫ 긔운을 펴지못ᄒᆞ야 영웅의뜻을 다ᄒᆞ지못ᄒᆞᄆᆡ 일병이 무인디경ᄀᆞᆺ치 들어와
종샤가 위ᄐᆡᄒᆞ게 되엿다가 、명나라、쟝수 ○리여숑○의 조여ᄒᆞᆷ을닙어 왜쟝을막으ᄆᆡ、일
본、이 별로 리롭지못ᄒᆞ고 물너갓스며 그후 병ᄌᆞ년에 이르러 대병을지ᄂᆡᆫ지 얼마못
되여 원긔가 밋쳐소셩치못ᄒᆞᆫ즁에 、한이、긔틀을타셔 침로ᄒᆞ야 화식이박도ᄒᆞᄆᆡ 부득
이 머리를굽혀스나 그러틋 위급ᄒᆞᆫ즁에도 죽기로써 졀을굴치말자고 굿세히겨르다가
쳑화당으로 죽은쟈도 ᄯᅩᄒᆞᆫ무수ᄒᆞ엿스며 셰ᄌᆞ와 대군의존귀ᄒᆞ신 옥톄로 젹군에잡혀
가샤 무지ᄒᆞᆫ 、호한、에게 곤욕을당ᄒᆞ시며 심지어 ○윤집○과 ○오달졔○와 ○홍익한○세츙
신은 호진즁에 잡혀가셔 무수ᄒᆞᆫ 악형을당ᄒᆞ며 오랑캐 ᄭᅮ짓기를 그치지안이ᄒᆞ고 츙
졀을세워 빗나게죽엇스니 지금에 삼학ᄉᆞ의일홈을 몰으ᄂᆞᆫ쟈ㅣ 업ᄂᆞᆫ지라 쳔츄만셰에
무궁ᄒᆞᆫ영광이 ᄉᆞ긔와ᄀᆞᆺ치 유젼ᄒᆞᆯ지니 후셰에 츙신들로ᄒᆞ여곰 당시에ᄀᆞᆺ치나셔 갓치

죡지못홈을 무궁히 한탄홀지라 이후로 거의 숨빅년동안을 소위 죠공혼다는 명식이 잇셧스니 、동국、오쳔년ᄉᆞ긔에 이러틋 더러은욕이 업는지라. 길게 영웅으로ᄒᆞ여곰 강개훈눈물을 금치못ᄒᆞ야 셩쥬명왕과 츙신의ᄉᆞ가 북벌홀 경영으로 젼징을예비ᄒᆞ엿스되 맛참니 그뜻을 일우지못ᄒᆞ엿ᄂᆞ니 이는 다름안이라 소위 도학을숭샹혼다는 션비들이 망령된의론을니여 텬명을거역지안는것이 올타ᄒᆞ는즁에셔 인심이 스ᄉᆞ로 슈치를이져바리고 구ᄎᆞ히 편안홈을 싱각ᄒᆞ야 국권회복홀 의론을들으면 곳 앙화를 ᄌᆞ취혼다ᄒᆞ며 위망을지촉혼다ᄒᆞ야 감히 이런뜻을 말ᄒᆞ지못ᄒᆞ게ᄒᆞ엿슨즉 이즁에셔 무숨싱각이 날수잇스며 싱각이잇기로 무숨일을 힝ᄒᆞ여보앗스리요 이럼으로 ᄉᆞ람의싱각이 졈졈어두어셔 갑오이후ᄭᆞ지도 、청국、을비반ᄒᆞ고 독립국이되는것이 의업는일이라ᄒᆞ야 대쳥년호를업시ᄒᆞ고 건양이나 광무년호를 되신ᄒᆞ는칙력은 보지안는다는 무리ᄭᆞ지잇셧스니 도학을숭샹혼다는 무리들의 독혼히가 이러틋심혼지라 진실로 통분홈을 익의지못ᄒᆞ리로다

▲청국의완고홈

청국인즉 ○요○、○슌○이후로 문명이일즉되여 교화와졍치가 션미혼경도에 이른고로 인ᄒᆞ야 교만혼싱각이싱겨 텬하에 나혼져만 나라이오 기외에토디를상졉혼 여러나라는 다、동이○、셔융○、남만○、북젹○의 모든 오랑키라ᄒᆞ야 ᄌᆞ고로 혹 화친을 청ᄒᆞ거ᄂᆞ ᄉᆞ신을보니는 나라이잇스면 곳군ᄉᆞ를보니여 쳐물니치거ᄂᆞ 힘이부족ᄒᆞ면 공쥬를 시집보

니며 물건을후이쥬어 달니여 되ᄒᆞ거나ᄒᆞᆯ뿐이오 긋기 곤욕을심히당ᄒᆞᆯ진ᄃᆡ 마지못ᄒᆞ
여 ᄒᆞᄂᆞᆫ말이 오랑캐들의게ᄂᆞᆫ 됴흔말을들어도 깃불것이업스며 악ᄒᆞᆫ말을들어도 셩닐
것업다ᄒᆞ야 、한、○고조○ 시졀브터 ᄒᆞᆼ상 이러케 지ᄂᆡ여왓스ᄆᆡ 교만방ᄌᆞᄒᆞᆫ싱각으로 셰
상에 나ᄒᆞᆫ나만잇다ᄒᆞ야 놈과상통ᄒᆞ기를 엄금ᄒᆞ엿ᄂᆞ니 텬하에 이러틋고루ᄒᆞ고 편벽
됨이 다시 어ᄃᆡ잇스리요 셜령 데밧게도 강ᄒᆞᆫ나라이잇슬진ᄃᆡ 맛당히 얼마나크며 엇
더케강ᄒᆞᆫ것을 비교ᄒᆞ여보아 나도 더 강ᄒᆞ게ᄒᆞ여야 쇠퍼ᄒᆞ기에 이르지안이ᄒᆞᆯ것이오
만일 다 야만이나 오랑캐ᄀᆞᆺᄒᆞ여 나와비교ᄒᆞᆯ수 업ᄂᆞᆫ줄로알진ᄃᆡ 더욱 나의 문명ᄀᆡ화
를 널니들어ᄂᆡ여 모도다 교화에들어와 갓치문명의복을 누리게ᄒᆞᄂᆞᆫ것이 도리에도공
평ᄒᆞ고 내의셰력도 더욱 들어날것이니 이ᄂᆞᆫ 곳 、영국、 、미국、이 텬하에 힝셰ᄒᆞᄂᆞᆫ 본
의어눌 엇지ᄒᆞ야 나의놉흔교화와 나의됴흔문명은 나ᄒᆞᆫ져만알것이오 내나라만 힝ᄒᆞᆯ
바ㅣ라 놈의거슬 보기도실코 내것을 놈보이기도실타ᄒᆞ야 셰상을 통치안이ᄒᆞ기로쟉
졍ᄒᆞᄆᆡ 이상ᄒᆞᆫ인물과 이상ᄒᆞᆫ의복이 내디경에들어서면 잡아죽이기로 쟉졍이오 내빅
셩이디경을넘어 놈의디방에들어가면 곳 잡아업시ᄒᆞ기로 만고에 밧고지못ᄒᆞᆯ 국법을
솜엇ᄂᆞ니 텬하에이러틋 편벽됨이어ᄃᆡ잇스며 악ᄒᆞᆫ풍속이 어ᄃᆡ잇스리요 이러틋 직히
여 거의 륙십년젼에이르러 、영국、과 、법국、이 비로소 통상ᄒᆞ기를청ᄒᆞ거ᄂᆞᆯ 、청국、이그
인종들을 셔편오랑캐라ᄒᆞ야 막고드리지안ᄂᆞᆫ지라 、영국、이 군ᄉᆞ를하륙ᄒᆞ여 북경에돌
입ᄒᆞ야 대궐을불을노으ᄆᆡ 젼국이소동ᄒᆞ야 위틔ᄒᆞᆷ이 죠셕에달닌지라 부득이 통상ᄒᆞ

기를허락ᄒᆞ고 、광동、에거류디를터셔 외국인을살게ᄒᆞᄆᆡ 、영국、ᄉᆞ신이 북경에들어갈ᄉᆡ 영인이 한문을모르는고로 ᄉᆞ신의수레에 크게석여글으ᄃᆡ 、영국、이 항복ᄒᆞ려온다ᄒᆞ야 보는ᄉᆞ람들이 속게ᄒᆞ며 ᄯᅩᄒᆞᆫ ᄉᆞ긔에긔록ᄒᆞ여왈 모년모월일에 、영국、이 와 죠공ᄒᆞ다 ᄒᆞ엿ᄂᆞ니 이는 셰상을어리셕게ᄒᆞ야 형셰를 강ᄒᆞ게ᄒᆞ고져ᄒᆞᄂᆞᆫ 어두은루습이라 이후로 、법국、이 、안남국、을 ᄎᆞ지ᄒᆞ며 、셤나국、이 ᄯᅩ로나되 아못말도못ᄒᆞ엿고 、영국、이 、면뎐、을 졈령ᄒᆞ며 、일본、이 、유리국、을 ᄲᆡ아스되 ᄯᅩᄒᆞᆫ 엇지ᄒᆞ지못ᄒᆞ엿ᄂᆞ니 이는 다 、쳥국、에 속국으로 오ᄅᆡ그밋헤들어 감히 버셔나기를 ᄉᆡᆼ각지못ᄒᆞ며 ᄯᅩᄒᆞᆫ 감히 침로ᄒᆞᆯ쟈 업던바러니 일죠에 양인의셰력으로 분분히ᄶᅧ여ᄂᆡᄆᆡ 그형셰를 가히 다토지못ᄒᆞᆯ줄ᄭᆡ달은지라 다만 그형셰에 쟝ᄒᆞᆫ줄만알고 그나라이 어ᄃᆡ잇스며 대소가 얼마나ᄒᆞ며 졍치법률과 인졍이 엇더ᄒᆞ고 풍속이 엇더ᄒᆞᆫ것은 젹연히 아지못ᄒᆞᄆᆡ 모르는중에셔 의심이ᄉᆡᆼ기며 의심중에셔겁이나셔 셔양ᄉᆞ람이라면 곳 호랑이와ᄀᆞᆺ치 두려워ᄒᆞ야 ᄃᆡᄒᆞ여셔는 감히 머리를들지못ᄒᆞ며 도라셔면 곳 양국귀신ᄌᆞ식이라 혹 셔방 오랑킈종류라ᄒᆞ야 만일 그ᄉᆞ람들의 교화와풍속을 알아보랴ᄒᆞᄂᆞᆫ쟈ㅣ 잇스면 곳 이단의교를ᄇᆡᆨ혼다 이국인과 잠통ᄒᆞᆫ다 약을먹여 ᄉᆞ람의ᄆᆞ음을 혹ᄒᆞ게ᄒᆞᆫ다 어린ᄋᆞᄒᆡ를 ᄶᅧ먹 ᄂᆞᆫ다 ᄉᆞ람의눈을ᄲᆡ인다ᄒᆞ야 모든 어두운ᄉᆡᆼ각으로 무단히 의심ᄒᆞᄆᆡ 관원들이 위력으로잡아 쥭이지안이ᄒᆞ면 ᄇᆡᆨ셩세리모혀 혹 살히ᄒᆞ거나 군츅ᄒᆞ야 견ᄃᆡ지못ᄒᆞ게ᄒᆞᄂᆞ니 이럼으로 상하관민무론ᄒᆞ고 셰상형편을 알수업스며 졔나라ᄃᆡ도가 엇던지몰나셔 어ᄃᆡ셔어

ᄃᆡᄭᆞ지 졔ᄶᅣᆼ인지 아ᄂᆞᆫ쟈도업고 알고져ᄒᆞᄂᆞᆫ쟈도업ᄂᆞᆫ지라 、아라ᄉᆞ、가 이ᄯᅳᆺ슬삷히고비밀히 、쳥국、졍부를 ᄭᅬ여ᄀᆞᆯᄋᆞᄃᆡ 더 、영、법、량국은 다 ᄂᆞᆷ의토디를탐ᄂᆡ여 호랑ᄀᆞᆺᄒᆞᆫ욕심이잇ᄂᆞᆫ쟈들이니 심히위ᄐᆡᄒᆞᆫ지라 우리ᄂᆞᆫ 텬하에 형셰도부강ᄒᆞ고 토디도 ᄯᅩᄒᆞᆫ넉넉ᄒᆞ야 ᄂᆞᆷ의거슬원치안이ᄒᆞ니 우리와합력ᄒᆞ면 갓가운리웃에 서로돕기도쉽고 셰샹에 두려울것이 업다ᄒᆞᄂᆞᆫ지라 、쳥국、이얼마ᄶᅳᆷ 의뢰ᄒᆞᄂᆞᆫᄆᆞᄋᆞᆷ이 ᄉᆡᆼ기ᄂᆞᆫ고로 、아라ᄉᆞ、이 ᄒᆡ마다 、쳥국、 디방을 뉘에가 ᄲᅩᆼ립먹듯ᄒᆞ야 들어오되 쳥인은 그디경을 분간ᄒᆞ지 못ᄒᆞ고 젼붓허 그러ᄒᆞ던줄로알아 부지즁에 일흔것이 흑룡강일ᄃᆡ디방으로 、대한、북편디경ᄭᆞ지 련락ᄒᆞ야 합이 이ᄉᆞᆷ싱가량에 이르거ᄂᆞᆯ 쳥인은 죵시ᄭᆡ닷지못ᄒᆞ니 동방에 위급ᄒᆞᆷ이 이러듯 급급ᄒᆞ도다

▲일본이흥왕ᄒᆞᆫᄉᆞ젹

일본은 녜젹에 、왜국、이라ᄒᆞ던나라이라 、대한、동편에잇셔 조고마ᄒᆞᆫ 섬세덩이로되엿ᄂᆞ니 토디와인민이 、대한、에 비교ᄒᆞ면 조곰 더 되ᄂᆞᆫ지라 ᄌᆞ고로 인민이강한ᄒᆞ야 무긔를숭샹ᄒᆞ며 교화가부죡ᄒᆞ여 괴이ᄒᆞᆫ풍쇽이 만흔지라 ᄒᆡ즁에 ᄯᅩ로잇셔 밧게침로ᄒᆞᆷ이업ᄂᆞᆫ고로 ᄌᆞ존ᄌᆞ대ᄒᆞᆫ셩품을 져의세리길너셔 ᄂᆞᆷ의게굴ᄒᆞᆷ을 밧기ᄂᆞᆫ 죽ᄂᆞᆫ것ᄀᆞᆺ치 녀이ᄂᆞᆫ고로 하라기리라ᄒᆞᄂᆞᆫ것을 됴케녀이ᄂᆞᆫ 풍쇽이잇셔 ᄂᆞᆷ의게 무단히지고 억울ᄒᆞᆷ을 당ᄒᆞᆯᄯᆡ에ᄂᆞᆫ 졔손으로 ᄇᆡ를갈너죽기를 맛당ᄒᆞᆫ의로알아 적게관계되면 ᄒᆞᆫ둘이오 크게 관계되면 오륙십명식ᄒᆞᆷᄭᅴ 모혀 서로일으기를 우리가 이러져러ᄒᆞᆫ 슈치를당ᄒᆞ고 더러

히 사는것이 영광시러히 죽는이만못ᄒᆞ다ᄒᆞ고 져져히칼을잡고 남녀로소가 일시에살어안져 머리를굽혀 쟉별ᄒᆞ고 그쟈리에셔 곳 오쟝을쏘다노코 업듸려 죽는지라 이런일이 비비유지ᄒᆞ다가 근릭에 ᄎᆞᄎᆞ 업셔지는바ㅣ니 그 한독ᄒᆞᆫ셩품은 족히 칭찬ᄒᆞᆯ바ㅣ아니나 놈의게 무단히 지기실혀ᄒᆞ는긔운은 가히 본밧을만ᄒᆞᆫ지라 빅셩의긔운이이러ᄒᆞᆫ즉 아모리 강ᄒᆞᆫ나라ᄉᆞ람이라도 감히 무리ᄒᆞ게 딕답지못ᄒᆞᄂᆞ니 이것이 가쟝 ᄌᆞ유권리를 보젼ᄒᆞ기에 특별ᄒᆞᆫ셩질이오 ᄯᅩᄒᆞᆫ 녜풍속에 량반을놉히고 례법이심ᄒᆞ야귀족은 몸에칼을ᄎᆞ고단이ᄂᆞ니 이는 실례ᄒᆞ는쟈를 버혀죽이라ᄒᆞ는것이라 인명을 초ᄀᆡᄀᆞᆺ치녁이는 독ᄒᆞᆫᄆᆞ음과 열니지못ᄒᆞᆫ 풍속즁에셔 이쳔오빅여년동안을 유젼ᄒᆞ야 나려오며 딕딕로 ᄒᆞᆫ셩씨가 인군노릇을 ᄒᆞ엿스며 이는 각국ᄉᆞ긔즁에 업는일이라 、한、청、량국변방을 죵죵침로ᄒᆞ야 ᄒᆞᆼ상괴롭게ᄒᆞ며 、빅졔、시졀에 、죠션、에셔 ○왕인○을 보니여 일본왕ᄌᆞ의 ᄉᆞ승이되여 론어와 쳔ᄌᆞ와 다른칙을 만히가라쳐쥬엇스며 ᄯᅩ、일본、국문(이려파)을 만들어쥬엇스미 그나라에 글ᄌᆞ쓰는법이 비로쇼 이ᄯᅵ붓허싱겻스며 그후에 ᄯᅩ 우리나라에셔 금붓쳐와 불경을보니엿스미 지금 、일본、이 슝상ᄒᆞ는 불교가 다이ᄯᅵ에 들어간것이오 그후에 ᄯᅩ 텬문과 칙력을 만드는법과 의술과 풍류ᄒᆞ는악공과질그릇과 기와 굽는쟝식들과 간쟝만들며 술만들며 옷만드는 공쟝들이 다우리나라에셔 들어가셔 법을가라쳣ᄂᆞ니 당초에는 이러케 열니지못ᄒᆞᆫ 인죵으로 우리나라의 문명을 빅화다가 얼마ᄯᅢ열닌바ㅣ라 그ᄯᅵ에 졍치졔도를 볼진딕 ᄡᆞᆼ을버혀 난호아 봉ᄒᆞᆫ

졔후가잇셔셔 각각권셰를잡고 졍ᄉᆞ를쥬쟝ᄒᆞ며 그즁에 관ᄇᆡᆨ이잇셔 인군의권리를 ᄃᆡ신ᄒᆞ미 인군은 다만 헛일홈만잇슬ᄲᅮᆫ이오 실상권력은 업셧ᄂᆞ니 임진년 젼징이 역시 다 관ᄇᆡᆨ의 임의로힝ᄒᆞᆫ바ㅣ라 이젼징에 '일본'이 인피ᄉᆞᆷᄇᆡᆨ장을 죠공ᄒᆞ엿다ᄒᆞ나 이ᄂᆞᆫ 그ᄯᅢ에 엇던ᄉᆞ람이 일본에게 병화당ᄒᆞᆫ것을 통분히녁여지어ᄂᆡ인말이오 실상인즉、한일、량국이 이ᄊᆞ홈긋헤 평화로언약ᄒᆞ고 부산항구에 거류디를 뎡ᄒᆞ야 일본인이 와셔 살게ᄒᆞ고 변방에수자리를두어 우리나라에셔 ᄆᆡ년에 십만량식 경비를허비ᄒᆞ다가 일쳔팔ᄇᆡᆨ륙십구년에 이르러 비로소 업시ᄒᆞ엿더라 셔양ᄉᆞ람들이 '일본' 잇ᄂᆞᆫ줄을 짐쟉ᄒᆞᆫ후로 간간히와셔 샹업을통ᄒᆞ려ᄒᆞ나 '일본'이 다 막아들이지 안이ᄒᆞ더니 일쳔팔ᄇᆡᆨ오십ᄉᆞᆷ년에 '미국'이 군함을보ᄂᆡ여 억지로통상을트니 그후에 '일본'이 셰상형편을ᄉᆞᆲ히기위ᄒᆞ야 ᄉᆞ신과 션비를보ᄂᆡ여 교제를친밀히ᄒᆞᆯᄉᆡ 셔양의 부강문명ᄒᆞᆫ형편을 대강 ᄭᆡ닷고본즉 ᄂᆞᆷ이와셔 통샹ᄒᆞᄂᆞᆫ것이 나를ᄒᆡ코져 ᄒᆞᄂᆞᆫ본의가 안인줄을짐쟉ᄒᆞ며 나라를유지ᄒᆞ라면 셔양제도를 모본ᄒᆞ여야 될줄을알지라 이에 춍명지혜ᄒᆞᆫ 션비를ᄐᆡᆨᄒᆞ야 분분히보ᄂᆡ여 셔양에가셔 공부ᄒᆞ게ᄒᆞ미 그 학도들이 각국에가셔 공부를시쟉ᄒᆞᆫ후긔한이차지못ᄒᆞ여 각각도라오고져ᄒᆞᄂᆞᆫ지라 그 연고를물은즉 서로 의론ᄒᆞᄂᆞᆫ말이 우리가 본국의잇슬ᄯᅢ에 셰상형편이엇더ᄒᆞᆫ지 젼혀몰으다가 여긔와셔 공부ᄒᆞ며 ᄉᆞᆲ혀본즉 동양형편이 이러틋 위급ᄒᆞᆫ지라 뎌 위급ᄒᆞᆫ즁에 안져셔도 엇더ᄒᆞᆫ시셰를 알지못ᄒᆞ니우리가 홀로 위ᄐᆡᄒᆞᆷ을보고 엇지 공부만ᄒᆞ고안져 셰월을허비ᄒᆞ리요 맛당히 곳 도라가 내나라관민을 다 흔들어ᄭᆡ와셔 ᄒᆞᆷᄭᅴ 동양을보젼ᄒᆞ는것이 올타ᄒᆞ고 곳 도라와셔 혹 졍부에들어가 권리도잡으며 혹 민간에나서셔 글도지어젼파ᄒᆞ며 연셜도ᄒᆞ야 민심을 고동ᄒᆞ며 습견을벽파ᄒᆞ야 상하가합심ᄒᆞ여 봉건졔도를 혁파ᄒᆞ고 권리를 졍부에돌녀보ᄂᆡ고 황실을놉혀 실권을회복ᄒᆞ며 졍ᄉᆞ를곳쳐 녜젼폐단을졔ᄒᆞ고 ᄉᆡ로히 ᄀᆡ명ᄒᆞᆫ졔도를 ᄎᆞ례로모본ᄒᆞᆯᄉᆡ 도든완고셰가들이 극력반ᄃᆡᄒᆞ미 ᄀᆡ화변에셔 잡혀죽은쟈도 무수ᄒᆞ며 즁상을당ᄒᆞ고 간신히면ᄒᆞ야 병신된쟈도 여러명이라 다ᄒᆡᆼ히 지금 ○명치황뎨의 춍명과단ᄒᆞᆷ으로 형편을 몬져ᄭᆡ닷고 어려움을 무릅쓰고 반역을 용셔ᄒᆞ야 즁임을 맛기며 슈구당을ᄎᆞ례로몰아ᄂᆡ고 ᄀᆡ화당을붓들어 ᄉᆡ법을실시ᄒᆞᆯᄉᆡ 헌법을세워상하의원을 셜시ᄒᆞ고 ᄇᆡᆨ셩을허락ᄒᆞ야 나라일을 의론ᄒᆞ는권리를엇게ᄒᆞ미 외국에가셔 공부ᄒᆞ는쟈ㅣ 날마다늘어 ᄉᆞ람이 다 누구던지 학문만닥그면 못ᄒᆞᆯ것이 업슬줄로알고 집과 솟이라도팔아 경비를쟝만ᄒᆞ여 '영,'미,국에 건너가셔 졸업ᄒᆞ고 돌아오는ᄃᆡ로 그ᄌᆡ조를ᄯᆞ라 권리와직업을맛기미 졈졈 ᄉᆡ학문공부ᄒᆞ기를 ᄌᆞ긔의 목숨구ᄒᆞ듯ᄒᆞ야 이숨십된쟈들은 남녀를물론ᄒᆞ고 그셩질과 모양이 다 셔양ᄉᆞ람ᄀᆞᆺ치되미 젼후ᄉᆞ십년동안에 젼국에ᄒᆞᆫ나도 변치안은것이업셔 셰상ᄉᆞ롬들이 닐으기를 '일본,은 다만 그나라일홈 두글쟈외에 변치안은것이 업다ᄒᆞᄂᆞ니 이러틋 속히변혁ᄒᆞᆷ은 셰계ᄉᆞ긔에듬은일이라 나라에 신민된쟈들로ᄒᆞ여곰 족히 부러온ᄆᆞᄋᆞᆷ을 익의지못ᄒᆞ리로다

▲아라ᄉᆞ졍치력

아라ᄉᆞ、청국、북방에잇셔은국、구라파、와、아셰아、를 반에걸쳐안져 텬하에 뎨일 큰나라는、영국、과 이나라 둘을치는바ㅣ라、영국、은 각쳐에 흣허 진속디를 다 합ᄒᆞ여쳐야 큰 나라이오、아라ᄉᆞ、는 ᄒᆞᆫ덩이로 이러틋 크게되엿ᄂᆞ니 그 폭원의너름을 가히 짐쟉ᄒᆞ게스나 다만 디구북편끗헤ᄀᆞᆺ가와 긔후가극히차고 널은들이 심히습ᄒᆞ야 ᄉᆞᄅᆞᆷ살기에 합당치못ᄒᆞᆫ곳이만으며 모든항구가 반년동안은 얼음이 풀니지안이ᄒᆞ야 동셔양에 젼징이잇스면 군ᄉᆞ파숑ᄒᆞ기에 심히 불평ᄒᆞᆫ고로 ᄒᆞᆼ상 얼지안는항구를 엇고져ᄒᆞ는바ㅣ라 ᄌᆞ초로 풍긔가열니지못ᄒᆞ야 지금섓 야만시러은풍속이 만히덜니지안앗스나 이뎐ᄉᆞ긔를보면 더욱괴악ᄒᆞᆫ ᄉᆞ젹이만흔지라 일쳔륙ᄇᆡᆨ칠십이년에 ○대피득○(피터)이라ᄒᆞ는인군이나셔 졍ᄉᆞ를 그ᄆᆡ씨의게맛기고 미복으로각국을유람ᄒᆞᆯ시 남의문명진보ᄒᆞᆷ을보고 ᄌᆞ긔나라의 열니지못ᄒᆞᆷ과 곤궁잔약ᄒᆞᆷ을 탄식ᄒᆞ야 크게변혁ᄒᆞᆷ을 밍셰ᄒᆞ고ᄇᆡ짓는장식의게 고용이되여 ᄇᆡ짓는법을 공부ᄒᆞ여가지고 나라에도라와 졍ᄉᆞ를 곳치고 풍속을 변ᄒᆞᆯ시 영특ᄒᆞᆫ슈단으로 완고ᄒᆞᆫ민심을 도라보지아니ᄒᆞ고 용ᄆᆡᆼ시러히 힝ᄒᆞ나 다만 신하가어둡고 ᄇᆡᆨ셩이 열니지못ᄒᆞ야 그 신민을 다리고는 졸연히 셩공ᄒᆞ기어려운지라 이에셔양ᄉᆞ람들을청ᄒᆞ야 들어와입젹ᄒᆞ고 살기를원ᄒᆞ는쟈는 그쟈격을ᄯᆞ라벼슬도식히며 ᄯᅡᆼ도버혀쥬어 내신민이되여 나라를돕게ᄒᆞ미 지금도 그나라에 여간평민이라도 젹이 상등ᄃᆡ졉 밧는ᄉᆞ람을보면 다 얼골빗치 흰 인종이요 모든하등ᄉᆞ람은다 살빗치누르고 형용이츄ᄒᆞᆫ 인민들이라 이러틋 힘써힝ᄒᆞ미 나라를즁흥ᄒᆞ여 노엇스미 지금 져러틋 강대ᄒᆞ게된것이 다 이 인군의 긔초잡은것이라 이럼으로 그 셔울을 、피득보、(피러스벅)이라ᄒᆞ야 그 굉대ᄒᆞᆫᄉᆞ업을 쳔츄에긔념ᄒᆞᄂᆞᆫ바ㅣ라 그러나 그나라에본토ᄇᆡᆨ셩을위ᄒᆞ야 의론ᄒᆞᄂᆞᆫ쟈ㅣ 죵죵말ᄒᆞ기를 이인군의공업은 심히 크다ᄒᆞ게스나 본토인죵의게ᄂᆞᆫ 크게젹원ᄒᆞᆫ칙망을 면치못ᄒᆞ리라 ᄒᆞᄂᆞᆫ바ㅣ라 이인군이 평ᄉᆡᆼ에 각국을 병탄ᄒᆞᆯ 욕심이잇셔 ᄉᆞ방으로 토디를널니확쟝ᄒᆞ고 맛ᄎᆞᆷᄂᆡ 쟝ᄉᆡᆼᄒᆞᆯ계칙이업셔 욕심을 취우지못ᄒᆞ고 셰상을ᄯᅥ날줄 몬져ᄉᆡᆼ각ᄒᆞᆫ지라 미리 열네됴목 유언을지어 깁히간슈ᄒᆞ고 그후 ᄌᆞ손으로ᄒᆞ여곰 ᄃᆡᄃᆡ로유젼ᄒᆞ며 비밀히감초고 형편을ᄯᆞ라 본ᄯᅥ힝ᄒᆞ라ᄒᆞ엿ᄂᆞ니 그즁 대지가 강ᄒᆞᆫ나라와 몬져합ᄒᆞ야 적은나라를 난호어업시ᄒᆞ고 그후에ᄂᆞᆫ 틈을타셔 그나라를 마자쳐업시ᄒᆞ며 ᄌᆞ유ᄒᆞᄂᆞᆫ 나라에는 혼인을통ᄒᆞ거나 달니결련ᄒᆞ야 몬져 ᄂᆡ졍을간셥ᄒᆞ여 권리를 쥬쟝ᄒᆞ라ᄒᆞ며 모든 이런 궤휼간교ᄒᆞᆫ 계칙의뜻이 가쟝음험ᄒᆞᆫ지라 그후로 루ᄃᆡ인군되ᄂᆞᆫ이들이 다쥰힝ᄒᆞ야 효험이만터니 근릭에이르러 그글이발각되여 셰상에들어나ᄆᆡ 그 무한ᄒᆞᆫ 욕심을알고 각국이 크게 두려ᄒᆞ야 ᄉᆞ람마다전파ᄒᆞ여 ᄒᆞ나도 모르ᄂᆞᆫ쟈업도록 만들ᄆᆡ 、구라파、쥬에 모든나라이 、아라ᄉᆞ、의셰력을막기로 뎨일긴급ᄒᆞᆫ문뎨를 숨지안ᄂᆞᆫ쟈ㅣ업ᄂᆞᆫ지라 일쳔팔ᄇᆡᆨ오십구년에 、아라ᄉᆞ、와 토이기、두나라젼쟝에 각국이 일졔히나서셔 ᄊᆞ홈을간셥ᄒᆞ야 、아라ᄉᆞ、와 약됴ᄒᆞ고흑히어구를 다시건너 임의로 나오지못ᄒᆞ게ᄒᆞ니 본릭 흑히ᄂᆞᆫ 、아라ᄉᆞ、함ᄃᆡ가 셔양으로 나오ᄂᆞᆫ길목시라 이 어구만막으면 셔양각국에ᄂᆞᆫ 감히 엇지ᄒᆞᆯ수업ᄂᆞᆫ연고ㅣ라 이후로 아인이 감히셔으로 다시 엿보지못ᄒᆞ고 범ᄀᆞᆺ치탐ᄒᆞᄂᆞᆫ눈을 동으로도리키니 밤즁ᄀᆞᆺ흔 텬디에 허다ᄒᆞᆫ싱고기가 무수히 널녓ᄂᆞᆫ지라 일쳔팔ᄇᆡᆨ팔구십년간에 、셔ᄇᆡᆨ리아、텰로를 시쟉ᄒᆞ야 륙년을쟉뎡ᄒᆞ고 일만오쳔리가량을 통ᄒᆞ여나오니 이ᄂᆞᆫ 그셔울에셔 군ᄉᆞ를 파숑ᄒᆞ야 、아셰아、쥬 동방ᄭᅳᆺ헤 나오기를 지쳑ᄀᆞ치ᄒᆞ고져ᄒᆞᆷ이라 、희삼위、로 지뎜을삼으니 곳 、대한、북도와 、청국、동편에 련졉ᄒᆞᆫ곳이라 이디방에달ᄒᆞ여 동양텬디를 임의로 호령ᄒᆞ고져ᄒᆞᆷ이라 셔양에셔 막은불이 동양에 밋쳐오ᄂᆞᆫ지라 그 위급졀박ᄒᆞᆷ이 실로 죠셕에 달녓도다

▲셔양형셰가동으로벗어옴

아라ᄉᆞ의 셰력이 셔양으로 벗어가지못ᄒᆞᆷ은 다른연고가업고 다만ᄉᆞ람마다 그욕심을 ᄭᆡ달어 가ᄂᆞᆫ곳마다 ᄉᆞᆷ가며 방비ᄒᆞ야 그계칙에 ᄲᅡ지지 안이ᄒᆞ고 일심으로 합력ᄒᆞ야 막어ᄂᆡᄂᆞᆫ연고ㅣ라 동양각국도 진즉 그형편을ᄭᆡ닷고 서로방비ᄒᆞ얏던들 감히 다른욕심을 부리지못ᄒᆞ엿슬터인ᄃᆡ 、한、、청、량국은 아조몰으고안져 졈졈벗어들어오ᄂᆞᆫ 화근을 방비ᄒᆞ지 안이ᄒᆞᆫ즉 그형셰가 심히위ᄐᆡᄒᆞᆫ지라 만일 、아라ᄉᆞ、가 、청국、을향ᄒᆞ여 호령만 크게ᄒᆞ여도 、청국、이 곳 두려ᄒᆞ야 、대한、은 본ᄅᆡ우리것이 안이니 앗길것이 업다ᄒᆞ야 졔것처럼허락ᄒᆞ고 져만 화를면ᄒᆞ라ᄒᆞᆯ것이오 、대한、인즉 혜아리되 긔왕에놈의속국되기ᄂᆞᆫ 일반이니 、아라ᄉᆞ、의 속ᄒᆞᄂᆞᆫ것이 과히 원통타ᄒᆞᆯ것도 업거니와 셜령원통ᄒᆞᆯ지라도 、청국、의 셰력도 거졀치못ᄒᆞ엿거던 ᄒᆞᆷ을며 、청국、이 ᄃᆡ뎍ᄒᆞ지 못ᄒᆞᄂᆞᆫ 、아

라ᄉᆞ를 엇지감히 항거ᄒᆞ리요ᄒᆞ야 영원히 아라ᄉᆞ의 입에 들어가기를 면치못ᄒᆞᆯ지니 만일 대한이 아라ᄉᆞ의 들어가면 일본이 ᄉᆞᄉᆞ로외로워셔 ᄯᅩᄒᆞᆫ 홀로부지ᄒᆞ기를바ᄅᆞ지못ᄒᆞᆯ지라 일본이 독히 이형편을살히고 쥬야로 ᄇᆡᆨ셩을 교육ᄒᆞ야 이ᄯᅳᆺ을알게ᄒᆞ며 군ᄉᆞ를길너 국셰를 강케ᄒᆞ고 일변으로 한청량국을 ᄭᆡ워 갓치방어ᄒᆞ기를 힘쓰고져ᄒᆞ매 셔양각국이 ᄯᅩᄒᆞᆫ 이ᄯᅳᆺ을 일본에게 권고ᄒᆞ며 대한과 통ᄒᆞ여 ᄭᆡ닷게ᄒᆞ니 이ᄂᆞᆫ 아라ᄉᆞ셰력이 밋치ᄂᆞᆫ곳마다 상업과 젼도ᄒᆞᄂᆞᆫ 모든공번된리익에 크게손해가잇ᄂᆞᆫ연고ㅡ라 이ᄯᅢ에 법국텬쥬교인들이 틈틈이들어와젼도ᄒᆞ매 우리나라에셔ᄂᆞᆫ 잡ᄂᆞᆫᄃᆡ로 죽이기를 일ᄉᆞᆷ더니 일쳔팔ᄇᆡᆨᄉᆞᆷ십이년에 영국군함일쳑이 남도히변에ᄃᆡ이고글을보내여 통상ᄒᆞ기를쳥ᄒᆞ며 교칙을밧치거ᄂᆞᆯ 곳퇴ᄒᆞ여물니치고 일쳔팔ᄇᆡᆨᄉᆞ십칠년에 법국군함두쳑이 고군산압헤 들어왓다가 얏흔바다에걸녀 죠수물너간후에 곳 파션이된지라 법인륙ᄇᆡᆨ여명이 셤으로들어가 셤즁ᄉᆞ람의 구졔ᄒᆞᆷ을엇어 의복과음식을 극히 쥰비ᄒᆞ며 ᄇᆡ를니여실어 청국으로 보니려ᄒᆞᆯ시 맛참 영국ᄇᆡ가 곳가히 지나다가 실어셔갓ᄂᆞ니 이ᄯᅢ에ᄂᆞᆫ 죠션졍부와 ᄇᆡᆨ셩이 외국인을 극히 잘ᄃᆡ졉ᄒᆞ엿ᄉᆞ나 외국인이 다시들어올가 념려ᄒᆞ야 글을 청국에보내여 법인의게 셜명ᄒᆞ여 글으ᄃᆡ

지나간히에 우리가 외국ᄉᆞ람의게 글을바다보니 그 글에ᄒᆞ엿스되 귀국에셔 우리교ᄉᆞ들을 무단히 죽엿스니 그 연고를물은즉 귀국의법이 외국인을 들이지안ᄂᆞᆫ다ᄒᆞᄂᆞᆫ지라 그러ᄒᆞ나 만일 쳥인이 귀국에들어갈진ᄃᆡ 극히보호ᄒᆞ야 잘 ᄃᆡ졉

ᄒᆞᄂᆞ니 엇지ᄒᆞ여 청인은 이러틋 잘 ᄃᆡ접ᄒᆞ며 우리ᄇᆡᆨ셩의게ᄂᆞᆫ 홀로 편벽되히ᄒᆞᄂᆞ뇨 만일 우리ᄇᆡᆨ셩이 혹 인명을살히ᄒᆞ거나 불궤ᄒᆞᆷ을 도모ᄒᆞ거나 혹 다른죄를범ᄒᆞ엿슬진ᄃᆡ 우리가 아모말도못ᄒᆞᆯ터이나 이ᄉᆞ람들은 실로 아모죄도업거ᄂᆞᆯ귀국이 사형에쳐ᄒᆞ엿스니 이ᄂᆞᆫ 、법국、 졍부를ᄃᆡᄒᆞ야 크게 손히ᄒᆞ게ᄒᆞᆷ이라 ᄒᆞ엿ᄂᆞᆫ지라

우리ᄂᆞᆫ 이편지에ᄃᆡᄒᆞ야 삼가 답쟝ᄒᆞ노라 년젼에 엇던외국ᄉᆞᄅᆞᆷ이 옥에잡혀ᄀᆞᆺ치ᄂᆞᆫᄃᆡ 언제들어온지ᄂᆞᆫ 알수업스나 、죠션、옷슬닙고 、죠션、말을ᄒᆞ며 얼골은 갈희고밤이면단이며 낫지면자고 다만 상종ᄒᆞᄂᆞᆫᄉᆞ람인즉 우리나라에 불궤ᄒᆞᆫ무리라 급기 잡혀와 심ᄉᆞᄒᆞᄂᆞᆫ자리에 셩명을 바로ᄃᆡ지안이ᄒᆞ며 어ᄃᆡᄉᆞ람이라ᄒᆞ고 일으지안이ᄒᆞ니 지금 귀국에셔 이ᄉᆞ람들을 귀국인민이라 ᄒᆞᄂᆞᆫ뜻신지 ᄌᆞ세히알기어렵거니와 당초에 어ᄂᆡ나라 ᄉᆞ람이라고 말ᄒᆞ지안엇ᄉᆞᆫ즉 돌녀보닐줄수도 업셧고셜령 귀국ᄇᆡᆨ셩으로 알엇기로 내나라에 비밀히 들어오ᄂᆞᆫ쟈를 국법ᄃᆡ로 다ᄉᆞ림이 무어시 그르리요 ᄒᆞᆷ을며 언어와 일홈과 복식을곳치고 ᄂᆡ디에 비밀히단임이분명히 다른뜻시잇슴인즉 엇지 파션ᄒᆞ여오ᄂᆞᆫᄉᆞ람과 갓치비교ᄒᆞ리요 만일 파션ᄒᆞ여 오ᄂᆞᆫ쟈ㅣ 잇스면 힘ᄃᆡ로구졔ᄒᆞ야 돌녀보니ᄂᆞᆫ것이 본국의법이라 귀국ᄇᆡᆨ셩들도 표풍ᄒᆞ여 온것ᄀᆞᆺᄒᆞ면 청인이나 일본인이나 다름업시 ᄒᆞ엿슬지라 귀국을ᄃᆡᄒᆞ야 우리가 크게실슈ᄒᆞ엿다ᄒᆞᆷ은 실로 놀나은말이라 우리가 、법국、과 교셥이

업셧스ᄆᆡ 얼마나 멀니잇ᄂᆞᆫ지도 모르ᄂᆞᆫ바ㅣ라 무숨손ᄒᆡ를 ᄂᆡ엿다ᄒᆞ리요 셜령 귀국에 모르ᄂᆞᆫ인민이들어가 불법ᄒᆞᆫ일을 ᄒᆡᆼᄒᆞᆯ진ᄃᆡ 짐짓 그져두게ᄂᆞᆫ가 청인이나 、만쥬、ᄉᆞ람이 이럿케 ᄒᆞ엿슬지라도 우리ᄂᆞᆫ 또ᄒᆞᆫ 이와ᄀᆞᆺ치 죠쳐ᄒᆞ엿슬지라 그동안에 청인이 변복으로 드러왓다가 잡혀 죽엇스되 이것이 우리나라의 법인줄아ᄂᆞᆫ고로 、청국、졍부에셔 아모말도 못ᄒᆞ엿ᄉᆞᆫ즉 귀국ᄇᆡᆨ셩인줄 알엇슬지라도 법ᄃᆡ로시ᄒᆡᆼᄒᆞᆷ이 실슈라ᄒᆞᆯ것 업게거던 ᄒᆞᆷ을며 모르고ᄒᆞᆫ것이야 더욱이 무숨말이잇ᄉᆞ리요 귀국에셔 보ᄂᆡᆫ 편지가 법식에합당ᄒᆞ지못ᄒᆞ니 우리가 회답ᄒᆞᆯ의무ᄂᆞᆫ업ᄉᆞ나 이일이 ᄒᆞᆫ 관찰ᄉᆞ의 조쳐ᄒᆞᆯ바ㅣ 못되ᄂᆞᆫ지라 우리ᄂᆞᆫ 、청국、의 속국인고로 모든외국의 관계되ᄂᆞᆫ일에ᄂᆞᆫ 북경졍부와 의론ᄒᆞ야 조쳐ᄒᆞᆷ이 우리의직칙이라 이ᄉᆞ실을 숨기지안코 바로말ᄒᆞ노니 웃ᄉᆞ람의게 이ᄃᆡ로 보ᄒᆞ라ᄒᆞ엿더라

이편지가 、청국、으로 인연ᄒᆞ야 、법국、졍부에달ᄒᆞᄆᆡ 、법국、졍부에셔보고 의론ᄒᆞ여ᄀᆞᆯᄋᆞᄃᆡ 죽기를무릅쓰고 어두운나라에 들어가 교화를젼ᄒᆞᄂᆞᆫ ᄂᆡ나라ᄇᆡᆨ셩을 엇지도라보지안이ᄒᆞ리요 군ᄉᆞ를 보ᄂᆡ여셔라도 별로히 약됴ᄒᆞ고 、죠션、에 들어가ᄂᆞᆫ교인을 잘보호ᄒᆞ게ᄒᆞ여야 올타ᄒᆞ여 방쟝 쥰비ᄒᆞ려ᄒᆞ다가 맛춤ᄂᆡ 란이나셔 그 의론이 졍지되엿ᄂᆞ니

대뎌 교인이라ᄒᆞᄂᆞᆫ것은 각국이 극력 보호ᄒᆞᄂᆞᆫ법이라 셔양각국에셔도 슈쳔년동안을 나려오며 교밋ᄂᆞᆫᄇᆡᆨ셩을 잡아죽이기로 큰 ᄉᆞ업을숨아 여러쳔명의인명이 상ᄒᆞᆫ후에비

의틔리국에밀란교당

로소 그 잔포무리홈을깨닷고 혜아리되 교라ᄒᆞᄂᆞᆫ것은 각국졍치와 풍속의근원이라각각져의들의 밋ᄂᆞᆫᄃᆡ로밧들며 ᄯᅩᄒᆞᆫ 져의됴흔줄로밋ᄂᆞᆫ것을 놈과ᄀᆞᆺ치 ᄒᆞ자ᄂᆞᆫ본의가 지극히 인의에서 발홈이어ᄂᆞᆯ 엇지 금ᄒᆞ며 막으리요ᄒᆞ야 공법을뎡ᄒᆞ여 특별히 보호ᄒᆞᄂᆞ니 이것이 곳 근ᄃᆡᄀᆡ명셰계에 가장 쥬의ᄒᆞᄂᆞᆫ바ㅣ어ᄂᆞᆯ 、죠션、셔는 이 본의를모르고 혹 교를젼ᄒᆞ면 곳 나라이 업셔지거나 ᄇᆡᆨ셩이 다 인군도업고 아비도업시 금슈ᄀᆞᆺ치 되ᄂᆞᆫ줄로알아 외국인을 막ᄂᆞᆫ뜻시 가장 국법이된고로 잔혹무리ᄒᆞᆫ일이 죵죵 ᄉᆡᆼ긴지라

일즉이 일쳔팔ᄇᆡᆨ륙십륙년륙월에 、미국、풍범션ᄒᆞᆫ쳑이 황ᄒᆡ에셔 표풍ᄒᆞ야 ᄂᆡ디로몰닌지라 ○대원군○의 명령으로 무ᄉᆞ히보호ᄒᆞ여 、쳥국、으로 보ᄂᆡ엿더니 그ᄒᆡ 구월분에、미국、상션ᄒᆞᆫ쳑이 대동강 어구에들어와 、평양、압헤이르러 통상됴약을 뎡ᄒᆞ자ᄒᆞ거ᄂᆞᆯ 허락지안이ᄒᆞ고 물너가기를 ᄌᆡ촉ᄒᆞ되 종시 듯지안이ᄒᆞ고 점점 올나오ᄂᆞᆫ지라 이 소문이 젼파되ᄆᆡ 란리가낫다ᄒᆞ야 민심이 소동되더라 본ᄅᆡ 이곳에 큰ᄇᆡ가 들어오지못ᄒᆞ거ᄂᆞᆯ 얏흔줄을모르고 죠슈를ᄯᆞ라 놉히올나왓다가 물이물너나가ᄆᆡ ᄇᆡ밋치걸녀 물너가지못ᄒᆞᄂᆞᆫ지라 말은 ᄌᆞ셰히통치못ᄒᆞ고 민심은 크게소동되엿스ᄆᆡ 인ᄒᆞ야 츙돌이ᄉᆡᆼ겨 ᄇᆡ에불을노코 인명을모도 살히ᄒᆞ엿더라 이ᄒᆡ에 、법국、텬쥬교신부가 변복ᄒᆞ고 단이다가 ᄯᅩ 잡힌바ㅣ된지라 다시 이ᄯᅡᆼ에잇지말고 본국으로 도라가라ᄒᆞᆫᄃᆡ 죽어도 도라가지안케다 ᄒᆞᄂᆞᆫ지라 이에 죽ᄂᆞᆫ형벌에처ᄒᆞ엿더니 이ᄯᅢ에 간신이면ᄒᆞ고 도망ᄒᆞ야

청국으로 간자ㅣ잇셔 그참혹ᄒᆞᆫ졍상을 젼ᄒᆞᆫᄃᆡ 、법국、공ᄉᆞ가 크게분로ᄒᆞ야 、청국、○공친왕○의게 조회를보ᄂᆡ여 、죠션、에셔 교인을 살륙ᄒᆞᆫᄉᆞ실을 힐문ᄒᆞ엿ᄂᆞᆫᄃᆡ 그 조회에 ᄒᆞ엿스되

경계쟈ᄂᆞᆫ 이젼에 귀국의 속국되엿던 죠션에셔 야만스러운 포학을ᄒᆡᆼᄒᆞ엿ᄂᆞᆫ지라 ᄉᆞ월분에 、법국、신부들이 그나라에셔 젼도ᄒᆞ다가 맛참ᄂᆡ 잡힌바ㅣ되여 교ᄉᆞ 구인과 〃죠션〃신부 닐곱명과 기외에 무수ᄒᆞᆫ교인들을 남녀로쇼물론ᄒᆞ고 그나라 왕명으로 몰수히 살히ᄒᆞ엿스니 이런ᄒᆡᆼ위를 결단코 그져두지못ᄒᆞᆯ지라 수일후에 우리군ᄉᆞ가 그나라에 들어가 쳐셔의일터이니 우리 대황뎨(대통령되기젼)씌셔 그나라 인군씌 ᄃᆡᄒᆞ야 엇더케ᄒᆞ시던지 ᄯᅳᆺᄃᆡ로ᄒᆞ실지라 귀정부에셔 본공ᄉᆞ에게여러번 셜명ᄒᆞ기를 귀국이 〃죠션〃에ᄃᆡᄒᆞ야 아모간셥이 업다ᄒᆞ얏스며 、죠션、에 가ᄂᆞᆫ 우리나라교인을 위ᄒᆞ여 보호ᄒᆞᄂᆞᆫ 빙표를 귀정부에 청구ᄒᆞᆫ즉 ᄯᅩᄒᆞᆫ상관이업다ᄒᆞ여 안이ᄒᆞ야쥬지라 본공ᄉᆞ가 지금셩명ᄒᆞᄂᆞᆫ바ᄂᆞᆫ 귀국이 〃죠션〃에ᄃᆡᄒᆞ여 아모권리도 업ᄂᆞᆫ쥴로아노라ᄒᆞ엿더라

청국이 ᄆᆡ양 이런관계를 당ᄒᆞ면 쟝ᄅᆡ에 엇지되ᄂᆞᆫ것은 ᄉᆡᆼ각지안이ᄒᆞ고 다만 당쟝에 화단만 면코져ᄒᆞ야 념려안이되도록 ᄃᆡ답홈이 발셔 ᄒᆞᆫ두번이 안이라 이ᄯᅢ에 이죠회를보고 무ᄉᆞᆷ칙망이나 잇슬ᄭᅡ 두려ᄒᆞ야 즉시ᄃᆡ답ᄒᆞ되

죠션은 본ᄅᆡ강한ᄒᆞ야 홍상 우리를괴롭게ᄒᆞᆯ뿐이오 우리속국은 안이니 우리ᄂᆞᆫ상

관이업슨즉 알어셔 힝ᄒᆞ라ᄒᆞ엿ᄂᆞᆫ지라

그ᄯᅴ에 맛츰 우리나라 ᄉᆞ신이 、북경、에 갓다가 ᄯᅥ나돌아올ᄉᆡ 、쳥국、졍부에셔 은밀히 닐너왈 우리、쳥국、의 셰력으로도 셔양ᄉᆞ람을 임의로 ᄃᆡ졉지못ᄒᆞ거던 ᄒᆞ믈며 적은、죠션、이 엇지 이런일을힝ᄒᆞ리요 지금、법국、이 동병ᄒᆞ야 들어간다ᄒᆞ니 알아셔 죠쳐ᄒᆞᄂᆞᆫ 것이 죠타ᄒᆞ거늘 ᄉᆞ신이 이말을듯고 도라와 우리졍부에 고ᄒᆞ고 겸ᄒᆞ여 、북경、에 법인이 돌입ᄒᆞ야 대궐에 불을노코 억지로 통상약됴를 뎡ᄒᆞᆫᄉᆞ실을 ᄌᆞ셰히말ᄒᆞ니 죠야에 란리소문이 랑자ᄒᆞ야 분분히 피란ᄒᆞ야 산으로들어간쟈ㅣ 무수ᄒᆞ며 일변으로각쳐 바다가에 포대를싸으며 군ᄉᆞ를쥰비ᄒᆞ더라 이젹에 、법국、군함두쳑이 、강화、에 이르러 ᄒᆞᆫ쳑은 몬져 한강어구에들어와 물속을측량ᄒᆞ니 、강화、ᄂᆞᆫ 발셔 법병이 졈령ᄒᆞᆫ바ㅣ 된지라 젼국에 풍셜이요란ᄒᆞ야 큰 란리가 난듯ᄒᆞ더라 우리졍부에셔 ○리경하○로 군ᄉᆞ를거나려 、동진、에웅거ᄒᆞ야 법병과 ᄃᆡ진ᄒᆞᆯᄉᆡ 글을 법진에보ᄂᆡ여 닐너왈

너의교ᄉᆞ가 복식을변ᄒᆞ고 일홈을곳쳐 슈샹ᄒᆞᆫ힝식으로 ᄂᆡ디에들어와 남의 국법을 억인고로 사형에쳐ᄒᆞᆷ이 당연ᄒᆞᆫ일이라 엇지 군ᄉᆞ로써 흔단을ᄂᆡᄂᆞ뇨 ᄒᆞᆫᄃᆡ

법장이 회답ᄒᆞ여왈 우리교ᄉᆞ를 무단히 죽임이 실로 불법ᄒᆞᆫ일이라 그일에 쥬장ᄒᆞᆫ대신세명을 우리의게 ᄂᆡ여쥬고 젼권대신을 보ᄂᆡ여 통샹션교ᄒᆞᄂᆞᆫ 약됴를뎡ᄒᆞ쟈고ᄒᆞ엿ᄂᆞᆫ지라

우리졍부에셔 다시 ᄃᆡ답지안코 산포수 오쳔명을발ᄒᆞ야 일시에 쳐물니니 법병이 무

슈히상ᄒᆞ야 부득이 물너가니 이것이 곳 병인양요라 이ᄯᅢ에 、미국、상션이 、평양、에셔 합몰ᄒᆞᆫ것을 、미국、졍부에셔듯고 그 ᄇᆡᆨ셩의 무고히 피ᄒᆡᄒᆞᆷ을 그져두지못ᄒᆞ야 일쳔팔ᄇᆡᆨ칠십일년츈에 、청국、에잇ᄂᆞᆫ 、미국、공ᄉᆞ를 명ᄒᆞ야 군함을 거나리고 、죠션、에와셔 약됴룰뎡ᄒᆞ고 상업을통ᄒᆞ며 、죠션、에오ᄂᆞᆫ 、미국、교인을 보호ᄒᆞ기룰 의론ᄒᆞ게 ᄒᆞᄂᆞᆫ지라 이에 군함오쳑을 、일본、쟝긔、에모아 이ᄒᆡ 오월십뉵일에 、한국、을향ᄒᆞ이 ᄯᅥ나셔 ᄉᆞᆷ십일에 、한국、ᄒᆡ변에 도박ᄒᆞ야 우리졍부에 글을보ᄂᆡ여왈 긴급히 의론ᄒᆞᆯ일이잇스니 관원을파숑ᄒᆞ야 결뎡ᄒᆞ쟈ᄒᆞᄂᆞᆫ지라 이젼에 、청국、졍부에셔 미리 、미국、군ᄉᆞ의 오ᄂᆞᆫ뜻슬 우리나라에 통긔ᄒᆞᆫ고로 몬져 소문을듯고 、평양、ᄉᆞ건으로 인연ᄒᆞ야 ᄉᆞ단이잇슬가 두려ᄒᆞ야 포군ᄉᆞᆷ쳔명을발ᄒᆞ여 、강화、어구에 둔취ᄒᆞ고 막아물니칠ᄉᆡ 적은 ᄇᆡᄒᆞᆫ쳑이 몬져 측량ᄒᆞ려 올나오ᄂᆞᆫ것을향ᄒᆞ야 일시에 ᄉᆞ격ᄒᆞ미 텰환이 비오듯ᄒᆞ야 더 올나오지 못ᄒᆞ고 물너가 여러군함과 ᄒᆞᆷᄭᅴ올나와셔 언덕에나려 포ᄃᆡ를졈령ᄒᆞ미 잠시ᄂᆞᆫ졉젼ᄒᆞ야 륙디에 웅거ᄒᆞ엿스나 외로운 군ᄉᆞ가 무슈ᄒᆞᆫ포군과 ᄃᆡ젹ᄒᆞᆯ수업스며 ᄯᅩᄒᆞᆫ 셩즁에 들어오지 못ᄒᆞᆯ터인즉 오ᄅᆡ상지ᄒᆞ고 잇ᄂᆞᆫ것이 계칙이 안인줄알고 곳 잇글어 물너가니 란리가 비로소 평뎡되더라 우에긔록ᄒᆞᆫ 것을보면 셔양각국과 통치안으랴고 여러번 승강ᄒᆞ던 대강ᄉᆞ젹을알지라 각국이 、대한、잇ᄂᆞᆫ것을 짐쟉ᄒᆞᆫ후로 여간군함을 、청국으로붓허 파숑ᄒᆞ야 혹 호의로권ᄒᆞ기도ᄒᆞ며 혹 위력으로 핍박도ᄒᆞ다가 ᄒᆞᆫ번도 여의ᄒᆞ지못ᄒᆞ고 랑픽ᄒᆞ여갓슨즉 이ᄯᅢᄭᆞ지도 우리나라에 원긔가든든ᄒᆞ던거슨 가히 짐쟉

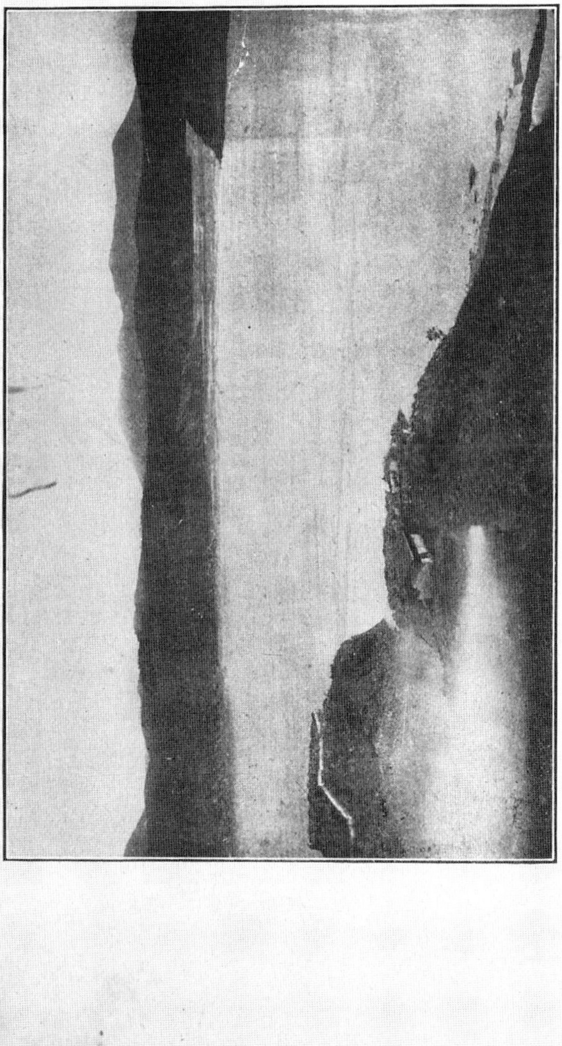

미국군함이 강화에들어오미 죠션포ᄃᆡ에셔 ᄉᆞ격ᄒᆞᄂᆞᆫ것

죠선포군과 미국슈군이 전정ᄒᆞ야 량국군병이 다소 ᄉᆞ샹ᄒᆞᆫ후 잠시 샹륙ᄒᆞᆫ것

젼망ᄒᆞᆫ 죠션포군

것힌잡게의군미이군포

긔루나 화강

ᄒᆞ려니와 우리나라졍부에셔 량ᄎᆞ승젼ᄒᆞᆫ후로 의긔가양양ᄒᆞᆷ이 엇더ᄒᆞ엿슬지 ᄯᅩᄒᆞᆫ 가히 짐쟉ᄒᆞᆯ지라 、청국、이 막지못ᄒᆞ야 부득이허락ᄒᆞ고 、일본、이 ᄯᅩᄒᆞᆫ 마지못ᄒᆞ여 통상을허락ᄒᆞ엿거ᄂᆞᆯ 우리나라이 홀로 방비ᄒᆞ야 ᄭᅳᆺᄭᅳᆺ치 물니치니 긔운이 더욱 강셩ᄒᆞ야 죵로대도상에 비셕을세우고 글을새여ᄀᆞᆯ오ᄃᆡ

셔편오랑키가 침범ᄒᆞ니 ᄊᆞ호지안이ᄒᆞ면 화친ᄒᆞᆯ지라 만일 화친ᄒᆞ면 나라를파ᄂᆞᆫ 것이니 만셰ᄌᆞ손으로 영히 경계ᄒᆞ라

병인년에 샤여셔 신미년에 세우노라ᄒᆞ엿더라 이후로 텬쥬교인을 살히ᄒᆞ라ᄂᆞᆫ령이더욱엄ᄒᆞ며 외국을막아닐쥬의가 더욱 굿건ᄒᆞ야 텬디ᄂᆞᆫ변혁ᄒᆞ여도 외국인은 이나라에 용랍치못ᄒᆞ며 셔양교ᄂᆞᆫ 젼ᄒᆞ지못ᄒᆞᆯ듯ᄒᆞ더니 지금 겨우 슴십여년동안에 외국인의셰력이 엇더케퍼젓스며 교밋ᄂᆞᆫᄉᆞ람이 얼마나만ᄒᆞᆫ진지 ᄀᆞᆨ히 ᄉᆡᆼ각ᄒᆞ여볼일이라 죵로네거리에 두렷시세워ㅅ던 비셕이 다시 보이지안이ᄒᆞ니 셰상이변ᄒᆞᆷ을 셰력으로막을수 업ᄂᆞᆫ줄 황연히 ᄭᆡ달을일이라 지금도 컴컴히들어안져 왜양을몰아니자던지 져의가ᄉᆞᄉᆞ로 물너갈날이 잇슬이라고 고집을 ᄭᆡ치지못ᄒᆞᄂᆞᆫ쟈ᄂᆞᆫ 참 어리셕은 인ᄉᆡᆼ이로다

▲일본이죠션과통ᄒᆞ려ᄒᆞᆷ

이ᄯᅢ에 、아라ᄉᆞ、가 ᄯᅩᄒᆞᆫ ᄉᆞ신을보니여 、원산、에 이르러 우리졍부에 통상됴약을 청ᄒᆞ거ᄂᆞᆯ ᄯᅩᄒᆞᆫ 듯지안엇스나 셔양의셰력이 졈졈 핍근ᄒᆞ야 셰상의공론이 분운ᄒᆞᆫ지라 、일본、이 ᄉᆞ신을보니여 、동릭、에이르러 통상약됴를 청구ᄒᆞ여왈

지금 일본이 각국과 상통ᄒᆞ야 셰상형편을본즉 녜ᄶᅥᆨ모양으로 혼져 지닐수업ᄉᆞ
니 불가불 상통ᄒᆞ여야 견딜것이오 상통ᄒᆞ쟈면 졍치와 풍속을 일신ᄒᆞ게 변혁ᄒᆞ
여 셔법을 모본ᄒᆞ기젼에ᄂᆞᆫ 또ᄒᆞᆫ 부지ᄒᆞ지 못ᄒᆞᆯ줄을 ᄭᆡ달은고로 날마다 셔양법
을 모본ᄒᆞ기에 관민이 일심ᄒᆞ야 졈졈ᄀᆡ명에 나아가ᄂᆞᆫ 효험이 발셔 적지안은지
라 귀국도 우리와갓치 타국에왕ᄅᆡ를 통ᄒᆞ야 부강을 도모ᄒᆞᄂᆞᆫ거시 심히올타ᄒᆞ
고

동ᄅᆡ부윤의게 쳥ᄒᆞ야 그 글을 졍부에올녓더니 졍부에셔 곳 물니치며 닐너왈
우리나라에셔ᄂᆞᆫ 이런글을 밧고져 안이ᄒᆞ니 그 ᄉᆞ신을쥬어 곳 ᄂᆡ여쫏츠라 ᄒᆞᄂᆞᆫ
지라

일본ᄉᆞ신이 부득이 물너가니 일본졍부에셔 다시 교섭ᄒᆞ려다가 맛참ᄂᆡ 효험이업
셧스며 일쳔팔ᄇᆡᆨ칠십년에 하방의질이가 들어와셔 다시 시험ᄒᆞ다가 또ᄒᆞᆫ일우지못
ᄒᆞᆫ지라 그후 일쳔팔ᄇᆡᆨ칠십오년구월분에 일본군함 이쳑이 쳥국 치푸 쌍에셔 죠션
ᄒᆡ변에 지나다가 강화 근쳐에나려 ᄇᆡ에셔 먹을물을길을ᄉᆡ 근쳐ᄇᆡᆨ셩들이보고 법국
이나 미국군ᄉᆞ로알고 일시에 총을노아 ᄆᆡᆼ렬히치거ᄂᆞᆯ 일병이 대단격로ᄒᆞ야 일제히
나려셔 인민을겁박ᄒᆞ고 촌락을 불노은후에 곳 물너가 쟝긔에 이르러 그 ᄉᆞ실을고
ᄒᆞ니 이ᄯᅢ에 일본졍부에셔 당론이닐허나 혹은 죠션을 치쟈고도ᄒᆞ며 혹은 치ᄂᆞᆫ것
이 리롭지못ᄒᆞ다ᄒᆞ야 시비가분운ᄒᆞᆯᄉᆡ 셔향륭셩이 살마픠 령슈가되여 급히쳐업시

ᄒᆞ쟈는 쥬의로 심지어 군ᄉᆞ를닐희켜 졍부를 핍박ᄒᆞ기에 이르미 졍부에셔는 ᄒᆞ는말
이 지금 곳군ᄉᆞ를보니면 、죠션、을 파ᄒᆞ기는 심히 쉬우려니와 익인후에 맛당히 후환
이잇슬지니 이것을 졍돈ᄒᆞ쟈면 지금셰력으로 이로져당치 못ᄒᆞᆯ것이니 쳐익의는거시
우리의 리가안이라 우리는 지금붓허 군ᄉᆞ를 잘길너 후일에 일ᄒᆞᆯ힘이나 쥰비ᄒᆞ며일
변으로 、죠션、을 호의로권ᄒᆞ야 다힝이 들으면 부국강병ᄒᆞᆯ도리로 동심합력ᄒᆞ야 셔양
혁셰를 막는거시 참 일톄로 완젼ᄒᆞᆫ계칙이요 만일 듯지안이ᄒᆞ면 다시 군ᄉᆞ를들어치
는것이 늣지안이ᄒᆞ다ᄒᆞ야 ○셔향륭셩○의 계칙을 듯지안는지라 ○셔향○이 대병을닐흐
켜 졍부를몰아니고 ᄌᆞ의로힝ᄒᆞ리라ᄒᆞ야 젼후닐곱ᄃᆞᆯ동안을 큰 젼징이되엿스미 이일
에 인연ᄒᆞ야 죽은ᄉᆞ람이 이만여명이요 허비ᄒᆞᆫ 지졍이 이쳔만원 가량이라 필경 ○셔
향○이픽ᄒᆞ고 평화를 쥬장ᄒᆞ던편당이 익의여 、죠션、에 큰 병화가 이르지안케 되엿스
니 이는 진실로 량국에다힝이라 이ᄯᅢ에 우리나라 졍부에셔는 이런 위급ᄒᆞᆫ형편에쳐
ᄒᆞᆫ줄을 짐쟉ᄒᆞᆫ이들이 혹 잇셧던지 모르거니와 젼국빅셩은 아모런줄 모르고 ᄭᅮᆷ속에
셔 지닌지라 만일 이젼징이 싱기게되엿더면 임진이후 큰젼징이 ᄯᅩᄒᆞᆫ번 되엿슬것이
니 우리나라의 리히는 엇더ᄒᆞ엿슬넌지 질뎡ᄒᆞᆯ수업셧거니와 ○셔향○의뜻신즉 가히망
령되다 닐을지라 놈의ᄉᆞ오쳔년 네ᄉᆞ나라를 이러틋 무인디경갓치녁이고 엇지픽ᄒᆞ지
안어기를 확실히 장담ᄒᆞ엿스리요 、일본、졍부에셔 그쥬의를 좃지안이ᄒᆞᆷ은 과연 쟝원
ᄒᆞᆫ계칙에 밝히 보왓다 닐을지라 어두은 리웃나라를 극력ᄒᆞ야 깨우쳐셔 합력ᄒᆞ여 보

전ᄒᆞ쟈ᄒᆷ은 우리나라 신민들이 、일본、에 ᄃᆡᄒᆞ야 깁히 감ᄉᆞ이녀일바ㅣ로다

▲일본과처음으로통상홈

이젹에 、일본、이 ᄉᆞ신을 、죠션、에 보내여 통상ᄒᆞ기를 쳥코져ᄒᆞ나 본ᄅᆡ 공법의 경위가 놈의속국은 타국과약됴ᄒᆞ거나 ᄉᆞ신을 서로 밧고지못ᄒᆞᄂᆞᆫ법이라 、쳥국、이 비록 각국을ᄃᆡᄒᆞ야 누누히 셩명ᄒᆞ기를 、죠션、은 우리속국이안이라 ᄒᆞ엿스나 본ᄅᆡ힝위가 졍대치못ᄒᆞ야 어려운형편이잇스면 이러케말ᄒᆞ고 그러치안으면 또 달니말ᄒᆞ야 일뎡ᄒᆞᆫ실상을 밋을수업ᄂᆞᆫ고로 、쳥국、에 몬져질문ᄒᆞ야 확실ᄒᆞᆫᄃᆡ답을 들은후에 、죠션、과의론홈이 올타ᄒᆞ야 즉시ᄉᆞ신을 、쳥국、에보내여 ᄉᆞ실을질문ᄒᆞᆫ즉 、쳥국、이 또ᄒᆞᆫ 겁을내여 여젼히ᄃᆡ답ᄒᆞ되 우리가 、죠션、과 상관이업셔 ᄌᆞ쥬독립국으로 아ᄂᆞᆫ바ㅣ니 즉졉으로 판결ᄒᆞ라ᄒᆞ거ᄂᆞᆯ 이에 ○흑젼쳥룡○과 ○졍상형○이 ᄒᆡ륙군 팔ᄇᆡᆨ명을 거나리고 、죠션、을향홀시 、쳥국、이 이ᄉᆞ실을 몬져 、죠션、에 통긔ᄒᆞ야 부득불 화친ᄒᆞᄂᆞᆫ것이 올흔줄로권고ᄒᆞᄂᆞᆫ지라 우리나라 졍부에셔 비로소 ᄉᆞ셰졀박ᄒᆞᆫ줄알고 부득이 통상ᄒᆞ기를의론홀시 맛춤 ○대원군○씌셔 국졍을내여노으시고 물너나가신지라 졍부에셔 ○신 헌○○윤쟈승등을 명ᄒᆞ야 、강화、에가셔 、일본、ᄉᆞ신과 약됴를의론홀시 、일본、ᄉᆞ신이 몬져물어왈

우리나라이 ᄒᆞᆼ상 귀국과 화친됴약을 밋고져ᄒᆞ야 누누히 쳥구ᄒᆞ엿거ᄂᆞᆯ 귀국이 죵시ᄃᆡ답지안이ᄒᆷ은 무ᄉᆷ뜻시뇨 ᄒᆞᄂᆞᆫ지라

죠션 대신이 ᄃᆡ답ᄒᆞ되 ᄌᆞ고로 귀국이 우리나라에ᄃᆡᄒᆞ야 말이 극히겸손ᄒᆞ더니 근ᄅᆡ

에와셔는 、대일본、대황뎨라 스스로 죤칭ᄒᆞ야 우리나라보다 놉흔톄ᄒᆞᄂᆞᆫ뜻이보이기로 ᄃᆡ답ᄒᆞ지 안이홈이로라 ᄒᆞᆫᄃᆡ

일본 ᄉᆞ신이 됴흔말로 ᄃᆡ답ᄒᆞ여왈 、일본、이 일홈을죤칭홈이 귀국의 실샹권리에ᄂᆞᆫ샹관이업노라 ᄒᆞᆫᄃᆡ

죠션 대신이 듯고 그러히 녁이ᄂᆞᆫ지라

일본ᄉᆞ신이 다시물어왈 우리군ᄉᆞ가 、강화、 디방에나려 물을길을ᄯᅢ에 엇지ᄒᆞ여 춍을노엇ᄂᆞ뇨 ᄒᆞ거ᄂᆞᆯ

답왈 일본인이 양복을닙은고로 셔양인인줄알고 ᄇᆡᆨ셩들이 그리홈이로다

다시문왈 그러면 그젼에 、일본、졍부에셔 국긔를 귀국에보ᄂᆡ고 그 본보기를각군ᄃᆡ에돌녀셔 우리국긔의 모양을 알게ᄒᆞ기를 쳥ᄒᆞ엿거ᄂᆞᆯ 엇지 분간치 못ᄒᆞ엿ᄂᆞ뇨 ᄒᆞᄂᆞᆫ지라

우리나라 대신이 부득이ᄒᆞ야 실슈홈을 ᄉᆞ과ᄒᆞ다

이젹에 졍부에셔ᄂᆞᆫ 날마다모혀 이 문답ᄒᆞᆫ 젼후말을가지고 엇지 조쳐ᄒᆞᆯ것을 의론ᄒᆞ다가 맛참ᄂᆡ 일쳔팔ᄇᆡᆨ칠십륙년이월칠일에 통샹됴약을죠인ᄒᆞ니 그약됴의 대지가 、일본、이 、죠션、을 ᄌᆞ쥬독립국으로 ᄃᆡ졉ᄒᆞ야 본ᄅᆡ ᄌᆞ쥬ᄒᆞ던 、일본、국과 평등으로 안다ᄒᆞ며 지어 、쳥국、의 간셥여부ᄂᆞᆫ 말ᄒᆞᆯ바ㅣ업셧ᄂᆞ니 이ᄯᅢ가 곳 、죠션、이 독립권리를실샹으로 회복ᄒᆞ던 처음일이라 만일 ᄇᆡᆨ셩이 독립을 즁히녁일줄 알진ᄃᆡ 이날에 곳 젼국

이질거ᄒᆞ야 경ᄉᆞ로은 경츅일을삼아 지금ᄭᅥᆺ 긔념홈을 닛지안이홀바ㅣ어ᄂᆞᆯ ᄇᆡᆨ셩이독립의귀즁홈을 알지못ᄒᆞ고 도로혀 ᄒᆞᄂᆞᆫ말이 대국을비반ᄒᆞ면 화근도잇스려니와 ᄯᅩᄒᆞᆫ도리가 안이라ᄒᆞᄂᆞᆫ고로 감히 이약됴를 알니ᄂᆞᆫ자ㅣ업서셔 엇지ᄒᆞ야 통상이되엿스며이약됴가 우리나라권리에 무슴관계가잇ᄂᆞᆫ지 지금ᄭᆞ지 말ᄒᆞᄂᆞᆫ자도적으니 국권이 엇지 견고ᄒᆞ기를 바ᄅᆞ리요 만일 이약됴가 안일너면 셔양각국이 결단코 그저잇셧스리가 만무홀지니 그즁 강포ᄒᆞᆫ나라이 몬져 긔회를타셔 챡슈ᄒᆞ엿던들 대한의형편이엇더케 되엿슬넌지 모르게거ᄂᆞᆯ 다ᄒᆡᆼ이 일본과 몬져약됴ᄒᆞ야 공고완젼ᄒᆞᆫ 독립을실상으로 셩명ᄒᆞ엿스니 엇지 다ᄒᆡᆼ이안이리요 이후로 각국이뒤를ᄯᅡ라 ᄎᆞ례로 들어와 영미법덕아오의 모든나라이 서로ᄯᅡ라 약됴ᄒᆞ여 피ᄎᆞ에 동등국으로 ᄃᆡ졉ᄒᆞ며서로 대등공ᄉᆞ를보ᄂᆡ여 일톄로 교셥ᄒᆞᆫ다ᄒᆞ엿ᄂᆞ니 이엇지 당당ᄒᆞᆫ 독립국이안이리요당초에 우리나라이 이ᄯᅢᄭᆞ지 청국의속국이라 일커름도 실로 어림업ᄂᆞᆫ말이어니와 셜령 부득이ᄒᆞᆫ ᄉᆞ졍이잇슬지라도 나라에 ᄉᆡᆫ ᄇᆡᆨ셩이잇스면 셰샹형편을 몬져ᄭᆡ닷고 ᄉᆞ방으로 쥬션ᄒᆞ여 각국을청ᄒᆞ야 독립의인허를엇기로 죽기ᄭᆞ지 힘쓸바ㅣ어ᄂᆞᆯ 이러틋ᄉᆡᆫᄇᆡᆨ셩이 업ᄉᆞᆫ고로 타국이 ᄌᆞ쳥ᄒᆞ고들어와셔 억지로맛기기에 이르럿ᄉᆞᆫ즉 ᄌᆞ원ᄒᆞ야도아쥬ᄂᆞᆫ 됴흔친구가 이러틋 만헛스며 겸ᄒᆞ여 ◦리홍쟝◦이 몬져 우리졍부를 권ᄒᆞ여약됴를뎡ᄒᆞ라 ᄒᆞ엿스니 각국의눌니ᄂᆞᆫ바ㅣ되여 부득이 이러홈인줄 소경이라도 짐쟉ᄒᆞ게거ᄂᆞᆯ 청국이 속으로 으르ᄂᆞᆫ것을 두려ᄒᆞ야 대죠션독립국이라고 셰상에들어나

게 반포ᄒᆞ지못ᄒᆞ고 구ᄎᆞ로히 시비만 면코져ᄒᆞ엿ᄂᆞ니 실로 용렬ᄒᆞᆷ이 심ᄒᆞ도다

▲임오란리의관계

일쳔팔빅칠십구년에 ◦하방의질◦이 、죠션、에 쥬차ᄒᆞᄂᆞᆫ 、일본、공ᄉᆞ로 、셔울에、득달ᄒᆞ니 외국정부를 ᄃᆡ표ᄒᆞ야 쥬차ᄒᆞᄂᆞᆫ공ᄉᆞ로 、죠션、에 오ᄂᆞᆫ거시 이ᄯᅢ에처음이라 이럼으로 우리나라와 통상ᄒᆞᆫ 각국공ᄉᆞ가 모히ᄂᆞᆫ 좌셕에ᄂᆞᆫ 、일본、공ᄉᆞ가 상좌에안ᄂᆞᆫ바ㅣ니◦일본、이 이것을 가쟝 영광으로 녁임이러라 이공ᄉᆞ가 약됴ᄒᆞ기젼에 ᄉᆞᄉᆞ로히와셔 궁즁에 얼마 잇던바인고로 、일본、이 특별히 파송ᄒᆞᆷ이니 、죠션、셰력변에 얼마쯤싱쇼ᄒᆞ지 안을줄은 가히짐쟉ᄒᆞᆯ지라 텬연졍으로 공ᄉᆞ관을뎡ᄒᆞ고 군ᄉᆞ를두어 호위ᄒᆞ더라 이ᄯᅢ에、법국、교ᄉᆞ 이인이 서로와셔 셔쇼문밧게거졉ᄒᆞ며 젼도ᄒᆞ다가 잡혀갓친바ㅣ된지라 일본공ᄉᆞ가 우리졍부에 ᄃᆡᄒᆞ여 셜명ᄒᆞ야왈 、일본、에잇ᄂᆞᆫ 법국공ᄉᆞ가 내게 부탁ᄒᆞ여 이일을 ᄃᆡ신의론ᄒᆞ야달나ᄒᆞ니 이럼으로 간셥ᄒᆞᄂᆞᆫ바어니와 나의 ᄉᆞᄉᆞ의견으로 말ᄒᆞᆯ지라도 교ᄉᆞ를 살히ᄒᆞᆷ이 심히 공법에 합당치못ᄒᆞᆫ지라 노아보니ᄂᆞᆫ거시 올타ᄒᆞ고 이에 보호ᄒᆞ야 、일본、으로보니고 이후로 교를반ᄃᆡᄒᆞ던 편당이 ᄉᆞ형에쳐ᄒᆞ녀 이ᄯᅢ붓허 외국인을 몰아니고 교인을 업시ᄒᆞ쟈ᄂᆞᆫ 의론이 영히 업셔지고 지금에이르러ᄂᆞᆫ 텬쥬교를 의뢰ᄒᆞ야 보호를쟈시 ᄒᆞᄂᆞᆫ쟈ㅣ죵죵잇ᄉᆞ니 이ᄂᆞᆫ 다 졍ᄉᆞ가 밝지못ᄒᆞᆫ연고라 밧게셰력이 이러듯 속히들어옴은 족히새달을만ᄒᆞ도다

일쳔팔빅팔십이년에 비로쇼 셰가의 ᄌᆞ질즁 총명ᄒᆞᆫ인지를 ᄐᆡᆨᄒᆞ야 、일본、에보니여 문

견을 넓히고 학물을 닥게ᄒᆞ며 일변으로 、하도감、에 교련병을 셜시ᄒᆞ야 별기를 가라 치미 일로인연ᄒᆞ야 외국인을뮈워ᄒᆞ며 ᄉᆡ거슬 실혀ᄒᆞᄂᆞᆫᄉᆡᆼ각이 불쏫갓치닐허나 혹은 왜놈과부동ᄒᆞ야 나라를 팔아먹ᄂᆞᆫ다고도ᄒᆞ며 혹은 말ᄒᆞ기를 왜놈의편당이 권리를잡으니 ᄇᆡᆨ셩이살수업다ᄒᆞ야 불평ᄒᆞᆫ민심이 은근히 동코져ᄒᆞ더라 이ᄯᅢ에도 ᄇᆡᆨ셩의원긔가 얼마쯤 남어잇셔 오ᄂᆞᆯ날 이 부픽ᄒᆞᆫ형편과는 대단히다를ᄯᅢ라 마참 민씨의셰도로 인연ᄒᆞ야 은근히 죠졍에흔단이잇슬ᄯᅢ에 군춍의 요를 공평히쥬지안이ᄒᆞᆷ으로 군ᄉᆞ의 분심이복발ᄒᆞ야 궁궐을범ᄒᆞ며 ○명셩황후○ᄭᅴ셔 、츙쥬、로 피란ᄒᆞ시고 헛 국상이 낫셧스며 군춍들이 곳 텬연졍을불노아 일본인을도륙ᄒᆞ려ᄒᆞ미 일본공ᄉᆞ가 군ᄉᆞ를다리고 간신히버셔나셔 、인쳔、으로도망ᄒᆞ야 、월미도、에 이르러 인명을상고ᄒᆞ니 죽은쟈ㅣ 세명이요 엇지된지 모르ᄂᆞᆫ쟈ㅣ 이인이라 、영국、군함을타고 살아건너가셔 、일본、마관에나리니 이ᄂᆞᆫ 곳 임오군요라 이ᄯᅢ에 、일본、졍부에셔 이 ᄉᆞ실을듯고 즉시 군ᄉᆞᄉᆞ쳔명을보ᄂᆡ여 ○하방의질○과ᄒᆞᆷᄭᅴ 、죠션、에향ᄒᆞ야 이ᄒᆡ칠월에 량국ᄉᆞ신이 다시 、인쳔、항에모혀 화친을의론ᄒᆞᆯ시 ○국태공○(대원군)의말ᄉᆞᆷ으로 극히ᄉᆞ과ᄒᆞ여왈

창졸간에 어리셕은ᄇᆡᆨ셩들이 아ᄅᆡ셔 츙돌ᄒᆞᆷ이니 즉시 진압치못ᄒᆞᆷ은 칙망을 감슈ᄒᆞ노라 ᄒᆞ고 이에 약됴를의론ᄒᆞᆯ시

일본공ᄉᆞ가 몬져 쳥구ᄒᆞ여왈

이십일안으로 란리괴슈를잡아 상당ᄒᆞᆫ벌로 증치ᄒᆞ되 ᄌᆡ판시에 、일본、공ᄉᆞ가 ᄉᆞ

왕 원 대

후황셩명

람을파숑ᄒᆞ야 심판ᄒᆞᆷ을 들을것이요 란민들의게 쥭은일본인들의 시신을 상당ᄒᆞᆫ 례로 쟝사지ᄂᆡ쥬고 그 가속들의게 상휼금 오만원을줄것이며 일본이 이일에인ᄒᆞ여 손ᄒᆡᄒᆞᆫ 군비와 ᄇᆡ상금을 오십만원에 작뎡ᄒᆞ고 다섯ᄒᆡ에 분ᄇᆡᄒᆞ여 갑게ᄒᆞᆯ 것이며 일본이 그 공ᄉᆞ관에 약간 보호병을 두어 다시 불의지변이잇슬가 미리 방비ᄒᆞᆯ것이오 죠션졍부에셔 특별히 ᄉᆞ신을 일본에 보내여 실수ᄒᆞᆷ을 ᄉᆞ과ᄒᆞᆯ 것이오 죠션에와셔 사는 일본ᄇᆡᆨ셩의 거류디를 늘이며 상민을보호ᄒᆞᆯ것이오 일본관인이 죠션내디에 유람ᄒᆞ는거슨 죠션졍부에셔 합당히 보호ᄒᆞᆷ이라 이여러가지를 다 허락ᄒᆞ여야 다시 화친을 맷즈리라 ᄒᆞ는지라 우리졍부에셔 그리ᄒᆞ라 응락은ᄒᆞ고 실상으로 시ᄒᆡᆼᄒᆞᆷ은 보히지안이ᄒᆞ미 하방의질이 담판을 파ᄒᆞ고 물너가며 군ᄉᆞ로써 위협ᄒᆞ려ᄒᆞ거늘 부득이 시ᄒᆡᆼᄒᆞ미 이후로 한양셩내에 일본슈비병이 지금ᄭᆞᆺ 것치지안엇ᄂᆞ니 이약됴후로 우리나라 독립권에 손ᄒᆡ됨이 실로 적지안이ᄒᆞ도다

대뎌 독립국에는 그나라의 허락이업시 타국군ᄉᆞ가 군긔를가지고 륙디에 올으지 못ᄒᆞ는법이어늘 막즁황셩에 군ᄉᆞ를 둔취ᄒᆞᆷ이 엇지 독립국의 실상권리를 손ᄒᆡᄒᆞᆷ이 안이리요 이것이 대한신민된쟈들의 뎨일통분히 녁일바ㅣ라 그러나 이군ᄉᆞ를청ᄒᆞ야 들인것은 ᄯᅩᄒᆞᆫ 우리가ᄒᆞᆫ것이라 외국과 약됴ᄒᆞ야 공ᄉᆞ가 와셔잇게ᄒᆞ고 란리를 닐흐혀살히ᄒᆞ기를 도모ᄒᆞ니 ᄌᆞ긔군ᄉᆞ를 두어 보호ᄒᆞ기를 엇지 싱각치 안으리요 진실로

우리ᄇᆡᆨ셩이 다 열녀셔 ᄂᆞᆷ의나라 관민을 물론ᄒᆞ고 교졔상으로ᄂᆞᆫ 됴흔친구로 ᄃᆡ졉ᄒᆞ며 시비즁에ᄂᆞᆫ 경위와 공법으로 다토고 무단히 ᄂᆞᆷ의 ᄉᆡᆼ명과ᄌᆡ산을 손ᄒᆡ코져ᄒᆞᄂᆞᆫ ᄆᆞᄋᆞᆷ이 업슬진ᄃᆡ 그군ᄉᆞ를 와잇스라고 우리가 ᄌᆞ쳥ᄒᆞ여도 부질업시 국ᄌᆡ만 허비ᄒᆞ고 와잇슬리가 만무ᄒᆞ고 셜령 와잇고져 ᄒᆞᆯ지라도 빙쟈ᄒᆞᆯ말이 업슬지니 우리가 아모리 약ᄒᆞ여도 ᄂᆞᆷ의공론을 두려ᄒᆞ야 감히 ᄉᆡᆼ의치 못ᄒᆞᆯ지라 그런즉 어리셕은ᄇᆡᆨ셩이 ᄂᆞᆷ을 ᄒᆡᄒᆞ려ᄒᆞᄂᆞᆫ것이 맛참ᄂᆡ 졔몸을ᄒᆡᄒᆞᆯᄲᅮᆫ이어ᄂᆞᆯ 도로혀 ᄭᆡ닷지못ᄒᆞᄂᆞᆫ지라 이 약됴즁에 다만 위ᄐᆡᄒᆞᆯᄯᆡ게만 두엇다가 일이업슬ᄯᆡ에ᄂᆞᆫ 물너간다ᄒᆞ엿ᄂᆞ니 우리ᄇᆡᆨ셩이 그후에라도 진쟉ᄭᆡ엿던들 우리힘으로 ᄃᆡ신보호ᄒᆞ야 공평히ᄃᆡ졉ᄒᆞ고 곳 것어가라ᄒᆞᆯ진ᄃᆡ 우리권에 손ᄒᆡᄒᆞᆷ을 도로회복ᄒᆞᆫ지가 오ᄅᆡ슬것이어ᄂᆞᆯ ᄂᆞᆷ을ᄒᆡᄒᆞ려고만 힘쓰ᄂᆞᆫ고로 지금셋 것지안이ᄒᆞ야 심지어 을미ᄉᆞ변ᄭᆞ지 이것으로인연ᄒᆞ여 ᄉᆡᆼ기기에 이르럿스니 우리가 맛당히 지난일을 증게ᄒᆞ야 어서밧비 ᄭᆡ웃쳐 외국보호병이 속속히 것어가도록 힘씀이 가ᄒᆞ도다

▲갑오젼한일쳥ᄉᆞᆷ국의관계

일쳔팔ᄇᆡᆨ칠십오년에 ◦김옥균◦ ◦셔광범◦이 감안히 、일본、에가셔 ᄉᆡ셰상을 구경ᄒᆞᄆᆡ 이ᄯᆡ에 비록 、일본、이 처음으로 경쟝을시쟉ᄒᆞ야 지금에비ᄒᆞ면 족히 보잘것이업셧스나 우리나라 귀인ᄌᆞ질로 외국을유람ᄒᆞᆷ은 이ᄯᆡ가처음이라 그 쾌활ᄒᆞ고 흠탄히녁이ᄂᆞᆫ ᄆᆞᄋᆞᆷ은 듯지안어도 족히 짐쟉ᄒᆞ게도다 급기 셰상물론이 엇더ᄒᆞᆷ과 동양형편이 엇더ᄒᆞᆷ

일본사름씨름ᄒᆞ는것

일본동경에잇는경치

을 들어본즉 ᄀᆡ화ᄅᆞᆯ힘써ᄒᆞᆷ이 시각에급ᄒᆞᆫ지라 얼마후에도라와 그 보고 들은거슬 우헤알외고 귀쳑ᄌᆡ질들을 권ᄒᆞ야 、일본、에 유람식히ᄆᆡ 오쳔년쳐ᄉᆞ국의 오ᄅᆡ갓쳣던 문호ᄅᆞᆯ 비로소 열어노아 ᄎᆞᄎᆞ동으로 ᄅᆡ왕ᄒᆞᄂᆞᆫ길이 더욱 ᄌᆞ조통ᄒᆞ더라 그즁에 더욱이 ᄀᆡ화ᄅᆞᆯ 열심ᄒᆞᄂᆞᆫ자들이 모든 셰력쟈들을합ᄒᆞ여 일심으로 ᄀᆡ화를 시험ᄒᆞ려ᄒᆞᄆᆡ ○국태공○씌셔 심히 뮈워ᄒᆞ여왈 이무리들이 셔학을 가져다가 우리례의지방에 젼파ᄒᆞ려ᄒᆞᆫ다ᄒᆞ야 쥭이고져ᄒᆞᄂᆞᆫ지라 그즁에 몃치도망ᄒᆞ야 화를면ᄒᆞ니 모든민족들이 ᄯᅩᄒᆞᆫ두려ᄒᆞ야 통상ᄒᆞ쟈ᄂᆞᆫᄉᆞ건에 상관코져 안이ᄒᆞ더니 ○리홍쟝○이 각국의 군츅ᄒᆞᆫ바ㅣ되여 ○국태공○씌권ᄒᆞ여 통상을허락ᄒᆞ게되ᄆᆡ 셰력쟈들이 비로소 다시 머리ᄅᆞᆯ들고 권셰를잡아 ᄀᆡ화ᄅᆞᆯ쥬의ᄒᆞ며 일변으로 권셰를쟈시ᄒᆞ야 불공무리ᄒᆞᆷ을 무슈히힝ᄒᆞᄆᆡ 은근히 ᄀᆡ화와 슈구의 두편당이싱겨 서로빙탄이되다가 맛ᄎᆞᆷᄂᆡ 군요ᄅᆞᆯ닐희켜 임오란리가 싱긴지라 、청국、이 ○오쟝경○과○원셰ᄀᆡ○ᄅᆞᆯ 보ᄂᆡ여 군ᄉᆞᄉᆞ쳔명을 거나리고 、황셩、에들어와、남관、과、동별영、에 난호아진치고 민간에횡힝ᄒᆞ야 쟉폐가무슈ᄒᆞ며 ○국태공○을잡아 、텬진、으로 다려가고 、락동、에 청관을셜시ᄒᆞ야 리ᄉᆞ부라일홈ᄒᆞ니 이ᄂᆞᆫ 、죠션、을 독립국으로 알지안ᄂᆞᆫ다ᄒᆞ야 공ᄉᆞ관이라 일홈ᄒᆞ지안코 모든일을 다ᄉᆞ리ᄂᆞᆫ 마을이라ᄒᆞᆷ이라 각국공ᄉᆞ는 다 궐문밧게셔 교ᄌᆞ를나려 거러셔 입궐ᄒᆞ되 청인은 감히타고안져바로 어젼에들어가며 나의디위가 、죠션、왕의 우헤잇다ᄒᆞ야 막즁존젼에서 불법무리ᄒᆞᆷ이 비ᄒᆞᆯᄃᆡ업스며 거만방ᄌᆞᄒᆞ여 례절을도라보지안코 속으로 죵죵위협ᄒᆞ여왈 우리대

국이 ᄒᆞᆼ샹 소국을보호ᄒᆞ야 ᄌᆞ고로 힘닙은것이 무궁ᄒᆞ거ᄂᆞᆯ 감히 외국인의 말을듯고
샹국에 실례ᄒᆞ면 맛당히 죄칙을면치못ᄒᆞ리니 외국인을ᄃᆡᄒᆞ야 ᄒᆞᆼ샹 、쳥국、의게 속국
으로 ᄌᆞ원ᄒᆞ야 졍의가친밀ᄒᆞᆷ을 뵈여야 우리대국이 다 보호ᄒᆞ고 도아쥬어 타국이감
히 엿보지못ᄒᆞ리라ᄒᆞᄆᆡ 이ᄯᅢ에 소위 완고대신들은 그 리허도 ᄉᆡᆼ각지안코 욕을달게
녁여 아쳠ᄒᆞ고 츄셰ᄒᆞ야 권리를엇고져ᄒᆞᄆᆡ 、쳥국、ᄉᆞ신을 도로혀 인군보다 즁히녁이
ᄂᆞᆫ 무리ᄭᆞ지잇셔 거의 다。원셰ᄀᆡ。의 츙신이된지라 이럼으로。원셰ᄀᆡ。가 ᄯᅩ로안져졍
치상대소ᄉᆞ를 거의 다간예코져ᄒᆞᄂᆞᆫ지라 각국공ᄉᆞ들이 이거슬분히녁여 혹 、죠션、관
인을ᄃᆡᄒᆞ야 쳥인의무리ᄒᆞᆷ을 밧지말나ᄒᆞ면 붓그러운줄을 알지못ᄒᆞ고 영광시러히 ᄒᆞ
ᄂᆞᆫ말이 소국이 대국을공손이셤겨야 올타ᄒᆞ며 혹 말ᄒᆞ기를 귀국이 당당ᄒᆞᆫ ᄌᆞ쥬독립
국이니 엇지、쳥국、만 못ᄒᆞ다ᄒᆞ며 ᄯᅩᄒᆞᆫ 큰 나라를 셤기고져ᄒᆞᆯ진ᄃᆡ 엇지 、쳥국、보다더
큰 나라들은 셤기지안ᄂᆞ뇨 그런즉 대소를불계ᄒᆞ고 귀국도 다 갓ᄒᆞᆫ독립국이라 갓ᄒᆞᆫ
권리를 일치말나ᄒᆞᆯ진ᄃᆡ 곳 발연히변ᄉᆡᆨᄒᆞ여왈 우리다려 엇지신의가업시 샹국에실례
ᄒᆞ라ᄒᆞᄂᆞ뇨 ᄒᆞᄂᆞᆫ지라 그럼으로 그ᄯᅢ에 、미국、공ᄉᆞ로왓던이가 지금ᄭᆞ지 이런말을 고
담갓치ᄒᆞ며 웃기를 마지안ᄂᆞᆫ다ᄒᆞ더라 ᄆᆡ양 각국공ᄉᆞ들이 모히ᄂᆞᆫ쟈리에 쳥인이특별
히 놉흔ᄃᆡ졉을 밧으려ᄒᆞᄂᆞᆫ고로 각국공ᄉᆞ가 그 무리ᄒᆞᆷ을시비ᄒᆞ야 연고를힐문ᄒᆞᆫ즉쳥
인의ᄃᆡ답이 、한국、은 ᄌᆞ고로 우리의속국이라 、죠션、이 례졀을 ᄌᆞ의로 직히니 우리가
ᄯᅩᄒᆞᆫ 그ᄃᆡ로ᄃᆡ졉ᄒᆞᆷ이라 각국공ᄉᆞ들의 상관ᄒᆞᆯ바안이라ᄒᆞ니 이ᄂᆞᆫ 、쳥국、이 긔왕에각

국을ᄃᆡᄒᆞ야 들어나게 셩명ᄒᆞᆫ말을 져바리ᄂᆞᆫ것이오 각국공ᄉᆞ들의 권리를 멸시ᄒᆞᆷ이라 진실로 무리ᄒᆞᆷ이ᄐᆡ심ᄒᆞ도다 죠션을 속국으로 ᄃᆡ졉코져ᄒᆞᆯ진ᄃᆡ 맛당히 위ᄐᆡᄒᆞ고 어려운ᄉᆞ졍이 잇슬ᄯᅢ에는 담당ᄒᆞ고나서셔 ᄃᆡ신결쳐ᄒᆞᆯ것이어늘 그러치못ᄒᆞ야 어려울ᄯᅢ에는 독립국이라ᄒᆞ다가 편ᄒᆞᆯᄯᅢ는 속국이라ᄒᆞ니 셜령 죠션에는 말ᄒᆞᆫ마ᄃᆡ ᄒᆞᆯ쟈ㅣ 업다ᄒᆞᆯ지라도 여러통상국들을 ᄃᆡᄒᆞ야 크게능욕ᄒᆞᆷ이라 필경각국이 흔단을타셔 시비를닐희킬지니 시비가ᄒᆞᆫ번 버러지ᄂᆞᆫ날은 그결실이 엇지 대한에 안젼ᄒᆞᆷ이되기를질뎡ᄒᆞ리요 그런즉 독립의실권을 비록 들어나게세워스나 청국의완만무리ᄒᆞᆷ과 죠션의 잔약혼몽ᄒᆞᆷ이 더욱이 동양형편을 위ᄐᆡ케ᄒᆞᆯ뿐이라 이럼으로 일본에서 이 형편을보고 더욱 통분히녁여 민심이 대단불울ᄒᆞ야 곳 청국을 쳐물니쟈ᄒᆞ야 ᄇᆡᆨ셩세리 ᄌᆞ원ᄒᆞ고나서셔 청국치러가ᄂᆞᆫ군ᄉᆞ가 되고져ᄒᆞᄂᆞᆫ쟈ㅣ 이만여명이요 ᄇᆡᆨ셩세리 모집ᄒᆞ야 군비로ᄂᆡᄂᆞᆫ돈이 십만원에 이르ᄂᆞᆫ지라 곳 청국과 ᄀᆡ젼ᄒᆞ쟈고 졍부를 독촉ᄒᆞᄂᆞᆫ지라 일본이 오쟝경과 별로히 약됴를 뎡ᄒᆞ여왈

일후에 만일 죠션에 긴급ᄒᆞᆫ일이잇셔 군ᄉᆞ를 파송ᄒᆞᆯ진ᄃᆡ 청국이맛당히 일본졍부에ᄃᆡᄒᆞ야 몬져의론ᄒᆞᆫ후에 ᄒᆡᆼᄒᆞᆯ것이오 일본이 만일 죠션에 군ᄉᆞ를파송ᄒᆞᆯ일이 잇슬진ᄃᆡ 또ᄒᆞᆫ 청국에ᄃᆡᄒᆞ야 몬져알게ᄒᆞ리라 ᄒᆞ엿ᄂᆞ니

이약됴ᄒᆞᆫ후로 일본에 민심이 십분졍돈되여 당장에 일쳥젼징이 ᄉᆡᆼ기기를 면ᄒᆞ엿스나 갑오젼징이 이ᄯᅢ에 더욱깁히 ᄲᅮ리가ᄇᆡᆨ여 일본이 십년동안을 쥬야 양병ᄒᆞ며 홍

상 ᄒᆞᆫ단을기다려 ᄒᆞᆫ번 청국의 고벽을ᄭᆡ치고 버릇슬 가라치려ᄒᆞ야 젼국의인심을날마다 고동ᄒᆞ미 어린ᄋᆡ히라도 일쳥젼ᄌᆡᆼ은 긔어히되고야 말줄로알며 청국의 ᄂᆡ졍외교를 손샷갓치 알고안져 그속을 소상히 들여다보ᄂᆞᆫ고로 ᄉᆞᄅᆞᆷ마다 청국을 ᄒᆞᆫ 뷔인겁질로알아 젼ᄌᆡᆼ만 버러지면 엇지ᄒᆞ고 엇지ᄒᆞ야 ᄒᆞᆫ번에 쳐 파ᄒᆞ기를 각기예산ᄒᆞ고잇거늘 청인은 젼혀모로고 긔왕약됴ᄒᆞᆫ것은 다 소용업ᄂᆞᆫ 거스로녁여 돈연히 이져바리고 조고마ᄒᆞᆫ 일본을 업수히만녁여 모든일을 다 삷혀보지 안이ᄒᆞ니 갑오년에 젼ᄌᆡᆼ나기를 엇지 미리짐쟉ᄒᆞ엿스리요 실로 어리셕고 어둡도다

▲갑신란리ᄉᆞ젹

원ᄅᆡ 미국과 통상ᄒᆞᆫ것은 일쳔팔ᄇᆡᆨ팔십ᄉᆞ년일이라 이나라이 ᄌᆞ초로 대한독립과 긔진상에 관계가 별로 갓가온고로 우리의 특별히 알고져ᄒᆞᆯ바ㅣ라 이ᄒᆡ에 미국 특명대신。쉬페르트。가 일본을 지나 대한경셩에 들어오니 젼일 강화에 들어올ᄯᆡ에 젼국이 쇼동ᄒᆞ며 나서셔 막던어구에 이젼에왓던 ᄇᆡ를타고 편안히하륙ᄒᆞ여 안연히 도셩에들어와셔 통상약됴를 뎡ᄒᆞ고 공ᄉᆞ관을 셜시ᄒᆞ야 미국졍부를 ᄃᆡ표ᄒᆞᆫ국긔가 한양 셩ᄂᆡ에날니니 미국은 ᄌᆞ긔ᄇᆡᆨ셩이 죠션디방에셔 수ᄎᆞ살ᄒᆡ를당ᄒᆞᆫ 원혐을 바리고 셔로히교분을 도탑게ᄒᆞ려ᄒᆞ야 독립을 완젼케ᄒᆞᄂᆞᆫ 관계에ᄂᆞᆫ 극히찬조ᄒᆞᆷ이 적지안엇스며 죠션졍부에셔ᄂᆞᆫ 셔양인이 들어오면 곳 나라를 ᄉᆡᆼ으로삼키ᄂᆞᆫ줄로알던 모든의심을 일죠에 파ᄒᆞ고 지금ᄭᆞ지 교졔를 보젼ᄒᆞ야오미 그즁에 탐심을품고 ᄒᆞᆫ단을엿보

는 나라이 업지안이ᄒᆞ나 아직ᄭᆞ지 부지ᄒᆞ여온것은 다 외국들의 교제샹 서로관계ᄒᆞᆫ
형편에 달녀된것이라 만일 지금셋 통상이안이되엿더면 엇던 강ᄒᆞᆫ나라이 무슴 욕심
을부렷슬넌지 알수업슬지니 오늘날 이ᄯᅳᆺ슬ᄭᆡ쳐본즉 젼일에ᄭᆞ닥업시 놈을 의심ᄒᆞ던
것이 엇지 어리셕지안으리요 이ᄯᅢ에 ◦민영익◦이 귀쳑의ᄌᆞ질 십일인을 다리고 태평
양을건너 、미국、에가서 석ᄃᆞᆯ동안을유람ᄒᆞ고 대서양을건너 、구라파쥬、를지나 、한양、에
도라오니 、죠션、ᄉᆞ름의안목으로 서양각국을 구경ᄒᆞᆫ것도 이ᄯᅢ에처음이오 한인의발자
최로 온디구를ᄒᆞᆫ박휘돌아 단인것도 이ᄯᅢ에처음이라 그 흉금이엇더케 상쾌이되엿스
며 이목이 얼마나 광활ᄒᆞ엿슬것을 응당 츅량키 어려워슬지라 ᄒᆞᆷ을며 、미국、에서 젼
일에 ᄌᆞ긔네빅셩을 무고히잔희ᄒᆞ며 상통ᄒᆞ기를 쥭기로써막던 협의를바리고 도로혀
죠션、서 처음으로 오ᄂᆞᆫ손님이라ᄒᆞ야 독립평등국의 샹등손님으로 극진히ᄃᆡ졉ᄒᆞ며두
류ᄒᆞᆯ동안 젼후경비를 、미국、이 다 담당ᄒᆞ여 물어쥬고 다만 서로히ᄭᆡ달아 각국과 통
ᄒᆞ려ᄂᆞᆫ본의만 신긔히녀여 상하관민이 졍다히권면ᄒᆞ미 진실로 목셕이안인자면 그셰
샹을 구경ᄒᆞ고 그인졍을삷힌후에 감동ᄒᆞᄂᆞᆫᄉᆡ의ᄉᆞ가 엇지업스리요 인ᄒᆞ야 혁신ᄒᆞᆯᄉᆡᆼ
각을 가득이품어 일심으로 쟉뎡ᄒᆞ고 본국에 도라오미 셰상형편을 듯고본ᄃᆡ로 ᄌᆞ셰
히상달ᄒᆞ고 ᄀᆡ화쥬의의 긴급ᄒᆞᆫᄉᆞ무를 ᄎᆞᄎᆞ시험ᄒᆞ여 힝ᄒᆞ려ᄒᆞᆯ시 이ᄯᅢ에 모든귀쳑들
이 ᄀᆡ화를실혀ᄒᆞ여 쳥인을의뢰ᄒᆞ기를 상칙으로알아 의견이여일ᄒᆞ미 졸연히 셰치기
어려운ᄯᅢ라 ◦민영익◦이 귀국ᄒᆞᆫ지 얼마못되여 、쳥국、의게 ᄉᆞᆯ넌바ㅣ되여 쥬의를 변ᄒᆞ

고 슈구를쥬쟝ᄒᆞ야 ᄀᆡ화를막으려ᄒᆞᄆᆡ 일을 맛츰ᄂᆡ 일을수업시된지라 그즁에멧ᄉᆞ름이、청국、당파를몰아ᄂᆡ기로 은밀히질뎡ᄒᆞ고 서로 긔회를 기다리더니 맛츰 뎐보국을셔로셜시ᄒᆞ고 연회를비셜ᄒᆞ고 락셩ᄒᆞᄂᆞᆫ 례식을힝홀시 미리 약속ᄒᆞ엿다가 대소관인이 모힌즁에셔 불을노아소동을 닐히키고 ○민영익○을 칼로쳐 귀가 상ᄒᆞᆫ후에 ᄀᆡ화당들이곳 궐ᄂᆡ에들어가 급급히 화식이박두ᄒᆞᆫ줄로 알외고 、일본、 슈비병을청ᄒᆞ야 궁셩을호위ᄒᆞ니 원리일병과는 미리통긔가 잇셧던지 막즁금문에 무단히돌입ᄒᆞ며 텰통갓치 에우고 완고대신들을 어명으로 픽쵸ᄒᆞ여 들어오ᄂᆞᆫ딕로 궐문에셔 살히ᄒᆞ니 빅셩은 무솜일인지 몰으고 졸디에 란리를당ᄒᆞᄆᆡ 엇지ᄒᆞᆫ 연고를몰나 쟝안이대란ᄒᆞ며 젼국이쇼동되여 서로풍셜을 젼ᄒᆞ여 의심과 두려움이 민심에가득ᄒᆞ더라

졍ᄉᆞ와풍속을 곳쳐변혁ᄒᆞ기를 힘쓰기로 칙교를ᄂᆡ려 방쟝반포ᄒᆞ려 ᄒᆞᆯ즈음에 완고당들이 ○원셰ᄀᆡ○에게 쇼ᄀᆡᄒᆞ여 청병숨쳔명을 거나리고 궁궐을 에우고 일병을 들여치ᄆᆡ 안팟기 마져싸화 량편에인명이 불쇼히상ᄒᆞᆫ지라 일병이 능히져당치못ᄒᆞ여 ○ᄉᆞ동○령ᄉᆞ관으로 들어가니 이ᄯᅢ에야 빅셩이비로쇼 ᄀᆡ화와 슈구의 두편당이 싸호ᄂᆞᆫ쥴짐작ᄒᆞᄆᆡ 빅셩은 ᄀᆡ화가 무엇신지 몰으ᄂᆞᆫ즁에셔 의심이 가득ᄒᆞ여 역당이 일본을부동ᄒᆞ여 나라를도모ᄒᆞᄂᆞᆫ쥴로 녁이ᄂᆞᆫ즁에 더욱이 텬하에 뎨일강ᄒᆞ고놉흔 대국이막어보효ᄒᆞ야쥬ᄂᆞᆫ 증거가 들어나ᄆᆡ 일변으로 분ᄒᆞᆫᄆᆞ음도 츙발ᄒᆞ며 ᄯᅩᄒᆞᆫ 뒤가 든든ᄒᆞᄆᆡ업던긔운도 싱기ᄂᆞᆫ지라 쟝안이 일시에닐허나 군긔셔를새치고 군긔를ᄂᆡ여다가 목목

필지셔슈령 당신유한대

대한유신당령슈박영효

대한유신당령슈셔광범

기 셰 원

에 직희며 ᄉᆞ대문을 닷치고 일인을살히ᄒᆞᆯᄉᆡ 、ᄉᆞ동、에잇ᄂᆞᆫ 、일본、령ᄉᆞ관을 에우고 진고ᄀᆡ를 츙돌ᄒᆞᄆᆡ 심히 잔혹ᄒᆞᆫ일이 만엇더라 일병이 에운데들어 ᄉᆞ방진을힝ᄒᆞ야 졸디에 춍노으며 셔소문으로나아가 、인천、에셔 비를타고 간신히도망ᄒᆞ야 、일본、으로건너가니 ᄀᆡ화당령수들이 그즁에써여 、일본、、강호、에 가셔 목숨을 도망ᄒᆞᄂᆞᆫ지라 이에 란리가평졍ᄒᆞᆫ후 、일본、에 빅상금을물어 속으로사과ᄒᆞ고 무ᄉᆞ히 화친되니 이거시 곳 갑신년란리라 이후로 빅셩이 쳥인을밋ᄂᆞᆫᄆᆞ음이 더욱심ᄒᆞ며 관인들이 쳥인을의뢰ᄒᆞᄂᆞᆫ폐단이 더욱만흔지라 만일 쳥인이안일너면 큰 일을당ᄒᆞ엿슬줄아ᄂᆞᆫ ᄉᆡᆼ각을ᄭᆡ칠수업시되ᄆᆡ 우리관인들과 우리빅셩세리 ᄯᆞ로일들ᄒᆞ여 독립ᄌᆞ유ᄒᆞᆯ ᄉᆡᆼ각이 나지못ᄒᆞ고 이리져리 의지ᄒᆞ야 놈의보호만 밧으려ᄒᆞᄂᆞᆫ고로 빅셩의원긔가줄어 날마다 잔약ᄒᆞ야 오ᄂᆞᆯ날에 이르러 ᄉᆞᄉᆞ로 설수업시됨이 다 이ᄯᅴ붓허 시작된지라 여게말ᄒᆞᆫ바ㅣᄂᆞᆫ 다 각국ᄉᆞ름들의 공담으로 ᄉᆞ긔에긔록ᄒᆞᆫ것을 대강ᄲᅢ여초ᄒᆞ야 그관계가 엇지된거슬 알니고져ᄒᆞᆷ이라 그 시비곡직은 의론코져ᄒᆞᄂᆞᆫ바ㅣ 안이어니와 당초에 내나라권리를굿게ᄒᆞ쟈ᄂᆞᆫ쥬의에 일병을쳥ᄒᆞ야 조력ᄒᆞ기를 도모ᄒᆞᆫ것이 본ᄅᆡ ᄌᆞ쥬의본의가안이라 ᄉᆞ실이 아모리 졍대광명ᄒᆞᆯ지라도 나몬져 놈을의뢰ᄒᆞ고 놈이 ᄯᆞ로서기를 원ᄒᆞᆯ진ᄃᆡ 놈이ᄯᅩᄒᆞᆫ 다른이에게 의뢰ᄒᆞ야 나를몰아ᄂᆡᄂᆞᆫ 도리가잇ᄂᆞ니 이ᄂᆞᆫ 고금을 물론ᄒᆞ고 독립을의론ᄒᆞᄂᆞᆫ쟈의 뎨일몬져 경계ᄒᆞᆯ일이로다

▲공ᄉᆞ를처음으로셔양에보ᄂᆡᆷ

그런즉 갑신년란리가 근본은 、청국、을 물니치려홈이나 그결실은 도로혀 일본을물니친일이된지라 갑기란리가졍돈된후 상고ᄒᆞ여본즉 청인과싸호다가 죽은것과 、죠션、빅셩들의게 살히당ᄒᆞᆫ 일본인이 ᄃᆞᆼ히솜빅여명에 이른지라 이에 、죠션、○김홍집○과、일본、○졍상형○과、청국、○리홍쟝○솜국되표쟈가 、청국、 、텬진、에모혀 약됴를의론ᄒᆞ니 、죠션、이 、일본、에게 빅상을갑흐며 일쳥량국이 다 、죠션、에셔 군ᄉᆞ를것우어 물너가기로 쟉뎡ᄒᆞ엿더라 이젼붓허 、법국、이 여러번 、청국、을독촉ᄒᆞ여 、죠션、에잇는 청병을 물니라ᄒᆞ되 듯지안이ᄒᆞ다가 이ᄯᅢ에이르러 비로소것어가미 을유년륙월에 일병이 ᄯᅩᄒᆞᆫ물너가며 、일본、공ᄉᆞ가 、죠션、 졍부에 공문ᄒᆞ여왈

지금 、셔울、에와잇는 、일본、슈비병을 몰슈히 것어가니 이는 명치십오년에 、인쳔、셔뎡ᄒᆞᆫ 약됴중에 슈비병이 긴요ᄒᆞ지안을ᄯᅢ에는 거두어간다ᄒᆞᆫ말을 쥰힝ᄒᆞ야 물너감이라 그러나 이번에 잠시물너가는것을 인연ᄒᆞ야 슈비병두는약됴를 영히폐지홈은아니라 ᄒᆞ더라

이후 일쳔팔빅팔십오년에 、영국、군함이 、죠션、、거문도、를 졈령ᄒᆞ거놀 우리졍부에셔무슈히힐문ᄒᆞ며 、아라ᄉᆞ、이 ᄯᅩᄒᆞᆫ 、영국、에 질문ᄒᆞᆫ되 、영국、이 되답ᄒᆞ되 、아라ᄉᆞ、에셔 、죠션、요히쳐를 ᄒᆞᆼ상 엿보는고로 우리가 몬져 챡슈홈이라 ᄒᆞ는지라 、아라ᄉᆞ、이 되답ᄒᆞ되 、죠션、ᄯᅡᆼ은조곰이라도 졈령ᄒᆞ지 안캇노라ᄒᆞ거놀 、영국、이 비로소 일쳔팔빅팔십칠년에 、거문도、에 세운긔를 ᄯᅦ여가지고 물너가니 이일이 、대한、국권과 강토를 보젼ᄒᆞ

미국와슁톤에잇ᄂᆞᆫ대한공ᄉᆞ관

기에 대단히 긴졀ᄒᆞᆫ관계라 영 아 량국이 서로승강ᄒᆞ여 누구던지 ᄒᆞᆫ나히 몬져 침범ᄒᆞ지 못ᄒᆞ게되엿스ᄆᆡ 각국이 ᄯᅩᄒᆞᆫ 그 리ᄒᆡᄅᆞᆯ알고 감히 다른ᄉᆡᆼ각을 두지못ᄒᆞᆯ것이니 이즁에서 대한이 몬져ᄭᆡ닷고 뉘게던지 ᄒᆞᆫ편으로 치우치지말고 공평히졉ᄃᆡᄒᆞ며 능히 졔일을 졔ᄃᆡ로ᄒᆞ여갈진ᄃᆡ 필경은 타국이 감히 엿보지못ᄒᆞ게 되엿슬너라 죠션졍부에셔 이ᄯᆡ에 비로소 청국을 더 밋을수 업ᄂᆞᆫ줄로 짐쟉ᄒᆞ고 두려울것이업시 공ᄉᆞᄅᆞᆯ ᄐᆡᆨᄒᆞ여 영 미 각국에 파송ᄒᆞ니 청국이 죠션을ᄃᆡᄒᆞ야 속으로 무슈히위협ᄒᆞ여못ᄒᆞ게ᄒᆞᆯ시 ○원셰ᄀᆡ○가 젼보다 더욱이 무례ᄒᆞᆷ을힝ᄒᆞ며 심지어 쳥인이 교련식힌 대한병뎡들을다리고 대한황실을ᄃᆡᄒᆞ야 감안히 불궤ᄒᆞᆫᄯᅳᆺ슬 ᄡᅦᄒᆞ다가 일이발각된지라일로인연ᄒᆞ야 대한졍부에셔 쳥인을 밋던ᄆᆞ음이 ᄎᆞᄎᆞ적어지며 도로혀 의심을품고 그속으로 위협ᄒᆞᄂᆞᆫ것이 족히 두려을거시 업ᄂᆞᆫ줄알어 청국을 거졀ᄒᆞᆯ의ᄉᆞ가 은근히쟈라셔 일쳔팔ᄇᆡᆨ팔십팔년에 미국에쥬ᄎᆞᄒᆞᆯ 공ᄉᆞᄅᆞᆯ파송ᄒᆞ야 대한졍부ᄅᆞᆯ ᄃᆡ표ᄒᆞ여 그셔울에 공ᄉᆞ관을셜시ᄒᆞ고 대한긔호ᄅᆞᆯ 처음으로들어ᄂᆡ니 각국이 샹등례로ᄃᆡ졉ᄒᆞ야셰계문명국들과 만국교졔에 갓ᄒᆞᆫ권리ᄅᆞᆯ엇으니 각국이 이날로 죠션 독립을 셰계에반포ᄒᆞᆫ날로치ᄂᆞᆫ지라 우리나라 신민된자ㅣ 이ᄉᆞ젹을 영원토록 긔념ᄒᆞ지 안을수업거니와 이일에 대한ᄉᆞᄅᆞᆷ들이 어려운힘이 얼마쯤 들고야된거슬 ᄯᅩᄒᆞᆫ ᄉᆡᆼ각지안을수업도다

당초에 우리나라에셔 셔양각국으로 공ᄉᆞᄅᆞᆯ보ᄂᆡ려ᄒᆞᄆᆡ 청국에셔 말ᄒᆞ기ᄅᆞᆯ 죠션이

우리의 속국이니 공ᄉᆞ를 타국들과 서로 밧골수 업ᄂᆞᆫ지라 각국이 보ᄂᆡᄂᆞᆫ공ᄉᆞ는 아직 밧엇스나 타국에 쥬ᄎᆞ공ᄉᆞ를 보ᄂᆡᄂᆞᆫ거시 、청국、을 빅쳑ᄒᆞᆷ이라 결단코 되지못ᄒᆞ리니 우리가 ᄃᆡ신 교셥ᄒᆞ리라 ᄒᆞᄂᆞᆫ지라 이ᄯᅵ에도 、죠션、관인즁에 독립이 무엇신지 공ᄉᆞ 보ᄂᆡᄂᆞᆫ관계가 엇더ᄒᆞᆫ지 모르고 다만 청인의말을 올타고만ᄒᆞ야 모도 청인의 츙노들이라 이즁에 몃몃ᄉᆞ름의손으로 쥬션ᄒᆞ야 안밧그로 벌어노코 불시에ᄯᅥ나 、미국、으로 향ᄒᆞ니 、청국、에셔 긔왕 각국에ᄃᆡᄒᆞ여 셩명ᄒᆞᆫ말이 ᄌᆞ지ᄒᆞᆫ즉 들어나게 막을권리는업ᄂᆞᆫ지라 ◦리홍쟝◦이 미리 、미국、에 잇ᄂᆞᆫ 청국공ᄉᆞ의게 신칙ᄒᆞ야 、대한、공ᄉᆞ 가ᄂᆞᆫ거슬 졉슈ᄒᆞ여 일을 다 잘쥬션ᄒᆞ여 쥬ᄂᆞᆫ모양으로 ᄃᆡ신쥬관ᄒᆞ야 스ᄉᆞ로 우리속국인의 ᄃᆡ졉을밧도록ᄒᆞ라ᄒᆞ며 일변으로 ◦원셰ᄀᆡ◦가 、대한、졍부를식혀 ᄯᅩᄒᆞᆫ 이ᄯᅳᆺ슬 、대한、공ᄉᆞ의게신칙ᄒᆞᄂᆞᆫ지라 급기 공ᄉᆞ가 、미국、에 이르ᄆᆡ 청인이 이ᄃᆡ로 미리쥰비ᄒᆞ야 그 지휘를밧도록 만드ᄂᆞᆫ지라 、대한、공ᄉᆞ가 다 듯지아니ᄒᆞ고 、미국、졍부를ᄃᆡᄒᆞ야 즉졉으로 국셔를올니고 、청국、공ᄉᆞ로더부러 대등권리를 다토려ᄒᆞᄆᆡ 각국은 다 칭찬ᄒᆞᆷ을 마지 안이ᄒᆞ나 、청국、은 더욱분ᄒᆞ여 속으로 위협ᄒᆞᆷ이 젼보다 우심ᄒᆞ더라

▲갑오젼징의근인

이ᄯᅵ에 ◦국태공◦씌셔ᄂᆞᆫ 권리를일코 한가히 물너잇셔 졍ᄉᆞ에 참예ᄒᆞᆯ계졔가업스ᄆᆡ속으로 불평ᄒᆞᆫᄯᅳᆺ슬품어 소문이 스ᄉᆞ로 민간에퍼지ᄂᆞᆫ즁 겸ᄒᆞ여 모든 귀쳑들이 셰도를 잡고안져 도식ᄒᆞ고 탐학ᄒᆞᆷ이 극ᄒᆞᆫᄃᆡ 이른지라 창싱이어육되여 민심이리산ᄒᆞᄆᆡ 맛참

니 스ᄉᆞ로 셜수업슬디경에이르니 빅셩은 어두운ᄉᆡᆼ각으로 원망ᄒᆞᄂᆞᆫ말이 외국인이업슬ᄯᅢ에ᄂᆞᆫ 나라이태평ᄒᆞ고 빅셩이부요ᄒᆞ더니 외국인물들이 들어온후로 람이 ᄒᆞᆫ나도 살수업시된다ᄒᆞᄆᆡ 외국인과 상통ᄒᆞ고ᄂᆞᆫ 곳 살수업ᄂᆞᆫ줄로알아 흉용ᄒᆞᆫ 인심이 부지즁에 날마다 비등ᄒᆞ더라 이ᄯᅵ에 맛ᄎᆞᆷ ○김옥균○을 유인ᄒᆞ야 、일본、에셔ᄯᅧ나 、청국、상히、로가셔 찔너죽여다가 그 시신을 륙시ᄒᆞ야 각군에돌닌지라 빅셩들이 헤아리되 ᄀᆡ화당 역젹들은 나라에셔 실혀ᄒᆞ시ᄂᆞᆫ바ㅣ오 ○국태공○ᄭᅴ셔 뮈워ᄒᆞ시ᄂᆞᆫ바인ᄃᆡ 더욱이、청국、이 용랍코져안이ᄒᆞᄂᆞ니 、청국、은텬하에뎨일대국이오 、일본、은조고마ᄒᆞᆫ 、왜국、이며 우리가 숨빅년리로 닛지못ᄒᆞᆯ원슈라 이ᄯᅵ를타셔 ᄒᆞᆫ번셜치ᄒᆞᄂᆞᆫ것이 상쾌ᄒᆞ리라ᄒᆞᄂᆞ니 이ᄂᆞᆫ 젼국이 어리셕은즁에셔 ᄌᆞ연히 ᄉᆡᆼ기ᄂᆞᆫᄉᆡᆼ각이라 일즉이 쳑ᄒᆞᆫ권이라도 만들어 젼파ᄒᆞ야 빅셩의게 말ᄒᆞᆫ마ᄃᆡ를 가라쳐 쥰젹이업셧슨즉 어두운빅셩이 엇지 스ᄉᆞ로 ᄭᆡ기를바ᄅᆞ리요

대뎌 포학이 극ᄒᆞᆫ뒤에ᄂᆞᆫ 반다시 변ᄒᆞᄂᆞᆫ법이니 이ᄂᆞᆫ 고금에 면ᄒᆞᆯ수업ᄂᆞᆫ리치라 이에 동학이닐허나 쥬문을닐그며 부쟉을부치면 능히 바람불고 비를만든다ᄒᆞ며 셔양ᄉᆞ람의 대포군함을 진언ᄒᆞᆫ마ᄃᆡ로 능히 막아닌다ᄒᆞ야 젼국에 거의 안이밋ᄂᆞᆫ쟈ㅣ 젹게된지라 괴슈 ○최시영○이 、젼라도、고부、에셔 긔를들고닐허나 네가지명목을세워 각쳐에격셔를돌니니

일은 ᄉᆞ람을 쥭이지안이ᄒᆞ고 ᄌᆡ산을 손상치안을것이며

이는 츙셩과의리를 쌍으로 온젼케ᄒᆞ야 셰상을건지고 ᄇᆡᆨ셩을 편안케ᄒᆞᆯ일이오 숨은 왜와양을 몰아닉고 셩인의도를 밝힐것이오 ᄉᆞ는 군ᄉᆞ를몰아 셩즁에들어가 권문셰가를 다 멸ᄒᆞ고 법강을 세우며 명분을밝힐일이라

머리에 흰슈건을쓰고 손에누른긔를 잡엇스니 이는 다 무숨리치를 응ᄒᆞ엿다 ᄒᆞᆷ이라 동에셔닐허나면 셔에셔ᄯᆞ라셔며 남에셔부르면 북에셔응ᄒᆞ야 ᄉᆞ방이 벌닐듯 응죵ᄒᆞᄆᆡ 관장을죽이고 ᄇᆡᆨ셩을로략ᄒᆞ야 젼국이소요ᄒᆞᆫ지라 졍부에셔 홍계훈을명ᄒᆞ야 군ᄉᆞ팔ᄇᆡᆨ명을 거나리고 츙쳥도로 향ᄒᆞ야 란민을치려ᄒᆞᆯᄉᆡ 원셰ᄀᆡ가 그 ᄎᆞ원 셔방걸로 ᄯᆞ라형평을 삷히게ᄒᆞ더라 경군이 동학당을맛나 루ᄎᆞ졉젼ᄒᆞ야 여러번 ᄑᆡᄒᆞ미 셔울이 쟝ᄎᆞ 위ᄐᆡᄒᆞᆯ지라 원셰ᄀᆡ가 급기 텬진에 보ᄒᆞᆫᄃᆡ 리홍쟝이 졍병ᄉᆞ쳔명을 몬져발ᄒᆞ야 죠션에와셔 동학을 평뎡케ᄒᆞ며 맛ᄎᆞᆷ닉 일본에ᄃᆡᄒᆞ여 ᄒᆞᆫ마ᄃᆡ도 셩명치안이ᄒᆞ니 이는 쳥국이 긔왕에 일본과 약됴ᄒᆞ야 죠션에 군ᄉᆞ를파송ᄒᆞᆯᄯᆡ에는 피ᄎᆞ간에 몬져 알니고 ᄒᆞ쟈ᄒᆞᆫ말을 ᄉᆡᆼ각지못ᄒᆞ고 다만 졔ᄯᅳᆺᄃᆡ로만 ᄒᆡᆼᄒᆞᆷ이니 쳣ᄌᆡ는 죠션의 독립을멸시ᄒᆞ고 둘ᄌᆡ는 일본을멸시ᄒᆞ여 약됴를ᄇᆡ반ᄒᆞᆷ이오 세ᄌᆡ는 각국이 죠션을 동등으로ᄃᆡ졉ᄒᆞ거ᄂᆞᆯ 쳥국이ᄒᆞᆯ로 무리히ᄃᆡ졉ᄒᆞᆷ은 다만 죠션에만 무리ᄒᆞᆯ뿐안이라 각국을 두로능멸ᄒᆞᆷ이니 쳥국이 ᄌᆞ리로 이런긔습이잇ᄂᆞᆫ고로 각국이 오ᄅᆡ동즁히 녁이던바ㅣ라 일본이 발셔이ᄯᅳᆺ슬 엿본지오린고로 십년을 양병ᄒᆞ며 미리

약됴를뎡ᄒᆞ여 압일을예비ᄒᆞ고 쥬야로 흔단을 기다리던ᄎᆞ에 청국이 방ᄌᆞ무리히 군ᄉᆞ를동ᄒᆞ니 일본이 엇지시각을지톄ᄒᆞ리요 즉시 군ᄉᆞ를파송ᄒᆞ여 아산과 인쳔으로 물미듯 들어오며 죠션에잇는 일본인들을 보호ᄒᆞᆫ다ᄒᆞ고 분분히 상륙ᄒᆞ야 만산편야ᄒᆞᆫ지라 ○리홍쟝○이 대경ᄒᆞ야 일본졍부에 힐문ᄒᆞ여왈

우리가 속국왕의 쳥구ᄒᆞᆷ을 인연ᄒᆞ야 약간구원병을보ᄂᆡ여 란민을 졍돈식히려ᄒᆞᆷ이요 별로 다른뜻시업거늘 귀국이 엇지ᄒᆞ야 대병을보ᄂᆡ여 ᄂᆡ디에돌입ᄒᆞᄂᆞ뇨 그뜻슬 알기어렵다고 ᄒᆞᄂᆞᆫ지라

일본이 곳 ᄃᆡ답ᄒᆞ되 죠션은 두렷ᄒᆞᆫ 독립국이라 귀국이지금와셔 속국이라ᄒᆞᆯ수업고 겸ᄒᆞ여 텬진됴약이잇셔 죠션에 군ᄉᆞ를보ᄂᆡ게될ᄯᅢ에는 량국이 홀로 힝치못ᄒᆞ고 서로알닌후에 힝ᄒᆞ쟈ᄒᆞ엿거늘 이번에 귀국이몬져 셩명ᄒᆞ지안코 졸디에동병ᄒᆞ니 이럼으로 우리도 ᄯᅩᄒᆞᆫ 군ᄉᆞ를보님이라 ᄒᆞ니

이ᄯᅢ에 만일 청국이 실슈ᄒᆞᆷ을ᄭᆡ닷고 군ᄉᆞ를도리키여 호의로조쳐ᄒᆞ야 이젼에 여러번 공포ᄒᆞᆫ말을 쥰힝ᄒᆞ엿던들 그욕을당ᄒᆞ기에 이르지안엇게고 대한에도 ᄯᅩᄒᆞᆫ 싱광이되엿슬거시어늘 우쥰ᄒᆞᆫ완습으로 종시ᄭᆡ닷지못ᄒᆞ고 다만 일본을 업수히녁이ᄂᆞᆫ싱각만 가득ᄒᆞ여 여일히고집ᄒᆞ야 죠션이 져의속국이라고도ᄒᆞ다가 안이라고도ᄒᆞ야분명히 질뎡ᄒᆞᄂᆞᆫ말이업시 군ᄉᆞ를 곳 것지아니ᄒᆞᄂᆞᆫ자라 음력칠월초ᄒᆞ로날에 일본 황뎨의 션젼셔를 반포ᄒᆞ니 그 글에왈

짐이 청국과 젼ᄌᆡᆼᄒᆞ노니 모든직칙맛ᄒᆞᆫ 신하들은 우흐로 짐의ᄯᅳᆺ슬밧들며 아ᄅᆡ로 ᄇᆡᆨ셩의ᄯᅳᆺ슬슌히ᄒᆞ야 ᄊᆞ호기와 직희기에 각각직칙을다ᄒᆞ야 국가의영광을 들어ᄂᆡ며 만국의공법을 억의지말나 짐의본의가 문학을숭상ᄒᆞ고 젼ᄌᆡᆼ을 업시ᄒᆞ야 ᄇᆡᆨ셩이편안ᄒᆞᆫ복을 누리게ᄒᆞ고져ᄒᆞᆷ인고로 즉위ᄒᆞᆫ후 우금ᄉᆞᆷ십년ᄅᆡ에 ᄒᆞᆼ상조심ᄒᆞ여 각국과 교졔를일치안이ᄒᆞ며 대신의게 이ᄯᅳᆺ슬 신칙ᄒᆞ야 년ᄅᆡ로 외국들과 졍의가 가쟝친밀ᄒᆞᄆᆡ 벗나라와 잘사괴음을 심히깃버ᄒᆞ더니 근ᄅᆡ에이르러 죠션ᄉᆞ건을인연ᄒᆞ야 청국이 여러번 신을져바리ᄆᆡ 실로 짐이ᄉᆡᆼ각지 못ᄒᆞᆯ바라 원ᄅᆡ 죠션은 독립국인고로 각국과약됴ᄒᆞ고 서로통상ᄒᆞᄂᆞ니 이ᄂᆞᆫ 일본의 권도ᄒᆞᆫ힘이 업지안커ᄂᆞᆯ 청국이 ᄒᆞᆼ상 져의속국이라ᄒᆞ야 그 ᄂᆡ졍을간셥ᄒᆞ다가 지금 죠션에 일이잇스ᄆᆡ 청국이 속국을 보호ᄒᆞᆫ다 칭탁ᄒᆞ고 군ᄉᆞ를들어 그 ᄂᆡ디에들어가니 짐이 일쳔팔ᄇᆡᆨ팔십이년 약됴를ᄯᆞ라 군ᄉᆞ를보ᄂᆡ여 불의지변을 방비ᄒᆞ며 죠션을 환란즁에셔건지고 아셰아 동방에 태평을보젼ᄒᆞ야 짐의원을 일우려ᄒᆞᄂᆞᆫ고로 청국을청ᄒᆞ야 화평히 의론코져ᄒᆞ엿거ᄂᆞᆯ 청국이 ᄇᆡᆨ가지로 칭탁ᄒᆞ야합동ᄒᆞ려안ᄂᆞᆫ지라 일본이 죠션을권ᄒᆞ여 졍ᄉᆞ를곳쳐셔 안으로 ᄇᆡᆨ셩을 편히ᄒᆞ며 밧그로 교졔를 친밀히ᄒᆞ게ᄒᆞᄆᆡ 죠션졍부에셔 변혁ᄒᆞᆯ쥬의로 명ᄇᆡᆨ히허락ᄒᆞ엿거ᄂᆞᆯ 청국이 속으로져희ᄒᆞ야 ᄂᆡ란을 진졍ᄒᆞᆫ다 칭탁ᄒᆞ고 군ᄉᆞ를동ᄒᆞ야 슈륙으로 젼ᄌᆡᆼ을예비ᄒᆞ고 군ᄉᆞ를 졈졈더보ᄂᆡ여 죠션에잇ᄂᆞᆫ 셰력을쟝ᄒᆞ게ᄒᆞ야 강포ᄒᆞᆷ을

일본명치황뎨

일청전정

밋고 약ᄒᆞᆫ나라를 핍박ᄒᆞ야 홀로 리로울계칙을 도모코져ᄒᆞ며 거만무례ᄒᆞᆷ으로우
리군함에ᄃᆡᄒᆞ야 대포를놋키에 이른지라
대뎌 、죠션、의 독립디위는 원리 、일본、의유지ᄒᆞᆫ힘이오 각국약됴에 인허ᄒᆞᆫ바ㅣ어
늘 、청국、이 이러틋ᄒᆞᆷ은 다만 、죠션、의 디위만 손ᄒᆡᄒᆞᆯ뿐안이라 각국의약됴를 ᄯᅩ
ᄒᆞᆫ 멸시ᄒᆞ고 우리국권을 손ᄒᆡᄒᆞ며 동양의평화를 ᄒᆡ롭게ᄒᆞᆷ이니 、청국、의 욕심과
화심은 밝히들어난지라 우리나라이 외로운군ᄉᆞ를 드는것이 ᄯᅩᄒᆞᆫ 부득이ᄒᆞᆷ이니
우리츙셩ᄒᆞ고 용ᄆᆡᆼ시러은 ᄇᆡᆨ셩은 각기 그직칙을다ᄒᆞ야 속히 태평을일우게ᄒᆞ고
국가의영광을 들어ᄂᆡ기를 짐이 깁히바ᄅᆞ노라
일변ㅣ ᄒᆡ륙으로 젼징이버러지ᄆᆡ ○원셰ᄀᆡ○는 미리형편을보고 도망ᄒᆞ야 물너가며 청
장 ○셥지쵸○는 도쳐에ᄑᆡᄒᆞ야 、아산、공쥬、평양、에셔 점점물너가셔 젼국이 거의다 일
병의둔취ᄒᆞᆫ바ㅣ 되엿스되 、죠션、셔는 죵시 고집ᄒᆞ되 청은대국이오 일은소국이며 청
은은인이오 일은원슈라 필경 청이다시익의고 들어오면 ᄃᆡ답ᄒᆞᆯ말이 업슬가두려ᄒᆞ야
졍부ᄉᆞ ○리승슌○ ○민영텰○등을 파숑ᄒᆞ야 관원 일ᄇᆡᆨ슈십인을 다리고 、청국、에가셔 ᄇᆡ
반치안는뜻슬뵈히고 일후에 용셔엇을 문을열어노으며 ᄇᆡᆨ셩인즉 집을뷔여 청병을쥬
며 ᄌᆡ물을ᄂᆡ여 청병을조역ᄒᆞ니 관민의어두움이 이러틋 심ᄒᆞᆫ즉 엇지 독립국권을 의
론ᄒᆞ리요 만일 기시에 청인이익의엿던들 우리국권은 엇지되엿게스며 우리ᄇᆡᆨ셩은ᄯᅩ
엇지 되엿게ᄂᆞ뇨 우리、대한、ᄉᆞ람들이 불가불 지금에안져 ᄒᆞᆫ번다시 ᄉᆡᆼ각ᄒᆞ여 볼일이

로다

▲갑오젼징후관계

이ᄯᅢ에 청인이 련ᄒᆞ여 봉패ᄒᆞᄆᆡ 의쥬에셔 쫏겨 압록강을건너 청국으로 넘어셔셔
구련셩과 봉황셩을 ᄎᆞ례로ᄲᅢ앗기며 려슌구의 험고ᄒᆞᆫ포딕는 각국이 다 엇지ᄒᆞᆯ수
업ᄂᆞᆫ곳이라 ᄒᆞ던것이 일시에일허바리ᄆᆡ 북경이흔들녀 인심이소동ᄒᆞ며 텬하가놀닉
여 셰상티도가 일시에변ᄒᆞ더라 원릭로 각국이헤아리되 청은 텬하의거대ᄒᆞᆫ고국이라
젼쟈에 영법량국이 북경에들어가 청국의 위엄을샛거스나 요마ᄒᆞᆫ 일본으로 감
히 청국과 젼정을시쟉ᄒᆞᆷ은 실상 망녕된거조라 졔나라도 보젼키 어려울일이라ᄒᆞ야
얼마쯤 그 담대ᄒᆞᆷ을 남으리더니 쳔만의외에 일본이 빅젼빅승ᄒᆞ야 청국이 다시ᄂᆞᆫ
여디가업게되ᄆᆡ 각국이 비로소 공론을변ᄒᆞ야 일본의 의리를칭찬ᄒᆞ며 청국의완고
우쥰ᄒᆞᆷ을 뮈워ᄒᆞ여 십분곤난ᄒᆞᆷ을 도라보지안이ᄒᆞ니 청국이 더욱 엇지 ᄒᆞᆯ수업더라
본릭 청국이 영국의부강ᄒᆞᆷ을 장히녁이며 그 부강ᄒᆞᆫ근본을 연구ᄒᆞ야 힝ᄒᆞ기는 힘
쓰지못ᄒᆞ고 도로혀 의뢰ᄒᆞᆯᄆᆞᄋᆞᆷ으로 ᄒᆞᆼ상 특별ᄒᆞᆫ딕졉을보혀 속으로 졍의를사고져ᄒᆞ
며 아모ᄯᅢ나 어려운일이 잇스면 영국이 나의돕ᄂᆞᆫ쟈ㅣ 되리니 별로 걱정업스리라ᄒᆞ
다가 이ᄯᅢ에 이르러 도아쥬기를구ᄒᆞ나 영국이 엇지 졍의를인연ᄒᆞ야 형편을도라보
지 안이ᄒᆞ리오 국외즁립을직혀 간셥지안ᄂᆞᆫ지라 청국의바ᄅᆞ던것이 여의치못ᄒᆞᄆᆡ ᄉᆞ
셰ᄂᆞᆫ급급ᄒᆞ고 다른도리ᄂᆞᆫ업시 일본의딕ᄒᆞ야 화친을청ᄒᆞᆯ시 ◦리홍쟝◦이 마관에셔

단구원 에ᄂᆡ셩양한

대한독립관과독립문

곤욕을무릅쓰고 빅반으로익걸ᄒᆞ야 비상 이억만원을물고 일쳔팔빅구십오년ᄉᆞ월이십
팔일에 마관 츈범루에셔 일 청 량국이 강화됴약을 뎡ᄒᆞ니
뎨일됴에 ᄒᆞ엿스되 청국이 대한을 확실ᄒᆞᆫ ᄌᆞ쥬독립국으로 밝히 인허ᄒᆞ야 완
젼히 흠졀이업슴을 아ᄂᆞᆫ고로 독립ᄌᆞ쥬국 권리에 조곰이라도 손히될것은 다 업
시ᄒᆞᆯ지니 기젼에 ᄒᆡ마다 소위공물보ᄂᆡ던일 갓ᄒᆞᆫ폐단은 일졀폐지ᄒᆞ노라 ᄒᆞ엿스
니

이후로 한 청 량국에 교졔가ᄭᅳᆫ쳐 피ᄎᆞ에 간셥이 업스ᄆᆡ 당시에 번화ᄒᆞ고 셰력잇던
락동 청관에 닷쳐둔문젼이 닝락ᄒᆞ야 황룡긔를것어가고 빈긔ᄉᆞᄃᆡ만섯스ᄆᆡ 그러틋강
포무리ᄒᆞ던 청인의긔셰가 다 어ᄃᆡ로가고 여간상민들의 긔운이셧겨지니 즁국을 놉
히고 원셰기의 츙노되여 영화부귀를도모ᄒᆞ던 셰력대가들이 고기를숙이고 자최를
감초아셔 즁국의 음흉ᄒᆞᆫ권력이 만리장풍에 흑운갓치 물너가 기명의ᄉᆡ긔운이 날마
다 들어와셔 ᄀᆡ화의긔초가 이ᄯᅢ붓허 ᄲᅮ리가박이니 이후로 영은문(련쥬문)을 헐어ᄂᆡ
고 독립문을지으며 남별궁을변ᄒᆞ야 원구단을만들며 죠션을곳쳐 대한이되며 대청
년호를 업시ᄒᆞ고 ᄀᆡ국 건양 광무등 다년호를 ᄌᆞ의로변혁ᄒᆞ며
대군쥬 대황뎨의 존호를밧들어 셰계뎨왕들과 상등디위를 회복ᄒᆞ시ᄆᆡ 무술년십이월
십ᄉᆞᆷ일에 청국이서로 공ᄉᆞ 서슈붕을보ᄂᆡ여 한양에이르러 이십일에 대황뎨폐하
ᄭᅴ 알현ᄒᆞ고 청국황뎨의 국셔를밧치니 그 글에ᄒᆞ엿스되

대청국 대황뎨는 공경ᄒᆞ야
대한국 대황뎨씌 편안ᄒᆞ심을 뭇노이다 우리두나라이ᄒᆞᆷ씌 、아셰아、쥬에잇셔 물과륙디가 서로련ᄒᆞ야 슈ᄇᆡᆨ년ᄅᆡ로 됴코언잔은거슬 서로관계ᄒᆞ야 피ᄎᆞ를 분간치안이ᄒᆞ고 능히 도을수잇ᄂᆞᆫ일은 ᄆᆞ음과힘을다ᄒᆞ여 갓치편안ᄒᆞ기만 바랏ᄉᆞᆫ즉 이ᄂᆞᆫ 귀국ᄉᆞ긔에 자져ᄒᆞᆯ지라 더 말ᄒᆞᆯ것업스며 광셔처음ᄒᆡ에 귀국이 、아메리가、와 、구라파쥬、여러나라들과 약됴를미즐ᄯᅢ에 글을만들어 밝히 말ᄒᆞ엿스니 이ᄂᆞᆫ 귀국이 오ᄅᆡ도록 닛지안ᄂᆞᆫ뜻슬표ᄒᆞᆷ이라 근ᄅᆡ에 각국이 ᄌᆞ유독립ᄒᆞᆷ으로 공번된의를 숨ᄂᆞᆫ고로 광셔이십일년에 、청、일、량국이 、마관、에서 약됴ᄒᆞ고 첫됴목에 귀국ᄌᆞ유독립을 밝히들어ᄂᆡ엿스며 겸ᄒᆞ여 녜젹붓허 친밀히 지ᄂᆡ던졍의와 근ᄃᆡ시셰의 어려음을ᄉᆡᆼ각ᄒᆞᆫ즉 서로관계ᄒᆞ야 보젼ᄒᆞᄂᆞᆫ의를 도라보지 안을수업기로 이품후 ○셔슈붕○을 츌ᄉᆞ대신을보ᄂᆡ여 친히 국셔를쓰쥬어 밧들고 、한양、에가셔 짐의뜻슬 ᄃᆡ신ᄒᆞᄂᆞᆫ바 이ᄉᆞ신이 츙셩ᄒᆞ고 진실ᄒᆞ며 일에련숙ᄒᆞ오니 바ᄅᆞᆫ컨ᄃᆡ
대황뎨씌셔ᄂᆞᆫ 밧아졉ᄃᆡᄒᆞ샤 귀국졍부로 더브러 통상약됴를뎡ᄒᆞ야 이후로 량국이 영원토록 화호ᄒᆞᆫ졍의를 돈목히ᄒᆞ야 ᄒᆞᆷ씌승평ᄒᆞᆷ을누리게 깁히 바ᄅᆞ나이다ᄒᆞ엿더라

이글을 밧친후 각국통상약됴를ᄯᅡ라 ᄉᆡ로히 약됴를뎡ᄒᆞ고 평등ᄃᆡ우로 교섭이친근ᄒᆞ니 이ᄂᆞᆫ 다 갑오젼정후에 들어난효험이라 우리가 우리힘으로 권리를회복ᄒᆞ야 능히

청국광셔황뎨

청국광셔황후

ᄯᅩ로섯더면 다만 헛일ᄒᆞᆷ으로만 효험을 엇을ᄲᅮᆫ안이라 실로 권리상효력이 ᄯᅩᄒᆞᆫ 이러ᄒᆞ엿슬거시어ᄂᆞᆯ 이거슬못ᄒᆞᆫ고로 우리가 오ᄂᆞᆯ날 이말을ᄒᆞ기에 실로 슈치로음을면치못ᄒᆞᄂᆞᆫ바ㅣ나 그 실상이 이러ᄒᆞᆫ즉 보ᄂᆞᆫ쟈ㅣ 맛당히 ᄉᆡᆼ각ᄒᆞᆯ일이잇도다 젼일에 우리가 、즁국、을 놉히ᄂᆞᆫ것이 도리로알앗스며 、즁국、이 뎨일 큰나라로 알던ᄉᆡᆼ각을 오ᄂᆞᆯ날에 비교ᄒᆞ면 젼일에 어리셕음이 엇더ᄒᆞ며 오ᄂᆞᆯ날효험이 엇더ᄒᆞᆫ거슬 황연히 새달을지라 젼일에 우리가 진쟈 새닷지못ᄒᆞ여 놈의조력을 엇게됨을 일심으로 동분히녁여 어셔밧비 더 모르고 어두운동포들을 새닷게ᄒᆞ여 가지고 쥬야로 일들ᄒᆞ야 오ᄂᆞᆯ날에 당ᄒᆞᄂᆞᆫ슈치를 씨셔바리고 영구ᄒᆞᆫ국권을 ᄉᆡ로세워 볼지어다

▲아라ᄉᆞ의셰력이료동에침범ᄒᆞᆷ

이ᄯᆡ에 각국은 다 국외로안져 이젼졍의 결말을 구경ᄒᆞ다가 급기젼졍이 평뎡되ᄂᆞᆫ쟈、일리에、일본、이 ᄇᆡ상을 은으로 이억만량을 밧으며 、료동、온디방을 다ᄎᆞ지ᄒᆞᄂᆞᆫ지라、일본、이 과람히 토식ᄒᆞᆷ을시비ᄒᆞ야 、아、법、덕、ᄉᆞᆷ국이련합ᄒᆞ야 、일본、졍부에 조회ᄒᆞ고、료동、은 곳、청국、으로 도로돌녀보ᄂᆡ라ᄒᆞᆫᄃᆡ 、일본、졍부에셔 허락지안이ᄒᆞ다가 핍박ᄒᆞᆯᄃᆡ경에 이르러 비로쇼 물너가고 、동、은료 도로、청국、에 쥬엇스나 그ᄃᆡ신에 돈으로 일억만원가량을 더물니고 、대만、을 ᄎᆞ지ᄒᆞ얏스니 、일본、의 실상리익은、료동、반도를 다ᄎᆞ지ᄒᆞᆫ이만 못ᄒᆞ지안엇스나 、청국、인즉 ᄌᆞ리로 헛일ᄒᆞᆷ으로 외양치례만 즁히 녁이ᄂᆞᆫ고로 、료동、을 도로회복ᄒᆞ엿다ᄂᆞᆫ 말만잇셔도 얼마ᄉᆡᆼ광으로 녁이ᄂᆞᆫ지라 젼븟허 밋고

의뢰ᄒᆞ던 、영국、은 아모말도업ᄂᆞᆫ중에 、아라ᄉᆞ、이 홀로 힘을써서 、법、덕、을 합ᄒᆞ야 、료동、을 ᄎᆞ져쥬ᄆᆡ 、아라ᄉᆞ、를 감ᄉᆞ히녁이ᄂᆞᆫ ᄆᆞ음으로 은근히의뢰ᄒᆞ고져ᄒᆞᄂᆞᆫ지라 、아라ᄉᆞ、이 그졍형을삷히고 비밀히 달ᄂᆡ여왈 타국은 다 밋을수업고 다만 우리가 귀국과 디경이 졉ᄒᆞ야 편안ᄒᆞ고 위ᄐᆡ홈이 갓가히관계되니 만일 우리두나라이 련합ᄒᆞ면 텬하에 두려울거시 업ᄂᆞᆫ지라 、료동、즁간으로 텰로를노으면 대단히 리로울터이나 귀국의ᄌᆡ졍이 부족ᄒᆞᆫ즉 우리가 ᄃᆡ신ᄌᆡ졍을 ᄂᆡ여 노을터이니 이텰로를 우리가노으면 각국이 다 우리량국의 졍의가 친밀홈을알고 감히 엿보지못ᄒᆞ리라ᄒᆞᄆᆡ 어리셕은 져、청국、이 이말을 달게듯고 텰로노키를 허락ᄒᆞ니 、ᄒᆡᄉᆞᆷ위、에셔붓허 、만쥬、즁간을건너 、려슌、ᄭᆞ지 통ᄒᆞ고 、려슌구、를 빌어 、아라ᄉᆞ、군함의 근거디를 만들어 、셔빅리아、(ᄉᆡᄲᅦ리아) 텰도를 련락ᄒᆞ며 텰로를 보호ᄒᆞᆫ다칭탁ᄒᆞ고 간간이 병참소를셜시ᄒᆞ야 군ᄉᆞ를두어진압ᄒᆞ니 이러틋 광활ᄒᆞᆫ토디가 외양은 비록、청국、ᄯᅡᆼ이라ᄒᆞ나 실상은 다 、아라ᄉᆞ、의 관할속에들어 、청국、이 엇지ᄒᆞᆯ수업시되니 、아라ᄉᆞ、로 말ᄒᆞᆯ진ᄃᆡ 당초에、셔빅리아、텰로를 노을젹에 그원ᄒᆞ던바이 실로여긔ᄭᆞ지 밋치지못ᄒᆞ엿다가 일죠에 춍ᄒᆞᆫ방안이 노코 피ᄒᆞᆫ뎜안이홀니고 、아셰아、동편에 한업시 광활ᄒᆞ고 한업시 기름진 토디를졈령ᄒᆞ야 、대한、과、청국、의 즁간을 걸쳐안즈며 、얼음이 얼지안ᄂᆞᆫ 、려슌、항구를 ᄎᆞ지ᄒᆞ야 동양의ᄒᆡ륙권을 임의로죠종ᄒᆞ니 、아라ᄉᆞ、의 다ᄒᆡᆼ은 실로말ᄒᆞᆯ수업스나 텬하에 범ᄀᆞᆺᄒᆞᆫ 욕심이 엇지、료동、반도를 먹ᄂᆞᆫ것으로만 풍족히녁이리요 동양일판을 모도경영홈이 가쟝음험

ᄒᆞ며 、청국、으로 말ᄒᆞᆯ진ᄃᆡ 헛일ᄒᆞᆷ만 ᄎᆞ지ᄒᆞ고 실상권리는 ᄂᆞᆷ의게ᄂᆡ여쥬어 영히회복ᄒᆞᆯ긔회가 업ᄂᆞᆫ지라 각국이 이소문을듯고 과연 허락ᄒᆞ엿ᄂᆞᆫ가 질문ᄒᆞᆫ즉 어름어름 ᄃᆡ답ᄒᆞ야 각국을 밋지안ᄂᆞᆫ실졍을 들어ᄂᆡᄆᆡ 각국이분로ᄒᆞ여 시비가분운ᄒᆞ니 졔거슬ᄂᆞᆷ쥬어가며 셰상에실인심ᄒᆞᆷ이 엇지 ᄂᆞᆷ분치안으리요 이번 、일、、아、젼징의ᄲᅮ리는 이ᄯᅢ붓허 ᄉᆡᆼ긴것이라 ○리홍쟝○이 ᄌᆞ긔의 영귀를 보젼ᄒᆞᆷ만 즁히녁여 ○셔태후○의 죵이되야 、아라ᄉᆞ、를 의지ᄒᆞ고 국토를팔아 동양에 란리를셰ㅅ쳣스니 그 더러은목숨이 쳔만년을살지못ᄒᆞ고 오년젼에 간신히 와셔죵신ᄒᆞ엿스나 쳔츄에 무궁ᄒᆞᆫ죄명은 실로씨ㅅ기어려오리로다

▲청국 의화단ᄉᆞ변

리홍쟝이 본ᄅᆡ 、청국、의 홀로 쥬쟝ᄒᆞ야 황뎨아ᄅᆡ는 곳 ᄉᆞ억만인구의 웃듬인고로 각국이 그 명망을츄앙ᄒᆞ야 셰계샹 호걸인물즁에 갓치치던바ㅣ라 겸ᄒᆞ여 ᄌᆞ고로 각국과 담판교셥되ᄂᆞᆫ일은 모도 리씨가쥬쟝ᄒᆞ여 결쳐된것인즉 동양졍치대가즁에 뎨일몬져 열넌쟈가 ᄯᅩᄒᆞᆫ 리씨인고로 ᄂᆡ외국인의 바ᄅᆞᄂᆞᆫ뜻시 적지안은지라 동양형편이 졈졈위ᄐᆡᄒᆞᆯᄯᅢ를당ᄒᆞ야 셔양관민즁에 고명ᄒᆞᆫ친구들과 、대한、일본、에 유지ᄒᆞᆫ선ᄇᆡ들이왕왕간졀히구ᄒᆞ야 、대한、을 평등국으로ᄃᆡ졉ᄒᆞ며 광셔황뎨를밧들어 동양에 ᄆᆡᆼ쥬가되게ᄒᆞ고 ᄀᆡ명을힘써 、아셰아、형셰를 유지ᄒᆞ라ᄒᆞ엿스되 종시 완고ᄒᆞᆫ구습을 셰치지못ᄒᆞ여 일향고집ᄒᆞ다가 갑오년에이르러 쳔고에 처음당ᄒᆞᄂᆞᆫ 곤욕을밧으ᄆᆡ 그졔야 혜아리

되 적은、일본、이 우리를이임은 다른연고가업고 다만 시법을힘쓰고 안이쓰기에잇다 ᄒᆞ야 이에 황명을밧들고 셔양각국에 ᄉᆞ신이되여 문명ᄒᆞᆫ셰계를 유람ᄒᆞ며 비로소 붓그러은싱각도나고 흠션ᄒᆞᆫ줄도 ᄭᆡ달은지라 도쳐에 감동ᄒᆞᄂᆞᆫ뜻슬 셜명ᄒᆞ고 도라가셔 곳 ᄀᆡ화를힘쓰ᄅ 쥴로장담ᄒᆞ니 각국이 본릐 그명망을 즁히녀이던터에 비록、일본、에게ᄒᆞᆫ번욕을당ᄒᆞ엿스나 불과 병가샹ᄉᆞ라 지금셰계를 유람ᄒᆞ고 더러틋 흠탄ᄒᆞᆫ싱각이 잇슨즉 도라가ᄂᆞᆫ날은 응당 나라를일신ᄒᆞ게만들어 동양에 부강을일우게ᄒᆞᆯ지니 엇지 장ᄒᆞ지안으리요ᄒᆞ야 각국뎨왕 이하로 도쳐에륭숭ᄒᆞᆫ딕졉이 비ᄒᆞᆯ딕업더니 급기 도라오ᄂᆞᆫ날에 황뎨ᄭᅴ 알현ᄒᆞ고 혁신을힘쓰고져ᄒᆞᆫ즉 광셔황뎨ᄂᆞᆫ 란리를지닌후로 ᄯᅩᄒᆞᆫ얼마쯤 몬져ᄭᆡ달은지라 녜ᄶᅥ졔도를 업시ᄒᆞ며 시법을힝ᄒᆞ야 빅셩이 의론ᄒᆞᄂᆞᆫ권리를열어 상하관민을 물론ᄒᆞ고 아모던지 국민에유조ᄒᆞᆯ 일이잇거던 바로 상소를 올니게ᄒᆞ야 디위 나즌쟈ᄂᆞᆫ 샹소못ᄒᆞ던법을 혁파ᄒᆞᆯ시 이ᄯᅢ에 ○셔태후○가 권리를잡아 죠졍에 모든 완고대신들이 다 ○셔태후○의 심복으로 황뎨의 ᄀᆡ화ᄒᆞ려ᄂᆞᆫ뜻슬 실혀ᄒᆞ여 서로 편당을톄결ᄒᆞ여가지고 황뎨를 히코져ᄒᆞᄂᆞᆫ지라 이ᄯᅢ에 ○강유위○ ○량계쵸○등이 ᄀᆡ진상 지ᄉᆞ로 황뎨의 대조를밧들고 민간에회를모아 국즁에 유지ᄒᆞᆫ 션비들을 모집ᄒᆞ야 황뎨를밧들어 ᄀᆡ혁을 실시코져ᄒᆞ다가 마츰니○셔태후○의 히를밧아 혹 잡혀도륙을당ᄒᆞᆫ쟈도 잇스며 혹 도망ᄒᆞ야 타국으로 표박ᄒᆞᆫ쟈도잇고 남은무리들은 흣허졋스며 황뎨를가두어 필경 독ᄒᆞᆫ약을써셔 살히ᄒᆞ엿다ᄂᆞᆫ소문이 셰상에 랑ᄌᆞᄒᆞ엿ᄂᆞ니 ○셔태후○

쵸계량 슈령당신유국청

청국유신당령슈 강유위

청국셔태후

청국국권을죠롱ᄒᆞ던 리홍쟝

는 황뎨의셔모라 인ᄒᆞ야 국권을찬탈ᄒᆞ여 ᄀᆡ혁의긔초를업시ᄒᆞ니 이는 무술년일이라
이ᄯᅢ에 ○리홍쟝○이 젼일유람ᄒᆞ던ᄉᆡᆼ각은 다 바리고 ○셔태후○의게붓허 권리를보젼ᄒᆞ
며 、아라사、에의지ᄒᆞ야 모든 ○셔태후○의편당과 합력ᄒᆞ여 쥬션ᄒᆞᄆᆡ 이 모든국권과강
토를 손히ᄒᆞᄂᆞᆫ약됴가 다 이ᄯᅢ에된것이라 어두은ᄇᆡᆨ셩들은 엇지ᄒᆞ여이러ᄒᆞ며 어늬나
라사ᄅᆞᆷ이 탐욕을님인지 분간치못ᄒᆞ고 셔양사람들이 다갓치、쳥국、을 업시ᄒᆞ려온줄로
만알아 모도 져의원슈로녁이더라

ᄌᆞ리로 、쳥국、에셔 교인을 뮈워ᄒᆞᄂᆞᆫ폐단이 심ᄒᆞᆫ지라 셔양교ᄉᆞ들이 들어와셔 젼도ᄒᆞ
ᄂᆞᆫ뜻시 아모 다른의ᄉᆞ가업고 다만 ᄌᆞ긔들의 ᄌᆡ산과 인력을 가져다가 어두운ᄇᆡᆨ셩의
게 ᄌᆞ긔들의 됴케아ᄂᆞᆫ바를 갓치 알니고져홈이어늘 쳥인들은 그교인이 혹토디를 ᄲᅢ
앗거나 ᄇᆡᆨ셩을 히ᄒᆞ려오ᄂᆞᆫ줄로알아 관원이나 ᄇᆡᆨ셩이나 교인을맛나 긔회만잇스면곳
히ᄒᆞ기를 젼력ᄒᆞᄆᆡ 그 교밋ᄂᆞᆫ나라에셔 불가불 간예ᄒᆞ야 권리를 보호ᄒᆞ기에 이르ᄆᆡ
인ᄒᆞ야 더욱이 갈등이되여 교인을 히코져 ᄒᆞᄂᆞᆫᄉᆡᆼ각이 은근히 자라ᄂᆞᆫ즁에 교ᄉᆞ들이
글을지어 젼파ᄒᆞ거나 말로젼도ᄒᆞ야 허무ᄒᆞᆫ거슬 밋지말며 헛된것을 셤기지말나ᄒᆞ니
이뜻슬 더욱이 실혀ᄒᆞ여 간간히 허무ᄒᆞᆫ말을 지여ᄂᆡ며 민심을션동ᄒᆞ야 외국인을 몰
아ᄂᆡ려ᄂᆞᆫ거조가 죵죵ᄉᆡᆼ기다가 이ᄯᅢ에이르러 형편을삷혀본즉 ○셔태후○이하 모든 셰
력가진쟈들이 다 ᄀᆡ화와원슈되여 인심을 션동ᄒᆞᄂᆞᆫ지라 어두운민심이 스ᄉᆞ로헤아리
되 우리가 이런긔회를 다시엇지못ᄒᆞᆯ지라 일시에닐허나 셔양인들을몰아ᄂᆡ고 녜ㅅ법

을회복ᄒᆞ야 여젼히문닷치고 우리셰리 살쟈ᄒᆞ고 의화단을모아 무리를합ᄒᆞᆯ식 요ᄉᆞᄒᆞᆫ말을지어 쥬문을외이며 부쟉을붓치고 호풍환우ᄒᆞᄂᆞᆫ직조가 잇다ᄒᆞ야 ᄉᆞ방에 젼파ᄒᆞ미 거의 젼국빅셩이 다 듯고밋기에이르니 맛치 우리나라에 동학란리갓치 된지라 권셰잡은쟈들이 속으로찬조ᄒᆞ여 닉외가화응ᄒᆞ니 당시 져의소견에ᄂᆞᆫ 온셰상이라도 곳번복ᄒᆞ기가 어렵지안을듯ᄒᆞ더라 대란을닐희켜 교인을 살륙ᄒᆞᆯ식 남녀로소 몰론ᄒᆞ고젼일에 혹 교를밋거나 ᄀᆡ화변에 갓가온듯ᄒᆞᆫ쟈ᄂᆞᆫ 물슈히쥭이며 모든 외국인은 공령ᄉᆞ 이하 대소관인이나 상민이나 교인이나 통히 구별치안이ᄒᆞ고 몰슈히 업시ᄒᆞ려ᄒᆞ니 각쳐에 교당학당이며 닉외국의 집과지산을 불노코 로략ᄒᆞ야 각쳐에 손히당ᄒᆞᆫ것이 한량이업스며 도쳐에 인명살히ᄒᆞᆫ거시 ᄯᅩᄒᆞᆫ 슈가업ᄂᆞᆫ지라 각국거류민들이 북경에모혀 서로보호ᄒᆞᆯ식 란민들이 발셔 북경에 가득ᄒᆞ야 덕국공ᄉᆞ와 일본공ᄉᆞ관 셔ᄀᆡ싱이 살히를당ᄒᆞ미 허다ᄒᆞᆫ외국인의 사싱존망이 호흡에잇ᄂᆞᆫ지라 셰계에 소문이시각에젼파ᄒᆞ미 각국이 일뎨로진로ᄒᆞ야 영 미 법 덕 아 오 의 하 포 일 합열나라군ᄉᆞ가 ᄉᆞ방으로달녀들어 일시에련합ᄒᆞ야 북경에 돌입ᄒᆞᆯ식 셩문을세치고 물밀듯 들어가 교인을구원ᄒᆞ며 란민을소탕ᄒᆞ니 폭발약과 대포소릐ᄂᆞᆫ 텬디를진동ᄒᆞᄂᆞᆫ지라 의화단을닐희킨 ○단친왕○의궁을 불지르고 황셩을 졈령ᄒᆞ니 경ᄌᆞ팔월초ᄉᆞ일에 ○셔태후○와 황뎨ᄂᆞᆫ 셔안부로피란ᄒᆞᆯ식 모든친왕과 대신들은 다 몬져도망ᄒᆞ고 다만 닉시몃명이 호위ᄒᆞᆫ지라 여간관리와 상민들이 피란을만류코져ᄒᆞᆫᄃᆡ ○셔태후○ᄂᆞᆫ ᄌᆞᄀᆡ의죄

것는흐당살학의인쳥

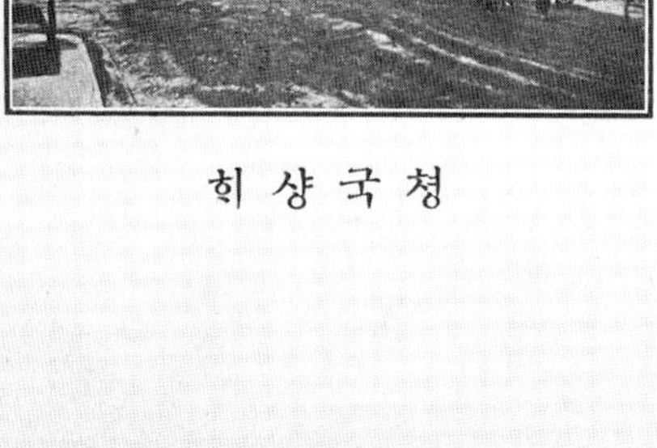

희샹국쳥

를 짐쟉ᄒᆞᄂᆞᆫ고로 화가몸에밋츨줄을알고 몰니ᄲᅢ져 도망ᄒᆞᆯᄉᆡ 쳔리원졍에 무슈ᄒᆞᆫ곤난을격금은 실로 가긍ᄒᆞᆫᄉᆞ졍이 만헛스나 듯ᄂᆞᆫ쟈ㅣ ᄯᅩᄒᆞᆫ 측은히 녁이지안터라 이ᄯᆡ에 각국군ᄉᆞ들이 청인이 무고히살인ᄒᆞᆷ을 분히녀여 도쳐에로략질과 살상ᄒᆞᆷ을 여디가업게ᄒᆞ야 여러쳔년을유젼ᄒᆞᄂᆞᆫ 모든보픠와 고물을 낫낫치가져가며 사부가부녀들을 무란히겁탈ᄒᆞ니 그 포학과 능욕을 견딜수업셔 ᄉᆞ방으로 도망ᄒᆞ고 길거리집들은 불에타셔 파상ᄒᆞᆫ것이 태반이라 그즁、아、법、덕、군ᄉᆞ들의 침욕이 더욱심ᄒᆞ야 、휘츈、디방에셔ᄂᆞᆫ 아병이 청인남녀로소 숨쳔여명을 구츅ᄒᆞ야 하슈압헤이르러 닐너왈

너의들이 이 하슈를건너지안으면 다 죽이리라 ᄒᆞ거ᄂᆞᆯ

청인이 울며왈 우리ᄂᆞᆫ 슌량ᄒᆞᆫ상민이라 다른ᄯᅳᆺ시업고 ᄯᅩᄒᆞᆫ 무죄ᄒᆞᆫ 부녀들과 늙고어린ᄇᆡᆨ셩이야 무슴 란을지엇스리요 잔명을 ᄋᆡ결ᄒᆞ노라ᄒᆞ고 방셩대곡 ᄒᆞ거ᄂᆞᆯ

아병이 ᄅᆡᆼᄃᆡᄒᆞ여왈 우리ᄂᆞᆫ 상관의명령만 쥰ᄒᆡᆼᄒᆞᆯᄲᅮᆫ이라ᄒᆞ고 슈명을뭇지르니 청인이 ᄒᆞᆯ일업셔 쇠ᄒᆞᆫ로인과 어린ᄋᆞᄒᆡ와 연약ᄒᆞᆫ녀인들이 혹 업더져 긔졀도ᄒᆞ며 분분히 물에더져 시신이 ᄲᆡᆼ닙헤 뉘에ᄊᆞ힌것갓ᄒᆞᆫ지라 그즁에 졀문녀인ᄒᆞᆫ나ᄂᆞᆫ 어린ᄋᆞᄒᆡ를안고 풀숩헤업ᄃᆡ여 울며ᄋᆡ결ᄒᆞ다가 필경 살수업슴을보고 그 ᄋᆞᄒᆡ나 살가ᄒᆞ여 풀숩헤 바리고 물에ᄲᅢ져죽으니 ᄋᆞᄒᆡᄂᆞᆫ철모르고 어미를불으며 우ᄂᆞᆫ소ᄅᆡ가 ᄉᆞ름의간쟝을 ᄭᅳᆺᄂᆞᆫ듯ᄒᆞ거ᄂᆞᆯ 아병은 조곰도 동심치안코 창ᄭᅳᆺ헤 ᄭᅦ여들고 의긔가양양ᄒᆞ야 합이 ᄉᆞ쳔여명을 몰슈히죽이니 흑룡강물이 피빗슬일우더라 그후 이디방에셔 、대한、ᄉᆞ름 이쳔여

명이 또 아인의화를 몰슈히당힛스며 합이빈디방에셔 관쟝이 인민의게효유ᄒᆞ여 각국군ᄉᆞ를 반가온뜻스로 영졉ᄒᆞ여 드리라ᄒᆞ미 아병은 그 호의를모르고 져자를 불노으며 부녀를겁욕ᄒᆞ미 사부가귀부인은 욕을보고 ᄌᆞ결ᄒᆞᆫ쟈ㅣ 오빅칠십숨인이오 하등녀인들은 몃놈식돌녀가며 욕을뵈이고 갈ᄯᅢ에는 창으로질너죽이고 도라셔며 그남은녀인은 욕을 견ᄃᆡ지못ᄒᆞ여 죽는쟈ㅣ 무수ᄒᆞ미 일본 군ᄉᆞ의게와셔 아병의무리ᄒᆞᆷ을호소ᄒᆞ는쟈ㅣ ᄉᆞ빅여명인ᄃᆡ 그즁에 죽은쟈ㅣ십일명이라 량반이나 대관이라도 구별ᄎᆡ안코 맛나면 잡아셔 짐지우고 역ᄉᆞ식혀 조곰만불슌ᄒᆞ면 쟝화신은발로 박차며 춍ᄃᆡ와몽동이로 란타ᄒᆞ미 ᄃᆡ위와문벌을 자랑ᄒᆞᆯ곳시업더라

대뎌 아병의 포학무리ᄒᆞᆷ은 각국이 다 시비ᄒᆞ기를 마지안는바ㅣ어니와 무도ᄒᆞᆫ 쳥인이 무단히 셰계와원수되여 앙화를ᄌᆞ취ᄒᆞᆷ이니 놈의무리ᄒᆞᆷ만 원망ᄒᆞ리요 다 각기 ᄌᆞ긔의죄칙을 몬져ᄉᆡᆼ각ᄒᆞᆷ이 맛당ᄒᆞᆫ지라 어두운 웃ᄉᆞ람들은 ᄌᆞ긔들의죄가잇셔 당ᄒᆞ는거슬 불상타 일울수업거니와 무죄ᄒᆞᆫ잔민들은 다 웃ᄉᆞ람을 잘못맛는죄로 참화를 당ᄒᆞ기가 원통타ᄒᆞᆯ터이나 빅셩이 져의정신을 못ᄎᆞ리고 어둡게지ᄂᆡ기를 편안히녁일진ᄃᆡ 마ᄎᆞᆷᄂᆡ 옥셕구분이 되는날에는 죄잇는쟈만 당ᄒᆞ는것이 안이라 지금셰상에 쳐ᄒᆞᆫ쟈ㅣ는 부인이나 ᄋᆞ히라도 셰상형편이 엇더ᄒᆞ며 국민된본의가 엇더ᄒᆞᆷ을 알어야 되리로다

▲일아전징의근인

ᄌᆞ리로 청인의 무도ᄒᆞᆷ이 ᄒᆞᆼ상외국인을 잔히ᄒᆞ야 흔단을 자조닐희키ᄆᆡ 셰상에셔 동분히 녀이며 시비가무수ᄒᆞ야 심지어 토디를분할ᄒᆞ고 국권을업시ᄒᆞ쟈ᄂᆞᆫ 의론ᄭᆞ지잇셧더니 이ᄯᅢ에이르러 십국대병이 '북경'을 졈령ᄒᆞᄆᆡ 각국에공론이 더욱분운ᄒᆞ야 아조 ᄯᅡ흘난호어 국권을업시ᄒᆞ여 일후다시 이런폐 단이 ᄉᆡᆼ기지안케ᄒᆞ쟈ᄒᆞᄆᆡ 그ᄯᅢ형편으로ᄂᆞᆫ '청국' 일홈이 부지ᄒᆞ기를 바랄수업슬듯ᄒᆞᆫ즁에 더욱이 념려되ᄂᆞᆫ바ᄂᆞᆫ '청국'에란리를 졍돈ᄒᆞᆫ후에 렬국군ᄉᆞ들이 각각졈령ᄒᆞ엿던 됴흔토디를 무심히ᄂᆡ여노코 물너갈리가 만무ᄒᆞᆯ듯ᄒᆞ나 그즁에셔 피ᄎᆞ간 기름진고기를 닷토다가 큰 젼쟁이 렬국간에 ᄉᆡᆼ기면 동셔양이 크게 요란ᄒᆞ리라ᄒᆞ야 각국졍치대가에셔 깁히념려ᄒᆞ기를 마지안터니 다ᄒᆡᆼ히 각국의후의로 '청국'의토디를 손히치말며 국권을 보젼ᄒᆞ게ᄒᆞᄂᆞᆫ것이 일에도졍대ᄒᆞ고 각국간에 시비도 업스리라ᄒᆞ야 각국ᄉᆞ신들이 '북경'에셔 다시 화친됴약을 의론ᄒᆞᆯ시 ○경친왕○이 광셔황뎨의 명을밧들고 강화ᄉᆞ신이되여 '북경'에이르러 군ᄉᆞ물닐 약됴를뎡ᄒᆞ니 그 약됴대략에왈

일은 란리를닐희킨 모든대신들은 사형에 쳐ᄒᆞᆯ것이오

이ᄂᆞᆫ 각국이 이 란리에밧은 젼후손히를 합당ᄒᆞ게 ᄇᆡ상ᄒᆞ야 물어줄것이오

삼은 각디방에 외국인들과 교당과 교인들을 특별히보호ᄒᆞ야 다시 후환이 업게ᄒᆞᆯ것이오

ᄉᆞᄂᆞᆫ '텬진' 온디방은 국외디를삼아 각국의 공동히 관계되ᄂᆞᆫᄯᅡ흐로 인가ᄒᆞᆯ것이오

오는 、만쥬、 온디방은 다 즁립디로ᄉᆞᆷ아 각국간에 일후 젼징이 잇더ᄅᆡ도 그 디방은
병화가 밋치지 안케ᄒᆞᆯ것이오
륙은 각국이 、쳥국、 각쳐통상항구에잇ᄂᆞᆫ 외국인의 ᄉᆡᆼ명ᄌᆡ산을 보호ᄒᆞ기위ᄒᆞ야 슈
비병을두어 후환을 방비ᄒᆞᆯ일이라

이약됴를 뎡ᄒᆞ고 젼징을 졍지ᄒᆞᆫ후 ᄇᆡ상금을 이억만원을 ᄇᆡᆨ년ᄒᆞ여 물게ᄒᆞ고 각국군ᄉᆞ가 、북경、에셔나와 、텬진、으로 물너나니 이ᄂᆞᆫ 곳 업셔진 、쳥국、이 다시 ᄉᆡᆼ김이라 셰상에 뉘안이 다ᄒᆡᆼ이녁이리요 이거슬보면 각국이 、쳥국、을 ᄃᆡ졉ᄒᆞᆷ이 실로 뜻밧게후의라 그 널은토디를 ᄒᆞᆫ조각도 손ᄒᆡ치안이ᄒᆞ고 낫낫치 돌녀보ᄂᆡ며 ᄇᆡ상을 ᄯᅩᄒᆞᆫ 이러틋 간략히뎡ᄒᆞ야 갑오년 、일본、에갑ᄒᆞᆫ 슈효에비ᄒᆞ면 겨우 반에지ᄂᆡ지못ᄒᆞ니 일로볼진ᄃᆡ 각국이 다 、쳥국、을 희코져ᄒᆞᄂᆞᆫ 악의가 업ᄉᆞᆷ을 족히 짐쟉ᄒᆞᆯ지라 이젹에 각국이 ◦셔태후◦의 소위를통분히녁여 긔어히 국권을 황뎨씌돌녀보ᄂᆡ고 졍ᄉᆞ에간예치 못ᄒᆞ게ᄒᆞᄂᆞᆫ것이 올타ᄒᆞ야 의론이 ᄯᅩᄒᆞᆫ 만엇스나 이ᄂᆞᆫ 각국이 위력을ᄒᆡᆼᄒᆞ여야될지니 、쳥국、독립권에 손ᄒᆡ된다ᄒᆞ야 인ᄒᆞ여 져의셰리 ᄒᆞ기를맛겨두미 ◦셔태후◦가 환궁ᄒᆞ야 외국인의게 무슈히 ᄉᆞ과ᄒᆞ고 용랍ᄒᆞ기를 간구ᄒᆞ미 각국인이 더욱 통증히녁이더라 이ᄯᅢ에 렬국군ᄉᆞ들이 긔한을뎡ᄒᆞ고 일제히 、텬진、으로 물너갈ᄉᆡ 、아라ᄉᆞ、군ᄉᆞᄂᆞᆫ 、려슌구、와 、산희관、으로향ᄒᆞ야 、우쟝、、휘츈、、합이빈、디방에 난호어 웅거ᄒᆞ니 、만쥬、 온디방을 통히 차지ᄒᆞᆷ이라 타국이 힐문ᄒᆞ면 ᄃᆡ답ᄒᆞ되 、쳥국、과 약됴가잇셔 、려슌

구,와 ,만쥬,디방에 긔왕븟허 뎔로보호ᄒᆞᄂᆞᆫ 군ᄉᆞ를 둘 권리가잇다ᄒᆞ며 속으로 ,청국,
을달ᄂᆡ고위협ᄒᆞ야 분명ᄒᆞᆫ ᄃᆡ답을못ᄒᆞ게ᄒᆞ니 각국의시비가 더욱분운ᄒᆞ나 ,아라ᄉᆞ,는
젼븟허 그토디를 젼혀 숨기고져ᄒᆞ여 뎔로을노아 밤낫스로 나아오며 흔단을 기다리
다가 갑오년에 ,일본,이 ᄎᆞ지ᄒᆞᆷ을보고 곳 져의거슬 가져가ᄂᆞᆫ줄로녁여 긔어히위협ᄒᆞ
고 ,청국,에 차져쥰후 속으로 은근히 어리셕은 청인의 허락을엇어 관활ᄒᆞ며 권리를
잡앗스나 실상들어나게 확쟝치못ᄒᆞᆷ을 ᄒᆞᆼ상 한ᄒᆞ다가 이ᄯᅢ에이르러 다시 맛나기 어
러온긔회를당ᄒᆞᄆᆡ 군ᄉᆞ를옴겨 영히 내거슬만들고져ᄒᆞᆷ이라 각국이 이ᄯᅳᆺ슬 짐쟉ᄒᆞᄂᆞᆫ
고로 다토어힐문ᄒᆞᆫ즉 아모날은 물너간다ᄒᆞ야 긔한을뎡ᄒᆞ고 은근히 군ᄉᆞ를ᄂᆡ여다가
셰력을더ᄒᆞ여 이러틋 파약ᄒᆞᆷ이 ᄒᆞᆫ두번이안이라 각국의시비가 점점더ᄒᆞᆯᄉᆞ록 아인의
형셰ᄂᆞᆫ 점점늘어셔 심지어 ,청국, 관리를 몰아ᄂᆡ치고 숑ᄉᆞ와 셰랍밧ᄂᆞᆫ거슬 다 ᄃᆡ신
ᄒᆞ야 쥬쟝ᄒᆞ며 밤낫슬쉬지안코 군ᄉᆞ와젼비를 뎔로로실허다가 ,려슌구,와 ,ᄒᆡ삼위,와
압록강등디에 여러만명을 둔취ᄒᆞ고 형셰를 쟝히ᄒᆞ야 위엄을뵈히며 일변으로 ,대한,
셔북디방에 침범ᄒᆞ야 점점 ᄲᅮ리를잡으며 ,대한,졍부에 인허를엇어 셔북ᄒᆡ변에 벌목
ᄒᆞᆫ다칭ᄒᆞ고 몃ᄇᆡᆨ명식 군ᄉᆞ를평복식혀 ᄉᆞ방으로 들어오며 쟉년 양력오월에 ,룡암포,
를 곳쳐,져ᄂᆡ콜나ᄉᆞ,라 일홈ᄒᆞ니 이ᄂᆞᆫ ,아라ᄉᆞ, 황뎨의 일홈으로불너 이 황뎨시졀에
엇은ᄯᅡᆼ이라고 영원히 긔념코져ᄒᆞᆷ이라 군ᄉᆞ를 상륙식혀 포ᄃᆡ를싸으며 압록강연변에
군ᄉᆞ를 둔취식혀 ᄂᆡ디로침범ᄒᆞ야 ᄇᆡᆨ셩을로략ᄒᆞᄆᆡ 모든 불법불의ᄒᆞᆷ이 비ᄒᆞᆯᄃᆡ업ᄂᆞᆫ지

라 각국이 뉘안이분히녁이리요 기즁에 、미국、과 、영국、이 가쟝 관계를 즁ᄒᆞ게녁이ᄂᆞ니 이ᄂᆞᆫ 두나라이 도쳐에통샹과 젼도ᄒᆞ기로 쥬쟝을삼ᄂᆞᆫ바 、쳥국、에ᄃᆡᄒᆞ여ᄂᆞᆫ 관계가 더욱큰지라 그럼으로 ᄆᆡ양、쳥국、디방을 엇던나라이 차지안토록 힘쓰며 ᄉᆞᄉᆞ로 문명ᄒᆞ야 막힌곳이업시 다 열니기를 바라ᄂᆞᆫ바ㅣ어ᄂᆞᆯ 만일 、아라ᄉᆞ、이 이 큰디방을 다졈령ᄒᆞᄂᆞᆫ날은 각국의교셥을ᄭᅳᆫ코 홀로 차지ᄒᆞᆯ지니 각국의손히가 엇지젹다ᄒᆞ며 엇지공번된 ᄯᅳᆺ시라ᄒᆞ리요 이럼으로 、영、미、국이 몬져 발론ᄒᆞ되 、만쥬、를 통히 열어노아 각국ᄉᆞ람이 공번되히 통셥ᄒᆞᄌᆞᄒᆞ엿스ᄆᆡ 그 관활ᄒᆞᄂᆞᆫ권리ᄂᆞᆫ 뉘가쥬쟝ᄒᆞ던지 열어노키만 ᄒᆞᆯ진ᄃᆡ 별로 간셥지안코져 ᄒᆞ엿슬거시어ᄂᆞᆯ 、아라ᄉᆞ、이 홀로 즐겨안이ᄒᆞ야 、쳥국、을 속으로위협ᄒᆞ여 열어노치못ᄒᆞ게 ᄒᆞᄂᆞᆫ지라 이ᄯᅢ에 、대한、 셔북디방이 ᄯᅩᄒᆞᆫ 、만쥬、와갓치 되ᄂᆞᆫ모양을보고 각국이 、대한、졍부를권ᄒᆞ야 、의쥬、를 열어노아 각국통샹디를 만들쟈고도ᄒᆞ며 、룡암포、을 ᄀᆡ항ᄒᆞ야 ᄒᆞ로밧비 각국에 셩명ᄒᆞ라고도ᄒᆞ니 이ᄂᆞᆫ 각국에 관계도잇거니와 、대한、에 뎨일 리로은방칙이라 신속히 각국에반포ᄒᆞ야 만국샹동디를 만들진ᄃᆡ 영원ᄒᆞᆫ 내ᄯᅡᆼ으로 변치안이ᄒᆞ고 각국은 감히 넘겨다보지 못ᄒᆞᆯ거시어ᄂᆞᆯ 졍부에셔 혹 이ᄯᅳᆺ슬짐쟉ᄒᆞ고 각국의원ᄒᆞᆷ을ᄯᅡ라 허락ᄒᆞ려ᄒᆞ엿스나 、아라ᄉᆞ、이 자조 속으로위협ᄒᆞ야 허락ᄒᆞ지 못ᄒᆞ게ᄒᆞᄆᆡ 통샹각국이 일변으로 、대한、졍부를 독촉ᄒᆞ야 신속히 반포ᄒᆞ라ᄒᆞ며 일변으로 、아라ᄉᆞ、와교셥ᄒᆞᆫ즉 여일히 약됴잇ᄂᆞᆫ것만 빙자ᄒᆞ고 날마다 군ᄉᆞ를늘여 영히 물너갈ᄯᅳᆺ시업슴을 보히ᄂᆞᆫ지라 셰샹에셔 졈졈 분히녁이논즁 가쟝 、일본、이 더욱 긴즁히녁이ᄂᆞ니 이ᄂᆞᆫ 갑오젼정에 、일본、이 차지ᄒᆞᆫᄯᅡᆼ을 、아라ᄉᆞ、의 탄ᄒᆞᆷ으로 돌녀보ᄂᆡ엿다가 이ᄯᅢ에 、아라ᄉᆞ、이 ᄲᅢ앗슴은 、일본、의 권리를 능멸ᄒᆞᆷ이오 ᄯᅩᄒᆞᆫ 널은ᄯᅡᆼ이 、아라ᄉᆞ、 셰력에들어가면 、대한、과、청국、이 ᄯᅡ라위ᄐᆡᄒᆞᆯ지니 엇지 、일본、이 보젼ᄒᆞ기를 바ᄅᆞ리요 이럼으로 슈십년ᄅᆡ에 쥬야ᄋᆡ를쓰고 일ᄒᆞᆫ것이젼혀 이ᄯᅳᆺ세잇거늘 엇지 통상ᄒᆞ고 젼도ᄒᆞᄂᆞᆫ 리익상에만 관계ᄒᆞᆫ 태셔각국에 비ᄒᆞ리요 혈심으로나서셔 、아라ᄉᆞ、와 담판을청ᄒᆞ야 、아라ᄉᆞ、에쥬ᄎᆞᄒᆞᆫ 、일본、공ᄉᆞ의게 젼권을맛겨 、피득보、정부와의론ᄒᆞ야 결쳐ᄒᆞ라 ᄒᆞ엿더니 、아라ᄉᆞ、이 미리알고 담판ᄒᆞᆯᄯᅳᆺ슨 허락ᄒᆞ나 이력져력밀우워가셔 혹 황뎨가 환후의게시니 못ᄒᆞᆫ다ᄒᆞ며 혹 황뎨ᄭᅴ셔 타국에유람ᄒᆞ시니 의론ᄒᆞ지 못ᄒᆞᆫ다ᄒᆞ야 ᄇᆡᆨ가지로 칭탁ᄒᆞ미 、일본、이 엇지ᄒᆞᆯ수업셔 、일본、동경、에잇ᄂᆞᆫ 、아라ᄉᆞ、 공ᄉᆞ가 담판을열어 호의로 조쳐ᄒᆞᆷ을 ᄭᅳᆺᄭᅳᆺ치 힘쓰되 ᄯᅩᄒᆞᆫ 합의치 못ᄒᆞ고 점점 의론이파렬되야 、아라ᄉᆞ、 정부에셔 군ᄉᆞ를 날마다늘이며 ○알력시프○로 、아셰아、동방에 춍독을숨아 동방모든일은 다 젼권으로맛기니 이ᄂᆞᆫ 모든칭탁을 아춍독의게 밀우고 아춍독은 졍부에밀우워 피ᄎᆞ 미ᄂᆞᆫ즁에셔 셰월만쳔연ᄒᆞ야 그동안 젼징예비나 완젼히ᄒᆞ면 각국은 물너가기를 독촉ᄒᆞ다가 ᄎᆞᄎᆞ ᄆᆞ음이식고 긔운이 곤ᄒᆞ여 ᄉᆞᄉᆞ로 물너갈지니 、일본、이 엇지ᄒᆞᆯ수업슬것이오 셜령 、일본、이 홀로 싸호려ᄒᆞᆯ지라도 요마ᄒᆞᆫ 적은나라를 곳 멸망식히기가 여반쟝이라ᄒᆞ야 픠리무도ᄒᆞᆷ이 갈ᄉᆞ록 심ᄒᆞ야 처음에ᄂᆞᆫ 、일본、을 씌여왈 、만쥬、를 우리가 엇지ᄒᆞ던지 상관치말면 、대한、을 、일본이 엇지ᄒᆞ던지 상관치 안케ᄯᅳᄒᆞ다가 얼마후에ᄂᆞᆫ 또 ᄒᆞᄂᆞᆫ말이 대동강남북으로 반분ᄒᆞ여 북은 아라ᄉᆞ권리안에두고 남은 일본권리안에 두쟈ᄒᆞᄆᆡ 각국이 졈졈 진로ᄒᆞ야 ᄊᆞ호지안이ᄒᆞ고ᄂᆞᆫ 결단코 졍돈될수가 업스리라ᄒᆞ거ᄂᆞᆯ 일본ᄇᆡᆨ셩들이 날로 격동되여 젼국에 유지ᄒᆞᆫ션비들이 도쳐에모혀 졍부에헌의ᄒᆞ며 글을지어 국즁에젼파ᄒᆞ여왈 우리군ᄉᆞ가 갑오년에 피흘니고 엇은ᄯᅡᆼ을 졍부에셔 도로쥬어 오ᄂᆞᆯ날 아인의ᄎᆞ지ᄒᆞᆫ바ㅣ되게ᄒᆞ고 무심이안져 도로찻기를 ᄉᆡᆼ각지안이ᄒᆞ니 이ᄂᆞᆫ 졍부에셔 ᄇᆡᆨ셩을어렵게 녁이지안음이라 ᄒᆞᆷ을며 지금은 아라ᄉᆞ의 츙돌ᄒᆞᆷ이 셰상에들어낫거ᄂᆞᆯ 엇지ᄒᆞ야 젼징을ᄒᆞ로밧비 열지안이ᄒᆞ고 효험업ᄂᆞᆫ 담판으로 셰월을연타ᄒᆞ야 아라ᄉᆞ의 쥰비를 맛치게ᄒᆞ고 스ᄉᆞ로 긔회를일허 국권이 쟝ᄎᆞ 위ᄐᆡᄒᆞᆷ을 ᄉᆡᆼ각지안ᄂᆞ뇨ᄒᆞ야 인심이물ᄭᅳᆯ틋ᄒᆞᄆᆡ 각쳐신문에셔 졍부를탄ᄒᆡᆨᄒᆞ여 시비ᄒᆞᆷ이 여ᄃᆡ가업시ᄒᆞ며 마참 국회를열ᄯᆡ가되ᄆᆡ 국회의원들이 몬져 졍부를탄ᄒᆡᆨᄒᆞ기로 시쟉ᄒᆞᄂᆞᆫ지라 즉시 칙령을나려 국회를뎡지ᄒᆞ니 민심이 더욱격렬ᄒᆞ야 젼국이흉용ᄒᆞ며 졍부쥬권쟈들을 살ᄒᆡᄒᆞ려ᄂᆞᆫ쟈들이 무슈ᄒᆞ야 형셰가 심히 위ᄐᆡᄒᆞᄆᆡ 군ᄉᆞ를두어 대관의집과 몸을보호ᄒᆞ고 죵시 담판으로 귀졍ᄒᆞ기를 파의치안이ᄒᆞ며 일변으로 젼징예비ᄒᆞ기ᄂᆞᆫ 게을니안이ᄒᆞᄆᆡ 각국이 다 그젼징이 불시에 버려질줄알고 각국졍부에셔 ᄌᆞ긔나라군함에 비밀히 명령ᄒᆞ야 ᄊᆞ홈이되거던 ᄒᆡᆼᄒᆞᆯ일을 쥰비ᄒᆞ라ᄒᆞᄆᆡ 소문이 날마다퍼져셔 어ᄃᆡ셔젼징이버러젓다 어ᄂᆡ시에 어ᄂᆡ군ᄉᆞ가 대포를노엇다ᄒᆞᄂᆞᆫ 모든랑셜이 쳡쳡이닐허나 셰상이모도 이젼졍이될줄밋으며 속히되기를 쥬야로바ᄅᆞ다가 졈졈 물너가서 일본이 마ᄎᆞᆷᄂᆡ ᄡᅡ홀ᄯᅳᆺ시 업ᄂᆞᆫ거슬뵈히니 각국이 필경 락심ᄒᆞ야 혹은 일본이 감히 다토지 못ᄒᆞᆫ다ᄒᆞ며 혹은 일본이어리셕어서 아라ᄉᆞ의 속이ᄂᆞᆫ바— 된다고도ᄒᆞ나 실상인즉 일본이 젼졍쥰비를 아라ᄉᆞ만 못ᄒᆞ지안케ᄒᆞ며 은근히 ᄡᅡ호지안으려ᄂᆞᆫᄯᅳᆺ슬 들어ᄂᆡ여 각국이 다 아라ᄉᆞ의 무도ᄒᆞᆷ을 더욱더욱 분히녁여 셰상물론이 다 일본 편으로 오게 만든후에 비로소 ᄀᆡ젼ᄒᆞ야 ᄂᆞᆷ의뒤ㅅ 공론이 업도록되기를 기다림이라 부지즁에 영미 량국은 속으로 극히 돕ᄂᆞᆫ친구가되고 기타 여러나라도 다 일본편으로 감졍을들어ᄂᆡᄂᆞᆫ즁 청국이 ᄯᅩᄒᆞᆫ 아라ᄉᆞ에 의지ᄒᆞᆯᄉᆡᆼ각이 것치고 일본과 합력코져ᄒᆞ나 일본이 ᄒᆞᆯ로담당ᄒᆞ기를 ᄌᆞ원ᄒᆞ며 청국과 련합ᄒᆞ기를 즐겨안이ᄒᆞᄂᆞᆫ지라 이에 유지ᄒᆞᆫ친구들이 청국을권ᄒᆞ여 젼졍에간예치말고 국외즁립을 셩명ᄒᆞ라ᄒᆞ니 이ᄂᆞᆫ 청국이만일 합력ᄒᆞᆯ진ᄃᆡ 타국이 ᄯᅩ나서셔 청국을빙자ᄒᆞ고 즁간에셔 간예코져ᄒᆞᆯ지니 점점여러나라이 상관ᄒᆞ기를 마지안을진ᄃᆡ 그 ᄡᅡ홈이 엇더케될넌지 한뎡이 업슬터인즉 타국은 다 상관말고 두나라만맛겨 승부를 결단케 ᄒᆞ고져ᄒᆞᆷ이라 이럼으로 청국은 만쥬ᄃᆡ방만 한뎡ᄒᆞ고 그외 다ᄅᆞᆫᄃᆡ방은 다 엄졍히직혀 젼졍에 참예치안이ᄒᆞ며 우리나라에셔도 ᄯᅩᄒᆞᆫ 국외즁립을 반포ᄒᆞ엿스나 속으로 아라ᄉᆞ을 청ᄒᆞ여들이며 엇지즁립권리를 보호ᄒᆞ리요 일병이 은근히 한양에들어오니 풍셜이 ᄌᆞ로나며 인심이 소동되나 졍부에셔ᄂᆞᆫ 아라ᄉᆞ공관만 바ᄅᆞ보고 조곰도 흔들니지안터니 금년 양력이월초구일에 、인쳔、항과 、청국、려슌구、에셔 대포가터져 젼징이버러지니 이ᄂᆞᆫ 이젼징의 대강ᄅᆡ력이라 이 젼징의관계가 엇더ᄒᆞᆷ을 몰을수업도다

▲갑오을미동안대한졍형

원ᄅᆡ로 、대한、이 、청국、밋ᄂᆞᆫ ᄆᆞ음을 ᄭᆡ치지못ᄒᆞ다가 갑오젼징이 ᄉᆡᆼ기기에 이르럿ᄉᆞᆫ즉 이젼징을 맛ᄎᆞᆫ후에ᄂᆞᆫ 곳 상하관민이 일시에ᄭᆡ닷고 젼일에 놈만의뢰ᄒᆞ던 ᄉᆡᆼ각을 다 ᄯᆞᆫ허바린지라 이에 경장을시쟉ᄒᆞᆯ식 륙죠을혁파ᄒᆞ고 십아문을 셜시ᄒᆞ며 소용업ᄂᆞᆫ관리를 업시ᄒᆞ야 경비를감ᄒᆞ며 셰랍을 평균히마련ᄒᆞ야 임의로 가감ᄒᆞᆷ을 막으며 슌검을ᄲᅩᆸ아 경찰을엄히ᄒᆞ며 과거법을업시ᄒᆞ고 인지를ᄐᆡᆨ용ᄒᆞ며 경향에 ᄌᆡ판소를 셜립ᄒᆞ야 공쵸와ᄌᆞ복이 분명ᄒᆞᆫ후에 벌에쳐ᄒᆞ게ᄒᆞ미 좌우포쳥에셔 죄명도뭇지안코 인명을살륙ᄒᆞ던 폐단이막히며 각궁가와 경향ᄉᆞ부가에셔 ᄉᆞᄉᆞ로히 토호토식ᄒᆞ던 폐단이막히며 기외에 무슈ᄒᆞᆫ구례가 만히업셔지고 ᄯᅩᄒᆞᆫ 졍부에셔 민간에반포ᄒᆞᆫ즁 가쟝 들어난것은 문벌을보지말고 인지를쓸 것이며 ᄉᆞ식을물시ᄒᆞ고 일톄로 다ᄉᆞ리며 과부의ᄀᆡ가ᄒᆞᆷ을 금ᄒᆞ지안이ᄒᆞ며 죵을두거나 ᄆᆡ매ᄒᆞᆷ을 막을일이라 경향대쳐에 소학교를셜립ᄒᆞ고 인민을권면ᄒᆞ야 ᄌᆞ질을 교육ᄒᆞ게ᄒᆞ미 허다ᄒᆞᆫ악습이 날로덜니며 신션ᄒᆞᆫ공긔가 점점들어와 문명진보ᄒᆞᄂᆞᆫ힘이 대단히 ᄌᆞ라ᄂᆞᆫ지라 이ᄯᆡ에 각부대신을 다 셰상형편 아ᄂᆞᆫ자로식히미 태반이나 젼일에 외국유람도ᄒᆞ고 공부도힘쓰던쟈덜이라 각각난호어 대권을맛허 일심으로 일들ᄒᆞ미 소위완고대신들은 다 물너가 ᄌᆞ최를감초니 혁

신ᄒᆞᆯ긔들이 막힐ᄃᆡ업ᄂᆞᆫ지라 각국이 다 칭찬ᄒᆞ기를 마지안이ᄒᆞ야 쟝ᄎᆞ 이러틋 쉬지
안코나가면 몃ᄒᆡ안에 곳 문명ᄒᆞᆫ ᄉᆡ나라이되기를 의심ᄒᆞᆯ바ㅣ 업다ᄒᆞ더라 이ᄒᆡ 십이
월에

대황뎨폐하ᄭᅴ옵셔 종묘에거동ᄒᆞ샤 ᄆᆡᆼ셰ᄒᆞ시ᄂᆞᆫ 글을고ᄒᆞ시니 그 글에ᄀᆞᆯᄋᆞ샤ᄃᆡ
유 ᄀᆡ국오ᄇᆡᆨᄉᆞᆷ년십이월십이일에 감히 황조렬셩의 신령젼에 고ᄒᆞ오니 오직
짐소ᄌᆞ가 어려셔 조종의 큰긔업을밧자와 우금ᄉᆞᆷ십일년에 다만 하ᄂᆞᆯ을 두려ᄒᆞ
며 조종을 본밧ᄉᆞ오ᄆᆡ 여러번 어려음을 당ᄒᆞ오되 능히 긔업을 ᄯᅥ러치지 안엇
ᄉᆞ오니 이엇지 짐소ᄌᆞ가 능히 텬신을 밧든공이잇셔 됨이올잇가 진실로 조종
렬셩의 도으신힘이라 오직 조종ᄭᅴ셔ᄂᆞᆫ 비로소 긔업을 세우시고 우리뒤ㅅ ᄉᆞ름
을 도라보신지 오ᄇᆡᆨᄉᆞᆷ년이 되온바 짐의 시ᄃᆡ에이르러ᄂᆞᆫ 시운이 크게변ᄒᆞ며 셰
상이 밝히열녀 리웃나라이 츙셩으로권ᄒᆞ며 됴졍의론이 ᄒᆞᆫ결ᄀᆞᆺ치합ᄒᆞ여 ᄌᆞ유독
립을 반포ᄒᆞ고 국권을 굿게세우기를 도모코져ᄒᆞ오니 짐소ᄌᆞ가 엇지 감히 텬신
을슌히ᄒᆞ야 조상의유업을 보젼치안이ᄒᆞ오며 엇지 감히 힘쓰고졍신ᄎᆞ려 렬셩
의공덕을 빗ᄂᆡ고져 안이ᄒᆞ올잇가 지금붓허ᄂᆞᆫ 타국을밋지말아 나라를 부강에일
우며 ᄇᆡᆨ셩을 복락에인도ᄒᆞ야 ᄌᆞ유독립권리의 긔초를굿게ᄒᆞ올지니 이ᄯᅳᆺ슬 일우
쟈ᄒᆞ면 녜ㅅ거슬 고집ᄒᆞ지말며 편ᄒᆞᆫ것만 됴타ᄒᆞ지말고 션황의 규모를 널니며
셰상형편을삷혀 졍ᄉᆞ를변혁ᄒᆞ야 모든구례를 곳치ᄂᆞᆫᄃᆡ 잇슬지라 짐소ᄌᆞ가 큰법

열네됴목을밧들어 하늘에게신 우리 렬셩조신령씌 밍셰ᄒᆞ야고ᄒᆞ오며 세치신공
덕을 힘닙어 감히 억임이업시 셩취ᄒᆞ기를 밍셰ᄒᆞ오니 밝은 신령은 삶히시옵
소셔

일은 '청국'을 의뢰ᄒᆞ는싱각을 끈허바리고 ᄌᆞ유독립의긔초를 굿게세움

일은 황실졔도를뎡ᄒᆞ야 국가의 계통ᄒᆞ는큰위와 종실귀쳑의 분의를구별ᄒᆞᆷ

일은 대황뎨씌셔 졍뎐에뎐좌ᄒᆞ샤 졍ᄉᆞ를 각대신의게믈어 결쳐ᄒᆞ시되 황후나빈
궁이나 종실이나 종쳑이나 간예치못ᄒᆞᆷ

일은 황실에 관계ᄒᆞᆫᄉᆞ무와 졍부에 관계ᄒᆞᆫᄉᆞ무를 분별ᄒᆞ야 서로 혼합ᄒᆞ지못ᄒᆞᆷ

일은 졍부와 각아문의 직무와권리를 각각한뎡ᄒᆞ야 밝히구별ᄒᆞᆷ

일은 빅셩의셰랍을 다 법률로 일뎡ᄒᆞ게 마련ᄒᆞ야 혹 잡셰명목을늬거나 익외에
더밧는폐단을 엄금ᄒᆞᆷ

일은 셰랍을 밧아들이기와 국용의경비를지출ᄒᆞ는 모든ᄉᆞ무는 다 탁지아문에셔
관할ᄒᆞᆷ

일은 황실에 쓰는경비를 몬져 간략ᄒᆞ게감ᄒᆞ야 각아문과 각 디방관의 모본이되
게ᄒᆞᆷ

일은 황실에쓰는경비와 각관부에쓰는경비를 미년에 미리예산ᄒᆞ야 직졍이 문란
치안케ᄒᆞᆷ

일은 디방관의 졔도를 급히기정ᄒᆞ야 방ᄇᆡᆨ슈령의직칙과 권리를한뎡ᄒᆞᆷ

일은 국중에 춍명ᄒᆞᆫ ᄌᆞ뎨들을 ᄐᆡᆨᄒᆞ야 널니파송ᄒᆞ여 외국의학문과 ᄌᆡ조를 ᄇᆡᆨ호게ᄒᆞᆷ

일은 ᄉᆞ관을교육ᄒᆞ야 군ᄉᆞ의 쟝관이되게ᄒᆞ며 ᄇᆡᆨ셩의 나흘한뎡ᄒᆞ야 몃ᄒᆡ식의례히 군ᄉᆞ되게ᄒᆞᄂᆞᆫ법을 마련ᄒᆞ야 군ᄉᆞ졔도를 확실히세움

일은 민ᄉᆞ와 형ᄉᆞ의법률을 밝히구별ᄒᆞ야 혹 법외에 가두거나 중벌ᄒᆞᄂᆞᆫ 폐단을 금ᄒᆞ며 ᄇᆡᆨ셩의셩명과 ᄌᆡ산을보젼케ᄒᆞᆷ

일은 ᄉᆞ름을쓰기에 디벌을갈이지말고 경향과 죠야에션ᄇᆡ를 널니구ᄒᆞ야 인ᄌᆡ를 ᄐᆡᆨ용ᄒᆞᆷ

이소문이 각국에젼파ᄒᆞ미 셰상에 칭숑이 랑자ᄒᆞ여 '죠션'이 불구에 ᄉᆡ나라이되리라 ᄒᆞ엿ᄂᆞ니 진실로 이긔초가 여일히힝ᄒᆞ야 너무 속히가지도말고 ᄯᅩᄒᆞᆫ 쉬이지도 말엇던들 젼후십년동안에 국셰의 흥왕ᄒᆞᆷ과 ᄇᆡᆨ셩의 부요ᄒᆞᆷ이 거의 '일본'과 비교ᄒᆞ게 되엿슬지니 이번'일'、'아'、젼쟁이 '대한'으로 인연ᄒᆞ여 싱겻다ᄂᆞᆫ 시비도업셧슬것이오 '일'、'아'、량국의 군ᄉᆞ가 우리니디에 들어올리가 업셧슬지니 우리ᄂᆞᆫ '일'、'아'、량국간에 임의로 힝동ᄒᆞ엿슬것이어늘 국민이 불힝ᄒᆞ여 당시에 집권ᄒᆞᆫ이들이 쟝원ᄒᆞᆫ 지식으로 ᄇᆡᆨ셩의식견을열어 ᄎᆞᄎᆞ합력ᄒᆞ기를 경영치못ᄒᆞ고 당쟝에 속히 셩공ᄒᆞ기를도모ᄒᆞ미 ᄇᆡᆨ셩이 리ᄒᆡ를 알지못ᄒᆞ여 ᄒᆞᆫ나도 합력ᄒᆞᆯ자ㅣ 업ᄂᆞᆫ지라 기시에 '일본'공ᄉᆞ○심포○와 뎨결

ᄒᆞ야 위력으로 힝코져ᄒᆞ니 민심이 ᄌᆞ연히 불복되여 울불ᄒᆞᆫᄆᆞᄋᆞᆷ이 ᄉᆞᄉᆞ로 자를ᄌᆞ음에 역당이 일본수비병을 휘동ᄒᆞ고 졸디에 범궐ᄒᆞ여 을미년팔월에 만고대변을 ᄂᆡ엿ᄂᆞ니 이ᄂᆞᆫ 참아말ᄒᆞᆯ수업ᄂᆞᆫ바ㅣ라 각국이 일시에 진로ᄒᆞ야 、일본、공ᄉᆞ의 범죄ᄒᆞᆷ을 분히녁이지 안ᄂᆞᆫ쟈ㅣ업ᄂᆞᆫ지라 젼국민심이 대단히 진동ᄒᆞ여 젼일에 무식ᄒᆞᆫ 완고로 물너가잇던쟈들이 경향각쳐에셔 듬듬이 머리를들고져ᄒᆞᆯ 즈음에 졸연히 단발령을나려 ᄇᆡᆨ셩의 머리를 억지로싹그니 엇지슌죵ᄒᆞ기를 바ᄅᆞ리요

본ᄅᆡ 어두운ᄇᆡᆨ셩은 ᄉᆡ법이 무엇에 유조ᄒᆞᆫ지 엇더케 편리ᄒᆞᆷ은 ᄉᆡᆼ각지안이ᄒᆞ고 다만 녜젼법만직히ᄂᆞᆫ것을 올코 됴케녁여셔 목은 가히버힐지언졍 터럭은 버히지못ᄒᆞᆯ줄로 알거ᄂᆞᆯ 이ᄇᆡᆨ셩을 가라쳐 그리히를 알니지못ᄒᆞ고 쵹급히 위력으로 힝코져ᄒᆞ다가 각쳐에 의병이닐허나 젼국이 쇼요ᄒᆞᆫ지라 이ᄒᆡ 십이월에 대황뎨ᄭᅴ옵셔 아관으로 파쳔ᄒᆞ시니 이ᄯᅢ붓허 、일본、이 모도권리를일코 、아라ᄉᆞ、가 언연히안져 、대한、ᄂᆡ졍을 속으로 간예ᄒᆞ니 우리의독립권리가 이ᄯᅢ에다시 손히되엿스며 경장의 긔쵸가 ᄯᅩᄒᆞᆫ 이ᄯᅢ에 문허진지라 우리국민의 불힝이오 ᄯᅩᄒᆞᆫ、일본、공효에 불힝이라 긔시에 ◦숨포◦공ᄉᆞ의 쟉죄ᄒᆞᆷ이 실로적지안토다

▲갑오을미후일아졍형

ᄌᆞ리로 、아라ᄉᆞ、ᄉᆞ람의 졍치쥬의가 젼혀남의토디를 ᄲᅢ앗기로 위쥬ᄒᆞ미 혹 긔회를타셔 계칙을부리거나 혹 은혜를베풀어 국권잡은이를 쟝악에넛커나 혹 다른 여러가지

슈단을부려 ᄒᆞᆫ조각ᄯᅡᆼ이라도 져의셰력안에너으면 영히 졔거슬만들어 장ᄎᆞ 온셰상을 다 동일ᄒᆞ고져 ᄒᆞᄂᆞᆫᄆᆞ음이 은근히 커지ᄂᆞ니 이ᄂᆞᆫ 각국ᄉᆞ긔를보면 소상히알지라 이럼으로 아라ᄉᆞ이 동양에셔 원ᄒᆞᄂᆞᆫ바는 이 여러나라들이 다 네쪽갓치 어두운 속에 잇셔 셰상형편도몰으고 국권을 보호ᄒᆞᆯ줄도몰나 졈졈 쇠잔ᄒᆞ여가ᄂᆞᆫ즁에셔 져의슈단을 힘ᄃᆡ로 부리고져ᄒᆞᆷ이러니 일본이 몬져ᄭᆡ닷고 날로부강ᄒᆞᆯ도리를 모본ᄒᆞ며 동양을보젼ᄒᆞᆫ다ᄒᆞ야 필경 갑오젼징을 닐희킨후 대한을권ᄒᆞ야 변혁ᄒᆞ기로 담칙ᄒᆞ고 나서ᄆᆡ 각국이헤아리되 대한이 져의힘으로 변혁을힝치못ᄒᆞᆫ즉 쟝ᄎᆞ 국권이 위ᄐᆡᄒᆞᆯ것이오 그 국권이위ᄐᆡᄒᆞ면 강포ᄒᆞᆫ 나라의셰력이 동양에자를지니 이ᄂᆞᆫ 각국이 통상젼교ᄒᆞᄂᆞᆫ관계에 일톄로 손ᄒᆡ가될것이니 어ᄂᆡ문명ᄒᆞᆫ나라이 대한을권ᄒᆞ여 부강을힘써야 될터이나 만일 셔양에 어ᄂᆡ나라이 상관ᄒᆞ고져ᄒᆞ면 응당 싀긔가ᄉᆡᆼ겨 흔단이날념려가잇ᄂᆞᆫ지라 일본이 리웃나라으로 ᄉᆞ정도 타국보다 ᄌᆞ세히알것이오 긔왕 젼징ᄭᆞ지 닐희켯슨즉 그나라에맛겨 잘 찬조ᄒᆞ게ᄒᆞᄂᆞᆫ거시 두로편ᄒᆞ다ᄒᆞ야 일본의ᄯᅳᆺ슬 은근히 찬셩ᄒᆞ니 일본이홀로 대한 정치변혁에 죠역ᄒᆞᄂᆞᆫ권리를 맛흔지라 아라ᄉᆞ가 이거슬 곳눈에 가셰로녁여 져희코져ᄒᆞ나 본ᄅᆡ 일본인즉 져의나라안에셔도 ᄇᆡᆨ셩을 낫낫치가라쳐 아라ᄉᆞ를물니쳐 그 셰력에들지안토록만들고 ᄯᅩᄒᆞᆫ 대한에와셔도 져의힘쟈라ᄂᆞᆫ곳은 관원이나 ᄇᆡᆨ셩의게 낫낫치 이ᄯᅳᆺ스로인도ᄒᆞᆫ즉 아라ᄉᆞ이 더욱 엇지ᄒᆞᆯ수업셔 부득이 각국의 ᄯᅳᆺ슬ᄯᅡ라 됴흔빗ᄎᆞ로 ᄯᅡ로안져 구경ᄒᆞᄂᆞᆫ듯ᄒᆞ나 실상은 불평ᄒᆞᆷ을 가득히품어 ᄒᆞᆼ상 긔회를기다리더니 을미ᄉᆞ변이 졸디에싱기ᄆᆡ 각국이 다、일본、공ᄉᆞ의 불법ᄒᆞᆷ을 시비ᄒᆞ며 또ᄒᆞᆫ、대한、황실이 위ᄐᆡᄒᆞ샤 죠셕에 무ᄉᆞᆷ변괴가 잇슬가 의심이가득ᄒᆞᆫ지라 몃몃ᄉᆞᄅᆞᆷ이 속으로、영、미、공ᄉᆞ관에 파쳔ᄒᆞ시기를 의론ᄒᆞ엿스나 다 허락지안이ᄒᆞ여왈 이ᄂᆞᆫ、대한、국권에 손히됨이니 온당치못ᄒᆞᆫ일이라 ᄒᆞᄂᆞᆫ지라 이ᄯᅢ에、아라ᄉᆞ、이 이긔회를타셔 곳 그공관을 빌니기로 허락ᄒᆞ고 졍다히마져들이니 이ᄂᆞᆫ 을미년십이월일일이라 밤ᄉᆞ이에 졍부가뒤집히고 판국이밧괴니、일본、편당을낫낫치몰아ᄂᆡ고 ᄉᆡ졍부가 들어안져、아라ᄉᆞ、보호를 의지ᄒᆞ고 젼일에 ᄒᆞ고십던 모든일을 긔탄업시힝ᄒᆞᄆᆡ 보호ᄒᆞ여쥬ᄂᆞᆫ 친구의은혜도 감샤히녁이고 그 보호도 더욱 든든ᄒᆞ기를바ᄅᆞ셔 속으로 금광과 텰도와 나무비ᄂᆞᆫ 산림과 고기잡ᄂᆞᆫ어장과 긔외에 모든리익을 분분히허락ᄒᆞ며 셤을빌닌다 ᄒᆡ관셰랍과 탁지지졍을 맛긴다 아병을고용ᄒᆞ야ᄉᆞ관을 교련ᄒᆞᆫ다ᄒᆞ야 모든국권이 날마다 감샤ᄒᆞᄆᆡ 이ᄯᅢ에 ᄇᆡᆨ셩이 독립협회를 모아유지ᄒᆞᆫ 대소관민이 모혀 졍치상 득실을 의론ᄒᆞᆯᄉᆡ、아라ᄉᆞ、이、졀영도、를 우리졍부와약됴ᄒᆞ고 군함에쓰ᄂᆞᆫ 셕탄두ᄂᆞᆫ곳슬 만들며、아라ᄉᆞ、ᄉᆞ관과 고문관을 고빙ᄒᆞ야 ᄌᆡ졍과병권을맛김을보고 반ᄃᆡᄒᆞ야 졍부에글을올녀 약됴 파ᄒᆞ기를쳥구ᄒᆞᆫ즉

졍부에셔、아라ᄉᆞ、공관으로 조회ᄒᆞ여왈우리졍부와 ᄇᆡᆨ셩이 합의ᄒᆞ고 우리나라토디를조곰이라도 외국에 빌니지말나ᄒᆞ니、졀영도、를 빌닐수업노라 ᄒᆞᆫᄃᆡ

아공ᄉᆞ의말이、일본、이 긔왕에、월미도、를 빌어쓰ᄂᆞᆫ 젼례가 잇기로 우리도 엇음이라

ᄒᆞᄂᆞᆫ지라

우리졍부에셔 、일본、공ᄉᆞ의게 이ᄉᆞ연을 조회ᄒᆞ엿더니 、일본、공ᄉᆞ가 、월미도、빌엇던거슬 도로 돌녀보ᄂᆡ며 、절영도、찻기를 지촉ᄒᆞ매 아공ᄉᆞ가 ᄯᅩᄒᆞᆫ 돌녀보ᄂᆡ고 ᄉᆞ관고문관을 다 파ᄒᆞ야 약됴ᄒᆞᆫ월급을쥬어 보ᄂᆡ엿ᄂᆞ니 이ᄂᆞᆫ 우리ᄇᆡᆨ셩들이 졍부를도아 관민이 일심으로 국권을보호ᄒᆞᄂᆞᆫ 처음일이라 각국에셔 모도 ᄇᆡᆨ셩의ᄯᅳᆺ슬 슌히ᄒᆞ야 흥샹일을 쳐판ᄒᆞᄂᆞᆫ고로 ᄇᆡᆨ셩이열녀셔 공법의경위만 일치안코 외국의교졔를 방히ᄒᆞ지말고 셰샹형편을 드ᄃᆡ여 바로ᄒᆡᆼᄒᆞ면 각국이 다 즁히녁이ᄂᆞᆫ바ㅣ라

가셕ᄒᆞᆫ바ᄂᆞᆫ 졍부와ᄇᆡᆨ셩이 합일치못ᄒᆞ여 필경 회를파ᄒᆞ고 모히지못ᄒᆞ게ᄒᆞ엿더라 각국이 이 리허를삷히고 다토어 、아라ᄉᆞ、와갓흔 리익을엇으려ᄒᆞ니 이ᄂᆞᆫ 당초통샹됴약에 각국을 평균히ᄃᆡ졉ᄒᆞᆫ다ᄂᆞᆫ 귀졀이잇ᄂᆞᆫ고로 가령 、아라ᄉᆞ、에 금광ᄒᆞᆫ쟈리를쥬면 타국도 다 이와ᄀᆞᆺ치 엇으려ᄒᆞᄂᆞᆫ연고ㅣ라 내거슬 놈줄ᄉᆞ록 각국의토식은 졈졈 심ᄒᆞ며 토식이심ᄒᆞᆯᄉᆞ록 국권은 더욱업셔지고 외교ᄂᆞᆫ ᄯᅡ라셔괴여져셔 혐의와갈등이 날마다 심ᄒᆞᆫ지라 이럼으로 각국의 공론이잇셔 말ᄒᆞ기를 、대한、의 독립권리ᄂᆞᆫ 이ᄯᅢ에 다 업셔젓다ᄒᆞ더라 그러나 、대한、졍부에셔ᄂᆞᆫ 셰샹공론을 들을수도 업거니와 들어도 ᄯᅩᄒᆞᆫ ᄉᆡᆼ각지안이ᄒᆞ고 다 그 보호쟈만 깁히깁히 의뢰ᄒᆞ매 그 보호쟈가 ᄉᆞᄉᆞ로 심즁에 풍족ᄒᆞ야 뒤ㅅ줄을 다리고안져 긔관을놀니며 은근히 셰력을 확쟝ᄒᆞ니 부지즁에 갑오이젼 、쳥국、ᄒᆞᆫ나이 ᄯᅩ ᄉᆡᆼ긴지라 본ᄅᆡ 동양의문명을 실케녁이던ᄎᆞ에 、대한、신민이 일

뎨로 ᄀᆡ화와 원슈되ᄂᆞᆫ줄을삶히고 간간히속으로 젼ᄒᆞᄂᆞᆫ말이 나라마다 각각제풍속ᄃᆡ
로 힝ᄒᆞᆯ지라 구타여 놈의거슬 본밧을것업고 ᄯᅩᄒᆞᆫ 문명이라ᄒᆞᄂᆞᆫ거ᄉᆞᆫ 야만들이 본밧
아 힝ᄒᆞᆯ지라 、대한、은 긔왕 례의지방인고로 교화가 놈만못ᄒᆞ지안이ᄒᆞ며 풍속과졍치
가 다 됴ᄒᆞᆫ지라 문명ᄒᆞ여 무엇ᄒᆞ리요 상투가 아모리길어도 부국강병에 손ᄒᆡ가업고
소ᄆᆡᄂᆞᆫ 아모리넓어도 치국평민에 상관이업ᄂᆞᆫ지라 젼제나 압제나 우혜셔ᄒᆞ시기에잇
ᄂᆞ니 엇지ᄇᆡᆨ셩이 감히 상관ᄒᆞ리요 뎌 역당들이 、일본、인을 부동ᄒᆞ고 우혜권리를 ᄲᆡᆺ
아셔셔 필경 화근이 군상ᄭᅴ밋칠지라 、아라ᄉᆞ、ᄂᆞᆫ 젼제ᄒᆞᄂᆞᆫ졍치로 텬하에강국이되
여 만국이 다 두려ᄒᆞᄂᆞᆫ바ㅣ니 우리를 단단히의지ᄒᆞ면 、일본、이 감히 엇지ᄒᆞᆯ수 업ᄉᆞ
려니와 그러치안이ᄒᆞ면 쟝ᄎᆞ 큰화를당ᄒᆞᆯ가 두려ᄒᆞ노라ᄒᆞᄂᆞᆫ지라 이런말이 의뢰ᄒᆞ기
됴와ᄒᆞᄂᆞᆫ쟈들의귀에 가쟝 깁히ᄇᆡᆨ여 、아라ᄉᆞ、를 밋ᄂᆞᆫᄆᆞ음이 곳 어린ᄋᆞ히가 부모를바
람과 갓ᄒᆞᆫ지라 、일본、이 ᄒᆞᆯ일업시 공ᄉᆞ를불너가고 다른ᄉᆞ람을보ᄂᆡ여 됴ᄒᆞᆫ말로 다시
교졍을 친밀히ᄒᆞ려ᄒᆞ며 、광도、에셔 ᄌᆡ판을시쟉ᄒᆞ야 셰상에 발명코져ᄒᆞ며 、대한、에셔
망명ᄒᆞᆫ 국ᄉᆞ범들을 극력보호ᄒᆞ야 ᄌᆞᄀᆡᆨ의 암살을당ᄒᆞ거나 다른화에 ᄉᆡ지지안케ᄒᆞ며
그 등급을ᄯᅡ라 월급을 달아쥬어 우ᄃᆡᄒᆞᄂᆞᆫᄯᅳᆺ슬보히니 이ᄂᆞᆫ 각국의 통힝ᄒᆞᄂᆞᆫ 젼례라
ᄌᆞ긔나라의권리와 명예를 온젼케ᄒᆞᆷ이오 ᄯᅩᄒᆞᆫ 어ᄂᆡ나라이던지 문명을힘쓰다가 국사
에범ᄒᆞᆫ죄인은 ᄒᆞᆼ상 특별히 ᄃᆡ졉ᄒᆞ야 그 죄상은 도라보지안코 ᄌᆞ긔나라의 톄면을위
ᄒᆞ야 보호ᄒᆞᄂᆞᆫ법이니 、일본、이 이ᄯᅳᆺ을본밧어 힝ᄒᆞᆷ이어ᄂᆞᆯ 、대한、에셔ᄂᆞᆫ 헤아리되 、일

본이 여당을부동ᄒᆞ야 긔회를엇어 우리황실을 희롭게ᄒᆞ련다ᄒᆞ야 의심ᄒᆞᄂᆞᆫᄆᆞ음이 더욱 풀기어려오미 얼골로ᄂᆞᆫ 비록 화호ᄒᆞᆫ빗ᄎᆞᆯ뵈이나 속으로ᄂᆞᆫ 빙탄이되여 결단코 화합ᄒᆞᆯ수업ᄂᆞᆫ지라 일본인들이 ᄇᆡᆨ반으로 시험ᄒᆞ야 혹 달ᄂᆡ기도ᄒᆞ며 위협도ᄒᆞ여 젼일의셰력을 다시 회복코져ᄒᆞ나 맛ᄎᆞᆷᄂᆡ 효험이업고 점점 물너가니 그ᄯᆡ형편을 비유ᄒᆞ건ᄃᆡ 압헤ᄂᆞᆫ 이리가달녀들며 뒤에ᄂᆞᆫ 사자가안져 호령ᄒᆞ니 이리ᄂᆞᆫ ᄎᆞᆷᄋᆞ노코 가지못ᄒᆞ야 ᄒᆞᆫ거름을 달녀들면 ᄉᆞ람은 곳 뒤로물너셔고 사자ᄂᆞᆫ 더욱 압흐로 나와셔 점점 사자의일만 됴케만들어쥬ᄂᆞ니 필경은 사자의밥이됨을 면치못ᄒᆞᆯ줄 짐쟉ᄒᆞ나 아직이리의화를 막ᄂᆞᆫ것만 다힝히녀여 그 즁간에서 ᄯᅩ로서기를 경영치못ᄒᆞ니 일본이모도 시험ᄒᆞᄂᆞᆫ거시 다 헛이만허비ᄒᆞ야 점점 아라ᄉᆞ의 긔회만 됴케ᄒᆞ여줄ᄲᅮᆫ이라 일쳔팔ᄇᆡᆨ구십륙년오월십ᄉᆞ일에 아라ᄉᆞ 공ᄉᆞ ○위픽○와 일본공ᄉᆞ ○소촌○이 각각 그 졍부명령을 밧들고 대한에 관계ᄒᆞᆫ ᄉᆞ무를 인연ᄒᆞ야 약됴를 뎡ᄒᆞ엿ᄂᆞᆫᄃᆡ 그 약됴에 ᄒᆞ엿스되

일은 대한 대황뎨ᄭᅴ셔 아공관에서 환어ᄒᆞ시고 안이ᄒᆞ시기ᄂᆞᆫ ᄌᆞ의로 ᄒᆞ시게ᄒᆞ려니와 만일 량국공ᄉᆞ가 다 ᄉᆡᆼ각ᄒᆞ되 환궁ᄒᆞ신후에라도 다른념려가 업슬듯ᄒᆞ거던 맛당히 권ᄒᆞ야 환궁ᄒᆞ시게ᄒᆞ며 일본이 금ᄀᆡᆨ들을 별반단속ᄒᆞ야 다른변란이 업기를 담칙ᄒᆞᆯ것이오

이ᄂᆞᆫ 대한졍부에 모든대신을 본ᄅᆡ 대황뎨ᄭᅴ셔 ᄐᆡᆨᄒᆞ샤 맛기시ᄂᆞᆫ바인ᄃᆡ 근ᄅᆡ 슈년

동안에 ᄂᆡ각관원들과 다른 즁임을맛ᄒᆞᆫ 지ᄂᆡᆫ이들의 심지가 관후ᄒᆞᆫ자를 다 짐쟉ᄒᆞ시ᄂᆞᆫ바ㅣ니 이후로ᄂᆞᆫ 량국공ᄉᆞ가 ᄒᆞᆼ상 대황뎨ᄭᅴ권ᄒᆞ야 이런ᄉᆞ름을갈희여 국졍을잡아 관후ᄒᆞᆫ덕으로 인민을 잘 ᄃᆡ졉ᄒᆞ게ᄒᆞᆯ것이오

ᄉᆞᆷ은、대한、에 지금졍형을ᄯᅡ라 、한양、과 、부산、ᄉᆞ이에 뎐보를 보호ᄒᆞ기위ᄒᆞ야 、일본이 군ᄉᆞ를두어 합당히슈비ᄒᆞ되 만일 량국공ᄉᆞ의 의견이합ᄒᆞᆯᄯᅢ에ᄂᆞᆫ 속히거두어갈것이며 군ᄉᆞ를두ᄂᆞᆫ쳐소ᄂᆞᆫ 、대구、와 、한양、과 、부산、과 각뎐보국에 각각 오십명식두고 기외 열곳은 열명식두고 혹 긴요ᄒᆞᆫ곳이잇스면 헤아려힝ᄒᆞ되 、대한、에모든일이 다 졍돈되야 여상히 평뎡ᄒᆞ거던 일톄로 것어갈것이오

ᄉᆞᄂᆞᆫ、한양、과 각쳐통상구에 한인들이 죵죵닙허나 、일본、인을공격ᄒᆞ니 、일본、이 부득불 군ᄉᆞ를두어 방비ᄒᆞᆯ지라 지금 、아、、일、량국공ᄉᆞ가 약됴ᄒᆞ고 、일본、을 허락ᄒᆞ야 군ᄉᆞ ᄉᆞᆷᄃᆡ를두게ᄒᆞ되 두ᄃᆡᄂᆞᆫ、한양、에머무르고 ᄒᆞᆫᄃᆡᄂᆞᆫ 、인쳔、이나 、원산、에두게ᄒᆞ야 다만 군ᄉᆞ슈효ᄂᆞᆫ ᄒᆞᆫᄃᆡ에 이ᄇᆡᆨ명을 넘기지못ᄒᆞ며 、대한、에 인심이평뎡되거던 곳 철파ᄒᆞᆯ것이오 、아라ᄉᆞ、도 ᄯᅩᄒᆞᆫ 、한양、과 각쳐 통상항구에잇ᄂᆞᆫ 공ᄉᆞ관이나 령ᄉᆞ관을 보호ᄒᆞ기위ᄒᆞ야 군ᄉᆞ를두어슈비ᄒᆞ되 슈효ᄂᆞᆫ 일병보다 지ᄂᆡ지못ᄒᆞ며 、대한、졍형이 평뎡ᄒᆞ기를 기다려 다 것어갈일이라

이ᄒᆡ에 、아라ᄉᆞ、 황뎨 등극ᄒᆞ시ᄂᆞᆫ 례식에 、일본、 군부대신 ○산현유붕○이 칭경대ᄉᆞ로 、셩피터스ᄲᅥᆨ、에가셔 그 졍부명령을드ᄃᆡ여 、대한、에 관계ᄒᆞᆫ일을 의론ᄒᆞᆯᄉᆡ 륙월구일에

、아라ᄉᆞ、외부대신 ○신보팔나○보천왕과 됴약네됴목을뎡ᄒᆞ나

일은、대한、에 지졍이 심히군졸ᄒᆞ니 급기 졍돈ᄒᆞᆯ방칙을 마련ᄒᆞᆯ지라 、아、、일、량국이 、한양、에 쥬ᄎᆞ공ᄉᆞ를 신칙ᄒᆞ야 、대한、졍부를권ᄒᆞ여 소용업는 잡비를감ᄒᆞ고 미년에 들어오는거슬 비교ᄒᆞ야 예산을뎡ᄒᆞ며 만일 졍치상에 급급히 변혁ᄒᆞᆯ 일이잇스되 경비를 마련ᄒᆞᆯ수업슬진ᄃᆡ 량국졍부가 ᄃᆡ신ᄒᆞ여의론ᄒᆞ고 국채를ᄂᆡ여 쓰기를 조역ᄒᆞᆯ것이오

이는、대한、이 허다ᄒᆞᆫ잡비를감ᄒᆞ야 국채부족ᄒᆞᆯ념려가 업시된후에는 량국이 、대한、대황뎨ᄭᅴ맛겨 군ᄉᆞ를늘이며 슌검을 더ᄒᆞ기에 량국이 협조ᄒᆞ거나 간예치말것이오

ᄉᆞᆷ은、대한、잇는뎐션을 지금은、일본、이 위업ᄒᆞ는바ㅣ니 맛당히 、일본、졍부에 관할로 돌녀보닐것이오 、한양、에셔 、아라ᄉᆞ、디경에 통ᄒᆞ기ᄭᆞ지는 、아라ᄉᆞ、가 뎐보를 노을권리가잇스나 일후에 、대한、이ᄉᆞ셔 차지ᄒᆞᆯ만ᄒᆞ거던 상당ᄒᆞᆫ갑슬뎡ᄒᆞ야 사게 ᄒᆞᆯ것이오

ᄉᆞ는 이상 각됴목을 피ᄎᆞ비교ᄒᆞ야 더욱 ᄌᆞ셰히 히셕ᄒᆞᆯ일이잇거나 혹 변론이갓지 안이ᄒᆞ여 다톰이싱기는 경우에는 량국졍부가 공평ᄒᆞᆫ관원을 파숑ᄒᆞ야 화평ᄒᆞ게 의론ᄒᆞᆯ일이라

이상 두약됴의대지를 말ᄒᆞᆯ진ᄃᆡ 졍부대신을 츌쳑ᄒᆞ는권리에 량국이간예ᄒᆞᆫ다ᄒᆞ며 군

ᄉᆞ를 우리나라ᄂᆡ디에 두기로ᄒᆞ며 졍부ᄌᆡ졍을 감당ᄒᆞᆫ다ᄒᆞ엿스며 뎐션을 노을권리가 잇다업다ᄒᆞᄂᆞᆫ것이 다 ᄌᆞ유독립국을ᄃᆡᄒᆞ여ᄂᆞᆫ 못ᄒᆞᄂᆞᆫ말이라 、아、일、량국이、대한、독립을 진실로 존즁히녁일진ᄃᆡ 、대한、졍부에셔 ᄌᆞ원ᄒᆞ야청ᄒᆞᆯ지라도 결단코 힝치못ᄒᆞᄂᆞᆫ것이 공법에합당ᄒᆞ려던 ᄒᆞᆷ을며 、대한、졍부에셔ᄂᆞᆫ 량국약됴에 참예치도안이ᄒᆞ고 ᄌᆞ긔네세리 ᄯᅩ로안져 、대한、에당ᄒᆞᆫ일을 엇지엇지ᄒᆞ쟈ᄒᆞ야 업ᄂᆞᆫ물건을가지고 의론ᄒᆞ듯ᄒᆞ며두집에셔 얼너기른 즘싱을가지고 말ᄒᆞ듯ᄒᆞ엿스니 더욱이 엇지공법에 합당타닐으리요 이거ᄉᆞᆫ 이나라에 ᄇᆡᆨ셩된이들이 분히녁일줄알어야 이거슬 면ᄒᆞ여볼도리가 잇슬거시어늘 아ᄂᆞᆫ쟈도 몃치못되니 엇지분ᄒᆞᆫᄉᆡᆼ각이 날수잇스며 혹 분히녁인다 ᄒᆞᆯ지라도 그근인을ᄉᆡᆼ각지안ᄂᆞᆫ고로 공연히 뎌 、일、아、량국을 분히녁일ᄲᅮᆫ이니 이런분은 실상에합지도못ᄒᆞ거니와 분을닐ᄉᆞ록 효험은업고 도로혀 내게만히로울지라

무릇 ᄀᆡ명을힘쓰ᄂᆞᆫ셰상에ᄂᆞᆫ ᄉᆞ름이범ᄉᆞ에 그 실상을연구ᄒᆞᄂᆞᆫ것이 뎨일이니 우리졍부에셔 엇더케ᄒᆞ기에 놈이 대신을쳔거ᄒᆞᆫ다 ᄒᆞ엿스며 우리인민이 엇더케ᄒᆞ엿기에놈이 군ᄉᆞ를갓다두어 져의세리 보호ᄒᆞ기로ᄒᆞ엿스며 젼졍과 모든일을 엇더케ᄒᆞ엿기에놈이 다 ᄃᆡ신의론ᄒᆞ기에 밋쳣ᄂᆞᆫ지 깁히깁히 ᄉᆡᆼ각ᄒᆞ여볼진ᄃᆡ 응당 외국인을 시비ᄒᆞ지못ᄒᆞ고 스ᄉᆞ로 붓그러은 ᄉᆡᆼ각이나셔 젼일에 우리가 우리의도리를 못ᄒᆞᆫ것만 후회ᄒᆞ고 각각 분발ᄒᆞᆫᄆᆞ음이ᄉᆡᆼ겨 국권을보호ᄒᆞᄂᆞᆫ일에 힘쓰고져 ᄒᆞᄂᆞᆫᄉᆞ름이될지니 ᄉᆞ름마다 이ᄉᆡᆼ각이 잇슨후에야 쟝ᄅᆡ여망이 ᄉᆡᆼ기리로다

▲전정젼일아량국의형셰

우혜말ᄒᆞᆫ바 、일、아、량국의약됴가 된후로 、대한、졍부에 대소관민이 부지즁 두 편당이 갈녀 스ᄉᆞ로 지목을 구별ᄒᆞ미 흔히 량국공관에 츌입잇는이가 권리를잡고 나셔는지라 ᄇᆡᆨ셩들이 그 리허는 ᄌᆞ셰히알지못ᄒᆞ나 일당아당을 지목홈은 ᄉᆞ름마다 랑자히젼ᄒᆞ더라 그러나 그 실샹을볼진ᄃᆡ 、일본、편당에 갓갑다 ᄒᆞ는이는 다만 헛일홈으로 실샹권리변에 참예치못ᄒᆞ고 아당이라 ᄒᆞ는이는 번번히 실샹권리잇는쟈리를 ᄎᆞ지ᄒᆞ는지라 이럼으로 、일、아、량국의 교셥이 졈졈빙탄이되미 、대한、형편은 졈졈 위급ᄒᆞ여지는지라 、일본、이 아인을호의로 물니칠수업슴을보고 날로 젼징을예비ᄒᆞ며 그 ᄇᆡᆨ셩을 고동ᄒᆞ야 아인과는 조만간에 ᄒᆞᆫ번젼징을ᄒᆞᆫ후에야 말줄로알아 심지어 어린ᄋᆞᄒᆡ라도 아인을보면 눈을바로ᄯᅳ지 안이ᄒᆞ며 속으로 필경 쳐의일ᄯᅳᆺ슬 함츅ᄒᆞ니 셰샹에셔 ᄯᅩᄒᆞᆫ 그ᄯᅳᆺ슬알고 언제던지 、일、아、젼징은 ᄒᆞᆫ번될터이라 속히 、아라ᄉᆞ、의 무도홈을셋거 동양으로 벗어나오는셰력을막아 셔양에셔 、흑히、를넘지못ᄒᆞ게 만든것갓치ᄒᆞ여야 동양각국도 안젼홈을 엇을거시오 각국의관계ᄒᆞᆫ 동양샹업의리익도 손히가 업스리라ᄒᆞ니 이는 셰샹공론이 ᄌᆞ연 、일본、을 협조ᄒᆞ는졍의를 표홈이나 젼징의형편은 ᄒᆞᆼ샹 ᄯᅳᆺ밧게 변ᄒᆞ는고로 평시형편과 비교홀수업슬뿐더러 、아라ᄉᆞ、이 아모리강포무도홈으로 각국의 실혀ᄒᆞ는바ㅣ나 셔양각국들과 인종이갓고 ᄡᅡᆼ히ᄯᅩᄒᆞᆫ 갓가온즉 졍의상관계가 ᄌᆞ연 타국과달을지라 、일본、은 아모리 셔양과 교졔를친밀히ᄒᆞ며 의리를 갓치ᄒᆞᆫ다ᄒᆞ

여도 인종이다르고 ᄯᅩᄒᆞᆫ 동양ᄭᅳᆺ헤 외로히잇슨즉 만일 아라ᄉᆞ와졉젼이되면 각국이다 아라ᄉᆞ를 협조ᄒᆞ야 일본을 핍박ᄒᆞᆯ념려도 업지안이ᄒᆞᆫ즁 겸ᄒᆞ여 아라ᄉᆞ는 법국과 련합ᄒᆞ야 서로협조ᄒᆞ미 혹 아라ᄉᆞ이 유조ᄒᆞᆯ곳이잇스면 법국이도아쥬고 법국이 유조ᄒᆞᆯ쟈리에는 아라ᄉᆞ이 도아쥬어 피ᄎᆞ에 힘을써서 서로쟈뢰ᄒᆞᄂᆞ니 외로운일본이 엇지 아、법량국을 ᄃᆡ젹ᄒᆞ리요 이럼으로 ᄒᆞᆼ상 외교상운동을 쉬히지안이ᄒᆞ야 셰계물론이 일본편으로 돌기를 힘써쥬션ᄒᆞ다가 ᄌᆡ쟉년 졍월ᄉᆞᆷ십일에 영、일량국이 련밍ᄒᆞ야 약됴를뎡ᄒᆞ니 그 약됴에 ᄒᆞ엿스되

대영국졍부와 대일본졍부는 동양에 평화를유지ᄒᆞ며 대한과 쳥국、두나라의ᄌᆞ유권리와 토디를보젼ᄒᆞ며 그 두나라에잇는 각국의공업과 상업상 편ᄒᆞᆫ리익을보호ᄒᆞ기위ᄒᆞ야 특별히 약됴를뎡ᄒᆞ노니

일은 련밍ᄒᆞ는 영、일량국이 대한과 쳥국의 ᄌᆞ유독립ᄒᆞ는권리를 ᄒᆞᆷᄭᅴ인허ᄒᆞ며겸ᄒᆞ여 두나라이 한、쳥량국의 토디를 졈령ᄒᆞᆯᄆᆞ음이 업슴을 밝히들어닐것이며쳥국에 지금잇는영국의 리익상권리가 가쟝크며 일본인즉 쳥국에잇는 리익상관계외에 대한에잇는것이 ᄯᅩᄒᆞᆫ 세가지니 졍치와 통상과 공업이라 이럼으로영、일량국이 지금에 피ᄎᆞ밝히말ᄒᆞ여 약됴를세운후에 한、쳥량국이 만일 엇던다른나라의 침탈을밧거나 혹 ᄂᆡ란이잇거나 기타 ᄉᆞ단이 ᄉᆡᆼ길ᄯᅢ에는 두 련밍국이 반다시 간예ᄒᆞ야 방칙을마련ᄒᆞ여 보젼케ᄒᆞᆯ일이오

이는 、대영국、이나 、대일본、즁에 이상말ᄒᆞᆫ바 리익상 권리를 보젼ᄒᆞ기위ᄒᆞ야 엇던다른나라와 젼징ᄒᆞᆯᄯᅢ에는 우리두나라즁에 ᄒᆞᆫ나라이 맛당히 즁립ᄒᆞᄂᆞᆫ 젼례를ᄯᅡ라 간셥ᄒᆞ지말며 만일 련밍국과 싸호ᄂᆞᆫ나라를보아 련밍국을 치ᄂᆞᆫ나라이잇거던 맛당히 권력으로막아 못ᄒᆞ게ᄒᆞᆯ것이오

숨은 、대영국、이나 、대일본、이나 이상 권리를 보호ᄒᆞ기위ᄒᆞ야 타국으로더부러 젼징ᄒᆞᆯᄯᅢ에는 피ᄎᆞ간에 곳 서로구원ᄒᆞ며 도아쥬어 싸호거나 직화거나 합력ᄒᆞ여 힝ᄒᆞ되 다만 련밍국이 즁간에셔 간셥ᄒᆞ야 평화로 조쳐ᄒᆞ기를 상칙으로 녁일것이오

ᄉᆞ는 두 련밍ᄒᆞᆫ나라즁에 ᄒᆞᆫ나라이 타국과 별로히 약됴를 뎡ᄒᆞᆯᄯᅢ에는 이상에말ᄒᆞᆫ바 리익에는 손히가업게ᄒᆞᆯ것이오

오는 、대영국、이나 、대일본、이나 만일 이상에말ᄒᆞᆫ 리익이위틱ᄒᆞ기에 니를경우에는 량국정부가 피ᄎᆞ간에 맛당히 몬져통긔ᄒᆞ야 미리알게ᄒᆞᆯ것이오

륙은 이 약됴를뎡ᄒᆞ여 인쳐셔 서로 밧고ᄂᆞᆫ날로브터 시쟉ᄒᆞ야 오년동안을 한뎡ᄒᆞ되 만일 오년후에 두나라즁에 ᄒᆞᆫ나라이 다시 이약됴의한을 늘이고져 안이ᄒᆞ거던 맛당히 열두ᄃᆞᆯ을 젼긔ᄒᆞ야 몬져알게ᄒᆞ되 무슴연고를 인연ᄒᆞ여 더 련밍ᄒᆞ기를 원치안이ᄒᆞ니 오년만 취우고 물시ᄒᆞ쟈고ᄒᆞ면 응당 폐지될것이오 만일 오년한이 다ᄒᆞ기젼에 련밍국즁 ᄒᆞᆫ나라이 타국과 젼징을 시쟉ᄒᆞᆯ진ᄃᆡ 이약됴ᄂᆞᆫ 반다

시 련속ᄒᆞ야 평화가되기ᄭᅡ지 니른후에 긋칠일이라

이상 각됴목을 본대신등이 각각 졍부명령을밧들어 뎡ᄒᆞ고 인치노라ᄒᆞ엿더라

이약됴를 、영국、셔울、론돈、에셔 、영국、외부대신과 、일본、공ᄉᆞ가 젼권ᄒᆞ여뎡ᄒᆞ고 셰상에반포ᄒᆞ미 듯ᄂᆞᆫ쟈ㅣ 다 놀나히녁여 공론이 크게닐허나ᄂᆞᆫ지라 혹은 말ᄒᆞ기를 이약됴가 동양을영히 편안케담보ᄒᆞᆷ이라ᄒᆞ며 혹은말ᄒᆞ되 이약됴가 젼징을지촉ᄒᆞᄂᆞᆫ 표젹이라ᄒᆞ야 여러의론이 갓지안이ᄒᆞ나 이약됴의셩질을 대강말ᄒᆞᆯ진ᄃᆡ 、영、、일、량국이 젼혀 、아라ᄉᆞ、셰력을 막기위ᄒᆞᆷ이라 이 두나라이 련ᄆᆡᆼᄒᆞᆷ을보고 、아라ᄉᆞ、이 스ᄉᆞ로 물너갈진ᄃᆡ 동양에젼징이 스ᄉᆞ로 물너갈줄로 긔약ᄒᆞ게스나 만일 그러치못ᄒᆞᆯ진ᄃᆡ 、일본、이 、아라ᄉᆞ、와 ᄆᆡ젼ᄒᆞᆯ지니 、영국、은 、아라ᄉᆞ、를 돕지못ᄒᆞ고 、일본、을 찬조ᄒᆞ며 평화히 조쳐ᄒᆞ기를 힘쓰다가 만일 、법국、이 、아라ᄉᆞ、를 돕ᄂᆞᆫ경우에는 、영국、이 、일본、을 도아 、법국、을 치리라ᄒᆞᆷ이니 완연히 、일、、아、젼징의 근인이들어ᄂᆞᆫ지라 텬하각국의졍형이모도변ᄒᆞ야닐으되 、일본、은 동양에 홀로 힘잇ᄂᆞᆫ나라이오 、영국、은 셰계의 강국이라 이 두나라이 련합ᄒᆞ야 동양에동상리익을 보젼ᄒᆞ려ᄒᆞ니 이ᄂᆞᆫ 각국의공동ᄒᆞᆫ 다ᄒᆡᆼ이라ᄒᆞ며 、일본、셔ᄂᆞᆫ 대소관민이 이소문을듯고 젼국이 영광스러히 즐겨ᄒᆞ야 각신문에들네ᄂᆞᆫ거동과 민간에 경츅ᄒᆞᄂᆞᆫ모양이 곳 온나라이 다 밋친듯ᄒᆞ야 잔치ᄒᆞ며 쟈랑ᄒᆞᆷ이비ᄒᆞᆯᄃᆡ업스니 이ᄂᆞᆫ 、일본、이 각국과상동ᄒᆞᆫ이후로 ᄒᆞᆼ상 각국과 평등ᄒᆞᆫ권리ᄂᆞᆫ 일치안엇스나 셰계강국들과 리익을다토어 、영국、과 ᄆᆡᆼ셰를합ᄒᆞ야 치고 직희기에 힘을난호자

ᄒᆞ기에 니름은 실로 、일본、의 한업ᄂᆞᆫ영광이라 、일본、졍부가 이러틋 부강ᄒᆞᆫ디위에 니
름은 그ᄇᆡᆨ셩이 셰계에 어ᄃᆡ를가던지 상등ᄃᆡ졉을 밧을지니 엇지 그ᄇᆡᆨ셩의 경ᄉᆞ가안
이리요 갓흔 、아셰아、쥬에잇셔 갓흔 황인죵으로 된 나라들로ᄒᆞ여곰 부러음을 익의지
못ᄒᆞ리로다 이ᄯᅢ에 、영、、일、량국에잇ᄂᆞᆫ 、대한、공ᄉᆞ들이 졍부에뎐보ᄒᆞ야 、영、、일、동밍ᄒᆞᆫ
소문을보ᄒᆞ며 、한양、에잇ᄂᆞᆫ 、영、、일、량국 공ᄉᆞ들이 ᄯᅩᄒᆞᆫ 이소문을 련속ᄒᆞ여젼ᄒᆞ니、영
、일、량국이 、한、、청、량국을권ᄒᆞ야 、아라ᄉᆞ、의 셰력범위를 버셔나셔 ᄯᆞ로ᄌᆞ유ᄒᆞ기를 바
ᄅᆞᄂᆞᆫ뜻이라 겸ᄒᆞ여 이ᄯᅢ에 、일본、에셔 ᄇᆡᆨ셩을ᄌᆞ유로허락ᄒᆞ야 、대한、에와셔 ᄂᆡ디에임
의로 셕겨살게ᄒᆞ쟈ᄒᆞ며 、대한、에 농ᄉᆞ와 토디ᄀᆡ쳑ᄒᆞᄂᆞᆫ법을 마련ᄒᆞ쟈ᄒᆞ니 이ᄂᆞᆫ 、일본、
이 동상ᄒᆞᆫ이후로 ᄇᆡᆨ셩이 졈졈번셩ᄒᆞ야 ᄯᅡᆼ이좁어 살기어려온 념려가잇ᄂᆞᆫ고로 、대한、
에와셔 어두운ᄇᆡᆨ셩들과 셕겨살며 허다히 바려둔토디를 ᄀᆡ간ᄒᆞ야 ᄎᆞᄎᆞ 차지ᄒᆞ고 살
기를경영ᄒᆞᆷ이라 우리졍부에셔 이런소문을듯고 자못 불안ᄒᆞᆫ형편이잇셔 민간에 풍셜
도ᄉᆡᆼ기며 관원들즁에 두려운빗도 업지안어 혹 、아라ᄉᆞ、이 물너가고 、일본、이 다시쥬
쟝ᄒᆞ기에 닐을진ᄃᆡ 쟝ᄎᆞ 무슴변란을 당ᄒᆞᆯᄂᆞᆫ지도알수업고 ᄯᅩᄒᆞᆫ 모든권리가 다 놈의
손에 들어갈것이오 ᄌᆞ긔들의몸도 용랍을 엇기어려울듯ᄒᆞᆫ지라 엇지 ᄂᆡ심의두려움이
업스리요 졍부가 자못 흔들니ᄂᆞᆫ거동이 잇ᄂᆞᆫ지라 、아라ᄉᆞ、이 속으로 닐너왈 뎌 두나
라이 련밍ᄒᆞ엿다 ᄒᆞᄂᆞᆫ것이 실상 힘은업ᄂᆞᆫ법이라 결단코 우리 、대아국、을 겯어 군ᄉᆞ
를 닐희키지 못ᄒᆞᆯ것이오 셜령 망령되히 、일본、이 젼징을 ᄒᆞ고져ᄒᆞᆯ지라도 、영국、이멀

니잇셔 요마ᄒᆞᆫ일본을 돕지안ᄒᆞ리니 불과 져의지앙만 지촉홈이오 셜혹 영국이 합력ᄒᆞᆫ다ᄒᆞᆯ지라도 우리는 긔왕에 법국과동ᄆᆡᆼᄒᆞ야 도쳐에 진퇴를갓치ᄒᆞᄂᆞ니 우리 두큰나라이 합력ᄒᆞ야 지ᄂᆡ는자리에 뎐하에 뉘가감히 ᄃᆡ젹ᄒᆞ리요 다만 우리만밋고 요동ᄒᆞ지말나ᄒᆞ니 이말이 가장 그러ᄒᆞᆯ듯ᄒᆞ고 또ᄒᆞᆫ 형편도 긔왕 ᄂᆡ친거름인즉 도리키기 어려운지라 이에 단단히결심ᄒᆞ고 태산갓치의지ᄒᆞ야 조곰도 두려울것이업스미부지중에 일본을 반ᄃᆡᄒᆞ는뜻시 더욱심ᄒᆞᆫ지라 일본이 더욱 분히녁여 공혁ᄒᆞ기를 박졀히ᄒᆞᆫ즉 아라ᄉᆞ를 의지ᄒᆞ는ᄉᆡᆼ각이 더욱갓가오며 아라ᄉᆞ를 의지ᄒᆞ는ᄉᆡᆼ각이 갓가온즉 속으로 아인의청구ᄒᆞ는것이 더욱만ᄒᆞ셔 은근히 무어슬허락ᄒᆞ여쥬는지 무숨약됴를 쳬결ᄒᆞ는지 셰상에셔 알수업다ᄒᆞ며 다만 아인의ᄒᆡᆼ동을볼진ᄃᆡ 룡암포를 엇엇다ᄒᆞ며 북도에 모든셤과ᄒᆡ변에 나무버힐곳을 인허를엇엇다ᄒᆞ며 경흥ᄃᆡ방에 뎐션을 놋는 허락도맛핫다ᄒᆞ며 졈졈북도로 물졋듯 들어오는지라 이ᄯᆡ에 미국이 발론ᄒᆞ야 청국 만쥬를 만국통상 ᄀᆡ시쟝을만들어 어늬나라이던지 홀로ᄎᆞ지ᄒᆞ고 각국의 리익상 관계를 도라보지안는폐단이 업게ᄒᆞ쟈ᄒᆞ며 또ᄒᆞᆫ대한졍부를권ᄒᆞ야 의쥬를 통상ᄃᆡ로 열어노으며 룡암포를 통상항구로 신속히 발포ᄒᆞ기를 쳥ᄒᆞ니 이는 아라ᄉᆞ이 홀로 대한졍부의 허락을맛핫다ᄒᆞ고 ᄌᆞ긔ᄯᅡᆼ을 만들고져 ᄒᆞ는연고ㅣ라

만일 우리졍부나 ᄇᆡᆨ셩이 능히직칙을 다ᄒᆞ야 나의강토를 잘 보젼ᄒᆞ엿던들 뉘가감히 놈의쥬권을 간셥ᄒᆞ리요만은 ᄉᆞᄉᆞ몸들의안위와 권리득실을 인연ᄒᆞ여 놈의보호를 의

뢰ᄒᆞ고 공번된 국토를 은근히ᄂᆡ여쥬기에 이른지라 다른도리ᄂᆞᆫ업고 다만 그ᄶᅡᆼ을 각
국통상디를 만들진ᄃᆡ 대한쥬권은 영히손ᄒᆡ가 업슬거시오 타국은 감히 넘겨다보지
못ᄒᆞᆯ터이니 이ᄂᆞᆫ진실로 대한에ᄃᆡᄒᆞ야 뎨일됴흔계칙이라 잠시지톄ᄒᆞ지 못ᄒᆞᆯ바ㅣ어
ᄂᆞᆯ 이리뎌리 연타ᄒᆞ야 즉시결단치 못ᄒᆞᄆᆡ 각국이 일졔히 권ᄒᆞ야신속히 반포ᄒᆞ라고
독촉이 심ᄒᆞᆫ지라 졍부에셔비로소 그 관계를알고 렬국의권ᄒᆞᆷ을 인연ᄒᆞ야 즉시 반포
ᄒᆞ려ᄒᆞ엿스나 아라ᄉᆞ가 속으로 공동ᄒᆞ며 극력ᄒᆞ여막으니 이럼으로 죵시 실시가되
지못ᄒᆞᄆᆡ 각국이 더욱 분로ᄒᆞᆷ을익의지못ᄒᆞ야 흔단이 곳 죠셕에 ᄉᆡᆼ겨날듯ᄒᆞ나 아라
ᄉᆞ의 편당들은 셰력이 점점쟝ᄒᆞ야 감히 눌을자ㅣ업더라 이럴즈음에 일본은 대한
과 만쥬ᄉᆞ건으로 인연ᄒᆞ야 아라ᄉᆞ와 담판을열고 쥬야로의론ᄒᆞ기를 그치지안이ᄒᆞ
되 아라ᄉᆞᄂᆞᆫ 점점 더 셰력을늘이며 슌죵치안을뜻슬표ᄒᆞ야 군ᄉᆞ를 것어간다ᄂᆞᆫ한을
몃번을억의ᄆᆡ 각국ᄉᆞ람이 만히 일본을 권ᄒᆞ야 속히 ᄀᆡ젼ᄒᆞ기를 지촉ᄒᆞ되 일본은
죵시 더 담판ᄒᆞ기를 고집ᄒᆞ다가 필경 더ᄒᆞᆯ수업시되여 아라ᄉᆞ의 마조막 회답을 도
로물니치고 아라ᄉᆞ졍부다려 다시 ᄉᆡᆼ각ᄒᆞ여보라 ᄒᆞ엿스ᄆᆡ 동방에 흑운이 가득ᄒᆞ야
어ᄂᆡ 하ᄂᆞᆯ에셔 비가나릴넌지 알수업시된지라 각국병션이 모도 대한해변으로 모혀
들ᄆᆡ 셰상이 다 대한을 쥬목ᄒᆞ야 이곳에셔 젼쟁이 몬져터질줄로 아ᄂᆞᆫ고로 금년양
력정월오일에 미국보호병이 몬져 셩즁에들어와 공관과 뎐긔렬도를 보호ᄒᆞ니 각국
보호병이 ᄎᆞ례로 입셩ᄒᆞ야 그 공령ᄉᆞ관을 보호ᄒᆞ더라 원ᄅᆡ 독립국에ᄂᆞᆫ 타국군ᄉᆞ가

인허업시 상륙ᄒᆞᆷ은 국권을손ᄒᆡᄒᆞᆷ이기로 ᄆᆡ양 국즁에 ᄉᆞ변이잇슬ᄯᆡ에ᄂᆞᆫ 그나라졍부에셔 군ᄉᆞ를보ᄂᆡ여 외국공ᄉᆞ관을 보호ᄒᆞ여쥬ᄂᆞᆫ법이라

우리졍부에셔 、미국、공ᄉᆞ의게 보호병이 입셩ᄒᆞᆫ리유를 질문ᄒᆞᆫᄃᆡ 미공ᄉᆞ의ᄃᆡ답이 귀국병뎡은 긔률이업기로 본국병뎡을 들여옴이라 ᄒᆞ더라

이ᄯᆡ에 각국군ᄉᆞ들이 셩즁에들어와 ᄉᆞ방에도라단이며 간간쟉폐가 업지안은즁 아병의힝위가 더욱심ᄒᆞ야 혹 민가의돌입ᄒᆞ여 부녀를 겁탈ᄒᆞ기도ᄒᆞ며 혹 길에셔 쟝옷쓴 녀인을잡고 몃놈이돌녀 억지로 입맛초고 도라서셔웃고 흣허지며 심지어 、쥭동、네거리서ᄂᆞᆫ 아병네명이 녀인을잡고 욕을뵈히려 ᄒᆞᄂᆞᆫ고로 、대한、ᄉᆞ람들이 모혀 금ᄒᆞ려다가 칼을ᄲᆡ여 치ᄂᆞᆫ바람에 흣허지고 맛츰 、대한、헌병이 지나다가 ᄲᅦ여 보ᄂᆡ려ᄒᆞᆫ즉 아병이칼을ᄲᆡ여 치려ᄒᆞᄂᆞᆫ고로 헌병이 마쥬칼을ᄲᆡ여싸와 아병의손가락이 ᄭᅳᆫ허지ᄆᆡ 이에 결박ᄒᆞ여 、아라ᄉᆞ、공ᄉᆞ관으로 잡어갓스ᄆᆡ 각국신문에 그 헌병을 대단히 칭찬ᄒᆞ더라

본ᄅᆡ ᄇᆡᆨ셩이 어두운 텬디에ᄂᆞᆫ 지쳑에셔 무슴화ᄉᆡᆨ이 박두ᄒᆞ던지 잇다가 무슴변란이 ᄉᆡᆼ길넌지 도모지 알지못ᄒᆞ고 다만 몸만편ᄒᆞ면 태평건곤으로 녁일ᄲᅮᆫ이라 셰샹에 소문이엇더ᄒᆞ며 각국의군함이 어ᄃᆡ로오ᄂᆞᆫ지ᄂᆞᆫ 젼혀 알지못ᄒᆞ다가 급기 외국군ᄉᆞ들의 폐단이 이러ᄒᆞ기에 니르ᄆᆡ 비로소 혜ᄋᆞ리되 외국보호병이 들어올ᄯᆡ에ᄂᆞᆫ 필시 무슴 란리가 ᄉᆡᆼ기려나보다ᄒᆞ야 민심이 자못소동되나 우혜잇ᄂᆞᆫ이들은 속으로 밋ᄂᆞᆫ곳이잇

ᄂᆞᆫ고로 조곰도 움쟉이ᄂᆞᆫ 빗치업거ᄂᆞᆯ ᄇᆡᆨ셩은 웃ᄉᆞ람들의 안연히 지ᄂᆡᆷ을보고 얼마쯤 무ᄉᆞᄒᆞᆯ줄로밋어 도로안졍되더라 이ᄯᆡ에 졍부에셔ᄂᆞᆫ 속으로 아병을청ᄒᆞ야 보호ᄅᆞᆯ든든히 ᄒᆞ고져ᄒᆞ여 ᄉᆞᆷ쳔명을청병ᄒᆞ려 려슌구로 보ᄂᆡ엿다ᄂᆞᆫ 소문이 랑자ᄒᆞ미 형편을 아ᄂᆞᆫ이들이 깁히근심ᄒᆞ되 만일 아병이어리셕게 셩즁에들어오면 륙디에셔 츙돌이싱길지니 쟝안에 ᄂᆡ외국인이 크게위ᄐᆡᄒᆞᆯ념려가 잇게다ᄒᆞ더라 맛참 ᄒᆡ샹에셔 일병이 슈상ᄒᆞᆫ비ᄅᆞᆯ수탐ᄒᆞ다가 대한에셔 아병ᄉᆞᆷ쳔명을 청ᄒᆞ려가ᄂᆞᆫ글을 잡앗다ᄒᆞ야 각국신문에랑쟈ᄒᆞ미 듯ᄂᆞᆫ쟈ㅣ 대한졍부에셔 ᄒᆞᄂᆞᆫ일을 더욱 통즁히녁이더라

▲일아교섭의결말

일본외부대신 ○소촌슈태랑○과 아라ᄉᆞ공ᄉᆞ ○으로쓰○가 일본동경에셔 오ᄅᆡ담판ᄒᆞᆯᄯᆡ에 텬하각국이 그 의론되여가ᄂᆞᆫ 리허ᄅᆞᆯ알고져ᄒᆞ야 모든졍치가들과 신문긔쟈들과 대소관민들이 쥬야탐지ᄒᆞ기ᄅᆞᆯ 시험ᄒᆞ며 ᄯᅩᄒᆞᆫ 일본ᄇᆡᆨ셩들이 더욱히 알고져ᄒᆞ야 무슈히힘쓰되 일본졍부에셔 가쟝 비밀히 단속ᄒᆞ야 확실ᄒᆞᆫ소문을 늣기어려오미 풍셜이 날마다싱겨 헛소문이 허다ᄒᆞᆫ지라 일본ᄇᆡᆨ셩들은 더욱격동되여 졍부ᄅᆞᆯ 시비ᄒᆞᄂᆞᆫ공론이 갈ᄉᆞ록심ᄒᆞ야 졍부에셔 ᄇᆡᆨ셩의ᄯᅳᆺ슬 ᄯᅳ르지 안이ᄒᆞ고 속으로 엇지ᄒᆞᄂᆞᆫ지 알수업다ᄒᆞ더니 급기 포셩이나고 일아의 교졔가ᄭᅳᆫ치미 아라ᄉᆞ공ᄉᆞᄂᆞᆫ ᄒᆞᆯ일업시 국긔ᄅᆞᆯᄢᅦ여가지고 도라갈ᄉᆡ 량국ᄃᆡ표쟈가 락루ᄒᆞ고 쟉별ᄒᆞ니 그ᄯᆡ졍곡을 싱각ᄒᆞᆯ진ᄃᆡ ᄯᅩᄒᆞᆫ 쟝부의락루ᄒᆞᆯ곳이라 텬하에 관계되ᄂᆞᆫ큰일을 두ᄉᆞ람이 쥬장ᄒᆞ여 여러ᄃᆞᆯ동안을

쥬야로의론ᄒᆞ미 셰계각국이 날마다 그 두ᄉᆞ람의 무슴결말이날넌지 알려고ᄒᆞ다가맛츰ᄂᆡ 됴흔소문이 나지못ᄒᆞ고 량국간에 대포가터지고 교셥이끈허져 두 공ᄉᆞ의 무슈히 힘쓰던것이 다 헛거시되야 부득이 쟉별ᄒᆞ기에니르니 엇지 비감ᄒᆞᆫ눈물이 업스리요 일본군ᄉᆞ가 극력보호ᄒᆞ야 아라ᄉᆞ공ᄉᆞ를 무ᄉᆞ히ᄂᆡ여보ᄂᆡㄴ후 일본외부대신이 각국공ᄉᆞ들과 ᄂᆡ외국신문긔쟈들의게 ᄃᆡᄒᆞ야 그동안 교섭ᄒᆞ던 젼후ᄉᆞ연의대ᄀᆡ를 공포ᄒᆞ니 ᄒᆞ엿스되

대한독립과 토디를보젼ᄒᆞ며 또ᄒᆞᆫ 그나라의잇ᄂᆞᆫ 일본의 뎨일리익을 보호ᄒᆞᆷ은 일본의 안위에ᄃᆡᄒᆞ야 심히 긴졀ᄒᆞᆫ관계라 이럼으로 무슴일이던지 대한의토디를 위ᄐᆡ케 ᄒᆞᄂᆞᆫ것은 일본졍부가 그져두지못ᄒᆞ거ᄂᆞᆯ 아국이 쳥국과 약됴ᄒᆞ엿고 또ᄒᆞᆫ 졍부의보증ᄒᆞᆷ이 분명ᄒᆞ되 감히 만쥬를 졈령ᄒᆞ고 더나가셔 대한디경을침로ᄒᆞ기에니르니 만일 만쥬가 아국의 ᄎᆞ지ᄒᆞᆫ바ㅣ 되면 대한의 독립을 보젼키어려울지라 이럼으로 일본졍부가 속히 아국과담판ᄒᆞ야 량국리ᄒᆡ의 핍근ᄒᆞᆫ 만쥬와대한 두ᄯᅡᆼ에셔 량국의 리익관계를 호의로조쳐ᄒᆞ야 동양의평화를영원히 유지ᄒᆞ기를긔약ᄒᆞᆫ고로 쟉년칠월후로 아국을향ᄒᆞ야 바르ᄂᆞᆫ뜻슬 들어ᄂᆡ고 합의ᄒᆞ기를 청구ᄒᆞ엿더니 아국졍부에셔 깃부게 합의ᄒᆞᆯ뜻스로 회답ᄒᆞᆫ지라 일본이 팔월십이일에 아국에잇ᄂᆞᆫ 일본공ᄉᆞ ○늘야○로ᄒᆞ여곰 협의ᄒᆞᆯ됴목을 아ᄅᆡ긔록ᄒᆞᆫ바와갓치 발론ᄒᆞ게 ᄒᆞ엿ᄂᆞ니

일은 、대한、과 、청국、의독립과 토디를보젼ᄒᆞᆷ을 존즁히 ᄒᆞᆯ것이오

이는 、한、청、량국에잇는 각국의상업과 공쟝등 모든리익상 관계를 평균히 ᄒᆞ기로쥬의ᄒᆞᆯ것이오

ᄉᆞᆷ은 、아국、은 、대한、에잇는 、일본、의 뎨일리익을 인허ᄒᆞ며 、일본、은、만쥬、에잇는、아국、텰도에 관계ᄒᆞᆫ리익을 인허ᄒᆞ며 겸ᄒᆞ여 첫지 、대한、의쥬의가 반ᄃᆡ되지안는 범위에셔 우혜긔록ᄒᆞᆫ리익을 보호ᄒᆞ기위ᄒᆞ야 합당ᄒᆞᆫ조쳐를 힝ᄒᆞᆯ것이오

ᄉᆞ는 、대한、을 말로도아 변혁ᄒᆞ게ᄒᆞ는일도 、일본、의 맛길것이오

오는 、대한、의텰도를 、만쥬、에련락ᄒᆞ야 、산ᄒᆡ관、과、우쟝、에 노은길과 통ᄒᆞ기를 방히ᄒᆞ지 안이ᄒᆞᆯ것이라

이뜻슬 발론ᄒᆞ고 、일본、이 이교섭을 속히 결뎡코져ᄒᆞ야 、아라ᄉᆞ、 셔울에셔 직졉으로 의론ᄒᆞ기를 바랏스나 、아국、이 그황뎨가 멀니유람ᄒᆞᆷ과 기외 다른연고를칭탁ᄒᆞ고 속히 결쳐ᄒᆞ기를 거절ᄒᆞ미 마지못ᄒᆞ여 、동경、에모혀 의론ᄒᆞ기로 쟉뎡ᄒᆞ엿더니 십월ᄉᆞᆷ일에 、아국、이 대강ᄒᆞᆫ됴목을 다시 발론ᄒᆞ엿스되 、아국、은 、청국、쥬관ᄒᆞ는권리가 토디를보젼ᄒᆞ며 각국의상업과 공쟝을위ᄒᆞ야 권리를 평균히 ᄒᆞ자는쥬의는 거절ᄒᆞ며 、만쥬、와 그 모든ᄒᆡ변은 、일본、의 리익을 보호ᄒᆞ는 권리안에 넛치안이ᄒᆞᆯ것이오

、대한、관계에는 、일본、이 임의로힝동ᄒᆞ는 권리의방한을 일뎡ᄒᆞ고 리익을 보호ᄒᆞ

기위ᄒᆞ야 요긴ᄒᆞᆫ관계가 잇슬ᄯᅢ에는 군ᄉᆞ보ᄂᆡ기를 허락ᄒᆞ되 다만 전징쥬의로군ᄉᆞ를파송ᄒᆞᆷ은 허락지안이ᄒᆞ며 북위션 ᄉᆞᆷ십구도 북편디경을 즁립디방으로 ᄯᅥ로ᄂᆡ여 노을일이라

、아국、이 이쥬의로 발론ᄒᆞ엿스니 만일 、아국、이 、만쥬、를 숨기려는뜻시업스면 무ᄉᆞᆷ연고로 우리의 발론ᄒᆞᆫ거슬 거졀ᄒᆞ엿스리요 그러ᄒᆞ나 、일본、은 상업상에 즁대ᄒᆞᆫ리익이 현금에도 만을ᄲᅮᆫ더러 쟝ᄅᆡ에 더욱 발달될긔틀이잇고 졍치상으로는、대한、에 관계됨을 인연ᄒᆞ야 ᄒᆞᆫ층더 긴졀ᄒᆞᆫ리익이잇기로 、아국、의 다시 발론ᄒᆞᆷ을거졀ᄒᆞ기로 결뎡ᄒᆞ고 、아국、의 발론ᄒᆞᆫ됴건을 참쟉ᄒᆞ야 의견을곳쳐 요구ᄒᆞᆯᄉᆡ 즁립디방을 、만쥬、와 、대한、의졉경으로 륙십 길로미터 (ᄒᆞᆫ 길로미터가 쳔미터요 열미터가 칠보가량이라)를 ᄂᆡ여노아 뎡ᄒᆞ쟈ᄒᆞ고 곳쳐의론ᄒᆞᆯᄉᆡ 、동경、에셔 루루히 짐쟉ᄒᆞ여 결뎡ᄒᆞ고 십월ᄉᆞᆷ십일일에 、일본、졍부에셔 다시 결뎡ᄒᆞᆫ됴건을 、아국、에보ᄂᆡᆫ 후 슈ᄎᆞ 회답을지촉ᄒᆞ야 겨우 십일월십일일에 보왓스나 、아국、이 、만쥬、의관계ᄒᆞᆫ됴건을 삭ᄒᆞ야바리고 도로혀 、대한、에 관계ᄒᆞᆫ리익도 겸ᄒᆞ려ᄒᆞ며 군ᄉᆞ힝동ᄒᆞ는 셰력의방한과 즁립디방을 뎡ᄒᆞ는일에 죵시 고집ᄒᆞ기를 마지안는지라 이거시 다 당초에 호의로 조쳐ᄒᆞ쟈던 쥬의를 어임인고로 십일월이십일일에 、아국、다려 다시 ᄉᆡᆼ각ᄒᆞ라ᄒᆞ엿스며 、대한、관계에 ᄃᆡᄒᆞ여는 토디를쓰기에 한뎡을업시ᄒᆞ엿스며、만쥬、디경을 걸치지안이ᄒᆞ고 즁립디방을뎡ᄒᆞ쟈ᄒᆞᆷ은 의견이 합지안이ᄒᆞ기로 、일본

이 젼폐ᄒᆞ기를 요구ᄒᆞ엿더니 금년 일월륙일에 회답ᄒᆞ되 대한관계에ᄂᆞᆫ 젼일에 말ᄒᆞᆫᄃᆡ로 고집ᄒᆞ게ᄯᅡ ᄒᆞ며 만쥬에관계ᄒᆞ야ᄂᆞᆫ 아국이 청국과약됴ᄒᆞ고 엇ᄂᆞᆫ리익을 방ᄒᆡ치못ᄒᆞᆯ줄로 인허ᄒᆞ라ᄒᆞ며 강토를보젼ᄒᆞ쟈ᄂᆞᆫ 됴건에ᄂᆞᆫ 아모말도 업슨즉 아국이 만쥬를 숨기려ᄂᆞᆫ뜻시 명ᄇᆡᆨ히들어ᄂᆞᆫ지라 일본도 둘ᄌᆡ번에 곳쳐발론ᄒᆞᆫ뜻슬 고집ᄒᆞ기로 결뎡ᄒᆞ고 일월십삼일에 아국다려 다시 ᄉᆡᆼ각ᄒᆞ기를 요구ᄒᆞ야 슈ᄎᆞ 회답을지촉ᄒᆞ되 아국이 회답도안이ᄒᆞ며 언제 회답ᄒᆞ마ᄒᆞᄂᆞᆫ 긔한도 뎡치안ᄂᆞᆫ지라 통히말ᄒᆞ건ᄃᆡ 일본은 죵시 온화ᄒᆞᆫ뜻스로 공평ᄒᆞᆷ을 위쥬ᄒᆞ야 아국을 조곰도 젹국으로 녁이ᄂᆞᆫ뜻슬 뵈히지 안이ᄒᆞ고 루루히 허락ᄒᆞ기를 요구ᄒᆞᆯᄲᅮᆫ이로되 아국은 영영히 거졀ᄒᆞ고 회답ᄒᆞ기를 ᄭᆞ닭업시 밀우어가며 일변으로 슈륙군을 확쟝ᄒᆞ야 대병이 이믜 대한디경에 핍박ᄒᆞ엿스니 이ᄂᆞᆫ 아국이 일본으로ᄒᆞ여곰 합당ᄒᆞᆫ쥬의를 바리고 젼정을 슈고롭게ᄒᆞᆷ이라 ᄒᆞ엿더라

이소문이 반포되ᄆᆡ 셰계에셔 아국의 강포무도ᄒᆞᆷ을 더욱 통증히녁이더라 이월구일에 젼정이 터지고 그후에 일본황뎨의 젼정반포ᄒᆞᄂᆞᆫ글이 나리ᄆᆡ 아국황뎨가 ᄯᅩᄒᆞᆫ 젼정반포ᄒᆞᄂᆞᆫ 글을나려 일본이몬져 ᄀᆡ젼ᄒᆞᆷ을 들어ᄂᆡ여 각국에셩명ᄒᆞ니 그 대강ᄉᆞ의인즉 젼정ᄒᆞᄂᆞᆫ법의 글을 몬져발포ᄒᆞ고 싸호ᄂᆞᆫ것이어늘 일본이 반포ᄒᆞ기젼에 대포를노은것이 실슈라ᄒᆞ며 아국의 회답을 더 기다리지안코 일본이 졸디에 ᄀᆡ젼ᄒᆞᆫ것이 실슈라ᄒᆞ야 됴목됴목 버려말ᄒᆞᄆᆡ 일본이 ᄯᅩᄒᆞᆫ 변명ᄒᆞᄂᆞᆫ 글을지어 반포ᄒᆞ니셰

상에셔 다 그곡직을 분간ᄒᆞ더라、일본、황뎨 션젼셔에 ᄒᆞ엿스되
하ᄂᆞᆯ의도으심을밧아 만셰에 ᄒᆞᆫ계통으로 국조를이은、대일본、황뎨ᄂᆞᆫ 츙셩ᄒᆞ고용
밍시러온 너의무리의게 닐으노라 짐이、아라ᄉᆞ、와 젼징ᄒᆞᆷ을 반포ᄒᆞ노니 ᄒᆡ륙군
쟝졸들은 맛당히 힘을다ᄒᆞ야、아라ᄉᆞ、와 졉젼ᄒᆞ며 ᄇᆡᆨ관졔신은 각히 직칙을ᄯᆞ라
그 권력을응ᄒᆞ여 국가의 목뎍을셩취ᄒᆞ되 만국공법의 젼례를어의지말고 셩력을
다ᄒᆞ라 짐이 ᄉᆡᆼ각건ᄃᆡ 평화ᄒᆞᆫ즁에셔 문명의나ᄋᆞ가 각국과 졍의를친밀히ᄒᆞ야동
양에 평안ᄒᆞᆷ을 영원히보젼ᄒᆞ며 각국의권리와 리익을 손상치안케ᄒᆞ고 우리뎨국
의 영광이안젼ᄒᆞᆷ을 확실히뎡ᄒᆞᆷ이 각국과교셥ᄒᆞᄂᆞᆫ 뎨일쥬의로 ᄒᆞᆼ상 이ᄯᅳᆺ세억임
이업기를 바ᄅᆞ고 ᄯᅩᄒᆞᆫ 짐의신하도 이ᄯᅳᆺ슬본밧어 힘쓰미 이럼으로 각국과 관계
가 ᄒᆡ마다 친밀ᄒᆞ더니 불ᄒᆡᆼ히 지금에、아라ᄉᆞ、와 젼징을 시쟉ᄒᆞ기에 니르니 이
엇지 짐의본의리요 뎨국이、대한、을 온젼케ᄒᆞ고져ᄒᆞᆷ이 ᄒᆞ로잇틀이 안이니 이ᄂᆞᆫ
량국이 여러ᄃᆡ로 나려오며 관계가 ᄌᆞ별ᄒᆞᆯᄲᅮᆫ더러、대한、의존망이 실로 뎨국안위
의 달닌연고어ᄂᆞᆯ、아라ᄉᆞ、이、쳥국、과약됴ᄒᆞᆷ과 밋 각국에ᄃᆡᄒᆞ야 여러번셩명ᄒᆞᆫ말
을 도라보지안코 의연히、만쥬、를 졈령ᄒᆞ고 셰력을굿세게ᄒᆞ야 맛ᄎᆞᆷᄂᆡ 숨키고져ᄒᆞ
니 만일、만쥬、가、아라ᄉᆞ、의 졈령ᄒᆞᆫ바ㅣ될진ᄃᆡ、대한、이 보젼ᄒᆞᆯ수업고 동양에평
화를 ᄯᅩᄒᆞᆫ 바랄수업ᄂᆞᆫ지라 이럼으로 짐이 이긔회를 당ᄒᆞ여 시국의형편을 합당
히 조쳐ᄒᆞ야 영원히 편안ᄒᆞᆷ을 보젼ᄒᆞ기로 긔약ᄒᆞ엿스미 직칙맛ᄒᆞᆫ 신하로 ᄒᆞ여

곰、아라ᄉᆞ、로더부러 모혀의론ᄒᆞ야 반년이되도록 ᄭᅳᆺᄭᅳᆺ치 ᄯᅳᆺ슬굽혜스되、아라ᄉᆞ、이 조곰도 물너설ᄯᅳᆺ스로 ᄃᆡ답지안이ᄒᆞ고 셰월을쳔연ᄒᆞ야 시국의형편이 그릇되게ᄒᆞ며 것흐로는 평화를 쥬쟝ᄒᆞᆫ다ᄒᆞ나 속으로는 군비를확쟝ᄒᆞ야 우리로ᄒᆞ여곰 억지로 복죵ᄒᆞ게 ᄒᆞ려ᄒᆞ니 일로볼진ᄃᆡ、아라ᄉᆞ、이 ᄌᆞ초로 평화를 됴와ᄒᆞ는ᄆᆞ음이 터럭만치라도 잇다ᄒᆞᆯ수업고、아라ᄉᆞ、이 이믜 우리뎨국의 발론ᄒᆞᆫᄯᅳᆺ슬 용랍지안이ᄒᆞ여、대한、의안젼ᄒᆞᆷ이 위ᄐᆡᄒᆞ기에니르고 뎨국의리익이 쟝ᄅᆡ에 보증을구ᄒᆞ던ᄯᅳᆺ슬 지금은 불가불 젼징으로써 구ᄒᆞ기외에는 다른도리가 업는지라 짐이 너의무리들의 츙셩ᄒᆞ고 용밍ᄒᆞᆷ을 힘닙어 영원히 평화ᄒᆞᆯ긔틀이 속히 회복되여 뎨국의영광을 보젼ᄒᆞ기 바ᄅᆞ노라

、아라ᄉᆞ、황뎨의 션젼셔에 ᄒᆞ엿스되

짐이 츙셩ᄒᆞ는 신민의게 아ᄅᆡ말ᄒᆞᆫᄉᆞ건을 반포ᄒᆞ노니 짐이 평화를유지ᄒᆞᆯ목뎍으로 동양에평안ᄒᆞᆷ을 굿게ᄒᆞ기위ᄒᆞ야 젼력ᄒᆞᆫ지 오ᄅᆡᆫ지라、일본、졍부에셔、대한、ᄉᆞ건에 관계ᄒᆞ야 두 뎨국간에 지금잇는약됴를 ᄀᆡ졍ᄒᆞᆯ쥬의를 발론ᄒᆞ기로 짐이 평화ᄒᆞᆯ목젹으로 이말을 응죵ᄒᆞ엿거놀 이문제로 의론을시쟉ᄒᆞ야 아직 맛치지못ᄒᆞ여、일본、이 우리졍부에셔 요ᄉᆡ이ᄃᆡ답ᄒᆞ려는말을 기다리지안코 우리나라와ᄒᆞᆷᄭᅴ 의론ᄒᆞᆯ일과 교셥상관계를 ᄭᅳᆫ키로쥬쟝ᄒᆞ며 ᄯᅩᄒᆞᆫ 이 교셥상 관계의 ᄭᅳᆫ허짐이 젼징운동의 시쟉ᄒᆞᆷ인줄로 미리 셩명ᄒᆞ지도안코、려슌구、포ᄃᆡ밧게잇는 우리함ᄃᆡ를

슈뢰졍으로 졸연히공격ᄒᆞ니 짐이 총독의보고ᄅᆞᆯ 밧어보고 즉시 군긔로써 、일본、의공격홈을 마ᄌᆞ싸호라고 명ᄒᆞ엿노니 짐이 이ᄯᅳᆺ슬 결뎡ᄒᆞᆯᄯᆡ에 깁히 하ᄂᆞ님의 구호ᄒᆞ심을 빌엇스며 짐의 신민이 그 조상의나라ᄅᆞᆯ 보호ᄒᆞ기위ᄒᆞ야 일졔히 짐의명을밧들기에 의심업ᄂᆞᆫ지라 가쟝 명예잇ᄂᆞᆫ 우리ᄒᆡ륙군을 특별히보호ᄒᆞ여 쥬기ᄅᆞᆯ 하ᄂᆞ님ᄭᅴ 깁히비노라

우에긔록ᄒᆞᆫ바 량국황뎨의 션젼셔ᄅᆞᆯ 비교ᄒᆞ여 ᄌᆞ셰히삷힐진ᄃᆡ 시비곡직을 소연히분간ᄒᆞᆯ터인즉 다시 셜명ᄒᆞᆯ것이 업거니와 갑오년이 지금십년이라 젼후 십년동안에 、일본、이 두번을 젼정ᄒᆞ야 이번에도 ᄯᅩ 、대한、을위ᄒᆞ야 ᄀᆡ젼ᄒᆞᆫ다 ᄒᆞ기에 니르럿슨즉 이거시 참 우리ᄅᆞᆯ 위ᄒᆞᄂᆞᆫ일이 될넌지ᄂᆞᆫ 질뎡ᄒᆞ여 말ᄒᆞ기어려우되 십년동안에 아모것도 안이ᄒᆞᆫ표젹은 이러ᄐᆞᆺ 들어ᄂᆞᆫ지라 ᄉᆡᆼ각잇ᄂᆞᆫ이들은 졍신ᄎᆞ려 불지어다

▲일아ᄀᆡ젼후대한의졍형

급기 젼정이 버러지ᄂᆞᆫ날에ᄂᆞᆫ 아병이 밋쳐 샹륙ᄒᆞ지못ᄒᆞ고 、인쳔、항구에 군함두쳑이 셧다가 금년이월초구일에 、일본、병션이 、팔미도、밧게셔 격셔ᄅᆞᆯ 젼ᄒᆞ여왈 금일졍오안에 물너가지안이ᄒᆞ면 곳 공격을 당ᄒᆞ리라ᄒᆞᆫᄃᆡ 아함이나셔며 마조싸와 대포ᄅᆞᆯ 서로 노을시 포셩이 거의 두시동안을 련속ᄒᆞ야 텬디ᄅᆞᆯ 진동ᄒᆞ미 팔십리 상거에 안즌 셔울、쟝안、에 완연ᄒᆞᆫ포셩이 콩투듯들니니 쳥텬ᄇᆡᆨ일에 뢰졍이우ᄂᆞᆫ지라 、한양、셩즁에 귀먹은쟈와 숨막힌쟈외에ᄂᆞᆫ 듯지못ᄒᆞᆯ이 업ᄂᆞᆫ지라 츙분강ᄀᆡᄒᆞᆫ 션비들은 ᄯᅡᆼ을치고통곡

일아슈륙젼쟝

ᄒᆞ며 옥즁에 갓친쟈들도 붓들고우ᄂᆞᆫ쟈ㅣ 여러이니 그 우ᄂᆞᆫ뜻슬 물을진ᄃᆡ 대쟝부ㅣ 국가에 다ᄉᆞᄒᆞᆫᄯᆡ를 타고나셔 맛당히 젼쟝에나아가 젹국을물니치고 국권을굿게ᄒᆞ야 승젼고를울니며 ᄀᆡ가를놉히불너 영광을 들어닐것이오 그러치못ᄒᆞ면 탄알을 맛즈며 칼날을밧어 나라를위ᄒᆞ야 더운피를ᄲᅮ리고 간담을쏘ㅅ어 영화로히죽어 츙의를 표ᄒᆞᆯ 것이어ᄂᆞᆯ 우리ᄂᆞᆫ 놈과갓치 신톄가건장ᄒᆞ며 품질이춍명ᄒᆞ며 츙의가간절ᄒᆞ며 형편과 긔회가 실로 쳔ᄌᆡ에일시라 ᄒᆞ게거ᄂᆞᆯ 다만 머리를 놈의손에잡히고 ᄯᅳ로 들지못ᄒᆞᆷ으로 허다ᄒᆞᆫ셰월을 공연히 일허바려 아모것도 안이ᄒᆞ다가 놈이ᄃᆡ신와셔 내나라 희변에셔 텬디를진동ᄒᆞ니 이엇지 혈긔남ᄋᆞ의 춤아듯고 볼바ㅣ리요 ᄒᆞᆷ을며 국권과 강토를보젼ᄒᆞ고 못ᄒᆞ기가 젼혀 이젼징결과에 달닌지라 만일 우리가 진쟉졍신ᄎᆞ려 관민이일심ᄒᆞ야 일을좀ᄒᆞ엿더면 이젼징을 우리가ᄒᆞᆯ것이어ᄂᆞᆯ 우리가못ᄒᆞ고 도로혀 놈의게미혀 구경을ᄒᆞᄂᆞᆫ것이 엇지 더욱 통분치안으리요 ᄒᆞ더라

이ᄯᆡ에 ᄇᆡᆨ셩들은 무슴연고인지 알지못ᄒᆞ고 다만 포셩만들니미 혹은 서로 바라보며 ᄒᆞᄂᆞᆫ말이 이제ᄂᆞᆫ 무슴일이잇나보다ᄒᆞ며 혹은 군함에셔 례포을놋ᄂᆞᆫ다고도ᄒᆞ며 혹은 희상에셔 조련ᄒᆞᆫ다고도ᄒᆞ며 혹은 젼징이 시쟉되엿나보다ᄒᆞ야 무심히 담화도ᄒᆞ며、인쳔、으로 구경도가니 인심이 얼마ᄯᅳᆷ열녀 젼갓치 헛도히 놀나지안ᄂᆞᆫ거슨 칭찬ᄒᆞᆯ만ᄒᆞ거니와 다만 어두은즁에잇셔 리ᄒᆡ관계를 알지못ᄒᆞᆷ은 ᄯᅩᄒᆞᆫ 유지자의 억셕ᄒᆞᆯ 일이라 오졍에 포셩이긋치며 뎐보가젼파ᄒᆞ니 、아라ᄉᆞ、군함두쳑이 몰슈히 침몰되고 아병이

혹 사로잡히기도ᄒᆞ며 혹은 근쳐에잇던 각국군함에셔 건져ᄂᆡ여 인쳔항병원에셔 치료ᄒᆞ게ᄒᆞᆯ식 일본ᄉᆞ름들이 젹십자병원을 마련ᄒᆞ고 다려다가 치료ᄒᆞ니 오희라 뎌 헌연거대ᄒᆞᆫ아인들이 일본인의게 사로잡힌바ㅣ되여 그 은혜를밧어 감샤히 목숨을보젼ᄒᆞ니 듯ᄂᆞᆫ쟈ㅣ 젼일아인의 강포ᄒᆞ던소위를 더욱 가소로히녁이ᄂᆞᆫ지라 각쳐에 일본ᄉᆞ람들은 그시로 이소문을 젼파ᄒᆞ야 ᄒᆞᆫ나도 모를쟈ㅣ 업시 위션승젼ᄒᆞᆫ거슬 즐겨경츅ᄒᆞ며 일본젼국이 들네며 경ᄉᆞ로녁임은 닐으지안어도 족히 짐쟉ᄒᆞ려니와 대한셔울과 각쳐통상항구에셔 경츅ᄒᆞᄂᆞᆫ 거동만보아도 곳 깃분텬디를 일우어 ᄉᆞ람마다 만셰를불으며 뛰노ᄂᆞᆫ빗치라 심지어 어린ᄋᆞᄒᆡ라도 입만겨우열닌쟈ᄂᆞᆫ 다나라를위ᄒᆞ야 경츅ᄒᆞᄂᆞᆫ소리를질으며 ᄒᆞᄂᆞᆫ말이 우리나라이 아라ᄉᆞ를익의고 군함을파ᄒᆞ엿ᄉᆞ니 이러ᄒᆞᆫ경ᄉᆞ가 다시업다ᄒᆞᄂᆞᆫ지라 눈잇고귀잇ᄂᆞᆫ쟈야 엇지춤아 이거슬 듯고보며 감동ᄒᆞᆫ눈물이 나지안이ᄒᆞ리요 엇지ᄒᆞ면 우리도 나라를 남과갓치만들어노코 우리젼국이 뎌와갓치 즐겨ᄒᆞᆯ고 우리의동포들로 흠씌들네며 대한뎨국독립만만셰를힘셋불너 찬송ᄒᆞ며 태평동락 누리기를 원치안이ᄒᆞᆯ쟈ㅣ 업슬지라 엇던ᄉᆞ람은 진고ᄀᆡ가셔 그 경상을구경ᄒᆞ고 곳 도라와ᄒᆞᄂᆞᆫ말이 ᄉᆞ람의심쟝을 가지고ᄂᆞᆫ 춤아 볼수업기로 눈물을ᄲᅮ리고 도라온지라 죽어셔 그런나라에 가라도되여나ᄂᆞᆫ것이 나흐리라ᄒᆞ니 듯ᄂᆞᆫ쟈ㅣ 그 츙분ᄒᆞᆫ ᄆᆞᄋᆞᆷ은 감동히녁이나 내가 죽어셔라도 내나라이 이러케 되기를 힘쓰리라ᄒᆞᄂᆞᆫ말이 업슴은 ᄯᅩᄒᆞᆫ 탄식ᄒᆞᆯ바ㅣ라 ᄒᆞ더라 이ᄯᅢ에 아인이 려슌구에셔ᄯᅩ

피ᄒᆞ야 군함이침몰ᄒᆞ며 군ᄉᆞ가 사로잡히미 、대한、히변은、일본、인이 홀로쥬쟝ᄒᆞ고 군ᄉᆞ가 분분히샹륙ᄒᆞ야 、쟝안、에 편만ᄒᆞ여 셔북으로 나려가며 히군은 졈졈몰녀 、쳥국、히변으로 향ᄒᆞ야 、려슌구、를 치ᄂᆞᆫ소문이 죵죵들니니 각국이 위션 、일본、인의 승젼ᄒᆞᆷ을 칭찬ᄒᆞ야 、영、미국 ᄇᆡᆨ셩들은 혹 의용병을모ᄋᆞ、일본、을위ᄒᆞ야 싸호기를ᄌᆞ원ᄒᆞ며 부인들은 의연금을거두어 젹십ᄌᆞ회를모ᄋᆞ、일본、에와셔 상ᄒᆞᆫ군ᄉᆞ를 치료ᄒᆞ게노라ᄒᆞ며 혹은 만은돈을 츌염ᄂᆡ여 군함을사셔 쥬쟈고도ᄒᆞ야 다 그감졍을표ᄒᆞ고져ᄒᆞ니 이ᄂᆞᆫ、일본、이 강포ᄒᆞᆫ나라를 쳐물니치고 약ᄒᆞᆫ리웃슬붓들어 각국리익을 평균히 보호ᄒᆞ고져ᄒᆞᆷ이라 이 엇지 、일본、의 영광이안이며 、대한、에 슈치가안이리요 그러나 우리졍부에셔ᄂᆞᆫ 조곰도 흔들니지안ᄂᆞᆫ지라 、일본、공ᄉᆞ가 、아라ᄉᆞ、공ᄉᆞ를 물너가라고 지쵹ᄒᆞ미 이월 일에、아라ᄉᆞ、공ᄉᆞ◦픽불로푸◦가 공ᄉᆞ관슈원들과 보호병을다리고 、한양、을써날ᄉᆡ 일병이보호ᄒᆞ야 경인텰로를타고 、인쳔、으로나려가 、법국、ᄇᆡ를타고 、상히、로향ᄒᆞᆯᄉᆡ 연로에 、일본、인의 보호ᄒᆞᆷ이 법식에합당ᄒᆞᆫ지라 아공ᄉᆞ가 、일본、인의 감샤ᄒᆞᆷ을 치샤ᄒᆞ고 물너가니 당시에셰력잇고 번화ᄒᆞ던 놉흔공ᄉᆞ관에 문젼이령락ᄒᆞ고 뷔인긔ᄉᆞᄃᆡ만 섯스니 권력을자시ᄒᆞ고 셰샹을흔들던 무리던은 응당의지를일코 갈바를몰을터이나 아직ᄭᆞ지도 뒤ᄉᆞ줄을바ᄅᆞ고 쳔ᄇᆡᆨ계교로 권력을 도모ᄒᆞᄂᆞᆫ쟈도잇스며 각국은아공ᄉᆞ의 셔오히 물너감을보고 미리방비가업슴을 비웃더라 이후로 、아라ᄉᆞ、셰력이 물너가고 、일본、이 다시득셰ᄒᆞ니 졍부에셔 일공ᄉᆞ를ᄃᆡᄒᆞ야 젼후ᄉᆞ를 다 、일본、의게 밋

고 그 권ᄒᆞᆷ을 듯게노라ᄒᆞ니 셰상에셔 더욱 가동히녁이더라 이젹에 민간풍셜이랑쟈
ᄒᆞ야 혹은 졍부가 불시로변혁ᄒᆞ야 、일본、당이 나셔리라고도ᄒᆞ며 혹은、일본、이 、대한
을권ᄒᆞ야 문명ᄒᆞ고 공졍ᄒᆞᆫᄉᆞ람을 ᄐᆡᆨᄒᆞ야 민망을ᄯᅡ라 쓰게ᄒᆞ리라고도 ᄒᆞ며 혹은 、일
본、인이와셔 각아문과 각디방에 고문관으로안져 국ᄉᆞ를 찬조ᄒᆞ리라고도ᄒᆞ며 혹은、일
본、이 아조 、대한、을 이젼갓치 독립국으로 ᄃᆡ졉지안으리라고도ᄒᆞ야 가진소문이 죠셕
으로 젼파ᄒᆞ미 나라를ᄉᆞ랑ᄒᆞ는 ᄉᆞ람들이 울분ᄒᆞ야 락루ᄒᆞ는쟈ㅣ무슈ᄒᆞ더니 양력이
월이십습일에 、한、일、됴약을뎡ᄒᆞ야 반포ᄒᆞ니 그됴약에 ᄒᆞ엿스니

대한뎨국 대황뎨폐하의 외부대신 림시셔리 륙군참쟝 ○리지용○과
대일본뎨국 대황뎨의 특명젼권공ᄉᆞ ○림권조○는 각각 상당ᄒᆞᆫ위임을밧어 협의ᄒᆞ
야 약됴를뎡ᄒᆞ노니

데일됴는 、한、일、량국간에 영원히 변치못ᄒᆞᆯ졍의를 보젼ᄒᆞ며 동양의평화를 확실히
유지ᄒᆞ기위ᄒᆞ야 、대한뎨국、졍부는 、대일본뎨국、졍부를 확실히밋어셔 졍ᄉᆞ를곳쳐
잘되게ᄒᆞ는관계에 츙셩으로권ᄒᆞᆷ을 들을것이오
데이됴는 、대일본뎨국、졍부는 、대한뎨국、졍부의 황실을 편안ᄒᆞ도록 보호ᄒᆞᆯ것이오
데숨됴는 、대일본뎨국、졍부는 、대한뎨국、의 독립과 강토를보젼ᄒᆞ기에 확실히 보증
ᄒᆞᆯ것이오
데ᄉᆞ됴는 엇던다른나라이 침히ᄒᆞ거나 혹 ᄂᆡ란이잇셔 、대한뎨국、 황실의 편안ᄒᆞ심

과 강도를보젼ᄒᆞ기에 위ᄐᆡᄒᆞᆷ이 잇슬ᄯᅢ에는 、대일본、졍부에셔 그 쳥편을ᄯᅡ라 필요ᄒᆞᆫ방침을힝ᄒᆞ되 、대한、졍부에셔는 、대일본、졍부의 힝동을 편리케ᄒᆞ기위ᄒᆞ야십분쥬의ᄒᆞᆯ것이오 、대일본、졍부에셔는 이 웃됴목의 의를일우기위ᄒᆞ야 합당ᄒᆞᆫᄯᅡᆼ을턱ᄒᆞ여 군ᄉᆞ힝동에쓰기를 엇을것이오

데오됴는 、대한、졍부나 、대일본、졍부나 서로알니고 허락엇기젼에는 이 약됴의뜻슬손히ᄒᆞ는약됴를 어늬타국과 뎡ᄒᆞ지못ᄒᆞᆯ것이오

데륙됴는 이약됴에ᄃᆡᄒᆞ여 미진ᄒᆞᆫ됴건은 、대일본뎨국、ᄃᆡ표쟈와 、대한뎨국、외부대신이 긔들을ᄯᅡ라 다시 의론ᄒᆞᆯ일이라

이약됴를 조인ᄒᆞ야 셰상에반포ᄒᆞ미 각국신문들은 、일본、의후의를 칭찬ᄒᆞ야 혹은 닐으기를 、일본、이 、대한、으로 인연ᄒᆞ여 여러번힘쓰다가 이번에 다시 젼징ᄒᆞ야 、아라ᄉᆞ의셰력을 몰어닉고 、대한독립을 보호ᄒᆞ는 쥬의를 곳치지안이ᄒᆞ니 그 의리의실상됨은 가히 알게다ᄒᆞ며 、대한、관민들은 말ᄒᆞ되 、일본、이 우리국졍을 찬조ᄒᆞ는권리가 잇다ᄒᆞ야 쟝ᄎᆞ 국권을 젼혀 쥬쟝코져ᄒᆞᆯ지라 우리ᄇᆡᆨ셩이 맛당히닐허나 반ᄃᆡᄒᆞ야 이약됴를 물시ᄒᆞ리라ᄒᆞ고 혹은 각문에방을붓치고 혹은 ᄇᆡᆨ셩을 션동코져ᄒᆞ며 혹은 외부대신의집에 폭발약을더지니 、일본、공ᄉᆞ가 군ᄉᆞ를보ᄂᆡ여 보호ᄒᆞ며 부상을잡으라고 ᄌᆞ조 우리졍부에 조회ᄒᆞ는지라 인ᄒᆞ야 ᄉᆞᄉᆞ로 졍돈되엿스나 아직도 이약됴의 셩질을ᄌᆞ셰히아는쟈ㅣ 적어셔 종시불평ᄒᆞᆫ싱각을 품는쟈ㅣ 불소ᄒᆞᆫ지라 그관계를 대강말ᄒᆞᆯ

진ᄃᆡ 、일본、이 토디와 국권과 황실을 보젼ᄒᆞ게 ᄒᆞᆫ다ᄒᆞ며 졍치를 찬조ᄒᆞᆫ다ᄒᆞᆷ이 실로 우리독립권리에ᄂᆞᆫ 손ᄒᆡ가불소ᄒᆞᆷ이라 이약됴만 가지고도 、일본、이 、대한、을 엇더케ᄃᆡ졉ᄒᆞ던지 못ᄒᆞᆯ것이업슬지니 헛일홈만 놉혀쥬ᄂᆞᆫ것이 외양으로ᄂᆞᆫ 、일본、의셩광을닐ᄃᆡ로ᄂᆡ고 속으로ᄂᆞᆫ 모든권리를 낫낫치잡고안즘이 엇지 、일본、의 상칙이안이리요 이약됴를 인연ᄒᆞ야 、일본、의권리가 어ᄃᆡᄭᆞ지 밋출것은 우리가 불가불알어야ᄒᆞᆯ것이오 이거슬알진ᄃᆡ 이러케되ᄂᆞᆫ것이 ᄯᅩᄒᆞᆫ 쳑망이 、대한、관민의게 잇ᄂᆞᆫ줄을 더욱 알어야ᄒᆞᆯ지라 거의 슈삼십년ᄅᆡ로 ᄂᆞᆷ이 엇더케 잘 ᄃᆡ졉ᄒᆞ엿스며 바로권면ᄒᆞ야쥬어 됴ᄒᆞᆫ긔회가 얼마나잇셧스며 진심으로 도ᄋᆞ줌을 몃번이나 엇엇기에 죵시 아모것도 안이ᄒᆞ고 졈졈 못되게만ᄒᆞ여 ᄂᆞᆷ이 번번이 젼졍ᄒᆞ야 붓들어쥬기에 너르니 우리가 무슴면목으로 ᄂᆞᆷ을 부족다ᄒᆞ리요 지금에 、일본、이 죵시 독립면목을 존즁히녁이며 강토를완젼히보호ᄒᆞ기 담보ᄒᆞᆫ다ᄒᆞ니 이ᄂᆞᆫ 、일본、이 、대한、에ᄃᆡᄒᆞᆫ 후의라고도 ᄒᆞ려니와 ᄯᅩᄒᆞᆫ 각국의 공론이 잇슴을인연ᄒᆞ야 셰상에 면목을빗ᄂᆡᄂᆞᆫ 쥬의가 얼마ᄶᅳᆷ 잇슴이라 우리가 맛당히 、일본、과 각국에ᄃᆡᄒᆞ여 얼마빗진줄로 ᄉᆡᆼ각ᄒᆞ고 ᄒᆞ로밧비 벗기를도모ᄒᆞᆯ지라 만일 이ᄯᅳᆺ슬 ᄉᆡᆼ각지못ᄒᆞ고 도로혀 ᄂᆞᆷ을 원망ᄒᆞᄂᆞᆫᄯᅳᆺ시 쟈라다가ᄂᆞᆫ 맛춤ᄂᆡ ᄂᆞᆷ의긔회만 됴케ᄒᆞ여쥬어 필경 셰상에반포ᄒᆞ되 우리가 이러틋 힘써 、대한、을 도아쥬엇스되 、대한、은 도로혀 우리를 원슈로ᄃᆡ졉ᄒᆞ며 죵시 독립ᄒᆞ기를 힘ᄡᅳ지못ᄒᆞ니 쟝ᄎᆞ 엇던나라를 다시쳥ᄒᆞ야 무슴화단을 닐희킬ᄂᆞᆫ지 몰을지라ᄒᆞᆯ진ᄃᆡ ᄂᆡ가 ᄒᆞᆯ로나서셔 그러치안이ᄒᆞᆷ

을 증거ᄒᆞ리요 그런즉 우리가 지금와셔 、일본、을 밉게만녁이면 우리의게ᄒᆡ가되고、일본、의 리로운괴회만 쥬는것이니 ᄉᆞ람마다 이ᄉᆡᆼ각을파ᄒᆞᆫ후에 또、일본、을 젼혀 고마웁게만알고 슈치되는줄을몰나 번번히붓들어 쥬기를바ᄅᆞ셔 약ᄒᆞᆫ계집이 남편의게의지ᄒᆞ듯ᄒᆞ야 ᄯᅩ로설줄을 알지못ᄒᆞᆯ진ᄃᆡ 이는 놈의신셰를 감샤히녁여 그집에 죵이되야 셤기려ᄒᆞᆷ과 갓흔지라 내몸이 놈과갓치 넉넉ᄒᆞ게되여 젼일 은인을 도로혀 도아쥬게되는것이 참 ᄉᆞ롬의 립신ᄒᆞ는 근본이 되리로다

▲일본인의쥬의가젼과갓지안이ᄒᆞᆷ

지금우리가 젼징즁에안즌지라 각쳐히상에셔는 량국군함이 ᄭᆡ여지며 인명이 얼마식상ᄒᆞ엿다는 소문이 신문에 련속히들니며 、려슌구、에셔는 일병이 몃ᄎᆞ례ᄎᆡ 공격ᄒᆞ여리히가 엇더ᄒᆞ며 언졔쯤은 포ᄃᆡ를ᄲᅢ앗게다ᄒᆞ며 、아라ᄉᆞ、에셔는 불구에 군ᄉᆞ 슈ᄉᆞᆷ십만명을 、만쥬、로 들여밀어 、대한、、한양、ᄭᆞ지 지쳐오게다ᄒᆞ며 일병은 몃칠안에 또、한양、에 가득히 들어오리라ᄒᆞ며 아병은 셔북디경으로 몃십명 몃ᄇᆡᆨ명식 간간들어와 로략과 겁탈을힝ᄒᆞ다가 、안쥬、와 、평양、ᄭᆞ지들어와 일병과맛나 몃번을 ᄶᅩᆨ겨가기도ᄒᆞ고 혹 사로잡힌쟈도잇스며 、대한、졍부에셔는 병뎡을 변방에파숑ᄒᆞ야 디경을보호ᄒᆞ게ᄒᆞᄆᆡ 、강계、디방에셔는 、대한、병뎡 몃십명이 아병슈ᄇᆡᆨ명을 쳐 물니쳣스며 그 근경각군에 아병이침로ᄒᆞ다가 우리나라 군ᄉᆞ들의게픠ᄒᆞ야 물너간것이 여러번이며 그넘어디방에셔는 、일、、아、량국군ᄉᆞ의 죽은쟈ㅣ 무슈ᄒᆞᆫ지라 셔북량도에 ᄇᆡᆨ셩이거산ᄒᆞ야 편안

ᄒᆞᆫ곳이 업다ᄒᆞ니 가련ᄒᆞᆫ 무고잔민이 갈바를모르며 오히려 나라를 보호ᄒᆞ지 못ᄒᆞᆫ칙망으로 앙화를당ᄒᆞᄂᆞᆫ줄은 죵시 ᄭᆡ닷지못ᄒᆞᄂᆞᆫ도다 우리ᄂᆞᆫ 한양에안져 아직 이런화ᄂᆞᆫ 당치안엇다ᄒᆞ나 다 갓치란리즁에 잇ᄂᆞᆫ지라 이 란리즁에셔도 몸을ᄌᆞ유로 못ᄒᆞ고깁히갓쳐잇셔 긔운을펴지못ᄒᆞ며 ᄯᅳᆺ슬용납지못ᄒᆞ니 엇지더욱 울젹ᄒᆞᆫᄆᆞ음이업스리요다ᄒᆡᆼ히 외국신문들을엇어 형편을 대강짐쟉ᄒᆞᄆᆡ 죠셕으로 이글을 긔록ᄒᆞ야 가쟝 우리나라 ᄉᆞ람들의 급히알바를 간략히 말ᄒᆞ고져ᄒᆞ나 젼징과 소문의 엇더ᄒᆞᆫ것은 ᄌᆞ셰히 말ᄒᆞ려ᄒᆞᆷ이안이라 ᄒᆞᆷ을며 이칙을 엇지발간ᄒᆞ여볼ᄂᆞᆫ지 ᄉᆡᆼ각이아득ᄒᆞᄆᆡ ᄌᆞ셰히긔록ᄒᆞ기어렵고 다만 대강ᄒᆞᆫ쥬의만 말ᄒᆞᆷ이라 보ᄂᆞᆫ이들이 우리나라독립에 긴졀히쥬의ᄒᆞᆫ본의만 깁히ᄉᆡᆼ각ᄒᆞ여볼진ᄃᆡ 쓰러져가ᄂᆞᆫ집을 밧치기에 거의 만분지일이라도 도움이 될가ᄒᆞ노라

대뎌 젼징이라ᄒᆞᄂᆞᆫ것은 ᄒᆞᆼ상 시각으로 변ᄒᆞᄂᆞᆫ것이니 지금 이젼징이 얼마 못된즁에안져 그 결말이 엇지될것을 밀이말ᄒᆞᆯ수업셔 그러ᄒᆞ되 젼징되기젼에 발셔 판결이소상ᄒᆞ며 목하에 소견으로볼지라도 일본이 동양에 독권을가진지라 필경 이ᄃᆡ로결국이될지니 우리대한은 쟝ᄎᆞ 일본의 권면ᄒᆞᄂᆞᆫ찬조를 얼마ᄶᅳᆷ 밧을지라 이ᄂᆞᆫ 우에말ᄒᆞᆫ바와갓치 이젼에도 우리가 우리의직칙을 못ᄒᆞᆫ탓도 ᄒᆞ려니와 ᄯᅩᄒᆞᆫ 지금에도 능히서셔 일ᄒᆞ여나갈만ᄒᆞᆫ 직칙을 맛흘쟈ㅣ 업셔셔 셜령 우리가 ᄯᅡ로 설권리를 잡고안져도 십년젼이나 이십년젼보다 낫게ᄒᆞᆯ수가 잇슬ᄂᆞᆫ지 장담ᄒᆞ기 어려온즉 우리가 인지

함 군

미국슈군

를ᄇᆡᆨ양ᄒᆞ며 텬하의공론이 돌만치 되기ᄭᆞ지는 불가불 、한、일、약됴의 뎡ᄒᆞ여노은ᄃᆡ로 시ᄒᆡᆼᄒᆞ며 ᄎᆞᄎᆞ 그범위가 ᄉᆞᄉᆞ로 버셔지기를 힘써야 ᄒᆞᆯ지라 이는 ᄎᆡᆨ임이 젼혀 졍부에잇지안코 다만 ᄇᆡᆨ셩이 ᄒᆞ기에잇ᄂᆞ니 이럼으로 이ᄎᆡᆨ이 젼혀 ᄇᆡᆨ셩이힘쓸바를 말ᄒᆞ엿고 졍부를ᄃᆡᄒᆞ야 바른ᄯᅳᆺ슨 몃마ᄃᆡ 말ᄒᆞ지안은지라 그런즉 독립의 긔초를 세울자는 우리、대한、ᄇᆡᆨ셩들이오 우리ᄇᆡᆨ셩이 이긔초를 세우고져ᄒᆞᆯ진ᄃᆡ 、일본、인의 굴네를버셔야 ᄒᆞᆯ것이오 지금ᄉᆞ상으로 알랴면 젼일에엇더ᄒᆞ던것을 몬져알어야ᄒᆞᆯ지라 우에도 대강말ᄒᆞᆫ바ㅣ어니와 、일본、이 거의 ᄉᆞ십년젼에 、미국、히군졔독 。페리。가 、일본、에 처음으로니르러 통상됴약을 뎡ᄒᆞ쟈ᄒᆞᄆᆡ 、일본、이 크게소동되여 우리나라에 병인양요갓치된지라 연타ᄒᆞ야 륙년후에 。페리。가 군ᄉᆞ를 상륙ᄒᆞ니 、일본、이 대병을발ᄒᆞ야 막으려ᄒᆞᄂᆞᆫ지라 、미국、군ᄉᆞ가 풍류를베풀고 무인디경갓치 도셩에 들어가며 인명을살히ᄒᆞ거나 다른침로ᄒᆞᄂᆞᆫ 거동이업스ᄆᆡ 、일본、이 엇지ᄒᆞᆯ수 업ᄂᆞᆫ줄로 ᄭᆡ달으며 겸ᄒᆞ여 침탈ᄒᆞ려ᄂᆞᆫ쥬의가 안인줄을 밋은지라 이에 통상됴약을뎡ᄒᆞ고 일쳔팔ᄇᆡᆨ륙십이년에 ᄉᆞ신을 셔양에보ᄂᆡ여 형편을 구경ᄒᆞ고 ᄉᆡᆼ도를보ᄂᆡ여 학문을 공부ᄒᆞ게ᄒᆞᄆᆡ 비로소 ᄉᆡ법을 안이쓰지못ᄒᆞᆯ줄을알고 쥬야로 졍치와 풍속을 변ᄒᆞ야 날마다 ᄉᆡᄇᆡᆨ셩과 ᄉᆡ나라를만들며 셔양형셰가 졈졈 동으로퍼져오ᄂᆞᆫ것을 평균히ᄃᆡ졉ᄒᆞ며 ᄇᆡᆨ인의게 지지안으려ᄒᆞ나 외로운형셰가 홀로 ᄃᆡ젹ᄒᆞ기어려우ᄆᆡ 、한、청、량국을 ᄭᆡ워 가지고 동양 ᄉᆞᆷ국이 련ᄆᆡᆼᄒᆞ야 ᄇᆡᆨ인의셰력과 비교ᄒᆞ게되ᄂᆞᆫ 방ᄎᆡᆨ외에는 다른수 업ᄂᆞᆫ지라 ᄌᆞ조、청

국、을권ᄒᆞ야 、대한、을 동등국으로 ᄃᆡ졉ᄒᆞ며 문명부강을힘써 ᄉᆞᆷ국이 련합ᄒᆞ자ᄒᆞ니 、청
국、이 외양으로는 됴케ᄃᆡ답ᄒᆞ나 속으로는 반ᄃᆡᄒᆞ야 종시 듯지안이ᄒᆞᄆᆡ 필경 화의로
되지못ᄒᆞᆯ줄을알고 군ᄉᆞ를길너 ᄒᆡ륙군졔도를 셔양법ᄃᆡ로 극력쥰비ᄒᆞ야 、청국、의권력
을 능히 ᄃᆡ젹ᄒᆞᆯ만치만들고 、청국、ᄂᆡ디에 디도를공부ᄒᆞ여 좁고험ᄒᆞᆫ곳을 샷샷시 상고
ᄒᆞ며 졍부와인민의 대소관계와 형편을 낫낫치 탐지ᄒᆞ야 손샷갓치알고 안졋스니 놈
의속과 내속을 ᄌᆞ셰히아는자는 ᄇᆡᆨ젼ᄇᆡᆨ승ᄒᆞ는것이 병법에 두렷ᄒᆞᆫ리치라 젼국ᄇᆡᆨ셩이
충의를비양ᄒᆞ야 젼징이버러지면 나라를위ᄒᆞ야 죽기로 뎨일직칙을ᄉᆞᆷ아 젼징이 ᄒᆞᆫ번
되기를 ᄉᆞ람마다 고ᄃᆡᄒᆞ며 뎌 청인이 외양은 비록 장대ᄒᆞ고 형셰가 장ᄒᆞ나 겁이만
코 충심이업셔 다 썩은 인민이라 ᄒᆞᆫ둘만 쓰ㄹ허지면 몃쳔명 몃만명이라도 다 쌜
쌜이흣허져 ᄒᆞᆫ나도업슬지니 ᄒᆞᆫ번만 졉젼ᄒᆞ면 승젼ᄒᆞ기가 여반장이라ᄒᆞ야 져마다팔
을쌥ᄂᆡ며 대담ᄒᆞ는지라 셰상에셔 얼마쯤 그 령민ᄒᆞᆷ을 칭찬ᄒᆞ나 토디의대소를 보던
지 인민의다소를보던지 형셰의빈부를보던지 기타 ᄉᆞ람의 신톄근력으로보던지 결단
코 일본인이 청인과 비교ᄒᆞᆯ수업는지라 그 망령된긔운을 자못 비소ᄒᆞ더니 갑오년에
긔회를타셔 、청국、의 교만방ᄌᆞᄒᆞᆫ 긔운을ᄊᆡᆨ고 십년양병ᄒᆞᆫ소원을 일우니 각국이 비
로소 、일본、을달니보며 젼에 허락지안턴권리를 ᄎᆞᄎᆞ허락ᄒᆞ야 이후에 처음으로 치외
법권을 돌녀보ᄂᆡ니 이는 、일본、이 젼에엇지못ᄒᆞ던바ㅣ라 당초 통상약됴를 뎡ᄒᆞᆯᄯᅢ에
각국이 、아셰아、 여러나라에는 령ᄉᆞ관을 갓다두어 각각 ᄌᆞ긔나라ᄇᆡᆨ셩을다ᄉᆞ리고、일

본、법관의 법률을 밧지안케 ᄒᆞ엿ᄂᆞ니 이는 동양ᄉᆞ람들이 열니지못ᄒᆞ여 외국인을 평균히 ᄃᆡ졉ᄒᆞᆯ줄모르고 ᄒᆞᆼ상 무리히살히ᄒᆞ거나 편벽되히 치우치는폐단이잇슨즉 만일 그 관원들의권리로 다ᄉᆞ리게ᄒᆞᆯ진ᄃᆡ 외국인이라고는 능히부지ᄒᆞ지 못ᄒᆞ게ᄒᆞᆯ지니 이럼으로 특별히 이ᄯᅳᆺ스로뎡ᄒᆞ고 일후에 ᄇᆡᆨ셩이 다 열니거던 평균히 트고지ᄂᆡ리라ᄒᆞ엿ᄂᆞ니 이는 、대한、과、청국、이 다 ᄒᆞᆫ모양이라 、한、청、량국은 지금ᄭᆞ지 이권리를 회복ᄒᆞ지못ᄒᆞ며 겸ᄒᆞ여 분ᄒᆞᆫ줄도 아는쟈ㅣ적으되 홀로、일본、이 ᄌᆞ초로 통분히녁여 긔어히 셔인과갓치되여야 이권리를 엇을줄로알고 쥬야로변혁ᄒᆞ야 이란리를 격근후에각국이 일톄로 이 방한을물시ᄒᆞ고 피ᄎᆞ에 평균히다ᄉᆞ리기를 허락ᄒᆞ니 몃ᄒᆡ젼붓허、일본、슌검이 범법ᄒᆞ는 셔양ᄉᆞ람을 잡아다가 옥에가두고 、일본、법ᄃᆡ로 다ᄉᆞ리는지라 갑오젼징으로 인연ᄒᆞ여 、일본、의ᄃᆡ위가 엇더케 놉ᄒᆞ진것은 일로써 짐쟉ᄒᆞᆯ지라 이럼으로 、일본、인의ᄉᆡᆼ각이 ᄌᆞ연히젼보다 얼마놉ᄒᆞ졋스나 각국의인졍이 、일본、을 별로슈효에 치지안이ᄒᆞ고 다만 어린ᄋᆞᄒᆡ의 ᄉᆡ로자라는ᄯᅳᆺ슬 길너ᄇᆡ양ᄒᆞᆷ과 갓치ᄒᆞ니 만일 범람ᄒᆞᆫ욕심을ᄂᆡ여 분슈밧게 리익을취ᄒᆞ려다가는 각국이 반다시 용납지안을지나、일본이 이형편을 ᄯᅩᄒᆞᆫ 삽힌고로 다만 、청국、에ᄃᆡᄒᆞ야 ᄇᆡ상을취ᄒᆞᆫ외에 、대한、에 향ᄒᆞ여는 실로 다른ᄯᅳᆺ시업고 오직 진심으로 혁신을권면코져ᄒᆞᆷ이라 만일 이ᄯᅳᆺ슬、일본、대소관민이 일톄로알어 씻씻치져바리지안엇던들 、대한、졍부나ᄇᆡᆨ셩이 조곰도 원슈갓치녁이는ᄆᆞ음이업시 도로혀 친밀ᄒᆞᆫ졍의를 영영보젼ᄒᆞ엿슬것이오 동양의태평ᄒᆞᆷ을 ᄯᅩᄒᆞᆫ 상

ᄒᆡ치안앗슬것이어ᄂᆞᆯ 、대한、에와서 、일본、졍부를 ᄃᆡ표ᄒᆞᆫ자와 ᄯᅩᄒᆞᆫ 각아문 고문관이며 학교 교ᄉᆞᄒᆞᄂᆞᆫ이들이 만히 이ᄯᅳᆺ슬알지못ᄒᆞ고 다만 ᄉᆞᄉᆞ리익을 도모ᄒᆞ야 속으로 권리ᄅᆞᆯ쎄앗스며 리끗흘취ᄒᆞ다가 인ᄒᆞ여 ᄇᆡᆨ셩의ᄆᆞᄋᆞᆷ이 대단히 불평ᄒᆞ게되고 드ᄃᆡ여크게쟈죄ᄒᆞᄂᆞᆫ 거조가잇셔 각국이 ᄯᅩᄒᆞᆫ 분히녁이게만들ᄆᆡ 맛침ᄂᆡ 권셰ᄅᆞᆯ 、아라ᄉᆞ、의손에 너어노ᄋᆞ 다만 、대한、에만 크게ᄒᆡ가될ᄲᅮᆫ안이라 ᄯᅩᄒᆞᆫ 、일본、졍부에 손ᄒᆡ가 불소ᄒᆞ엿ᄂᆞ니 이ᄂᆞᆫ 일후、대한、에오ᄂᆞᆫ 、일본、관민의 ᄆᆞᆰ은거울이될지라 일로인연ᄒᆞ야 십년젼에 발셔오날젼징의근인을 ᄆᆡ져노아 갑오이젼에 쳥인을색 그려던 쥬의ᄅᆞᆯ변ᄒᆞ야 아인을색 그려ᄒᆞᄆᆡ 밤낫으로 이쥬의ᄅᆞᆯ가지고 니ᄅᆞᆯ갈며 일ᄒᆞᆫ즁에셔 셰력이 몃갑절ᄂᆞᆯ며 ᄇᆡᆨ셩의ᄉᆡᆼ각이 ᄯᅩᄒᆞᆫ 셰력을ᄯᅡ라 대단히늘어셔 심지어 어린ᄋᆞᄒᆡ라도 심즁에 아인을 우숩게녁이ᄂᆞᆫ ᄆᆞᄋᆞᆷ이잇셔 ᄒᆞᆫ나이 몃식 ᄯᅴ려뉘일줄로 장담ᄒᆞ며 나도 어서쟈라셔 아인을 다만 두세시라도 당ᄒᆞ여야 셰샹에낫던 본의가되게고 나라에ᄇᆡᆨ셩된직분을힝ᄒᆞ리라ᄒᆞ다가 、영、、일、동ᄆᆡᆼ을 일운후로 셰계강국들과 실상셰력을 비등ᄒᆞᄂᆞᆫ효험이 들어낫슨즉 그 질겨ᄌᆞ랑ᄒᆞᄂᆞᆫᄆᆞᄋᆞᆷ이 곳 셰상에 뎨일인듯ᄒᆞ더니 이번젼징에 니르러 능히 타국의조력ᄒᆞᆷ을 밧지안이ᄒᆞ고 홀로 강국을ᄃᆡ젹ᄒᆞ야 그군함을ᄭᅢ치고 예긔ᄅᆞᆯ색거 셰상으로ᄒᆞ여곰 뎨일강포ᄒᆞ다던나라이 다만 물것품ᄲᅮᆫ인줄 알게만들어 노앗스니 셰상에셔도 ᄌᆞ연히 、일본、을 가외로녁여 젼갓치 ᄃᆡ졉ᄒᆞ지못ᄒᆞᆯ줄로 녁일것이오、일본인즉 ᄯᅩᄒᆞᆫ ᄉᆞᄉᆞ로 ᄉᆡᆼ각이놉ᄒᆞ져셔 、일、、쳥、젼징ᄯᅢ와ᄂᆞᆫ 대단히 달을지라 지금 우리의

게 긔회를 ᄒᆞᆫ번 더 엇게ᄒᆞᆷ이 ᄯᅩᄒᆞᆫ 후의를표ᄒᆞᆷ이니 만일 죵시도 우리가 나라를ᄉᆞ랑ᄒᆞᄂᆞᆫ 츙심을ᄂᆡ여 죽기로써 회복ᄒᆞ기를 도모ᄒᆞ지안을진ᄃᆡ 셰상에셔 다 말ᄒᆞ기를 、대한、은 영히 ᄌᆞ유ᄒᆞᆯ 긔틀이업스니 더볼것업다 ᄒᆞᆯ지라 、일본、이 다시 무엇슬 거리셔셔 ᄯᅳᆺᄃᆡ로못ᄒᆞ리요 이ᄂᆞᆫ우리의 혀ᄭᅳᆺᄒᆞᆯ 이쳔만조각에 ᄂᆡ여 이쳔만동포의귀에 소ᄅᆡ를우뢰갓치질너 어두운잠을 시시로 ᄭᆡ워쥬기 원이로다

▲쳥일아ᄉᆞᆷ국의ᄒᆡ를밧음

우에말ᄒᆞᆫ바 、대한、이 오ᄂᆞᆯ날 이디경을당ᄒᆞᆫ것을 다 통합ᄒᆞ야볼진ᄃᆡ 、쳥국、과 、일본、과 、아라ᄉᆞ、의ᄒᆡ를 ᄎᆞ례로 밧은연고ㅣ요 그ᄒᆡ를밧기ᄂᆞᆫ ᄯᅩᄒᆞᆫ 뎌 타국이무고히 흔단을ᄂᆡᆫ것이안이오 다 우리가 쳥ᄒᆞ야들여 ᄯᅳᆺ슬길너 이러케만든것이라 쳣ᄌᆡ 쳥인의ᄒᆡ로 말ᄒᆞᆯ진ᄃᆡ 、영、법、량국에게 크게픽ᄒᆞ고 、북경、이 소요ᄒᆞ게된후로 、쳥국、이 ᄌᆞ긔의몸을부지ᄒᆞ기어려워 ᄋᆡ쓰ᄂᆞᆫ 동안에 우리가 ᄯᅩ로서지못ᄒᆞ고 도로혀 의지ᄒᆞᄂᆞᆫᄯᅳᆺ슬뵈히며 죵죵타국이와셔 통상ᄒᆞ쟈ᄒᆞ면 내가ᄒᆞᆯ로 담당ᄒᆞ야 조쳐ᄒᆞ기ᄂᆞᆫ ᄉᆡᆼ각지안코 다만 、쳥국、에밀우어 ᄃᆡ신조쳐ᄒᆞ여쥬기를 바ᄅᆞ며 ᄆᆡ양 속으로쳥ᄒᆞ야 도아쥬기를구ᄒᆞ니 쳥인의 본ᄅᆡ음흉ᄒᆞᆫ ᄆᆞ음으로 엇지어리셕은나라를 롱락코져 ᄒᆞᄂᆞᆫᄉᆡᆼ각이 나지안이ᄒᆞ리요 외양으로ᄂᆞᆫ 각국의공론을 ᄯᆞ르ᄂᆞᆫ톄ᄒᆞ며 속으로ᄂᆞᆫ 、대한、의 쳥구ᄒᆞᆷ을 시힝ᄒᆞ야 군ᄉᆞ를 보ᄂᆡ여 、한양、에둔취ᄒᆞ고 임의로츌입ᄒᆞ며 ᄂᆡ졍을간예ᄒᆞ야 ○국태공○을잡아가고 지존ᄒᆞᆫ압헤 무례가막심ᄒᆞ며 、쟝안、에상민을두어 ᄂᆡ디에셔겨 쟝ᄉᆞᄒᆞ게ᄒᆞ니 본ᄅᆡ통상됴약

에는 、한양、에셔 십리밧게 거류디를뎡ᄒᆞ고 거류디 외에는 셕겨살지못ᄒᆞ게 ᄒᆞ엿거늘
청인이 이약됴에 들지안엇다ᄒᆞ야 특별히 셩즁에셔 쟝ᄉᆞᄒᆞᆫ다ᄒᆞᄆᆡ 각국이 ᄯᅩᄒᆞᆫ 셩즁
에들어와 쟝ᄉᆞᄒᆞ며 우리도 쳥인과 동등으로 ᄃᆡ졉을밧는것이 올타ᄒᆞ니 이럼으로 지
금、한양、에 ᄀᆡ시ᄒᆞᆫ것이 다 쳥인의힘로 인연ᄒᆞᆷ이라 지금 우리나라 ᄉᆞ롬들이 、한양、에
ᄀᆡ시ᄒᆞᆷ을 실혀ᄒᆞ야 외국ᄉᆞ롬을 시비ᄒᆞ는쟈ㅣ 만으나 다 쳥인의힘를 밧음인줄은 알
지못ᄒᆞ며 그ᄯᅢ에 우리졍부에셔 쳥인의 특별히 쟝ᄉᆞᄒᆞ려는긔습을 굿세게막지못ᄒᆞᆷ은
쳑망ᄒᆞ는쟈업스며 갑오동학ᄯᅢ로말ᄒᆞᆯ지라도 우리나라에셔 우리ᄇᆡᆨ셩이 지은란리어늘
우리가 ᄯᅩ로진압ᄒᆞ기는 ᄉᆡᆼ각지안코 쳥인을 거연히쳥ᄒᆞ야들이ᄆᆡ 쳥인이 우리의쳥ᄒᆞᆷ
을인연ᄒᆞ야 도아쥬려고 들어온것이 도로혀 큰싸홈이되기에밋쳐 지금셋、대한、은、일
본、의힘으로 독립을 세워 ᄉᆞ다는말이잇셔 우리의게 슈치를면치못ᄒᆞ게 ᄒᆞ는바ㅣ라 이
는 다 、쳥국、으로 인연ᄒᆞ야 밧는힘가 우리가 쳥ᄒᆞ여밧는바ㅣ오 무술년에니르러 、쳥
국、이 비로소 공ᄉᆞ를보ᄂᆡ여 국셔를밧들고와셔 셔로통상됴약을 뎡ᄒᆞ엿ᄂᆞ니 이국셔에
ᄉᆞ의를보면 우리나라 신민된쟈ㅣ 일변깃부기도ᄒᆞ고 일변분ᄒᆞ기도ᄒᆞᆫ지라 그 거만방
ᄌᆞᄒᆞ야 남의나라를 곳 업는것으로 보던긔습을 업시ᄒᆞ고 평등독립국으로 극진히 공
경ᄒᆞ여 례절을ᄎᆞ리고 다시 졍의를친밀히ᄒᆞ야 ᄌᆞ고로 관계ᄌᆞ별ᄒᆞ던교졔를 여젼히ᄒᆞᆷ
은 실로 동양에다힝이라 이후로 량국의졍의가 졈졈갓가와지며 셔로힘써 동양에 이
런다힝이 업슬지니 이것이 깃버ᄒᆞᆯ바ㅣ오 급기 피ᄎᆞ에파혹ᄒᆞ고본즉 、쳥국、이 진쟉이

뜻슬새쳐 ᄂᆞᆷ의권ᄒᆞᆷ을듯고 이러ᄒᆞᆫ국셔를 십여년젼에만 보ᄂᆡ엿던들 엇지 동양형편이 오ᄂᆞᆯ날 이모양에 니르럿스리요 이ᄂᆞᆫ 유지자의 극히 통분케 녁일바ㅣ라 우리나라에 어두운사ᄅᆞᆷ들은 죵시도 대국이 나오면 큰변을당ᄒᆞ리라ᄒᆞᄂᆞ니 이ᄂᆞᆫ어셔급히 새달을 바ㅣ오 지어 '일본'으로 말ᄒᆞᆯ지라도 ᄉᆞᆷ십년ᄅᆡ로 '대한'의 독립을 확실케 ᄒᆞ고져ᄒᆞ야 '청국'과 교셥ᄒᆞᆷ과 우리와약됴ᄒᆞᆫ것이 다 우리를 ᄒᆡᄒᆞᆯ뜻시업슴은 분명ᄒᆞ나 우리가ᄯᅩ 로서지못ᄒᆞ미 필경 갑오젼징ᄭᆞ지 잇셧슨즉 이젼징ᄭᆞ지도 ᄯᅩᄒᆞᆫ 우리를 얼맛즘 도아 쥼이라 ᄒᆞ게스나 우리가 죵시 ᄯᅩ로서기를 힘쓰지안이ᄒᆞ고 ᄆᆡ양 의지ᄒᆞ기를 도모ᄒᆞ 다가 맛ᄎᆞᆷᄂᆡ 아인의간셥을 불너들엿스니 이ᄂᆞᆫ '일본'사ᄅᆞᆷ을 밋다가 ᄒᆡ를당ᄒᆞᆫ것이오 '아라ᄉᆞ'로 말ᄒᆞᆯ진ᄃᆡ 당초로 동셔를 병단ᄒᆞ려ᄂᆞᆫ욕심은 업지안엇다 ᄒᆞᆯ지라도 우리가 잘만ᄒᆞᆯ쎡에ᄂᆞᆫ 감히 다른ᄉᆡᆼ각을 ᄂᆡ지못ᄒᆞ다가 그 보호를 청ᄒᆞ여들여 ᄂᆡ졍에 간예ᄒᆞᆯ 긔회를 ᄉᆞᄉᆞ로허락ᄒᆞ미 인ᄒᆞ야 불측ᄒᆞᆫᄉᆡᆼ각을 ᄂᆡ엿다가 맛ᄎᆞᆷᄂᆡ 이번 젼징을 일우엇 거니와 우리로말ᄒᆞ면 ᄌᆞ쥬ᄒᆞᆯᄉᆡᆼ각은못ᄒᆞ고 ᄂᆞᆷ만의뢰ᄒᆞ다가 당ᄒᆞᆫᄒᆡ라 이 세나라에게 ᄎᆞ례로 당ᄒᆞᆫᄒᆡ를 볼진ᄃᆡ 우리가 청ᄒᆞ여들여 구원을엇으려 ᄒᆞᄂᆞᆫ즁에셔 ᄉᆡᆼ긴것을 족 히 새달을지니 이것을 새달을진ᄃᆡ 일후에 ᄯᅩ ᄂᆞᆷ의게의뢰ᄒᆞᄂᆞᆫ것이 ᄯᅩᄒᆞᆫ 쟝ᄎᆞ엇더케 위ᄐᆡᆨᄒᆞᆯᄂᆞᆫ지 족히 의심을 새칠지라 이후에 ᄒᆞᆫ번 더 ᄒᆡ를당ᄒᆞᄂᆞᆫ날은 다시 더 ᄒᆡ를밧 고져ᄒᆞ여도 밧을긔회도 업슬지니 관원이나 ᄇᆡᆨ셩이나 국권을보호ᄒᆞᄂᆞᆫ 일에ᄃᆡᄒᆞ야조 곰이라도 ᄂᆞᆷ을의지ᄒᆞ던지 혹 ᄂᆞᆷ의힘을빌어 일을ᄒᆞ고져 ᄒᆞᄂᆞᆫ자ᄂᆞᆫ 곳 나라를 마ᄌᆞ막

팔고 쳔만고에 대역이라 부ᄃᆡ조심ᄒᆞ며 부ᄃᆡ경계ᄒᆞᆯ지어다

▲됴흔긔회를여러번일허바림

일로써볼진ᄃᆡ 우리ᄂᆞᆫ 타국과 상통ᄒᆞᄂᆞᆫᄃᆡ로 번번히 ᄒᆡ를당ᄒᆞ고 안졋슨즉 이ᄂᆞᆫ 됴흔 긔회가업셔 그런것이안이오 ᄆᆡ양 당ᄒᆞᆫ긔회를 됴흔줄로알지못ᄒᆞ야 다 일허바림이라 이번에 당ᄒᆞᆫ긔회를 ᄯᅩ 됴흔줄로 알지못ᄒᆞ다가ᄂᆞᆫ 다시 엇지ᄒᆞᆯ수 업슬터이기로 이것을 ᄭᆡ닷기위ᄒᆞ야 긔왕에 일허바린긔회를 대강말ᄒᆞ리로다

일은 병ᄌᆞ이후에 ᄯᅩ로서지못ᄒᆞᆷ이니 그후로 됴흔긔회가 여러번잇셔 셩인인군과 어진쟝슈가 죵죵 북벌ᄒᆞᆯᄯᅳ시잇셔 군ᄉᆞ를길너 ᄒᆞᆫ번 슈치를씨스려ᄒᆞ엿스니 이ᄯᆡ에 만일 상하관민이 동심합력 ᄒᆞ엿던들 、청국、의 편안무ᄉᆞᄒᆞᆯᄯᆡ를타셔 군ᄉᆞ를들어 、료동、을웅거ᄒᆞ고 포ᄃᆡ를싸어 디경을방비ᄒᆞ며 글을보ᄂᆡ여 동등ᄌᆞ유국으로약됴를 뎡ᄒᆞ쟈ᄒᆞᆯ진ᄃᆡ 、청국、이 다른관계에 인연ᄒᆞ야 엇지ᄒᆞᆯ수 업셧슬형편이 여러번이어ᄂᆞᆯ 다만 써ᄀᆞ은션비의 병들닌바ㅣ 되여 구ᄎᆞ히 편ᄒᆞᆫ것만취ᄒᆞ고 셜치ᄒᆞᆯ줄을 ᄉᆡᆼ각지못ᄒᆞ며 혹 져의권리나 일ᄒᆞᆯ가두려ᄒᆞ야 인ᄌᆡ를쓰지안이ᄒᆞ며 식서로긔와 다토ᄂᆞᆫ중에셔 츙직ᄒᆞᆫ신하를 물니치기도ᄒᆞ고 혹모히ᄒᆞ야 업시ᄒᆞ기도ᄒᆞ미 혹 ᄌᆡ조가 특별ᄒᆞ거나 긔운이 쟝ᄒᆞᆫ인물이ᄉᆡᆼ기면 그 부모가 감히 기르지못ᄒᆞ고 죽이거나 혹 침을쥬며 ᄯᅳᆷ을노아 그 골졀을상케ᄒᆞᄂᆞ니 이럼으로 특별ᄒᆞᆫ 인ᄌᆡ가나면 ᄒᆞᆼ상 타국으로건너가 붓치ᄂᆞᆫ지라 ᄎᆞ소위 도젹의게 량식을쥬며 젹국에게 칼

을빌님과ᄀᆺᄒᆞ니 엇지 쇠약ᄒᆞ지안으리요 졈졈 쇠약ᄒᆞ여지ᄂᆞᆫ즁에셔 남을 의뢰ᄒᆞᄂᆞᆫ싱각이 더욱 긴졀ᄒᆞ게됨이니 지금당ᄒᆞᄂᆞᆫ긔회ᄂᆞᆫ 다시 이러케 일치말것이오

일은 ᄉᆞ십여년젼에 일허바린긔회라 영、법、미、각국이 ᄎᆞ례로와셔 통상을구ᄒᆞᆯᄯᅢ에 남과 비교ᄒᆞᆯ싱각을ᄂᆡ여 어두운고집을바리고 곳 면ᄃᆡᄒᆞ야 그나라이 어ᄃᆡ잇스며 대소강약빈부의 엇더ᄒᆞᆷ과 통상ᄒᆞ쟈ᄂᆞᆫ본의가 무엇을인연ᄒᆞᆷ인지 ᄌᆞ세히알어보아 만일 통상ᄒᆞᄂᆞᆫ것이 리롭기도ᄒᆞ고 ᄯᅩᄒᆞᆫ 안이ᄒᆞᆯ수도 업ᄂᆞᆫ줄로 ᄭᆡ닷거던 즉시 ᄉᆞ신을 、영、미、각국에보ᄂᆡ여 ᄌᆞ유로 약됴를뎡ᄒᆞ고 독립을반포ᄒᆞ엿던들 쳥인이 셔양을 두려워ᄒᆞᄂᆞᆫ쟈리에 감히 아모말도못ᄒᆞ엿슬것이오 셜령 강ᄒᆞᆫ힘을밋고 군ᄉᆞ를 동ᄒᆞᆫ다ᄒᆞᆯ지라도 각국이 응당 시비코져ᄒᆞᆯ지니 이ᄂᆞᆫ 우리가 각국에게 의뢰ᄒᆞ거나 구원을쳥ᄒᆞᆷ이안이라 ᄌᆞ긔네가 형편에ᄭᅳᆯ닌바ㅣ되여 스ᄉᆞ로 조역ᄒᆞᆷ이니 진실로 이긔회를 일치안엇던들 다만 오ᄂᆞᆯ날 이환난과 슈치만 밧지안엇슬ᄲᅮᆫ안이라 우리가 발셔 부강ᄒᆞᆫ나라이되여 、일、쳥、량국이 우리에게 구원을쳥ᄒᆞᆯ것이어ᄂᆞᆯ 이거슬 힝치못ᄒᆞ엿스니 이ᄂᆞᆫ 둘ᄌᆡ번 긔회를일음이오

일은 통상ᄒᆞᆫ후에 ᄭᆡ닷지못ᄒᆞᆷ이라 쳥인이 셔양을두려ᄒᆞᄂᆞᆫ긔틀을 본후에ᄂᆞᆫ 우리가 「쳥국」을 두려ᄒᆞ던 싱각을바려 셔양을두려히녁이며 셔양의강ᄒᆞᆫ것을보고 우리도 강ᄒᆞ여지기를 도모ᄒᆞ야 날로 부강문명을 힘써슬진ᄃᆡ ᄇᆡᆨ셩은 ᄌᆞ유ᄒᆞᄂᆞᆫ락이잇고 나라ᄂᆞᆫ ᄌᆞ쥬ᄒᆞᄂᆞᆫ 권리가잇스며 안에위ᄐᆡᄒᆞᆫ 형편이업고 밧게 침로ᄒᆞᄂᆞᆫ근심이업

셔 각국과 다 됴ᄒᆞᆫ친구가되며 강포ᄒᆞᆫ쟈와원슈가되여 미리막기를 쥰비ᄒᆞ엿슬진ᄃᆡ 、일、청、젼징이 되지안코 、한、청、젼징이 되엿슬것이며 、일、아、젼징이 ᄯᅩᄒᆞᆫ 、한、아、젼징이 되엿슬지라 우리독립을 타국이붓들어쥰다는말이 엇지잇스며 졍치를 권ᄒᆞ며 황실을 보호ᄒᆞᆫ다는약됴가 엇지되엿스리요 이는 세ᄌᆡ번 긔회를일음이오

일은 아관으로 파쳔ᄒᆞ신후에 힝치못ᄒᆞᆷ이니 이ᄯᆡ는 、일、아、량국이 상지ᄒᆞ는즁이라 우리가 우리군ᄉᆞ로 호위를든든이ᄒᆞ며 우리관민이 일심으로합ᄒᆞ야 국긔를놉히며 공졍ᄒᆞᆫ사ᄅᆞᆷ이 권리를맛게ᄒᆞ며 탐학을업시ᄒᆞ고 법률을공평히ᄒᆞ야 날로 흥왕ᄒᆞᆯ방칙을 강구ᄒᆞ며 량국을 평균히ᄃᆡ졉ᄒᆞ야 조곰도 ᄒᆞᆫ편으로 치우치는ᄯᅳᆺ시업시 국권을 온젼히보호ᄒᆞ야 ᄒᆞᆫ나라이라도 간예ᄒᆞ지 못ᄒᆞ게ᄒᆞᆯ진ᄃᆡ 、일、아、량국이 서로항거ᄒᆞ야 참예치못ᄒᆞ게ᄒᆞᆯ지니 、영、미、각국이 ᄯᅩᄒᆞᆫ 공번된 의론으로 찬셩ᄒᆞ야 어늬나라이던지 힝ᄑᆡᄒᆞ는폐단이 업도록ᄒᆞᆯ지라 ᄒᆞᆷ을며 、영、일、동밍ᄒᆞᆫ글이 반포된후로는 더욱이 형편을 ᄭᆡ달을것이어늘 도모지 들은쳬안이ᄒᆞ고 ᄆᆡ관매쟈ᄒᆞᆷ이 여일ᄒᆞ며 츙분ᄒᆞᆫ션ᄇᆡ를히ᄒᆞᆷ이 여일의ᄒᆞ며 ᄇᆡᆨ셩ᄌᆡ물을 탈취ᄒᆞᆷ이 여일ᄒᆞ야조곰도 거리ᄭᅵᆯ것이업셔 곳 위망을 ᄌᆡ축ᄒᆞ야 여일히 곳치지안이ᄒᆞ다가 맛춤ᄂᆡ 이디경에 니르럿스니 이는 네ᄌᆡ번 긔회를일음이라

이러틋 됴ᄒᆞᆫ긔회를 여러번당ᄒᆞ야 다만 몃ᄉᆞ람만합심ᄒᆞ고 들어서셔 위ᄐᆡᄒᆞᆷ을무릅쓰고 근본을 밝히고져ᄒᆞᆯ진ᄃᆡ 실로 어렵지안엇슬지라 강ᄀᆡ동분ᄒᆞᆷ을 익의지못ᄒᆞ리로다

지금붓허는 우리압헤당ᄒᆞᆫ긔회가 이젼ᄀᆞᆺ치쉬울수는업스나 아조업슬거슨안이니 오는
긔회는 이러케 일치안어야 ᄒᆞᆯ터이나 슈십년ᄂᆡ로 우리나라관인들의 일ᄒᆞᆷ을보건ᄃᆡ실
로 다시 바랄것도업고 셜령 ᄒᆞᆯ만ᄒᆞᆫ인지가잇셔 그 권리를엇더ᄅᆡ도 ᄇᆡᆨ셩의힘을 의뢰
ᄒᆞ지안코는 부지ᄒᆞᆯ수업슬지니 지금 우리의거졍ᄒᆞᆯ바는 졍부에 문명ᄒᆞᆫ대신이 업슴에
잇지안코 다만 나라에 ᄲᅮ리가될만ᄒᆞᆫ ᄇᆡᆨ셩이업는것만 념려인즉 우리가 어셔 ᄆᆞ음을
밝혀 문명ᄒᆞᆫᄉᆞ람이되며 충의를비양ᄒᆞ야 독립의긔초가되기를 힘쓰는ᄃᆡ잇도다

▲일본졍부의쥬의

대한에셔 、아국、셰력이 물너간후에 、한국、졍치상ᄐᆡ도가 자못 편안치못ᄒᆞ야 ᄉᆞ람마다
닐으기를 、대한、졍부가 곳 변혁되리라ᄒᆞᄆᆡ 혹 근심도ᄒᆞ며 혹 기다리기도ᄒᆞ며 혹 더
ᄃᆡ될가 념려도ᄒᆞ야 각기 ᄌᆞ긔의소문듯는바와 관계되는ᄃᆡ로의론ᄒᆞ며 오날된다 ᄅᆡ일
된다ᄒᆞ다가 음력 이월초싱에 、일본、졍부에셔 ○이등박문○을 파숑ᄒᆞ야 량국황실에 졍
의를친밀히ᄒᆞᆫ다ᄒᆞ고 특명대신으로 、대한、에오는지라 이소문을듯는쟈ㅣ 다 닐으기를
이번에 ○이등○이 무단히 단녀만갈리가업스니 반다시 졍부제도를 곳치도록찬조ᄒᆞ야
졍치상으로 권면ᄒᆞᆫ다는 약됴를 시힝ᄒᆞ리라ᄒᆞ더니 급기 ○이등○이 、대한、에 니르러
황샹폐하씌 슈ᄎᆞ폐현ᄒᆞ고 알왼말슴의 대ᄀᆡ를들으ᄆᆡ ᄒᆞ엿스되

이번에 、대한、과 、일본、이 두나라황실에 졍의를 도타히ᄒᆞ기위ᄒᆞ야 외신을
대황뎨폐하씌 특별파숑ᄒᆞ기로 외신이 두 황실을위ᄒᆞ야 깃부게 봉명ᄒᆞ고왓ᄉᆞ오

니 영영히 친목ᄒᆞ심을바ᄅᆞ오며 지어 폐하의국ᄉᆞ로 말ᄉᆞᆷᄒᆞ올진ᄃᆡ 공ᄉᆞ의게 하슌ᄒᆞ심이 가ᄒᆞ옵고 졍ᄉᆞ를 변혁ᄒᆞᄂᆞᆫ일인즉 너무조급히ᄒᆞ다가ᄂᆞᆫ 도로혀 격동이 ᄉᆡᆼ겨 랑ᄑᆡᄒᆞ기가 쉽ᄉᆞ오니 조곰식 ᄎᆞᄎᆞ곳쳐 나가ᄂᆞᆫ것이 올흘가 ᄒᆞᄂᆞ이다 ᄒᆞ엿더라

이 쥬품ᄒᆞᆫ말ᄉᆞᆷ을 셰샹에셔듯고 이젼공론이 만히변ᄒᆞ야 혹은 말ᄒᆞ기를 、일본、이 、만쥬、를 아조파ᄒᆞᆫ후에야 、대한、의 변혁ᄒᆞᆷ을권ᄒᆞ리라ᄒᆞ며 혹은 ○이등○이 귀국ᄒᆞᆫ후에 무ᄉᆞᆷ운동이 잇스리라ᄒᆞ며 혹은 、일본、이 갑오년에와셔 너무ᄀᆡ화를 조급히권ᄒᆞ다가 랑ᄑᆡ를 본고로 이번에ᄂᆞᆫ 찬찬히 시험ᄒᆞ리라ᄒᆞ며 혹은 、일본、이 、대한、의 흥왕ᄒᆞᄂᆞᆫ것을 별로 됴케녁일것이 업슬지라 년젼에 、아라ᄉᆞ、가 、대한、에 ᄀᆡ화를 실혀ᄒᆞᆷ과ᄀᆞᆺ치 、일본이 장ᄎᆞ 、대한、의 ᄀᆡ명을실혀ᄒᆞ야 감안히바려두고 져의셰리 ᄉᆞᄉᆞ로 잔멸ᄒᆞ게만들지라 ᄒᆞᆷ을며 지금 、일본、이 、대한、을 것흐로 놉히고 속으로 실상권리와 리익을 낫낫치차지ᄒᆞ고 안즐지라 더 무식ᄒᆞ고 어두운이들의게 권셰를맛겨두고 아지도못ᄒᆞᄂᆞᆫ중에 속 기름을 낫낫치ᄲᅢ낼지니 만일문명ᄒᆞ고 츙의ᄒᆞᆫ일군들이 권셰를ᄃᆡ신ᄒᆞ면 ᄌᆞ긔들의 일에 대단히 방ᄒᆡ로올지라 지금 、대한、에 집권ᄒᆞᆫ이들이 ᄀᆡ명과ᄂᆞᆫ 다 빙탄이오 ᄯᅩᄒᆞᆫ ᄇᆡᆨ셩들도 ᄀᆡ명을실혀ᄒᆞᄂᆞ니 젼국상하가 다 원슈로아ᄂᆞᆫ것을 억지로ᄒᆡᆼ셰ᄒᆞ다가 격동이 ᄉᆡᆼ기면 ᄌᆞ긔네게 ᄒᆡ요 셜령 잘될지라도 ᄌᆞ긔들의 리될것이업슬지라 、일본、의 쥬의가 결단코 、대한、의 변혁ᄒᆞ기를 힘쓰지 안으리라ᄒᆞ며 혹은 、일본、이 속으로 발셔 、대

문 박 등 이

한、변혁을 엇지엇지ᄒᆞ기로 예산을질뎡ᄒᆞ야 심지어 군ᄉᆞ경비를감ᄒᆞ고 학교졔도를늘이려ᄒᆞ야 션국에 인민을 교육식혀 ᄉᆞᄉᆞ로 문명의리익을 깨달으며 고명ᄒᆞᆫ인재가 만히ᄉᆡᆼ기기를 경영ᄒᆞᄂᆞᆫ지라 아직긔회가 니르지안은고로 다만 권면ᄒᆞ기를 일삼다가우리졍부에셔 졍신ᄎᆞ리지 못ᄒᆞᄂᆞᆫ것을 인연ᄒᆞ야 셰상에들어ᄂᆞ고 졍치상 간예를시쟉ᄒᆞᆯ지니 그런ᄯᅢ를타셔 지식잇ᄂᆞᆫ이들이 긔회를일치말고 일만잘ᄒᆞ여 인민을교육만 힘쓰면 쟝ᄎᆞ ᄯᅩ로서ᄂᆞᆫ힘이 ᄉᆡᆼ기리라ᄒᆞ며 혹은 말ᄒᆞ기를 셜령 이런긔회가잇셔 고명ᄒᆞᆫ사름이 집권ᄒᆞᆫ다ᄒᆞᆯ지라도 불과 、일본、ᄉᆞ람들의 죵질이나 ᄒᆞᆯ뿐이니 만일 슌죵치안코ᄯᅩ로서기를 힘쓰ᄅᆞ진ᄃᆡ 능히 몃칠을 부지ᄒᆞ지 못ᄒᆞᆯ지라 맛당히 ᄇᆡᆨ셩의힘으로 의지ᄒᆞᆫ후에야 무ᄉᆞᆷ도리가잇슬지니 ᄇᆡᆨ셩변으로서셔 일ᄒᆞᄂᆞᆫᄉᆞ람이 만어야ᄒᆞᆯ지라 ᄒᆞᆷ을며 ᄇᆡᆨ셩을 교육ᄒᆞᆷ으로 말ᄒᆞ야도 ᄇᆡᆨ셩의ᄉᆞ상을 발달식히지 못ᄒᆞ고 다만 노례의ᄉᆞ상만 졀졔속에셔 길너쥬면 그 교육식히ᄂᆞᆫ것이 ᄒᆞᆫ갓 놈의츙셩시러온 죵노릇 잘ᄒᆞ게만 만들뿐이라 그 효험이 엇지 ᄌᆞ유의ᄲᅮ리가되리요 맛당히 우리나라에 문명츙이 ᄒᆞᆫ이들이 ᄎᆞ례로 인도쟈가되여 인민의ᄉᆡᆼ각을 몬져 길너쥬어야ᄒᆞᆯ지니 ᄇᆡᆨ셩을 교육ᄒᆞᄂᆞᆫ것이엇지 ᄯᅩᄒᆞᆫ 우리ᄇᆡᆨ셩에게 달니지안엇ᄉᆞ리요 겸ᄒᆞ여 、일본、의민심이 ᄒᆞᆼ상 웃ᄉᆞ람ᄉᆡᆼ각과 ᄀᆞᆺ지안이ᄒᆞ야 그 졍부에셔들은 셜령 、대한、을 진졍으로 흥왕발달ᄒᆞ여가ᄂᆞᆫ긔상을 보고져ᄒᆞᆫ다ᄒᆞᆯ지라도 아래인민이 ᄒᆞᆫ히 그ᄯᅳᆺ과 반ᄃᆡ되ᄂᆞᆫ 쥬의를길녀 、대한、ᄉᆞ람들의 부강발달ᄒᆞᆯ 긔회를막어 져희ᄒᆞᆯ념려가 업지안이ᄒᆞᆫ즉 우리인민이 여간만열녀 능히 놈의

의ᄉᆞ와 나의방향을 분간ᄒᆞ게 될것ᄀᆺᄒᆞ면 아모리 어려온즁에셔라도 능히 ᄯᆞ로설 ᄉᆡᆼ
각이나련마ᄂᆞᆫ 지금 우리나라ᄉᆞ람들은 그러치못ᄒᆞ야 놈이ᄭᅳᄂᆞᆫᄃᆡ로 ᄯᅡ러단이ᄂᆞ니 엇
지 스ᄉᆞ로 내길을 ᄎᆞ져갈줄알니요 ᄇᆡᆨ셩세리나서셔 ᄭᆡ웃치며 도아셔 졍부에셔ᄂᆞᆫ 무
엇을ᄒᆞ던지 놈은엇지ᄒᆞ던지 모도상관치말고 각각 나ᄒᆞᆯ도리만힘써 쥭기로 나가기에
잇다ᄒᆞ며 혹은 말ᄒᆞ기를 나라마다 ᄇᆡᆨ셩이 쥬쟝이니 지금이라도 우리인민이 합심만
되여 일심으로닐허나 국권을회복ᄒᆞ려ᄒᆞ면 어렵지안타ᄒᆞ며 혹은 말ᄒᆞ기를 ᄇᆡᆨ셩의합
심ᄒᆞᄂᆞᆫ것이 맛당히 문명ᄒᆞᆫᄉᆞ람의 지혜로인연ᄒᆞ야 셰샹에 공번된공론을 억의지말고
올흔도리를 구ᄒᆞ여야 합심이 비로소 힘이잇슬지라 만일 어두운ᄉᆡᆼ각으로 공번된 ᄯᅳᆺ
슬억의고 ᄉᆞᄉᆞᄯᅳᆺ스로 합ᄒᆞᆯ진ᄃᆡ ᄒᆞᆫ갓 크게위ᄐᆡᄒᆞᆷ만 만들지니 겸ᄒᆞ여 지금은 우리가
됴흔긔회를 다 일헛슨즉 합심ᄒᆞ야 일죠일셕에 힝ᄒᆞᆯ일이업슬지니 아모경영도말고 감
안히 잇ᄂᆞᆫ거시올타ᄒᆞ야 모든의론이 갓지안이ᄒᆞ미 각각졔의견ᄃᆡ로 밋고안즌즁에 아
모것도 되지못ᄒᆞ며 더욱이 실상효험에도 방히가적지안은지라 이 여러가지의견에ᄃᆡ
ᄒᆞ야 가부를낫낫치 평론ᄒᆞᆯ것은업스나 통히말ᄒᆞᆯ진ᄃᆡ 놈을 너무의심ᄒᆞᆯ것도안이오 너
무 밋을것도안이며 ᄇᆡᆨ셩이 열니지못ᄒᆞ고도 합심만되면 어렵지안타ᄂᆞᆫ것도 못될말이
오 ᄯᅩᄒᆞᆫ 인민이 열니지못ᄒᆞ엿슨즉 아모것도 경영치마ᄂᆞᆫ것이 올타ᄂᆞᆫ것도 ᄯᅩᄒᆞᆫ 지혜
가안이라 다만 、대한、ᄉᆞ람들의 ᄒᆞᆫ가지힘쓸 바ᄂᆞᆫ 、일본、의셰력을 버서나기에 잇ᄂᆞ니
이ᄂᆞᆫ ᄒᆞ로잇흘에 급히나가도 아니될것이오 혹게을니ᄉᆡᆼ각ᄒᆞ야 ᄒᆞ로라도 간단ᄒᆞᆷ이잇

고는 못될것이며 군ᄉ를기르거나 셰력을가져도 일울수업고 졍부에셔 교졔를잘ᄒ거나 계칙을잘ᄂ여도 될수업슨즉 다만 학문을널니며 교화를힘써 인민의 지식과 신의가 셰상에들어나 각국이 다 나의공번된 의리상친구가되여 쳥치안어도 스ᄉ로 도아쥬며 군ᄉ가업셔도 스ᄉ로 강ᄒ게되여야 ᄌ연히 일울지니 이는 쳔ᄉ람이나 만ᄉ람이합ᄒ야 위력을 세우는ᄃᆡ 잇지안코 다만 각인이 ᄌ긔의지혜와 힘으로 강ᄒ야져셔 흔나식 ᄯ로ᄯᅦ여노아도 다 졔힘을 졔가가지고 잇게되여야홀지니 져마다 경위로 닷토는외에는 다른힘이 날수업는지라 이는 만만번 우리나라 ᄉ람들의게 져져히 ᄶᅢ웃치고져 ᄒ는바ㅣ니 이쥬의를 아릭다시 됴목을난호어 말홀지니 이칙을보는이들은지숨쥬의ᄒ기를 바라노라

▲일본빅셩의쥬의

우에말흔바는 、일본、졍치가의 셜명흔의견을 인연ᄒ야 그 졍부에쥬의가 엇더홈을 짐쟉코져홈이라 그졍부에 일동흔쥬의가 、대한、을 리롭고져ᄒ는지 히롭고져ᄒ는지는우리가 알기도어렵거니와 실상인즉 그다지 알고져홀것도업ᄂ니 이는 、일본、이 셜령우리를 아모리 히코져홀지라도 우리가 잘만ᄒ면 셰상에 공론이ᄌ져ᄒ니 그히를 밧지안을것이오 셜령 、일본、졍부나 혹 온셰상이 다 도아쥬려 홀지라도 우리가 잘ᄒ지못ᄒ면 아모효험도 업슬지니 이럼으로 그졍부에 쥬의를 관려홀것 업다홈이어니와 지어 、일본、빅셩의 쥬의ᄒ는바는 관계가 우리의게 더욱 핍근ᄒ니 이는、일본、빅셩이 각

국의 경위와학문이 미우진보되엿스며 외교상에 지졍을잘닥가 셰상공론을 돌니기쉬
우며 모든리익상에 셰력을늘니기로 말ᄒᆞ여도 우리가 여간ᄒᆞᆫ긔초를 세위가지고는비
교ᄒᆞ여볼수업스며 더욱이 그슈단이 간교ᄒᆞ야 여간지혜로는 그롱락에 ᄲᆞ지지안키어
렵고 ᄒᆞᆫ번 ᄲᆞ진후에는 버셔나기 어려운지라 져러ᄒᆞᆫ인민들이 쟝ᄎᆞ 우리어두운 인민
과 친근히 간셥이되면 능히 그범위에 버셔날쟈ㅣ 몃치나되게ᄂᆞ뇨 놈이 졈졈갓가히
오는디로 피ᄒᆞ여물너가도 내것을 보젼ᄒᆞᆯ수업고 ᄯᅩᄒᆞᆫ 너무갓가히ᄒᆞ여 그슈단에ᄲᆞ져
도 능히 내몸을 찻지못ᄒᆞᆯ지니 불가불 ᄒᆞᆷ씌셕겨잇셔 내가아모됴록 놈보다 나흔학문
과 법을빈와 놈보다 몬져착슈ᄒᆞ야 놈이ᄒᆞᆯ것을 미리ᄒᆞ고안즈면 놈이 스ᄉᆞ로 졉족ᄒᆞᆯ
곳이 업슬것이오 이러케 만들어노은후에 와셔사는것은 피ᄎᆞ에 갓치리익을엇을지니
이는 만히와셔살ᄉᆞ록 우리의게 리익이만을지라 무슴손히가 잇스리요 이거시 다 우
리나라 ᄉᆞ람들의 지혜와학문과 용밍으로 다토야될일이라 그러치안이ᄒᆞ면 모든리익
의 ᄒᆞᆫ업는근원을 ᄒᆞ나도 남기지못ᄒᆞᆯ지니 엇지더욱 쥬의ᄒᆞᆯ바ㅣ안이리요 지금 、일본、
ᄉᆞ람들이 、대한、에셔 리익을 엇으려 ᄒᆞ는리익을 대강알기위ᄒᆞ야 、부산、사는 、일본、상
민들이 、한、일、협약을 뎡ᄒᆞᆫ후에 아홉가지 됴목을닉여 、일본、졍부와 、한양、에 잇는 、일
본、공ᄉᆞ의게 올니고 시힝ᄒᆞ기를 청구ᄒᆞᆫ글을 등지ᄒᆞ노니 그됴목에 ᄒᆞ엿스되

일은 、대한、일본、ᄉᆡ이에 ᄀᆡ왕잇는 통상됴약을 ᄀᆡ졍ᄒᆞᆯ것이오

이는 、대한、의토디를 영히 ᄆᆡ매ᄒᆞᆯ권리를 것을것이오

ᄉᆞᆷ은 대한에셔 일본의 상업상리익이 뎨일크니 대한ᄒᆡ관 ᄉᆞ무원을 일본이 쥬관ᄒᆞᆯ것이오

ᄉᆞ는 대한에 농ᄉᆞᄒᆞᄂᆞᆫ졔도를 곳칠것이오

오는 대한ᄂᆡ디에 어ᄃᆡ던지 외국인이 살게ᄒᆞᄂᆞᆫ허락을 엇을것이오

륙은 십ᄉᆞᆷ도에 평균히뎡ᄒᆞ야 농업권쟝ᄒᆞᄂᆞᆫ쳐소를 ᄆᆡ도에 네곳이나 혹 더 셜시ᄒᆞ야 대한농민들이 모본ᄒᆞ게 ᄒᆞᆯ것이오

칠은 일본ᄉᆞ람들이 대한ᄒᆡ변에 어ᄃᆡ던지가셔 유람ᄒᆞ거나 쟝ᄉᆞᄒᆞ거나 금ᄒᆞ지못ᄒᆞᆯ것이오

팔은 일본은ᄒᆡᆼ소를 대한ᄂᆡ디에 만히 셜시ᄒᆞᆯ것이오

구는 대한에 돈짓ᄂᆞᆫ졔도를 다시 마련ᄒᆞ야 일본돈과 밧고기에 층등이 업게ᄒᆞᆯ일이라

이 아홉가지됴목의관계를 대강의론ᄒᆞᆯ진ᄃᆡ 일됴에 통상됴약을 기졍ᄒᆞ쟈ᄒᆞᆷ인즉 우리가 진쟉 부지런히 일ᄒᆞ엿더면 우리가 우리졍부에 청구ᄒᆞ고 우리국권에 미흡ᄒᆞᆫ귀절을 곳치게 되엿슬거시어ᄂᆞᆯ 도로혀 일본인이 몬져곳치고져ᄒᆞ기에 니르럿스니 이ᄂᆞᆫ 국권이 졈졈손히되ᄂᆞᆫ 큰관계요

대한의토디를 영영히 ᄆᆡᄆᆡᄒᆞ쟈ᄒᆞᆷ으로 말ᄒᆞᆯ진ᄃᆡ 각국약쟝에 허락지안은바ㅣ라 지금 일본ᄉᆞ람들이 도쳐에 토디를사ᄂᆞᆫ폐단이 무슈ᄒᆞ나 졍부만 바로잡히면 쟝ᄎᆞ 약쟝을

드ᄃᆡ여 졔폐ᄒᆞᆯ도리가 업지안케거ᄂᆞᆯ 이됴목을 아조터셔 경향물론ᄒᆞ고 임의로사게ᄒᆞᆯ진ᄃᆡ 얼마안에 됴흔토디가 다 、일본、ᄉᆞ람의 쟝악에 들어갈것이오 .

ᄒᆡ관으로 말ᄒᆞᆯ진ᄃᆡ 지금 우리나라에 돈푼들어오ᄂᆞᆫ것이 이것 ᄒᆞᆫ가지라 ᄎᆞᄎᆞ 상업이 흥왕ᄒᆞᄂᆞᆫᄃᆡ로 들고나ᄂᆞᆫ물건의 셰익이 대단히늘터이니 이럼으로 외국에빗슬ᄂᆡ여 쓰려ᄒᆞ여도 이문셔를 잡히고야 몃십만원이라도 엇어쓰ᄂᆞᆫ바ㅣ라 리익도 적지안으려니와 지졍의권리가 심히 관계되ᄂᆞ니 우리나라 ᄉᆞ람들이 어서공부ᄒᆞ야 이런권리를 우리가쥬쟝ᄒᆞ여야 올흘거시어ᄂᆞᆯ 우리ᄂᆞᆫ 이런ᄉᆞ무를 쥬쟝ᄒᆞᆯ공부도 졸업ᄒᆞᆫ쟈ㅣ 업거니와 위션 협잡ᄒᆞᄂᆞᆫ폐단으로 인연ᄒᆞ야 ᄒᆞᆫ나도 쥬쟝ᄒᆞᆯᄉᆞ람이업ᄂᆞᆫ고로 지금 、영국、ᄉᆞ람이 ᄃᆡ신맛ᄒᆞ 다ᄉᆞ리ᄂᆞᆫ지라 우리나라ᄉᆞ람은 이거슬 분히녁여 신속히 공부들ᄒᆞ야 이권리를 회복ᄒᆞᆯ줄은ᄉᆡᆼ각지못ᄒᆞ며 、아라ᄉᆞ、이 년젼에 ᄒᆡ관셰무ᄉᆞ를 、대한、에셔 고용ᄒᆞᆫ다ᄒᆞ고 아인 ○알넉시프○로 ᄃᆡ신ᄒᆞ고져ᄒᆞ며 、영국、인 ○ᄇᆡᆨ탁안○이 쟝ᄎᆞ떠러져 물너가게되ᄂᆞᆫ고로 、영국、공ᄉᆞ가 무슈히시비ᄒᆞ야 오ᄅᆡ승강되다가 필경 아인이 물너가고 우리졍부에셔ᄂᆞᆫ 아인 쳥ᄒᆞ여온 ᄇᆡ상만물엇ᄂᆞ니 지금에 、일본、이 이권리를 엇으려ᄒᆞᆷ이라 우리ᄂᆞᆫ ᄎᆞ져볼ᄉᆡᆷ도못ᄒᆞ고 、일본、인이 ᄃᆡ신ᄒᆞ게ᄒᆞᆯ진ᄃᆡ 쟝ᄎᆞ 어ᄂᆡᄣᆡ에 우리권리를 회복ᄒᆞ여보리요 이ᄂᆞᆫ 지졍상권리에 큰관계오

일본인이 우리ᄂᆡ디에 어ᄃᆡ던지 임의로와셔 살깃다ᄒᆞᆷ으로 말ᄒᆞᆯ진ᄃᆡ 이거시 、일본、인의 심히원ᄒᆞᆯ바ㅣ라 지금 、일본、ᄇᆡᆨ셩이 ᄒᆡ마다늘어셔 ᄯᅡᆼ은좁고 ᄇᆡᆨ셩이 살곳이적은고

로 각쳐에 옴겨사ᄂᆞᆫ인민이 한이업ᄂᆞᆫ즁 졍부와ᄇᆡᆨ셩이 서로식민디를엇고져 열심으로 경영ᄒᆞᄂᆞᆫ터이라 ,대한,의토디와 긔후가 이러틋됴흐며 금뎜 은뎜과 모든 ᄌᆡ물근원이 한업시 바려ᄊᆞᆺ힌지라 ᄒᆞᆷ을며 이나라ᄇᆡᆨ셩이 열니지못ᄒᆞ야 어셔밧비 ᄂᆡ여쓰고져안이ᄒᆞ며 놈의위력에 굽히기를 됴케녁인즉 ,일본,인이 들어와 사ᄂᆞᆫ듸로 곳 그디방에 쥬인이될지니 엇지 원ᄒᆞ지안으리요 다만 약장에 방한이잇ᄂᆞᆫ고로 ᄒᆞᆼ상 한ᄒᆞ다가 이번에 이 방한을트쟈ᄒᆞᆷ이니 이 방한을트고보면 곳 ,일본,인이 국즁에편만ᄒᆞ야 모든 대소리익을 낫낫치 졈령ᄒᆞᆯ지라 우리ᄂᆞᆫ 지금에 이러ᄒᆞᆫ 리익을 널희킬ᄉᆡᆼ의도 못ᄒᆞ거니와 셜령 이린ᄯᅳᆺ시잇더ᄅᆞ도 바린ᄯᅡᆼ을ᄀᆡ간ᄒᆞ야 됴ᄒᆞᆫ뎐답을 만들거나 금뎜 은뎜을 열어 리가만히ᄉᆡᆼ길진ᄃᆡ 당장에 놈의게ᄲᆡ앗기고 피를토ᄒᆞ게 될ᄲᅮᆫ이니 뉘가 감히 이런 ᄉᆡᆼ각을ᄂᆡ리요 그런즉 뎐ᄉᆡᆼ으로 ,일본,인의 슈즁에들게만된지라 ᄒᆞᆷ을며 우리나라 ᄉᆞ람들은 법률의보호를밧지못ᄒᆞ미 외국인과 경위로 다토어볼줄은 ᄉᆡᆼ각도못ᄒᆞ고 ᄒᆞᆼ상 피ᄒᆞ야 물너가ᄂᆞᆫ것이 상칙으로아ᄂᆞᆫ고로 외국인이 졈졈들어올ᄉᆞ록 날로픠ᄒᆞ야 깁흔듸로들어가고 됴ᄒᆞᆫ곳은 다 놈의게맛기고 말터이니 이ᄂᆞᆫ 인민의게 크게 관계되ᄂᆞᆫ것이오

농업 권장ᄒᆞᄂᆞᆫ쳐소를 십ᄉᆞᆷ도에 네곳식 셜시ᄒᆞ쟈ᄒᆞᆷ으로말ᄒᆞᆯ진ᄃᆡ 습ᄒᆞᆫᄯᅡᆼ에 물을ᄲᆡ며 마른ᄯᅡᆼ에 물을듸고 토디를ᄯᆞ라 맛당ᄒᆞᆫ거슬 심으ᄂᆞᆫ것이 다 법이잇셔 젼국에 손바닥만ᄒᆞᆫ조각도 바리ᄂᆞᆫ것이업스며 밧갈고 씨ᄲᅮ리며 기음ᄆᆡ고 추슈ᄒᆞᄂᆞᆫ것이 모도긔계가

잇셔 ᄒᆞᆫ두ᄉᆞ람이 몃ᄇᆡᆨ명의힘을 ᄃᆡ신ᄒᆞ며 그 리가 몃십ᄇᆡ몃ᄇᆡᆨᄇᆡ가 되ᄂᆞᆫ바ㅣ어ᄂᆞᆯ 우리나라ᄉᆞ람들은 이런법을 말도듯지못ᄒᆞᆫ지라 이거시 허락되면 우리나라ᄉᆞ람들은 농ᄉᆞ도 여젼히 ᄒᆞᆯ수업ᄂᆞ니 이ᄂᆞᆫ 농업에 관계됨이오

일본인이 우리나라ᄒᆡ변에 어ᄃᆡ던지가셔 쟝ᄉᆞᄒᆞ기를 금치말게 ᄒᆞ쟈ᄒᆞᆷ인즉 상업을흥왕식혀 젼국을 다 ᄀᆡ방코져ᄒᆞᆷ이라 공번된리익으로말ᄒᆞ면 또ᄒᆞᆫ방ᄒᆡ가 업다ᄒᆞᆯ것이나 우리나라ᄉᆞ람들이 ᄎᆞᄎᆞ 상업의 긔초를잡아 외국의상업권셰와 비교ᄒᆞᆯ만치 된후에야 능히 이거슬트고도 손ᄒᆡ가업슬지라 만일 그러치못ᄒᆞ여 ᄇᆡᆨ셩은열니지못ᄒᆞ고 나라만 몬져 열어노아 각국인이 상업권리를 다 쥐고안즌후에야 우리가 다시 회복ᄒᆞ려ᄒᆞᆫ들 엇지 용이ᄒᆞ리요 이ᄂᆞᆫ 상업에 큰관계오

‘일본’은ᄒᆡᆼ소를 젼국에셜시ᄒᆞ쟈ᄒᆞᆷ으로 말ᄒᆞᆯ진ᄃᆡ 이ᄂᆞᆫ젼국에혈ᄆᆡᆨ을잡고 안즈랴ᄒᆞᆷ이라 일국의ᄌᆡ졍은 일신에혈ᄆᆡᆨ이니 경향각도셩과 각방곡에 은ᄒᆡᆼ을셜시ᄒᆞ야 각쳐에ᄆᆡᆨ락이 서로통ᄒᆞ여야 활동ᄒᆞᄂᆞᆫ힘이 ᄉᆡᆼ길지어ᄂᆞᆯ ‘일본’은ᄒᆡᆼ소를 ᄃᆡ신셜시ᄒᆞᆯ진ᄃᆡ 내몸의숨통을 ᄂᆞᆷ이쥐고안즘이니 엇지 산ᄉᆞ람이라ᄒᆞ리요 지금 셔울에잇ᄂᆞᆫ ‘일본’은ᄒᆡᆼ두세군ᄃᆡ와 각항구에잇ᄂᆞᆫ 몃몃은ᄒᆡᆼ소로 인연ᄒᆞ여셔도 젼국의ᄌᆡ졍권리가 엇더케 관계되ᄂᆞᆫ지 몃몃외국ᄉᆞ람이 쟉뎡ᄒᆞ고 일국돈을 말니려ᄒᆞ면 불과 몃칠에 다 거두어들일지라 우리가 어서 이런권력을 비교ᄒᆞᆯ도리를 마련ᄒᆞ야 ᄒᆞ로밧비 회복ᄒᆞ여야 ᄉᆡᆼᄆᆡᆨ잇ᄂᆞᆫ 나라이될것이어ᄂᆞᆯ 도로혀 ‘일본’인이 십ᄉᆞᆷ도에 이권력을 펴칠진ᄃᆡ 무ᄉᆞᆷ험이잇셔

다시 쎰쟈ᄒᆞ여보리요 이ᄂᆞᆫ 국민원긔에 관계됨이오 쥬젼ᄒᆞᄂᆞᆫ법을 바로잡쟈ᄒᆞᆷ으로말ᄒᆞᆯ진ᄃᆡ 우리나라에 급급히 경졔ᄒᆞᆯ일이라 지금 셔양 각국은 다 금젼으로 쥬쟝을숨아셔 은젼도 ᄎᆞᄎᆞ업시ᄒᆞ야 다만 금젼갑세ᄯᆞᆯ녀 젹동이나 ᄇᆡᆨ동젼쓰듯ᄒᆞᄂᆞ니 슈년젼붓허 일본셔도 금젼을쓰ᄂᆞᆫ지라 이러틋 돈졔도를 타국과ᄀᆞᆺ치 ᄒᆞᄂᆞᆫ것이 각국상업에도 다 리로운바ㅣ어니와 ᄌᆞ긔나라의 지졍을바르게ᄒᆞᄂᆞᆫ 근본이니 우리가 진쟈우리손으로 바로잡아 남과ᄀᆞᆺ치 ᄒᆞ엿더면 ᄇᆡᆨ셩이 이러틋 곤궁치도안엇깃고 남이 이러틋 의론도안이ᄒᆞ엿슬거슬 지금ᄭᆞ지 곳치지못ᄒᆞ고 못된돈을한업시지어 ᄇᆡᆨ셩이 살수업기에니르고 각국상민이 두로손ᄒᆡ를밧게ᄒᆞᆫ지라 엇지 신속히 교졍ᄒᆞᆯ바ㅣ안이리요 그러나 돈쓰ᄂᆞᆫ졔도도 ᄯᅩᄒᆞᆫ ᄇᆡᆨ셩의졍도를ᄯᆞ라ᄒᆞᆯ지니 ᄇᆡᆨ셩이 열니지못ᄒᆞ고ᄂᆞᆫ 금젼을 쓸 수업ᄂᆞᆫ지라 지금 이ᄇᆡᆨ셩의졍도로 금젼을쓸진ᄃᆡ ᄇᆡᆨ셩이 감추어두거나 녹여업시ᄒᆞᄂᆞᆫ폐도만ᄒᆞᆯ지며 외국상민들이 물건을가져다가 팔고나갈ᄯᅢᄂᆞᆫ 사다가 흥리ᄒᆞᆯ 본토물화가업슨즉 불가불 금젼을 실어내갈것이니 몃칠안에 돈을 구경ᄒᆞᆯ수업시될지라 지금 더 일본 상민들이 우리나라에 금젼을쓰쟈ᄒᆞᆷ은안이나 우리ᄂᆞᆫ 어셔금젼을쓰기ᄭᆞ지 되기를경영ᄒᆞ여야ᄒᆞᆯ지니 인민이 문명ᄒᆞ기를 힘쓸지라 엇지 ᄒᆞ로인들 게을니싱각ᄒᆞ리요

이상에말ᄒᆞᆫ바ᄂᆞᆫ 다 일본 상민들의 경영이엇더ᄒᆞᆷ을 대강알게ᄒᆞᆷ이라 ᄉᆞ람마다 다 알고 깁히싱각ᄒᆞ여야 될것이오 이 경영에ᄃᆡᄒᆞ야 셔양ᄉᆞ람들의 의론이 ᄯᅩᄒᆞᆫ 엇더ᄒᆞᆫ지

알기위ᄒᆞ야 한양에잇ᄂᆞᆫ 미국인의월보에 긔록ᄒᆞᆫ바를 번역ᄒᆞ노니 그글에 ᄒᆞ엿스되 우리가 일본상민의 아홉됴목을 ᄌᆞ셰히 ᄉᆡᆼ각ᄒᆞᆯ진ᄃᆡ 지금형편으로ᄂᆞᆫ 결단코 허락ᄒᆞᆯ수업ᄂᆞᆫ지라 일본ᄉᆞ람들이 대한ᄂᆡ디에 셕겨사ᄂᆞᆫ권리를 엇으려ᄒᆞ니

대뎌 ᄂᆡ디에 셕겨사ᄂᆞᆫ것은 어ᄂᆡ나라ᄉᆞ람이던지 그디방법률로 다ᄉᆞ림을 밧어야ᄒᆞᆯ것이어ᄂᆞᆯ 지금 일본인의 말ᄒᆞᄂᆞᆫ바ᄂᆞᆫ 일본ᄇᆡᆨ셩이나 어ᄂᆡ타국ᄉᆞ람으로 ᄒᆞ여곰 대한법률로 다ᄉᆞ리기를 밧으려ᄒᆞᆷ은안인즉 디방법률을밧지안코 셕겨살쟈ᄒᆞᆷ은결단코 허락ᄒᆞᆯ수업ᄂᆞᆫ지라 대한에잇ᄂᆞᆫ 외국인도 맛당히다ᄉᆞ리ᄂᆞᆫ 법률이잇셔야ᄒᆞᆯ지니 깁흔ᄂᆡ디에가셔 살녀ᄂᆞᆫᄉᆞ람들은 무슴법률을 밧으려ᄒᆞᄂᆞ뇨 지금은 ᄂᆡ디에 ᄒᆞᆫ두유람ᄒᆞᄂᆞᆫ 외국인이 대한졍부의 빙표를 맛ᄒᆞ가지고 ᄅᆡ왕ᄒᆞ되 폐단이업다ᄒᆞᆯ수업거ᄂᆞᆯ 만일 허다ᄒᆞᆫ 일본인들이 ᄂᆡ디에와셔 널녀살진ᄃᆡ 대한졍부에셔 다ᄉᆞ릴수업스니 불가불 일본경찰권리가 젼국에펴져야ᄒᆞᆯ지라 이ᄂᆞᆫ 대한의독립권리를 손ᄒᆡᄒᆞᆷ이니 통상됴약의 본의와 억의ᄂᆞᆫ바ㅣ라 부산에잇ᄂᆞᆫ 일본인들이 통상됴약을 ᄀᆡ졍ᄒᆞ쟈ᄒᆞᆷ이 이연고를 인연ᄒᆞᆫ듯ᄒᆞ니 이쥬의로 대한 온디방에 경찰권리를 펴고져ᄒᆞᆷ은 실로 일본졍부에셔 ᄃᆡ답ᄒᆞ기가 괴로히 ᄂᆡ일말이라 우리ᄂᆞᆫ ᄉᆡᆼ각건ᄃᆡ 대한의권리를 크게손ᄒᆡᄒᆞ기젼에ᄂᆞᆫ 이일이 될수업ᄂᆞᆫ지라 대한ᄇᆡᆨ셩을 잘 교육ᄒᆞ여 노은후에ᄂᆞᆫ 대한졍부에셔 쟝ᄎᆞ 일본인들과 다른 외국인을 다 일톄로들어와셔 ᄂᆡ디에임의로살며 대한법률을 복죵ᄒᆞ기를 지금일본

이 각국을허락ᄒᆞ야 그ᄂᆡ디에 살게ᄒᆞᆫ것ᄀᆞᆺ치 허락ᄒᆞᄂᆞᆫ날이 잇슬터이나 지금은그 ᄯᅢ가 아직못되엿스며 ᄒᆡ관을 쥬쟝ᄒᆞᆫ깃다 ᄒᆞᄂᆞᆫ됴목으로 말ᄒᆞᆯ진ᄃᆡ 、영국、인의 쟝악에셔 ᄲᅢ여ᄂᆡ여 、일본、인이 ᄃᆡ신ᄒᆞ쟈ᄒᆞᄂᆞᆫ쥬의가 들어ᄂᆞᆫ지라 ᄉᆡᆼ각건ᄃᆡ 、일본、졍부에셔 이됴목ᄒᆞᆫ가지만보아도 그글에 모든됴목을 다 물니칠지라 만일 이 ᄒᆡ관ᄉᆞ무가 、대한、ᄉᆞ람의 손에들어 무슴폐단이잇거나 혹 타국인이쥬쟝ᄒᆞ야 、일본、리익에 방ᄒᆡ가될것ᄀᆞᆺᄒᆞ면 、일본、이 ᄃᆡ신ᄒᆞᆫ다ᄒᆞᆷ이 괴이치안타 ᄒᆞ려니와 이거슨 그러치안이ᄒᆞ야 、대한、모든마을에 비ᄒᆞ면 ᄉᆞ무원이던지 ᄒᆡᆼᄒᆞᄂᆞᆫᄉᆞ무던지 다 、대한、에 뎨일이니 잘못본다ᄒᆞᆯ수업고 ᄯᅩᄒᆞᆫ 、일본、의 친구되ᄂᆞᆫ 나라의손에잇스니 리익에손해된다 닐을수도업ᄂᆞᆫ지라 그런즉、일본、이 이거슬엇으려ᄒᆞᄂᆞᆫ것이 일이 더잘되게 ᄒᆞ고져ᄒᆞᆷ도안이오 、대한、졍부에 유조ᄒᆞᆷ을 위ᄒᆞᆫ다 ᄒᆞᆯ수도업고 다만 월급ᄉᆡᆼ기ᄂᆞᆫ쟈리를 、일본、인이 차지코져ᄒᆞ거나 셰무권리를 마쟈가지고져ᄒᆞᄂᆞᆫᄯᅳᆺ시라 년젼에 ᄒᆡ관셰무로 인연ᄒᆞ야 、영국、이 、아라사、와 승강ᄒᆞᆯᄯᅢ에 관계가 심히 즁대ᄒᆞ게된거슨 텬하에셔 다 아ᄂᆞᆫ바ㅣ라 、영국、이 크게시비ᄒᆞ야 필경익의엿스ᄆᆡ 각국이 다 알기를 이거슨 타국이 엿보지못ᄒᆞ리라 ᄒᆞᄂᆞᆫ바ㅣ어ᄂᆞᆯ 지금 이런ᄯᅢ를당ᄒᆞ야、일본、인이 감히 상관ᄒᆞ려ᄒᆞᆷ은 실로 놀날만ᄒᆞᆫ일이라 、일본、졍부에셔ᄂᆞᆫ 이런쳥원을 인연ᄒᆞ여 그쥬의를 조곰도 변치안으려니와 、일본、상민은 엇지ᄒᆞ야 ᄉᆡᆼ각지 아니ᄒᆞ고 이런일을 쳥구ᄒᆞᄂᆞᆫ지 과연 모호ᄒᆞ도다 우리ᄂᆞᆫ들으ᄆᆡ 、일본、공ᄉᆞ가、대한졍부에 권ᄒᆞ기를 일본빅셩이나 회샤에셔 졍부에 청구ᄒᆞᄂᆞᆫ것은 일본ᄃᆡ표쟈가 ᄃᆡ신명령 ᄒᆞ기젼에는 도모지 상관치말나 ᄒᆞ엿ᄂᆞ니 그졍부에셔 응당 그빅셩들의게 밝히말ᄒᆞ야 지금대한을 외국인의게 임의로열어노아 대한졍부와 빅셩의권리와 리익을 도라보지안코 일본인이 젼국에편만ᄒᆞ야 모든리익을 다 ᄎᆞ지ᄒᆞ게 ᄒᆞᄂᆞᆫ처디가 안인줄을 사ᄅᆞᆷ마다 알게ᄒᆞᆯ지라 들으니 일본에 엇던 큰 회샤에셔는 대한에ᄃᆡᄒᆞ야 지화오빅만원을 ᄒᆡ마다줄것이오 지금몬져 일빅만원을줄터이니 몃가지리익을 영원히 허락ᄒᆞ라 ᄒᆞ엿다ᄂᆞᆫᄃᆡ 그 리익의 근원을들은즉 대한젼국에 명ᄆᆡᆨᄀᆞᆺᄒᆞᆫ것이라 이돈슈효의 만은것만ᄉᆡᆼ각ᄒᆞ고 곳허락ᄒᆞᆯ진ᄃᆡ 음식ᄒᆞᆫ덩이를위ᄒᆞ야 가산즙물을 다 파ᄂᆞᆫ것과 ᄀᆞᆺᄒᆞᆯ이로다 그러나 우리ᄂᆞᆫ바ᄅᆞ건ᄃᆡ 일본이 대한에ᄃᆡᄒᆞ야 힘에쟈란다고 ᄆᆞ음ᄃᆡ로 ᄒᆡᆼ동ᄒᆞ지 안이ᄒᆞ고 젼례에 합당히ᄒᆞᆯ것이오 ᄯᅩᄒᆞᆫ 이뜻슬위ᄒᆞ야 뎨일나은 졍치슈단으로 그빅셩을 별로히단속ᄒᆞᆯ지니 이ᄂᆞᆫ그빅셩즁에 얼마쯤 그졍부의뜻슬 알지못ᄒᆞ고 ᄒᆞᆼ상넘치ᄂᆞᆫ일이 잇ᄂᆞᆫ연고라 일본졍부가 이일에 공평히조처ᄒᆞᄂᆞᆫ것을 셰상에들어ᄂᆡᆯ진ᄃᆡ 각국이 일본을다만 ᄀᆡ명ᄒᆞᆫ나라로만 녁일ᄲᅮᆫ안이오 곳 문명국으로 ᄃᆡ졉ᄒᆞᆯ지라 일본의 슈단으로 이뜻슬달ᄒᆞ기에 의심이업노라 ᄒᆞ엿더라

이 의론을볼진ᄃᆡ 대한을위ᄒᆞ야 깁히 념려ᄒᆞᄂᆞᆫ 셔양친구들이 공번된의론으로 대한을 엇더케 위ᄒᆞ여쥬고져ᄒᆞᄂᆞᆫ지 가히 짐쟉ᄒᆞ게고 일본졍부와 빅셩의의향이 엇더ᄒᆞᆫ

지도알게고 또ᄒᆞᆫ 、대한、졍부에셔 당쟝에 몃푼돈만 즁히녁이고 국권을팔기에 심히두려ᄒᆞ지안는줄로 의심ᄒᆞ는뜻슬 또ᄒᆞᆫ 얼마쯤 짐쟉ᄒᆞᆯ지라 우리나라 ᄇᆡᆨ셩들이 적이 이런뜻슬ᄭᆡ닷고 열심으로 보호ᄒᆞ기를 힘쓸진ᄃᆡ 외국에 의리샹친구들이 아지못ᄒᆞ는즁에셔 도아쥬는힘이 적지안을 거시어놀 이런소문을 아는쟈도 몃치못되며 또ᄒᆞᆫ 알녀쥬는쟈도업슨즉 엇지 ᄉᆞᄉᆞ로 ᄭᆡ달으며 엇지 ᄉᆞᄉᆞ로 보호되리요 이거시 지금에뎨일급급ᄒᆞᆫ일이라 ᄉᆞ람마다 아는ᄃᆡ로 어셔알녀쥬어야 ᄒᆞ리로다 이후로 각쳐의 、일본、샹민들이 련속ᄒᆞ야 그졍부에 쳥구ᄒᆞ는글을 올녓는ᄃᆡ 그쥬의가 조곰식갓지안이ᄒᆞ나다 이뜻과 얼마 머지안은지라 、일본、동경、에잇는 샹업을 의론ᄒᆞ는 쳐소에셔 젼국에샹업회샤를 련합ᄒᆞ야 졍부에 쳥원ᄒᆞᆫ대지를 들은즉

일은 동양 은ᄒᆡᆼ소를 셜시ᄒᆞᆯ것이오

일은 、대한、에 돈쓰는졔도를 곳칠것이오

일은 、일본、인이 、대한、에셔 토디ᄎᆞ지ᄒᆞ는권리를 굿게ᄒᆞᆯ것이오

일은 、대한、에 슌검이 경찰ᄒᆞ는졔도를 곳칠것이오

일은 고기잡는권리를 굿게ᄒᆞᆯ것이오

일은 、대한、과 、만쥬、디방에 항구와 져쟈를 서로만히열어 장ᄉᆞ를 임의로ᄒᆞ게 ᄒᆞᆯ것이오

일은 、쳥국、의텰도와 통신ᄒᆞ는ᄉᆞ무의 모든권리를 、일본、인으로 경영ᄒᆞ게 ᄒᆞᆯ것이오

일은 、대한、과 、만쥬、에 모든 광산을열어 여러가지 물건졔조ᄒᆞᄂᆞᆫ일을 다 임의로ᄒᆞ게ᄒᆞᆯ것이라

이 몃됴목의관계ᄂᆞᆫ 다시설명ᄒᆞᆯ것 업거니와 그일에 다시큰문뎨가 ᄉᆡᆼ기ᄂᆞᆫᄃᆡ 、대한、에 황무ᄒᆞ야 바려둔ᄯᅡᆼ을 、일본、인이 다 ᄀᆡ간ᄒᆞᄂᆞᆫ 권리를 달나ᄒᆞ며 ᄯᅩᄒᆞᆫ 산림쳔ᄐᆡᆨ의 모든 리익상권리를 오십년동안만 허락ᄒᆞ라ᄒᆞ야 、일본、공ᄉᆞ가 외부로 그 안건을보ᄂᆡ엿ᄂᆞᆫ지라 외부에셔 졍부로 보ᄂᆡ엿더니 졍부에셔 회의ᄒᆞ고 다시 외부로보ᄂᆡ여 허락ᄒᆞᆯ수업다고 、일본、공ᄉᆞ의게 회답ᄒᆞ라ᄒᆞ며 대소관민은 상소ᄒᆞ고 회의도ᄒᆞ고 혹 글도지어 젼파ᄒᆞ야 이거슨 결단코 허락ᄒᆞᆯ수업다고 의론이 분운ᄒᆞᆫ지라 외부에셔 이ᄉᆞ연으로 회답ᄒᆞ고 허락ᄒᆞᆯ수업다ᄒᆞ미 일공ᄉᆞ의말이 이일을 긔왕폐 현ᄒᆞᆯᄯᆡ에 쳐분을 물엇다ᄒᆞ며 강경ᄒᆞ게 요구ᄒᆞ미 우리나라 ᄉᆞ람들도 아직ᄭᆞ지 강경ᄒᆞ게 벗틔ᄂᆞᆫ 모양이나 젼국에 지각잇ᄂᆞᆫᄇᆡᆨ셩이 만아셔 일심으로 잘 조쳐ᄒᆞ여야될터인ᄃᆡ 이런소문을 아ᄂᆞᆫ쟈이 만치못ᄒᆞ며 여간 안다ᄂᆞᆫ쟈도 혹 엇지ᄒᆞᆯ수업ᄉᆞ니 상관ᄒᆞ여 무엇ᄒᆞ리요ᄒᆞ거나 그러치안으면 곳 ᄇᆡᆨ셩을닐희켜셔 야단을ᄂᆡ고져ᄒᆞᄂᆞᆫ 이두가지 ᄉᆞ람뿐이니 엇지시비를갈희며 경위를세우기바ᄅᆞ리요 이관계가엇더ᄒᆞᆫ거슨 더 말ᄒᆞ지안아도 다 짐쟉들이잇스려니와 영ᄌᆞ월보에말ᄒᆞᆫ바 、대한、의 명ᄆᆡᆨ이라ᄒᆞᆫ것이 곳 이거시라

슯흐다 、대한、동포들은 쟝ᄎᆞ 어ᄃᆡ로가려ᄂᆞᆫ고 이아릐말은 더ᄒᆞᆯᄉᆞ록 통분ᄒᆞ고 ᄯᅩᄒᆞᆫ너무지리ᄒᆞᆫ고로 더 의론치안커니와 당당ᄒᆞᆫ내나라일을 우리ᄂᆞᆫ ᄒᆞᆫ가지도 의론치못ᄒᆞ고

혹 뉘가팔아먹으려는지 혹 팔아먹엇는지 알수도업고 알녀고도 아니ᄒᆞ며 도로혀 타
국인이안저셔 대한일을 ᄌᆞ긔졍부에 쳥구ᄒᆞ고 시힝ᄒᆞ여 달나ᄒᆞ니 이엇지 우리나라
에 ᄇᆡᆨ셩이잇다ᄒᆞ리요 이는 우리의츙심이 놈만못ᄒᆞᆫ것도안이오 ᄌᆡ조와지혜가 놈만못
ᄒᆞᆷ이아니라 다만우에잇는이들이 ᄌᆞ긔들의 시비가들어날가 혹권리가 감ᄒᆞᆯ가 두려ᄒᆞ
야 ᄇᆡᆨ셩이 감히 알지도못ᄒᆞ게ᄒᆞ며 혹 말도못ᄒᆞ게ᄒᆞᄆᆡ 외국신문에 랑ᄌᆞ히 ᄂᆡ는말도
내나라신문에는 감히 들어ᄂᆡ지못ᄒᆞ며 외국인들은 ᄉᆞ방에들네되 내나라ᄇᆡᆨ셩은 ᄒᆞᆫ마
ᄃᆡ도 옴기지못ᄒᆞ야 젼국이아모됴록 어두운즁에잇셔 속으로 무솜약됴를 인쳐쥬엇는
지 나라를 무솜디경에 니르게ᄒᆞ엿는지 도모지 모르도록 힘쓰는고로 능히 알ᄉᆞ람도
업거니와 알어도 감히 아는쳬를못ᄒᆞᆷ이라 이즁에잇서셔 각국이 만일 욕심ᄃᆡ로 ᄒᆞ려
면 무엇슬못ᄒᆞ리요 일언이폐지ᄒᆞ고 지금 우리의 급ᄒᆞ고 급ᄒᆞ고 또급ᄒᆞᆫ일은 아모다
른것에잇지안코 다만 알녀고ᄒᆞ며 또ᄒᆞᆫ 알게ᄒᆞ는ᄃᆡ 잇슬ᄲᅮᆫ이라 형편이 잘되기를 바
ᄅᆞ지도말고 글너가는것을 락심ᄒᆞ지도말며 졍부가 엇지되는거슬 상관도말고 또ᄒᆞᆫ졍
부를 졸디에반ᄃᆡᄒᆞ는ᄉᆡᆼ각도 두지말며 다 각기 내몸이 내나라권리를 보호ᄒᆞᆯ만ᄒᆞᆫ ᄉᆞ
람이되여가며 쥬야쉬히지말고 서로형편과 도리를젼파ᄒᆞ야 얼마안에 젼국ᄇᆡᆨ셩이 다
알고 목숨은 바릴지언졍 대한뎨국 ᄌᆞ유독립권리는 나혼져직혀 우리 이천만동포의
일쳔구ᄇᆡᆨ구십구만구쳔구ᄇᆡᆨ구십구명이 다 머리를 숙이거나 다 죽어업셔진 후에라도
나ᄒᆞᆫ나는 태극국긔를밧들어 머리를 놉히들고 압흐로나아가 ᄒᆞᆫ거름도 뒤로물너가지

안키를 각각ᄆᆞ음속에 밍셰ᄒᆞ고 다시밍셰ᄒᆞ고 천만번 밍셰ᄒᆞ옵세다

외교가 리승만

미국에셔담판ᄒᆞ던일아강화됴약ᄯᅦ에대한독립권리의손히를면키위ᄒᆞ야미국대통령과각졍치가를방문ᄒᆞ고젼후운동ᄒᆞ던

츙졍공 민영환

민츙졍공이슌졀ᄒᆞ기젼
일샤경에 본져술쟈에
게보닌셔간

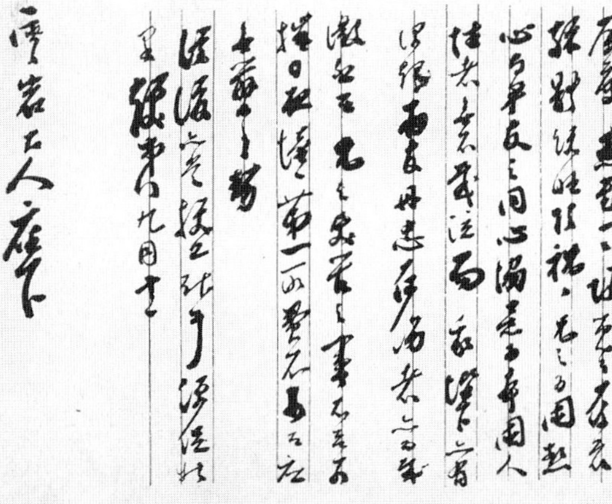

후록

▲독립쥬의의긴요ᄒᆞᆫ됴목

이칙에 긔록ᄒᆞᆫ바는 우리대한독립에 관계ᄒᆞᆫᄉᆞ젹을 대강대강말ᄒᆞᆷ이라 무궁무진ᄒᆞᆫ뜻슬 다 말ᄒᆞᆯ수업스나 이것만가지고도 깁히 쥬의ᄒᆞ야볼진ᄃᆡ 독립이라 ᄒᆞ는것이 무어시며 그관계가 엇더ᄒᆞ며 오날 우리의독립이 엇더ᄒᆞᆫ디경에 잇는것과 쟝ᄅᆡ에 ᄯᅩᄒᆞᆫ엇더케될거슬 적이 짐쟉ᄒᆞᆯ지라 ᄉᆞ람마다 ᄌᆞ셰연구ᄒᆞ여보시며 일변으로 모든사ᄅᆞᆷ의게 권ᄒᆞ야 얼마안에 젼국인민이 ᄒᆞᆫ나도 모르는쟈ㅣ업도록 일심으로젼력ᄒᆞ기를 간졀히 바ᄅᆞ는바ㅣ라 그러나 다만 이ᄉᆞ젹만알고 엇지ᄒᆞ면 쟝ᄎᆞ 독립을 완젼케ᄒᆞᆯ는지 방향이 나서지안이ᄒᆞ면 ᄯᅩᄒᆞᆫ 효험이 업슬터이기로 지금 우리나라 사ᄅᆞᆷ들의ᄉᆡᆼ각에 가쟝 긴급히알것은 대강말ᄒᆞ야 ᄉᆞ람마다 속으로ᄭᆡ닷고 본밧어ᄒᆡᆼᄒᆞ야 ᄎᆞᄎᆞ ᄒᆞᆫ두사ᄅᆞᆷ의몸에셔 힘이ᄉᆡᆼ겨 맛춤ᄂᆡ 온나라이 ᄒᆞᆫ몸과 ᄒᆞᆫᄆᆞ음이되야 ᄉᆞ지와ᄇᆡᆨ톄가 완젼히 활동ᄒᆞ는 힘을엇을진ᄃᆡ 엇지 이칙의효험이 아조 업다ᄒᆞ리요 그 긴졀ᄒᆞᆫ강령을 여셧됴목에 난호아 구별ᄒᆞ노니 혹 우에말ᄒᆞᆫ것도잇고 혹 셔로말ᄒᆞᆫ것도잇스나 다 그본의를 깁히 ᄭᆡ닷도록 ᄒᆞ고져ᄒᆞᆷ이라 졍부에셔무엇을ᄒᆞ던지 모든사ᄅᆞᆷ이 무엇을ᄒᆞ던지 다 관계ᄒᆞ지말고 각각 ᄌᆞ긔의ᄒᆞᆫ몸을 ᄯᅡ로ᄯᅦ여ᄉᆡᆼ각ᄒᆞ야 나ᄒᆞᆫ나히 이거슬ᄒᆡᆼᄒᆞ며 남을 ᄯᅩ 이ᄃᆡ로 ᄒᆡᆼᄒᆞ도록 만들어야 될줄로밋기를 바ᄅᆞ노라

첫지는셰계와맛당히통ᄒᆞ여야ᄒᆞᆯ줄로알것이라

일은 텬하만국에 통치안은 나라이업스며 만국만민에 열니지못ᄒᆞᆯ쟈ㅣ업ᄂᆞ니 ᄀᆡ벽이후로 ᄯᅡ로막혀잇셔 셰상을모르고지ᄂᆡ던 모든셤들이 지금와셔ᄂᆞᆫ 각국과 왕ᄅᆡ상통치 안은곳시업스며 모든셤에살던 각ᄉᆡᆨ야만종류들도 모도 ᄉᆡ빗ᄒᆞᆯ밧아 날로변ᄒᆞ야 놈과ᄀᆞᆺ치되여 부강문명을 다토ᄂᆞ니 이런디방은 졈졈흥왕ᄒᆞ야 평등ᄒᆞᆫ셰력을 엇으며 그러치안은곳은 밧게셰력이 졈졈들어와 한업시자라며 안에형편은 졈졈잔약ᄒᆞ야 날로쇠잔ᄒᆞ며 필경 인종ᄭᆞ지 업셔져셔 쟝ᄎᆞ 온셰샹ᄉᆞ람이 다 ᄒᆞᆫ결ᄀᆞᆺ치되여 평균ᄒᆞᆫ졍도를 일우고말지니 지금 동양시ᄃᆡ가 비컨ᄃᆡ 동터올ᄯᅢ와ᄀᆞᆺᄒᆞᆫ지라 혹 ᄒᆡᆺ발이 몬져빗치ᄂᆞᆫ곳도잇고 혹 나죵빗치ᄂᆞᆫ곳도잇스나 돗어오ᄂᆞᆫᄒᆡ를 막을쟈ᄂᆞᆫ업스니 맛ᄎᆞᆷᄂᆡ ᄉᆞ방에 ᄯᅩᆨᄀᆞᆺ치빗치고야말지라 셔편에셔 닐허나셔 ᄒᆡᆺ빗ᄀᆞᆺ치 들어오ᄂᆞᆫᄉᆡ빗출 우리가 홀로 막을수 업ᄂᆞᆫ지라 긔왕 지ᄂᆡ온일을보면 막지못ᄒᆞᆯ줄을 분명히 증거ᄒᆞᆯ지라 이거슬 번연히보고안져셔도 ᄉᆡᆼ각지못ᄒᆞ고 죵시ᄉᆡ빗출 밧지안으려고만 힘쓰다가ᄂᆞᆫ 나라이 영히업셔지고 인종이 쟝ᄎᆞ소멸ᄒᆞᆯ지라 이ᄂᆞᆫ ᄉᆞ람마다 지금셰샹에잇서셔 타국들과 통치안을수업ᄂᆞᆫ줄을 ᄭᆡ달을것이오

이ᄂᆞᆫ 통상ᄒᆞᄂᆞᆫ거시 피ᄎᆞ에 리익됨을 ᄭᆡ달을것이라

대뎌 ᄉᆞ람이라 ᄒᆞᄂᆞᆫ거슨 리웃시잇셔야 사ᄂᆞᆫ것이니 만일 리웃시업고 다만 ᄉᆡ와즘ᄉᆡᆼ과 셕겨살진ᄃᆡ 당쟝에 몸을 엇지부지ᄒᆞ며 나의먹고닙고 쓰ᄂᆞᆫ거슬 다 내손으로 혼져 만들어야ᄒᆞᆯ지니 엇지 이거슬 다 내손으로 만들수잇스며 학문ᄌᆡ조와

인의례지를 엇더케보ᄒᆞ며 인싱의귀ᄒᆞᆫ것이 무어시며 직물과 보비가잇기로 ᄯᅩᄒᆞᆫ
무엇에쓰리요 그럼으로 나의사는거시 다 리웃슬힘닙어 닙고먹고 쓰는거슬엇으
며 학문과도덕을 비호기도ᄒᆞ고 힝ᄒᆞ기도 ᄒᆞ는바ㅣ라 리웃시넓을ᄉᆞ록 나의슈용
ᄒᆞᆯ물화가 더욱 졍긴ᄒᆞ고 풍족ᄒᆞ며 나의물건이귀ᄒᆞ고 널니씨울것이오 문견과지
식이 더욱 넓을거시니 이거시 곳 온텬하만국과 서로리웃슬삼아 문호를열고 풍
속을곳치며 물화를밧고는바ㅣ라 그러치못ᄒᆞ면 압집이뒤ᄉ집과막히며 북도가남
도와막히며 셔양이 동양과막혀셔 이집에불이나도 져집에셔 모른톄ᄒᆞ며 함경도
에 흉년이들어도 경상도에 무슈ᄒᆞᆫ곡식을써ㄱ히며 팔지못ᄒᆞ고 이나라에 역질이
대단ᄒᆞ야 ᄉᆞ람이 삼쓰러지듯ᄒᆞ되 뎌나라우두법을 비와오지못ᄒᆞᆯ지니 모든 이런
거스로 밀우워보면 ᄉᆞ람의통치안는거시 셰상에 엇더케 히롭다ᄒᆞ게ㅅᄂᆞ뇨 이럼
으로 각쳐에 서로통ᄒᆞ기를 뎨일쥬의로삼아 ᄒᆞᆫ구셕도 통치안는곳이업도록 만들
미 륜션화차와 뎐보우톄등 각식긔계가싱긴지라 우리나라도 어셔이법을비와 젼
국안에 거믜줄늘이듯시 셜시ᄒᆞ며 동셔남북이 지쳑ᄀᆞᆺ치 왕릭ᄒᆞ며 시각으로통신
ᄒᆞ야 졍의가친합ᄒᆞ며 풍속이 ᄒᆞᆫ결ᄀᆞᆺ치되며 산협두메ᄉᆞ람은 어염이풍족ᄒᆞ고 셤
즁이나 히변빅셩들은 륙디와 산즁소산을 구ᄒᆞ기에 어려울거시업슬지라 각쳐인
민이 서로 긴ᄒᆞᆫ거슬밧고아 잇고업는거슬 피ᄎᆞ에보용ᄒᆞ며 됴코언짠은거슬 서로
비교ᄒᆞ미 셰계각국이 ᄒᆞᆫ 리웃시되여 평균ᄒᆞᆫ리익을 일톄로 누리ᄂᆞ니 이는 ᄉᆞ람

마다 통샹ᄒᆞᄂᆞᆫ리익을 ᄭᆡ달을것이오

슴은 통샹ᄒᆞᄂᆞᆫ거시 지금셰샹에 나라를부요ᄒᆞ게ᄒᆞᄂᆞᆫ 근본이니 셰샹에 모든부강ᄒᆞ다ᄂᆞᆫ 나라들이 다 그 본국디방안에셔 싱기ᄂᆞᆫ곡식이나 혹 다른지물만가지고 능히 풍족ᄒᆞ게 된거시아니라 다 그ᄇᆡᆨ셩으로 ᄒᆞ여곰 상업을 확쟝식혀 각국의지물을 버러드린고로 그 나라안에 통ᄒᆞᄂᆞᆫ지물이 한업시 만ᄒᆞ져셔 날마다 부강에나아감이라 오ᄂᆞᆯ날 셰계에 '영국'이 심히 부강ᄒᆞ다ᄒᆞᄂᆞ니 그 본국토디를보면 불과 조고마ᄒᆞᆫ 셤덩이 세조각이라 긔후도합당치못ᄒᆞ고 물산도별로업스ᄆᆡ ᄇᆡᆨ셩이 재조공쟝ᄒᆞᄂᆞᆫ법에 졍긴ᄒᆞ야 물건을만들어 셰샹에발ᄆᆡᄒᆞᄆᆡ 졍부에셔 ᄯᅩᄒᆞᆫ 극히보호ᄒᆞ야 그나라상민이 ᄒᆞᆫ둘만 가잇ᄂᆞᆫ곳이라도 곳 군함을보ᄂᆡ여 권리를안젼케ᄒᆞᄆᆡ 텬하에 그나라상민이 안이가잇ᄂᆞᆫ곳이업스며 텬하지물의 큰 권리가 '영국'인과 관계 안이되ᄂᆞᆫ것이적으니 '영국'이 엇지 부요ᄒᆞ지안으리요 다만 '영국'만 이럴ᄲᅮᆫ안이라 각국이 다 상업의권리를 뎨일즁ᄒᆞ게녁이ᄂᆞᆫ고로 녜쪅에ᄂᆞᆫ 각국이흥상 ᄯᅡᆼ을ᄲᆡ앗스려고 젼징을 닐희키더니 근ᄃᆡ에ᄂᆞᆫ 상업의권리를위ᄒᆞ야 ᄊᆞ호ᄂᆞ니 상업의관계가 이러ᄒᆞᆫ지라 우리나라에도 이젼에ᄂᆞᆫ 농ᄉᆞ를 쥬쟝으로알고 쟝ᄉᆞᄂᆞᆫ 극히 쳔ᄒᆞ게녁엿스나 지금은 결단코 그러치안이ᄒᆞ야 상업을발달치못ᄒᆞ고ᄂᆞᆫ 다만 농업만 인연ᄒᆞ야 치부ᄒᆞᆯ도리가업ᄂᆞᆫ지라 일변으로 농ᄉᆞ도힘써셔 됴흔토디를 ᄀᆡ간ᄒᆞ야 곡물과식물도 무한히일우려니와 ᄉᆞ방에 됴흔항구가 만히잇셔 츌포식히기도 편리ᄒᆞ며 、일본、과 、청국、각히변에 발미ᄒᆞᆯ쳐소가됴으며 각석뎐조물이 또ᄒᆞᆫ 풍비ᄒᆞ니 족히 동방에 ᄒᆞᆫ 부국을 일울지라 이는 ᄉᆞ람마다 상업으로써 부국ᄒᆞᆯ근본을 삼을것이오

ᄉᆞ는 외국인의 오는것이 본릐 나를히ᄒᆞ려는쥬의가업고 피ᄎᆞ에 다 리롭기를 경영ᄒᆞᆷ인즉 외국인의 오는거슬 막을ᄭᆞ닭이업슴은 가히알녀니와 만일 놈의오는것만 허락ᄒᆞ야 다만 안져셔졉ᄃᆡᄒᆞ기만 위쥬ᄒᆞᆯ진ᄃᆡ 그 통상ᄒᆞ는리익과 셰력이 다 외국인의손에만 들어갈지니 이러케통상ᄒᆞ는거슨 뎌사름의게만 리롭고 내게는 리로울것이업셔 도로혀 히만될ᄲᅮᆫ이니 맛당히 우리도 놈의게가셔 형편과풍쇽과물졍을삶히고 들어올물건과 나갈물건을 ᄎᆞᄎᆞ 우리손으로 ᄃᆡ신ᄒᆞ야 놈의ᄒᆞ는것을 나도 그와ᄀᆞᆺ치 ᄒᆞ기를힘써셔 오고가는것이 평균ᄒᆞ게되여야 비로소 놈과ᄀᆞᆺ흔리익을 엇을거시니 이는 ᄉᆞ람마다 외국에가기도ᄒᆞ며 외국상업의졍형을 삶히기도ᄒᆞ야 리익을엇어 내나라 상권을 확쟝ᄒᆞ게ᄒᆞ기로 급무를삼을것이오

오는 외국인을 원슈ᄀᆞᆺ치녁임이 뎨일위ᄐᆡᄒᆞᆫ것이니 이는 어두운 ᄇᆡᆨ셩들이 ᄒᆞᆼ상 ᄭᅥᄃᆞᆰ업시 놈을미워ᄒᆞ는폐단이라 우에말ᄒᆞᆫ것만보아도 족히 놈을미워ᄒᆞᆯ리유가업슴을 가히파혹ᄒᆞ게거놀 셰상형편도모르고 놈의ᄯᅳᆺ도 모르는즁에셔 어리셕게 놈을 은근히 실혀ᄒᆞ야 죵죵괴회를당ᄒᆞ면 히ᄒᆞ기를쐬ᄒᆞᄂᆞ니 실로 ᄉᆞ리에도 대단히합당치안커니와 나라에도 이만치 위험ᄒᆞᆫ일이업는지라 당초에 뎐쥬교인을 업시ᄒᆞ

려다가 병인양요ᄅᆞᆯ 만들엇고 갑신임오에도 、일본、인을 몰아ᄂᆡ려다가 란리ᄅᆞᆯ 닐희혀 큰화ᄅᆞᆯ당ᄒᆞ엿스며 갑오년에 동학이닐허나 외국인을 몰아ᄂᆡᆫ다ᄒᆞ다가 동양이 대란ᄒᆞ게만들엇ᄂᆞ니 이ᄂᆞᆫ 우리나라에셔 연면히 당ᄒᆞᄂᆞᆫ것이오 、쳥국、은 외국을 밀어ᄂᆡ려다가 、영、법、량국에게 큰 란리ᄅᆞᆯ당ᄒᆞ고 의화단이닐허나 각국인을도륙ᄒᆞ려다가 창ᄉᆡᆼ이어육되고 그빌미로 、일、아、젼ᄌᆡᆼ을만들엇스며 、인도국、은 ᄉᆞᆺᄉᆞᆺ치 셔양ᄉᆞ람을 ᄒᆡᄒᆞ려다가 、영국、이 군ᄉᆞᄅᆞᆯ갓다두고 나라ᄅᆞᆯ업시ᄒᆞ야 속디ᄅᆞᆯ 만들엇ᄂᆞ니 이ᄂᆞᆫ ᄇᆡᆨ셩이어리셕은거시 곳 나라ᄅᆞᆯ멸망식히ᄂᆞᆫ 뎨일쳡경이라 ᄉᆞ람마다 ᄭᆡ닷고경셩ᄒᆞ야 ᄭᆞ닭업시 놈을미워ᄒᆞᄂᆞᆫᄆᆞ음을 업시ᄒᆞ고 ᄯᅩᄒᆞᆫ 다른ᄉᆞ람의게 이뜻슬 열심으로 셜명ᄒᆞ야 져져히파혹ᄒᆞ고 다갓치 동포형뎨로ᄃᆡ접ᄒᆞ야 피ᄎᆞ에 구별이업게되기ᄅᆞᆯ 힘쓸 지라 ᄒᆞᆷ을며 그 근본을ᄉᆡᆼ각ᄒᆞ면 ᄉᆞᄒᆡ가 다 형뎨라 뎌 각국인들은 교화가협흡ᄒᆞ며 지식이발달되야 셰상ᄉᆞ람을 다 갓치 ᄃᆡ접ᄒᆞᄂᆞᆫ고로 형용이다르고 언어가ᄉᆡᆼ소ᄒᆞᆫ인물이 그나라에들어가면 빈부귀쳔을 도라보지안코 다 타국손님이라ᄒᆞ야 특별히 보호ᄒᆞ며 ᄃᆡ접ᄒᆞᄂᆞᆫ법이어ᄂᆞᆯ 그즁에 흑인야만ᄀᆞᆺᄒᆞᆫ 인죵들은 이상ᄒᆞᆫ인물을보면 곳 잡아살ᄒᆡᄒᆞ거나 져의가피ᄒᆞ야 도망ᄒᆞᄂᆞ니 이거시 곳 야만과 문명인의등분이라 뎌 셔양ᄉᆞ람이 우리ᄅᆞᆯ 야만토죵ᄀᆞᆺ치볼진ᄃᆡ 우리ᄂᆡ디에 들어오ᄂᆞᆫ쟈ㅣ 응당 보호ᄅᆞᆯ예비ᄒᆞ고 호랑이나 이리의굴혈로 들어가ᄂᆞᆫ 것ᄀᆞᆺ치 어렵게 녁일거시어ᄂᆞᆯ 그러치아니ᄒᆞ야 인의와례모가 도져ᄒᆞᆫ문명국 ᄉᆞ람

대한에와셔젼도ᄒᆞᄂᆞᆫ셔양교우

으로 아ᄂᆞᆫ고로 일이인의 외로운몸이 ᄂᆡ디에유람ᄒᆞ기를 의려업시ᄒᆞ며 겸ᄒᆞ여、영、미국의 도덕놉흔남녀들은 ᄌᆞ긔의 됴흔나라를바리고 부모쳐ᄌᆞ를ᄯᅥ나셔 ᄌᆡ물을 허비ᄒᆞ며 바다를건너고 산을넘어 우리나라에 들어와셔 외로히ᄂᆡ디에흣허져 통치못ᄒᆞᄂᆞᆫ말과 갓지안은풍속을 ᄇᆡ화익혀가며 모든고초와 곤난을격고 흉과 욕을 밧아가며 평싱을 일ᄒᆞᄂᆞᆫᄠᅳᆺ슨 다만 ᄌᆞ긔들의 됴흔줄로 밋ᄂᆞᆫ도를 이 모르ᄂᆞᆫᄉᆞ람들의게젼ᄒᆞ야 갓치됴케됨을 원ᄒᆞᄂᆞᆫ것ᄲᅮᆫ이라 혹 병원을셜시ᄒᆞ야 각식병인을 갑업시곳쳐쥬며 혹 학교를셜시ᄒᆞ야 학문과교화를 각쳐에셔교육ᄒᆞ며 혹 고ᄋᆞ원을 셜시ᄒᆞ여 의지업ᄂᆞᆫᄋᆞᄒᆡ들을 기르고가라치며 혹 고밍원을 셜시ᄒᆞ야 소경과벙어리를 모아다가교육ᄒᆞ며 기외에 여러가지 인익자비ᄒᆞᆫᄉᆞ업을 힝ᄒᆞᄂᆞ니 ᄉᆞ람으로ᄒᆞ여곰 그 착ᄒᆞᆫᄠᅳᆺ슬알진ᄃᆡ 실로 감동ᄒᆞᆷ을 익의지못ᄒᆞᆯ지라 남녀를 물론ᄒᆞ고 비록 란리즁이나 위ᄐᆡᄒᆞᆷ을 불계ᄒᆞ고 ᄒᆞᆫ둘식 ᄂᆡ디에ᄯᅡ로가셔 살기도ᄒᆞ며 혹 깁흔곳에 홀로 유람도ᄒᆞᄂᆞ니 더 외국인들은 우리를 이러틋 됴흔ᄠᅳᆺ스로 ᄃᆡ졉ᄒᆞ거늘 그ᄠᅳᆺ슬모르고 도로혀 상히ᄒᆞ기를도모ᄒᆞᆯ진ᄃᆡ 우리가 ᄉᆞᄉᆞ로 문명ᄒᆞᆫ ᄃᆡ졉을밧고져 아니ᄒᆞᆷ이라 엇지 슈치롭지 안으리요 이ᄂᆞᆫ ᄉᆞ름마다 외국인을 실혀ᄒᆞᄂᆞᆫᄆᆞ음을 벽파ᄒᆞᆯ것이오

둘지ᄂᆞᆫ식법으로ᄡᅥ각각몸과집안과나라를보젼ᄒᆞᄂᆞᆫ근본을삼을것이라

일은 외국인의 오ᄂᆞᆫ거슬 긔왕 물니치지못ᄒᆞᆯ줄을 확실히 ᄭᆡ달을진ᄃᆡ 맛당히 내거

슬보젼ᄒᆞ야 피ᄎᆞ에셕겨살며 동등리익 엇기를 ᄉᆡᆼ각ᄒᆞ여야ᄒᆞᆯ지라 만일 그러치못ᄒᆞ여 속으로헤아리되 강약이부동ᄒᆞ야 오ᄂᆞᆫ쟈들을 막아ᄂᆡᆯ수업스니 부득이 ᄒᆞᆷᄭᅴ살며 서로 상관만아니ᄒᆞ면 ᄒᆡ될거시 업슬것이오 혹 우연이 상관되ᄂᆞᆫ 일이잇거던 아모리 원통ᄒᆞ더ᄅᆡ도 고ᄆᆡ를슉이고 참아셔 피ᄒᆞ면 그만이라 나라에셔도 엇지ᄒᆞ지 못ᄒᆞᄂᆞᆫ거슬 우리가 엇지ᄒᆞᆯ수 잇스리요ᄒᆞ야 ᄂᆞᆷ이 혹 핍근히들어오면 피ᄒᆞ여물너가며 혹 ᄂᆞᆷ이불의힝ᄉᆞ를 힝코져ᄒᆞ면 무심히ᄲᆡ앗기고 말고져ᄒᆞᆯ진ᄃᆡ、대한、ᄉᆞ람은 쟝ᄎᆞ 살곳이업슬것이오 용랍ᄒᆞᆯᄯᅡᆼ이 업슬지라 ᄒᆞᆷ을며 、일본、하등 인민들은、대한、에 오ᄂᆞᆫ쥬의가 우에말ᄒᆞᆫ바 각국상민이나 교인의ᄯᅳᆺ과 갓다ᄒᆞᆯ수업ᄂᆞᆫ터에 쟝ᄎᆞ 이ᄉᆞᄅᆞᆷ들이 국즁에 거의 아니가ᄂᆞᆫ곳이 업슬지니 쳔만가지리익을 젼후좌우로 좀먹듯 차지ᄒᆞᆯ지라 혈ᄆᆡᆨ과 기름을 낫낫치 ᄂᆞᆷ쥬어노코안져 쟝ᄎᆞ 어ᄃᆡ로가셔 살기를바ᄅᆞ리요 소위 외국과상통이라고 시쟉ᄒᆞᆫ지가 젼후슈십년에 ᄒᆞᆫ나도압흐로나간거슨업고 점점 못되여온거슨 다른연고안이오 다만 우에셔나 아ᄅᆡ셔나 다 이 구ᄎᆞᄒᆞᆫᄉᆡᆼ각을가지고 ᄂᆞᆷ의게 부닥게사ᄂᆞᆫ중에셔 이러케 됨이니 지금도이 구ᄎᆞᄒᆞᆫᄉᆡᆼ각을 파ᄒᆞ지못ᄒᆞ면 무ᄉᆞᆷ여망이잇스며 엇지 부지ᄒᆞ기를바ᄅᆞ리요 그런즉 맛당히 ᄒᆞᆷᄭᅴ서셔 밀녀가지안키를 ᄆᆡᆼ셰ᄒᆞ여야될지니 무ᄉᆞᆷ방칙으로 밀니지안으리요 다만 경징이라ᄒᆞᄂᆞᆫ거슨 다토ᄂᆞᆫᄯᅳᆺ시니 ᄂᆞᆷ과비교ᄒᆞ야 ᄒᆞᆫ거름이라도 압셔가려ᄒᆞ며 몬져 엇으려ᄒᆞᆷ이라 공부를ᄒᆞ여도 이ᄆᆞᄋᆞᆷ이업스면 잘되지못ᄒᆞ고 쟝

ᄉᆞ를ᄒᆞ여도 이ᄆᆞ음이업스면 될수업스며 셰상쳔만가지를 이ᄆᆞ음이 안이면 지금 셰상에 설수업ᄂᆞᆫ지라 그러나 지금우리가 ᄃᆡ문명ᄒᆞᆫ 외국인들과 무엇으로경쟁ᄒᆞ깃ᄂᆞ뇨 ᄃᆡᄉᆞ람들은 각각 그졍부에힘을엇어 공법의보호를밧으며 통상됴약의 보호를 밧ᄂᆞᆫ바ㅣ어ᄂᆞᆯ 우리ᄂᆞᆫ 졍부를 의뢰ᄒᆞᆯ힘이업스ᄆᆡ 공법도소용업고 약장도효력이 업ᄂᆞᆫ지라 엇더케 ᄃᆡ 외국인들과 경쟁ᄒᆞᆯ힘이 잇스리요 일로써볼진ᄃᆡ 우리ᄂᆞᆫ 아조엇지ᄒᆞᆯ수업ᄂᆞᆫ 쳐디를당ᄒᆞᆫ듯ᄒᆞ나 다만 우리ᄇᆡᆨ셩이 ᄆᆞ음만강ᄒᆞᆯ진ᄃᆡ 우리즁에셔 서로보호ᄒᆞᆯ힘이넉넉ᄒᆞ며 졍부에셔 우리를ᄒᆞ여줄만치 만들기도 ᄯᅩᄒᆞᆫ 우리즁에셔 ᄌᆞ연히될지라 우리나라 하등인즁으로보아도 、원산、항에모군들이 가장 보호ᄒᆞᄂᆞᆫ힘이잇셔 타국하등인이 무단히 능멸ᄒᆞ지 못ᄒᆞᆫ다ᄒᆞᄂᆞ니 이ᄂᆞᆫ 그ᄉᆞ람들이 서로울열이잇셔 ᄒᆞᆫ나이라도 놈의게 무고히욕을당ᄒᆞ면 여러ᄉᆞ람이 일시에모혀 긔어히 경위ᄃᆡ로 셜원ᄒᆞ고야 물너가며 엇던ᄉᆞ람ᄒᆞᆫ나ᄂᆞᆫ 외국인과 경위를 분셕ᄒᆞ려다가 외국인이 무슈히나서셔 무슈히구타ᄒᆞ며 내나라인민들은 ᄉᆞ방에 도라서셔 구경만ᄒᆞᆯ뿐이오 말ᄒᆞᆫ마ᄃᆡ안이ᄒᆞ며 관원된이들은 ᄇᆡᆨ번을 호소ᄒᆞ여도 도.라보지안ᄂᆞᆫ지라 마지못ᄒᆞ여 밤에칼을가지고가셔 그ᄉᆞ람을불너ᄂᆡ여 당장에죽이고 그칼을가진ᄃᆡ로 、일본、경찰소에가셔 살인ᄒᆞᆫ죄로 죽기를ᄌᆞ청ᄒᆞ니 듯ᄂᆞᆫ쟈ㅣ다송구히 녀엿다ᄒᆞᄂᆞ니 그ᄆᆞ음의악독ᄒᆞᆷ은 족히 칭찬ᄒᆞᆯ것이업스되 그 강직ᄒᆞ야굴치안으려ᄒᆞᄂᆞᆫ혈긔ᄂᆞᆫ 가히 본밧을만ᄒᆞᆫ지라 인민의ᄆᆞ음이 이러틋 굿세게 ᄇᆡᆨ일진

ᄃᆡ 졍부에보호업슴을 엇지념려ᄒᆞ며 놈이 엇지감히 무리ᄒᆞ게ᄃᆡ졉ᄒᆞ리요 그런즉 지금 우리나라ᄇᆡᆨ셩의흉즁에 이ᄆᆞᄋᆞᆷ이 굿세게ᄇᆡᆨ여야 ᄒᆞᆯ터이나 젼혀 굿세ㄴ ᄆᆞᄋᆞᆷ만가지고는 능히 경징ᄒᆞᆯ수업슬지라 맛당히 경위를알어야 굿세ㄴ ᄆᆞᄋᆞᆷ을 바로쓰는것이될지라 그러치안으면 내가 놈의경위에 지는거슬가지고 강력을 부리고져ᄒᆞᆯ지니 이러ᄒᆞᆫ강력은 실로 내게ᄒᆡ만되는거시라 맛당히 놈의경위와 법을알어야될터인즉 이거슬알라면 젼혀 ᄉᆡ것을 슝상ᄒᆞ여가지고야될지라 타국의인졍은 엇더ᄒᆞ며 풍속은엇더ᄒᆞ며 교화와졍치는 다 엇더ᄒᆞᆫ거슬 대강이라도 짐쟉ᄒᆞ여야위션 무식을면ᄒᆞᆯ터이니 문명ᄒᆞᆫᄉᆞ람을 ᄃᆡᄒᆞ여도 ᄉᆞᄉᆞ로 머리가슉여지는 슈치를면ᄒᆞᆯ것이오 ᄯᅩᄒᆞᆫ 놈을ᄃᆡᄒᆞ야 엇더케 졉졔ᄒᆞᆯ줄을알것이오 시비를당ᄒᆞ면 분간ᄒᆞᆯ줄을알지라 이거시 다 ᄉᆡ거슬슝상ᄒᆞ는즁에셔 ᄎᆞᄎᆞ ᄭᆡ달을것인즉 이거시 곳 ᄉᆞ람마다 ᄉᆡ거슬슝상ᄒᆞᆯ 뎨일관계오

이는 고셔를젼력ᄒᆞ야 힘쓰지말고 모도 ᄉᆡ학문칙을 쥬장을 ᄉᆞᆷ을지니 위션 공법과 통상ᄒᆞᆫ 약장합편이며 내나라ᄉᆞ긔와 디지를힘쓰며 통감 ᄉᆞ략등、쳥국、ᄉᆞ긔만 공부ᄒᆞ지말고 각국의지는ᄉᆞ젹과 당시형편을의론ᄒᆞᆫ 모든셔젹과 졍치 교화 풍속이며 각식학문상 셔칙을 구ᄒᆞ여 텬문디리가 엇더ᄒᆞ며 리학 텰학 화학 산학 법학 의학 농학 상학 경졔 졍치등 모든학문을 쥬의ᄒᆞ야 인간쳔만ᄉᆞ에 놈아는거슬다 알녀고힘쓰며 신문과월보등의 외국ᄉᆞ졍을말ᄒᆞᆫ거슨 긔어히구ᄒᆞ야 치국평민ᄒᆞ는

교학대 드버하 톤숫쌔 국미

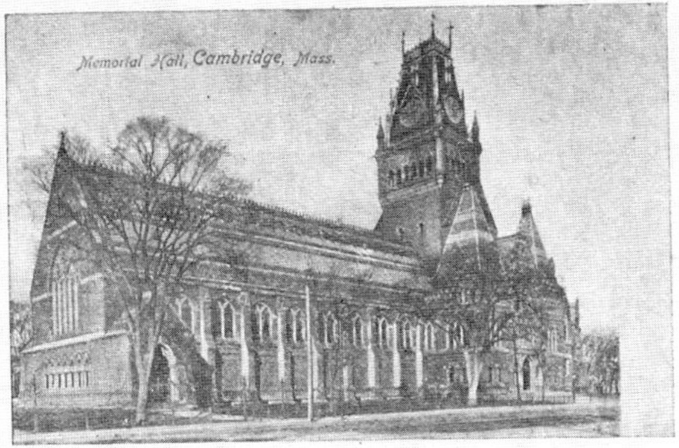

Memorial Hall, Cambridge, Mass.

Vanderbilt Hall. Yale University.

Dormitory Buildings, Harvard College, Cambridge, Mass.

미국프린스톤대학교

프린스톤대학교안에도셔관

법을 강구ᄒᆞ야 일심으로 ᄉᆡ거슬ᄇᆡ호며 다만 ᄇᆡ호기만 ᄒᆞᆯ분안이라 그 ᄇᆡ호ᄂᆞᆫ거
을 곳 힝ᄒᆞ야 놈이흉보고 욕ᄒᆞᄂᆞᆫ거슬 도라보지말고 나ᄒᆞᆫ져본ᄯᅥ셔 놈이보고 ᄯᅩ
ᄒᆞᆫ 나를ᄯᅡ르게ᄒᆞᆯ터인ᄃᆡ 이ᄂᆞᆫ 다만외양으로만 모본ᄒᆞ여가지고ᄂᆞᆫ 못될일이라 당
초에 ᄆᆞᄋᆞᆷ을기우려 속으로 흠션이녁여야ᄒᆞᆯ지니 몬져ᄭᆡ달을것은 지금셰샹에 녜
것을 숭상ᄒᆞ여가지고ᄂᆞᆫ 부지ᄒᆞᆯ수업슬것이오 겸ᄒᆞ여 지금셰샹에 ᄉᆡ거시라 ᄒᆞᄂᆞᆫ
것은 각국의여러가지를 비교ᄒᆞ야 뎨일됴흔거스로턱ᄒᆞ고 더 졍긴히만들어 통용
ᄒᆞᄂᆞᆫ거신즉 내나라에셔 ᄒᆞᆫ져쓰며 됴타ᄒᆞ던것을가지고 비교ᄒᆞᆯ수 업슬지니 비록
나의됴흔거시라도 다바리고 ᄉᆡ거슬쥰힝ᄒᆞ여야 능히 부지ᄒᆞᆯ줄로 ᄭᆡ달을지라 이
ᄉᆡᆼ각을 속에몬져두고 ᄉᆡ거슬보아야 효험이속ᄒᆞᆯ지니 만일 그러치못ᄒᆞ야 ᄉᆡ것도
좀보고 녜것도좀셕겨 ᄎᆞᄎᆞ 형편을ᄯᅡ라 변ᄒᆞ리라ᄒᆞᆯ진ᄃᆡ 셔편층계에 올으려ᄒᆞ면
셔 동편줄을다리고 놋치못ᄒᆞᆷ과 갓흔지라 엇지 속히올나 놉흔ᄃᆡ니르기를바ᄅᆞ리
요 그런즉 우리녜ㅅ법에 뎨일긴ᄒᆞ게 녁이던것도 다 바리고변ᄒᆞ야 ᄉᆡ거스로 ᄃᆡ
신ᄒᆞ기를 쟉뎡ᄒᆞᆯ지니 이러틋 쟉뎡ᄒᆞ고 밤낫으로변ᄒᆞ야 ᄉᆞ람과집안과 나라이낫
낫치 ᄉᆡ거시되여 쟝ᄎᆞ 일이십년안에ᄂᆞᆫ 전국이 다 、영、미국 ᄀᆞᆺ치되게 우리손으
로만들기를 일심으로 힘쓸 진ᄃᆡ 엇지、일본、만못ᄒᆞᆯ것을 념려ᄒᆞ리요 、일본、이 져
러틋된 근본을상고ᄒᆞ면 다 우에안즌이들이 몬져ᄭᆡ닷고 아ᄅᆡᄇᆡᆨ셩들을 가라치고
인도ᄒᆞ야 신학문이안이면 곳 힝셰ᄒᆞ지못ᄒᆞ며 살수가업ᄂᆞᆫ줄로 알도록 만들어쥬

논고로 빅셩이 져러틋 속히변ᄒᆞ엿거니와 우리나라에서는 졍부관원들이 인도ᄒᆞ여 쥬기를 바르기도어렵고 그 인도ᄒᆞ는거슬 또ᄒᆞᆫ 기달일것도업스니 우리가 다 각기 인도쟈가되여 힘과의를 몃갑졀 더써야ᄒᆞᆯ지라 이는 ᄉᆞ람마다 ᄉᆡ거슬 구ᄒᆞ기에 용밍시러히 ᄒᆞᆯ것이오

슴은 신학문을힘써셔 나의리익을 남의게 ᄲᅢ앗기지안키를 위쥬ᄒᆞᆯ지니 농학을비홀 셕에 어셔밧비 졸업ᄒᆞ여 바린ᄯᅡᆼ을ᄀᆡ쳑ᄒᆞ며 긔계를들여다가 몃비를늘게ᄒᆞ야 외국인이 몬져탸슈ᄒᆞᆯ결을이 업게ᄒᆞ며 상업을알아 외국상민이 권리가 ᄉᆞᄉᆞ로것치게ᄒᆞ며 광산학을알아 젼국리익을 외국인이 차지ᄒᆞ기젼에 몬져잡고 안즈려ᄒᆞ며 히상에 비질ᄒᆞ는리익과 뎐션우톄를 통ᄒᆞ는권리며 고기잡기와 륙디에 나무베히기와 공디에식목ᄒᆞ기며 기타 모든관계에 무슴법을쓰며 무슴긔계를 쓰는거슬낫낫치 비와다가 놈보다 몬져ᄒᆞ기로힘쓰며 히관에셰랍밧기와 각아문에 고문관될 직목을 무슈히 만들어니여 외국인을 고용ᄒᆞ지말고 식법을힝ᄒᆞ게ᄒᆞ며 물건졔조ᄒᆞ는법을 갓갓이로비와 외국물건을 사오지안코 지어쓰며 지은물건을 외국으로 실어니여 타국의돈을 벌어들이기를 큰 ᄉᆞ업으로 녀여야ᄒᆞᆯ지라 물건졔조ᄒᆞ는거시 심히긴급ᄒᆞ니 다만 의복ᄒᆞᆫ가지만 보아도 손으로짜는이보다 긔계로짜는거시 물건도졍긴ᄒᆞ고 갑도싼지라 본국에셔 짜는포목은 사다닙는 ᄉᆞ람이업슨즉 인ᄒᆞ야 짜는ᄉᆞ람이 또ᄒᆞᆫ 업셔지고 젼국이 다 셔양목만사닙으니 일년에 의복으로인

연ᄒᆞ야 외국으로 나가ᄂᆞᆫ돈이 얼마나되깃ᄂᆞ뇨 기외에도 가진일용ᄉᆞ물이 다이와 갓치 슈입ᄒᆞ니 만일 홍상 이러ᄒᆞ면 젼국에 혈ᄆᆡᆨ이말나 지물은귀ᄒᆞ고 ᄉᆞ람은쳔ᄒᆞ야 고용ᄒᆞᄂᆞᆫ월은이나 모군서ᄂᆞᆫ품삭이 ᄒᆡ마다ᄯᅥ러지며 ᄉᆞ람살기ᄂᆞᆫ 졈졈 어려워셔 ᄀᆡ와돗치 ᄃᆡ졉을밧으면셔 엇어먹기가 난ᄒᆞ여 ᄯᅡ로셔기를 ᄉᆡᆼ각지못ᄒᆞᆯ지라 이엇지 ᄇᆡᆨ셩을 남의노례를만드ᄂᆞᆫ 큰 관계가안이리요 이상 여러가지를 다 우리가ᄇᆡ와셔 남과ᄀᆞᆺ치만들며 ᄎᆞᄎᆞ 남보다 낫게ᄒᆞ기를시험ᄒᆞ야 외국에셔 만드ᄂᆞᆫ물건이 도로혀 품렬도ᄒᆞ고 션가와ᄐᆡ가를먹여오기에 갑도빗ᄉᆞ셔 사지안이ᄒᆞ며 ᄇᆡᆨ셩들이 일심되여 셜령 내나라에셔 서로만든물건갑시 몃ᄇᆡᆫ더ᄒᆞᆯ지라도 돈이외국에나가지안키위ᄒᆞ야 다토어 본국것을사며 외국물건이 스ᄉᆞ로 밀녀나가고 내나라것이 ᄎᆞᄎᆞ풍셩ᄒᆞ야 상업의긔초가 잡힐진ᄃᆡ ᄇᆡᆨ쳔가지ᄉᆞ업이 다 이러케흥왕ᄒᆞ야 ᄎᆞᄎᆞ 지물이들어오며 ᄉᆞ업이발달되며 인민의ᄉᆡᆼ계가터져셔 날로 흥셩ᄒᆞᄂᆞᆫ경황이나리니 이거시 다 새거슬 슝상ᄒᆞᄂᆞᆫᄃᆡ셔 되ᄂᆞᆫ지라 ᄉᆞ람마다 그리익이 이러케되기를 경영ᄒᆞᆯ것이오

ᄉᆞᄂᆞᆫ 신학문의관계가 이러ᄒᆞᆷ을알진ᄃᆡ 맛당히 졍긴ᄒᆞ게공부ᄒᆞ야 그 실상효험을엇어야ᄒᆞᆯ지니 、일본、과 、쳥국、에셔 번역ᄒᆞᆫ것과 모든셔젹을 만히구ᄒᆞ여보면 넉넉ᄒᆞᆯ터이나 국문으로 지은칙이업ᄉᆞ니 어셔 국문으로번역도ᄒᆞ며 만들기도ᄒᆞ여야 한문모르ᄂᆞᆫᄉᆞ람이 학문을 ᄇᆡ와볼게졔가 ᄉᆡᆼ길지라 심히 급급ᄒᆞ거니와 이것만가지

고는 오히려 부족ᄒᆞᆯ념려가잇ᄉᆞ니 위션 외국언어와 문ᄌᆞ를ᄇᆡ와 외국셔칙도보며 외국인을 교셥ᄒᆞ야 졍의도상통ᄒᆞ여 내나라글과 말로 통ᄒᆞᆯ수업ᄂᆞᆫ뜻슬 연구ᄒᆞ며 일변으로 외국에유학ᄒᆞ야 셰상구경도 친히ᄒᆞ며 각식 긔이ᄒᆞᆫ물건과 졍긴ᄒᆞᆫ법도 눈으로친히보아 이목과 의ᄉᆞ도널니며 학문과ᄌᆡ조도 졍통ᄒᆞ야 ᄂᆞᆷ과 비교ᄒᆞ여도 질것이업도록 되여가지고 도라오기를 긔약ᄒᆞᆯ지라 만일 이셩벽이업시 ᄂᆞᆷ과교셥ᄒᆞᆯ진ᄃᆡ 마지못ᄒᆞ여 ᄉᆡᆼ각ᄒᆞ되 우리ᄂᆞᆫ 의례히 ᄂᆞᆷ만못ᄒᆞ고 ᄂᆞᆷ과셕기지못ᄒᆞ리라ᄒᆞ야 ᄒᆞᆼ상 ᄂᆞᆷ의아ᄅᆡ 거ᄒᆞ기를 면치못ᄒᆞ리니 이ᄂᆞᆫ 다만 ᄂᆞᆷ의노례밧게 못될쟈ㅣ라 엇지 독립ᄒᆞ기를 경영ᄒᆞ리오

슯흐다 무식ᄒᆞᆫ인민의ᄉᆡᆼ각이 멀지못ᄒᆞ야 혹 무ᄉᆞᆷ공부를권ᄒᆞ면 나ᄂᆞᆫ ᄒᆞ지못ᄒᆞᆫ다ᄒᆞ니 이ᄂᆞᆫ ᄌᆡ몸을 ᄉᆞᄉᆞ로 바림이라 다 갓ᄒᆞᆫ텬품으로 아니될리치가 어ᄃᆡ잇ᄉᆞ리요 ᄉᆞ람마다 맛당히 ᄂᆞᆷ이ᄒᆞᄂᆞᆫ거ᄉᆞᆫ 나도힘쓰면 되ᄂᆞᆫ줄로 알것이오 혹은 엇지ᄒᆞ야 얼마동안 공부ᄒᆞ다가 맛ᄎᆞᆷᄂᆡ 파의ᄒᆞ며 당쟝에 ᄒᆞᆫ두푼이라도 엇어먹을 일을 ᄒᆞᆫ다ᄒᆞ니 이ᄂᆞᆫ 공부가 밋쳔인줄을 알지못ᄒᆞᆷ이라 당쟝에 곤궁ᄒᆞᆷ을 익의고 몃ᄒᆡᄌᆡ조를 닥갓스면 당초에 몃푼쟈리못되게 구구히 공용ᄒᆞ던쟈가 곳 몃갑졀 버리를 쾌쾌히ᄒᆞᄂᆞᆫ줄은 알지못ᄒᆞᄂᆞᆫ지라 이ᄂᆞᆫ ᄉᆞ람마다 맛당히 ᄆᆡ가륙졍을ᄒᆞ거나 굼고 얼어가면셔라도 공부를셩공ᄒᆞᄂᆞᆫ것이 큰근본으로알것이오 혹은 엇지ᄒᆞ야 외국에 가셔라도 큰목뎍은 니져바리고 쥬식풍루쟝에 ᄲᆡ지거나 혹 ᄌᆡ물벌기에 ᄌᆞ

미를들여 나라형편은 엇지되엿던지 내외동포는 무숨디경을 당ᄒᆞ던지 무심히안져 셰월을허비ᄒᆞᄂᆞ니 이는 외국의가는쟈ㅣ ᄒᆞᆼ상 대의를 잇지말것이오 혹은 형편에 긴졀ᄒᆞᆫ거슬 ᄉᆞᆲ히지못ᄒᆞ고 다만 헛된일홈만즁히녀여 고등젼문학을 쟝원히 경영ᄒᆞ되 그ᄉᆡᆼ각에 이학문을비호면 남이장ᄎᆞ 나를불너쓰ㄹ ᄯᅢ가 잇스리라 ᄒᆞᄂᆞᆫ지라 이ᄉᆡᆼ각이 본ᄅᆡ 불가ᄒᆞᆷ은안이로되 지금우리나라쳐디로 비교ᄒᆞ면 이ᄉᆡᆼ각이 ᄯᅩᄒᆞᆫ 남의노례됨을 벗셔나지못ᄒᆞᆷ이라 맛ᄎᆞᆷᄂᆡ ᄌᆞ립ᄒᆞᄂᆞᆫ쥬의가 업스니 ᄉᆞ람마다 이러케 쥬의ᄒᆞᆯ진ᄃᆡ 다 각각들어안져 형편이변ᄒᆞ기만 기다릴지니 형편을변ᄒᆞ게 만들쟈는누구며 셜령 변치못ᄒᆞᆯ날은 그학문을 무엇에쓰깃ᄂᆞ뇨 그럼으로 공부ᄒᆞ는쟈ㅣ 맛당히 긴급ᄒᆞᆷ을 몬져힘써 형편이 아모리 어려온중이라도 내가와셔 흘로힝ᄒᆞ여 어두운던디에 등불이되야 남을가라쳐 동리와 고을이 ᄉᆡ빗출보게만드는 직칙을담당ᄒᆞ여 도쳐에 남의션ᄉᆡᆼ과 표쥰될쟈ㅣ 만키를 도모ᄒᆞᆯ지니 이거시참 이런나라에 요긴도ᄒᆞ고 ᄯᅩᄒᆞᆫ즁대ᄒᆞᆫᄉᆞ업이라 이직칙을 합당히 담칙ᄒᆞᆯ쟈ㅣ 잇셔교육상 명예와권력이 ᄎᆞᄎᆞ쟈라셔 공효가 일국에 들어날진ᄃᆡ 그 공효와영광이 엇지 심상ᄒᆞᆫ부귀와 비ᄒᆞ리요 이는 ᄉᆞ름마다 헛된영화를 경영치말고 실상 ᄉᆞ업을 힘쓰ㄹ 지어다

셰ㅅ지는외교를잘ᄒᆞᆯ줄알어야ᄒᆞᆯ지라

일은 외교를 친밀히ᄒᆞᄂᆞᆫ것이 지금셰상에 나라를부지ᄒᆞᄂᆞᆫ법으로 알어야ᄒᆞᆯ지니 만

일 외교가아니면 형세가외로워셔 남의침탈을 면홀수업ᄂᆞᆫ고로 셰상에 아모리강훈나라도 외교상에 벗셔나ᄂᆞᆫ거슨 대단히 두려ᄒᆞᄂᆞᆫ바ㅣ라 ᄉᆞ람이 무인디경에혼져잇ᄉᆞ면 즘싱의히도 막을수 업ᄉᆞ려니와 강포훈쟈가 거리셸것업시 침탈홀지니 여러히모혀잇셔야 ᄋᆞ히가진ᄯᅥᆨ도 감히 ᄲᅢ앗지못홀지라 나라이 외로히잇ᄉᆞ면 강국이 졸디에침로홀지니 여러나라이합ᄒᆞ야 훈 리웃시되여 서로관계를맷고 지낼진ᄃᆡ 남이엇지 나의약홈을 인연ᄒᆞ야 법외에일을힝ᄒᆞ리요 내가몬져 공법의ᄯᅳᆺ슬억의지말고 공평졍대ᄒᆞ게 힝셰ᄒᆞ며 각국들과 친밀히ᄒᆞ야 졍의가도타올진ᄃᆡ 타국이 나를 의리상 친구로알어 언제던지 내가 남의게원굴홈을 당홀ᄯᅢ에ᄂᆞᆫ 경위로 힘셋도아줄지니 이ᄂᆞᆫ 우리가 구ᄒᆞ지안어도 ᄉᆞᄉᆞ로 도아쥬ᄂᆞᆫ쟈ㅣ 만히 싱길이라 이거시 곳 잔약훈나라들이 강국ᄉᆞ이에잇셔 능히 보젼ᄒᆞᄂᆞᆫ 근본이오

이ᄂᆞᆫ 외교를 돈목히 ᄒᆞ고져홀진ᄃᆡ 맛당히 공평홈으로 쥬쟝을삼을지니 만일 훈나라ᄂᆞᆫ 친근ᄒᆞ고 훈나라ᄂᆞᆫ 셩긔면 나의편벽됨을인연ᄒᆞ야 남의싀긔를 닐희키ᄂᆞᆫ거시라 친근치못훈쟈ᄂᆞᆫ 응당 긔회를기다려 히홀싱각이날것이오 친근훈쟈ᄂᆞᆫ 응당형편을 인연ᄒᆞ여 특별훈리익을 도모홀지니 이ᄂᆞᆫ ᄉᆞᄉᆞ로 위티롭게ᄒᆞᄂᆞᆫ근본이라 당초에 남의은혜를밧거나 힘을의뢰ᄒᆞ고ᄂᆞᆫ ᄌᆞ연히 편벽된ᄯᅳᆺ시 들어나지 안을수업ᄂᆞ니 남의찬조ᄒᆞ려ᄂᆞᆫ 일이잇거던 긔어히 힘닙지말고 우리손으로 비화셔힝ᄒᆞ기를 힘쓰ㄹ 진ᄃᆡ ᄉᆞᄉᆞ로 공평훈쥬의를 일치안을것이오 내나라ᄇᆡᆨ셩은 너무후이

ᄃᆡ졉ᄒᆞ며 타각인민은 박ᄒᆞ게ᄃᆡ졉ᄒᆞ거나 내나라ᄇᆡᆨ셩은 박ᄒᆞ게 ᄃᆡ졉ᄒᆞ고 타국인민은 후ᄒᆞ게ᄒᆞᄂᆞᆫ것도 ᄯᅩᄒᆞᆫ 공평치못ᄒᆞᆫ지라 맛당히 일톄로 공평ᄒᆞᆫ뜻슬일치말어 ᄂᆡ외와 피ᄎᆞ를구별업시 경위와 법ᄃᆡ로만ᄃᆡ졉ᄒᆞ며 ᄉᆞᆺᄉᆞᆺ치 평화ᄒᆞᆫ쥬의를직혀 됴ᄒᆞᆫ뜻슨 들어ᄂᆡᆯ지니 경향을물론ᄒᆞ고 관원이나 ᄇᆡᆨ셩이나 외국인을ᄃᆡ졉ᄒᆞᆯᄯᅢ에 ᄒᆞᆫ연ᄒᆞᆫ뜻스로 쥬ᄀᆡᆨ된례모를일치말어셔 평시에ᄂᆞᆫ 다 됴ᄒᆞᆫ친구요 란시에ᄂᆞᆫ 젹국이 되ᄂᆞᆫ줄을 일치말어야ᄒᆞᆯ지라 셔양문명ᄒᆞᆫ나라에 가장 문명ᄒᆞᆫ인민은 흔히 나라로써 심히 구별치안코 의리로써 쥬쟝을삼ᄂᆞᆫ고로 의리에관계ᄒᆞᆫ일은 남의나라ᄇᆡᆨ셩들이 ᄌᆞ원ᄒᆞ고와셔 군ᄉᆞ가되여 ᄃᆡ신싸호기도ᄒᆞ며 심지어 졔나라졍부에셔 군ᄉᆞ를보ᄂᆡ여 타국과 싸호ᄂᆞᆫ쟈리에도 의리만들니면 그ᄇᆡᆨ셩들이 의긔를위ᄒᆞ야 타국편으로가셔 군ᄉᆞ가 되ᄂᆞᆫ일이 무슈ᄒᆞᆫ즉 내가 셰상에 의리만 쟝히들어ᄂᆡ면 각국에 의긔남ᄌᆞᄂᆞᆫ 다 나의편으로설지라 남과 나를 구별ᄒᆞᆯ것 업슬듯ᄒᆞ거니와 문명이 이정도에 잇셔가지고ᄂᆞᆫ 젼혀 의리만 힘닙을수업슨즉 셜령 불힝ᄒᆞ야 뎌나라와 내나라이 젼징ᄒᆞ게되ᄂᆞᆫ날은 뎌ᄉᆞ람과 나의졍분이 평일에ᄂᆞᆫ 아모리됴왓스나 뎌ᄉᆞ람은 불가불 뎌나라를위ᄒᆞ고 나ᄂᆞᆫ불가불 내나라를 위ᄒᆞ여야될지니 공의상으로ᄂᆞᆫ 피ᄎᆞ젹국간이라 이 의리를ᄉᆡᆼ각ᄒᆞ면 평시에ᄂᆞᆫ 아모리 졍답게지ᄂᆡ다가라도 국권에손ᄒᆡᄒᆞᄂᆞᆫ말이나 일이잇슬ᄯᅢ에ᄂᆞᆫ 불가불 면분이나졍의로 인연ᄒᆞ야 말지못ᄒᆞᆯ지며 ᄯᅩᄒᆞᆫ 뎌ᄉᆞ람과 젹국이되ᄂᆞᆫ것도 당쟝 의리를닷토ᄂᆞᆫ마당에만 ᄃᆡ젹ᄒᆞᆯ

것이오 총ᄃᆡ만 노코안ᄌᆞ면 곳 여젼ᄒᆞᆫ친구요 ᄯᅩᄒᆞᆫ 그 젹국의 갓흔나라ᄇᆡᆨ셩이라도 ᄡᅡ홈마당에 서지안은쟈ᄂᆞᆫ 곳 친구로볼지라 ᄉᆞ람마다 이러케 결심ᄒᆞ야 ᄒᆞᆼ상 교졔를신즁히ᄒᆞ면 나의강ᄒᆞᆫ힘이 부지즁에 들어날것이오

숨은 교졔를 친밀히ᄒᆞ고져ᄒᆞᆯ진ᄃᆡ 맛당히 류가ᄀᆞᆺᄒᆞ셔 무리에셕겨야 친구가되ᄂᆞᆫ법이라 완고ᄒᆞᆫ구습을직혀 의향과풍속과모양은 조곰도변치못ᄒᆞ야 셕기지안으면셔 다만 얼골로만사괴거나 입살로만친ᄒᆞᆯ진ᄃᆡ ᄉᆡ것과 녜ᄉ것에구별이 판이ᄒᆞᆫ즉 더 친구들이 ᄌᆞ연히 업수히녀이ᄂᆞᆫᄉᆡᆼ각도 잇거니와 심즁에혜아리되 、대한、ᄉᆞ람들이 죵시 ᄀᆡ화를 실혀ᄒᆞ니 비록 외양으로ᄂᆞᆫ 됴ᄒᆞᆫ듯ᄒᆞ나 ᄆᆞ음에ᄂᆞᆫ 외국ᄉᆞ람을 업수히녀이ᄂᆞᆫ뜻시 얼마ᄶᅳᆷ 잇ᄂᆞᆫ고로 변혁ᄒᆞ기를 금지ᄒᆞᆷ이라 지금 우리와됴케지ᄂᆡᄂᆞᆫ 것이 실로 ᄆᆞ음에 됴ᄒᆞᆫ것이안이라 그형셰를 당ᄒᆞᆯ수 업ᄂᆞᆫ줄로 아ᄂᆞᆫ고로 부득이 부치ᄂᆞᆫ거시니 만일 긔회만잇스면 우리를 다 ᄒᆡᄒᆞᆯ일도 곳 ᄒᆡᆼᄒᆞᆯ지라 졍의로친구라 ᄒᆞᆯ수업스니 우리도 것흐로ᄃᆡ답ᄒᆞ며 긔회만잇거던 호령ᄒᆞ고핍박ᄒᆞ야 리익이나도모ᄒᆞᆷ이 올타ᄒᆞ야 인ᄒᆞ여 합ᄒᆞᆯ수업슨즉 아모리 외교슈단이련슉ᄒᆞ여도 졍의가 상합ᄒᆞᆫ친구ᄂᆞᆫ 될수업ᄂᆞᆫ지라 맛당히 모양을변ᄒᆞ야 ᄂᆞᆷ들과ᄀᆞᆺ치되며 법률과풍속이 ᄂᆞᆷ들과갓ᄒᆞ야ᄒᆞᆯ것이오 모든거시 다 갓ᄒᆞ지고져ᄒᆞᆯ진ᄃᆡ ᄆᆞ음이 몬져변ᄒᆞ야 ᄂᆞᆷ의됴ᄒᆞᆫ 법률졍치와 학문도덕이 다 어ᄃᆡ셔 나온근본을 본밧어 ᄒᆡᆼᄒᆞᆫ후에야 비로소 ᄉᆡ거슬숭상ᄒᆞᄂᆞᆫ 참 효험도잇슬거시오 각국의교졔도 ᄌᆞ연히 갓가워질것이

오
ᄉᆞ는 진실ᄒᆞᆷ으로써 교제ᄒᆞᄂᆞᆫ근본을 ᄉᆞᆷ을지니 이ᄂᆞᆫᄆᆡ인이ᄆᆡ인을 교제ᄒᆞᄂᆞᆫᄃᆡ도 진
실ᄒᆞᆫ것ᄒᆞᆫ가지를바리고는 엇지ᄒᆞᆯ수업스려던 ᄒᆞᆷ을며 나라이나라를교섭ᄒᆞᄂᆞᆫᄃᆡ 진
실ᄒᆞᆷ이업고야 엇지놈과합ᄒᆞ기를 바ᄅᆞ리요 동방에교화가졈졈쇠ᄒᆞ여지며 참됨이
적고 거짓거슬숭상ᄒᆞ야 하등쳔인들의 거짓말과 속이ᄂᆞᆫ일은 다 니르지도말고다
만 상등관인으로 말ᄒᆞᆯ지라도 권모술슈와 롱락슈단은 업슬수업다ᄒᆞ야 졍졍방방
히 ᄒᆞᄂᆞᆫ일은 당초에 되지안코 남의셰에 ᄉᆡ진ᄉᆞ람만 될줄로아ᄂᆞ니 이 고질을파
ᄒᆞ지못ᄒᆞ고는 결단코 교졔를 엇을수업ᄂᆞᆫ지라 맛당히 무ᄉᆞᆷ일을당ᄒᆞ던지 외국과
교섭ᄒᆞᆯᄯᅢ에ᄂᆞᆫ 셩픽를 ᄉᆡᆼ각지말고 ᄉᆞ실ᄃᆡ로 들어ᄂᆡ여 나의진심을뵈히며 궤휼ᄒᆞᆫ
계칙과 반복ᄒᆞᄂᆞᆫᄌᆡ조로 이럭져럭 둘너ᄃᆡ야 당쟝에 응구쳡ᄃᆡᄒᆞ거나 화를면ᄒᆞᄂᆞᆫ
것만 ᄌᆡ조로녁이지말고 광명졍대ᄒᆞᆫ 힝실로 셰상에 신이들어나셔 우리가ᄒᆞᄂᆞᆫ일
과 우리가ᄒᆞᄂᆞᆫ말을 남이 다 취신ᄒᆞᆯ만치되여야 당쟝은 권모술슈를부리지못ᄒᆞ여
랑픽ᄒᆞᄂᆞᆫ듯ᄒᆞ나 실상은 한업ᄂᆞᆫ리익이되ᄂᆞᆫ법이라 이ᄂᆞᆫ 、대한、ᄉᆞ람들이 본국인셰
리도 쳔만ᄉᆞ에 뎨일몬져힘쓰며 가쟝 깁히본밧을바ㅣ어니와 더욱이 외국인과상
관ᄒᆞᄂᆞᆫ자리에ᄂᆞᆫ 이거시안이면 곳망신픽가망국ᄒᆞᄂᆞᆫ 근본으로알어셔 니를갈고직
혀힝ᄒᆞ여야 될것이오
오는 내가 아모리 진실진의ᄒᆞ며 공평졍직ᄒᆞ게 ᄃᆡ졉ᄒᆞᆯ지라도 당초에 우리가 힝셰

를 잘ᄒᆞ지못ᄒᆞ야 셰상 취신이되지못ᄒᆞᆫ즉 더 외국인즁에 불법불의ᄒᆞᆫ쟈ㅣ업지안어셔 법을억의고 경위에 버셔나ᄂᆞᆫ일을 힝ᄒᆞ고라도 도로혀 우리를얼거말ᄒᆞᆯ진ᄃᆡ 셰상에셔ᄂᆞᆫ 더 불법ᄒᆞᆫ외국인의말을 고지들을지언졍 우리의 억울을당ᄒᆞᆫ거ᄉᆞᆫ 잘 밋지안이ᄒᆞᆫ즉 셰상에들어ᄂᆡ여 경위로닷톨수도업고 우리나라법률로ᄂᆞᆫ 외국인의 무리ᄒᆞᆷ을 다ᄉᆞ릴수도업ᄂᆞᆫ지라 그런즉 외국인이 이런긔회ᄅᆞᆯ보고 곳 무인디경ᄀᆞᆺ치녁여 분슈밧게 욕심을ᄂᆡᄂᆞᆫ쟈ㅣ 분분히싱겨 불법무리ᄒᆞᆫ일을 쳡쳡히 힝ᄒᆞᆯ지니 이런경우를 당ᄒᆞ거던 맛당히 됴흔ᄯᅳᆺ스로 ᄒᆡ셕ᄒᆞ야 경위가 그러치 안은것을 알어듯도록니르며 그ᄒᆡ가엇더ᄒᆞᆫ것을 비교ᄒᆞ여 소상히 ᄭᆡ우쳐쥬며 일반국민이 각각 ᄌᆞ긔일로알어 일졔히모혀 공평히 시비를분셕ᄒᆞ되 죵시 경위에굴치안이ᄒᆞ거든 아모리 ᄉᆞ소ᄒᆞᆫ일이라도 젹게녁여 파의치말고 긔어히 법으로 판결ᄒᆞ기를 시험ᄒᆞᆯ지라 내나라에 외부도잇고 각 디방관도잇ᄉᆞᆫ즉 ᄉᆞ실의 소상ᄒᆞᆫ증거를들어경찰ᄉᆞ법관에 등소들어 긔어히바로잡고 물너나기를 긔약ᄒᆞ며 여간 ᄒᆞᆫ두푼관계라도 여러ᄉᆞ람이 일심ᄒᆞ여 경비와인력을 몃갑절 허비ᄒᆞ고라도 경위를 긔어히 밝혀야 일후 큰관계에 공동ᄒᆞᆫᄒᆡ를 밧지안을줄로녁여 위티ᄒᆞ고 어려온거슬무릅쓰고 ᄊᆞ호지 나갈진ᄃᆡ 맛참ᄂᆡ 회복ᄒᆞᆯ도리가 싱길것이오 만일 그러ᄒᆞ여도 셜원ᄒᆞᆯ도리가 업슬진ᄃᆡ 곳 나의셩명으로 시비를결단ᄒᆞᆯ지라 엇지ᄉᆞᄉᆞ로 머리를숙이고 구ᄎᆞ히편ᄒᆞᆫ것만 경영ᄒᆞ리요 혈긔장부가 찰ᄒᆞ리 죽어몰을지언졍 엇지 그분을참고 ᄯᅳᆺ슬굴ᄒᆞ야 다만 ᄒᆞ로잇ᄉᆞᆯ의 더러온목숨을 더살기만 쟝히 녁이리요 ᄒᆞᆷ을며 나ᄒᆞᆫ몸의당ᄒᆞᆫ일이 곳 젼국ᄇᆡᆨ셩의 일톄로당ᄒᆞᆷ이라 나의목숨을 살기위ᄒᆞ야 경위를 굴ᄒᆞᄂᆞᆫ날은 ᄂᆞᆷ의ᄒᆡᆼᄑᆡᆨᄒᆞᄂᆞᆫ 문을열어 젼국동포가 다 ᄂᆞᆷ의침탈을 당ᄒᆞᆯ지니 일후 나의ᄌᆞ손은 엇지 이 침탈을면ᄒᆞ리요 내가 이 더러운목숨을 잠시바리ᄂᆞᆫ날은 더 무리ᄒᆞᆫ인민들이 스ᄉᆞ로 간담이ᄯᅥ러져 이후에ᄂᆞᆫ 이런ᄒᆡᆼ습을 ᄌᆞ연 서슴고 못ᄒᆞᆯ지라 일로인연ᄒᆞ야 내나라ᄇᆡᆨ셩의게 세치ᄂᆞᆫ효험이 적지안을지니 엇지 나의공효가안이며 ᄯᅩᄒᆞᆫ 그뒤를ᄯᅡ라 인심이 날로강ᄒᆞ여질진ᄃᆡ 셰상공론이 ᄎᆞᄎᆞ돌아셔 말ᄒᆞ기를 ˋ대한ˋᄇᆡᆨ셩은 공법과 경위에밝아셔 몬져 실슈ᄒᆞᄂᆞᆫ 일이업고 ᄂᆞᆷ의무리ᄒᆞᆷ을당ᄒᆞ면 목숨을 바리기ᄭᆞ지라도 긔어히 ᄭᅳᆺ흘ᄂᆡ고야마ᄂᆞ니 그ᄉᆞ람들을 경ᄒᆞᆯ히 보앗다가ᄂᆞᆫ 랑ᄑᆡᆨᄒᆞ리라ᄒᆞ야 졈졈 법외에일이적어가며 놉흔ᄃᆡ졉이 도라올지라 이ᄂᆞᆫ 외교로인연ᄒᆞ야 국권을 강ᄒᆞ게ᄒᆞᄂᆞᆫ 근본이오

네ᄉ재ᄂᆞᆫ국권을즁히녁일것이라

일은 ᄉᆞ람마다 치외권리를 엇지못ᄒᆞᆷ으로 뎨일슈치와욕인줄알어 긔어히 우리ᄉᆡᆼ젼에 회복ᄒᆞᄂᆞᆫ거슬보고야 말기를긔약ᄒᆞᆯ진ᄃᆡ 맛참ᄂᆡ 되ᄂᆞᆫ날이 잇슬지라 타국ᄉᆞ람이 우리나라에들어와 사ᄂᆞᆫ것을 우리가 우리법률로 다ᄉᆞ리지못ᄒᆞᄂᆞᆫ고로 ᄂᆞᆷ의동등ᄃᆡ졉을 밧지못ᄒᆞᆷ이라 그런즉 우리도 ᄒᆞ로밧비법률을곳쳐 ᄂᆞᆷ과ᄀᆞᆺ치되며 ᄉᆞ람을 공평히ᄃᆡ졉ᄒᆞ야 등분을 갈희지말고 경찰을밝히ᄒᆞ야 불량ᄒᆞᆫ무리들이 ᄌᆞ최를

숨기지못ᄒᆞ게ᄒᆞ며 악ᄒᆞᆫ형벌을폐ᄒᆞ야 야만의ᄒᆞᄂᆞᆫ일을 일호도힝치말며 옥졍을곳쳐 위ᄉᆡᆼ에 젹당ᄒᆞ도록ᄒᆞ며 ᄌᆡ판ᄒᆞ고 가두ᄂᆞᆫ것이 방한이잇게ᄒᆞ고 ᄉᆞ람의권리를 즁히녁여 법외에학ᄃᆡᄒᆞ거나 위협ᄒᆞᄂᆞᆫ 폐단을졔ᄒᆞ며 누구던지 국법을 쳔단히곳치지못ᄒᆞ게ᄒᆞ야 일뎡ᄒᆞᆫ위령이 힝ᄒᆞ게ᄒᆞ며 혹 상관의 쳥을듯거나 셰력에눌녀셔 범법ᄒᆞᄂᆞᆫ쟈를 짐짓 징치ᄒᆞ지안흘진ᄃᆡ 이ᄂᆞᆫ 상관이 몬져법을범ᄒᆞᄂᆞᆫ거시니 법을 억의ᄂᆞᆫ 상관의명령은 결단코 쥰힝치말어셔 곳 파면을당ᄒᆞ거나 즁죄를밧더ᄅᆡ도 내ᄒᆞᆫ몸이 이쟈리를 ᄂᆡ여노키젼에ᄂᆞᆫ 법ᄃᆡ로만 힝ᄒᆞ리라ᄒᆞ야 목숨이 다ᄒᆞ기ᄭᆞ지 나가ᄂᆞᆫ거시 비로소 직칙을힝ᄒᆞᄂᆞᆫᄉᆞ람이오 그 아ᄅᆡ평민이라도 이ᄆᆞᄋᆞᆷ을품어 법외의일은 ᄌᆞ긔만 힝치안을ᄲᅮᆫ아니라 ᄂᆞᆷ도힝치못ᄒᆞ도록 결심ᄒᆞ며 ᄂᆡ외국인을 물론ᄒᆞ고 범법ᄒᆞᄂᆞᆫ쟈ᄂᆞᆫ 다만 법ᄃᆡ로 증치ᄒᆞᄂᆞᆫ외에 혹 ᄉᆞᄉᆞ로히 욕을뵈히거나 규측을억의고 셜치셜분ᄒᆞᄂᆞᆫ일은 엄금ᄒᆞ며 기타 모든일을 다 이 몃가지경위를 밀우워 힝ᄒᆞᆯ지라 그러나 ᄉᆞ람이 법만의지ᄒᆞ고 힝셰ᄒᆞ면 인심이 ᄒᆞᆼ상 각박ᄒᆞ고한독ᄒᆞᆯ터이니 이것만밋고ᄂᆞᆫ 만국공회에 참예ᄒᆞᆯ수업고 별로히 온셰상을 사랑ᄒᆞᄂᆞᆫ ᄆᆞᄋᆞᆷ으로 근본을삼아 어질고 쟈비ᄒᆞᆫᄉᆞ업을 만히닐희켜 셔양문명ᄒᆞᆫ나라들의 교밋ᄂᆞᆫ남녀가 각국인민들을 위ᄒᆞ여 힝ᄒᆞᄂᆞᆫ일을 만히모본ᄒᆞ야 놉흔덕화가 셰상에 들어나야 셰상에셔 ᄉᆞᄉᆞ로 놉흔ᄃᆡ위로 ᄃᆡ졉ᄒᆞᄂᆞ니 이ᄂᆞᆫ 외국인을 평등으로 다ᄉᆞ릴권리를 차즐근본이오

의학박ᄉᆞ쇄어멘과그부인과ᄋᆞ달형뎨

일즉미국으로도라온후
한인을위ᄒᆞ야〔로선즐쓰〕에
교회를설립ᄒᆞ고감독

대한에서전도ᄒᆞ는미국선교ᄉᆞ중

본져술가의셔가장친졀ᄒᆞ던친구

이는 대소관민이나 남녀로소를 물론ᄒᆞ고 직칙이 잇는줄로알지니 각각무슴직업을 ᄒᆞ던지 다 게으르지말고 부즈런히ᄇᆡ호며 일ᄒᆞ여 그 위업ᄒᆞ는ᄉᆡᆼ이가 나라에 리로운가 ᄒᆡ로운가 몬져ᄉᆡᆼ각ᄒᆞᆫ여보아셔 나라에 ᄒᆡ로을일은 긔어히바리고 다른ᄉᆡᆼ익를 도모ᄒᆞ야 나라에도리롭고 나의게도 리로을일을엇어 위업ᄒᆞᆯ지니 크나적으나 여러ᄉᆞ람의게 유조ᄒᆞᆯ것은 나라에리로운것이오 남의게 ᄒᆡ될것은 내가아모리 리로워도 나라에ᄒᆡ되는거시라 ᄉᆞ람마다 이ᄯᅳᆺ슬두는것이 부국ᄒᆞ는 근본이오 ᄯᅩᄒᆞᆫ 언제던지 국권을보호ᄒᆞ며 인민의게 공번되히 유조ᄒᆞᆫ일이잇슬ᄯᅵ에는 분분히 직업을폐ᄒᆞ고 젼방을닷쳐 져쟈를것으며 혹 직산도니고 인력도들여 일심으로찬조ᄒᆞ야 긔어히 셩ᄉᆞᄒᆞ게힘쓰며 부ᄃᆡ 나ᄀᆞᆺᄒᆞᆫᄉᆞ람은 슈효에칠것이업다거나 남이다 안이ᄒᆞ는것을 내가ᄒᆞ여 무엇ᄒᆞ리요ᄒᆞ거나 내힘이안이라도 힘잇는이들이 만ᄒᆞ니 알은쳬ᄒᆞᆯ것업다는 모든ᄉᆡᆼ각은 다 바리고 각각 졔형셰와 힘ᄃᆡ로 ᄒᆡᆼᄒᆞ는거시 졔직칙이라 실ᄀᆞᆺ치약ᄒᆞᆫ것도 여러겹에합ᄒᆞ면 질기게되는것은 ᄉᆞ람마다 알것만은 그즁에 ᄒᆞᆫ올이라도 ᄡᅥᆨ어 힘이업스면 그쟈리는 곳 헛것이되여 그편에셔븟허 몬져상ᄒᆞᄂᆞ니 찰ᄒᆞ리업셧더면 헛슈효만 ᄎᆡ우는폐 가업깃고 남의게ᄭᅵ지 ᄒᆡ가밋치지안을지라 나라에 실낫ᄀᆞᆺᄒᆞᆫ ᄇᆡᆨ셩ᄒᆞᆫ나도 졔직칙을 ᄒᆡᆼᄒᆞ는힘이업스면 몸ᄭᅵ지 업ᄂᆞᆫ거시 졔게도합당ᄒᆞ고 샤회에도 ᄒᆡ가업슬거시어늘 엇지 살아잇는것만 즁히녁이여 졔직칙을 알고져안이ᄒᆞ며 ᄒᆡᆼ코져안이ᄒᆞ리요 사름이 직칙을 ᄒᆡᆼᄒᆞᆫ후

에야 권리가잇ᄂᆞᆫ법이니 권리가업스면 엇지 사ᄅᆞᆷ된리익을 ᄂᆞᆷ과ᄀᆞᆺ치누리리요 이
ᄂᆞᆫ 져마다 나라에속ᄒᆞᆫ직칙을 몬져힝ᄒᆞ기로 즁히녁여야 ᄒᆞᆯ것이오
슴은 ᄂᆡ나라에속ᄒᆞᆫᄉᆞ람이나 물건이나 ᄂᆞᆷ의게 슈치당ᄒᆞᄂᆞᆫ거슬보거던 긔어히 안이
밧도록ᄒᆞᆯ것이니 이ᄂᆞᆫ 셰상에셔 쳔히녁이거나 흉보ᄂᆞᆫ거슬 다 곳쳐셔 다시 ᄂᆞᆷ의
게 쳔히녁이ᄂᆞᆫ바ㅣ 되지안키를 힘쓸지라 가령 셔양ᄉᆞ람의 의견으로말ᄒᆞᆯ진ᄃᆡ
ᄉᆞ람의슈족으로 우마의힘을 ᄃᆡ신ᄒᆞ야 보교를메거나 차를ᄭᅳᄂᆞᆫ거슨 동포를 사랑
ᄒᆞᄂᆞᆫ 본의가 안이라ᄒᆞ여 아조 금ᄒᆞᄂᆞᆫ풍속이라 그러나 동양ᄉᆞ람들은 이거슬 ᄉᆡᆼ
각지못ᄒᆞᄂᆞᆫ고로 셔양ᄉᆞ람들이 돈몃푼만가지면 동양ᄉᆞᄅᆞᆷ의 억ᄀᆡ와등으로ᄭᅳᄂᆞᆫ거
슬 임의로타ᄂᆞ니 이럼으로 、일본、셔ᄉᆡᆼ각ᄒᆞ되 우리ᄂᆞᆫ ᄃᆡ위가 놉흔이라도 셔양에
가셔 못ᄒᆞᄂᆞᆫ거슬 ᄇᆡᆨ인은하쳔ᄒᆞᆫ쟈라도 우리황인을 우마ᄀᆞᆺ치부리니 이ᄂᆞᆫ 우리가
우리동포를 쳔히ᄃᆡ졉 ᄒᆞᄂᆞᆫ고로 우리나라ᄉᆞ람의 ᄃᆡ위가 ᄉᆞᄉᆞ로 낫여짐이라ᄒᆞ여
보교등속을 엄금ᄒᆞ고 인력거도 ᄎᆞᄎᆞ업시ᄒᆞ여 가ᄂᆞᆫ즁이라 ᄂᆞᆷ의나라와ᄀᆞᆺ치 마차
와 텰도로써 ᄃᆡ신ᄒᆞᄂᆞ니 나라이되여가ᄂᆞᆫ거슨 웃ᄉᆞ람이나 아ᄅᆡᄉᆞ람이나 일톄로
힘쓰며 쥬야로 일ᄒᆞᄂᆞᆫ것이 다 이러ᄒᆞ고 우리나라에ᄂᆞᆫ 모든 이런폐 단을 곳칠거
시 한이업ᄂᆞ니 평민의ᄉᆞ가를 층집으로짓ᄂᆞᆫ거시 참람ᄒᆞ다ᄒᆞ야 타국인은 층층루
각을 도쳐에지으되 내나라ᄉᆞ람은 ᄉᆡᆼ의도못ᄒᆞ며 대신즁신압헤ᄂᆞᆫ 타고가지 못ᄒᆞᆫ
다ᄒᆞ야 공번된대로샹에 벽졔가진동ᄒᆞ미 안즌쟈ᄂᆞᆫ 서게ᄒᆞ고 선쟈ᄂᆞᆫ안게ᄒᆞ되 타

대한뎨국 국긔태극

국인은 인력거군이라도 ᄒᆞᆫ나만맛나면 곳 고ᄀᆡ를숙이고 입을열지못ᄒᆞ면셔 분ᄒᆞᆫ줄도모르고 붓그러온줄도몰나 의례히 ᄒᆞᄂᆞᆫ말이 이ᄂᆞᆫ 타국사ᄅᆞᆷ인고로 그러ᄒᆞ다ᄒᆞ며 ᄉᆞ대문을닷치고 내나라ᄉᆞ람은 누구던지 밤에 츌입ᄒᆞ지못ᄒᆞ되 타국ᄉᆞ람이라ᄒᆞ면 누구던지 언졔던지 방한이업시 임의로열고닷게ᄒᆞᄂᆞ니 이런 긔괴망측ᄒᆞᆫ풍속이 얼마인지 모르ᄂᆞᆫ지라 고금텬하에 이런리치가 어ᄃᆡ다시잇스리요 이러케ᄃᆡ졉ᄒᆞᄂᆞᆫ 웃ᄉᆞ람들이나 이러케 ᄃᆡ졉밧ᄂᆞᆫ 아ᄅᆡ빅셩이나 조곰도 다를것이업ᄂᆞ니지금붓허ᄂᆞᆫ 엇더ᄒᆞᆫᄉᆞ람이던지 모도 이런거슬 분히녁여 긔어히 내풍속을곳쳐놈과ᄀᆞᆺ치되여 동등ᄃᆡ졉밧기를 젼력ᄒᆞ며 만일 이거슬알고도 ᄌᆞ긔들의 ᄉᆞᄉᆞ리히를인연ᄒᆞ야 곳치지못ᄒᆞ게 ᄒᆞᄂᆞᆫ쟈ᄂᆞᆫ 곳 젼국에원슈되ᄂᆞᆫ쟈로 ᄃᆡ졉ᄒᆞᆯ것이며 다만사ᄅᆞᆷ의게만 이러ᄒᆞᆯᄲᅮᆫ안이라 심지어 각석물건ᄭᆞ지라도 놈의게 흉뵈이고 슈치당ᄒᆞᆯ것을 일심으로 보호ᄒᆞ며 시급히 곳쳐셔 놈의게 칭찬을 들을만치된후에 말기로밍셰ᄒᆞᆯ것이오

ᄉᆞᄂᆞᆫ 국긔를 즁히녁일줄알어야 ᄒᆞᆯ지니 국긔라ᄒᆞᄂᆞᆫ것은 그나라인민과 토디를ᄃᆡ표ᄒᆞᆫ거시라 비록 젼징즁에라도 어ᄂᆡ나라긔호를ᄭᅩᄌᆞᆫ곳은 ᄉᆞ람이나 물건이나 그나라보호를밧ᄂᆞᆫ고로 타국이 무단히 그압흘향ᄒᆞ야 춍을노치못ᄒᆞᄂᆞ니 이ᄂᆞᆫ 그나라를다 젹국으로 녁임이라 비컨ᄃᆡ 졔의 어미나아비를ᄃᆡᄒᆞ야 실례ᄒᆞᆫ쟈ᄂᆞᆫ 어린ᄋᆞ희ᄭᆞ지라도 다졔싱명을다도어 셜치ᄒᆞ랴ᄂᆞᆫ것ᄀᆞᆺᄒᆞ니 이럼으로 그긔호가가ᄂᆞᆫ곳은

놈이 감히무리ᄒᆞᆷ을 힝치못ᄒᆞᄂᆞᆫ바ㅣ라 ᄉᆞ람이 외국에단이다가 혹 ᄒᆡ샹에셔나륙디에셔나 졔나라긔호를보면 어린ᄋᆞᄒᆡ가 일헛던 부모를 만ᄂᆞᆫ듯ᄒᆞ야 반가온ᄆᆞ옴에 곳 눈물을나리ᄂᆞ니 ᄉᆞ람이 국긔를이러틋 사랑ᄒᆞᄂᆞᆫ고로 몃쳔명 몃만명식 다토어나가셔 영광스러온피를흘니고 목숨을바려 그밋헤속ᄒᆞᆫ인민과 토디와물건이 안젼ᄒᆞᆫ보호를엇어 태평안락ᄒᆞᆫ복을 누림이니 그복을밧ᄂᆞᆫᄉᆞ람들은 죽은이의공업을 감동ᄒᆞ야 눈물을흘녀 영광을낫타ᄂᆡ며 ᄯᅩᄒᆞᆫ 그 후ᄉᆡᆼ들은 ᄌᆞ긔조상들의 피흘니고 잡아노은긔초를 보비로은 유업으로알어 털ᄭᅳᆺ만치라도 손ᄒᆡ만잇스면 곳ᄌᆞ긔의 ᄉᆡᆼ명을바려 보호ᄒᆞᆯ줄로 아ᄂᆞᆫ바ㅣ라 우리도 우리조상들이 이런보비로은긔초를 이러케 갑지게쟉만ᄒᆞ엿던들 오ᄂᆞᆯ날 우리도 놈들과갓치 무궁ᄒᆞᆫ복을누리며 우리태극국긔를 이러케 사랑ᄒᆞᆯ줄 알년만은 그러치못힛슨즉 원되고 한되ᄂᆞᆫ거슬 깁히깁히ᄭᆡ달아 우리들의 구구ᄒᆞᆫ목숨을 귀즁ᄒᆞ게바려셔 이 후ᄉᆡᆼ들이나 질거온 셰상을 보게ᄒᆞᆷ이 맛당ᄒᆞᆫ지라 이러케 쟉뎡ᄒᆞᆫ후에ᄂᆞᆫ 누구던지 국권에손ᄒᆡ되ᄂᆞᆫ일이나 말을ᄒᆞᄂᆞᆫ쟈ᄂᆞᆫ 친형뎨간이라도 곳 나의원슈로녀여 ᄒᆞᆫ하ᄂᆞᆯ에 머리를두지안키로쟉뎡ᄒᆞᆯ지니 지금셰샹에ᄂᆞᆫ 이거시 뎨일 큰 의리요 참 츙셩의근본이라 져마다 이뜻을알어힝ᄒᆞ여야 될것이오

오ᄂᆞᆫ 밍셰코 외국에 입젹ᄒᆞ지말것이라 지금셰상은 문호를 서로열고 ᄅᆡ왕과 거류를 피ᄎᆞ셕겨ᄒᆞᄂᆞ니 각각 졔ᄆᆞ옴ᄃᆡ로 호젹을타국에걸고 타국의ᄇᆡᆨ셩이되기를 ᄌᆞ

유로ᄒᆞᄂᆞᆫ고로 졍ᄉᆞ가포학ᄒᆞ며 ᄌᆞ유를 엇지못ᄒᆞᆫ나라는 ᄇᆡᆨ셩이 ᄎᆞᄎᆞ줄어지고 어진졍ᄉᆞ로 ᄇᆡᆨ셩의권리를 온젼히ᄒᆞᄂᆞᆫ 나라에는 각국인민이 ᄉᆞ방에셔모혀들어 졈졈 만ᄒᆞ지ᄂᆞᆫ법이니 진실로 ᄒᆞᆫ업ᄂᆞᆫ됴ᄒᆞᆫ텬디라 어진쟈ᄂᆞᆫ흥ᄒᆞ고 포학ᄒᆞᆫ쟈ᄂᆞᆫ 망ᄒᆞ게됨이니 공법의본의가 실로 공평타ᄒᆞ려니와 그 ᄇᆡᆨ셩된쟈로말ᄒᆞ면 올타고도못ᄒᆞ깃고 리롭다고도 못ᄒᆞᆯ지라 내가 나의부모국에셔나셔 셩질에마즌 풍토긔후와 눈에익은 강산루ᄃᆡ며 갓ᄒᆞᆫ인죵과 갓ᄒᆞᆫ방언으로 텬연ᄒᆞᆫᄃᆡ위를 보젼ᄒᆞᆷ이 평ᄉᆡᆼ의 극락이라 맛당히 쳔신만고를 무릅쓰고 나의직칙을다ᄒᆞ야 어두운동포가 밝은ᄃᆡ로향ᄒᆞ며 악ᄒᆞᆫ풍속이 아름다히변ᄒᆞ고 약ᄒᆞᆫ쟈ㅣ 힘이나며 게으른쟈ㅣ 부지런ᄒᆞ야 졍치와 교화의근본을 바로잡아 대동ᄒᆞᆫ복과락의 무궁ᄒᆞᆫ긔초를세움이 ᄉᆞ람의 지극ᄒᆞᆫ원이라 이원을가지고 평ᄉᆡᆼ을일ᄒᆞᆯ진ᄃᆡ 일우지못ᄒᆞᆯ리가 업슬지니 ᄒᆞᆫ번 셩취ᄒᆞ고보면 나의ᄉᆡᆼ젼에 영광과복락이엇더ᄒᆞ게스며 셜령내눈으로 보지못ᄒᆞ고쥭ᄂᆞᆫ다ᄒᆞᆯ지라도 나의직칙은 다ᄒᆞ엿스니 셰상에붓그러울것이업ᄂᆞᆫ 당당ᄒᆞᆫ대쟝부라 ᄉᆞ후에 일홈이라도 업지안을것이어ᄂᆞᆯ 이거슨 ᄉᆡᆼ각지못ᄒᆞ고 괴로움을피ᄒᆞ야 타국디경으로 넘어가거나 외국에입젹ᄒᆞ고 몃만리를 건너가셔 타국ᄇᆡᆨ셩이되여 편안ᄒᆞᆫ셰월이나보다가 쥭을이라ᄒᆞᆯ진ᄃᆡ 엇지 인류로ᄐᆡ여ᄂᆞᆫ본의라ᄒᆞ며 ᄂᆞᆷ의됴ᄒᆞᆫ나라에가셔 잘사ᄂᆞᆫ거시 참 편ᄒᆞ고락이잇게ᄂᆞᆫ가 언어문ᄌᆞ와 풍속인졍의 합지안이ᄒᆞᆷ도 물론ᄒᆞ고 거쳐와 ᄉᆡᆼᄋᆡᄂᆞᆫ 엇지ᄒᆞ던지 ᄯᅩᄒᆞᆫ 의론치말고 기외에 모든관계를

다 넉넉히변동ᄒᆞ야 졀핍ᄒᆞᆫ거시 업다ᄒᆞᆯ지라도 졔나라를 졔손으로 흥왕ᄒᆞ게못ᄒᆞ고 타국에붓쳐사ᄂᆞᆫ목숨을 뉘가놉히ᄃᆡ졉ᄒᆞ며 셜령 불상히넉여 ᄃᆡ졉ᄒᆞᆫ다ᄒᆞᆫ들 ᄂᆞᆷ의ᄋᆡ국ᄒᆞᄂᆞᆫ 츙심즁에셔 엇지 붓그러온 ᄆᆞ음이업스며 ᄂᆞᆷ의독립명일이나 일국에경절을당ᄒᆞᆯᄯᆡ에ᄂᆞᆫ 져러듯 질겨경츅ᄒᆞᄂᆞᆫ즁에셔 엇지 부럽고 분ᄒᆞ고 원통ᄒᆞᆫ마음이 나지안이ᄒᆞ며 시시로 외롭고 회심ᄒᆞᆷ을 엇지 이로억졔ᄒᆞ며 가ᄂᆞᆫ구름 지ᄂᆞᆫᄯᅳᆺ셰 고국산쳔을 ᄭᅮᆷ속ᄀᆞᆺ치ᄉᆡᆼ각ᄒᆞ고 비감ᄒᆞᆫ눈물은 엇지 다억졔ᄒᆞ며 부모의분묘들은 뉘가잇셔 슈호ᄒᆞ며 무진ᄒᆞᆫ 이역풍상을 뉘가알아 위로ᄒᆞᆯ가 모든 이러ᄒᆞᆫ관계를 더 무식ᄒᆞᆫ류들은 ᄉᆡᆼ각지못ᄒᆞ고 혹 ᄃᆡ경을넘어 얼마만가면 편안ᄒᆞᆫᄯᅡᆼ이 잇다던지 ᄌᆡ물이나잇스면 어ᄃᆡ를가던지 살기가 됴케ᄯᆞᄒᆞᄂᆞ니 이런ᄉᆡᆼ각이잇거나 이런말을ᄒᆞᄂᆞᆫ쟈ᄂᆞᆫ 결단코 인류샤회에 용납지못ᄒᆞᆯ것이오 혹 ᄂᆞᆷ의게고용ᄒᆞ여 ᄉᆡᆼᄋᆡᄒᆞᄂᆞᆫ쟈도 ᄯᅩᄒᆞᆫ 졔나라에 향ᄒᆞᄂᆞᆫ의리가업셔 외국인의게 의지ᄒᆞ야 국권이손ᄒᆡᄒᆞᄂᆞᆫ거슬보고 보호ᄒᆞᆯᄉᆡᆼ각이업거나 혹 도리혀 리익을위ᄒᆞ야 나라권리나 명예에손ᄒᆡ되ᄂᆞᆫ일을 ᄒᆡᆼᄒᆞᄂᆞᆫ쟈ᄂᆞᆫ 국민이 일톄로 용납ᄒᆞ지말어셔 젹국ᄀᆞᆺ치ᄃᆡ졉ᄒᆞ여도 ᄯᅩᄒᆞᆫ 심ᄒᆞ지안을지라 그러나 타국인의게관계ᄒᆞᆫ자를 몬져 무단히구별ᄒᆞ야 공평치못ᄒᆞ게 ᄃᆡ졉ᄒᆞ여 외국인의권리에 방ᄒᆡ롭게ᄒᆞᆫ후에ᄂᆞᆫ ᄂᆞᆷ의간셥이 안이ᄉᆡᆼ길수 업ᄂᆞ니 미리 이런폐가업게ᄒᆞ고 밝히삷혀 ᄒᆡᆼᄒᆞᆯ지라 이ᄂᆞᆫ ᄉᆞ람마다 내나라를 잘되게ᄒᆞᄂᆞᆫ거시 뎨일 의리로 알것이오

안문소셔셩경

안문대동셩경

교 텰 돌 로

륙은。국치를숨갈지라 ᄉᆞᄉᆞ집으로 말ᄒᆞᆯ지라도 압뒤경영업시 ᄂᆞᆷ의빗지기를 두려안는자는 맛츰ᄂᆡ 제가산을 부지ᄒᆞ지못ᄒᆞ거던 ᄒᆞᆷ을며 빈약ᄒᆞᆫ나라으로 타국의빗을 두려온줄모르면 국권을 엇지보젼ᄒᆞ리요 강ᄒᆞᆫ나라이 ᄂᆞᆷ의 약ᄒᆞᆫ나라ᄂᆡ정을 상관코져ᄒᆞᆯᄯᅢ에 ᄆᆡ양 ᄌᆡ물로 몬져빌녀쥬어 그거슬빙쟈ᄒᆞ고 ᄂᆡ정을쥬장ᄒᆞᄂᆞ니 이거시 나라를일허바리ᄂᆞᆫ 뎨일 쳡경이라 이럼으로 국권을 잘 보호ᄒᆞᄂᆞᆫ 나라에셔ᄂᆞᆫ 집권ᄒᆞᆫ이들이 아모리 간곤ᄒᆞᆫ ᄉᆞ졍을당ᄒᆞ되 타국빗을 ᄂᆡ지안이ᄒᆞ며 즁ᄒᆞᆫ변을 ᄂᆡ고라도 내나라ᄇᆡᆨ셩의게 빗슬쓰ᄂᆞ니 졍부에셔 가령 ᄇᆡᆨ만원을쓰려ᄒᆞ면 ᄇᆡᆨ만원에치 국치증셔를만들어 ᄒᆞᆫ은몃ᄒᆡ요 변은몃푼이라ᄒᆞ야 반포ᄒᆞ면 ᄇᆡᆨ셩들이 각각돈을ᄂᆡ고 얼마식이던지 사두엇다가 한에 그 돈을밧ᄂᆞ니 이ᄂᆞᆫ 졍부에셔 외국인의게 빗ᄂᆡ지안이ᄒᆞ고 즁변이라도 내ᄇᆡᆨ셩의돈을쓴즉 리익이 외국으로 나가지도안이ᄒᆞ고 국권의위티ᄒᆞᆷ도업슴을 위ᄒᆞᆷ이어니와 만일 이런ᄉᆡᆼ각이 잇고셔라도 억지로 원랍ᄒᆞ라고 뎐쟝과 집문셔를ᄲᆡ앗거나 부민을괴록ᄒᆞ여 륵징을ᄒᆞᆯ진ᄃᆡ ᄇᆡᆨ셩이 제거슬가지고 마ᄋᆞᆷᄃᆡ로 먹고입지못ᄒᆞ며 잇ᄂᆞᆫ거시 도로혀 원슈로알거던 뉘가쇠쳔ᄒᆞᆫ푼을 ᄂᆡ여노코져ᄒᆞ리요 우리나라ᄇᆡᆨ셩들도 ᄌᆡ물이업ᄂᆞᆫ것이안이오 츙심이부족ᄒᆞᆫ것도안이라 다만 우에잇ᄂᆞᆫ이들이 너무 몹시ᄒᆞᆫ닷신즉 지금붓허ᄂᆞᆫ ᄇᆡᆨ셩의게 신의도 좀뵈히며 타국의빗엇기도 영히막으려니와 ᄇᆡᆨ셩도 맛당히 그관계를ᄭᆡ달아 국가에 필요히쓸 것을보거던 맛당히 힘ᄃᆡ로합ᄒᆞ야올녀 국ᄉᆞ를찬조ᄒᆞ며 혹

일허바릴지라도 국민의게 널니유조ᄒᆞᆯ일은 긔어히 도아야 졍부에셔 부득이ᄒᆞ야 타국의빗니는폐단이 업슬것이오 또ᄒᆞᆫ 지물이라ᄒᆞ는것은 뭇어두면 셰상에 리익이업슬지라 ᄒᆞᆷ을며 나의귀물을 두엇다가 나라이 위티ᄒᆞ게되는날은 그지물이소용업는거시될지니 불가불 힘을니여 여러히모아 텰로광산등 리익도경영ᄒᆞ며 혹 학교병원도 셜시ᄒᆞ야 나와남이 일톄로 효력을엇게ᄒᆞᆯ지라 겸ᄒᆞ여 졍부에힘이업는것도 빅셩이 다 념려ᄒᆞ야 그 근본을 바로잡고져ᄒᆞᆯ진ᄃᆡ 빅셩의돈을 ᄒᆞᆫ푼이라도 남의랑탁에ᄎᆔ워 일흘리가 만무ᄒᆞ며 타국의빗엇는것도 졍부에셔 아모리ᄒᆞ고져ᄒᆞᆯ지라도빅셩이원치안는것을 억지로 뎐당을쥬거나 비밀히 무ᄉᆞᆷ리익을허락ᄒᆞ고 쓰는거슨 ᄉᆞ람마다 긔어히사실ᄒᆞ야 셰상에들어니고 긔어히 못ᄒᆞ게ᄒᆞᆯ줄로알진ᄃᆡ 이런 큰폐단과 위티ᄒᆞᆷ이 ᄉᆞᄉᆞ로 근본이막힐지라 이는 관민이일톄로 국치를쓰지말기로 질뎡ᄒᆞᆯ것이오

닷셧지는의리를중히녁임이니

일은 뜻갓흔이게 감졍을 표ᄒᆞᆯ줄알어야ᄒᆞᆯ지라 감졍이라ᄒᆞ는거슨 곳 소리가갓ᄒᆞ면 서로응ᄒᆞ고 긔운이ᄀᆞᆺᄒᆞ면 서로통ᄒᆞ는것과 갓ᄒᆞᆷ이니 ᄉᆞ람의마음에 이셩질이 ᄌᆞ연히 잇는바ㅣ라 그러나 ᄉᆞ람이쓸 줄을모르는고로 ᄉᆞᄉᆞ로 폐ᄒᆞ는것이 된듯ᄒᆞ나 실상은 아조업셔진것이안이라 목뎌이ᄀᆞᆺᄒᆞᆫ쟈는 ᄌᆞ연 뜻시쓸 니며 의리가ᄀᆞᆺᄒᆞᆫ쟈는 ᄉᆞᄉᆞ로 함ᄭᅴ나가ᄂᆞ니 이거시 다 억지로 힘ᄒᆞᆷ이안이오 텬셩으로 감발ᄒᆞ

논것이니 우리가 이거슬 쥬장치안으면 셰상에 의가설수 업슬지라 비록 쳔만리 밧게잇셔 면목을 서로보지못홀지라도 나와 의리만ᄀᆞᆺ흔쟈는 뜻슬표홀것이오 비록 형편이달나셔 나와의리가ᄀᆞᆺ흔쟈이 셰상에 역명을쓰고 나설곳이업셔도 나는 두려움을 무릅쓰고 그러치 안은줄을표ᄒᆞ며 올흔ᄉᆞ람이 군축을 당ᄒᆞ는쟈리에는 다만 말ᄒᆞᆫ마듸와 글ᄒᆞᆫ쟝이라도 긔어히 보니여 그 올흔줄로 아는뜻슬표ᄒᆞ며 어듸셔던지 나와 ᄒᆞᆫ뜻슬가지고 홀로나서셔 바른길로 힝ᄒᆞ는쟈는 쳔만인이 다 막을지라도 용밍시러히 ᄯᅡ라가셔 힘듸로합홀것이오 ᄯᅩᄒᆞᆫ 무숨샤회에던지 평일에 의를비반ᄒᆞ고 반복소인으로 이리저리붓허셔 의리상친구를 모히ᄒᆞ며 국민의 샤회를 멸망식히고 싱령을 어육만들며 나라를팔던쟈는 안ᄉᆞ를보거나 형편에쇌녀셔 짐짓 용랍ᄒᆞ지말고 당쟝에 칼침을맛여도 그죄악을 들어니여 토죄ᄒᆞ고 곳의를세우는 쟈리에셔 몰아니여 일반국민된듸졉을 허락지안을지라 이일이 가쟝심ᄒᆞᆫ듯ᄒᆞ나 모든ᄉᆞ람이 ᄎᆞ지도안코 ᄯᅳ겁지도안은즁에셔 시비도 구별이나서지 안이ᄒᆞ며 아모일도 되지못ᄒᆞ는지라 흠을며 셰상에 강도보다심ᄒᆞ고 원슈보다미운쟈는 참 이런류들이라 이런류를합ᄒᆞ야 셩ᄉᆞᄒᆞ는법도 업거니와 우연히셩ᄉᆞᄒᆞ더리도 곳 흑빅을갈여니고 일을랑핑ᄒᆞ는것이 도로혀나홀지라 우리가 션악시비를 이만치 구별ᄒᆞ야 거의 ᄉᆞ룸마다 이러ᄒᆞ고 동리마다 이러홀진듸 의를위ᄒᆞ야 곤욕을당ᄒᆞ며 목숨을바려가며 의로은편을도아 ᄡᅡ홀쟈ㅣ 한업시만을것이오 더 간셰소소ᄒᆞᆫ무리들은 ᄎᆞᄎᆞ셰력도 줄어지며 화ᄒᆞ야 도라서기도ᄒᆞᆯ지라 국즁에 션악이 ᄌᆞ연 뎐양ᄀᆞᆺ치 판단이될터이니 이는 집권ᄒᆞᆫ쟈들이 상벌을가지고힝ᄒᆞ려ᄒᆞ여도 되지못ᄒᆞ는것이라 대소인민이 져마다힘쓰면 어렵지안은것이오

이는 공번된의리를 즁히녁임이라 본ᄅᆡ 의리의쥬의가 대소와 공ᄉᆞ의구별이잇ᄂᆞ니 도젹셰리도 서로 도라보는 졍의는잇서서 의리라닐카르며 기타 모든인류들이각각 져의ᄉᆞᄉᆞ관계상에 도라보는의리가 ᄯᅩᄒᆞᆫ 무슈ᄒᆞ나 실상 그 공번된ᄯᅳᆺ과 대톄를억의고는 의리라닐을수업ᄂᆞ니 만일 이런거슬 의리로알어 고집ᄒᆞᆯ진ᄃᆡ 도로혀참 의리를 방해ᄒᆞᆯᄯᅢ가 만ᄒᆞᆯ지라 맛당히 나라으로써 의리의 쥬ᄉᆞᄃᆡ를숨아 나라를밧드는ᄯᅳᆺ슬 억의고는 아모의도 설수업는줄로 알어야ᄒᆞᆯ지라 이번에 엇던'일본녀인ᄒᆞᆫ나히 '아라ᄉᆞ'ᄉᆞ람과비필이되여 여러ᄒᆡ를 살엇는ᄃᆡ '일'아'젼징에 아인이비밀ᄒᆞᆫ졍담을ᄏᆡ여 '아라ᄉᆞ로보닐ᄉᆡ 그 안ᄒᆡ를얼마씀 밋는고로 실상을알녓더니그일녀가 곳고발ᄒᆞ야 ᄌᆞ긔남편을 잡혀가쥭게ᄒᆞ고 그녀인은 즉시 ᄌᆞ결ᄒᆞ엿ᄂᆞ니셰상에셔 이말을젼파ᄒᆞ며 놀닉여 칭찬치안는쟈ㅣ 업는지라 그녀인의 도리로말ᄒᆞ면 남편이 무슴일을ᄒᆞ던지 ᄯᅡ로돕다가 갓치쥭는거슨 가타ᄒᆞ려니와 나라를위ᄒᆞ는 큰의를 더 즁히녁여 남편의게 죄를지어 대의를세우고 그뒤를ᄯᅡ라 남편의게 ᄃᆡᄒᆞᆫ의를 ᄯᅩᄒᆞᆫ 완젼케ᄒᆞᆷ은 열니지 못ᄒᆞᆫᄉᆞ람의 져마다 알기어려온바ㅣ라 이것ᄒᆞᆫ가지로 밀우어보면 셰상쳔만ᄉᆞ를 다 가히구별ᄒᆞᆯ지니 ᄉᆞ람마다 의리의쥬의

를 이러케알어야 피ᄎᆞ에 분경이나지 안을것이오 셜령 분경이 좀잇슬지라도 나라를위ᄒᆞᄂᆞᆫ일에는 다 반ᄃᆡᄒᆞ다가 실로 리로울일만잇스면 서로닷토어 원슈ᄀᆞᆺ치 보던쟈라도 일시에 시비를바리고 다 ᄒᆞᆫᄯᅳᆺ스로 나설지라 그런즉 나라를 위ᄒᆞᄂᆞᆫ 쟈리에는 부ᄌᆞ형뎨간 텬륜의의라도 도라볼수 업ᄂᆞᆫ줄로알어 실상으로 힝ᄒᆞ기ᄭᆞ지나가야 비로소 의를안다ᄒᆞᆯ터인ᄃᆡ 나라를 위ᄒᆞᆫ다ᄒᆞᆷ인즉 ᄇᆡᆨ셩을잔히ᄒᆞ고 강토를팔며 종샤를위ᄐᆡ케ᄒᆞ고라도 인군의ᄯᅳᆺ만맛초ᄂᆞᆫ것이 나라를위ᄒᆞᆷ이안이오 실로 젼국이 다 편안ᄒᆞ고 완젼케ᄒᆞᄂᆞᆫ거시 나라를위ᄒᆞᄂᆞᆫ것이라 이ᄯᅳᆺ스로 큰의를잡아 간담에ᄉᆡᆨ여두고 목숨보다 즁히녁여 크나적으나 이쥬의의관계ᄒᆞᆫ 긔회만 당ᄒᆞ거던 곳 죽ᄂᆞᆫ쟈리에 갈지라도 굴치말고 ᄒᆞᆫ결ᄀᆞᆺ치나갈진ᄃᆡ 맛참ᄂᆡ 그영광이 ᄉᆞᄉᆞ로 들어날지라 이는 의를직혀 ᄒᆞᆯ로 힝ᄒᆞᄂᆞᆫ거시 참 장ᄒᆞᆫ줄로 져마다알것이오

ᄉᆞᆷ은 의리를 즁히녁이고져ᄒᆞᆯ진ᄃᆡ 맛당히 용ᄆᆡᆼ시러히 나가ᄂᆞᆫ마ᄋᆞᆷ이잇셔야 그쟈리를보면 어렵고두려온거슬 ᄉᆡᆼ각지안코 다만 나의맛당히 ᄒᆞᆯ일이니 이 뒤일은 나의알바ㅣ안이라ᄒᆞ야 셔슴지안코 곳 나갈것이오 용ᄆᆡᆼ심이잇스면 맛당히 강ᄒᆞᆫ힘이잇셔 ᄯᅥᆺᄯᅥᆺ시 능히 ᄎᆞᆷ어야ᄒᆞᆯ지라 만일 처음에 나가ᄂᆞᆫ힘만잇고 여간 어려온쟈리를당ᄒᆞ면 곳 뒤로물너갈진ᄃᆡ 당초에 나셔지안은것만 못ᄒᆞᆯ지라 아조싱의도말고 들어누엇더면 헛된슈고나 아니ᄒᆞ고 남의치소도 업셧슬것이어늘 거연히나셧다가 졸디에 들어누으면 셰상에 드러온 쳔쟝부의 일홈을 엇지면ᄒᆞ리요 ᄌᆞ고로

츙신렬ᄉᆞ가 태평안락ᄒᆞᆫ즁에셔 된자ㅣ 업ᄂᆞ니 ᄒᆞᆼ상 그 견ᄃᆡᆯ수업ᄂᆞᆫ경우ᄅᆞᆯ 뜻뜻치 참아셔 굴치아니ᄒᆞ고 맛ᄎᆞᆷᄂᆡ 빗ᄂᆞᆫᄉᆞ젹을 세ᄉᆞ쳣ᄂᆞ니 일로보면 곤난과군츅을당ᄒᆞ고셔야 의를세우ᄂᆞᆫ법이라 나를 이쟈리에당ᄒᆞ게ᄒᆞᆫ거시 더 츙신렬ᄉᆞ들의 당ᄒᆞ던긔회ᄅᆞᆯ 쥰것이니 비컨ᄃᆡ 유명ᄒᆞᆫ쟝수가 쥭을마당을 엇은후에야 공을일울지라 그 어렵고위ᄐᆡᄒᆞᆷ을 념려ᄒᆞ야 쳔창만검지즁에 들어가지아니ᄒᆞ면 엇지 대공을도모ᄒᆞ리요 나의곤난밧음이 곳 공을일울쟈리라 모든 셰상ᄉᆞ람들은 잘먹고편히잇셔 호강ᄒᆞ다쥭ᄂᆞᆫ것이 뎨일로아ᄂᆞᆫ고로 나의 이것밧ᄂᆞᆫ거슬 어리셕게도녁이며 웃기도ᄒᆞ거니와 나의장히아ᄂᆞᆫ바는 잠시잇다 업셔지ᄂᆞᆫ 육신의 잇지아니ᄒᆞᆫ즉 이거슬 영광으로알어 육신의 약약히압흐고 어려움을 익의고견ᄃᆡ여 ᄭᆡ기지아니ᄒᆞ면 명명ᄒᆞᆫ가온ᄃᆡ 보시ᄂᆞᆫ이가게셔 응당 일우ᄂᆞᆫ날이잇슬지니 ᄒᆞᆫ번 일우ᄂᆞᆫ날은무슈히밧은고초와 곤난의상급이 한업슬것이오 셜령목숨을보젼치못ᄒᆞᆫ다 ᄒᆞᆯ지라도 쥭은거슨 나의츙심이오 사ᄂᆞᆫ것은 나의의라 의로써 육신을익임은 곳 셰상을 익임이니 후셰에영광이 엇지 영원치아니ᄒᆞ며 ᄯᅡᆫ셰상에가셔 상급과 위로을밧기가 엇지 의심이잇스리요 고금ᄉᆞ긔에 유명ᄒᆞᆫ ᄉᆞ업긔초쟈들이 다 별로특별ᄒᆞᆫ거시업고 다만 그쟈리ᄅᆞᆯ보고 굿게힝ᄒᆞᆯ뿐이라 우리도이ᄯᆡᄅᆞᆯ당ᄒᆞ야 이쟈리를 엇엇슨즉 여일히 나가ᄂᆞᆫ것이 곳 긔초잡ᄂᆞᆫ뿌리라 엇지몸이나 집안에ᄉᆞ소ᄒᆞᆫ곡절을 도라보리요 이ᄂᆞᆫ 의를즁히ᄒᆞᄂᆞᆫ쟈의 맛당히 몬져알고질뎡ᄒᆞᆯ것이오

여섯재는ᄌᆞ유권리를즁히녁일지라

일은 ᄉᆞ람마다 ᄌᆞ유권리를 ᄉᆡᆼ명ᄀᆞᆺ치즁히녁여 ᄂᆞᆷ의게힘닙기를 실혀ᄒᆞᆯ지니 ᄂᆞᆷ의힘을 의뢰ᄒᆞ고는 지금셰상에 설수업는연고ㅣ라 ᄉᆞ람을 두가지등분에난호어 구별ᄒᆞᄂᆞ니 졔손으로 졔몸을다ᄉᆞ리는쟈와 ᄂᆞᆷ의게 다ᄉᆞ림을밧는쟈ㅣ라 졔몸을 다ᄉᆞ리는쟈는 ᄂᆞᆷ의힘을 조곰도 밧지안는고로 졔지혜와 슈족을의지ᄒᆞ야 셰상에ᄯᅡ로서셔 도쳐에횡ᄒᆡᆼᄒᆞ며 어둡고 무식ᄒᆞᆫ무리들을 다ᄉᆞ려 졔어ᄒᆞ고 그러치못ᄒᆞᆫ쟈는 졔지혜를 닥지아니ᄒᆞ야 나는 ᄒᆞᆯ수업다ᄒᆞ고 ᄌᆡ조를 ᄇᆡ호지아니ᄒᆞ며 졔슈족을 게을니ᄒᆞ야 나는 힘쓰지못ᄒᆞᆫ다ᄒᆞ고 ᄉᆞᄉᆞ로바려셔 ᄂᆞᆷ의아ᄅᆡ되기와 곤궁히 지ᄂᆡ기를 풍족히아는고로 ᄂᆞᆷ의다ᄉᆞ림을밧기를 붓그러히 녁이지아니ᄒᆞ여 ᄂᆞᆷ의게 여간힘닙는거슬 감지덕지ᄒᆞ야 죵되기를 달게녁이ᄂᆞ니 엇지 쳔ᄒᆞ고 더럽지안이ᄒᆞ리요 인류가 점점쳔ᄒᆞ여가다가 맛참ᄂᆡ ᄉᆞᄉᆞ로잔멸ᄒᆞ여짐을 면치못ᄒᆞᄂᆞ니 이거시 곳 인간하등샤회라 맛당히 져마다알기를 셰상에 ᄉᆞ람이ᄒᆞ는거슬 ᄉᆞ람이 못ᄒᆞᆯ것이업다ᄒᆞ야 ᄂᆞᆷᄒᆞ는거슨 나도ᄒᆞ면될지니 ᄂᆞᆷᄒᆞ는거슬ᄒᆞ면 나도그ᄉᆞ람과ᄀᆞᆺ흔디위를 엇으리라ᄒᆞ고 분긔를발ᄒᆞ며 힘을ᄂᆡ여 곳 ᄒᆡᆼᄒᆞ기를시쟉ᄒᆞᆯ지라 이거시곳 문명ᄒᆞᆫ나라에셔 ᄉᆞ람마다 평ᄉᆡᆼ경영에 뎨일요긴ᄒᆞᆫ법으로알어 학교에 의례히 써붓치기를 ᄉᆞ람이ᄒᆞ는것은 ᄉᆞ람이ᄒᆞᆫ다고 시시로 인심을깨웃치ᄆᆡ 나는 ᄒᆞᆯ수업다ᄒᆞ거나 ᄒᆞ여도 안이된다는말이 당초에업는지라 우리나라동포들이 가장 이ᄯᅳᆺ슬

몰나셔 아모것도 아니ᄒᆞ고 살녀ᄂᆞᆫ중에셔 졈졈 나즌ᄃᆡ위를 엇음이니 져마다 이 뜻슬 뎨일깁히 ᄭᆡ달으며 뎨일만히가라쳐셔 일변공부도ᄒᆞ고 일변일도ᄒᆞ야 ᄂᆞᆷ과 ᄀᆞᆺ치되기를 날로경영ᄒᆞᆯ지니 셜령 ᄂᆞᆷ의힘을 의지ᄒᆞ야 잘될긔회가잇거나 의식을 편히ᄒᆞᆯ도리가 ᄉᆡᆼ길지라도 ᄆᆡᆼ셰코 취ᄒᆞ지말며 ᄂᆞᆷ의노복이나 슈종군이라도 이젼 ᄒᆡᆼ습에 편히녁이지말고 ᄯᅡ로서셔 일ᄒᆞ고버러먹으며 공부와 ᄌᆡ조를ᄇᆡ와 웃ᄉᆞᄅᆞᆷ과 놉흔이에 ᄒᆡᆼᄒᆞᄂᆞᆫᄉᆞ업을 본ᄯᅥᄒᆡᆼᄒᆞ면 ᄉᆞᄉᆞ로 동등의ᄃᆡ위를일울지니 젼일에ᄂᆞᆫ ᄂᆞᆷ의슈족이되여 샤회에ᄃᆡᄒᆞᆫ직칙은 업ᄂᆞᆫ줄로알던몸이 ᄎᆞᄎᆞ변ᄒᆞ야 ᄂᆞᆷ의굴네를벗고 육신을ᄯᅡ로놀녀 셰상에ᄃᆡᄒᆞᆫ 일을ᄒᆞ며 나라를위ᄒᆞ야 직칙을메며 독립을밧드ᄂᆞᆫ 무거운짐을 난호어질진ᄃᆡ 나라에 일헛던ᄇᆡᆨ셩을 ᄒᆞᆫ나식 더 ᄎᆞ즘이오 ᄌᆞ긔의 결박ᄒᆞᆫ슈족을 풀어노음이라 엇지 관계가적다ᄒᆞ리요 이ᄂᆞᆫ 사ᄅᆞᆷ마다 ᄌᆡ몸이ᄯᅡ로 서기를 즁히녁일것이오

이ᄂᆞᆫ ᄂᆞᆷ의권리를 ᄯᅩᄒᆞᆫ 즁히녁일지니 긔왕에 ᄌᆡ권리를엇고져ᄒᆞᆯ진ᄃᆡ ᄂᆞᆷ의권리를ᄯᅩᄒᆞᆫ 그만치쥬어야ᄒᆞᆯ지라 나의권리를 찻ᄂᆞᆫ다고 분슈외에넘쳐셔 방한업시 ᄒᆡᆼ동ᄒᆞ며 인ᄒᆞ야 ᄂᆞᆷ의권리를 침탈ᄒᆞ여셔ᄂᆞᆫ ᄂᆞᆷ이다ᄉᆞ림을 부득이밧게되ᄂᆞᆫ법이오 ᄯᅩᄒᆞᆫ 문명에나가쟈ᄂᆞᆫ 본의가안이라 맛당히 이젼에압졔ᄒᆞ던 모든습관을 다 ᄭᆡ치고나의아릐된사ᄅᆞᆷ을 ᄎᆞᄎᆞ노아쥬어 ᄯᅡ로 ᄌᆞ유ᄒᆞ게ᄒᆞ며 놉히ᄃᆡ졉ᄒᆞ야 나의동등을 허락ᄒᆞ여줄지라 이런말을 처음듯ᄂᆞᆫ쟈ᄂᆞᆫ 큰 변괴의말로 알터이나 공번된텬리를가

수 예 쥬 셰 구

ᄌᆞ 부 공 인 셩 대 하 텬

트푸틔 령통대국미셕흘간발칙본

지고보면 그 공평됨을 스ᄉᆞ로 ᄭᆡ달을것이오 혹 여러번들어 공평ᄒᆞᆫ줄을 아ᄂᆞᆫ쟈라도 구습을용ᄆᆡᆼ잇게 ᄭᆡ치지못ᄒᆞ거나 혹 ᄌᆞ긔의ᄉᆞ소ᄒᆞᆫ손익을 비교ᄒᆞ야 짐짓붓들고 노치안이ᄒᆞᆷ이라 맛당히 즉각에파혹ᄒᆞ고 도라서셔 ᄒᆡᆼᄒᆞᆯ지니 나의종된쟈들이나 놈의하인ᄇᆡ들이나 혹 하쳔히녁이ᄂᆞᆫ 부인녀ᄌᆞ들과 내ᄌᆞ식이나 놈의ᄌᆞ식이나 어린ᄋᆞᄒᆡ들을 다 ᄒᆞᆫ층올녀ᄉᆡᆼ각ᄒᆞ야 젼일에ᄂᆞᆫ 다 사ᄅᆞᆷ슈효에 치지안코 다만 사ᄅᆞᆷ의게 속ᄒᆞᆫ물건으로알던 모든악습을바려 국법과 경위중에ᄂᆞᆫ 다 동등인으로 ᄃᆡ졉ᄒᆞ야 ᄯᅡ로서셔 직업을일ᄉᆞᆷᄂᆞᆫ 국민이되게ᄒᆞᆯ지라 만일 그러치못ᄒᆞ여 혹헤아리되 아직 풍긔가열니지 못ᄒᆞ엿스니 어리셕은 쳔인들을 졸디에놉혀쥬면 그 폐단을 막을수업스리라ᄒᆞᆯ진ᄃᆡ 이ᄂᆞᆫ 죵시도 완고ᄒᆞᆫ소견을 벽파치못ᄒᆞᆷ이라 져마다 이러케알진ᄃᆡ 풍긔ᄂᆞᆫ 쟝ᄎᆞ 어ᄂᆡᄯᅢ에열녀보깃스며 ᄯᅩᄒᆞᆫ ᄇᆡᆨ셩이 이러케말ᄒᆞᆫ후에야 졍부에셔 젼국인민을 풀어줄수업다ᄂᆞᆫ거슬 엇지 괴이타ᄒᆞ게ᄂᆞᆫ가 웃사ᄅᆞᆷ이우리를 이러케ᄃᆡ졉ᄒᆞᆷ은 실혀ᄒᆞ며 우리가 우리의아ᄅᆡ사ᄅᆞᆷ은 이러케ᄃᆡ졉ᄒᆞᆯ진ᄃᆡ 엇지 공평타ᄒᆞ깃ᄂᆞᆫ가

대뎌 그 근본을ᄉᆡᆼ각ᄒᆞ면 미ᄀᆡᄒᆞᆫ사람의게 ᄌᆞ유권 쥬ᄂᆞᆫ것이 그폐 단은 ᄒᆞᆼ상 업슬수업ᄂᆞᆫ지라 이거슬 과연모름은안이나 ᄌᆞ고로 ᄒᆡᆼᄒᆞ여나려온것을 ᄉᆡᆼ각ᄒᆞ면 웃사람된이들이 도로혀 ᄒᆡ를좀밧어야 올키도ᄒᆞ고 지금시ᄃᆡ가 ᄯᅩᄒᆞᆫ 이거슬밧ᄂᆞᆫ셰상이되엿스니 억지로 면ᄒᆞᆯ수업스며 셜령 이것으로 ᄒᆡ를만히밧ᄂᆞᆫ다ᄒᆞᆯ지라도 내나

라어리셔은빅셩을 얻거노아 외국인의게 슈모를당ᄒᆞᄂᆞᆫ것보다 몃빅 나흘지니 부ᄃᆡ깁히싱각ᄒᆞ고 고집ᄒᆞ지말어셔 모든빅셩으로ᄒᆞ여곰 졔힘셋버려셔 졔지조샛공부ᄒᆞ야 립신양명ᄒᆞ기를 방한을말진ᄃᆡ 인민이 ᄉᆞᄉᆞ로 활발ᄒᆞᆫ긔운이싱겨 풍속이 날마다변ᄒᆞ며 원긔가날로쟈랄지니 부강발달에 니르기가 불과 몃십년안에 될일이라 ᄌᆞ유를즁히녁임이 엇지 나라를세우ᄂᆞᆫ 근본이안이리요

우에 여섯가지강령은 다 우리나라 사람들이 가쟝 몬져힘써셔 각각일긔인이 ᄌᆞ긔의 몸븟허변화ᄒᆞ기에 요긴ᄒᆞᆫ말이라 져마다 이거슬힘써 날로 용진발달ᄒᆞᄂᆞᆫ힘이 싱길진ᄃᆡ 일국이 곳 용진발달ᄒᆞᄂᆞᆫ힘을 엇을지니 엇지 효험이아조업다ᄒᆞ리요 그러나 이거슨 다만 가지와입셔만 들어 말ᄒᆞᆷ이오 실상근본은 구ᄒᆞᆷ이안이라 물은 근원을몬져맑히고 나무ᄂᆞᆫ ᄲᅮ리를 몬져북돗어야될지니 우리ᄂᆞᆫ 맛당히 남의나라의 지졍지미ᄒᆞᆫ 졍치법도와 인의쟈비ᄒᆞᆫ 도덕교화의근본을 연구ᄒᆞ야 인민의 악ᄒᆞᆫᄲᅮ리를ᄲᅢ고 량션ᄒᆞᆫ텬셩을 회복ᄒᆞ여야 인간천만ᄉᆞ가 다 바로잡힐지라 만일 그마ᄋᆞᆷ을 다ᄉᆞ리지못ᄒᆞ고 다만 직조만닥그면 이ᄂᆞᆫ 곳 범의날ᄀᆡ를 돗침과ᄀᆞᆺᄒᆞ셔 셰상을 히롭게ᄒᆞᄂᆞᆫ긔량이 늘터이니 셰상에도 대단히위티ᄒᆞ고 맛ᄎᆞᆷᄂᆡ ᄌᆞ긔게도 ᄒᆡ가도라올지니 찰ᄒᆞ리 그 직조ᄂᆞᆫ 빅호지안은것만 ᄀᆞᆺ지못ᄒᆞᆯ지라 그럼으로 나라를다ᄉᆞ리고 텬하를태평케 ᄒᆞᄂᆞᆫ것이 다 사람의마ᄋᆞᆷ을 바로잡ᄂᆞᆫᄃᆡ셔 시쟉ᄒᆞᆫ다ᄒᆞ셧ᄂᆞ니 마ᄋᆞᆷ을 바로잡지 못ᄒᆞ고야 무ᄉᆞᆷ일을 다시 의론ᄒᆞ리요 ᄉᆞ람의마ᄋᆞᆷ인즉 셰상법률로써 바로잡지못ᄒᆞᆯ것이오 다만 교화로써

바로잡을지니 이ᄂᆞᆫ셰상법률이 다만ᄉᆞ람의육신으로힝ᄒᆞ야 들어ᄂᆞᆫ죄악만 다ᄉᆞ릴ᄲᅮᆫ이
오 그 마ᄋᆞᆷ으로지어 형젹에 낫타나지 안은거ᄉᆞᆫ 다ᄉᆞ릴수업슴이라 셰상모든일이 션
악시비간에 다 마ᄋᆞᆷ에셔 몬져싹이나셔 힝위에낫타나ᄂᆞ니 마ᄋᆞᆷ의ᄒᆞᄂᆞᆫ일이 엇지슈족
의ᄒᆞᄂᆞᆫ일보다 더 크지안으리요 악의 그큰거ᄉᆞᆫ 바려두고 젹은것만 막아 못ᄒᆞ게ᄒᆞᆯ진
ᄃᆡ 엇지 썩은물건을 비단으로쌋노코 독ᄒᆞᆫ냄ᄉᆡ를 막고져ᄒᆞᆷ과다르리요 이럼으로ᄉᆞ
ᄅᆞᆷ의힝위가 날로부픠ᄒᆞ여가며 나라의풍속이 날로 괴악ᄒᆞ야짐이니 우리ᄂᆞᆫ 맛당히교
화로써 만ᄉᆞ의 근원을ᄉᆞᆷ어야 ᄒᆞᆯ터인ᄃᆡ 교화에도 ᄯᅩᄒᆞᆫ 구별이 잇ᄂᆞᆫ지라 우리동방에
유교가 실로 인도상에 극히션미ᄒᆞᆫᄃᆡ 니른고로 슈ᄉᆞᆷ쳔년을 이교로 인연ᄒᆞ야 인륜을
뎡ᄒᆞ고 풍긔를열어 치국평텬하ᄒᆞᄂᆞᆫ 근본을ᄉᆞᆷ엇스나 인도라ᄒᆞᄂᆞᆫ것은 시ᄃᆡ를ᄯᅡ라 변
ᄒᆞᄂᆞᆫ고로 인심에합ᄒᆞᆯᄯᅢ 가잇고 합지안을ᄯᅢ 가잇ᄂᆞ니 가령 녜ᄉ젹셩인들은 왕텬하 ᄒᆞ
ᄂᆞᆫ대도로 셰샹을다ᄉᆞ리다가 후셰에ᄎᆞᄎᆞ변ᄒᆞ야 픽도가힝ᄒᆞ얏ᄂᆞ니 이거시ᄒᆞᆫ가지증거
요 ᄯᅩᄒᆞᆫ 인도ᄂᆞᆫ 목젼에뵈히ᄂᆞᆫ것만 말ᄒᆞ고 이후셰상에 엇더ᄒᆞᆫ것은 의론치 안ᄂᆞᆫ고로
육신을바려 더 큰거ᄉᆞᆫ 구ᄒᆞᆯ줄을 알지못ᄒᆞᄂᆞᆫ지라 다만 텬도가잇서셔 지극히 광대ᄒᆞ
고 지극히 쟝원ᄒᆞᆫ지라 ᄉᆞ람이 이도를 ᄭᆡ달아힝ᄒᆞᆯ진ᄃᆡ 텬디만물을만들어 홀로 다ᄉᆞ
리시며 만국만민을 다 굽어감찰ᄒᆞ시ᄂᆞᆫ 하ᄂᆞ님이 계신줄을 보ᄂᆞᆫ듯시알것이오 ᄯᅩ
ᄒᆞᆫ ᄉᆞ람이 다만 잠시잇다업셔지ᄂᆞᆫ 육신만 잇ᄂᆞᆫ것이아니오 기외에 영원히 죽지도안
코 썩지도안ᄂᆞᆫ 령혼이잇서 이후 이셰상을ᄯᅥᄂᆞᆫ후에 각각 그죄악을 인연ᄒᆞ야 무진

ᄒᆞᆫ 벌밧을것을 의심업시 밋을지니 엇지 ᄉᆞᆷ결ᄀᆞᆺᄒᆞᆫ빅년에 헛된 영화부귀를탐ᄒᆞ여 대쟈대비ᄒᆞ신 텬부압헤 죄를범ᄒᆞ고 멸망을ᄌᆞ취ᄒᆞ리요 ᄒᆞᆷ을며 공번되신 텬부는ᄉᆞ졍이업스샤 놉고낫즌이도업고 멀고 갓가운이도업스며 뇌물이나 아첨으로 깃버ᄒᆞ심을 엇을수업슨즉 우리가 다만 우리의ᄆᆞᄋᆞᆷ을 온젼히밧쳐셔 더럽고 악ᄒᆞᆫ거슬 바리고 젼혀 텬리를슌죵ᄒᆞ면 이셰상에셔도 나의복이 만을것이오 ᄯᅩᄒᆞᆫ 죽어셔도 밧을상급이 무궁무진ᄒᆞᆫ지라 겸ᄒᆞ여 하ᄂᆞ님은 못보시는것도업고 모르시는것도 업슨즉나의손으로 짓는죄만 벌쥬실ᄲᅮᆫ아니라 속에ᄆᆞᄋᆞᆷ으로 ᄉᆡᆼ각ᄒᆞ는것도 ᄯᅩᄒᆞᆫ 감찰ᄒᆞ실지니엇지두렵고 붓그렵지안으리요 그러ᄒᆞᆫ즉 악ᄒᆞᆫ거슬 아니ᄒᆞᆷ이안이오 감히못ᄒᆞᆷ이라 ᄉᆞ람마다 이러ᄒᆞᆫ즉 모야무지간에 인명을상ᄒᆞ고 ᄌᆡ물을취ᄒᆞᆯ자ㅣ 업슬것이오 물건을위조ᄒᆞ야 셰상을속힐자ㅣ 업스며 권셰를밋고 욕심을부려 빅셩을 포학ᄒᆞ지못ᄒᆞᆯ지라 그러ᄂᆞ ᄉᆞ람이 다만악ᄒᆞᆷ을 힝치안는것만 가지고는 착ᄒᆞ다닐을수업스며 텬복을엇는다ᄒᆞᆯ수업ᄂᆞ니 이는 셰상ᄉᆞ람의눈에 아모리 올흔듯ᄒᆞ나 지극히 어질고착ᄒᆞ신 하ᄂᆞ님압헤는 셰상에 죄업는쟈ㅣ업ᄂᆞ니 비록 어린ᄋᆞᄒᆡ의텬셩이 아모리착ᄒᆞ나 육신이ᄉᆡᆼ기면셔 곳 죄가붓허 철모를ᄯᅥᆨ붓허 ᄒᆞ는거슬보면 됴ᄒᆞ나 언짠으나 손에 잡히는ᄃᆡ로입에너으며 올으나 글으나 제ᄯᅳᆺᄃᆡ로 ᄒᆞ고져ᄒᆞ야 만일 바로인도ᄒᆞ여 쥬는쟈ㅣ 업스면 곳 큰죄악에 ᄲᅡ짐을 면치못ᄒᆞ리니 일로보면 육신에 붓흔류는 ᄒᆞᆫ나도 죄악이 업는쟈ㅣ 업는지라 뎌 슌ᄒᆞᆫ인민이 다 죄가잇셔 멸망에들어감이 엇지 어지신 하ᄂᆞ

님의 슯히녁이심이 안이리요 이에 구원ᄒᆞᆯ길을 열어쥬시니 곳 ○예수그리스도○를 ᄒ
상에보ᄂᆡ샤 텬도의오묘ᄒᆞᆫ리치를 들어ᄂᆡ고 평ᄉᆡᆼ에 놈의곤욕과 곤난을밧다가 필경은
셰상인민의 죄를ᄃᆡ신ᄒᆞ야 목숨을바리샤 쳔만고 ᄉᆞ람들로ᄒᆞ여곰 밋고도라와셔 죄를
ᄌᆞ복ᄒᆞ고 다시ᄂᆞᆫ 악에ᄲᅡ지지말아셔 용셔를엇고 복을밧게ᄒᆞ셧ᄂᆞ니 슌젼히 사랑ᄒᆞᆷ이
아니면 엇지 놈을위ᄒᆞ야 몸을바리기에니르리요 우리가 이 리치를 밋지안으면 웃고
흉보려니와 .급기 밋ᄂᆞᆫᄆᆞ음이잇슬진ᄃᆡ 엇지 감샤ᄒᆞᆫᄆᆞ음이업스며 긔왕 감샤ᄒᆞᆫ줄알진
ᄃᆡ 엇지 갑고져ᄒᆞᄂᆞᆫᄉᆡᆼ각이 업스리요 그러나 이 은혜ᄂᆞᆫ 다른것으로갑흘수업고 다만
예수의 뒤를ᄯᅡ라 셰상ᄉᆞ람을위ᄒᆞ야 나의목숨을 바리기ᄭᆞ지 일ᄒᆞᆯᄲᅮᆫ이라 텬하에 의
롭고 사랑ᄒᆞ고 어진것이 이에 더 지ᄂᆡᄂᆞᆫ것이 어ᄃᆡ잇스리요 이ᄂᆞᆫ 하ᄂᆞ님의 감샤
ᄒᆞᆫ은혜를ᄭᆡ달아 착ᄒᆞᆫ일을 스ᄉᆞ로 안이ᄒᆞ지못ᄒᆞᆷ이라 ᄉᆞ람마다 두려운ᄯᅳᆺ스로 악을짓
지못ᄒᆞ며 감샤ᄒᆞᆫᄯᅳᆺ스로 착ᄒᆞᆫ일을 안이ᄒᆞ지 못ᄒᆞᆯ진ᄃᆡ 서로사랑ᄒᆞ고 도아쥬ᄂᆞᆫ즁에셔
엇지 평강안락ᄒᆞᆫ복을 엇지못ᄒᆞ며 이 잔인포학ᄒᆞᆫ인간이 곳 텬국이 되지안으리요 이
거시 곳 지금셰계상 상등문명국의 우등 문명ᄒᆞᆫᄉᆞ람들이 인류샤회에 근본을삼아 나
라와 ᄇᆡᆨ셩이 일톄로 놉흔도덕디위에 니름이라 지금 우리나라이 쓰러진ᄃᆡ셔 닐허나
려ᄒᆞ며 써ᄀᆞ은ᄃᆡ셔 싹이나고져ᄒᆞᆯ진ᄃᆡ 이교로써 근본을삼지안코ᄂᆞᆫ 셰계와 상동ᄒᆞ여
도 참 리익을 엇지못ᄒᆞᆯ것이오 신학문을힘써도 그 효력을 엇지못ᄒᆞᆯ것이오 외교를힘
써도 깁흔졍의를 밋지못ᄒᆞᆯ것이오 국권을즁히녁여도 참 동등디위에 니르지못ᄒᆞᆯ것이

오 의리를숭상ᄒᆞ여도 ᄒᆞᆫ결ᄀᆞᆺᄒᆞᆯ수 업슬것이오 ᄌᆞ유권리를 즁히ᄒᆞ려도 편균ᄒᆞᆫ밧하을 알지못ᄒᆞᆯ지라 우리ᄂᆞᆫ 맛당히 이교로써 만ᄉᆞ의근원을ᄉᆞᆷ아 각각 나의목을니져바리고 ᄂᆞᆷ을위ᄒᆞ여 일ᄒᆞᄂᆞᆫ쟈ㅣ 되야 나라를 일심으로밧들어 영、미、각국과 동등이 되게ᄒᆞ며 이후 텬국에가셔 다 갓치맛납셰다

건국ᄉᆞ천이빅ᄉᆞᆷ십칠년륙월이십구일

독립요지 죵

본ᄎᆡᆨ져슐ᄒᆞᆯ셕 본져슐가리승만 본형ᄐᆡ

이하ᄂᆞᆫ 본칙을발간키위ᄒᆞ야 본신셔관을셜립ᄒᆞᆫ졔군

원 ᄉᆞ 송

호 병 리

균 홍 김

룡 승 한

규 병 김

오 윤 리

옥 상 하

만 영 최

식 남 오

원 슌 박

쟝 김 강 김 리

한 만 홍 셩 셩

조 쥰 범 오 로

길 츈 림

칠 셩 리

보 국 강

용 슈 김

오 봉 김

봉 운 왕

환 치 김

션 계 김

억 병 리

룡 셩 뎐

턱 원 김

국 츙 오

규 일 빅

문양목

목 상 심

식 경 박

륭희ᄉᆞ년이월 일 인쇄
륭희ᄉᆞ년이월 일 발힝

뎡가금(美貨)一元五十錢

져술인 리승만
발힝시(미국에유학)문학ᄉᆞ

발힝소 대동신셔관
미국로신졀리쓰

인쇄소 대동신셔관

元賣所 大同新書館

分發所 주식韓美商業會社
桑港大同保國會舘內

해제

김 명 섭
(연세대학교)

I. 서

러일전쟁이 발발했던 1904년 2월 한성감옥서(漢城監獄署)에서 집필을 시작하여 1910년 미국 로스엔젤레스에서 순한글로 초판된 『독립정신』[1]은 저자 우남 이승만(雩南 李承晩, 1875-1965)에 대한 정치적 논쟁에 가려 제대로 조명되지 못했다. 이 책 출간 이후 저자가 대한민국 임시정부 대통령과 대한민국 대통령이 되어서 남긴 정치적 공과(功過)에 대한 평가와는 일단 분리해서 20세기 초에 쓰여진 이 책을 당대의 맥락에서 읽을 필요가 있다.

이 글은 『우남 이승만 전집』 제1권 『독립정신』 역주본과 제2권 『독립정신』 원문 영인본에 대한 해제이다. 제1권 역주본에는 원본에 수록된 다량의 사진, 지도, 그리고 도화 자료들이 재수록되지 않았으므로 전

---

1) 이 글에서 표기된 1910년 초판본의 쪽수는 1998년에 영인된 다음 책의 쪽수이다. 雩南李承晩文書編纂委員會 편, 『梨花莊 所藏 雩南 李承晩 文書 東文篇, 第1卷: 李承晩 著作1: 독립정신』(서울: 中央日報社/延世大學校 現代韓國學研究所, 1998). 초판본은 한글고어체로 되어 있지만, 이 글에서는 현대어로 번역하여 인용했다.

문적 독해를 위해서는 제2권 영인본과 함께 읽을 필요가 있다.

II. 『독립정신』 집필의 역사

이 책의 저자 이승만은 24세였던 1899년 1월 9일 전제군주정의 개혁을 통해 독립을 보전하려는 정치활동을 벌이던 중 강성형(姜盛馨)의 공초로 인하여 투옥되었다. 1월 30일 이승만은 최정식(崔廷植, 만민공동회 총대의원), 서상대(徐相大) 등과 함께 최학주(崔鶴周)를 통해 전해진 육혈포 권총을 들고 탈옥을 시도했다가 붙잡혔다. 같은 해 7월 평리원(平理院)에서 최정식에 대해서는 탈옥을 주동한 죄로 교수형, 탈옥종범 이승만에 대해서는 태형(笞刑) 100대와 종신징역이라는 판결이 내려졌다. 재판장은 김옥균을 암살했던 홍종우였고, 재판의 총지휘는 법부대신 임시서리였던 중추원 의장 조병식이 맡았으며, 이 판결은 7월 27일 고종황제의 윤허를 받았다(『司法稟報』, 『고종실록』).

이승만은 옥중에서 개신교 신자가 되었는데, 개신교 사상은 이 책의 저변에 깔려 있다. 이승만은 미국 선교사 아펜젤러가 세운 배재학당에 입학할 당시만해도 영어와 신학문을 배우고자 했을 뿐 "부처와 공자의 위대한 가르침을 아는 사람이라면 기독교회의 가르침을 믿을 일은 없을 것"이라고 생각했었다(Syngman Rhee, "Autobiographical Notes"). 옥중에서 개신교인이 된 이승만은 예수교의 가르침이 서구문명의 융성과 불가분의 관계에 있다고 보고, 예수교의 가르침을 한국독립의 기초로 삼고자 했다.

이승만이 29세였던 1904년 2월 러일전쟁 발발로 인해 대한제국을 둘러싼 국제정치의 큰 틀이 다시 요동치게 되었다. 조선은 1637년 병자호란에서 청제국에 항복한 이후 1689년 청제국과 러시아가 체결한 네르친스크조약체제 아래 안주해 있었다. 1895년 4월 17일 청일전쟁을 종결한 시모노세키조약 제1관에서 청국과 일본은 조선국이 완전무결한 독립자주국임을 확인했고, 1897년 조선을 대신해서 대한제국이 수립되었다. 1904년 러일전쟁의 승패에 따라 대한제국의 독립이 위협받게 될 것이라고 본 이승만은 2월 19일부터 이 책의 원고를 쓰기 시작하여 6월 29일에 탈고했다(리승만 1910, f1-f2).

이 책의 집필배경이 되었던 러일전쟁은 1904년 2월 7일 제물포 앞바다에 정박 중이던 러시아해군을 일본해군이 공격함으로써 시작된 전쟁이었다. 2월 8일 일본함대는 요동반도 남단의 여순(旅順, Arthur)항에 주둔하고 있던 러시아해군함대도 공격했다. 1904년 1월 러시아 육군은 113만 5천명에 달했고, 러시아의 예비군과 국민군은 약 350만명에 달했다. 일본군의 총병력은 약 120만명 정도였다. 이에 비해 1905년 경 대한제국 정부에서 집계한 대한제국 군대의 병력은 8,842명에 불과했다. 러시아와 일본 중 어느 쪽이 승전국이 되든 대한제국의 독립을 기약하기 어려운 현실이었다. 이미 1902년부터 영국과 동맹을 맺고 있던 일본 군대는 1904년 4월 말에서 5월 초 사이에 압록강전투를 벌이며 만주로 진입해서 그곳에 주둔하고 있던 러시아 군대와 교전했다.

저자는 "일아전쟁이 벌어지는지라… 감개격분한 눈물을 금치 못하야 그동안에 만들었던 한영사전[2)]을 정지하고 양력 이월 십구일에 이 글 만들기를 시작하니 당초에는 한 장 종이에 장서를 기록하여 몇만장을 발

2) 정확하게는 영한사전이었다.

간하려 하였더니 끊을 수 없는 말이 연속하는 지라... ” 원고가 길어졌다고 서문에서 쓰고 있다(리승만 1910, f1). 대한제국의 운명이 경각에 달린 상황에서 “대한제국의 자유독립을 위하야” “인민의 마음 속에 독립 두 글자가 있지 아니함이 참 걱정이라”는 생각에서 감옥 안에서 “급히 서둘러 이 책을 기록”하게 되었다(리승만 1910, 21-24).

러일전쟁을 배경으로 탄생한 이 책은 전쟁학(polemology)적 서술을 많이 포함하고 있다. 이 책에서 이승만은 미국의 남북전쟁, 당태종에 맞서 승리한 연개소문의 역사, 항몽전쟁의 역사, 그리고 여몽연합군의 일본정복전쟁의 역사 등에 관해 서술하고 있다. 이승만은 “조선 역사에 제일 큰 난리는 임진왜란이오 한인들이 제일 통분히 여기는 전쟁도 임진왜란”이라고 보았다. 제26분절에서 병자호란의 치욕에 관해 길게 서술하고 있는데, 특히 병자호란 이후로 거의 삼백 년 동안을 소위 조공한다는 명색이 있었으니 “동국 오천년 사기에서 이렇듯 더러운 욕이 없는지라”라고 썼다. 북벌계획으로 전쟁을 준비했으나 그 뜻을 이루지 못한 것과 관련하여 이승만은 유학을 숭상한다는 선비들이 “천명을 거역하지 않는 것이 옳다고 주장”한 데서 그 이유를 찾았다. 청나라가 우리 조선은 자주독립국이라고 분명히 선언한 갑오년 이후까지도 유교적 지식인들이 “청국을 배반하고 독립국이 되는 것이 의업없는 일”이라고 하면서 광무연호를 사용한 책력은 보지 않는다고 하니 “도학(유학)을 숭상한다는 무리들의 독한 해가 이렇듯 심한지라 진실로 통분함을 이기지 못하리로다”라고 썼다.

청일전쟁과 관련하여 이승만은 “일본이 ... 임진년에 한번 시험하다가 실패한 후 삼백년 동안을 다시 예비하야 갑오전쟁에 그 욕심을 이루었다”고 하면서 “임진왜란보다 더 큰 난리가 갑오전쟁[청일전쟁]이오 한인에게 더욱 통분히 여길 바"[3]라고 보았다. 청일전쟁의 결과 체결된 시모노세키조약에 의해 조선의 독립이 인정된 것과 관련해서 이승만은 독립을 스스로 쟁취하지 못한 것이 수치스럽다고 보았다. 옥중에서 이 책을 집필하기 앞서 청일전쟁에 관해 쓴 그의 원고는 1917년 하와이 태평양잡지사를 통해 『청일전긔』로 출판되었다.

러일전쟁과 관련하여 이승만은 전쟁으로 치닫게 된 양국의 정세, 외교적 교섭과 실패, 그리고 러일전쟁 개전 이후 대한의 상황에 관해 분석했다. 당대의 많은 개화파 지식인들이 러일전쟁에서 일본이 승리한 것을 기뻐했는데, 이승만은 이 책에서 "일인과 아인이 하는 일이 다 한가지"라고 보면서 승세를 잡은 일본 정부와 백성의 생각을 들여다보고자 했다.

옥중저작(獄中著作)인 이 책은 세계적으로 유명한 옥중저작들과 다음과 같이 비슷한 성격을 갖고 있다. 첫째, 목숨을 잃을 수도 있는 신체적 구속 상태에서 쓰여진 절박성, 둘째, 저자의 신체적 구속을 초래한 정치권력과의 대척성, 셋째, 다른 문헌들을 충분히 참고할 수 없는 상황에서 쓰여진 간결성 등이다.

감옥 안의 집필조건은 지극히 열악했다. 『독립정신』에 앞서 청일전쟁에 관해 집필할 당시 이승만은 "종이가 없어 영자 신문지에 기록할 때, 밤이면 초를 구해다가 석유통에 넣어 옥관들이 보지 못하게 하고 옮겨 썼다."[4] 1904년 『독립정신』 집필 당시에는 조건이 나아졌지만 "당시 조정에서 독립협회를 해산한 후 독립협회 가담자들을 나라를 어지럽힌

---

3) 雩南李承晩文書編纂委員會 편, 『梨花莊 所藏 雩南 李承晩 文書 東文篇, 第2卷: 李承晩 著作2: 청일젼긔』 (서울: 中央日報社/延世大學校 現代韓國學硏究所), 234쪽.

4) 위와 같음.

역적으로 몰아가고 있을 때인데 이 글에서 독립이나 민권이라는 용어를 사용하고 있기 때문"에 옥중의 저자로서는 큰 위험을 각오해야 했다. "당시 황실을 떠받들던 여론이 성행하여 어핍지존(語逼至尊, 말로 황제를 핍박)하는 자는 역적이라 하는 마당에 이 글에 공화, 헌법, 전제 등 정치제도에 대한 구별을 논하였기 때문"이었다.[5]

옥중의 열악한 집필조건에도 불구하고 비교적 단기간에 탈고될 수 있었던 이유들을 다음과 같이 분석해볼 수 있다. 첫째, 옥관(獄官)들이었던 김영선(金英善), 이중진(李重鎭) 등의 배려가 있었고, 제한적이기는 했지만 여러 참고도서들도 활용할 수 있었다. 이승만은 옥중학교 설립에 감동한 선교사들의 도움과 한성감옥 관리들의 양해 속에 옥중 서적실(書籍室)을 만들었는데, 이 서적실에는 약 250권의 책이 비치되었다. 1927년 연희전문 상과에 비치된 도서총수가 269권이었다는 기록에 비추어보면 1900년대 초 이승만이 한성감옥에 설치한 서적실의 규모는 작지 않았다.

둘째, 이승만은 과거제도가 폐지되기 전까지 여러 차례 응시하며 한학을 연마했던 동양적 지식인이었고, 1897년 7월 8일 배재학당을 졸업할 때까지 영어와 함께 신학문을 습득했던 서양적 지식인이기도 했다. 배재학당 재학시절 이승만에게 많은 영향을 미친 사람은 서재필(徐載弼 Philip Jaisohn, 1864-1951)이었다. 서재필은 1896(고종 33)년 7월 독립협회(獨立協會)를 설립하고, 최초의 한글전용신문인 『독립신문』, 그리고 최초의 영자신문인 *The Independent*를 발행했다.

1896년 11월 서재필은 별도로 협성회(協成會, the Mutual Friendship

5) 리승만, "데二차 서문," 『독립정신』 (미령포와 호항: 태평양잡지사, 1917).

Society)를 조직하여 학생들에게 찬반토론 훈련을 시켰는데, 이승만은 이 협성회의 창립 멤버였다. 1898년 1월 1일자로 협성회 초대 회장 양홍묵과 함께 주간지『협셩회회보』를 창간하기도 했던 이승만은 1898년 4월 9일 유영석, 최정식 등과 함께 한국인이 만든 최초의 일간신문인『ᄆᆡ일신문』을 창간하여 사장이 되었고, 같은 해 8월 10일에는 이종일과 함께『뎨국신문』을 창간, 최초의 근대적 기자(당시 명칭은 기재원)가 되었다.

셋째, 저자는 수감 직후부터 계속해서 집필활동을 하고 있었고, 이 책은 그러한 옥중 집필활동의 연장선 위에 있었다. 옥중에서의 선행저작들은 이 책의 기초가 되었다. 옥중에서 저자는 각종 서적을 번역하고, 영한사전을 편찬하고, 신문에 논설을 기고하는 등의 문필활동에 종사했다. 이승만은 옥중에서 한시(漢詩)를 지으며 울분을 달래기도 했는데, 이승만의 한시들을 모은『替役集(체역집)』은 1961년 신호열(辛鎬烈)에 의해 번역, 출간되었다.[6] 이러한 옥중에서의 집필활동은 이 책의 기초가 되었다. 1900년 제물포에서 존스(George Heber Jones, 趙元時, 1867~1919) 선교사가『신학월보』를 창간했는데, 옥중의 이승만은 여기에도 기고했다.

특히, 이승만은 수감생활 중이던 1901년 2월부터 1903년 4월까지 2년 2개월간『뎨국신문』에 익명의 논설을 기고했다. 옥중에서 정부를 비판하는 신문 논설을 쓴 것은 동서고금을 통틀어 매우 특이한 경력이었는데,『뎨국신문』에 게재했던 논설들은 이 책의 밑그림이 되었다. 서유럽에서 근대적 신문들을 통한 소통(communication)이 근대적 민족 공

---

6) 이승만 저, 辛鎬烈 역,『替役集』(서울: 동서출판사, 1961).

동체(community)의 기반이 되었듯이 순한글로 된 신문들은 근대적 한국민족주의를 선도했다.

넷째, 옥중동지들도 이 책의 집필에 도움을 주었고, 다른 지식인들의 생각들도 집필에 영향을 미쳤다. 예를 들어 그의 옥중 독서 목록에서는 유길준의 『西遊見聞(서유견문)』도 발견된다. 1889년 늦봄에 탈고되어 1895년에 간행된 『西遊見聞』도 정치적 연금상태에서 쓰여진 책이었다. 이승만이 한성감옥에 있을 때, 망명 중이던 유길준은 일심혁명회를 조직해서 일본에서 군사학을 배우던 한국인 청년장교들을 끌어들였다. 이 사건으로 인해 유길준은 망명 중이던 일본에서도 다시 외딴 섬으로 유배되었고, 유길준과 함께 일본으로 망명했지만 먼저 귀국했던 동생 유성준(兪星濬, 1860-1934)은 한성감옥에 수감되었다. 유성준은 한성감옥에서 이승만을 만났고, 그의 영향을 받아 기독교인이 되었다.

유길준의 『西遊見聞』은 후쿠자와 유기치(福澤諭吉, 1835~1901)의 『西洋事情(서양사정)』으로부터 영향을 받았지만, 국가의 생존 발전과 인민의 삶에 대한 한국적 고민들이 많이 담겨 있다. 이러한 유길준의 고민은 이승만의 책에서도 이어지고 있다. 다만 『西遊見聞』이 국한문혼용체로 되어 있는 데 비해 『독립정신』은 순한글체로 되어 있고, 유길준이 일본으로부터 영향을 많이 받았던 데 비해 이승만은 선교사들과 그들이 전해준 서적들을 통해 영미권의 영향을 많이 받았다는 차이가 있었다. 유길준의 『西遊見聞』이 동양문명에 기초해서 서구문명을 받아들이는 보수적 개혁을 추구한 국한문혼용체의 책이었던데 비해 이승만의 『독립정신』은 동양문명과 서양문명의 경계선에서 순한글로 집필된 책이었다.[7)]

---

7) 이승만은 1898년 3월 9일자 『협셩회회보』에 쓰러져가는 나라를 고목에 비유한 근대적 신체시 "고목가"(Song of Old Tree)를 발표한 바도 있었다.

이승만은 유길준과 같은 친일개화파 지식인들과 마찬가지로 후쿠자와 유기치가 역설했던 것과 같은 문명개화가 독립을 위해 긴요하다고 보았지만, 문명개화의 모델을 일본 뿐만 아니라 전 세계에서 찾았다. 지리적으로 가까웠고, 동양문화권에 속해 있던 일본은 서구문명 전파의 손쉬운 통로였다. 그럼에도 불구하고 이승만이 일본을 넘어 미국이나 유럽을 모델로 삼을 수 있었던 것은 상하이 조계지들을 통해 전해진 한역(漢譯) 신서들의 영향도 있었지만, 서양선교사들을 통해 전달되는 서적들을 영어로 직접 읽었던 것이 결정적이었다.

특히, 이승만은 이 책에서 지도층의 문명개화만을 지향했던 것이 아니라 백성의 문명개화를 통해 독립을 이룩해야 한다고 보았다. 이것이 백성들이 읽기 쉬운 순한글로 이 책이 쓰여진 이유였다. 저자는 이 책의 서문에서 "중등이상 사람이나 여간 한문자나 안다는 사람은 거의 다 썩고 물이 들어 다시 바랄 것이 없으며, 또한 이 사람들은 자기 몸만 그럴 뿐만 아니라 이 사람들 사는 근처도 다 그 기운을 받아 어찌할 수 없게 되었으니"(리승만 1910, 1998, f2)라고 하면서, 한자를 사용하지 않고 한글로만 이 책을 집필한 동기를 밝혔다. 유교문명권 내에서 과거시험을 보기 위해 다년간 한학을 공부했던 이승만이었지만, 대중적 접근을 위해 순한글로 이 책을 집필했던 것이다. 이 책의 초판본에 많은 시각적 자료들이 수록되어 있는 것도 대중적 이해를 돕기 위한 것이었다.

옥중에서 이승만은 이상재(李商在, 1850-1927), 이동녕(李東寧, 1869-1940), 정순만(鄭淳萬, 1873-1911), 안국선(安國善, 1878-1926), 신흥우(申興雨, 1883-1959), 그리고 박용만(朴容萬, 1881-1928) 등과 만났다. 이상재는 한 세대 가량 앞선 연장자로서 이승만에게 많은 영향을 미쳤다. 이동녕은 1919년 상하이 프랑스조계에서 임시의정원 초대 의장을 맡아 초대 대통령 이승만과 연대해서 활동했고, 이승만의 장기 궐석 시에는 대통령 권한대행을 맡기도 했다. 정순만은 나중에 연해주에서 활동했는데, 박용만, 이승만 등과 함께 독립운동계의 "3만"으로도 알려졌다. 1895년부터 1899년까지 일본에 유학했던 안국선은 출옥 후 정치외교학 교과서인 『외교통의』, 『정치원론』 등을 펴냈고, 1908년 최초의 판금소설로 기록된 『금수회의록』을 출간했다. 이승만에게 배재학당 입학을 권유했던 신긍우의 동생 신흥우는 이승만보다 먼저 출옥하면서 이승만에게 영어성경을 선물하기도 했다. 한성감옥에서 이루어진 옥중 동지들과의 교류는 이 책에 반영되었고, 집필을 촉진시켰다.

III. 『독립정신』 출판의 역사

대외적 독립을 위해 대내적 "헌법정치"를 지향하고 있는 이 책은 전제정을 고수하고 있던 대한제국에서는 출판될 수 없었다. 이 책의 저자와 함께 수감생활 중이던 유성준은 독립협회를 제외하면 당시까지의 개혁운동이 대중을 교육하겠다는 생각을 갖지 못했다고 지적하면서 이승만에게 집필을 권유했고, 자신의 형 유길준이 돌아오면 그의 영향력을 통해 출판해주겠다고 제안했다(Syngman Rhee, "Autobiographical Notes"). 그러나 이승만이 1904년 8월 9일 다른 죄수들과 함께 출옥하고, 1907년 유길준이 일본에서 돌아온 이후에도 이 원고는 대한제국 안에서는 출판될 수 없었다. 『독립정신』은 1912년 2월 15일 일제의 조선총독부에 의해 압수되고, 『한국교회핍박』도 1913년 4월 출판 직후인 5월 30일에 압수되었으며, 두 책은 모두 발매반포가 금지되었다.

아직 러일전쟁이 진행 중이던 시기에 출옥한 이승만은 민영환(閔泳煥), 한규설(韓圭卨), 김종한(金宗漢), 김가진(金嘉鎭) 등과 상의하여 러일전쟁의 전후처리를 둘러싼 국제협상에 대비하고자 했다. 이승만은 1904년 11월 5일 오하이오(Ohio)호에 승선하여 목포, 부산, 시모노세키, 고베, 요코하마 등을 거쳐 11월 29일 하와이 호놀룰루에 도착했다. 11월 30일 시베리아(Siberia)호로 환승한 이승만은 12월 6일 샌프란시스코에 도착하여 로스앤젤레스, 시카고 등을 거쳐 12월 31일 워싱턴, D.C.에 도착했다(『이승만일기』 2015, 14-20).

1905년 8월 4일 뉴욕 롱아일랜드에서 미국 대통령 루즈벨트(Theodore Roosevelt Jr., 1858-1919)를 만나는데 성공한 이승만은 1882년에 체결된 조미수호통상조약에 의거하여 미국의 도움을 요청했다. 루즈벨트 대통령은 공식 외교통로를 통해 서한을 접수할 것을 권했으나 이미 미국은 가쓰라-태프트밀약을 통해 한국과 필리핀에 대한 상호지배를 양해한 상태였다. 그나마 대한제국 주미 공사 직무대리 김윤정(金潤晶, 1869-1949)은 미국 국무부에 정식으로 외교서한을 발송하기를 거부했다. 이후 이승만은 미국의 죠지 워싱턴대학, 하버드대학, 그리고 프린스턴대학 등에서 수학하면서 강연활동을 통한 일종의 공공외교를 전개했고, 1910년 프린스턴대학에서 박사학위를 받았다.

이승만이 미국 동부에서 유학하며 활동하는 동안 감옥 동기였던 박용만이 이승만의 아들 태산과 함께 이 책의 원고를 트렁크 밑창에 감추어 미국에 가져왔다. 1910년 2월 대한인국민회 북미지방총회 총무로 있던 문양목(文讓穆)이 출판을 맡았다. 문양목은 1907년 10월 대동보국회 중앙회장 및 대동공보사 사장에 취임한 바 있었는데, 김미리사(金美理士) 등과 함께 로스엔젤레스에 대동신서관을 설립했다. 이 책의 출판에 필요한 "경비를 조달하기 위해 철도에서 노동도 하고 혹은 포도와 오렌지와 홉을 따기도 하여 이 책[초판본]을 발행"했다.[8] 박용만이 쓴 이 책의 후서를 보면 출판이 늦어진 경위와 더불어 난관을 뚫고 출판을 추진했던 의지를 읽을 수 있다.

> 이상재 씨에게 부탁하여 한번 비평을 듣고 다시 교정함이라... 그동안 이것을 출판하고저 한 지가 하루나 일년 뿐이 아니나 ... 애석히 여기는 것은 이것이 너무 늦게 출판되어 그동안 시세와 형편이 달라져 혹 읽은 사람들이 재미를 잃을까 두려워하는 바라. 그러나 이 글은 원래 정치상 요령을 많이 만들어 말하여 본국과 외국의 고금 홍망을 비교하여 쓴 것인 고로, 이 글을 읽는 사람은... 응당 독립의 정신이 들고 독립하는 사람이 되어 장차 조선에 도움이 되는 자가 될 줄로 믿노라(박용만 후서, 리승만 1910, f4).

이처럼 여러 사람들이 힘을 합한 결과 마침내 1910(융희4)년 2월 로스엔젤레스에서 이 책이 출판될 수 있었다. 뒷면에 표시된 정가는 미화 1원 50전("뎡가금[美貨] 一元五十錢)이었다.[9] 초판본의 294쪽 다음 쪽부터 쪽수를 표시하지 않은 채 "본 책 저술할 때 본 저술가 리승만 본형태"

8) 이승만은 『독립정신』 출간을 위한 이들의 "정성도 과연 나라의 독립을 위해 목숨을 내놓고 전쟁터에 나가 싸우는 충성에 뒤지지 않았다"고 치하했다. 리승만, "데二차 서문," 『독립정신』 (미령포와 호항: 태평양잡지사, 1917).

9) 1917년 3월 3일 하와이 호놀룰루에서 출판된 제2판 서문에서 이승만은 이 책이 "1909년 1월에 ... 미주에서 처음 출세"했다고 썼다. 1909년판이 있을 수도 있지만 아직 발견된 바 없는 것으로 미루어 음력으로 계산하는 가운데 발생한 오기였거나 1909년 서문을 쓴 지 1년 후에 초판이 출간되었다고 보여진다. 리승만, "데二차 서문," 『독립정신』 (미령포와 호항: 태평양잡지사, 1917).

라는 사진설명이 달린 이승만의 옥중 독사진(쇠사슬에 묶인 모습)과 더불어 여러 인물들의 사진들이 수록되어 있는데, 이 인물들이 1910년 이 책의 초판에 기여했다. 판권 부분에서 "져술인 리승만"은 발행시(미국에 유학) 문학사라고 소개되고 있다. 이승만이 하바드대학에 요청하여 1909년 여름학기 미국사 수업을 듣고 B학점 이상을 받는 조건으로 하바드대학 석사학위를 받은 것은 박사학위를 받던 해와 같은 1910년이었다(2월 23일). 따라서 이 책 출간 당시 이승만의 최종학력은 죠지 워싱턴대학 학사였다.

이승만의 친우들 중 한 명으로 그의 전기를 쓴 올리버(Robert Tarbell Oliver, 1909-2000)는 "독립주의의 긴요한 조목"이라는 부록에 더해서 47개 장으로 구성된 이 책의 34개장만이 옥중에서 집필되었다고 주장한 바 있다. 그러나 직접 출간을 담당했던 문양목에 따르면 "[이승만] 선생은 이 글을 다시 교정할 여가가 없서 모모동지에게 맡겨 임의로 하기를 허락하였으나, 모모 동지는 또한 본문대로 세상에 전파하고자 하여 초본을 변치 않고 발행"했다(문양목 후서, 리승만 1910, f8).

문양목의 증언을 신뢰한다 하더라도 1910년 초판본에는 미국 대학의 학위복을 입은 이승만의 독사진을 필두로 저자가 옥중에서 구했다고는 보기 어려운 사진자료들이 수록되어 있는 점에 비추어 미국 동부에 체류 중이던 이 책의 저자가 미처 본문을 수정하지는 못했지만 미국 서부에서 출판을 추진하던 문양목 등을 통해 사진, 지도, 그리고 도화(圖畫)들을 추가했다고 보여진다. 이승만은 유학 기간 중 한국을 알리는 강연활동을 활발하게 전개했는데 당시에 이미 한국 관련 자료들을 슬라이드로 만들어 강연자료로 활용했다.

1910년 초판본의 여백에는 "독립요지"라는 글자가 그대로 남아 있고,

목차도 "독립요지 목록"이라고 되어 있으며 본문 마지막 장에도 탈고(脫稿)의 의미로 "독립요지 죵"이라고 쓰여 있음을 볼 때, "독립요지"라는 제목이 "독립정신"이라는 제목으로 바뀐 것은 출판의 마지막 단계에서 이루어졌음을 알 수 있다. 독자들이 독립의 요지를 이해하는 것에 더해서 독립의 정신을 공유하기를 바라는 적극적 의지를 담아서 최종 순간에 책제목이 "독립요지"에서 "독립정신"으로 바뀌었다고 짐작된다.

1910년 2월 이 책의 초판이 출간된 이후 이승만은 같은 해 7월 박사학위를 받았다. 이승만은 귀국하여 황성기독교청년회(서울YMCA) 등에서 일했으나 105인 사건 발발에 즈음하여 신변의 위협에 직면하자 다시 미국으로 갔다. 1912년 2월 3일 미국 본토를 떠나 하와이에 정착한 이승만은 105인 사건을 다룬 『한국교회핍박』을 1913년 4월 한재명(韓在明)이 운영하던 신한국보사(新韓國報社)에서 출간했다.

1917년 하와이에서 이승만은 과거 옥중에서 집필했던 『청일전긔』를 출간했고, 같은 해 『독립정신』 제2판을 하와이 호놀룰루에 있던 태평양잡지사(Korean Pacific Magazine Co.)에서 정가 2원 25전에 출간했다. 그런데 저자가 서문에서 밝히고 있는 바와 같이 제2판 역시 "시간이 없셔서 이 글을 좀 교정ᄒᆞ거나 첨부ᄒᆞᆯ 말이 잇스나 ᄌᆞ세히 보지 못ᄒᆞ고 본문ᄃᆡ로 재간ᄒᆞ오니 일후 고명ᄒᆞ신 선생들이 만히 참고ᄒᆞ야 교정ᄒᆞ심을 바라노라"라고 하였다.[10] 1917년판 서언에서는 일본인들이 멸종주의를 쓰고 있는 터인즉 한인이 이것을 알아야 하고 그러려면 이 책을 읽어야 한다고 주장하고 있다.[11] 보편적 의미에서의 독립을 추구하고 있는 초판본의 내용이 수정된 것은 아니지만 1917년판 서언에서는 반일

10) 리승만, "데二차 서문," 『독립정신』 (미령포와 호항: 태평양잡지사, 1917).

11) "셔언," 『독립정신』 (미령포와 호항: 태평양잡지사, 1917), 18쪽.

독립서로서의 성격을 강조했던 것이다. 1917년 판에 수록된 사진 자료들은 워싱턴대학 학사학위복에 더해서 프린스턴대학 박사학위복을 입은 이승만의 사진이 추가되는 등 초판본과는 차이가 있다(도표 참고). 아울러 영문목차가 수록되어 있고, 문양목의 영문 서평도 수록되어 있다는 점에서 초판본과는 차이가 있다.

1945년 해방을 맞이한 이후, 이 책은 1946년 국민정신진흥회(한성), 1946년 활문사 출판부 등에서 우후죽순처럼 다시 출간되었다. "한성시 황금정 二정목六九"라고 주소지를 밝힌 활문사는 "단긔사천이백칠십구년," 즉 1946년 3월의 재간에 이어 6월에 삼간을 발행한 것으로 판권을 표시하고 있다. 그런데 재간은 이미 1917년에 있었으므로 이것은 오류라고 볼 수 있으며, 저자의 확인을 받지 않았던 것으로 추정된다. 이 활문사 본은 아래아 등을 없애는 등 좀 더 읽기 쉬운 문체로 바뀌었으나 "륭희 사년"에 발행된 초판본의 형식을 거의 그대로 유지하고 있다.[12] 1947년과 1953년 중앙문화협회(경성)도 이 책을 출간했고, 활문사 출판부는 1949년 제호를 한자로 표기한 『獨立精神』도 출간했다.

이승만은 해방 이후 출판된 판본의 서문에서도 1917년 하와이에서 출간된 재판본과 마찬가지로 "이미 인쇄를 다 끝내놓고" 저자의 서언(序言)만을 덧붙이는 형식으로 재출간되었음을 밝히고 있다. 이승만은 "세상 형편도 바뀌고 민중의 지식도 많이 발달된 오늘날에는 아무런 도움이 없을 것이나 혹 역사적 유물로 볼 수 있을 지도 모르겠다. 이것이 지금 우리가 자주 독립을 완성하려는 정신을 키우는데 작은 도움이 될 수 있다면 이보다 더 큰 다행은 없다고 생각하는 바"라고 해방 직후 이 책

12) 리승만, 『독립정신』 (서울: 활문사 출판부, 1946년 6월).

을 다시 출간하는 의미를 기록해놓았다. 해방 이후 아래아 등을 없애고 출간된 판본도 초판본보다는 낫지만 현대 한국인들이 읽기 쉽지 않았다. 다만 "반갑다 독립정신 이 책을 숨어 보고 숨어 외이던 이 책이... 광명등이 됩소사"라는 춘헌 이명룡의 찬사가 실려 있는 1954년 태평양출판사본은 초판본이나 1917년 제2판과 마찬가지로 사진, 지도, 그리고 도화들을 본문 중에 수록했다.[13)]

1960년 4월 26일 저자가 대통령직에서 하야한 이후 이 책은 다시 정치적 금서가 되다시피 하다가 이른바 '문민정부'가 들어선 1993년에 재출간되었다. 장면정부 시기, 박정희정부 시기, 전두환정부 시기, 그리고 노태우정부 시기 동안 재출간된 기록은 찾아볼 수 없다. 장면정부는 물론 군사정권 하에서도 이 책이 출간되지 못했던 이유는 5.16군사정변 주도세력이 5.16을 "군사혁명"이라고 부르면서 "4.19의거"의 계승을 천명했던 것과 무관하지 않다. 이러한 이유와 더불어 군인 출신 대통령들은 상무(尙武)정신의 함양을 위해 무장독립운동을 이승만의 외교독립노선보다 더 선양하고자 하는 경향도 있었다.

1993년 정동출판사에서 재출간된 판본은 1980년 '서울의 봄' 당시 부총리 겸 경제기획원 장관을 지낸 이한빈(李漢彬, 1926-2004)이 출간사를 쓰고 본문을 읽기 쉽게 편집한 것이다. 이 정동출판사본은 1954년 태평양출판사본의 본문에 수록되어 있던 다량의 사진 및 도화들을 삭제하고, 고어체 한글을 현대 한글로 바꾸었으나 가능한 원문은 그대로 살리고자 노력했다. 그리고 난해한 한자어 뒤에는 본문에 없던 한자를 괄호 안에 넣어 삽입했는데, 이후에 나온 재출간본들은 이 한자들을 그대로 두는 경

13) 우남 리승만, 『독립정신』 (서울: 태평양출판사, 단기4287[1954]).

향을 보임으로써 순한글체로 쓰여졌던 원문의 정신을 계승하지 못했다.

1998년 연세대학교에서는 유족대표 이인수 박사와 조혜자 여사로부터 기증받은 이승만 문서들 중 일부를 『梨花莊所藏 雩南李承晩文書(東文篇)』 18권으로 발간하면서 제1권에 이 책의 초판 영인본을 수록했다. 1999년 독립기념관 한국독립운동사연구소는 "급변하는 오늘의 국제정세 속에 민족의 진로를 선도해야 하는 우리에게 하나의 정신적 길잡이가 될 것"[14]이라는 박유철 당시 독립기념관 관장(이후 국가보훈처장, 광복회 회장)의 간행사와 함께 이 책의 초판본을 영인본으로 펴냈다.

2001년에는 연세대학교가 하와이대학 출판부(University of Hawai'i Press)와 공동으로 이 책의 영문번역본을 처음으로 출간했다.[15] 『독립정신』 목차의 영문 번역은 1917년판, 1954년판 등에 수록되어 있다. 그런데 2001년 하와이대학본의 목차는 1917년판이나 1954년판의 영문목차와는 영문표현이 다르다.[16]

2008년 7월 19일 "건국 60년을 맞으면서" (사)건국대통령 이승만박사 기념사업회 회장 강영훈과 우남 이승만 연구회 회장 이주영은 대한

---

14) 독립기념관 한국독립운동사연구소 편, 『독립정신』 (서울: 국학자료원, 1999), p. 1.

15) Syngman Rhee, *The Spirit of Independence: A Primer of Korean Modernization and Reform*, Translated, Annotated, and with an Introduction by Han-Kyo Kim (Honolulu: University of Hawai'i Press/ The Institute for Modern Korean Studies, Yonsei University, 2001).

16) 예를 들어 이승만은 제4분절의 제목을 Popular Rights라고 번역한데 비해 김한교 번역본은 Things That the People Can Do If They Try라고 길게 번역해놓고 있고, 이승만이 True Patriotism이라고 번역한 제5분절의 제목을 김한교 번역본에서는 Foundation of True Loyalty라고 번역했다. 마지막 분절의 제목을 이승만은 Christianity Korea's Future Hope라고 번역했던데 비해 김한교 번역본은 Epilogue: Essential Conditions for Independence라고 번역했다.

민국 건국 60년 기념사업위원회의 후원을 받아 김충남, 김효선이 작업한 『풀어쓴 독립정신』을 출간했다. 이 책은 『梨花莊所藏 雩南李承晩文書(東文篇)』 제1권에 수록된 초판본을 저본으로 하고 1993년 정동출판사본을 참고하여 김충남과 김효선이 공동작업한 것이었다.[17] 2010년 동서문화사에서 출간한 『독립정신: 조선민족이여 깨어나라!』는 2008년 청미디어판을 역시 김충남과 김효선이 더욱 "읽기 쉽게 풀어 쓴 것"이다.[18] 그런데 이 책들 역시 1993년판 정동출판사본과 마찬가지로 로스엔젤레스 초판본과 하와이 재판본에 있던 사진, 지도, 그리고 도화들은 거의 수록하지 않았다.

2017년 11월 대한민국사랑회(회장 김길자)는 대한민국 행정안전부의 지원을 받아 비봉출판사 대표 박기봉이 교주(矯註)한 『독립정신』을 같은 출판사에서 비매품으로 출간했다.[19] 이 책은 2018년 5월 박기봉 교정본으로 비봉출판사에서 재출간되었다.[20] 그런데 대한민국사랑회본이나 비봉출판사본은 연세대학교 이승만연구원에서 제공한 사진 등을 일부 수록하고 있기는 하지만 원본에 수록된 사진, 지도, 그리고 도화들은 수록하지 않았다. 특히, 이승만의 초판본은 순한글로 되어 있는데 비해 대한민국사랑회본이나 비봉출판사본은 본문 중의 여러 단어들에 괄호를 하고 한자를 병기하여 마치 이승만이 한자를 병기한 것처럼 오해될 소지가 있다.[21]

---

17) 이승만 지음, 김충남 · 김효선 풀어씀, 『풀어쓴 독립정신』 (서울: 청미디어, 2008).

18) 이승만 지음, 김충남 · 김효선 풀어씀, 『독립정신: 조선민족이여 깨어나라!』 (서울: 동서문화사, 2010).

19) 이승만 지음, 박기봉 교주, 『독립정신』 (서울: 대한민국사랑회, 2017).

20) 이승만 지음, 박기봉 교정, 『독립정신』 (서울: 비봉출판사, 2018).

21) 1913년 출판된 『한국교회핍박』에서는 숫자를 한자로 표기했는데, 1910년에 출판

대한민국사랑회본(p. 327)이나 비봉출판사본(p. 337)은 이승만이 러일전쟁 당시 러시아 대표의 이름을 "으로쓰"라고 표기한 것을 오류라고 보았지만 당시에는 'r'발음을 하기 힘든 몽골알타이어족의 'r' 발음을 돕기 위해 일부러 한글의 'o'음을 접두어로 삽입하곤 했다. 러시아를 '라사(羅斯)'라고만 표기해도 될 것을 '아라사(俄羅斯)'라고 표기하거나, 북미대한인유학생총회가 I의 한글제목을 '라키'가 아니라 '우라키'로 표기한 것과도 같은 이치이다.[22] 이승만의 원본은 외래어를 표기함에 있어서 한글이 가지고 있던 편의성을 반영하고 있었던 것이다.

Ⅳ. 『독립정신』의 주요 내용

이 책의 초판본은 도입 부분, 본문 부분, 후록 부분, 그리고 권말 부분으로 4분해 볼 수 있다. 도입 부분에는 『독립정신』이라는 제목이 쓰여진 표지에 이어서 학위복을 입은 "져술가 리승만"의 상체 사진, 독립문 사진, 이승만의 서문, 박용만의 후서[23], 문양목의 후서, 문양목의 후서에 삽입되어 있는 신흥우와 박용만의 사진, 목록[독립요지 목록], 조선지도, 태조 이성계 초상, 고종황제 사진, 순종황제 사진 등이 수록되어

된 『독립정신』 초판본에서는 숫자도 한글로 표기했다.

22) 충군사상에서 벗어나고 있던 당대의 맥락을 고려할 때, 문양목 서문 말미에 나오는 "츙우ㅣ동포"라는 표현을 "충군애국하는 동포"라고 바꾸기 보다는 "충애동포"라고 해야 할 것이다.

23) Han-Kyo Kim(2001)은 박용만과 문양목의 후서를 postscripts라고 번역했다. 그런데 postscript는 본문 뒤에 실린 후기의 뜻이므로 after preface라고 번역하는 것이 더 적합해보인다.

있다. 저자 자신의 사진을 수록한 것도 당시로서는 참신했지만, 바로 다음에 독립문 사진을 게재함으로써 이 책의 주제를 분명히 하였다.

총 294쪽으로 된 초판본의 본문 부분은 장별 구분 없이 이어져 있고, 다만 까만색 삼각형에 소제목이 달린 51개 분절들로 구성되어 있다. 본문 중에는 약 100장의 사진들 및 도화들이 삽입되어 있는데, 본문의 내용과 관련된 것들로서 저자의 생각을 시각적으로 전달하는 효과는 물론 장별로 구분되어 있지 않은 원본의 본문을 구분해서 독해하는데 도움을 준다. 본문은 제51분절 말미에 연미복을 입은 "외교가 리승만"의 전신사진과 충정공 민영환의 사진과 글씨로 끝을 맺고 있다.

초판본 본문의 제51분절 다음에는 후록 "독립주의의 긴요한 조목"이 수록되어 있다. 이 후록에는 공자, 예수, 그리고 미국 대통령 태프트 및 미국 성조기 등의 형상이 소개되어 있다. 마지막으로 권말부록에는 "본책 저술할 때 본 저술가 리승만의 본형태"라는 설명을 단 이승만의 전신사진(상체가 쇠사슬에 묶인), 책의 출간에 기여했던 이들로 보이는 다수 인물들의 사진들(문양목 포함)에 이어서 서지사항 및 도서정가가 표시되어 있다.

『독립정신』 초판본의 구성과 주요 내용

전체 구조	세부구조	주요 내용
도입 부분	서문 (이승만)	집필동기. 독립을 주제로 순한글로만 기록하는 의도를 설명
	후서 (박용만)	박용만이 함께 수감생활을 하며 목격한 이승만의 집필과정, 그리고 이후 원고가 비밀리에 미국으로 반출되고 출간된 과정을 기록
	후서 (문양목)	미국에서의 출간과정을 기록
본문 부분	제1분절: 총론	2천만의 생명을 싣고 풍파대해를 가고 있는 배가 물에 빠져 가고 있는데 사공과 선객이 함께 노를 저어야 하지 않겠는가?
	제2분절-제6분절: 백성 개개인이 독립정신을 가져야 함을 역설	(2) "나라집[국가]"에 대한 각자의 책임을 깨닫고, (3) 책임을 다하지 못하면 화를 당하니, (4) 백성이 힘쓰면 될 일이니, (5) 참으로 충성하는 근본을 깨달아, (6) 마음 속에 독립을 굳게 함
	제7분절-제10분절: 국제관계의 원리와 자주권리의 중요성에 관해 서술	(7) 각국과 상통하는 관계, (8) 독립과 중립의 분간, (9) 백성이 열리지 못하면 나라를 보전치 못함, (10) 자주권리의 긴중함
	제11분절-제14분절: 세계의 자연지리와 인문지리, 그리고 기술발전에 관해 서술	(11) 천지리치의 대계, (12) 륙대쥬(6대주)의 구별, (13) 오색 인종의 구별, (14) 새 것과 옛 것의 구별
	제15분절-제21분절: 전제정치, 헌법정치, 민주정치 등 세 가지 정치제도들을 구별하고, 미국과 프랑스의 민주정치를 자세히 소개하면서도 민주정치 보다는 헌법정치의 필요성을 역설	(15) 세 가지 정치 구별, (16) 미국 백성의 권리 구별, (17) 미국의 독립한 사적, (18) 미국 독립 선고문, (19) 미국 남북방전쟁 사적, (20) 법국[프랑스] 변혁한 사적, (21) 헌법정치의 효험
	제22분절-제25분절: 정치 변화의 필요성과 그 기초인 백성의 자유에 관해 역설하는 동시에 자유의 한계를 언급.	(22) 정치를 변치 아니하는 손해, (23) 정치제도가 백성정도에 달림, (24) 백성의 마음이 먼저 자유할 일, (25) 자유권리의 방한[防閑, 한계]
	제26분절-제38분절: 단군조선	(26) 대한의 독립 내력, (27) 청국의 완고함,

	이후 대한독립의 내력부터 갑오청일전쟁 이후까지의 역사를 서술	(28) 일본이 흥왕한 사적, (29) 아라사의 정치 내력, (30) 서양형세가 동으로 뻗어옴, (31) 일본이 조선과 통하려 함, (32) 일본과 처음으로 통상함, (33) 임오난리의 관계, (34) 갑오 전 한일청 삼국의 관계, (35) 갑신난리 사적, (36) 공사를 처음으로 서양에 보냄, (37) 갑오전쟁의 근인, (38) 갑오전쟁 후 관계
	제39분절-제46분절: 러시아(아라사)와 일본 사이에 전쟁이 일어난 원인을 분석하고, 러일전쟁 개전 이후 대한제국이 처한 상황을 설명	(39) 아라사의 세력이 요동에 침범함, (40) 청국 의화단 사변, (41) 일아전쟁의 근인, (42) 갑오 을미 동안 대한 정형, (43) 갑오 을미 후 일아정형, (44) 전쟁 전 일아양국의 형세, (45) 일아교섭의 결말, (46) 일아개전 후 대한의 정형
	제47분절-제51분절: 대한이 청, 일, 러 3국으로부터 해를 당했음을 서술하고, 러일전쟁 개전에 즈음해서 변화된 일본 정부와 일본 백성의 주의에 관해 분석	(47) 일본인의 주의가 전과 같지 아니함, (48) 청·일·아 삼국의 해를 받음, (49) 좋은 기회를 여러 번 잃어버림, (50) 일본 정부의 주의, (51) 일본 백성의 주의
후록 부분	후록: 독립주의의 긴요한 조목 6가지	(1) 세계와 마땅히 통하여야, (2) 새 법으로 근본을 삼을 것, (3) 외교를 잘해야, (4) 국권을 중히 여길 것, (5) 의리를 중히 여길 것, (6) 자유권리를 중히 여길 것
권말 부분	사진들과 서지사항	책의 발간에 핵심적 기여를 한 인물들(문양목 포함)의 사진들과 출판사, 책의 가격 등을 표시

이 책은 원래 대외적 독립 수호를 위한 요지를 써서 대량으로 배포하고자 집필을 시작한 것이기에 핵심논지는 두괄식으로 제시되어 있다. 제1분절에서 제6분절까지에 걸쳐서 대외적 독립을 위해서는 더 이상 군주나 지배층에게 의존해서는 안되고 "나라집"에 살고 있는 백성들이 임금의 뜻에 따르는 것만을 충성으로 생각하는 마음을 버리고 참으로 충성하는 근본을 깨달아 독립의 마음을 굳게 할 것을 주장하고 있다.

이어서 "독립"이 무엇인지를 모르는 사람들을 위해 그 의미를 설명하고 있다. 제7분절에서부터 제10분절까지에서는 국제관계의 원리, 중립과 독립의 차이 등에 관해 설명하고 "스스로 독립해볼 생각"을 가질 것을 역설하고 있다. 그리고 제11분절부터 제14분절까지에서는 세계의 인문지리적 실상과 기술발전 등 이 책을 읽는 한국인 개개인이 처해 있는 세계적 변화에 관해 설명하고 있다.

대외적 독립을 이룩하기 위해서 대내적 정치제도의 변혁이 우선해야 한다고 보았던 저자는 제15분절부터 제21분절까지에서 전제정치, 헌법정치, 민주정치 등 세 가지 정치제도들을 구별하고, 미국과 프랑스의 민주정치를 자세히 소개하면서 민주정치 보다는 헌법정치의 필요성을 역설하고 있다.

한성감옥에 투옥되기 이전 이승만에 관해서는 "지금 우리가 이승만 개인의 행동과 생각에 대해 책임을 질 수 있는가?"(『윤치호일기』 1899년 1월 9일)라거나 "성급하고 조심성 없는 정열적인 인물"[24)]이었다는 평가도 있으나 이 책의 제15분절의 말미에서 민주정치는 "동양 천지에서 결코 합당하지도 못할 뿐만 아니라 도리어 극히 위험한 생각"이라고 설명되고 있다. 그러면서도 저자는 제20분절까지에 걸쳐서 미국과 프랑스의 민주정치에 관해 설명한다. 결국 제21분절에서 "백성들의 권리를 얼마쯤 허락해 주어 피차 충돌이 일어나지 않게 하고, 그로 인하여 상하가 다 평안 무사하고 나라도 나날이 흥왕하게"하는 헌법정치의 효험을 역설한다. 제22분절부터 제25분절까지에 걸쳐서는 정치를 변화시키지 않으면 안되는 이유, 그러기 위해서 백성의 마음이 먼저 자유하되 자유권리

---

24) 이정식, 『이승만의 구한말 개혁운동』 (대전: 배재대학교출판부, 2005), 88쪽

에도 방한(防閑, 한계)이 있음을 설명한다.

제26분절부터는 단군조선 이래 대한의 독립 내력부터 청일전쟁까지의 역사를 서술하면서 서세동점의 세계사적 상황에서 청국과 일본이 취한 국가정책의 차이, 러시아제국의 대외정책, 1876년 일본과 체결한 조일수호조규, 1882년 임오난리, 1884년 갑신정변, 1888년 미국 상주공사 부임, 그리고 청일전쟁의 근인과 청일전쟁 이후의 국제관계에 관해 서술하고 있다.

제39분절부터 제51분절까지는 러일전쟁의 개전에 이르기까지의 역사를 되돌아보고 러일전쟁 개전 이후 대한제국이 처한 상황에 관해 서술하고 있다. 특히, 제47분절부터는 일본인의 주의가 변화되고 있음에 주목하면서 청국, 일본, 그리고 러시아로부터 해를 받은 대한제국이 좋은 기회를 여러 번 잃어버렸음을 지적하면서 대한의 독립과 관련하여 일본 정부의 주의와 일본 백성의 주의를 분석해보고자 하고 있다.

이어서 후록 부분에서 한국민들이 취해야 할 독립주의의 긴요한 조목 6가지로서 (1) 세계와의 소통, (2) 새로운 입법, (3) 새로운 외교, (4) 국권 수호, (5) 공적 의리 존중, (6) 자유권리 존중 등을 제시하면서 이 여섯 가지가 왜 긴요한 지에 관해 자세히 설명하고 있다.

V. 결

이상에서 1904년 옥중에서 집필되고, 1910년 미국에서 출간된 『독립정신』 집필과 출판의 역사, 그리고 주요 내용들을 살펴보았다. 이승만 자신의 총체적 삶이 이 저서의 내용과 완전히 부합되었던 것은 아니었고, 책의 내용 또한 많은 시대적 한계를 갖고 있지만 다음과 같은 측면에서 이 책의 함의는 당대의 맥락 속에서 재조명될 필요가 있다.

첫째, 이 책은 흔히 서세동점의 시대라고 불렸던 19세기 말 20세기 초 한반도에서 전개되었던 문명충돌의 경계를 살았던 20대 청년의 옥중기록으로서 그러한 문명충돌을 독자적 시각에서 해석하고, 그러한 문명충돌 속에서 나라의 독립이라는 일관된 주제로 집필한 최초의 순한글 정치사상서였다.

둘째, 이 책은 미국의 독립을 포함해서 독립국들의 숫자가 증대되어온 세계사적 흐름을 반영하는 동시에 그러한 세계사적 흐름에 참여하고 있다. 저자는 대외적 독립을 지향했지만 대외적 독립운동이 복고적 고립, 나아가서 다른 외국으로의 복속으로 이어지는 부작용에 대해 경계했다. 이것은 이 책의 저자가 위정척사파, 친일개화파, 혹은 친러파 인사들과 달리 청제국, 일본제국, 러시아제국 등과 마찬가지로 제국주의적 속성을 보이기는 했지만 대한제국에 대한 지정학적 영향력이 상대적으로 작았던 차악(lesser evil)으로서의 미국이나 프랑스를 모델로 삼았던 것과도 맥을 같이 하는 것이다.

셋째, 이 책은 군주나 지배층 보다 백성에게 기대하면서 백성 스스로가 독립정신을 가져야 한다고 역설했다. 이승만은 미국의 독립 또한 독립정신이 있었기에 가능했다고 보았다. 이것은 이 책의 저자가 기독교, 특히 개신교를 통해 유교적 신분질서와 유교에 근거한 중화주의적 세계관(유교 자체가 아니라)을 배격하게 된 것, 그리고 "백성이 백성을 위하여 백성으로 조직된 정부"를 내세우는 미국식 민주정치를 "제일 선미한 제도"라고 본 것과 맥을 같이한다. 16-17세기 유럽 종교전쟁 시기 가톨릭과 대립했던 개신교의 만인사제론(萬人司祭論)은 민주주의의 발전을 촉진시켰다.

넷째, 이 책은 미국식 '민주정치'를 최선의 제도라고 보면서도 과도기적으로는 황제와 백성이 협력하는 헌법정치를 통해 외세로부터의 대외적 독립을 우선적 목표로 삼고 있다. 정치제도가 "백성"의 정도(수준)에 달려 있다고 보았고, 1897년 조선을 버리고 대한제국의 독립을 선포한 고종황제에 대한 미련을 버리지 않았다. 황실을 존중하는 헌법정치는 저자가 이 책의 제20분절에서 자세히 소개하고 있는 프랑스대혁명 당시 왕당파에 반대했지만 점진적 개혁을 추구했던 진보우파(지롱드당)의 입장과 유사하다. 이 책의 저자는 군주정치에서 민주정치로 넘어가는 세계사적 흐름에 착목하는 동시에 민주정치 보다는 헌법정치를 대안으로 제시했고, 헌법정치를 통한 군민협력을 통해 대외적 독립을 이룩하고자 했다.

다섯째, 이 책이 한글발전사에서 차지하는 의미 또한 크다. 이 책에 앞서 1895년 도쿄 교순사(交詢社)에서 처음 출간된 한국 최초의 근대 정치학 도서인 유길준(俞吉濬, 1856-1914)의 『西遊見聞』은 국한문혼용체였을 뿐만 아니라 한자를 위주로 하고 조사 등을 한글로 표기한 정도였다. 비록 고어체를 사용하고, 현대문법과는 다르게 쓰여 있을 뿐만 아니라 현재는 사용되지 않는 사어(死語)들도 많아 읽기가 쉽지 않지만 이 책의 순한글체는 이 책이 집필될 당시 지식인들이 즐겨 읽었던 『皇城新聞』이나 1920년 4월 1일자 『東亞日報』 창간호의 국한문혼용체와 비교해보아도 가히 혁명적이었다.

여섯째, 이 책은 독립을 위협하는 제국들과 맞설 자주적 힘이 부족한 상황에서 대한제국이 '중립'을 지향하는 것의 무망함을 지적했다. 이러한 국제정치인식은 청국이 주동이 되고 러시아와 일본이 보장하는 조선의 중립을 구상했던 유길준의 인식과 비교해보더라도 확연한 차이가 있었다. 이승만은 한국이 중립국이 되려면 보다 확실한 국제적 보장이 있어야 한다고 보았는데, 이러한 문제의식은 1910년 프린스턴대학 박사학위 논문인 "Neutrality as Influenced by the United States(미국의 영향을 받은 중립)"에서 국제법상 전시중립에 관한 국제정치사적 사례들을 연구하는 것으로 이어졌다.

일곱째, 이 책은 책의 앞부분이나 후록 "독립주의의 긴요한 조목" 등을 통해 이 책이 지닌 계몽적이고, 실천적인 성격을 분명히 했다. 저자는 군민이 함께 추구해야 할 "독립주의의 긴요한 조목"들로서 세계와의 소통, 새로운 입법, 새로운 외교, 국권 존중, 공적 의리 존중, 그리고 자유권리 존중 등을 1904년 당시의 대한제국이 취해야 했던 진보적 방향이라고 보았는데, 이 조목들은 현재까지도 유의미하다.

결론적으로 이 책은 조선에서 대한제국으로 진보했던 '나라집'의 독립을 지키기 위해서는 황제의 선정(善政)만으로는 부족하고 백성 개개인의 독립정신이 필요하다고 역설했던 근대 한국민족주의의 교본이었다. 긴 역사적 맥락에서 볼 때, 이 책은 1919년 3.1독립운동을 통해 표출된 근대적 각성을 세계사적 사례들을 통해 예견했을 뿐만 아니라 촉진시켰다.

『독립정신』 초판본(1910)과 재판본(1917)의 그림, 사진, 지도 목록

(비고의 ○표는 초판본과 중간본에 동일하게 실린 것임)

	초판본		중간본		비고
	설명	그림/사진/지도	설명	그림/사진/지도	
1	저술가 이승만	사진	윤영렬 숙질 윤치호 내부대신	사진	
2	大韓帝國 萬萬世 獨立門	사진	본 저술가와 그 부친과 수학하던 김홍식	사진	
3	신흥우	사진	서신을 자유로 통하지 못하는 고로 서울서 노끈을 꼬아 본사에 보낸 것	사진	
4	박용만	사진	일아평화회에 본 저술가와 동행하였던 외교가 윤병구	사진	
5	조선지도	지도	문양목	사진	
6	태조 고황제	그림	서울청년회 전도단 음악대	사진	
7	태황제폐하	사진	상해 한인 예배회	사진	
8	대황제폐하	사진	1907년 워싱턴대학교 졸업 받는 예복 이승만	사진	
9	조선에 유도를 계통하고 군국을 위하여 의리를 잡고 순절한 포은선생 정몽주	그림	1910년 6월 프린스턴대학교에서 윌슨대통령에게 철학박사 증서 받는 예복 이승만	사진	
10	아메리카주를 처음으로 찾은 이태리국 사람 콜럼버스	그림	서울감옥서(1903). 이승만, 이승린(이상재씨 아들), 안국선(안경수씨 아들)	사진	

	초판본		중간본		비고
11	서울 동대문	사진	이 책 저술가가 옥중에 있을 때에 감옥서 간수장으로 있서 특별히 두호하던 이중진 씨의 아우 이중혁	사진	
12	서울 수구문	사진	본 저술가의 친부(1907)	사진	
13	서울 남대문	사진	서울감옥서(1902). 유성준, 김정식, 홍재기, 남명선, 이승만	사진	
14	동관대궐내 공원	사진	이상재	사진	
15	동관대궐내 전각	사진	서울감옥서. 앞줄:김정식, 이상재, 유성준, 홍재기, 강원달. 뒷줄:부친 대신 복역하던 아이, 안국선, 김린, 유동근, 이승린, 이승만	사진	
16	동반구	지도	1904년 미국 가주에서. 신흥우, 장홍범, 장 모, 이승만	사진	
17	서반구	지도	대한지도	지도	
18	구라파주	지도	중국 통화현 신흥학교 학생 농사하는 광경	사진	
19	아세아주	지도	조선에 유도를 계통하고 군국을 위하여 의리를 잡고 순절한 포은선생 정몽주	그림	○
20	북아메리카	지도	동반구	지도	○
21	남아메리카	지도	서반구	지도	○
22	오스트레일리아	지도	아세아주	지도	○
23	아프리카	지도	구라파주	지도	○
24	미국 토종 홍인	사진	남아메리카	지도	○
25	아프리카 토종 흑인	사진	북아메리키	그림	○
26	태평양 각 섬 중에 있는 각색 인종	사진	오스트레일리아	지도	○
27	현금 미국의 유명한 정치가 학문가 연설가 민주당 영수 브라이언	사진	아프리카	그림	○

	초판본		중간본		비고
28	전기 확장한 미국인 에디슨	사진	미국 토종 홍인	사진	○
29	화륜선	사진	태평양 각 섬 중에 있는 각색 인종	사진	○
30	화륜거	사진	아프리카 토종 흑인	사진	○
31	경기구	사진	화륜선	사진	○
32	전화하는 것	사진	화륜거	사진	○
33	공기선	사진	전화하는 것	사진	○
34	무전선	사진	전기 확장한 미국인 에디슨	사진	○
35	미국 의회집	사진	현금 미국의 유명한 정치가 학문가 연설가 민주당 영수 브라이언	사진	○
36	미국 독립전쟁	그림	독립전쟁을 득승하고 영국장수를 항복시킨 워싱턴	그림	○
37	독립전쟁을 득승하고 영국장수를 항복시킨 워싱턴	그림	미국 독립을 창조한 조지 워싱턴	그림	○
38	미국 독립을 창조한 조지 워싱턴	그림	독립선고문을 공고한 처소	사진	
39	미국 독립을 선고하던 집	사진	독립관	사진	
40	미국 독립전쟁을 고동하던 연설가 헨리	사진	독립종	사진	
41	미국대통령 있는 백궁(白宮)	그림	미국 남북전쟁	그림	○
42	미국 남북전쟁	그림	미국 남북전쟁	그림	○
43	미국 남북전쟁	그림	미국 남북방 전쟁시 대통령 아브라함 링컨	그림	○
44	미국 남북방 전쟁시 대통령 아브라함 링컨	그림	미국대통령 있는 백궁(白宮)	그림	○
45	영국여황 빅토리아	사진	영국여황 빅토리아	사진	○
46	영국황제	사진	동국을 창립하신 단군	그림	○
47	태황제의 어극(御極) 사십년 기념각	사진	동국 명장 양만춘의 화살에 눈이 상한 당태종 이세민	그림	○
48	경성 남대문밖	사진	을지문덕 장군이 청천강에서 수나라 군대를 격파한 것	그림	○
49	서울의 중앙공원	사진	천고용사 김덕령	그림	○

	초판본		중간본		비고
50	경운궁	사진	거북선을 창조한 이순신과 거북선	그림	○
51	황상 거동하시는 위의(威儀)	사진	정기룡이 필마로 도적을 쫓는 것	그림	○
52	광화문	사진	을지문덕	그림	○
53	동국 명장 양만춘의 화살에 당태종 이세민의 눈이 상한 것	그림	교화를 창흥하신 기자	그림	○
54	동국을 창립하신 단군	그림	동국 명사 왕인이 일본 왕자에게 한문을 교수하는 것	그림	○
55	교화를 창흥하신 기자	그림	대원왕	사진	○
56	평양에 있는 기자릉	사진	미국 수군	사진	
57	동국 명장 을지문덕	그림	포군이 미군에게 잡힌 것	사진	○
58	을지문덕 장군이 청천강에서 수나라 군대를 격파한 것	그림	강화 나루개	사진	○
59	거북선을 창조한 이순신과 거북선	그림	서울 동대문	사진	○
60	천고용사요 만고충신 김덕령	그림	서울 남대문밖	사진	
61	임진 난리에 단기(單騎)로 왜적을 물리친 정기룡	그림	명성황후	사진	○
62	동국 명사 왕인이 일본 왕자에게 한문을 교수하는 것	그림	김옥균	사진	
63	이태리국의 밀라노 교당	사진	대한유신당 영수 서광범	사진	○
64	미국 군함이 강화에 들어오매 조선 포대에서 사격하는 것	사진	일본 동경에 있는 경치	사진	○
65	조선 포군과 미국 수군이 전쟁하여 양국 군병이 다소 사상한 후 잠시 상륙한 것	사진	일본사람 씨름하는 것	사진	○
66	전망한 조선 포군	사진	대한유신당 영수 서재필	사진	○
67	포군이 미군에게 잡힌 것	사진	원세개	사진	○
68	강화 나루개	사진	대한유신당 영수 박영효	사진	○
69	대원왕	사진	대한제국 국기 태극	그림	○
70	명성황후	사진	일본 명치천황	사진	○
71	일본 동경에 있는 경치	사진	대한 독립관과 독립문	사진	○

	초판본		중간본		비고
72	일본사람 씨름하는 것	사진	한양성 내에 원구단	사진	○
73	대한유신당 영수 서재필	사진	수원 화홍문	사진	
74	대한유신당 영수 박영효	사진	청국 광서황제	사진	○
75	대한유신당 영수 서광범	사진	청국 광서황후	사진	○
76	원세개	사진	대황제폐하	사진	○
77	미국 워싱턴에 있는 대한공사관	사진	청국 국권을 조롱하던 이홍장	사진	○
78	일본 명치황제	사진	청국 서태후	사진	○
79	일청전쟁	사진	청국 유신당 영수 강유위	사진	○
80	한양성 내에 원구단	사진	청국 상해	사진	○
81	대한 독립관과 독립문	사진	이등박문	사진	○
82	청국 광서황제	사진	충정공 민영환	사진	○
83	청국 광서황후	사진	합천 해인사에 감춘 팔만대장경	사진	
84	청국 유신당 영수 강유위	사진	함흥 락민루 만세교	사진	
85	청국 유신당 영수 양계초	사진	파리 에펠탑	엽서	
86	청국 서태후	사진	금강산 외금강 유점사	사진	
87	청국 국권을 조롱하던 이홍장	사진	경상남도 진주의 보루	사진	
88	청인이 학살당하는 것	사진	송도 만월대	사진	
89	청국 상해	사진	금강산 해금강 총석정	사진	
90	일아 수륙전쟁	사진	미국 보스턴 하버드대학교	사진	○
91	미국 수군	사진	미국 프린스턴대학교	사진	○
92	미국 군함	사진	학사 박용만과 학사 신홍우(1905)	사진	
93	이등박문	사진	1912년 대학 졸업 예식 때 학사 박용만	사진	
94	외교가 이승만	사진	워싱턴에 있는 대한공사관	사진	○
95	충정공 민영환	사진	2천여년 된 신라 고적, 경주 봉덕사 종	사진	
96	대한에 와서 전도하는 서양 교우	사진	1904년 처음 미주갈 때 호놀룰루를 지나면서 찍은 것. 이승만, 이중혁, 문경호	사진	
97	미국 보스턴 하버드대학교	사진	한국 부인들	사진	

	초판본		중간본		비고
98	미국 보스턴 하버드대학교	사진	일아 수륙전쟁	사진	○
99	미국 보스턴 하버드대학교	사진	본 책 발간할 때 미국대통령 태프트	사진	○
100	미국 프린스턴대학교	사진	의학박사 셰어맨	사진	○
101	프린스턴대학교 안에 도서관	사진	의학박사 셰어맨의 부인과 아들 형제	사진	○
102	의학박사 셰어맨	사진	대한에 와서 전도하는 서양 교우	사진	○
103	의학박사 셰어맨의 부인과 아들 형제	사진	미국 장로교 선교사 원두우씨	사진	
104	대한제국 국기 태극	그림	본 책 저술할 때 본 저술가 이승만 본형태	사진	○
105	경성 동대문안	사진			
106	경성 서소문안	사진			
107	로돌철교	사진			
108	천하대성인 공부자	그림			
109	구세주 예수	그림			
110	본 책 발간할 때 미국대통령 태프트	사진			
111	본 책 저술할 때 본 저술가 이승만 본형태	사진			

발간위원

고문

김동길(연세대)
김진현(세계평화포럼)
안병훈(서재필기념회)
이건수(한미동맹재단)
김영수(우남소사이어티)
김현태(인하대 총동창회)
양동자(미국 이승만대통령기념연구교육재단)
이종찬(국립대한민국임시정부기념관건립위원회)

위원장

이규학(인천제일교회)

위원

김규열(신세계교회)
김기원(인천제일교회)
김낙환(기독교대한감리회)
김동현(대전제자들교회)
김성용(전주노송교회)
김인기(일산신광교회)
김재명(천안신광교회)
김준호(천안대성교회)
김찬호(은혜교회)
김홍록(내동교회)
남중용(신광교회)
문 억(삼선교회)
박남웅(고양영광교회)
박삼열(주문진교회)
박상칠(춘천신성교회)
박용호(이리영생교회)
박종호(제주중앙교회)
백용현(대전한빛교회)
김기영(인천제일교회)
김길호(안양교회)
김덕부(목포제일교회)
김동현(은평교회)
김영길(신양교회)
김재동(하늘교회)
김종복(대구소명교회)
김지탁(하늘만나교회)
김창연(부천생명의교회)
나광호(포천교회)
노인우(태장교회)
박경진(꽃재교회)
박삼열(송월교회)
박상열(인천제일교회)
박용진(복지교회)
박종규(인천제일교회)
박헌철(진천제일교회)
변종태(천안신부교회)

변창갑(시온교회)
서석근(강릉반석교회)
서영석(인천제일교회)
서 철(상동교회)
손신철(인천제일교회)
송기성(정동제일교회)
송기영(대원교회)
송현순(화도교회)
신용대(하늘꿈교회)
양광옥(청수교회)
양명환(횡성교회)
엄기호(성령교회)
여상호(송해교회)
여우훈(서강교회)
오종설(홍성제일교회)
원성웅(옥토교회)
유영화(여장로회전국연합회장)
윤보환(영광교회)
이건영(인천제2교회)
이규화(하북교회)
이상규(평해교회)
이원재(남산교회)
이제일(인천제일감리교회)
이종일(광주제일교회)
이준구(화도시온교회)
이 철(강릉중앙교회)
이충호(동인천교회)
이하일(신정교회)
임성환(예람교회)
장석동(인천제일교회)
장호성(장로회전국연합회장)
전태규(서광교회)
정경석(철원엘림교회)
차광일(하늘비전교회)
차장현(부곡장로교회)
최광혁(장안원교회)
최규식(숭의교회)
최범선(용두동교회)
최병돈(선교교회)
최병철(교회학교전국연합회장)
최상열(청장년선교회전국연합회역대회장)
최승균(신천교회)
최신성(계산중앙교회)
최호규(부천제일교회)
태동화(영등포교회)
피기영(예수생명교회)
하관철(문산교회)
황관하(하늘만나교회)
황규호(만수중앙교회)

강진숙(T2025)
강홍구(태평양시대위원회)
곽명근(배재학당)
김길자(대한민국사랑회)
김용삼(펜앤드마이크)
김인복(서울YMCA)
김효선(건국이념보급회)
남정옥(박정희대통령기념재단)
박석홍(대한언론)
박정태(굿모닝북스)
신현욱(하와이이승만연구소)
윤덕순(지방의회발전연구원)

이경식(자유언론수호국민연합)
이애란(자유통일문화원)
이인수(유족)
인보길(뉴데일리)
조병욱(국가원로회의)
최병설(대원실업)
이석하(서울YMCA)
이영일(한중정치외교포럼)
이준우(한울회계법인)
조광현(동하산업개발)
조혜자(유족)
최송옥(우남관 기증자)

강규형(명지대)
김명구(연세대)
김성호(연세대)
김용직(성신여대)
김학은(연세대)
남창희(인하대)
박명수(서울신학대)
신복룡(건국대)
양동안(한국학중앙연구원)
오영섭(연세대)
우철구(영남대)
이기수(고려대)
이영훈(서울대)
이정은(3·1운동기념사업회)
이택휘(서울교대)
정경희(영산대)
정인섭(서울대)
주익종(이승만학당)
최연식(연세대)
허경진(연세대)
홍선표(독립기념관)
홍용표(한양대)
김권정(대한민국역사박물관)
김명섭(연세대)
김영명(한림대)
김용호(경희대)
김학준(단국대)
류석춘(연세대)
손세일(언론인)
신현한(연세대)
양승태(이화여대)
오일환(한양대)
유영익(연세대)
이덕희(하와이한인이민연구소)
이인호(서울대)
이주영(건국대)
이철순(부산대)
정윤재(한국학중앙연구원)
조성훈(군사편찬연구소)
차광은(차의과학대)
함재학(연세대)
허동현(경희대)
홍승기(인하대)

『우남 이승만 전집』이 완간될 때까지 더 많은 분들이 발간위원으로 동참해 주시기를 부탁드립니다.

■ 이승만건국대통령기념사업회

회　　장 신철식

상임고문 김동길 김문수 김선도 박관용 신경식 신영균 안병훈 이성재 이인수 이홍구 인보길 정원식 제재형 조병욱 최송옥

상임이사 문무일

이　　사 강효상 곽명근 김명섭 김종석 박승호 백노현 이정준 이　호 장동복 정도원 정준영 채정석 최우영 한기서

우남 이승만 전집 2

독립정신 영인본

우남이승만전집발간위원회 / 연세대학교 이승만연구원 **편**

연세대학교 이승만연구원

전화 02)3216-7742 / smrhee@yonsei.ac.kr

발 행 연세대학교 대학출판문화원
주 소 서울특별시 서대문구 연세로 50
http://www.yonsei.ac.kr/press
ysup@yonsei.ac.kr
전 화 02)2123-3380~2
팩 스 02)2123-8673
등 록 1955년 10월 13일 제9-60호
인 쇄 (주)태화북스

2019년 5월 31일 1판 1쇄

ISBN 978-89-6850-276-7 (94080)
978-89-6850-274-3 (세트)

값 20,000원